박문각
공인중개사

성공을 위한 가장 확실한 선택

박문각은 1972년부터의 노하우와 교육에 대한 끊임없는 열정으로 공인중개사 합격의 기준을 제시하며
경매 및 중개실무 연계교육과 합격자 네트워크를 통해 공인중개사 합격자들의 성공을 보장합니다.

01

공인중개사의 시작 박문각

공인중개사 시험이 도입된 제1회부터
제36회 시험까지 수험생들의 합격을
이끌어 온 대한민국 유일의 교육기업입니다.

02

오랜시간 축적된 데이터

1회부터 지금까지 축적된 방대한 데이터로
박문각 공인중개사는 빠른 합격 & 최다
합격률을 자랑합니다.

03

업계 최고&최다 교수진 보유

공인중개사 업계 최다 교수진이
최고의 강의로 수험생 여러분의
합격을 위해 끊임없이 연구하고 있습니다.

04

전국 학원 수 규모 1위

전국 20여 개 학원을 보유하고 있는
박문각 공인중개사는 업계 최대 규모로서
전국 학원 수 규모 1위 입니다.

박문각 공인중개사

박문각 공인중개사
2026 합격 로드맵

합격을 향한 가장 확실한 선택

박문각 공인중개사 수험서 시리즈는 공인중개사 합격을 위한 가장 확실한 선택입니다.

01 기초입문

합격을 향해
기초부터 차근차근!

—

기초입문서 총 2권

합격 자신감 UP! **합격지원 플러스 교재**

| 합격설명서 | 민법 판례 | 핵심용어집 | 기출문제해설 |

02 기본이론

기본 개념을
체계적으로 탄탄하게!

—

기본서 총 6권

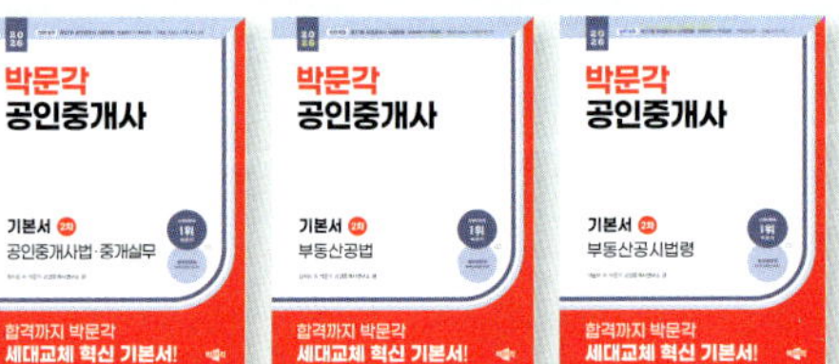

03 필수이론

합격을 향해
저자직강
필수 이론 과정!

—

저자필수서

04 기출문제풀이

기출문제 풀이로
출제경향 체크!

–
핵심기출문제 총 2권
회차별 기출문제집 총 2권
저자기출문제

| 핵심기출문제 |

| 회차별 기출문제집 |

| 저자기출문제 |

05 예상문제풀이

시험에 나오는
모든 문제유형 체크!

–
합격예상문제 총 6권

06 핵심마무리

단기간 합격을 위한
핵심만을 정리!

–
핵심요약집 총 2권
파이널 패스 100선

| 핵심요약집 |

| 파이널 패스 100선 |

07 실전모의고사

합격을 위한
마지막 실전 완벽 대비!

–
실전모의고사 총 2권
THE LAST 모의고사

| 실전모의고사 |

| THE LAST 모의고사 |

전면개정 제37회 공인중개사 시험대비 방송대학TV 무료강의 | 첫방송 2026. 1. 12(월) 오전 7시

박문각 공인중개사

기본서 **2차**

공인중개사법·중개실무

정지웅 외 박문각 공인중개사연구소 편

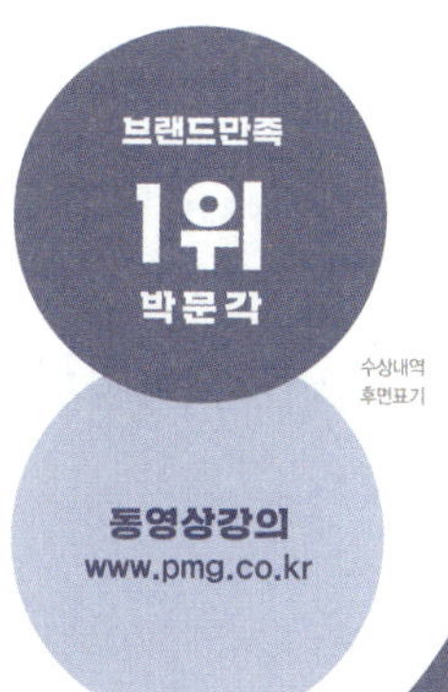

합격까지 박문각
세대교체 혁신 기본서!

박문각

이 책의 머리말

본 교재는 2026년도에 시행되는 제37회 공인중개사 자격시험에 대비한 "공인중개사법령 및 중개실무" 과목의 이론 중심 기본 교재입니다. 본서는 제1편 "공인중개사법령"과 제2편 "부동산 거래신고 등에 관한 법령" 및 제3편 "중개실무" 순으로 서술하였습니다.

본 과목은 2차 시험에서 고득점을 얻어야 넉넉하게 합격할 수 있다고 이야기합니다. 다른 과목에 비해 내용이 쉬운 편이라 80점 이상의 고득점을 얻을 수 있습니다. 다른 과목에 비해 이해하기 쉽지만 그렇다고 만만한 과목은 아닙니다. 전범위 내용을 꼼꼼하게 공부해야 하기 때문에 실제 학습량은 적지 않기 때문입니다. 본 과목의 학습을 초반에 소홀히 하여 나중에 급하게 공부하다가 낭패를 보지 않도록 꾸준히 익히고 암기를 해야 합니다.

최근의 출제 경향을 분석해 보면 이해 후 단순한 암기로 풀 수 있는 문제가 대부분이며 사례 형태의 문제 및 민법 관련 문제의 비중이 크게 출제되는 때도 있습니다. 안정적인 점수 확보를 위해서는 잘 출제되는 부분의 이해, 익힘 그리고 암기가 필요합니다.

이러한 출제경향에 따라 공인중개사법령·중개실무 과목의 핵심적인 내용을 좀 더 쉽고 잘 이해할 수 있도록 다음의 내용에 중점을 두어 교재를 집필하였습니다.

01 · 수험서의 목적에 맞게 최근 출제경향에 맞추어 내용을 충실히 구성하였습니다.

02 · 최근 신설, 개정된 내용을 모두 담았으며 최신 판례도 빠짐없이 수록하였습니다.

03 · 법령을 이해하기 쉬운 순서로 서술하였고 출제 빈도가 높은 관련 서식도 수록하여 입체적으로 공부할 수 있도록 하였습니다.

04 · 잘 출제되는 지문을 수록하여 실전감각도 올릴 수 있도록 하였습니다.

05 · 출제경향에 맞는 학습이 되도록 중요한 기출문제를 각 단원별 예제로 삽입하여 학습한 내용을 점검하고 이를 통해 학습 능력이 배가되도록 구성하였습니다.

06 · 반드시 숙지하여야 할 부분은 따로 정리하여 참고(▷)로 구성하였으며, 중요하고 본질적인 내용을 이해하기 위해서 기본적으로 알아 둘 필요가 있는 부분은 넓혀보기로 표시하여 학습의 효율성을 제고할 수 있도록 하였습니다.

본 책은 저자가 다년간의 강의와 집필경력을 바탕으로 공부하시는 분들께서 편안하게 내용을 이해할 수 있도록 집필하였습니다. 법령의 내용을 이해하기 쉬운 순서로 배열하였으며 핵심을 잡는 것에 방해가 될 수 있는 장황한 부연설명을 피하고, 문제를 잘 풀 수 있게 도움을 줄 수 있는 학문서가 아닌 제대로 된 수험서를 만든다는 마음으로 기술하였습니다.

본 책을 쓸 수 있도록 도와주신 교수님들과 물심양면으로 많은 도움과 관심을 베풀어 주신 박문각 출판사 임직원 여러분께 충심으로 감사드립니다.
본 교재가 여러분들의 공인중개사 시험준비를 위한 좋은 도구가 될 수 있기를 진심으로 바라며, 건강하게 마지막까지 완주하셔서 가슴 벅찬 합격의 기쁨을 누리시길 바랍니다.

편저자 일동

공인중개사 개요 및 전망

"자격증만 따면 소자본만으로 개업할 수 있고
'나'의 사업을 능력껏 추진할 수 있다."

공인중개사는 자격증만 따면 개업하고, 적당히 돌아다니기만 해도 적지 않은 수입을 올릴 수 있는 자유직업. 이는 뜬구름 잡듯 공인중개사가 되려는 사람들의 생각인데 천만의 말씀이다. 예전에도 그랬고 지금은 더하지만 공인중개사는 '부동산 전문중개인다워야' 제대로 사업을 유지할 수 있고 괜찮은 소득도 올릴 수 있는 최고의 자유직업이 될 수 있다.

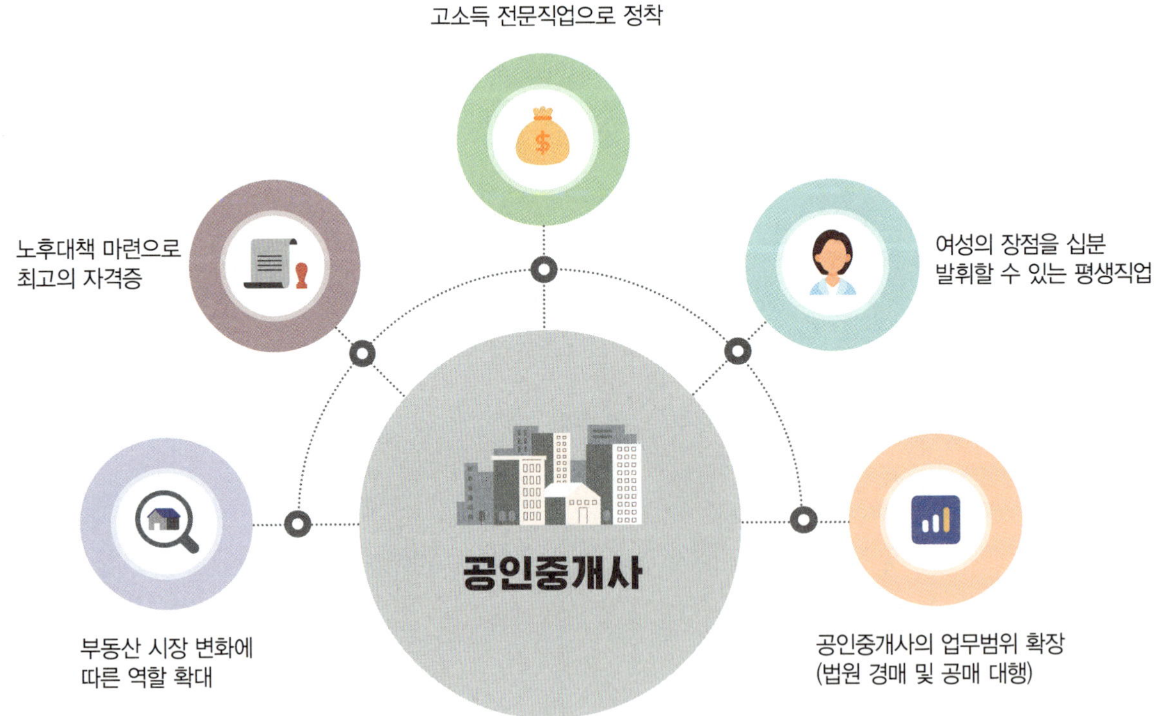

"자격증 취득하면 무슨 일 할까?"

공인중개사 자격증에 대해 사람들이 가장 많이 궁금해하는 점이 바로 '취득 후 무슨 일을 하나'이다. 하지만 공인중개사 자격증 취득 후 선택할 수 있는 직업군은 생각보다 다양하다.

개업공인중개사로서의 공인중개사 업무는 알선·중개 외에도 중개부동산의 이용이나 개발에 관한 지도 및 상담(부동산컨설팅)업무도 포함된다. 부동산중개 체인점, 주택 및 상가의 분양대행, 부동산의 관리대행, 경매 및 공매대상 부동산 취득의 알선 등 부동산의 전문적 컨설턴트로서 부동산의 구입에서 이용, 개발, 관리까지 폭넓은 업무를 다룰 수 있다.

공인중개사 시험정보

시험일정 및 시험시간

1. 시험일정 및 장소

구 분	인터넷 / 모바일(App) 원서 접수기간	시험시행일	합격자발표
일 정	매년 8월 2번째 월요일부터 금요일까지(2026. 8. 3 ~ 8. 7 예정)	매년 10월 마지막 주 토요일 시행(2026. 10. 31 예정)	11월 중
장 소	원서 접수시 수험자가 시험지역 및 시험장소를 직접 선택		

TIP 1. 제1·2차 시험이 동시접수·시행됩니다.
　　　2. 빈자리 접수(2일간)는 정기접수 환불로 발생한 수용인원 범위 내에서 선착순으로만 이루어져 조기마감될 수 있습니다.

2. 시험시간

구 분	교 시	시험과목 (과목당 40문제)	시험시간	
			입실시간	시험시간
제1차 시험	1교시	2과목	09:00까지	09:30 ~ 11:10(100분)
제2차 시험	1교시	2과목	12:30까지	13:00 ~ 14:40(100분)
	2교시	1과목	15:10까지	15:30 ~ 16:20(50분)

* 수험자는 반드시 입실시간까지 입실하여야 함(시험 시작 이후 입실 불가)

* 개인별 좌석배치도는 입실시간 20분 전에 해당 교실 칠판에 별도 부착함

* 위 시험시간은 일반응시자 기준이며, 장애인 등은 유형에 따라 편의제공 및 시험시간 연장가능(유형별 편의제공 및 시험시간 연장 등 세부내용은 큐넷 공인중개사 홈페이지 공지사항 참조)

* 2차만 응시하는 시간연장 수험자는 1·2차 동시응시 시간연장자의 2차 시작시간과 동일 시작

TIP 시험일시, 시험장소, 시험방법, 합격자 결정방법 및 응시수수료의 환불에 관한 사항 등은 '제37회 공인중개사 자격시험 시행공고'시 고지

응시자격 및 합격자 결정방법

1. 응시자격: 제한 없음

다만, 다음의 각 호에 해당하는 경우에는 공인중개사 시험에 응시할 수 없음

① 공인중개사시험 부정행위자로 처분 받은 날로부터 시험시행일 전일까지 5년이 지나지 않은 자(공인중개사법 제4조의3)

② 공인중개사 자격이 취소된 후 합격자발표일까지 3년이 지나지 않은 자(공인중개사법 제6조)

③ 이미 공인중개사 자격을 취득한 자

2. 합격자 결정방법

제1·2차 시험 공통. 매 과목 100점 만점으로 하여 매 과목 40점 이상, 전 과목 평균 60점 이상 득점한 자

TIP 제1·2차 시험 응시자 중 제1차 시험에 불합격한 자의 제2차 시험은 무효로 합니다(「공인중개사법 시행령」 제5조 제3항).

* 제1차 시험 면제대상자: 2025년 제36회 제1차 시험에 합격한 자

시험과목 및 출제비율

구 분	시험과목	시험범위	출제비율
제1차 시험 (2과목)	부동산학개론 (부동산 감정평가론 포함)	부동산학개론 • 부동산학 총론[부동산의 개념과 분류, 부동산의 특성(속성)] • 부동산학 각론(부동산 경제론, 부동산 시장론, 부동산 정책론, 부동산 투자론, 부동산 금융론, 부동산 개발 및 관리론)	85% 내외
		부동산 감정평가론(감정평가의 기초이론, 감정평가방식, 부동산가격 공시제도)	15% 내외
	민법 및 민사특별법 중 부동산중개에 관련되는 규정	민 법 • 총칙 중 법률행위 • 질권을 제외한 물권법 • 계약법 중 총칙·매매·교환·임대차	85% 내외
		민사특별법 • 주택임대차보호법 • 집합건물의 소유 및 관리에 관한 법률 • 가등기담보 등에 관한 법률 • 부동산 실권리자명의 등기에 관한 법률 • 상가건물 임대차보호법	15% 내외
제2차 시험 1교시 (2과목)	공인중개사의 업무 및 부동산 거래신고 등에 관한 법령 및 중개실무	공인중개사법	70% 내외
		부동산 거래신고 등에 관한 법률	
		중개실무	30% 내외
	부동산공법 중 부동산중개에 관련되는 규정	국토의 계획 및 이용에 관한 법률	30% 내외
		도시개발법	30% 내외
		도시 및 주거환경정비법	
		주택법	40% 내외
		건축법	
		농지법	
제2차 시험 2교시 (1과목)	부동산공시에 관한 법령 및 부동산 관련 세법	부동산등기법	30% 내외
		공간정보의 구축 및 관리 등에 관한 법률 제2장 제4절 및 제3장	30% 내외
		부동산 관련 세법(상속세, 증여세, 법인세, 부가가치세 제외)	40% 내외

TIP 답안은 시험시행일에 시행되고 있는 법령 등을 기준으로 작성

제36회 공인중개사 시험총평

2025년 제36회 공인중개사 시험
"1차는 비교적 쉬웠고, 2차는 어려웠다."

제36회 공인중개사 시험에서 1차 과목인 부동산학개론은 계산문제가 11문제 출제되었지만 9문제가 전형적인 패턴의 문제여서 풀이에 어려움이 없었고, 이론문제가 쉽게 출제되어 전체적인 난이도는 '하' 수준이었다. 민법은 전체적으로 평이하게 출제되었지만 민사특별법 부분에서는 다소 어렵게 출제되어 체감 난이도는 전년도와 비슷하였다.

2차 과목의 공인중개사법·중개실무는 최근 2년간의 시험보다 쉽게 출제되었고, 부동산세법과 부동산공시법령, 부동산공법은 비교적 평이하거나 전년도와 비슷한 중상 수준으로 출제되었다. 하지만 부동산공시법령과 부동산공법에서 일부 생소한 유형의 문제, 지엽적인 법률 문제가 출제되어 수험생들의 체감 난이도는 높아졌다고 볼 수 있다.

제36회 시험의 과목별 출제 경향은 다음과 같다.

1차

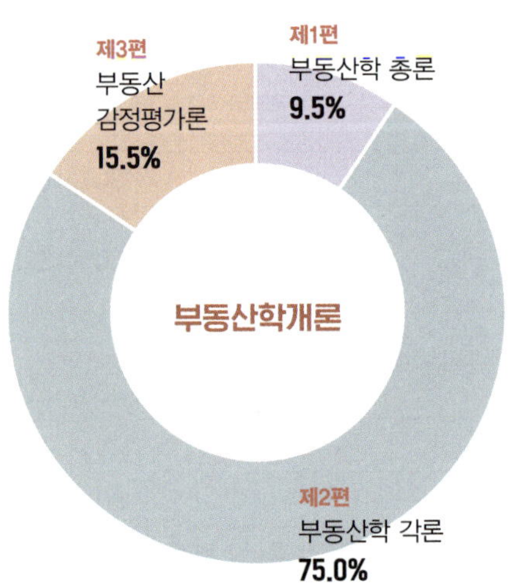

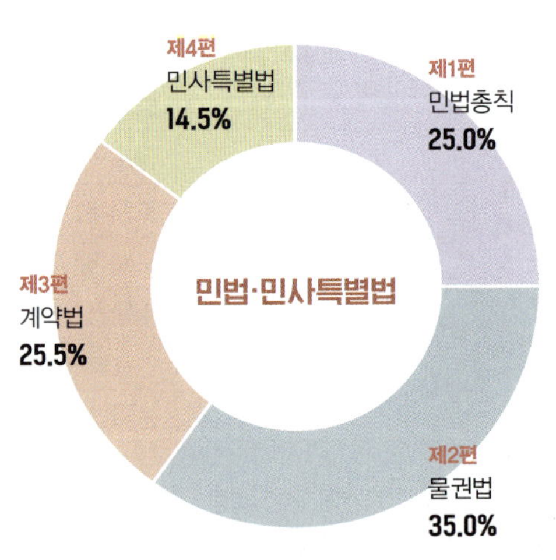

부동산학개론은 계산문제가 11문제 나왔지만 전형적인 패턴의 문제여서 충분히 풀 수 있었고, 이론문제가 쉽게 출제되어 전체적으로 역대급 쉬운 시험이었다.

전체적으로 평이하게 출제되었지만, 민사특별법 부분에서 다소 어렵게 출제되었다.

2차

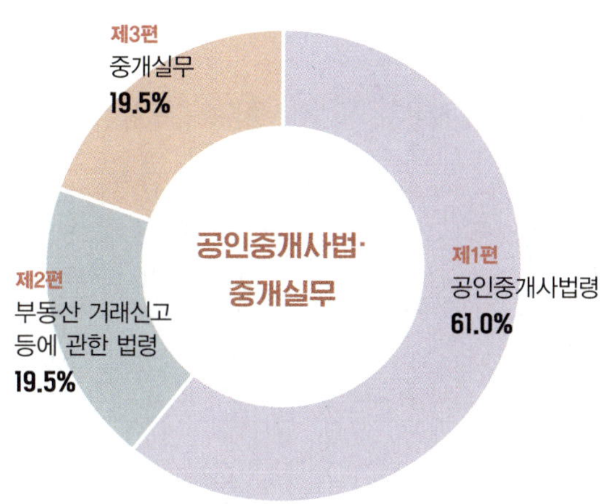

공인중개사법·중개실무는 최근 2년간의 시험보다 쉽게 출제되어 안정적인 고득점이 가능하였다.

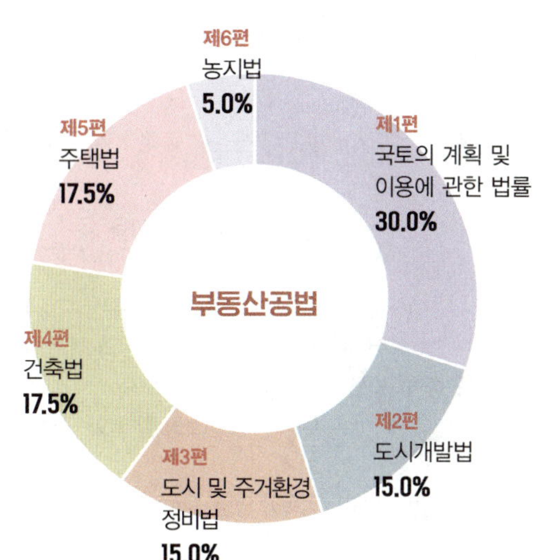

부동산공법의 전체적인 난이도는 전년도와 비슷하게 출제되었으나, 일부 법률에서 최근 출제된 적 없는 매우 지엽적인 문제가 출제되어 체감 난이도는 높아졌다.

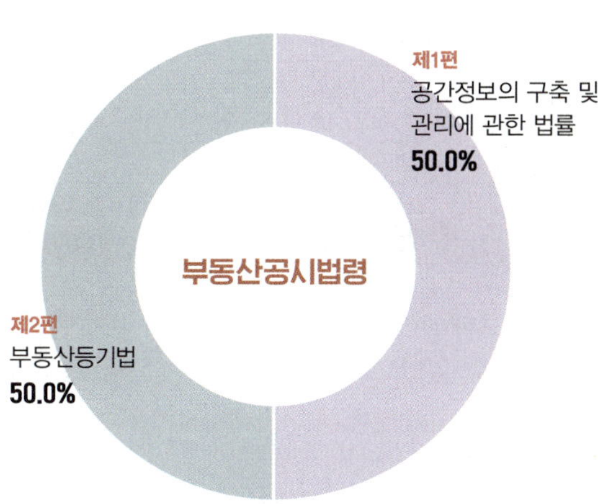

'공간정보관리법'은 기출유형을 크게 벗어나지 않은 평이한 난이도를 유지했고, '부동산등기법'은 생소한 모습의 극상 문제들이 일부 출제되어 다소 까다로웠다.

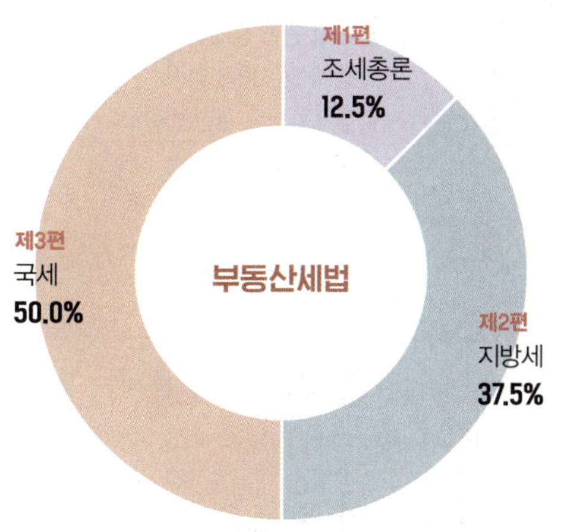

부동산세법은 기본개념을 이해하였는지를 중점적으로 물어보았고 단순 법조문을 묻는 문제, 사례형 문제, 계산문제를 혼합하여 출제하였다.

출제경향 분석 및 수험대책

📝 어떻게 출제되었나?

▶ 출제경향 분석

구 분		제32회	제33회	제34회	제35회	제36회	총 계	비율(%)
공인중개사법령	총 칙	1	2	2	0	1	6	3.0
	공인중개사제도 및 교육	0	2	2	2	1	7	3.5
	중개사무소 개설등록	3	2	3	2	1	11	5.5
	중개사무소 설치 및 업무	5	1	0	3	6	15	7.5
	개업공인중개사의 의무와 책임	5	7	11	6	6	35	17.5
	개업공인중개사의 보수	0	3	1	1	2	7	3.5
	부동산거래정보망 및 협회	2	1	1	2	2	8	4.0
	보 칙	1	1	0	0	2	4	2.0
	감독상 명령, 행정처분 및 벌칙	6	4	4	3	4	21	10.5
	법령 통합문제	4	1	1	2	0	8	4.0
	소 계	27	24	25	21	25	122	61.0
부동산 거래신고 등에 관한 법령	부동산 거래신고	4	2	3	4	5	18	9.0
	외국인 등의 부동산 취득 등에 관한 특례	1	2	1	1	1	6	3.0
	토지거래허가구역	2	2	2	2	1	9	4.5
	보칙 및 벌칙	1	2	1	0	1	5	2.5
	법령 통합문제	0	1	0	0	0	1	0.5
	소 계	8	9	7	7	8	39	19.5
중개실무	민법 관련 중개실무	2	2	3	4	1	12	6.0
	중개실무 관련 법령	1	1	2	2	2	8	4.0
	임대차실무 관련 법령	1	2	1	4	2	10	5.0
	경매실무 관련 법령	1	2	2	2	2	9	4.5
	소 계	5	7	8	12	7	39	19.5
총 계		40	40	40	40	40	200	100.0

제36회 시험의 전체적인 난이도는 제34회 및 제35회 시험보다 쉬웠으며 제33회 시험과 비슷한 수준으로 출제되었고 대부분의 문제는 단순 암기로 쉽게 풀 수 있었으며 극상 문제는 1문제로 적게 출제되었다.

제1편 공인중개사법령에서 25문제, 제2편 부동산 거래신고 등에 관한 법령에서 8문제, 제3편 중개실무에서 7문제가 출제되어 최근 출제비중에 맞게 출제되었다.

🖥 이렇게 준비하자!

본 과목은 매년 비슷한 난이도와 출제비중으로 출제되는 편이 아니다. 제34회 및 제35회는 어렵게 출제되었고 제36회 시험은 쉽게 출제되었다. 또한 제35회 시험은 중개실무에서 12문제로 높은 비중으로 출제되었는데 출제범위를 벗어난 민법의 문제도 다수 출제되기도 하였다. 제36회 시험은 매우 쉽게 출제된 편이며 30문제 이상이 30초 안에 풀 수 있는 단순 암기를 요하는 문제이다. 박스 문제는 매년 15문제 내외로 출제되며 대부분 3개의 보기가 주어지는데 보기 중에서 한 개의 지문을 모르면 맞히기 어려운 경우도 많다.

제37회 시험이 어떤 수준으로 출제될지 알기 어려우나 어렵게 출제되더라도 70점 정도는 쉽게 맞힐 수 있는 문제가 출제된다. 모든 절대평가의 시험은 풀 수 있는 기본적인 문제를 모두 맞히면 합격할 수 있도록 출제한다. 간단한 이해 후 익히고 암기하여 쉬운 문제를 모두 맞히면 무난하게 합격할 수 있다. 불합격의 대부분의 원인은 이러한 쉬운 문제에서 실수를 하는 것이다. 또한 기출지문의 반영비율도 70% 이상으로 높기 때문에 익힘 및 암기와 함께 기출문제의 훈련도 병행해야 한다.

▶ 공인중개사법령

25문제 내외로 많은 문제가 출제되지만 내용이 쉬운 편이며 기출문제도 법령의 내용을 그대로 묻는 단순한 문제 위주이다. 하지만 대부분 암기를 해야 하는 것들이므로 꾸준히 이해하고 익히고 암기해야 문제를 쉽게 풀 수 있다. 시험준비 기간을 1년으로 보았을 때 처음 6개월 정도는 공인중개사법령 부분에 집중하여 익히고 암기를 하는 것이 좋다.

▶ 부동산 거래신고 등에 관한 법령 및 중개실무

학습량은 많은데 15문제 내외로 적게 출제되는 편이라서 많은 수험생들이 소홀히 다루는 부분이지만 합격을 위한 안정적인 점수를 얻으려면 잘 준비하여야 한다. 초반에는 강의를 들으면서 내용을 이해하는 것이 좋고 공인중개사법령의 암기가 어느 정도 완성되면 시험의 후반기에 집중적으로 학습하면 된다. 내용을 응용한 사례형 문제도 출제되며 중개실무의 경우는 민법과 관련된 문제가 다수 출제된다. 내용이 다소 어렵다고 해서 걱정할 필요는 없다. 공인중개사법령의 문제는 거의 맞힐 수 있으니 부동산 거래신고 등에 관한 법령 및 중개실무의 문제는 반타작 이상을 목표로 해도 충분히 합격이 가능하다.

이 책의 구성 및 특징

핵심개념 학습

01

① 단원열기: 각 단원의 학습 방향을 제시하고, 중점 학습 내용을 강조하여 수험생들의 자율적 학습 강약 조절을 도움
② 본문: 출제가능성이 높은 핵심개념을 모아 이해하기 쉽도록 체계적으로 정리·구성하여 학습효율 UP!

다양한 학습 tip

02

① 심화학습: 본문의 핵심 내용을 심층적으로 다루어 이해의 폭과 응용력을 함께 높이도록 구성
② 넓혀보기: 본문과 관련하여 더 알아두어야 할 내용들을 정리하여 제시함으로써 보다 폭넓은 학습 가능
③ 예제: 이론학습이 끝난 뒤에 문제풀이를 통해서 완벽 마스터
④ 판례: 판례가 다수 출제되는 최근 시험경향에 맞추어 최신 판례는 물론 중요 판례도 빠짐없이 수록
⑤ 일러스트: 이해하기 어려운 이론을 그림으로 알기 쉽고 재미있게 학습

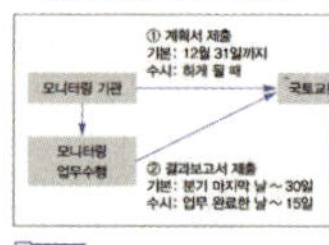

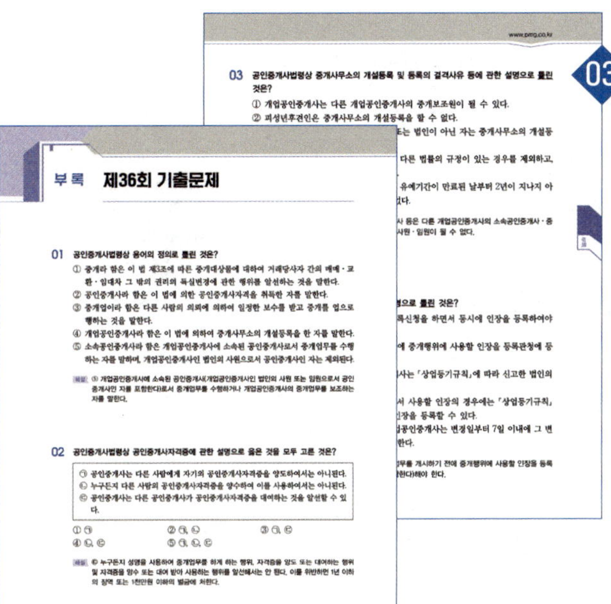

제36회 공인중개사 기출문제와 명쾌한 해설을 수록하여 기출 유형을 파악하고 실전에 대비할 수 있도록 하였다.

INDEX_찾아보기

찾아보기(색인)를 통해 공인중개사 시험을 공부하면서 접하는 생소한 용어들을 기본서 내에서 쉽고 빠르게 찾을 수 있다.

이 책의 차례

PART 01

공인중개사
법령

이 책의 **차례**

PART **02**

부동산
거래신고 등에
관한 법령

PART
03
중개실무

부 록

공인중개사법령

총칙은 법의 제정목적, 용어의 정의, 중개대상물로 구성되어 있다. 용어의 정의와 중개대상물에서 각각 1문제씩 출제되는 편인데 다소 많은 학습량에 비해 문제비중은 적다. 6가지 용어는 모두 잘 출제되며 중개대상물은 토지 및 건축물에 대해 주로 출제한다.

제1절 공인중개사법령의 구성 및 성격

1 공인중개사법령의 구성

1. 「공인중개사법」

51개의 조로 구성된 국회를 통과하여 만들어진 법률이다. 공인중개사 자격을 취득하여 개업공인중개사가 되는 과정과 개업공인중개사의 중개와 관련된 각종 업무, 의무, 보수 및 제재로 구성된다. 「공인중개사법」의 모태가 된 법률은 1983년 제정된 「부동산중개업법」이며, 그 이후 여러 차례 개정을 통해 2014년 7월 29일 「공인중개사법」이라는 명칭을 사용하게 되었다.

2. 「공인중개사법 시행령」(대통령령)

「공인중개사법」에서 위임된 사항과 그 시행에 필요한 사항을 규정한다. 공인중개사의 업무에 관한 기본적인 사항은 법률로 정하고 그 세부적인 사항은 법률에서 시행령으로 위임하여 정하게 된다. 국회 의결을 거치지 않아도 되므로 신속하게 개정이 가능하다. 대표적으로 중개사무소 개설등록기준, 과태료의 부과기준금액 등을 대통령령으로 정한다.

3. 「공인중개사법 시행규칙」(국토교통부령)

「공인중개사법」 및 같은 법 시행령에서 위임된 사항과 그 시행에 관하여 필요한 사항을 규정한다. 공인중개사의 업무에 관한 기본적인 사항은 법률로 정하고 그 세부적인 사항은 법률 및 시행령에서 시행규칙으로 위임하여 정하게 된다. 시행령과 마찬가지로 국회 의결을 거치지 않아도 되므로 신속하게 개정이 가능하다. 대표적으로 자격정지의 기준, 업무정지기준, 및 모든 서식을 국토교통부령으로 정하게 된다.

2 공인중개사법령의 성격

1. 부동산중개에 관한 기본법

「공인중개사법」은 부동산중개와 관련된 기본법(일반법)이다. 부동산중개업을 하려는 자는 「공인중개사법」에 따라 공인중개사 자격을 취득하고 중개사무소 개설등록을 하여야 한다.

2. 「상법」 및 「민법」에 대한 특별법

특별법 우선의 원칙에 따라 부동산중개에 관하여는 「공인중개사법」을 우선적으로 적용한다. 공인중개사법령에 규정되지 않은 사항은 「민법」 또는 「상법」을 보충하여 적용한다.

⑴ 「민법」을 보충·적용하는 경우

개업공인중개사와 중개의뢰인의 법률관계는 「민법」상 위임관계와 유사하므로, 개업공인중개사는 선량한 관리자의 주의로 중개대상물의 권리관계 등을 조사·확인하여 중개의뢰인에게 설명할 의무가 있다(2012다74342). 공인중개사협회의 경우 「공인중개사법」에 규정된 것 외에는 「민법」 중 사단법인에 관한 규정을 적용한다.

⑵ 「상법」을 보충·적용하는 경우

부동산중개업무는 「상법」 제46조 제11호에서 정하고 있는 '중개에 관한 행위'로서 기본적 상행위에 해당한다(2007다66590).

3. 사회법

① 공법과 사법의 성격을 모두 갖는 법을 사회법, 중간법 또는 혼합법이라 한다. 「공인중개사법」은 공법적인 성격과 사법적인 성격을 모두 갖고 있는 법률이다.
② 중개사무소 개설등록을 하지 않고 중개업을 한 자에 대한 처벌규정, 개업공인중개사의 중개의뢰인에 대한 각종 의무 등은 공법적 성격을 가지며, 개업공인중개사와 중개의뢰인 간의 법률관계, 거래당사자 간의 거래계약, 손해배상책임 등은 사법적 성격을 가진다.

4. 국내법

이 법은 대한민국 영토 내에 소재하는 부동산중개에 대해 효력이 미치는 국내법의 성격을 갖는다. 따라서 외국인이 대한민국에 소재하는 부동산을 중개하는 경우에도 「공인중개사법」의 적용을 받는다.

제2절 「공인중개사법」의 목적

1 제정목적

법 제1조【목적】 이 법은 공인중개사의 업무 등에 관한 사항을 정하여 그 전문성을 제고하고, 부동산 중개업을 건전하게 육성하여 국민경제에 이바지함을 목적으로 한다.

2 출제가능성

과거 20회까지는 종종 출제되었으나 그 이후에는 아직 출제되지 않았다. 법의 제정목적을 묻는 경우에 있어서 아래와 같이 틀린 지문을 출제할 수 있다.

1. 공인중개사의 공신력을 제고한다.
2. 부동산중개업을 건전하게 규율한다.
3. 부동산중개업을 건전하게 지도한다.
4. 국민의 재산권 보호에 이바지한다.

제3절 용어의 정의 제33회, 제34회, 제36회

법 제2조【정의】 이 법에서 사용하는 용어의 정의는 다음과 같다.
1. '중개'라 함은 제3조에 따른 의한 중개대상물에 대하여 거래당사자 간의 매매ㆍ교환ㆍ임대차 그 밖의 권리의 득실변경에 관한 행위를 알선하는 것을 말한다.
2. '공인중개사'라 함은 이 법에 의한 공인중개사자격을 취득한 자를 말한다.
3. '중개업'이라 함은 다른 사람의 의뢰에 의하여 일정한 보수를 받고 중개를 업으로 행하는 것을 말한다.
4. '개업공인중개사'라 함은 이 법에 의하여 중개사무소의 개설등록을 한 자를 말한다.
5. '소속공인중개사'라 함은 개업공인중개사에 소속된 공인중개사(개업공인중개사인 법인의 사원 또는 임원으로서 공인중개사인 자를 포함한다)로서 중개업무를 수행하거나 개업공인중개사의 중개업무를 보조하는 자를 말한다.
6. '중개보조원'이라 함은 공인중개사가 아닌 자로서 개업공인중개사에 소속되어 중개대상물에 대한 현장안내 및 일반서무 등 개업공인중개사의 중개업무와 관련된 단순한 업무를 보조하는 자를 말한다.

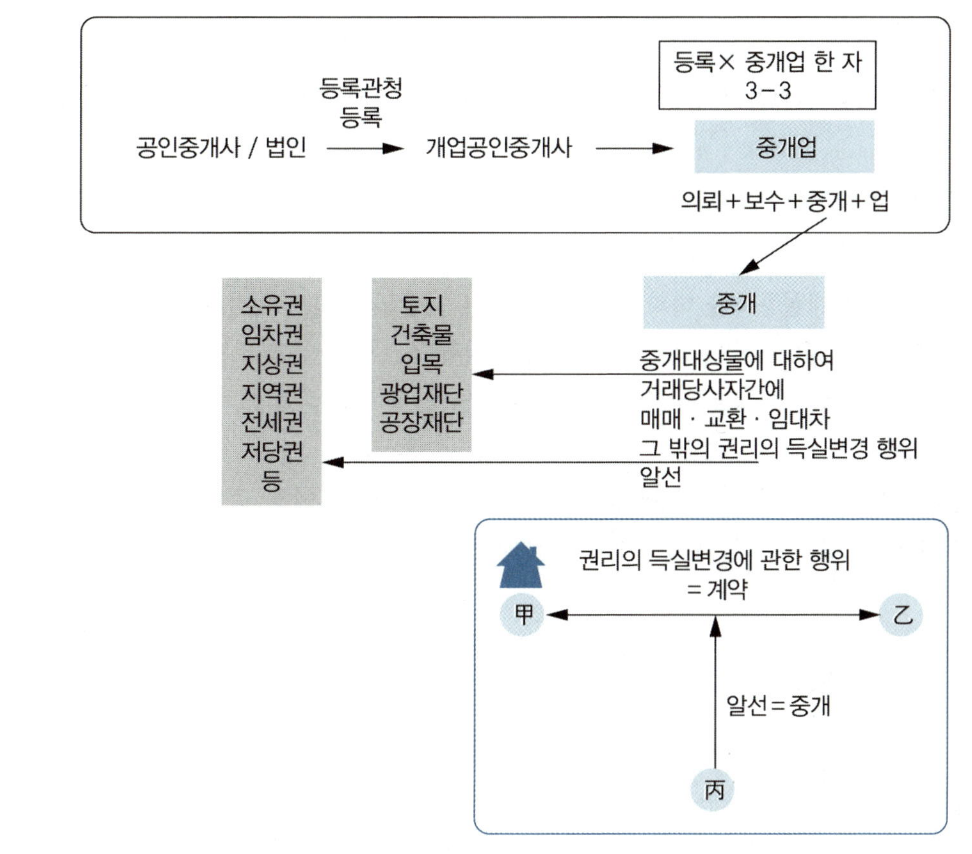

공인중개사
• 공인중개사인 개업공인중개사
• 소속공인중개사
• 장롱 공인중개사

개업공인중개사
• 법인인 개업공인중개사
• 공인중개사인 개업공인중개사
• 부칙상 개업공인중개사

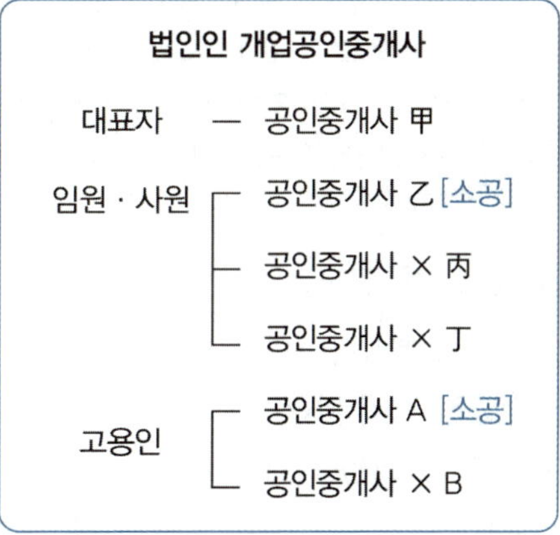

1 중개업

1. 중개업의 의의

① **정의**: 다른 사람의 의뢰에 의하여 일정한 **보수**를 받고 중개를 **업**으로 행하는 것을 말한다.

② 중개업을 영위하려는 자는 공인중개사 자격을 취득하거나 등록기준을 갖춘 법인을 설립하여 중개사무소 개설등록을 하여야 한다(법 제9조).

③ **중개사무소 개설등록을 하지 않은 자가 다른 사람의 의뢰에 의하여 일정한 보수를 받고 중개를 업으로 하는 것은 중개업에 해당한다.** 다만, 중개사무소 개설등록을 하지 않고 중개업을 한 자는 법 제48조에 따라 3년 이하의 징역 또는 3천만원 이하의 벌금에 처한다.

④ 중개사무소 개설등록을 하지 않은 자라도 보수를 받지 않고 중개를 했거나, 우연한 기회에 단 1회 중개를 한 경우에는 '중개업'에 해당하지 않으므로 처벌대상이 되지 않는다.

2. 중개업의 성립요건

(1) '일정한 보수'를 받을 것

중개대상물에 대하여 거래당사자 간의 거래계약을 알선했더라도 일정한 보수를 받지 않았다면 '중개업'에 해당하지 않는다. 따라서 **중개사무소 개설등록을 하지 않은 자가 보수를 받지 않고 중개를 한 경우에는 처벌대상이 되지 않는다.**

⚖️ 판례

거래당사자들로부터 보수를 현실적으로 받지 아니하고 단지 **보수를 받을 것을 약속하거나 거래당사자들에게 보수를 요구하는 데 그친 경우에는 '중개업'에 해당한다고 할 수 없다.** 또한 위와 같은 보수의 약속·요구행위를 별도로 처벌하는 규정 및 무등록중개업 위반죄의 미수범을 처벌하는 규정도 존재하지 않으므로, 죄형법정주의의 원칙상 **중개사무소 개설등록을 하지 아니하고 부동산 거래를 중개하면서 그에 대한 보수를 약속·요구하는 행위를 「공인중개사법」 위반죄로 처벌할 수는 없다**(2006도4842).

(2) 중개를 '업'으로 할 것

① '업'이란 불특정다수인을 상대로 영리를 목적으로 계속적·반복적으로 하는 것을 말한다. 그러나 '업'이라는 것은 현실적으로 반복하여 행하여진 것만을 의미하는 것은 아니며, 단 1회의 행위라도 앞으로 계속할 의도하에서 행하여진 것도 포함된다. 그러므로 무자격자가 '부동산중개'라는 사무소 명칭표시를 하고 단 1회 중개행위를 한 경우에는 '중개업'에 해당할 수 있다.

② '업'이라는 것은 단순히 횟수만으로 판단할 것은 아니며, 알선·중개를 업으로 하였는 지의 여부는 알선·중개행위의 반복·계속성, 영업성 등의 유무와 그 행위의 목적이 나 규모, 횟수, 기간, 태양 등 여러 사정을 종합적으로 고려하여 사회통념에 따라 판단 하여야 한다(88도998).

⚖ 판례

우연한 기회에 중개행위를 한 경우
중개사무소 개설등록을 하지 않은 자가 **우연한 기회**에 단 1회 건물 전세계약의 중개를 하 고 보수를 받은 사실만으로는 알선·중개를 업으로 하는 것이라고 볼 수 없다(88도998).

③ 보수를 받고 중개를 업으로 하였다면 특정 중개대상물만 대상으로 해도 '중개업'에 해당 한다. 즉, 보수를 받고 오로지 토지만의 중개를 업으로 하는 경우에도 중개업에 해당 한다.

⚖ 판례

부동산 중개행위가 부동산 컨설팅행위에 부수하여 이루어졌다고 하여 이를 중개업에 해당 하지 않는다고 할 수는 없다(2006도7594).

📋 예제

공인중개사법령상 용어와 관련된 설명으로 옳은 것은? (다툼이 있으면 판례에 따름)　　제26회
① 법정지상권을 양도하는 행위를 알선하는 것은 중개에 해당한다.
② 반복, 계속성이나 영업성 없이 단 1회 건물매매계약의 중개를 하고 보수를 받은 경우 중개 를 업으로 한 것으로 본다.
③ 외국의 법에 따라 공인중개사 자격을 취득한 자도 「공인중개사법」에서 정의하는 공인중 개사로 본다.
④ 소속공인중개사란 법인인 개업공인중개사에 소속된 공인중개사만을 말한다.
⑤ 중개보조원이란 공인중개사가 아닌 자로서 개업공인중개사에 소속되어 중개대상물에 대 한 현장안내와 중개대상물의 확인·설명의무를 부담하는 자를 말한다.

해설 ② 우연한 기회에 단 1회 중개행위를 한 경우는 보수를 받았더라도 중개업에 해당하지 않는다.
③ '공인중개사'란 이 법에 의한 공인중개사 자격을 취득한 자를 말한다.
④ '소속공인중개사'에는 법인의 사원 또는 임원으로서 공인중개사인 자를 포함한다. 법인이 아닌 개업공인 중개사에 소속된 공인중개사도 소속공인중개사에 해당한다.
⑤ '중개보조원'이란 공인중개사가 아닌 자로서, 현장안내 및 일반서무, 중개업무와 관련된 단순한 업무를 보조하는 자를 말한다. 확인·설명, 확인·설명서 작성, 거래계약서 작성을 할 수 있다고 하면 모두 틀리다.
▶▶ 정답 ①

2 중개(仲介)

1. 중개의 의의

① **정의** : '중개'라 함은 법 제3조에 따른 중개대상물에 대하여 거래당사자 간의 **매매 · 교환 · 임대차 그 밖의 권리의 득실변경에 관한 행위**를 알선하는 것을 말한다.

② 법 제3조에 의한 중개대상물은 토지, 건축물 그 밖의 토지의 정착물, 입목, 광업재단 및 공장재단이다. 매매 · 교환 · 임대차 그 밖의 권리의 득실변경에 관한 행위는 법률행위인 계약을 말한다. 그러므로 중개는 중개대상물에 대하여 거래당사자 간의 계약을 알선하는 것을 말한다.

2. 중개행위의 성격

(1) **사실행위**(事實行爲)

거래당사자 간의 거래계약은 법률행위의 성격을 가지며, 개업공인중개사의 중개행위는 거래당사자 간의 법률행위가 용이하게 성립하도록 조력하는 사실행위이다(2003두14888).

(2) **상행위**(商行爲)

부동산중개업무는 「상법」 제46조(기본적 상행위) 제11호에서 정하고 있는 '중개에 관한 행위'로서 기본적 상행위에 해당하고, 상인이 영업을 위하여 하는 행위는 상행위이다(2007다66590).

3. 중개대상물

> **법 제3조 【중개대상물의 범위】** 이 법에 의한 중개대상물은 다음 각 호와 같다.
> 1. 토지
> 2. 건축물 그 밖의 토지의 정착물
> 3. 그 밖에 대통령령이 정하는 재산권 및 물건
>
> **영 제2조 【중개대상물의 범위】** 법 제3조 제3호의 규정에 따른 중개대상물은 다음 각 호와 같다.
> 1. 「입목에 관한 법률」에 따른 입목
> 2. 「공장 및 광업재단 저당법」에 따른 공장재단 및 광업재단

(1) 중개대상물과 중개

법 제3조에 따른 중개대상물을 대상으로 거래당사자 간의 거래계약을 알선하는 것이 중개이다. 법령에 규정된 중개대상물 외의 물건을 대상으로 계약을 알선하는 것은 「공인중개사법」상 '중개'에 해당하지 않는다. 따라서 자동차, 선박, 항공기, 동산, 권리금 등을 대상으로 한 계약을 알선하는 것은 「공인중개사법」상 '중개'에 해당하지 않는다.

(2) 중개대상물과 중개업

법 제2조(용어의 정의) 제3호에 규정된 '중개업'이라 함은 다른 사람의 의뢰에 의하여 일정한 보수를 받고 '중개'를 업으로 행하는 것을 말한다. 그리고 중개업을 영위하고자 하는 자는 공인중개사 자격을 취득하거나 법인을 설립하여 중개사무소 소재지를 관할하는 시장·군수 또는 구청장에게 중개사무소 개설등록을 하여야 한다. 그러므로 공인중개사법령상 중개대상물을 대상으로 중개업을 영위하려면 중개사무소 개설등록을 하여야 한다.

(3) 중개대상물과 무등록중개업

중개사무소 개설등록을 하지 않고 법 제3조에 규정된 중개대상물을 대상으로 중개업을 한 자는 법 제48조에 따라 3년 이하의 징역 또는 3천만원 이하의 벌금에 처한다.

(4) 중개대상물과 중개보수

개업공인중개사가 중개대상물을 대상으로 중개행위를 한 경우에는 공인중개사법령상 중개보수의 한도를 초과하여 받아서는 안 된다. 그러나 **중개대상물 이외의 물건을 대상으로 계약을 알선한 경우에는 '중개'에 해당하지 않으므로 공인중개사법령상 중개보수 규정이 적용되지 않는다.** 예를 들면, 상가 임차권 양도계약에 부수하여 발생하는 권리금은 중개대상물이 아니고, 권리금 계약을 알선한 행위는 '중개'에 해당하지 않으며 이에 대한 보수는 중개보수를 적용하지 않는다. 따라서 개업공인중개사가 권리금 수수를 알선하고 받은 보수가 법령상 중개보수 한도를 초과하여 받은 경우라도 「공인중개사법」상 처벌대상이 되지 않는다.

> **판례**
>
> **권리금은 중개대상물이 아니다.**
> 영업용 건물의 영업시설·비품 등 유형물이나 거래처, 신용, 영업상의 노하우 또는 점포위치에 따른 영업상의 이점 등 무형의 재산적 가치는 중개대상물이라고 할 수 없으므로, 그러한 유·무형의 재산적 가치의 양도에 대하여 이른바 '권리금' 등을 수수하도록 알선한 것은 중개행위에 해당하지 않는다. 따라서 「공인중개사법」이 규정하고 있는 중개보수의 한도액이 이 행위에는 적용되지 않는다(2005도6054).

4. 중개대상 권리

(1) 소유권, 점유권

중개대상물에 대한 매매 또는 교환계약을 알선하는 것은 '중개'이므로 소유권은 중개대상 권리이다. 점유권은 점유라는 사실로 취득하는 권리이며 법률행위인 계약을 통해 취득하는 권리가 아니므로 중개대상 권리가 아니다.

(2) 지상권, 지역권, 전세권

지상권과 지역권은 토지에 성립되는 권리이며 전세권은 토지 또는 건축물에 성립되는 권리이다. 또한 법률행위인 계약을 통하여 권리의 득실변경이 되는 권리이므로 모두 중개대상 권리에 해당한다.

(3) 저당권

저당권은 부동산에 성립되는 담보물권이며 계약으로 득실변경되는 권리이므로 중개대상 권리에 포함된다. 금전소비대차 계약을 알선하는 것은 중개에 해당하지 않으나 이에 부수하여 저당권 설정계약을 알선하는 것은 중개에 해당한다. 아래 판례는 중개사무소 개설등록을 하지 않은 자가 일정한 보수를 받고 저당권 설정에 관한 행위의 알선을 업으로 한 경우에는 '중개사무소 개설등록을 하지 않고 중개업을 한 자'에 해당하여 처벌대상이 된다는 내용이다.

⚖️ **판 례**

중개대상 권리인 저당권

용어의 정의 중 '**중개**'의 '**그 밖의 권리**'에는 **저당권 등 담보물권도 포함된다**. 따라서 타인의 의뢰에 의하여 일정한 보수를 받고 저당권 설정에 관한 행위의 알선을 업으로 하는 경우에는 중개업에 해당한다고 할 것이고, 그 행위가 **금전소비대차의 알선에 부수하여 이루어졌다고 하여 달리 볼 것도 아니다**(96도1641).

(4) 질 권

거래당사자 간의 질권이 성립되도록 알선할 수는 있으나, 질권은 부동산이 아닌 동산에 성립되는 담보물권이므로 중개대상 권리에 포함되지 않는다.

(5) 유치권

유치권은 채권의 변제기가 되고 목적물을 점유하는 경우 법률의 규정에 따라 발생하므로 유치권의 성립은 중개대상이 될 수 없다. 그러나 피담보채권과 목적물의 점유를 함께 이전할 경우 유치권은 그 이전이 가능하므로, 유치권의 양도는 중개가 가능하다(서울행정법원 2001구860). **유치권 성립(×), 유치권 양도(○)**

(6) 법정지상권

토지와 건물이 동일 소유자에 속하였다가 매매나 경매 등으로 토지와 건물의 소유자가 달라지게 되면 별도의 계약을 하지 않아도 법률의 규정에 따라 지상권이 성립하는 것이므로 법정지상권의 성립은 중개대상 권리에 포함되지 않는다. 그러나 법정지상권의 양도는 등기된 지상권의 양도와 다르지 않으므로 중개대상 권리가 된다. **법정지상권 성립(×)**, **법정지상권 양도(○)**

⚖ 판례

법정지상권 양도

법정지상권은 건물의 소유에 부속되는 종속적인 권리가 되는 것이 아니며 하나의 독립된 법률상 물권으로서의 성격을 지니고 있는 것이기 때문에 건물의 소유자가 건물과 법정지상권 중 어느 하나만을 처분하는 것도 가능하다(2000다1976).

(7) 법정저당권

법정저당권은 법률의 규정에 따라 발생하는 권리이므로 법정저당권의 성립은 중개대상 권리가 아니다. **법정저당권 성립(×)**

심화학습 | 법정저당권

「민법」 제649조(임차지상의 건물에 대한 법정저당권)
토지임대인이 변제기를 경과한 최후 2년의 차임채권에 의하여 그 지상에 있는 임차인 소유의 건물을 압류한 때에는 저당권과 동일한 효력이 있다.

(8) 담보가등기

부동산에 대한 가등기 설정계약으로 발생하는 권리이며, 저당권과 유사한 권리이므로 담보가등기는 중개대상 권리에 포함된다.

(9) 임차권

부동산에 대한 임대차계약으로 발생하므로 중개대상 권리가 된다.

(10) 등기된 환매권

부동산에 대한 **환매계약이 성립하도록 알선하는 것도 중개행위**이다. 또한 환매권을 등기한 경우 양도가 가능하므로 **등기된 환매권**은 중개대상 권리에 포함된다.

(11) 분묘기지권

분묘기지권은 이를 취득한 자에게만 인정되는 권리이며 거래가 되지 않으므로 중개대상 권리가 아니다.

◈ **중개대상 권리**

중개대상 권리	중개대상이 아닌 권리
소유권	점유권
지상권, 지역권, 전세권	질권
저당권	유치권의 성립
유치권의 양도	법정지상권의 성립
법정지상권의 양도	법정저당권의 성립
임차권	분묘기지권
등기된 환매권	광업권, 특허권

5. 중개대상 행위

(1) 중개대상인 행위

① 매매, 교환, 임대차계약

② 지상권, 지역권, 전세권, 저당권 설정계약 및 이전계약

③ 유치권을 양도하는 계약, 법정지상권을 양도하는 계약, 환매계약

(2) 중개대상이 아닌 행위

법률의 규정에 따라 권리가 발생하는 상속, 경매, 공매, 판결 등은 중개할 수 없다.

(3) 중개와는 구별되는 업무

개업공인중개사는 「공인중개사법」 제14조에 따라 중개업 외 다음의 업무를 겸업할 수 있는데, 이는 중개업 이외의 업무로서 중개에 해당하지 않는다.

① 상업용 건축물 및 주택의 임대관리
② 부동산의 이용·개발 및 거래에 관한 상담
③ 도배·이사업체의 소개 등 주거이전에 부수되는 용역의 알선
④ 상업용 건축물 및 주택의 분양대행
⑤ 개업공인중개사를 대상으로 한 중개업의 경영기법 및 경영정보의 제공
⑥ 경매 및 공매 부동산에 대한 권리분석 및 취득의 알선과 매수신청 또는 입찰신청의 대리 (부칙상 개업공인중개사 제외)

⚖ **판례**

분양대행
분양대행은 중개와는 구별되는 것이어서 개업공인중개사가 분양대행과 관련하여 교부받은 금원은 「공인중개사법」에 의하여 초과 수수가 금지되는 금원이 아니다(98도1914).

3 공인중개사

1. 의 의

① **정의**: 이 법에 의한 **공인중개사 자격을 취득한 자**를 말한다.

② 「공인중개사법」에 규정된 바에 따라 공인중개사 자격을 취득한 자만 '공인중개사'에 해당한다. 따라서 외국에서 부동산 중개관련 자격을 취득한 자는 「공인중개사법」상 공인중개사가 아니다. '공인중개사'에는 공인중개사인 개업공인중개사, 소속공인중개사 및 중개업에 종사하지 않는 공인중개사가 모두 포함된다. 그러므로 중개업을 하고 있는지 여부에 관계없이 공인중개사 자격을 취득한 자는 모두 '공인중개사'에 해당한다.

2. 공인중개사의 종별

(1) 공인중개사인 개업공인중개사

공인중개사 자격을 취득하고 중개사무소 개설등록을 한 자이다.

(2) 소속공인중개사

공인중개사 자격을 취득하고 개업공인중개사에 소속된 자이다.

(3) 공인중개사

자격을 취득하고 중개업에 종사하지 않는 자도 공인중개사이다.

> **빈출지문 OX**
>
> 공인중개사는 이 법에 의한 공인중개사 자격을 취득하고 중개업을 영위하는 자를 말한다. 제22회　　　　　　(　)
>
> **정답**　✕ 공인중개사 자격을 취득한 자는 개업공인중개사나 소속공인중개사가 되지 않았더라도 공인중개사에 해당한다.

4 개업공인중개사

1. 의 의

① **정의**: 이 법에 의하여 **중개사무소의 개설등록을 한 자**를 말한다.

② '개업공인중개사'에는 법인인 개업공인중개사, 공인중개사인 개업공인중개사 및 부칙상 개업공인중개사가 모두 포함된다.

2. 개업공인중개사의 종별

(1) 법인인 개업공인중개사

① 자본금이 5천만원 이상인 「상법」상 회사 또는 「협동조합 기본법」에 따른 협동조합
(사회적 협동조합 제외)을 설립하고 중개사무소 개설등록을 한 자를 말한다.

② **「상법」상 회사**: 주식회사, 유한회사, 유한책임회사, 합명회사, 합자회사가 있으며, 주식
회사, 유한회사 및 유한책임회사의 경영진은 임원, 합명회사 및 합자회사의 경영진은
무한책임사원(줄여서 '사원'이라 한다)이다.

③ **협동조합**: 「협동조합 기본법」에 따른 협동조합은 법인이어야 한다(「협동조합 기본법」
제4조). 협동조합의 경영진도 임원이라 하는데, 임원으로서 이사장 1명을 포함한 3명
이상의 이사와 1명 이상의 감사를 둔다(「협동조합 기본법」 제34조).

④ **등록기준**: 법인인 개업공인중개사로 중개사무소 개설등록을 하려면 **대표자는 공인중
개사이어야 하며, 대표자를 제외한 임원 또는 사원의 3분의 1 이상은 공인중개사이어
야 한다.** 또한 대표자를 포함한 임원 또는 사원의 전원이 시·도지사가 실시하는 실무
교육을 받아야 하며 등록의 결격사유에 해당하지 않아야 한다.

(2) 공인중개사인 개업공인중개사

공인중개사 자격을 취득한 후 중개사무소 개설등록을 한 자이다.

(3) 법 제7638호 부칙 제6조 제2항의 개업공인중개사

① 1989년 12월 31일까지는 공인중개사자격증이 없어도 중개업의 허가를 받을 수 있었
고, 1990년 1월 1일부터는 공인중개사 및 법인에게만 중개업의 허가를 내주었다. 공인
중개사 자격 없이 중개업의 허가를 받아 지금까지 중개업을 하고 있는 자를 말하며,
과거 '중개인'이라 부르기도 하였다.

② 부칙상 개업공인중개사는 공인중개사법령에 다음과 같은 제한규정을 두고 있다.

> ㉠ 중개사무소를 폐업한 경우에는 공인중개사 자격을 취득하기 전에 다시 중개사무소 개설등록을 할 수 없다.
> ㉡ 중개사무소 명칭에 '공인중개사사무소'라는 문자를 사용할 수 없다.
> ㉢ 경매 및 공매 부동산에 대한 권리분석 및 취득의 알선과 매수신청 또는 입찰신청의 대리를 할 수 없다.
> ㉣ 중개업무 지역의 제한 : 중개사무소가 소재하는 시 · 도 관할구역 내에 소재하는 중개대상물만 중개할 수 있음이 원칙이다.

3. 다른 법률에 따라 중개업을 할 수 있는 법인

① 「공인중개사법」이 아닌 다른 법률에 따라 부동산중개업을 할 수 있는 법인을 말하는 것으로, 이에는 「농업협동조합법」에 따른 지역농업협동조합, 「산림조합법」에 따른 지역산림조합 등이 있다. 지역농업협동조합은 「농업협동조합법」에 농지를 중개할 수 있는 규정이 있으며, 지역산림조합은 「산림조합법」에 입목과 임야를 중개할 수 있는 규정이 있어 이들을 '다른 법률에 따라 중개업을 할 수 있는 법인'이라 부른다.

② 공인중개사법령에는 다른 법률에 따라 중개업을 영위할 수 있는 법인에 대하여 3가지 규정을 두고 있다. 첫째, 공인중개사법령상 중개사무소 개설**등록기준을 적용하지 않는다.** 둘째, **분사무소의 책임자는 공인중개사가 아니어도 된다.** 셋째, 중개업무를 개시하기 전에 **2천만원 이상의 보증을 설정**하고 그 증명서류를 첨부하여 등록관청에 신고하여야 한다.

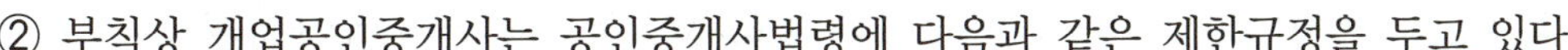

◈ **「농업협동조합법」에 의한 지역농업협동조합**

중개업무범위	조합원을 대상으로 농지의 매매 · 교환 · 임대차의 중개를 할 수 있다(「농업협동조합법」 제57조).
등록 여부	「공인중개사법」상 중개사무소 개설등록을 할 필요는 없다(「농업협동조합법」 제12조).
등록기준	「공인중개사법」상 등록기준을 적용하지 않는다(「공인중개사법 시행령」 제13조).
분사무소 설치요건	분사무소 책임자는 공인중개사가 아니어도 된다(「공인중개사법 시행령」 제15조).
보증설정금액	중개업무 개시 전에 2천만원 이상의 보증을 설정하고 그 증명서류를 갖추어 등록관청에 신고하여야 한다(「공인중개사법 시행령」 제24조).

5 소속공인중개사

1. 의 의

① **정의**: 개업공인중개사에 소속된 **공인중개사**(개업공인중개사인 법인의 사원 또는 임원으로서 공인중개사인 자를 **포함**한다)로서 중개업무를 **수행**하거나 개업공인중개사의 중개업무를 **보조**하는 자를 말한다.

② 개업공인중개사에 소속된 공인중개사는 소속공인중개사이며, 법인인 개업공인중개사의 사원 또는 임원인 공인중개사도 소속공인중개사라 한다.

빈출지문 OX

01 소속공인중개사에는 개업공인중개사인 법인의 사원 또는 임원으로서 중개업무를 수행하는 공인중개사인 자가 포함된다. 제27회　　　　　　　　　　　　　　(　　)

02 소속공인중개사란 법인인 개업공인중개사에 소속된 공인중개사만을 말한다. 제26회
　　　　　　　　　　　　　　　　　　　　　　　　　　　　　　　(　　)

03 공인중개사로서 개업공인중개사에 고용되어 그의 중개업무를 보조하는 자도 소속공인중개사이다. 제27회　　　　　　　　　　　　　　　　　　(　　)

정답　**01**　○
　　　　02　× 공인중개사인 개업공인중개사에 소속된 공인중개사도 소속공인중개사이다.
　　　　03　○

---

2. 업무범위

(1) 중개업무의 수행

① 중개대상물의 확인·설명을 할 수 있고 확인·설명서 및 거래계약서를 작성할 수 있다.

② 중개대상물 확인·설명서 및 거래계약서의 작성, 교부 및 보존의 의무는 개업공인중개사의 의무이다. 따라서 이를 **작성·교부하지 않거나 보존하지 않은 경우에는 개업공인중개사에게 업무정지처분을 할 수 있으며, 소속공인중개사에게 자격정지처분을 할 수는 없다.**

③ 중개업무를 수행한 소속공인중개사는 중개대상물 확인·설명서 및 거래계약서에 개업공인중개사와 함께 서명 및 날인하여야 하는데, 이를 위반한 경우는 개업공인중개사의 업무정지사유 및 소속공인중개사의 자격정지사유에 공통으로 속한다.

⑵ 중개업무의 보조

소속공인중개사는 현장안내 등 개업공인중개사의 중개업무를 보조할 수도 있다.

6 중개보조원

1. 의 의

① **정의: 공인중개사가 아닌 자로서** 개업공인중개사에 소속되어 중개대상물에 대한 **현장안내나 일반서무와 같은 중개업무와 관련된 단순한 업무를 보조하는** 자를 말한다.
② 중개보조원은 중개업무와 관련된 업무를 보조만 할 수 있고 중개업무를 수행할 수 없다.

2. 업무범위

⑴ 중개업무 수행금지

중개보조원은 중개업무를 수행하면 안 된다. 즉 중개대상물 확인·설명, 확인·설명서 작성 및 거래계약서 작성을 할 수 없다. 중개보조원이 거래를 성사시켜 작성한 거래계약서에 개업공인중개사가 서명 및 날인한 경우는 개업공인중개사가 중개보조원으로 하여금 자기 명의로 중개업무를 수행하게 한 것으로 보아 자격증 및 등록증 대여에 해당한다.

⑵ 중개업무 보조

중개보조원은 현장안내 및 일반서무 등 중개업무와 관련된 단순한 업무만 보조할 수 있다.

빈출지문 OX

01 중개보조원은 공인중개사가 아닌 자로서 개업공인중개사에 소속되어 일반서무 및 중개업무를 수행하는 자를 말한다. 제22회 ( )

02 중개보조원은 개업공인중개사에 소속된 공인중개사로서 개업공인중개사의 중개업무를 보조하는 자를 말한다. 제28회 ( )

정답 **01** × 중개업무를 수행할 수 없다.
02 × 공인중개사가 아닌 자이다.

예 제

공인중개사법령에 관한 내용으로 **틀린** 것은? (다툼이 있으면 판례에 따름) 제30회

① 개업공인중개사에 소속된 공인중개사로서 중개업무를 수행하거나 개업공인중개사의 중개업무를 보조하는 자는 소속공인중개사이다.

② 개업공인중개사인 법인의 사원으로서 중개업무를 수행하는 공인중개사는 소속공인중개사이다.

③ 무등록 중개업자에게 중개를 의뢰한 거래당사자는 무등록 중개업자의 중개행위에 대하여 무등록 중개업자와 공동정범으로 처벌된다.

④ 개업공인중개사는 다른 개업공인중개사의 중개보조원 또는 개업공인중개사인 법인의 사원·임원이 될 수 없다.

⑤ 거래당사자 간 지역권의 설정과 취득을 알선하는 행위는 중개에 해당한다.

해설 거래당사자가 무등록중개업자에게 중개를 의뢰한 행위 및 개업공인중개사에게 미등기 부동산의 전매에 대하여 중개를 의뢰한 행위를 「공인중개사법」 위반으로 처벌할 수 없으며, 공동정범 행위로 처벌할 수도 없다(2013도3246). ▶▶ 정답 ③

제4절 중개대상물 제32회, 제33회, 제34회

법 제3조 【중개대상물의 범위】 이 법에 의한 중개대상물은 다음 각 호와 같다.
1. 토지
2. 건축물 그 밖의 토지의 정착물
3. 그 밖에 대통령령이 정하는 재산권 및 물건

영 제2조 【중개대상물의 범위】 법 제3조 제3호의 규정에 따른 중개대상물은 다음 각 호와 같다.
1. 「입목에 관한 법률」에 따른 입목
2. 「공장 및 광업재단 저당법」에 따른 공장재단 및 광업재단

1 중개대상물의 의의

중개대상물에 대하여 중개업을 영위하려는 자는 중개사무소 개설등록을 하여야 한다. 중개사무소 개설등록을 하지 않은 자가 중개대상물을 대상으로 중개업을 한 경우에는 3년 이하의 징역 또는 3천만원 이하의 벌금에 처한다. 개업공인중개사가 중개대상물을 대상으로 중개행위를 한 경우에는 법령상 중개보수를 초과하여 받을 수 없으며, 이를 위반한 경우 1년 이하의 징역 또는 1천만원 이하의 벌금에 처한다. 또한 중개대상물 확인·설명의무, 확인·설명서 작성의무 및 거래계약서의 작성의무를 지게 된다.

2 중개대상물의 종류

1. 토 지

① 사적 소유가 되는 토지는 모두 중개대상물이 된다. 다만, 토지의 정착물 중 가식의 수목, 암석, 토사 등은 토지의 종물 또는 부속물로서 토지와 별개의 독립한 중개대상물이 될 수 없다.

② 분필하지 않은 1필지 토지의 일부라도 지상권, 지역권, 전세권의 설정 및 임대차계약이 가능하므로 이 경우에는 중개대상물이 된다.

2. 건축물 그 밖의 토지의 정착물

(1) 건축물

① **건축물의 정의**: 「건축법」에 따르면 토지에 정착하는 공작물 중 지붕과 기둥 또는 벽이 있는 것을 '건축물'로 정의하고 있다. 한편, 「민법」 제99조에 따르면 부동산은 '토지 및 그 정착물'로 정하고 있으며, 판례는 독립된 부동산으로서의 건물이라고 함은 최소한의 지붕과 기둥 및 주벽을 갖추어야 한다고 하고 있다.

② **중개대상물인 건축물**: 「공인중개사법」은 중개대상물인 건축물이 「민법」상 건축물인지 「건축법」상 건축물인지를 규정하고 있지 않은데, **판례에 의하면 '중개대상물인 건축물은 「민법」상의 부동산인 건축물에 한정된다**(2008도9427).'고 하여 **지붕과 기둥 그리고 주벽을 모두 갖춘 건축물이어야 중개대상물이 된다.**

> ⚖ **판례**
>
> **중개대상물인 건축물**
>
> 중개대상물인 건축물은 「민법」상의 부동산에 해당하는 건축물에 한정되어야 할 것이다. 법률상 독립된 부동산으로서의 건물이라고 하려면 최소한의 지붕과 기둥 그리고 주벽이 이루어져야 할 것인바, **세차장구조물**은 콘크리트 지반 위에 볼트조립방식 등을 사용하여 철제 파이프 또는 철골의 기둥을 세우고 그 상부에 철골 트러스트 또는 샌드위치 판넬 지붕을 덮었으며, 기둥과 기둥 사이에 차량이 드나드는 쪽을 제외한 나머지 2면 또는 3면에 천막이나 유리 등으로 된 구조물로서 **주벽이라고 할 만한 것이 없고**, 볼트만 해체하면 쉽게 토지로부터 분리·철거가 가능하므로 이를 **중개대상물인 토지의 정착물이라 볼 수는 없다고** 할 것이다(2008도9427).

③ **건축 중인 건축물**: 건축 중인 건축물도 기둥, 지붕 그리고 주벽이 갖추어진 경우 독립된 부동산으로 보기 때문에 **기둥, 지붕 그리고 주벽이 갖추어진 미등기의 건축물 및 무허가 건물**은 모두 중개대상물이 된다.

④ **건물의 일부**: 집합건축물은 각각의 호수별로 중개대상물이 되며, 단독건축물의 경우 1동 건물 전체가 중개대상물이 된다. 다만, 건축물의 일부라도 전세권 설정이나 임대차에 대하여 중개대상물이 된다.

(2) 분양권 및 입주권

① **분양권**: 아파트의 특정 동·호수에 대한 피분양자로 선정되거나 분양계약이 체결된 분양권은 현존하는 부동산은 아니나, '장래에 건축될 건물'로 보아 중개대상물이 된다.

② **입주권**: 특정한 아파트에 입주할 수 있는 권리가 아니라 아파트에 대한 추첨기일에 신청을 하여 당첨이 되면 아파트의 분양예정자로 선정될 수 있는 지위를 가리키는 데에 불과한 입주권은 중개대상물인 건물에 해당하지 않는다.

판례

분양권 등

1. 중개대상물로 규정한 '건물'에는 기존의 건축물뿐만 아니라 **장래에 건축될 건물**도 포함되어 있는 것이므로, 아파트의 특정 동·호수에 대한 피분양자로 선정되거나 분양계약이 체결된 후에 특정아파트에 대한 매매를 중개하는 것은 중개대상물인 건물의 중개에 해당한다(89도1885).
2. 특정한 아파트에 입주할 수 있는 권리가 아니라 **아파트에 대한 추첨기일에 신청을 하여 당첨이 되면 아파트의 분양예정자로 선정될 수 있는 지위를 가리키는 데에 불과한 입주권**은 「공인중개사법」 소정의 중개대상물인 건물에 해당한다고 보기 어렵다(90도1287).
3. **대토권**은 이 사건 주택이 철거될 경우 일정한 요건하에 **택지개발지구 내에 이주자택지를 공급받을 지위**에 불과하고 특정한 토지에 해당한다고 볼 수 없으므로 중개대상물이 아니다. 그러므로 이 사건 대토권의 매매 등을 알선한 행위는 공제사업자를 상대로 개업공인중개사의 손해배상책임을 물을 수 있는 중개행위에 해당한다고 할 수 없다(2011다23682).

⑶ 그 밖의 토지의 정착물

「공인중개사법」 제3조 제2호는 '건축물 그 밖의 토지의 정착물'로 정하고 있는데, 중개대상물인 '그 밖의 토지의 정착물'은 건축물과 유사한 효력을 갖는 토지에 독립된 부동산이어야 할 것으로 본다.

① **명인방법을 갖춘 수목의 집단**
- ㉠ **명인방법을 갖춘 수목(수목의 집단)**은 토지와 독립성이 인정되어 판례에 의하여 중개대상물로 인정되고 있다. 그러나 명인방법을 갖추지 않은 수목의 집단은 중개대상물에 해당하지 않는다.
- ㉡ 중개대상물인 「입목에 관한 법률」상 입목은 저당권의 목적이 될 수 있다는 점에서 명인방법을 갖춘 수목의 집단과 구별된다.

> **심화학습** **명인방법**(明認方法)
>
> 토지 위의 수목, 미분리의 과실, 채소 또는 논에 세워 둔 벼 따위를 토지의 소유권과는 별도로 거래하는 데에 이용하는 공시방법이다. 소유자의 이름을 써넣거나 논밭 둘레에 새끼줄을 치고 팻말을 박는 등의 방법을 이용함으로써 토지와는 별도의 소유자가 있음을 표시하며, 관습법상 공시방법으로 인정되고 있다.

② **명인방법을 갖춘 미분리의 과실, 농작물**: 국토교통부 유권해석에 따라 중개대상물로 인정되지 않는다.

③ **가식의 수목, 토지로부터 분리된 수목, 담장, 교량 등**: 토지와 독립된 별개의 부동산이 아니므로 중개대상물에 속하지 않는다.

3. 「입목에 관한 법률」에 따른 입목

⑴ 의 의

① **목적**: 이 법은 입목(立木)에 대한 등기 및 저당권 설정 등에 필요한 사항을 규정함을 목적으로 한다.

② **정의**: '입목'이란 **토지에 부착된 수목의 집단으로서 그 소유자가 이 법에 따라 소유권 보존의 등기를 받은 것**을 말한다.

⑵ 입목의 등록

① **범위**: 입목으로 등기를 받을 수 있는 수목의 집단의 범위는 1필의 토지 또는 1필의 토지의 일부분에 생립(生立)하고 있는 모든 수종(樹種)의 수목으로 한다.

② 입목의 등록

　　㉠ 소유권보존의 등기를 받을 수 있는 수목의 집단은 「입목에 관한 법률」에 따른 입목등록원부에 등록된 것으로 한정한다.

　　㉡ 등록을 받으려는 자는 그 소재지를 관할하는 특별자치도지사, 시장, 군수 또는 구청장(자치구의 구청장을 말한다)에게 신청하여야 한다.

　　㉢ 입목등록원부에 관계되는 신청서와 그 첨부서류는 10년간 보존하여야 한다.

(3) 소유권보존등기

① **입목의 등기신청** : 소유권보존의 등기는 다음의 어느 하나에 해당하는 자가 신청할 수 있다.

> ㉠ 입목이 부착된 토지의 소유자 또는 지상권자로서 등기기록에 등기된 자
> ㉡ 토지소유자 또는 지상권자의 증명서에 의하여 자기의 소유권을 증명하는 자
> ㉢ 판결에 의하여 자기의 소유권을 증명하는 자

② **토지등기사항증명서에 표시** : 등기관은 이미 등기되어 있는 토지에 부착된 수목에 대하여 소유권보존의 등기를 하였을 때와 입목의 구분 등기를 하였을 때에는 토지의 등기기록 중 표제부에 입목등기기록을 표시하여야 한다.

(4) 입목의 독립성

① 입목은 부동산으로 본다.

② 입목의 소유자는 토지와 분리하여 입목을 양도하거나 이를 저당권의 목적으로 할 수 있다.

③ 토지소유권 또는 지상권의 처분의 효력은 입목에 미치지 않는다.

(5) 입목의 저당권

① **입목을 저당권의 목적으로 하고자 하는 자는 그 입목을 보험**(「농업협동조합법」·「산림조합법」에 의한 공제를 포함)**에 가입하여야 한다.**

② 지상권자 또는 토지의 임차인에게 속하는 입목이 저당권의 목적이 되어 있는 경우에는 지상권자 또는 임차인은 저당권자의 승낙 없이 그 권리를 포기하거나 계약을 해지할 수 없다.

③ **입목을 목적으로 하는 저당권의 효력은 입목을 베어 낸 경우에 그 토지로부터 분리된 수목에 대하여도 미친다.**

④ 저당권자는 채권의 기한이 되기 전이라도 분리된 수목을 경매할 수 있다. 다만, 그 매각대금은 공탁하여야 한다.

⑤ 수목의 소유자는 상당한 담보를 공탁하고 경매의 면제를 신청할 수 있다.

⑹ 법정지상권

① 입목의 경매나 그 밖의 사유로 인하여 토지와 그 입목이 각각 다른 소유자에게 속하게 되는 경우에는 토지소유자는 입목소유자에 대하여 지상권을 설정한 것으로 본다.

② 지료는 당사자 간의 약정으로 정한다.

⑺ 「부동산등기법」의 준용

입목에 대한 등기에 관하여 이 법에 특별한 규정이 있는 경우 및 「부동산등기법」 제24조 제1항 제2호를 제외하고는 「부동산등기법」을 준용한다.

4. 「공장 및 광업재단 저당법」에 따른 공장재단

⑴ 공장재단의 정의

'공장재단'이란 공장에 속하는 일정한 기업용 재산으로 구성되는 일단(一團)의 기업재산으로서 이 법에 따라 소유권과 저당권의 목적이 되는 것을 말한다.

⑵ 공장재단의 설정 및 구성물

① 공장재단의 구성물

㉠ 공장재단은 다음에 열거하는 것의 전부 또는 일부로 구성할 수 있다.

> ⓐ 공장에 속하는 토지, 건물, 그 밖의 공작물
> ⓑ 기계, 기구, 전봇대, 전선(電線), 배관(配管), 레일, 그 밖의 부속물
> ⓒ 항공기, 선박, 자동차 등 등기나 등록이 가능한 동산
> ⓓ 지상권 및 전세권
> ⓔ 임대인이 동의한 경우에는 물건의 임차권
> ⓕ 지식재산권

㉡ 공장재단의 구성물은 동시에 다른 공장재단에 속하게 하지 못한다.

② 공장 소유자는 하나 또는 둘 이상의 공장으로 공장재단을 설정하여 저당권의 목적으로 할 수 있다. 공장재단에 속한 공장이 둘 이상일 때 각 공장의 소유자가 다른 경우에도 같다.

⑶ 공장재단 목록의 효력

공장재단의 소유권보존등기가 있는 경우 공장재단 목록은 등기부의 일부로 보고 기록된 내용은 등기된 것으로 본다.

⑷ 공장재단의 소유권보존등기

① 공장재단은 공장재단등기부에 소유권보존등기를 함으로써 설정한다.

② 공장재단의 소유권보존등기 효력은 소유권보존등기를 한 날부터 10개월 내에 저당권 설정등기를 하지 아니하면 상실된다.

③ 등기관은 공장재단에 관하여 소유권보존등기를 하면 그 공장재단 구성물의 등기기록 중 해당 구에 공장재단에 속한다는 사실을 기록하여야 한다.

⑸ 공장재단의 단일성

① 공장재단은 1개의 부동산으로 본다.

② 공장재단은 소유권과 저당권 외의 권리의 목적이 되지 못한다. 다만, 저당권자가 동의한 경우에는 임대차의 목적물로 할 수 있다.

⑹ 공장재단 구성물의 양도 등 금지

공장재단의 구성물은 공장재단과 분리하여 양도하거나 소유권 외의 권리, 압류, 가압류 또는 가처분의 목적으로 하지 못한다. 다만, 저당권자가 동의한 경우에는 임대차의 목적물로 할 수 있다.

⑺ 공장재단 구성물의 분리

공장 소유자가 저당권자의 동의를 받아 공장재단의 구성물을 공장재단에서 분리한 경우 그 분리된 구성물에 관하여는 저당권이 소멸한다.

⑻ 공장재단의 소멸

공장재단은 다음의 어느 하나에 해당하는 경우에는 소멸한다.

> ① 공장재단에 설정된 저당권이 소멸한 후 10개월 내에 새로운 저당권을 설정하지 아니한 경우
> ② 공장재단의 소멸등기를 한 경우

5. 「공장 및 광업재단 저당법」에 따른 광업재단

⑴ 광업재단의 정의

'광업재단'이란 광업권(鑛業權)과 광업권에 기하여 광물(鑛物)을 채굴(採掘)·취득하기 위한 각종 설비 및 이에 부속하는 사업의 설비로 구성되는 일단의 기업재산으로서 이 법에 따라 소유권과 저당권의 목적이 되는 것을 말한다.

(2) 광업재단의 설정 및 구성물

① **광업재단의 설정**: 광업권자는 광업재단을 설정하여 저당권의 목적으로 할 수 있다.

② **광업재단의 구성물**: 광업재단은 광업권과 다음에 열거하는 것으로서 그 광업에 관하여 동일한 광업권자에 속하는 것의 전부 또는 일부로 구성할 수 있다.

> ㉠ 토지, 건물 그 밖의 공작물
> ㉡ 기계, 기구 그 밖의 부속물
> ㉢ 항공기, 선박, 자동차 등 등기나 등록이 가능한 동산
> ㉣ 지상권이나 그 밖의 토지사용권
> ㉤ 임대인이 동의한 경우에는 물건의 임차권
> ㉥ 지식재산권

(3) 공장재단 규정의 준용

① 광업재단에 관하여는 이 장에 특별한 규정이 있는 경우를 제외하고는 공장재단에 관한 규정을 준용한다. 이 경우 '공장재단'은 '광업재단'으로 본다.

② 즉 광업재단에 관하여는 위 **4.**의 '공장재단'의 공장재단 목록의 효력, 공장재단 소유권 보존등기, 공장재단의 단일성, 공장재단 구성물의 양도 등 금지, 공장재단 구성물의 분리, 공장재단의 소멸의 내용을 준용한다.

3 중개대상물의 여부

1. 법정 중개대상물 여부

① 토지, 건축물 그 밖의 토지의 정착물, 입목, 광업재단, 공장재단, 명인방법을 갖춘 수목의 집단은 중개대상물에 해당한다.

② 자동차, 항공기, 선박, 건설기계, 동산, 권리금 등은 중개대상물이 아니다.

판례

1. 권리금

영업용 건물의 영업시설·비품 등 유형물이나 거래처, 신용, 영업상의 노하우 또는 점포위치에 따른 영업상의 이점 등 무형의 재산적 가치는 중개대상물이 아니다(2005도6054).

2. 금전채권

'금전채권'은 중개대상물이 아니다. 금전채권 매매계약을 중개한 것은 중개행위에 해당하지 않으므로, 중개수수료의 한도액은 금전채권 매매계약의 중개행위에는 적용되지 않는다(2017도13559).

2. 공법상 또는 사법상 제한된 부동산

(1) 공법상 제한

토지거래허가구역 내의 토지, 개발제한구역 내의 토지, 군사시설보호구역 내의 토지, 상수원보호구역 내의 토지, 접도구역 내의 토지, 도로예정지 등 공법상 제한을 받더라도 사유지인 경우에는 중개대상물이 된다.

(2) 사법상 제한

가압류된 토지, 가등기가 설정된 건물, 처분금지 가처분 등기가 된 부동산, 경매개시결정 등기가 된 부동산 등도 처분이 가능하므로 중개대상물이 된다.

(3) 기타 제한

법정지상권의 성립, 법정저당권의 성립, 유치권의 성립은 중개대상이 될 수 없으나, **법정지상권이 성립된 토지, 법정저당권이 성립된 건물, 유치권이 행사 중인 건물** 등은 중개대상물이 된다.

3. 국유재산 또는 공유재산

(1) 국유재산(「국유재산법」)

국유재산은 그 용도에 따라 행정재산과 일반재산으로 구분한다.

① 행정재산은 공용 재산, 공공용 재산, 기업용 재산, 보존용 재산으로 구분되며, **용도가 폐지되지 않은 행정재산**은 처분하지 못하므로, 중개대상물이 될 수 없다.

② 일반재산이란 행정재산 외의 모든 국유재산을 말한다. 일반재산은 매각할 수 있으므로 중개대상물이 될 수 있다.

(2) 공유재산(「공유재산 및 물품 관리법」)

공유재산은 그 용도에 따라 행정재산과 일반재산으로 구분한다.

① 행정재산은 공용 재산, 공공용 재산, 기업용 재산, 보존용 재산으로 구분되며, 용도가 폐지되지 않은 행정재산은 처분하지 못하므로, 중개대상물이 될 수 없다.

② 공유재산 중 일반재산에 대하여 재공고 일반입찰에 붙였으나 입찰자 또는 낙찰자가 없는 경우에는 수의계약으로 매각이 가능하게 되는데, 이 경우 지방자치단체의 장이 개업공인중개사에게 중개를 의뢰하여 매각하고 해당 개업공인중개사에게 「공인중개사법」에 따른 중개보수를 지급할 수 있다(「공유재산 및 물품 관리법 시행령」 제43조)고 규정하고 있다. 따라서 이 경우에는 중개대상물이 된다.

4. 기 타

(1) 공유수면, 공유수면매립지(公有水面埋立地)

바다, 하천 등 공유수면은 중개대상물이 될 수 없으나, 사인(私人)이 「공유수면 관리 및 매립에 관한 법률」에 의하여 공유수면 매립면허를 받아 매립 후 준공인가를 받아 소유권을 취득한 토지는 중개대상물이 될 수 있다.

(2) 포락지

'포락지'란 지적공부에 등록된 토지가 물에 침식되어 수면 밑으로 잠긴 토지를 말하는 것으로, 포락지는 중개대상물이 될 수 없다.

(3) 무주(無主)부동산, 채굴되지 않은 광물

무주부동산은 국유로 귀속되므로 중개대상물이 될 수 없다. 광물의 채굴·취득권은 국가가 갖고 있으므로 채굴되지 않은 광물은 중개대상물이 될 수 없다.

예 제

공인중개사법령상 중개대상에 관한 설명으로 틀린 것은? (다툼이 있으면 판례에 따름) 제26회

① 중개대상물인 '건축물'에는 기존의 건축물뿐만 아니라 장차 건축될 특정의 건물도 포함될 수 있다.
② 공용폐지가 되지 아니한 행정재산인 토지는 중개대상물에 해당하지 않는다.
③ 「입목에 관한 법률」에 따라 등기된 입목은 중개대상물에 해당한다.
④ 주택이 철거될 경우 일정한 요건하에 택지개발지구 내에 이주자 택지를 공급받을 지위인 대토권은 중개대상물에 해당하지 않는다.
⑤ "중개"의 정의에서 말하는 '그 밖의 권리'에 저당권은 포함되지 않는다.

해설 ⑤ '중개'라는 용어의 정의에서 말하는 '그 밖의 권리'에는 저당권 등 담보물권도 포함된다. 따라서 타인의 의뢰에 의하여 일정한 보수를 받고 저당권 설정에 관한 행위의 알선을 업으로 하는 경우에는 '중개업'에 해당하고, 그 행위가 금전소비대차에 부수하여 이루어졌다 하여도 달리 볼 것도 아니다(96도1641).

▶▶ 정답 ⑤

◈ **중개대상물**

중개대상물	중개대상이 아닌 것
• 토지 • 건축물 그 밖의 토지의 정착물 • 입목 • 광업재단 • 공장재단	• 자동차 • 선박 • 항공기 • 권리금
• 개발제한구역 내의 토지 • 군사시설보호구역 내의 토지 • 도로예정지 중 사유지 • 접도구역 내의 사유지 • 가압류, 가처분, 가등기된 토지·건물 • 경매개시 결정등기가 된 토지·건물	• 국·공유재산 중 행정재산 • 무주부동산 • 미채굴광물 • 포락지
• 법정지상권이 성립된 토지 • 법정저당권이 성립된 건물 • 유치권이 행사 중인 건물	• 법정지상권의 성립 • 법정저당권의 성립 • 유치권의 성립

> **단원열기** 공인중개사 정책심의위원회, 공인중개사 시험제도, 공인중개사자격증 양도 등 금지 및 교육제도로 구성되어 있다. 정책심의위원회와 관련된 문제가 자주 출제되며, 응시자격, 자격증의 교부 및 양도 등 금지, 실무교육·직무교육·연수교육·부동산거래사고 예방교육에 관하여 출제된다. 2~3문제 정도의 비중이 있다.

제1절 공인중개사 정책심의위원회 제32회, 제33회, 제34회, 제35회

1 심의위원회 설치

1. 심의위원회

① 공인중개사의 업무에 관한 사항을 심의하기 위하여 **국토교통부**에 공인중개사 **정책심의위원회**(이하 '심의위원회'라 한다)를 둘 수 있다.

② 심의위원회는 국토교통부에 둘 수 있으므로, 필수기관이 아닌 임의기관이다.

2. 심의사항

> ① 공인중개사의 시험 등 공인중개사의 자격취득에 관한 사항
> ② 부동산 중개업의 육성에 관한 사항
> ③ 손해배상책임의 보장 등에 관한 사항
> ④ 중개보수 변경에 관한 사항

3. 심의사항의 구속

① 공인중개사 정책심의위원회에서 심의한 사항 중 "공인중개사의 시험 등 공인중개사의 자격취득에 관한 사항"에 대하여는 시·도지사는 이에 따라야 한다.

② 심의위원회에서 자격시험 등 자격취득에 관한 사항을 심의한 경우, 시험시행기관의 장인 시·도지사는 자격시험의 전국적인 균형유지를 위하여 이에 따라야 한다.

> **빈출지문 OX**
>
> 심의위원회에서 '중개보수 변경에 관한 사항'을 심의한 경우 시·도지사는 이에 따라야 한다. ( )
>
> **정답** × 공인중개사 시험 등 자격취득에 관한 사항을 심의한 경우 이에 따라야 한다.

2 심의위원회 구성

1. 구 성

공인중개사 정책심의위원회는 **위원장 1명을 포함하여 7명 이상 11명 이내의 위원**으로 구성한다.

2. 위원장 및 위원

(1) 위원장

심의위원회 위원장은 국토교통부 제1차관이 된다.

(2) 위 원

위원은 다음에 해당하는 사람 중에서 **국토교통부장관이 임명하거나 위촉한다.**

① 국토교통부의 4급 이상 또는 이에 상당하는 공무원이나 고위공무원단에 속하는 일반직 공무원
② 「고등교육법」 제2조에 따른 학교에서 부교수 이상의 직(職)에 재직하고 있는 사람
③ 변호사 또는 공인회계사의 자격이 있는 사람
④ 공인중개사협회에서 추천하는 사람
⑤ 공인중개사 자격시험의 시행에 관한 업무를 위탁받은 기관의 장이 추천하는 사람
⑥ 「비영리민간단체 지원법」에 따라 등록한 비영리민간단체에서 추천한 사람
⑦ 「소비자기본법」에 따라 등록한 소비자단체 또는 한국소비자원의 임직원으로 재직하고 있는 사람
⑧ 그 밖에 부동산·금융 관련 분야에 학식과 경험이 풍부한 사람

빈출지문 OX

01 심의위원회 위원장은 국토교통부장관이 된다. ( )

02 심의위원회 위원은 위원장이 임명한다. ( )

정답 **01** × 위원장은 국토교통부 제1차관이다.
 02 × 국토교통부장관이 임명한다.

---

3. 위원의 임기

공무원을 제외한 위원의 임기는 2년으로 하되, 위원의 사임 등으로 새로 위촉된 위원의 임기는 전임위원 임기의 남은 기간으로 한다.

4. 간 사

① 심의위원회에 심의위원회의 사무를 처리할 간사 1명을 둔다.

② 간사는 심의위원회의 위원장이 국토교통부 소속 공무원 중에서 지명한다.

❸ 심의위원회 운영

1. 위원장의 직무

① 위원장은 심의위원회를 대표하고, 심의위원회의 업무를 총괄한다.

② 위원장이 부득이한 사유로 직무를 수행할 수 없을 때에는 **위원장이 미리 지명한 위원**이 그 직무를 대행한다.

2. 심의위원회의 운영

① 위원장은 심의위원회의 회의를 소집하고, 그 의장이 된다.

② 심의위원회의 회의는 재적위원 과반수의 출석으로 개의(開議)하고, 출석위원 과반수의 찬성으로 의결한다.

③ 위원장은 심의위원회의 회의를 소집하려면 **회의 개최 7일 전까지** 회의의 일시, 장소 및 안건을 각 위원에게 통보하여야 한다. 다만, **긴급하게 개최하여야 하거나 부득이한 사유가 있는 경우에는 회의 개최 전날까지 통보**할 수 있다.

④ 위원장은 심의에 필요하다고 인정하는 경우 관계 전문가를 출석하게 하여 의견을 듣거나 의견 제출을 요청할 수 있다.

3. 수당 등

심의위원회에 출석한 위원 및 관계 전문가에게는 예산의 범위에서 수당과 여비를 지급할 수 있다. 다만, 공무원인 위원이 그 소관 업무와 직접적으로 관련되어 심의위원회에 출석하는 경우에는 그러하지 아니하다.

4. 운영세칙

규정한 사항 외에 심의위원회의 운영 등에 필요한 사항은 심의위원회 의결을 거쳐 위원장이 정한다.

4 위원의 제척·기피·회피

1. 위원의 제척

심의위원회의 위원이 다음의 어느 하나에 해당하는 경우에는 심의위원회의 심의·의결에서 제척(除斥)된다.

> ① 위원 또는 그 배우자나 배우자이었던 사람이 해당 안건의 당사자(당사자가 법인·단체 등인 경우에는 그 임원을 포함한다. 이하 같다)가 되거나 그 안건의 당사자와 공동권리자 또는 공동의무자인 경우
> ② 위원이 해당 안건의 당사자와 친족이거나 친족이었던 경우
> ③ 위원이 해당 안건에 대하여 증언, 진술, 자문, 조사, 연구, 용역 또는 감정을 한 경우
> ④ 위원이나 위원이 속한 법인·단체 등이 해당 안건의 당사자의 대리인이거나 대리인이었던 경우

2. 위원의 회피·해촉·기피 신청

① 위원 본인이 제척 사유에 해당하는 경우에는 스스로 해당 안건의 심의·의결에서 회피(回避)하여야 한다.

② **국토교통부장관은** 위원이 제척 사유에 해당하는데도 불구하고 회피하지 아니한 경우에는 해당 **위원을 해촉(解囑)할 수 있다.**

③ 해당 안건의 당사자는 위원에게 공정한 심의·의결을 기대하기 어려운 사정이 있는 경우에는 심의위원회에 **기피 신청**을 할 수 있고, **심의위원회는 의결**로 이를 결정한다. 이 경우 기피 신청의 대상인 위원은 그 의결에 참여하지 못한다.

예제

공인중개사법령상 "공인중개사 정책심의위원회"(이하 '심의위원회'라 함)에 관한 설명으로 틀린 것은?

제30회

① 국토교통부에 심의위원회를 둘 수 있다.
② 심의위원회는 위원장 1명을 포함하여 7명 이상 11명 이내의 위원으로 구성한다.
③ 심의위원회의 위원이 해당 안건에 대하여 자문을 한 경우 심의위원회의 심의·의결에서 제척된다.
④ 심의위원회의 위원장이 부득이한 사유로 직무를 수행할 수 없을 때에는 부위원장이 그 직무를 대행한다.
⑤ 심의위원회의 회의는 재적위원 과반수의 출석으로 개의(開議)하고, 출석위원 과반수의 찬성으로 의결한다.

해설 위원장이 부득이한 사유로 직무를 수행할 수 없을 때에는 위원장이 미리 지명한 위원이 그 직무를 대행한다. 협회 공제사업 운영위원회의 경우 부위원장이 그 직무를 대행한다. ▶ **정답** ④

제2절 공인중개사 자격시험 제33회, 제34회, 제36회

1 시험시행기관

1. 원 칙

① 공인중개사가 되려는 자는 **시·도지사**가 시행하는 공인중개사 자격시험에 합격하여 야 한다.

② 공인중개사 자격시험은 특별시장·광역시장·도지사·특별자치도지사(이하 '시·도지사' 라 한다)가 시행함이 원칙이다.

2. 예 외

① **국토교통부장관**은 공인중개사 자격시험 수준의 균형유지 등을 위하여 필요하다고 인 정하는 때에는 대통령령으로 정하는 바에 따라 직접 시험문제를 출제하거나 시험을 시행할 수 있다.

② **국토교통부장관**이 직접 시험문제를 출제하거나 시험을 시행하려는 경우에는 **심의위 원회의 의결**을 미리 거쳐야 한다.

3. 시험시행업무의 위탁

시험시행기관장은 시험의 시행에 관한 업무를 다음의 기관에 위탁할 수 있다.

① 공인중개사협회
② 「공공기관의 운영에 관한 법률」에 따른 공기업 또는 준정부기관

2 시험의 시행·공고

1. 시험의 시행

시험은 매년 1회 이상 시행한다. 다만, 시험시행기관장은 시험을 시행하기 어려운 부득이 한 사정이 있는 경우에는 **심의위원회의 의결**을 거쳐 해당 연도의 시험을 시행하지 아니 할 수 있다.

▽ **심의위원회 의결**
  - 위원에 대한 기피 신청이 있는 경우
  - 국토교통부장관이 직접 시험문제를 출제하거나 시험을 시행하려는 경우
  - 해당 연도의 시험을 시행하지 아니하려는 경우

2. 시험의 공고

(1) 개략적 공고

시험시행기관장은 시험을 시행하고자 하는 때에는 예정 시험일시·시험방법 등 시험시행에 관한 개략적인 사항을 매년 2월 말일까지 일간신문, 관보, 방송 중 하나 이상에 공고하고 인터넷 홈페이지 등에도 이를 공고하여야 한다.

(2) 구체적 공고

시험시행기관장은 예비공고 후 시험을 시행하고자 하는 때에는 시험일시, 시험장소, 시험방법, 합격자 결정방법 및 응시수수료의 반환에 관한 사항 등 시험의 시행에 관하여 필요한 사항을 시험시행일 90일 전까지 일간신문, 관보, 방송 중 하나 이상에 공고하고 인터넷 홈페이지 등에도 이를 공고하여야 한다.

3 응시자격

1. 공인중개사 자격이 취소된 자

① 공인중개사의 **자격이 취소된 후 3년이 지나지 아니한 자**는 공인중개사가 될 수 없다.

② 자격취소 후 3년이 지나지 아니한 자는 등록의 결격사유(제3장에서 다룬다)에도 해당하므로 개업공인중개사, 소속공인중개사, 중개보조원 및 법인의 임원 또는 사원도 될 수 없다.

2. 부정행위자

① 시험시행기관장은 시험에서 부정한 행위를 한 응시자에 대하여는 그 시험을 무효로 하고, **그 처분이 있은 날부터 5년간 시험응시자격을 정지**한다.

② 시험시행기관장은 부정행위자의 명단을 지체 없이 다른 시험시행기관장에게 통보하여야 한다.

> 1. 자격취소 후 3년이 지나지 아니한 자는 공인중개사가 될 수 없으며, 등록의 결격사유에도 해당하므로 중개보조원도 될 수 없다.
> 2. 부정행위로 시험의 무효처분일부터 5년이 지나지 않은 자는 공인중개사가 될 수 없으나, 등록의 결격사유에 속하지 않으므로 중개보조원은 될 수 있다.
> 3. 자격취소되고 3년이 지나지 아니한 자 및 부정행위로 인한 무효처분일부터 5년이 지나지 아니한 자를 제외하고는 누구나 공인중개사 자격시험에 응시할 수 있다. 미성년자, 피한정후견인, 피성년후견인, 금고 이상의 형의 선고를 받은 자, 외국인도 모두 공인중개사 자격시험에 응시하여 공인중개사가 될 수 있다.

4 응시원서 등

1. 응시원서

시험에 응시하고자 하는 자는 국토교통부령이 정하는 바에 따라 응시원서를 제출하여야 한다.

2. 응시수수료 및 반환

(1) 응시수수료

① **시·도지사가 시행하는 경우**: 지방자치단체의 조례가 정하는 바에 따라 수수료를 납부하여야 한다.

② **국토교통부장관이 시행하는 경우**: 국토교통부장관이 결정하여 공고하는 수수료를 납부하여야 한다.

③ **시험업무를 위탁한 경우**: 해당 업무를 위탁받은 자가 위탁한 자의 승인을 얻어 결정·공고하는 수수료를 각각 납부하여야 한다.

(2) 응시수수료 반환

① 시험시행기관장은 응시수수료를 납부한 자가 반환기준에 해당하는 경우에는 국토교통부령으로 정하는 바에 따라 응시수수료의 전부 또는 일부를 반환하여야 한다.

② **반환기준**(규칙 제2조 제2항)

> ㉠ 수수료를 과오납한 경우에는 그 과오납한 금액의 전부
> ㉡ 시험시행기관의 귀책사유로 시험에 응시하지 못한 경우에는 납입한 수수료의 전부
> ㉢ 응시원서 접수기간 내에 접수를 취소하는 경우에는 납입한 수수료의 전부
> ㉣ 응시원서 접수마감일의 다음 날부터 7일 이내에 접수를 취소하는 경우에는 납입한 수수료의 100분의 60
> ㉤ 접수마감일의 다음 날부터 7일을 경과한 날부터 시험시행일 10일 전까지 접수를 취소하는 경우에는 납입한 수수료의 100분의 50

5 시험의 출제

1. 출제위원의 임명

시험시행기관장은 부동산중개업무 및 관련 분야에 관한 학식과 경험이 풍부한 자 중에서 시험문제의 출제·선정·검토 및 채점을 담당할 자(출제위원)를 임명 또는 위촉한다.

2. 출제위원의 의무

① 출제위원으로 임명 또는 위촉된 자는 시험시행기관장이 요구하는 시험문제의 출제·선정·검토 또는 채점상의 유의사항 및 준수사항을 성실히 이행하여야 한다.

② 시험시행기관장은 시험의 신뢰도를 크게 떨어뜨리는 행위를 한 출제위원이 있는 때에는 그 명단을 다른 시험시행기관장 및 그 출제위원이 소속하고 있는 기관의 장에게 통보하여야 한다.

③ 국토교통부장관 또는 시·도지사는 시험시행기관장이 명단을 통보한 출제위원에 대하여는 그 명단을 통보한 날부터 5년간 시험의 출제위원으로 위촉하여서는 아니 된다.

3. 수당지급

출제위원 및 시험시행업무 등에 종사하는 자에 대하여는 예산의 범위 안에서 수당 및 여비를 지급할 수 있다.

6 시험방법 및 일부 면제

1. 시험방법

(1) **원칙**: 1차와 2차의 구분 시행

① 시험은 제1차 시험 및 제2차 시험으로 구분하여 시행한다. 이 경우 제2차 시험은 제1차 시험에 합격한 자를 대상으로 시행한다.

② 제1차 시험은 선택형으로 출제하는 것을 원칙으로 하되, 주관식 단답형 또는 기입형을 가미할 수 있다.

③ 제2차 시험은 논문형으로 출제하는 것을 원칙으로 하되, 주관식 단답형 또는 기입형을 가미할 수 있다.

(2) **예외**: 1차와 2차의 동시 시행

① 시험시행기관장이 필요하다고 인정하는 경우에는 제1차 시험과 제2차 시험을 구분하되 동시에 시행할 수 있다.

② 제1차 시험과 제2차 시험을 동시에 시행하는 경우에는 제1차 시험에 불합격한 자의 제2차 시험은 무효로 한다.

③ 제1차 시험 및 제2차 시험 모두 선택형으로 출제하는 것을 원칙으로 하되, 주관식 단답형 또는 기입형을 가미할 수 있다.

2. 시험의 일부 면제

제1차 시험에 합격한 자에 대하여는 다음 회의 시험에 한하여 제1차 시험을 면제한다.

3. 시험과목(영 [별표 1])

구 분	시험과목
제1차 시험	• 부동산학개론(부동산감정평가론을 포함한다) • 「민법」(총칙 중 법률행위, 질권을 제외한 물권법, 계약법 중 총칙·매매·교환·임대차) 및 민사특별법 중 부동산중개에 관련되는 규정
제2차 시험	• 공인중개사의 업무 및 부동산 거래신고에 관한 법령(「공인중개사법」, 「부동산 거래신고 등에 관한 법률」) 및 중개실무 • 부동산공시에 관한 법령(「부동산등기법」, 「공간정보의 구축 및 관리에 관한 법률」 제2장 제4절 및 제3장) 및 부동산 관련 세법 • 부동산공법(「국토의 계획 및 이용에 관한 법률」·「건축법」·「도시개발법」·「도시 및 주거환경정비법」·「주택법」·「농지법」) 중 부동산 중개에 관련되는 규정

▌7 합격자 결정

1. 제1차 시험

제1차 시험에 있어서는 매과목 100점을 만점으로 하여 매과목 40점 이상, 전과목 평균 60점 이상 득점한 자를 합격자로 한다.

2. 제2차 시험

(1) 절대평가(원칙)

제2차 시험에 있어서는 매과목 100점을 만점으로 하여 매과목 40점 이상, 전과목 평균 60점 이상 득점한 자를 합격자로 한다.

⑵ **상대평가**(예외)

시험시행기관장이 공인중개사의 수급상 필요하다고 인정하여 심의위원회의 의결을 거쳐 선발예정인원을 미리 공고한 경우에는 매과목 40점 이상인 자 중에서 선발예정인원의 범위 안에서 전과목 총득점의 고득점자순으로 합격자를 결정한다. 합격자를 결정함에 있어서 동점자로 인하여 선발예정인원을 초과하는 경우에는 그 동점자 모두를 합격자로 한다.

⑶ **최소선발인원 또는 최소선발비율 공고**

① 시험시행기관장은 응시생의 형평성 확보 등을 위하여 필요하다고 인정하는 경우에는 심의위원회의 의결을 거쳐 최소선발인원 또는 응시자 대비 최소선발비율을 미리 공고할 수 있다.

② 최소선발인원 또는 최소선발비율을 공고한 경우 제2차 시험에서 매과목 40점 이상, 전과목 평균 60점 이상 득점한 자가 최소선발인원 또는 최소선발비율에 미달되는 경우에는 매과목 40점 이상인 자 중에서 최소선발인원 또는 최소선발비율의 범위 안에서 전과목 총득점의 고득점자순으로 합격자를 결정한다.

8 합격자 공고 및 자격증 교부

1. 합격자 공고

공인중개사 자격시험을 시행하는 시험시행기관의 장은 공인중개사 자격시험의 합격자가 결정된 때에는 이를 공고하여야 한다.

2. 자격증 교부

① **시·도지사**는 합격자에게 **국토교통부령으로 정하는 바에 따라 공인중개사자격증을 교부**하여야 한다.

② **국토교통부령: 시·도지사**는 시험합격자의 결정 공고일부터 **1개월 이내**에 시험합격자에 관한 사항을 [별지 제2호 서식]의 공인중개사자격증교부대장에 기재한 후, 시험합격자에게 [별지 제3호 서식]의 **공인중개사자격증을 교부**하여야 한다.

③ 공인중개사자격증교부대장은 전자적 처리가 불가능한 특별한 사유가 없으면 전자적 처리가 가능한 방법으로 작성·관리하여야 한다.

3. 자격증의 재교부

(1) 재교부 신청

① 공인중개사자격증을 교부받은 자는 공인중개사자격증을 잃어버리거나 못쓰게 된 경우에는 국토교통부령으로 정하는 바에 따라 **시 · 도지사**에게 재교부를 신청할 수 있다.

② 공인중개사자격증의 재교부를 신청하고자 하는 자는 [별지 제4호 서식]의 재교부신청서를 해당 **자격증을 교부한 시 · 도지사에게 제출**하여야 한다.

(2) 행정수수료 납부

재교부를 신청하는 자는 해당 지방자치단체 **조례**로 정하는 수수료를 납부하여야 한다.

예제

공인중개사법령상 공인중개사 자격시험 등에 관한 설명으로 옳은 것은?   제30회

① 국토교통부장관이 직접 시험을 시행하려는 경우에는 미리 공인중개사 정책심의위원회의 의결을 거치지 않아도 된다.

② 공인중개사자격증의 재교부를 신청하는 자는 재교부신청서를 국토교통부장관에게 제출해야 한다.

③ 국토교통부장관은 공인중개사시험의 합격자에게 공인중개사자격증을 교부해야 한다.

④ 시험시행기관장은 시험에서 부정한 행위를 한 응시자에 대하여는 그 시험을 무효로 하고, 그 처분이 있은 날부터 5년간 시험응시자격을 정지한다.

⑤ 시험시행기관장은 시험을 시행하고자 하는 때에는 시험시행에 관한 개략적인 사항을 전년도 12월 31일까지 관보 및 일간신문에 공고해야 한다.

해설   ① 국토교통부장관이 직접 시험문제를 출제하거나 시험을 시행하려는 경우에는 심의위원회의 의결을 미리 거쳐야 한다.
② 자격증을 분실 · 훼손하여 재교부를 받고자 하는 자는 그 자격증을 교부한 시 · 도지사에 재교부를 신청해야 한다.
③ 시 · 도지사는 합격자에게 국토교통부령이 정하는 바에 따라 공인중개사자격증을 교부해야 한다.
⑤ 시험시행기관장은 시험을 시행하고자 하는 때에는 예정 시험일시 · 시험방법 등 시험시행에 관한 개략적인 사항을 매년 2월 말일까지 관보 및 일간신문에 공고하여야 한다.   ▶▶ 정답 ④

9 자격증 대여 등의 금지 및 유사명칭 사용 금지

1. 자격증의 양도 및 대여 금지(법 제7조)

(1) 양도 및 대여

공인중개사는 다른 사람에게 자기의 **성명**을 사용하여 중개업무를 하게 하거나 자기의 공인중개사자격증을 양도 또는 대여하여서는 아니 된다.

(2) 행정처분 및 행정형벌

① 시·도지사는 공인중개사 자격을 취소하여야 한다.

② 1년 이하의 징역이나 1천만원 이하의 벌금형에 처한다.

③ 행정처분 및 행정형벌을 병과할 수 있는 사유이다.

2. 자격증의 양수 등 금지(법 제7조)

(1) 양수 및 대여

누구든지 다른 사람의 공인중개사자격증을 양수하거나 대여 받아 이를 사용하여서는 아니 된다.

(2) 행정형벌

1년 이하의 징역이나 1천만원 이하의 벌금형에 처한다.

3. 자격증의 양도 등의 알선 금지(법 제7조)

(1) 양도 및 대여 등 알선

누구든지 성명을 사용하여 중개업무를 하게 하는 행위, 자격증을 양도 또는 대여하는 행위 및 자격증을 양수 또는 대여 받아 사용하는 행위를 **알선**해서는 안 된다.

(2) 행정형벌

1년 이하의 징역이나 1천만원 이하의 벌금형에 처한다.

4. 유사명칭 사용 금지(법 제8조)

① 공인중개사가 아닌 자는 공인중개사 또는 이와 유사한 명칭을 사용해서는 아니 된다.

② **행정형벌** : 1년 이하의 징역 또는 1천만원 이하의 벌금형에 처한다.

판 례

1. 자격증의 대여

① 정의: '공인중개사자격증의 대여'란 다른 사람이 그 자격증을 이용하여 공인중개사로 행세하면서 공인중개사의 업무를 행하려는 것을 알면서도 그에게 자격증 자체를 빌려주는 것을 말한다.

② 자격증 대여가 아닌 경우: 공인중개사가 무자격자로 하여금 그 공인중개사 명의로 개설등록을 마친 중개사무소에 자금을 투자하게 하고 경영에 관여하게 하였더라도 공인중개사 자신이 부동산거래 중개행위를 수행하고 무자격자로 하여금 공인중개사의 업무를 수행하도록 하지 않는다면, 등록증 · 자격증의 대여에 해당하지 않는다.

③ 판단기준: **무자격자가 공인중개사의 업무를 수행하였는지 여부는 외관상 공인중개사가 직접 업무를 수행하는 형식을 취하였는지 여부에 구애됨이 없이 실질적으로 무자격자가 공인중개사의 명의를 사용하여 업무를 수행하였는지 여부에 따라 판단하여야 한다.**

④ 결론: 공인중개사가 스스로 몇 건의 중개업무를 직접 수행한 바 있다 하더라도 **무자격자가 거래를 성사시켜 작성한 계약서에 공인중개사가 인감을 날인하는 것은** 자신이 직접 공인중개사 업무를 수행하는 형식만 갖추었을 뿐, 실질적으로는 무자격자로 하여금 자기 명의로 공인중개사 업무를 수행하도록 한 경우 자격증의 대여에 해당한다(2006도9334).

2. 유사명칭

① 중개사무소의 개설등록은 공인중개사 또는 법인만이 할 수 있도록 정하여져 있으므로, 중개사무소의 대표자를 가리키는 명칭은 일반인으로 하여금 그 명칭을 사용하는 자를 공인중개사로 오인하도록 할 위험성이 있다. 따라서 무자격자가 자신의 명함에 '**부동산 뉴스 대표**'라는 **명칭을 기재하여 사용한 것은 공인중개사와 유사한 명칭을 사용한 것에 해당한다**(2006도9334).

② 공인중개사가 아닌 자는 공인중개사 또는 이와 유사한 명칭을 사용하지 못하고, 제18조 제2항에 의하면 개업공인중개사가 아닌 자는 '공인중개사사무소', '부동산중개' 또는 이와 유사한 명칭을 사용하여서는 아니 된다. 그리고 이러한 유사한 명칭에 해당하는지는 일반인으로 하여금 그 명칭을 사용하는 자를 공인중개사 또는 개업공인중개사로 오인하도록 할 위험성이 있는지 여부에 따라 판단하여야 할 것이다(2014도12437).

■ 공인중개사법 시행규칙 [별지 제1호 서식] <개정 2016. 12. 30.>

제   회 공인중개사자격시험 응시원서

※ 뒤쪽의 유의사항을 읽고 작성하시기 바라며, 해당하는 곳의 [ ]란에 √표를 하시기 바랍니다.

① 응시번호		

응시자	성명	주민등록번호(외국인 등록번호)
	② 주소(주민등록지)	
	전화번호	③ 휴대전화
	④ 비밀번호(숫자 4자리)	⑤ 이메일(E-MAIL)

세부사항	최종 학력	[ ] 대학원 이상　　　[ ] 4년제 대학　　　[ ] 2년제 대학 [ ] 고졸　　　[ ] 중졸　　　[ ] 그 밖의 최종 학력
	직 업	[ ] 회사원　　[ ] 공무원　　[ ] 부동산업　　[ ] 학생 [ ] 농업　　[ ] 자영업　　[ ] 무직　　[ ] 그 밖의 직업

시험사항	1차 시험 면제	[ ] 면제(전회 1차 시험 합격, 응시번호　　　　　　　) [ ] 해당 없음
	응시지역	⑥ 희망시험장

「공인중개사법 시행령」 제8조 제1항에 따라 공인중개사 자격시험에 응시하기 위하여 응시원서를 제출합니다.

년　　　월　　　일

응시자　　　　　　　　　　　(서명 또는 인)

시험시행기관의 장　　　　　귀하

------------------------------ 자르는 선 ------------------------------

제   회 공인중개사자격시험 응시표

사진(여권용 사진) (3.5cm×4.5cm)	응시번호		성 명	
	주민등록번호 (외국인 등록번호)		시험일	
	시험장소			
	시험시간			
	합격자 발표			

년　　　월　　　일

시험시행기관의 장　　　| 직 인 |

자격증 번호:

공인중개사 자격증

○ 성   명:

○ 생년월일:

사진(여권용 사진)
(3.5cm × 4.5cm)

위의 사람은 「공인중개사법」 제4조에 따라   년도에 시행한 제   회 공인중개사자격시험에 합격하여 공인중개사자격을 취득하였음을 증명합니다.

년   월   일

시 · 도지사   직 인

■ 공인중개사법 시행규칙 [별지 제4호 서식] <개정 2021. 1. 12.>

[　] 공인중개사자격증
[　] 중개사무소등록증　　　　재교부신청서
[　] 분사무소설치신고확인서

※ 공인중개사자격증 재교부는 시·도에, 그 외는 시·군·구에 신청하시기 바랍니다.
※ 해당하는 곳의 [　]란에 √표를 하시기 바랍니다.

접수번호	접수일	처리기간	즉시

신청인	성명(대표자)	주민등록번호(외국인 등록번호)	
	주소(체류지)		
	전화번호		

개업공인중개사 종별	[　] 법인　　　[　] 공인중개사 [　] 법률 제7638호 부동산중개업법 전부개정법률 부칙 제6조 제2항에 따른 개업 공인중개사

중개사무소	명칭
	소재지
	전화번호

재교부 신청 사유	

「공인중개사법」 제5조 제3항, 제11조 제2항 또는 제13조 제5항에 따라 위와 같이 재교부를 신청합니다.

년　　　　월　　　　일
신청인　　　　　　　　　　(서명 또는 인)

　　시·도시자
　　시장·군수·구청장　　　　귀하

첨부서류	여권용(3.5cm × 4.5cm) 사진 1매

처리절차

신청서 작성	⇨	접 수	⇨	검 토	⇨	결 재	⇨	완 료

신청인　　처리기관 : 공인중개사 자격증 재교부는 시·도, 그 외의 사항은 시·군·구(부동산중개업 담당 부서)

제 3 절 개업공인중개사 등의 교육 제34회, 제35회

1 실무교육

1. 실무교육의 실시권자

실무교육은 **시 · 도지사**가 실시한다.

2. 대상자

① 중개사무소의 개설등록을 신청하려는 자(공인중개사)

② 개업공인중개사인 법인의 대표자 및 임원 또는 사원의 전원

③ 개업공인중개사인 법인의 분사무소 책임자가 되려는 자

④ 소속공인중개사로 고용신고를 하려는 자

3. 이수시기

(1) 등록을 신청하려는 공인중개사, 법인의 대표자 및 임원 또는 사원

등록신청일 전 1년 이내에 실무교육(실무수습 포함)을 받아야 한다. 임원 또는 사원은 공인
중개사 여부에 관계없이 **전원**이 실무교육을 받아야 한다.

(2) 분사무소의 책임자

분사무소 설치신고일 전 1년 이내에 실무교육(실무수습 포함)을 받아야 한다.

(3) 소속공인중개사

고용신고일 전 1년 이내에 실무교육을 받아야 한다.

4. 실무교육의 면제

(1) 개업공인중개사

① 폐업신고 후 1년 이내에 중개사무소의 개설등록을 다시 신청하려는 자

② 폐업신고 후 1년 이내에 소속공인중개사로 고용신고를 하려는 자

(2) 소속공인중개사

① 고용관계 종료신고 후 1년 이내에 중개사무소의 개설등록을 신청하려는 자

② 고용관계 종료신고 후 1년 이내에 다시 소속공인중개사로 고용신고를 하려는 자

⑶ 재교육

폐업신고 또는 고용관계 종료신고를 하고 1년이 지난 후 중개사무소 개설등록을 신청하거나, 고용신고를 하려는 경우에는 다시 실무교육을 받아야 한다.

5. 실무교육 내용 및 시간

⑴ 교육내용

직무수행에 필요한 법률지식, 부동산중개 및 경영실무, 직업윤리 등

⑵ 교육시간

45시간

2 직무교육

1. 실시권자

직무교육은 시·도지사 또는 등록관청이 실시한다.

2. 대상자 및 이수시기

중개보조원은 고용신고일 전 1년 이내에 직무교육을 받아야 한다.

3. 직무교육의 면제

고용관계 종료신고 후 1년 이내에 중개보조원으로 고용신고를 다시 하려는 자는 직무교육을 받지 않아도 된다.

4. 직무교육 내용 및 시간

⑴ 교육내용

중개보조원의 직무수행에 필요한 직업윤리 등

⑵ 교육시간

3시간 이상 4시간 이하

❸ 연수교육

1. 실시권자

연수교육은 시·도지사가 실시한다.

2. 대상자

① 실무교육을 받은 **개업공인중개사 및 소속공인중개사**는 실무교육을 받은 후 **2년마다** 연수교육을 받아야 한다.

② 중개보조원은 연수교육의 대상자가 아니다.

3. 통 지

시·도지사는 연수교육을 실시하려는 경우 실무교육 또는 연수교육을 받은 후 2년이 되기 **2개월 전까지** 연수교육의 일시·장소·내용 등을 대상자에게 통지하여야 한다.

4. 연수교육 내용 및 시간

(1) 교육내용

부동산중개 관련 법·제도의 변경사항, 부동산중개 및 경영실무, 직업윤리 등

(2) 교육시간

12시간 이상 16시간 이하

5. 위반 시 제재

정당한 사유 없이 연수교육을 받지 않은 개업공인중개사 또는 소속공인중개사에 대하여는 시·도지사가 **500만원 이하의 과태료를** 부과한다.

❹ 교육지침

1. 교육지침의 수립

국토교통부장관은 시·도지사가 실시하는 실무교육, 직무교육 및 연수교육의 전국적인 균형유지를 위하여 필요하다고 인정하면 **해당 교육의 지침을 마련하여 시행할 수 있다.**

2. 교육지침의 내용

교육지침에는 다음의 사항이 포함되어야 한다.

① 교육목적
② 교육대상
③ 교육과목 및 교육시간
④ 강사의 자격
⑤ 수강료
⑥ 수강신청, 출결(出缺)확인, 교육평가, 교육수료증 발급 등 학사 운영 및 관리
⑦ 그 밖에 균형 있는 교육의 실시에 필요한 기준과 절차

5 부동산거래사고 예방교육

1. 교육의 실시

① **국토교통부장관, 시 · 도지사 및 등록관청**은 필요하다고 인정하면 대통령령으로 정하는 바에 따라 **개업공인중개사 등**의 부동산거래사고 예방을 위한 교육을 실시할 수 있다.

② 부동산거래사고를 위한 예방교육은 국토교통부장관, 시 · 도지사 및 등록관청이 모두 실시할 수 있으며, 개업공인중개사 등인 개업공인중개사, 소속공인중개사, 중개보조원, 법인인 개업공인중개사의 사원 또는 임원 모두를 대상으로 실시할 수 있다.

2. 교육비 지원

① 국토교통부장관, 시 · 도지사 및 등록관청은 개업공인중개사 등이 부동산거래사고 예방 등을 위하여 교육을 받는 경우에는 대통령령으로 정하는 바에 따라 필요한 **비용을 지원할 수 있다.**

② 개업공인중개사 등에 대한 부동산거래사고 예방 등의 교육을 위하여 지원할 수 있는 비용은 다음과 같다.

㉠ 교육시설 및 장비의 설치에 필요한 비용
㉡ 교육자료의 개발 및 보급에 필요한 비용
㉢ 교육 관련 조사 및 연구에 필요한 비용
㉣ 교육실시에 따른 강사비

3. 교육일시 등의 통지

국토교통부장관, 시ㆍ도지사 및 등록관청은 부동산 거래질서를 확립하고, 부동산거래사고로 인한 피해를 방지하기 위하여 부동산거래사고 예방을 위한 교육을 실시하려는 경우에는 **교육일 10일 전까지** 교육일시ㆍ교육장소 및 교육내용, 그 밖에 교육에 필요한 사항을 공고하거나 교육대상자에게 통지하여야 한다.

예제

공인중개사법령상 개업공인중개사 등의 교육에 관한 설명으로 옳은 것을 모두 고른 것은? (단, 다른 법률의 규정은 고려하지 않음) 제29회

> ㉠ 실무교육을 받는 것은 중개사무소 개설등록의 기준에 해당한다.
> ㉡ 개업공인중개사로서 폐업신고를 한 후 1년 이내에 소속공인중개사로 고용신고를 하려는
>   자는 실무교육을 받아야 한다.
> ㉢ 연수교육의 교육시간은 28시간 이상 32시간 이하이다.
> ㉣ 연수교육을 정당한 사유 없이 받지 않으면 500만원 이하의 과태료를 부과한다.

① ㉠, ㉡ ② ㉠, ㉣
③ ㉡, ㉢ ④ ㉠, ㉢, ㉣
⑤ ㉡, ㉢, ㉣

해설 ㉠ 실무교육은 등록신청일 전 1년 이내에 받아야 하므로 등록기준에 해당한다.
㉡ 개업공인중개사로서 폐업신고를 한 후 1년 이내에 다시 개설등록을 신청하거나 소속공인중개사로 고용신고를 하려는 자는 실무교육을 받지 않아도 된다.
㉢ 연수교육의 교육시간은 12시간 이상 16시간 이하이다.
옳은 것은 ㉠ㆍ㉣이다. ▶▶ 정답 ②

MEMO

03 중개사무소 개설등록

단원열기 중개사무소 개설등록 및 등록의 결격사유를 학습하는 단원이며 2~3문제 가량 출제된다. 등록기준, 등록의 절차, 이중등록 및 이중소속 금지, 무등록중개업, 결격사유 여부를 중점적으로 출제한다.

제1절 중개사무소 개설등록 제32회, 제33회, 제34회, 제35회, 제36회

1 등록(登錄)의 의의

1. 등록의 개념

일정한 사실이나 법률관계를 행정청 등에 비치된 공부(公簿)에 기재하는 것을 등록(登錄)이라고 한다. 등록관청은 등록신청자가 등록기준에 적합한지 여부를 확인한 후 공적장부에 기재하여 중개업을 할 수 있는 자임을 증명하여 준다.

2. 등록의 성격

(1) 적법요건

① 중개사무소 개설등록을 하지 않고 중개업을 한 자는 3년 이하의 징역 또는 3천만원 이하의 벌금에 처한다.

② 등록은 거래당사자 간의 거래계약에 대한 효력요건은 아니므로, 중개사무소 개설등록을 하지 않은 자가 중개하여 체결된 거래당사자 간의 거래계약이 무효가 되는 것은 아니다.

(2) 기속행위

① 등록관청은 중개사무소 개설등록 신청이 다음의 어느 하나에 해당하는 경우를 제외하고는 개설등록을 해주어야 한다(영 제13조 제2항).

> ㉠ 공인중개사 또는 법인이 아닌 자가 중개사무소의 개설등록을 신청한 경우
> ㉡ 중개사무소의 개설등록을 신청한 자가 등록의 결격사유의 어느 하나에 해당하는 경우
> ㉢ 개설등록 기준에 적합하지 아니한 경우
> ㉣ 그 밖에 이 법 또는 다른 법령에 따른 제한에 위반되는 경우

② 공인중개사 또는 법인이 등록을 신청하였고 결격사유에 해당하지 않으며 등록기준에 적합한 경우 등록관청은 개설등록을 하여야 한다.

심화학습 중개업의 등록

1983년 제정된 「부동산중개업법」은 중개업의 허가제를 취했으나, 과도한 규제라는 지적에 따라 1999년 7월 1일부터 등록제로 전환되었다. 종전에는 개업공인중개사의 난립으로 인하여 현저하게 공익을 해할 염려가 있거나, 부동산거래질서의 확립을 위하여 필요하다고 인정될 경우에는 중개업의 허가를 제한할 수 있었으나, 등록제를 취하고 있는 현재는 등록관청은 등록기준에 적합한 경우에는 반드시 개설등록을 해주어야 한다.

(3) 일신전속성

중개사무소 개설등록은 일신전속성을 갖기 때문에 타인에게 상속, 증여, 양도 및 대여할 수 없다.

2 등록신청자 및 등록관청

1. 등록신청자

① 공인중개사(소속공인중개사는 **제외**한다) 또는 법인이 아닌 자는 중개사무소의 개설등록을 신청할 수 없다(법 제9조 제2항).

② 공인중개사 또는 법인만 중개사무소의 개설등록을 신청할 수 있으며 **소속공인중개사는 중개사무소의 개설등록을 신청할 수 없다.** 이중소속은 금지되므로 소속공인중개사인 상태에서 개업공인중개사가 될 수는 없기 때문이다.

🔍 이중소속 금지(법 제12조 제2항)

개업공인중개사 등은 다른 개업공인중개사의 소속공인중개사 · 중개보조원 또는 개업공인중개사인 법인의 사원 · 임원이 될 수 없다.

③ 등록기준을 갖춘 외국인 및 외국에 주된 영업소를 둔 법인도 중개사무소의 개설등록을 신청할 수 있다.

2. 등록관청

① **등록관청**: 중개업을 영위하려는 자는 국토교통부령으로 정하는 바에 따라 중개사무소(법인의 경우에는 주된 중개사무소를 말한다)를 두려는 지역을 관할하는 시장(구가 설치되지 아니한 시의 시장과 특별자치도 행정시의 시장을 말한다) · 군수 또는 구청장에게 중개사무소의 개설등록을 하여야 한다(법 제9조 제1항).

② 등록관청은 중개사무소를 두려는 지역을 관할하는 시장(**구가 설치되지 아니한 시의 시장과 특별자치도 행정시의 시장**)·군수 또는 구청장이다.

> 1. 구가 설치된 경우에는 구청장이 등록관청이 된다.
> 2. 구가 설치된 시의 시장은 등록관청이 아니다.
> 3. 중개사무소를 관할하는 구가 설치되지 아니한 시의 시장은 등록관청이다.
> 4. 중개사무소를 관할하는 특별자치도의 행정시의 시장은 등록관청이다.
> 5. 특별시장 및 광역시장은 등록관청이 아니며 시·도지사이다.
> 6. 공인중개사자격증은 시·도지사가 교부하며, 중개사무소등록증 및 분사무소설치신고확인서는 등록관청이 교부한다.

③ 법인인 개업공인중개사는 주된 중개사무소를 관할하는 시장·군수 또는 구청장이 등록관청이 되며, 주된 중개사무소를 관할하는 등록관청에 신고하고 등록관청 관할지역 외의 지역에 분사무소를 둘 수 있다.

④ 법인인 개업공인중개사는 분사무소의 설치신고, 이전신고 및 휴업·폐업의 신고를 모두 주된 사무소 관할 등록관청에 하여야 한다.

3 중개사무소 개설등록기준

중개사무소 개설등록의 기준은 대통령령으로 정한다(법 제9조 제3항). 등록기준(등록요건)이란 공인중개사 또는 법인이 중개사무소 개설등록을 신청하기 전에 미리 갖추어야 할 요건을 말한다. 한편, **다른 법률의 규정에 따라 부동산중개업을 할 수 있는 법인은 공인중개사법령상 등록기준을 적용하지 않는다**(영 제13조 제1항).

1. 공인중개사가 중개사무소를 개설하려는 경우

(1) 실무교육

① 실무교육을 받는 것은 중개사무소 개설등록기준에 해당한다. 중개사무소의 개설등록을 신청하려는 공인중개사는 등록신청일 전 1년 이내에 **시·도지사**가 실시하는 **실무교육**을 받아야 한다.

② 폐업신고(고용관계 종료신고) 후 1년 이내에 중개사무소 개설등록을 다시 신청하고자 하는 자는 실무교육을 받지 않아도 된다.

(2) **중개사무소 확보**

> **영 제13조 【중개사무소 개설등록의 기준 등】** 건축물대장(「건축법」 제20조 제5항에 따른 가설건축물대장은 제외한다)에 기재된 건물(준공검사, 준공인가, 사용승인, 사용검사 등을 받은 건물로서 건축물대장에 기재되기 전의 건물을 포함한다)에 중개사무소를 확보(소유·전세·임대차 또는 사용대차 등의 방법에 의하여 사용권을 확보해야 한다)할 것

① **원칙**: 건축물대장에 기재된 건물에 중개사무소를 확보하여야 중개사무소 개설등록을 할 수 있다. 「건축법」상 **가설건축물대장에 기재된 건물에는 개설등록을 할 수 없다.**

② **예외**: 준공검사, 준공인가, 사용승인, 사용검사 등을 받은 건물이면 건축물대장에 기재되기 전의 건물에도 중개사무소 개설등록을 할 수 있다.

③ **사용권 확보**: 소유·전세·임대차 또는 사용대차 등의 방법에 의하여 중개사무소의 사용권을 확보하여야 한다.

> 1. 소유권보존등기가 된 건물임을 요하지는 않으므로 사용승인 등을 받았거나 건축물대장에 기재된 건물이면 미등기건물에도 중개사무소 개설등록을 할 수 있다.
> 2. 무허가건물에는 중개사무소 개설등록을 할 수 없다.
> 3. 사용권은 소유권, 전세권, 임차권뿐만 아니라 무상으로 사용하는 사용대차도 허용되며, 다른 사람의 명의로 임차한 건물이라도 등록신청자가 사용승낙을 받아 중개사무소 개설등록을 할 수도 있다.

2. 법인이 중개사무소를 개설하려는 경우

(1) 「상법」상 회사 또는 「협동조합 기본법」에 따른 협동조합(사회적협동조합 제외)으로서 자본금이 5천만원 이상일 것

① 중개사무소 개설등록을 신청하기 전에 자본금 5천만원 이상인 「상법」상 회사를 설립하거나 「협동조합 기본법」에 따른 협동조합을 설립하여야 한다. 그러나 **사회적협동조합(비영리협동조합을 말함)을 설립한 경우에는 개설등록을 할 수 없다.**

② 「상법」상 회사에는 주식회사, 유한회사, 유한책임회사, 합명회사 및 합자회사가 있다. 주식회사, 유한회사 및 유한책임회사에서 업무를 집행하고 회사를 대표할 권리와 의무를 갖는 자는 임원이며, 합명회사 및 합자회사의 경우는 무한책임사원(줄여서 '사원'이라 한다)이다.

③ 「협동조합 기본법」에 따른 협동조합은 법인이어야 하며, 임원으로서 이사장 1명을 포함한 3명 이상의 이사와 1명 이상의 감사를 둔다(「협동조합 기본법」 제34조).

(2) 법 제14조에 규정된 업무만을 영위할 목적으로 설립된 법인일 것

① 법인인 개업공인중개사는 공인중개사법령에 따라 겸업의 제한을 받는데, 등기소에서 법인설립등기를 할 때 **법 제14조에 규정된 업무만 영위할 목적인 법인을 설립해야 중개사무소 개설등록을 할 수 있다.**

② 법 제14조에 규정된 업무는 다음과 같으며, 법 제14조에 규정된 것 외의 업무를 영위할 목적으로 설립한 경우에는 개설등록이 되지 않는다. 법인인 개업공인중개사로 중개사무소 개설등록을 한 후에도 법 제14조에 규정된 업무만 겸업할 수 있으며 이를 위반한 경우 개설등록을 취소할 수 있는 사유(임의적 등록취소)에 해당한다.

> **법 제14조【개업공인중개사의 겸업제한 등】** ① 법인인 개업공인중개사는 다른 법률에 규정된 경우를 제외하고는 중개업 및 다음 각 호에 규정된 업무와 제2항에 규정된 업무 외에 다른 업무를 함께 할 수 없다.
> 1. 상업용 건축물 및 주택의 임대관리 등 부동산의 관리대행
> 2. 부동산의 이용·개발 및 거래에 관한 상담
> 3. 중개의뢰인의 의뢰에 따른 도배·이사업체의 소개 등 주거이전에 부수되는 용역의 알선
> 4. 상업용 건축물 및 주택의 분양대행
> 5. 개업공인중개사를 대상으로 한 중개업의 경영기법 및 경영정보의 제공
> ② 개업공인중개사는 「민사집행법」에 의한 경매 및 「국세징수법」 그 밖의 법령에 의한 공매대상 부동산에 대한 권리분석 및 취득의 알선과 매수신청 또는 입찰신청의 대리를 할 수 있다.

⑶ 대표자는 공인중개사이어야 하며, <u>대표자를 제외한</u> 임원 또는 사원(합명회사 또는 합자회사의 무한책임사원)**의 3분의 1 이상은 공인중개사일 것**

　① 공인중개사가 아닌 자는 대표자가 될 수 없으나, 공인중개사가 아닌 자도 대표자를 제외한 임원 또는 사원은 될 수 있다.

　② 대표자를 제외한 임원 또는 사원이 1~3명인 경우 1명 이상, 4~6명인 경우 2명 이상, 7~9명인 경우 3명 이상이 공인중개사이어야 한다.

⑷ <u>대표자, 임원 또는 사원 전원</u> 및 분사무소의 책임자(분사무소를 설치하려는 경우에만 해당한다)**가 실무교육**(실무수습 포함)**을 받았을 것**

　① 대표자, 임원 또는 사원 전원은 등록신청일 전 1년 이내에 시·도지사가 실시하는 실무교육(실무수습 포함)을 받아야 한다.

　② 분사무소를 함께 설치하는 경우 책임자도 실무교육(실무수습 포함)을 받아야 한다.

⑸ 건축물대장(「건축법」에 따른 가설건축물대장은 제외한다)**에 기재된 건물**(준공검사, 준공인가, 사용승인, 사용검사 등을 받은 건물로서 건축물대장에 기재되기 전의 건물을 포함한다)**에 중개사무소를 확보**(소유·전세·임대차 또는 사용대차 등의 방법에 의하여 사용권을 확보하여야 한다)**할 것**

4 등록절차

1. 중개사무소 개설등록신청서 제출

중개사무소의 개설등록을 하려는 자는 [별지 제5호 서식]의 부동산중개사무소 개설등록신청서에 다음의 서류(**전자문서를 포함**한다)를 첨부하여 중개사무소(법인의 경우에는 주된 중개사무소)를 두고자 하는 지역을 관할하는 시장·군수 또는 구청장(등록관청)에게 신청하여야 한다(규칙 제4조 제1항).

(1) 제출하지 않는 서류

① **법인등기사항증명서 및 건축물대장**: 등록관청은 「전자정부법」에 따라 행정정보의 공동이용을 통하여 법인 등기사항증명서(신청인이 법인인 경우에만 해당한다)와 건축물대장을 확인하여야 한다.

② **공인중개사자격증 사본**: 등록신청을 받은 등록관청은 공인중개사자격증을 발급한 시·도지사에게 개설등록을 하려는 자(법인의 경우에는 대표자를 포함한 공인중개사인 임원 또는 사원을 말한다)의 공인중개사 자격 확인을 요청하여야 한다.

🖑 공인중개사자격증 사본을 첨부하지 않는 신청서(신고서)
 • 중개사무소 개설등록신청서
 • 분사무소 설치신고서
 • 소속공인중개사 고용신고서

(2) 제출서류

① 실무교육의 수료확인증 사본. 다만, **실무교육을 위탁받은 기관 또는 단체가 실무교육 수료 여부를 등록관청이 전자적으로 확인할 수 있도록 조치한 경우는 제출하지 않아도 된다.**

🖑 시·도지사는 실무교육의 업무를 다음의 기관 또는 단체에 위탁할 수 있다.
 • 공인중개사협회
 • 공기업, 준정부기관
 • 부동산관련학과가 개설된 학교

② 여권용 사진

③ 중개사무소를 확보(소유·전세·임대차 또는 사용대차 등의 방법에 의하여 사용권을 확보하여야 한다)하였음을 증명하는 서류. 다만, **건축물대장에 기재되지 아니한 건물에 중개사무소를 확보하였을 경우에는 건축물대장 기재가 지연되는 사유를 적은 서류도 함께 제출해야 한다.**

(3) 외국인이나 외국에 주된 영업소를 둔 법인의 제출서류

> ① 법 제10조 등록의 결격사유에 해당하지 아니함을 증명하는 다음의 서류
>   ㉠ 외국 정부나 그 밖에 권한 있는 기관이 발행한 서류 또는 공증인(법률에 따른 공증
>   인의 자격을 가진 자만 해당한다)이 공증한 신청인의 진술서로서 「재외공관 공증법」
>   에 따라 그 국가에 주재하는 대한민국공관의 영사관이 확인한 서류
>   ㉡ 「외국공문서에 대한 인증의 요구를 폐지하는 협약」을 체결한 국가의 경우에는 해당
>   국가의 정부나 공증인, 그 밖의 권한이 있는 기관이 발행한 것으로서 해당 국가의
>   아포스티유(Apostille) 확인서 발급 권한이 있는 기관이 그 확인서를 발급한 서류
> ② 「상법」 제614조의 규정에 의한 **영업소의 등기를 증명할 수 있는 서류**(외국에 주된 영업
>   소를 둔 법인에 한하여 제출)
>   🖱 **「상법」 제614조**(대표자, 영업소의 설정과 등기) ① 외국회사가 대한민국에서 영업을 하려면
>   대한민국에서의 대표자를 정하고 대한민국 내에 영업소를 설치하거나 대표자 중 1명 이상이
>   대한민국에 그 주소를 두어야 한다.

(4) 행정수수료 납부

중개사무소의 개설등록을 신청하고자 하는 자는 해당 지방자치단체의 조례가 정하는 바에 따라 수수료를 납부하여야 한다.

2. 등록의 처분 · 통지 및 보증의 설정

(1) 등록의 통지

중개사무소 개설등록의 신청을 받은 등록관청은 다음의 개업공인중개사의 종별에 따라 구분하여 개설등록을 하고, **개설등록 신청을 받은 날부터 7일 이내에 등록신청인에게 서면으로 통지**하여야 한다.

> ① 법인인 개업공인중개사
> ② 공인중개사인 개업공인중개사

(2) 업무보증의 설정

① 개업공인중개사는 업무를 개시하기 전에 손해배상책임을 보장하기 위하여 보증보험 또는 공제에 가입하거나 공탁을 하여야 한다(법 제30조 제3항).

② 법인은 4억원 이상, 공인중개사는 2억원 이상의 보증을 설정해야 한다.

⑶ **보증설정신고**(영 제24조)

① 개업공인중개사는 **중개사무소 개설등록을 한 때에는 업무를 시작하기 전에** 손해배상 책임을 보장하기 위한 조치(보증)를 한 후 그 증명서류를 갖추어 등록관청에 신고하여야 한다.

② 다만, 보증보험회사 · 공제사업자 또는 공탁기관(보증기관)이 보증사실을 등록관청에 직접 통보한 경우에는 신고를 생략할 수 있다.

> ▷ **손해배상책임을 위한 보증의 설정**
> 1. 중개사무소 개설등록 후 업무개시 전에 하여야 하므로 중개사무소 개설등록기준에 해당하지 않는다.
> 2. 보증설정증명서류는 등록신청 시 제출서류에 해당하지 않는다.

3. 중개사무소등록증 교부

⑴ 등록증의 교부

① **법률**: **등록관청**은 중개사무소의 개설등록을 한 자에 대하여 국토교통부령으로 정하는 바에 따라 **중개사무소등록증을 교부**하여야 한다.

② **국토교통부령**: **등록관청**은 중개사무소의 개설등록을 한 자가 **보증을 설정하였는지 여부를 확인한 후 중개사무소등록증을 지체 없이 교부**하여야 한다.

⑵ 부동산중개사무소등록대장

① 등록관청이 중개사무소등록증을 교부하는 때에는 부동산중개사무소등록대장에 그 등록에 관한 사항을 기록한 후 중개사무소등록증을 교부하여야 한다.

② 부동산중개사무소등록대장은 전자적 처리가 불가능한 특별한 사유가 없으면 전자적 처리가 가능한 방법으로 작성 · 관리하여야 한다.

4. 중개업무 개시

개업공인중개사는 3개월을 초과하는 휴업을 하고자 하는 경우 이를 등록관청에 미리 신고하여야 하므로, 중개사무소 **개설등록 후 3개월을 초과하여 업무를 개시하지 않고자 하는 경우에도** 이를 등록관청에 신고하여야 한다.

5. 협회에 통보

① **등록관청**은 다음의 어느 하나에 해당하는 때에는 그 사실을 **공인중개사협회에 통보**해야 한다(영 제14조).

> ㉠ 중개사무소등록증을 교부한 때
> ㉡ 중개사무소 이전신고를 받은 때
> ㉢ 분사무소 설치신고를 받은 때
> ㉣ 소속공인중개사 또는 중개보조원의 고용 또는 고용관계 종료신고를 받은 때
> ㉤ 중개업의 휴업, 폐업, 재개, 휴업기간의 변경신고를 받은 때
> ㉥ 등록취소 및 업무정지처분을 한 때

② 등록관청은 매월 중개사무소의 등록·행정처분 및 신고 등에 관한 사항을 중개사무소등록·행정처분등통지서에 기재하여 **다음달 10일까지** 공인중개사협회에 통보하여야 한다(규칙 제6조).

6. 등록증 재교부 및 종별변경

(1) 등록증 재교부 신청

① 개업공인중개사가 교부받은 등록증을 잃어버리거나 그 등록증을 못쓰게 된 때에는 국토교통부령으로 정하는 바에 따라 등록관청에 재교부를 신청할 수 있다.

② 중개사무소등록증의 재교부 신청은 [별지 제4호 서식]에 따른다.

(2) 행정수수료

등록증 재교부를 신청하는 자는 지방자치단체의 조례가 정하는 바에 따라 수수료를 납부하여야 한다.

(3) 종별변경

① 중개사무소의 개설등록을 한 개업공인중개사(공인중개사인 개업공인중개사 및 법인인 개업공인중개사)가 종별을 달리하여 업무를 하고자 하는 경우에는 **등록신청서를 다시 제출**하여야 한다. 이 경우 종전에 제출한 서류 중 변동사항이 없는 서류는 제출하지 아니할 수 있으며, **종전의 중개사무소등록증은 반납**하여야 한다.

② 법 제7638호 부칙 제6조 제2항의 규정에 따라 이 법에 따른 중개사무소의 개설등록을 한 것으로 보는 자가 공인중개사 자격을 취득하여 그 등록관청의 관할구역 안에서 공인중개사인 개업공인중개사로서 업무를 계속하고자 하는 경우에는 이미 교부받은 등록증과 변경사항을 증명하는 서류를 첨부하여 등록증의 재교부를 신청하여야 한다.

예 제

공인중개사법령상 법인이 중개사무소를 개설하려는 경우 그 등록기준으로 옳은 것은? (다른 법률에 따라 중개업을 할 수 있는 경우는 제외함)
제27회

① 건축물대장에 기재된 건물에 $100m^2$ 이상의 중개사무소를 확보할 것
② 대표자, 임원 또는 사원 전원이 부동산거래사고 예방교육을 받았을 것
③ 「협동조합 기본법」에 따른 사회적협동조합인 경우 자본금이 5천만원 이상일 것
④ 「상법」상 회사인 경우 자본금이 5천만원 이상일 것
⑤ 대표자는 공인중개사이어야 하며, 대표자를 제외한 임원 또는 사원의 2분의 1 이상은 공인중개사일 것

해설   ① 중개사무소는 공인중개사법령상 면적의 제한이 없다. '중개사무소는 ○○m^2 이상이어야 한다'는 지문은 모두 틀리다.
② 대표자, 임원 또는 사원 전원이 등록신청일 전 1년 이내에 실무교육을 받아야 한다.
③ 「상법」상 회사 또는 「협동조합 기본법」에 따른 협동조합(사회적협동조합은 제외)으로서 자본금이 5천만원 이상이어야 한다. 사회적협동조합은 비영리 협동조합이라 개설등록을 할 수 없다.
⑤ 대표자를 제외한 임원 또는 사원(합자·합명회사의 무한책임사원)의 3분의 1 이상은 공인중개사이어야 한다.
▶ **정답** ④

■ 공인중개사법 시행규칙 [별지 제5호 서식] <개정 2016. 12. 30.>

[　] 부동산중개사무소 개설등록신청서
[　] 개업공인중개사 인장등록 신고서

※ [　]에는 해당하는 곳에 √표를 합니다.

접수번호	접수일	처리기간	7일

신청인	성명(대표자)		주민등록번호(외국인 등록번호)	
	주소(체류지) (전화번호 :		휴대전화 :	)
	공인중개사 자격증 발급 시·도			

개업공인중개사 종별	[　] 법인　　　　[　] 공인중개사

사무소	명칭	전화번호(휴대전화)
	소재지	

「공인중개사법」 제9조·제16조 및 같은 법 시행규칙 제4조·제9조에 따라 위와 같이

[　] 부동산중개사무소 개설등록 신청서를　　제출합니다.
[　] 개업공인중개사 인장등록 신고서를

년　　　　월　　　　일

신청인　　　　　　　　　　　　(서명 또는 인)

시장·군수·구청장　　　　　귀하

	신청인 제출서류	수수료
신청인 제출서류	1. 「공인중개사법」 제34조 제1항에 따른 실무교육의 수료확인증 사본 1부(영 제36조 제1항에 따라 실무교육을 위탁받은 기관 또는 단체가 실무교육 수료 여부를 등록관청이 전자적으로 확인할 수 있도록 조치한 경우는 제외합니다) 2. 여권용(3.5cm×4.5cm) 사진 1매 3. 건축물대장(「건축법」 제20조 제5항에 따른 가설건축물대장은 제외합니다)에 기재된 건물(준공검사, 준공인가, 사용승인, 사용검사 등을 받은 건물로서 건축물대장에 기재되기 전의 건물을 포함합니다)에 중개사무소를 확보하였음을 증명하는 서류 1부(건축물대장에 기재되지 않은 건물에 중개사무소를 확보하였을 경우에는 건축물대장 기재가 지연되는 사유를 적은 서류도 함께 내야 합니다). 4. 다음 각 목의 서류 각 1부(외국인이나 외국에 주된 영업소를 둔 법인의 경우로 한정합니다) 　가. 「공인중개사법」 제10조 제1항 각 호의 어느 하나에 해당되지 아니함을 증명하는 다음의 어느 하나에 해당하는 서류 　　1) 외국 정부나 그 밖의 권한 있는 기관이 발행한 서류 또는 공증인(법률에 따른 공증인의 자격을 가진 자만 해당합니다. 이하 이 목에서 같습니다)이 공증한 신청인의 진술서로서 「재외공관 공증법」에 따라 그 국가에 주재하는 대한민국공관의 영사관이 확인한 서류 　　2) 「외국공문서에 대한 인증의 요구를 폐지하는 협약」을 체결한 국가의 경우에는 해당 국가의 정부나 공증인, 그 밖의 권한이 있는 기관이 발행한 것으로서 해당 국가의 아포스티유(Apostille) 확인서 발급 권한이 있는 기관이 그 확인서를 발급한 서류 　나. 「상법」 제614조에 따른 영업소의 등기를 증명할 수 있는 서류	수수료 시·군·구 조례로 정하는 금액 (등록인장 인)
담당 공무원 확인사항	1. 법인 등기사항증명서 2. 건축물대장(「건축법」 제20조 제5항에 따른 가설건축물대장은 제외합니다)	

유의사항

1. 시장·군수·구청장은 「공인중개사법」 제5조 제2항에 따라 공인중개사 자격증을 발급한 시·도지사에게 개설등록을 하려는 자(법인의 경우에는 대표자를 포함한 공인중개사인 임원 또는 사원을 말합니다)의 공인중개사 자격 확인을 요청하여야 합니다.
2. 개설등록 통지 시 개업공인중개사는 손해배상책임 보증증명서류를 등록관청에 신고 후 등록증을 발급받습니다.

■ 공인중개사법 시행규칙 [별지 제6호 서식] <개정 2016. 12. 30.>

제   호

중개사무소 등록증

사진(여권용 사진)
(3.5cm×4.5cm)

성명(대표자)		생년월일	
개업공인중개사 종별	[ ] 법인 [ ] 공인중개사 [ ] 법 제7638호 부칙 제6조 제2항에 따른 개업공인중개사		
중개사무소 명칭			
중개사무소 소재지			
등록인장 (중개행위 시 사용)		<변경 인장>	

「공인중개사법」 제9조 제1항에 따라 위와 같이 부동산중개사무소 개설등록을 하였음을 증명합니다.

년   월   일

시장·군수·구청장 직 인

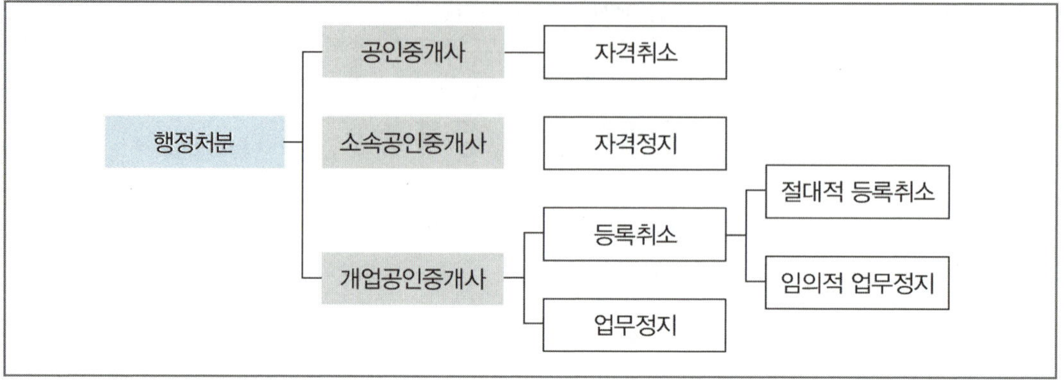

5 중개사무소등록증 대여 등의 금지(법 제19조)

1. 등록증의 양도 등 금지

(1) 양도 및 대여금지

개업공인중개사는 다른 사람에게 자기의 성명 또는 상호를 사용하여 중개업무를 하게 하거나 자기의 중개사무소등록증을 양도 또는 대여하는 행위를 하여서는 아니 된다.

(2) 행정처분

등록관청은 중개사무소 개설등록을 취소하여야 한다(절대적 등록취소).

(3) 행정형벌

1년 이하의 징역 또는 1천만원 이하의 벌금에 처한다.

2. 등록증의 양수 등 금지

(1) 양수금지

누구든지 다른 사람의 성명 또는 상호를 사용하여 중개업무를 하거나 다른 사람의 중개사무소등록증을 양수 또는 대여 받아 이를 사용하는 행위를 하여서는 아니 된다.

(2) 행정형벌

1년 이하의 징역 또는 1천만원 이하의 벌금에 처한다.

3. 등록증의 양도 등의 알선 금지

(1) 알선금지

다른 사람에게 자신의 성명 또는 상호를 사용하여 중개업무를 하게 하는 행위 및 중개사무소등록증의 양도 또는 대여 등을 알선하여서는 아니 된다.

(2) 행정형벌

1년 이하의 징역 또는 1천만원 이하의 벌금에 처한다.

6 이중등록 및 이중소속 금지(법 제12조)

1. 이중등록

① 개업공인중개사는 이중으로 중개사무소 개설등록을 하여 중개업을 할 수 없다.

② A군에서 등록을 한 자가 A군에서 다시 등록을 하는 경우나, A군에서 등록을 한 자가 B군에서 다시 등록을 하는 경우 모두 이중등록에 해당한다.

③ **행정처분**

등록관청은 중개사무소 개설등록을 취소하여야 한다(절대적 등록취소).

④ **행정형벌**

1년 이하의 징역 또는 1천만원 이하의 벌금에 처한다.

2. 이중소속

(1) 개업공인중개사 등에게 적용

개업공인중개사 등은 다른 개업공인중개사의 소속공인중개사 · 중개보조원 또는 개업공인중개사인 법인의 사원 · 임원이 될 수 없다.

(2) 이중소속의 유형

① 공인중개사인 개업공인중개사가 다른 개업공인중개사의 소속공인중개사, 중개보조원, 법인인 개업공인중개사의 임원 또는 사원이 되는 경우

② 소속공인중개사가 다른 개업공인중개사의 소속공인중개사, 중개보조원, 법인인 개업공인중개사의 임원 또는 사원이 되는 경우

③ 중개보조원이 다른 개업공인중개사의 중개보조원, 법인인 개업공인중개사의 임원 또는 사원이 되는 경우

(3) 위반 시 제재

① **개업공인중개사**: 절대적 등록취소사유이며, 1년 이하의 징역 또는 1천만원 이하의 벌금에 처한다.

② **소속공인중개사**: 6개월의 **범위 안에서** 자격정지처분을 받을 수 있으며, 1년 이하의 징역 또는 1천만원 이하의 벌금에 처한다.

③ **중개보조원**: 행정처분을 받지 않으며, 1년 이하의 징역 또는 1천만원 이하의 벌금에 처한다.

이중소속 금지 위반자	행정처분	행정형벌
개업공인중개사	절대적 등록취소	1년 이하의 징역 또는 1천만원 이하의 벌금
소속공인중개사	자격정지	1년 이하의 징역 또는 1천만원 이하의 벌금
중개보조원	행정처분 없음	1년 이하의 징역 또는 1천만원 이하의 벌금

7 등록의 효력소멸 및 무등록중개업

1. 등록의 효력소멸

(1) 개인인 개업공인중개사의 사망 또는 법인의 해산

① 개인인 개업공인중개사가 사망하거나 법인인 개업공인중개사가 해산한 경우 등록의 효력은 곧바로 소멸된다.

② **절대적 등록취소사유**: 등록관청은 개업공인중개사가 **사망**하거나 법인인 개업공인중개사가 **해산**한 경우에는 중개사무소 개설**등록을 취소하여야 한다.**

(2) 중개사무소 개설등록 취소처분

① 등록취소는 절대적 등록취소와 임의적(상대적) 등록취소로 구분되며, 등록관청의 등록취소처분이 있게 되면 등록의 효력은 소멸된다.

② 등록취소사유에 해당한다고 하여 등록의 효력이 즉시 소멸되는 것은 아니고, 등록취소처분이 있어야 등록의 효력이 소멸된다. 즉, 등록취소처분을 받기 전까지는 등록의 효력은 유효하다.

(3) 폐업신고

등록관청에 폐업신고를 하여 수리된 경우 등록의 효력은 소멸된다.

2. 무등록중개업

(1) 무등록중개업의 유형

① 중개사무소 개설등록을 하지 아니하고 중개업을 한 자

② 중개사무소 개설등록 취소처분을 받은 후 중개업을 한 자

③ 폐업신고를 한 후 중개업을 한 자

판례

무등록중개업

1. **거래당사자가 무등록중개업자에게 중개를 의뢰하거나 개업공인중개사에게 미등기부동산의 전매를 중개의뢰한 경우**, 그 중개의뢰행위는 **「공인중개사법」의 처벌대상이 되지 않으며**, 중개의뢰인의 중개의뢰행위를 개업공인중개사의 중개행위에 관한 공동정범 행위로 처벌할 수도 없다(2013도3246).
2. 변호사의 직무에 부동산중개행위가 당연히 포함된다고 해석할 수 없으므로, **변호사는** 「공인중개사법」에 규정된 중개사무소 **개설등록의 기준을 갖추어야 한다**(2003두14888).
3. **공인중개사가 개설등록을 하지 않은 채 부동산중개업을 하는 경우**뿐만 아니라 공인중개사가 아니어서 애초에 중개사무소 개설등록을 할 수 없는 사람이 부동산중개업을 영위하는 경우에도 「공인중개사법」상 형사처벌의 대상이 된다(2017도18292).

(2) 위반 시 제재

3년 이하의 징역 또는 3천만원 이하의 벌금에 처한다.

(3) 무등록중개행위의 효력

중개사무소 개설등록을 하지 않고 중개업을 한 행위는 처벌대상이 될 뿐 그 중개행위로 인하여 체결된 거래당사자 간의 거래계약이 무효가 되는 것은 아니다.

(4) 무등록중개업자의 보수청구권

중개사무소 개설등록을 하지 않고 중개업을 한 자가 거래당사자에게 중개보수를 청구할 수 있는지 여부는 공인중개사법령에 규정되어 있지 않다. 다만, 판례는 중개보수청구권을 인정하지 않는다.

판례

무자격자의 보수청구권

1. 공인중개사 자격이 없어 중개사무소 개설등록을 하지 아니한 채 부동산중개업을 한 자에게 형사적 제재를 가하는 것만으로는 부족하고 그가 체결한 중개보수 지급약정에 의한 경제적 이익이 귀속되는 것을 방지하여야 할 필요가 있다. 따라서 중개사무소 개설등록에 관한 「공인중개사법」 관련 규정들은 공인중개사 자격이 없는 자가 중개사무소 개설등록을 하지 아니한 채 부동산중개업을 하면서 체결한 중개보수 지급약정의 효력을 제한하는 이른바 강행법규에 해당한다. 따라서 공인중개사 자격이 없는 자가 **중개사무소 개설등록을 하지 아니한 채 부동산중개업을 하면서 체결한 중개수수료 지급약정의 효력은 무효이다**(2008다75119).

2. 공인중개사 자격이 없는 자가 우연한 기회에 단 1회 타인 간의 거래행위를 중개한 경우 등과 같이 '중개를 업으로 한' 것이 아니라면 그에 따른 중개보수 지급약정이 강행법규에 위배되어 무효라고 할 것은 아니고, 다만 중개보수 약정이 부당하게 **과다하여 「민법」상 신의성실 원칙이나 형평 원칙에 반한다고 볼 만한 사정이 있는 경우에는 상당하다고 인정되는 범위 내로 감액된 보수액만을 청구할 수 있다**(2010다86525).

예제

공인중개사법령상 이중등록 및 이중소속의 금지에 관한 설명으로 옳은 것을 모두 고른 것은?

제27회

> ㉠ A군에서 중개사무소 개설등록을 하여 중개업을 하고 있는 자가 다시 A군에서 개설등록을 한 경우, 이중등록에 해당한다.
> ㉡ B군에서 중개사무소 개설등록을 하여 중개업을 하고 있는 자가 다시 C군에서 개설등록을 한 경우, 이중등록에 해당한다.
> ㉢ 개업공인중개사 甲에게 고용되어 있는 중개보조원은 개업공인중개사인 법인 乙의 사원이 될 수 없다.
> ㉣ 이중소속의 금지에 위반한 경우 1년 이하의 징역 또는 1천만원 이하의 벌금형에 처한다.

① ㉠, ㉡   ② ㉢, ㉣

③ ㉠, ㉡, ㉢   ④ ㉡, ㉢, ㉣

⑤ ㉠, ㉡, ㉢, ㉣

해설 ㉠·㉡ 모두 이중등록에 해당한다.

㉢ 이중소속에 해당하므로 금지된다.

▶▶ 정답 ⑤

제2절 개업공인중개사 등의 결격사유 제33회, 제35회, 제36회

법 제10조 【등록의 결격사유 등】 ① 다음 각 호의 어느 하나에 해당하는 자는 중개사무소의 개설등록을 할 수 없다.

1. 미성년자
2. 피성년후견인 또는 피한정후견인
3. 파산선고를 받고 복권되지 아니한 자
4. 금고 이상의 실형의 선고를 받고 그 집행이 종료(집행이 종료된 것으로 보는 경우를 포함한다)되거나 집행이 면제된 날부터 3년이 지나지 아니한 자
5. 금고 이상의 형의 집행유예를 받고 그 유예기간이 만료된 날부터 2년이 지나지 아니한 자
6. 공인중개사의 자격이 취소된 후 3년이 지나지 아니한 자
7. 공인중개사의 자격이 정지된 자로서 자격정지기간 중에 있는 자
8. 중개사무소의 개설등록이 취소된 후 3년이 지나지 아니한 자(원칙)
9. 업무정지처분을 받고 폐업신고를 한 자로서 업무정지기간이 지나지 아니한 자
10. 업무정지처분을 받은 개업공인중개사인 법인의 업무정지의 사유가 발생한 당시의 사원 또는 임원이었던 자로서 해당 개업공인중개사에 대한 업무정지기간이 지나지 아니한 자
11. 이 법을 위반하여 300만원 이상의 벌금형의 선고를 받고 3년이 지나지 아니한 자
12. 사원 또는 임원 중 제1호부터 제11호까지의 어느 하나에 해당하는 자가 있는 법인

② 제1항 제1호부터 제11호까지의 어느 하나에 해당하는 자는 소속공인중개사 또는 중개보조원이 될 수 없다.

1 결격사유의 효과

1. 개업공인중개사 등에게 적용

① 결격사유의 어느 하나에 해당하는 공인중개사는 중개사무소 개설등록을 할 수 없다.

② 임원 또는 사원 중 결격사유의 어느 하나에 해당하는 자가 있는 법인은 중개사무소 개설등록을 할 수 없다.

③ 결격사유의 어느 하나에 해당하는 자는 소속공인중개사 또는 중개보조원이 될 수 없다.

2. 공인중개사인 개업공인중개사

① 공인중개사인 개업공인중개사가 된 후 다음의 결격사유에 해당하게 된 경우, **등록관청은 중개사무소 개설등록을 취소하여야 한다.**

> ㉠ 한정후견 또는 성년후견개시의 심판을 받은 경우
> ㉡ 파산선고를 받은 경우
> ㉢ 금고 또는 징역형의 실형을 선고받은 경우

   ⓔ 금고 또는 징역형의 집행유예를 선고받은 경우
   ⓜ 「공인중개사법」을 위반하여 300만원 이상의 벌금형을 선고받은 경우
   ⓗ 공인중개사의 자격이 취소된 경우

② 위 결격사유에 해당하여 개설등록이 취소된 자는 그 등록취소의 원인이었던 **결격사유가 해소된 때에 다시 중개사무소 개설등록을 할 수 있다.** 즉, 위 결격사유로 개설등록이 취소된 경우에는 아래와 같이 결격사유가 해소된 때 다시 개업공인중개사 등이 될 수 있다.

   ㉠ 한정후견 또는 성년후견종료의 심판을 받은 때
   ㉡ 복권된 때
   ㉢ 집행이 종료되거나 집행이 면제된 날부터 3년이 지난 때
   ㉣ 집행유예기간이 만료된 날부터 2년이 지난 때
   ㉤ 벌금형을 선고받은 날부터 3년이 지난 때
   ㉥ 자격취소 후 3년이 지난 때

3. 법인인 개업공인중개사

① 법인인 개업공인중개사가 된 후 **임원 또는 사원이 결격사유에 해당**하고 개업공인중개사가 그 결격사유가 발생한 날부터 **2개월 이내에 결격사유를 해소하지 아니하면 등록관청은 중개사무소 개설등록을 취소하여야 한다.**

② 결격사유가 발생한 날부터 2개월 이내에 사원 또는 임원의 결격사유를 해소한 경우에는 등록취소처분을 받지 않는다.

4. 소속공인중개사 또는 중개보조원

① 개업공인중개사가 고용한 **소속공인중개사 또는 중개보조원이 결격사유에 해당**하고 개업공인중개사가 그 결격사유가 발생한 날부터 **2개월 이내에 결격사유를 해소하지 아니하면 등록관청은 개업공인중개사에게 업무정지처분을 할 수 있다.**

② 결격사유가 발생한 날부터 2개월 이내에 소속공인중개사 또는 중개보조원의 결격사유를 해소한 경우에는 업무정지처분을 받지 않는다.

2 관계기관에 조회

등록관청은 개업공인중개사 · 소속공인중개사 · 중개보조원 및 개업공인중개사인 법인의 사원 · 임원이 등록의 결격사유의 어느 하나에 해당하는지 여부를 확인하기 위하여 관계기관에 조회할 수 있다(법 제10조 제3항).

3 결격사유의 종류 및 내용

1. 미성년자

① 만 19세에 달하지 아니한 자는 결격사유에 해당한다. 즉 미성년자는 공인중개사 자격을 취득할 수는 있지만, 개업공인중개사 등이 될 수 없다.

② 민법에 의하면 미성년자는 부모의 동의가 있거나, 혼인을 하여 성년으로 의제가 되는 경우 단독으로 법률행위를 할 수 있으나, 「공인중개사법」에는 이러한 예외규정이 없으므로 **친권자의 동의를 얻거나 혼인을 한 미성년자도 결격사유에 해당한다.**

2. 피한정후견인 및 피성년후견인

① 「민법」에 따라 한정후견개시의 심판을 받은 자인 '피한정후견인'은 공인중개사가 될 수는 있으나, 개업공인중개사 등이 될 수 없다.

② 피한정후견인은 한정후견종료의 심판을 받으면 결격사유에서 벗어난다.

> **「민법」 제12조【한정후견개시의 심판】** ① 가정법원은 질병, 장애, 노령, 그 밖의 사유로 인한 정신적 제약으로 사무를 처리할 능력이 부족한 사람에 대하여 본인, 배우자, 4촌 이내의 친족, 미성년후견인, 미성년후견감독인, 성년후견인, 성년후견감독인, 특정후견인, 특정후견감독인, 검사 또는 지방자치단체의 장의 청구에 의하여 한정후견개시의 심판을 한다.
>
> **「민법」 제14조【한정후견종료의 심판】** 한정후견개시의 원인이 소멸된 경우에는 가정법원은 본인, 배우자, 4촌 이내의 친족, 한정후견인, 한정후견감독인, 검사 또는 지방자치단체의 장의 청구에 의하여 한정후견종료의 심판을 한다.

③ 「민법」에 따라 성년후견개시의 심판을 받은 자인 '피성년후견인'은 공인중개사가 될 수는 있으나, 개업공인중개사 등이 될 수 없다.

④ 피성년후견인은 성년후견종료의 심판을 받으면 결격사유에서 벗어난다.

> **「민법」 제9조【성년후견개시의 심판】** ① 가정법원은 질병, 장애, 노령, 그 밖의 사유로 인한 정신적 제약으로 사무를 처리할 능력이 지속적으로 결여된 사람에 대하여 본인, 배우자, 4촌 이내의 친족, 미성년후견인, 미성년후견감독인, 한정후견인, 한정후견감독인, 특정후견인, 특정후견감독인, 검사 또는 지방자치단체의 장의 청구에 의하여 성년후견개시의 심판을 한다.
>
> **「민법」 제11조【성년후견종료의 심판】** 성년후견개시의 원인이 소멸된 경우에는 가정법원은 본인, 배우자, 4촌 이내의 친족, 성년후견인, 성년후견감독인, 검사 또는 지방자치단체의 장의 청구에 의하여 성년후견종료의 심판을 한다.

▷ 일시적 후원 또는 특정한 사무에 관한 후원이 필요한 사람인 **피특정후견인**은 결격사유에 해당하지 않으므로 개업공인중개사 등이 될 수 있다.

3. 파산선고를 받고 복권되지 아니한 자

① 파산선고를 받고 아직 복권되지 않은 자는 공인중개사가 될 수는 있으나, 개업공인중개사 등이 될 수 없다.

② 파산선고를 받은 자는 법원에 의하여 복권되어야 결격사유에서 벗어난다.

「채무자 회생 및 파산에 관한 법률」

제574조(당연복권)

① 파산선고를 받은 채무자는 다음 각 호의 어느 하나에 해당하는 경우에는 복권된다.
  1. 면책의 결정이 확정된 때
  2. 법 제538조의 규정에 의한 신청에 기한 파산폐지의 결정이 확정된 때
  3. 파산선고를 받은 채무자가 파산선고 후 법 제650조의 규정에 의한 사기파산으로 유죄의 확정판결을 받음이 없이 10년이 경과한 때

제575조(신청에 의한 복권)

① 제574조의 규정에 의하여 복권될 수 없는 파산선고를 받은 채무자가 변제 그 밖의 방법으로 파산채권자에 대한 채무의 전부에 관하여 그 책임을 면한 때에는 파산계속법원은 파산선고를 받은 채무자의 신청에 의하여 복권의 결정을 하여야 한다.

4. 금고 이상의 실형의 선고를 받고 그 집행이 종료(집행이 종료된 것으로 보는 경우를 포함한다)되거나 집행이 면제된 날부터 3년이 지나지 아니한 자

(1) 금고 이상의 실형

① 징역은 교도소에 구치하여 강제노역에 종사하게 하는 형벌을 말하며, 금고는 강제노역을 과하지 않고 구치소에 구금하는 형벌이다.

② 모든 법률에 의하여 금고형 또는 징역형을 받은 경우를 말하므로 「공인중개사법」뿐만 아니라 다른 법률을 위반하여 금고나 징역의 실형선고를 받은 경우에도 결격사유에 해당한다.

(2) 금고 이상의 실형의 선고를 받고 그 집행이 종료된 날부터 3년이 지나지 아니한 자

① 형의 종료로 인한 만기석방의 경우 만기석방일이 집행종료일에 해당한다. 따라서 만기석방된 자는 그 석방일로부터 3년이 지나야 결격사유에서 벗어난다.

② 가석방되는 경우에는 가석방 후 잔여 형기가 모두 지나야 집행이 종료되는 경우로 본다. 따라서 가석방된 날부터 잔여 형기 경과 후 3년이 더 지나야 결격사유에서 벗어난다.

(3) 금고 이상의 실형의 선고를 받고 그 집행이 면제된 날부터 3년이 지나지 아니한 자

① **특별사면**: 실형 선고 후 복역 중 특별사면되는 경우 남은 집행이 면제되며, 특별사면된 날부터 3년이 지나면 결격사유에서 벗어난다.

② **일반사면**: 실형 선고 후 복역 중 일반사면되는 경우에는 형의 선고의 효력까지 모두 소멸되므로 사면일부터 즉시 결격사유에서 벗어난다.

넓혀 보기

1. 「변호사법」을 위반하여 징역형의 실형을 선고받고 그 집행이 종료된 날부터 3년이 지나지 아니한 자 : 결격사유(○)
2. 「형법」을 위반하여 금고형의 실형을 선고받고 그 집행이 면제된 날부터 3년이 지나지 아니한 자 : 결격사유(○)

5. 금고 이상 형의 집행유예를 받고 그 유예기간이 만료된 날부터 2년이 지나지 아니한 자

① 집행유예란 형의 선고를 하지만 정상을 참작하여 형의 집행을 일정 기간 유예하고, 아무 사고 없이 그 유예기간이 지나면 형의 집행을 하지 않는 제도를 말한다.

② 금고 또는 징역형을 선고받고 그 형의 집행이 유예된 자는 그 유예기간이 만료된 날부터 2년 동안 결격사유에 해당하므로 **유예기간이 만료된 날부터 2년이 지나면 결격사유에서 벗어난다.**

▽ 금고나 징역형의 선고유예를 받은 경우에는 결격사유에 해당하지 않는다.

넓혀 보기

1. 금고형의 집행유예를 선고받고 그 유예기간이 만료된 날부터 1년이 지난 자: 결격사유(○)
2. 징역형의 선고유예를 받고 2년이 지나지 아니한 자: 결격사유(×)

6. 「공인중개사법」을 위반하여 300만원 이상의 벌금형을 선고받고 3년이 지나지 않은 자

① 「공인중개사법」이 아닌 **다른 법률을 위반하여 벌금형을 선고받은 경우**에는 벌금형 액수에 관계없이 **결격사유에 해당하지 않는다.** 「도로교통법」, 「변호사법」, 「형법」 등을 위반하여 300만원 이상 벌금형을 선고받은 자는 개업공인중개사 등이 될 수 있다.

② 「공인중개사법」을 위반하여 300만원 미만의 벌금형을 선고받은 경우에도 결격사유에 해당하지 않는다.

③ 「형법」 제38조에도 불구하고 「공인중개사법」에 규정된 죄와 다른 죄의 경합범(競合犯)에 대하여 벌금형을 선고하는 경우에는 법원은 이를 분리선고하여야 한다(법 제10조의2).

7. 공인중개사의 자격이 취소된 후 3년이 지나지 아니한 자

① 자격취소 후 3년이 지나지 않은 자는 공인중개사가 될 수 없을 뿐만 아니라, 개업공인중개사 등이 될 수 없는 결격사유에도 포함된다. 즉 공인중개사 자격이 취소된 자는 3년 이내에 중개보조원도 될 수 없다는 의미이다.

② 시험에서 부정행위로 시험의 무효처분을 받은 자는 그 처분일부터 5년간 공인중개사가 될 수 없으므로 공인중개사 자격을 취득하기 전까지 개업공인중개사나 소속공인중개사가 될 수 없다. 그러나 등록의 결격사유에 해당하지 않으므로 중개보조원이 될 수 있다.

넓혀 보기 🔍

> 1. 자격취소 후 3년이 지나지 않은 자 : 공인중개사(×), 중개보조원(×)
> 2. 부정행위로 무효처분을 받고 5년이 지나지 않은 자 : 공인중개사(×), 중개보조원(○)

8. 공인중개사의 자격이 정지된 자로서 자격정지기간 중에 있는 자

자격정지처분을 받은 소속공인중개사는 고용관계를 종료하였더라도 자격정지기간이 종료되기 전에는 개업공인중개사 등이 될 수 없다.

넓혀 보기 🔍

> 자격정지처분을 받고 6개월이 지난 자 : 결격사유(×)

9. 중개사무소의 개설등록이 취소된 후 3년이 지나지 아니한 자(원칙)

(1) 등록취소 후 3년 이내에 개업공인중개사 등이 될 수 없는 경우

아래에 열거된 위반사유로 중개사무소 개설등록이 취소된 자는 등록취소 후 3년 이내에 **개업공인중개사 등이 될 수 없다.** 즉 개업공인중개사의 사망, 개업공인중개사인 법인의 해산, 결격사유 및 등록기준에 미달한 경우를 제외한 나머지 사유로 중개사무소 개설등록이 취소된 자는 등록취소 후 3년 이내에 개업공인중개사 등이 될 수 없다.

넓혀 보기 🔍

> 1. 거짓 부정한 방법으로 등록한 사실이 적발되어 중개사무소 개설등록이 취소된 후 3년이 지나지 아니한 자 : 결격사유(○)
> 2. 중개사무소등록증을 대여한 사실이 적발되어 중개사무소 개설등록이 취소된 후 3년이 지나지 아니한 자 : 결격사유(○)
> 3. 임시 중개시설물을 설치한 사실이 적발되어 중개사무소 개설등록이 취소된 후 3년이 지나지 아니한 자 : 결격사유(○)

법 제38조 제1항【절대적 등록취소】

1. 거짓이나 그 밖의 부정한 방법으로 중개사무소의 개설등록을 한 경우
2. 다른 사람에게 자기의 성명 또는 상호를 사용하여 중개업무를 하게 하거나, 중개사무소 등록증을 양도 또는 대여한 경우
3. 이중으로 중개사무소의 개설등록을 한 경우
4. 다른 개업공인중개사의 소속공인중개사·중개보조원 또는 법인의 사원·임원이 된 경우
5. 업무정지기간 중에 중개업무를 하거나, 자격정지처분을 받은 소속공인중개사로 하여금 자격정지기간 중에 중개업무를 하게 한 경우
6. 최근 1년 이내에 이 법에 의하여 2회 이상 업무정지처분을 받고 다시 업무정지처분에 해당하는 행위를 한 경우

법 제38조 제2항【임의적 등록취소】

1. 거래계약서에 거래금액 등을 거짓으로 기재하거나, 서로 다른 둘 이상의 거래계약서를 작성한 경우
2. 제33조 제1항의 금지행위를 한 경우
3. 전속중개계약을 체결한 개업공인중개사가 중개대상물에 관한 정보를 공개하지 아니하거나, 중개의뢰인의 비공개요청에도 불구하고 정보를 공개한 경우
4. 손해배상책임을 보장하기 위한 조치를 이행하지 아니하고 업무를 개시한 경우
5. 부득이한 사유 없이 계속하여 6개월을 초과하여 휴업한 경우
6. 둘 이상의 중개사무소를 둔 경우
7. 임시 중개시설물을 설치한 경우
8. 법인인 개업공인중개사가 규정된 업무 이외의 겸업을 한 경우
9. 최근 1년 이내에 이 법에 의하여 3회 이상 업무정지 또는 과태료의 처분을 받고 다시 업무정지 또는 과태료의 처분에 해당하는 행위를 한 경우
10. 개업공인중개사가 조직한 사업자단체 또는 그 구성원인 개업공인중개사가 「독점규제 및 공정거래에 관한 법률」 금지행위를 위반하여 시정조치 또는 과징금을 최근 2년 이내에 2회 이상 받은 경우

⑵ 등록취소 후 3년의 결격사유기간에서 폐업기간을 공제하는 경우

① 폐업 후 재등록한 개업공인중개사는 폐업 전의 개업공인중개사의 지위를 승계한다.

② 폐업 후 3년 이내에 재등록한 개업공인중개사에 대하여 등록관청은 폐업 전의 위반사유로 등록취소처분을 할 수 있는데, 이로 인하여 등록취소가 된 경우에는 3년에서 폐업기간을 공제한 기간 동안 결격사유가 된다.

넓혀 보기 🔍

1. 폐업기간이 3년을 초과한 재등록 개업공인중개사에 대하여 등록관청은 폐업 전의 위반사유로 중개사무소 개설등록 취소처분을 할 수 없다.
2. 2년 동안 폐업하고 재등록한 개업공인중개사가 폐업신고 전에 중개사무소등록증을 대여했던 사실이 적발되어 개설등록이 취소된 경우, 등록취소 후 1년이 지나면 다시 중개사무소 개설등록을 할 수 있다.
3. 개업공인중개사 甲은 2023년 3월 1일 등록증 대여 위반, 2023년 5월 1일 폐업신고, 2024년 5월 1일 재등록. 2024년 7월 1일 폐업 전의 위반사유로 개설등록이 취소되었다. 甲이 다시 개업공인중개사가 될 수 있는 날은? (초일은 산입함)　▶▶ **정답** 2026년 7월 1일

(3) 등록이 취소되더라도 결격사유에 해당하지 않는 경우

① **등록기준 미달**(임의적 등록취소): **등록기준의 미달을 원인으로 등록이 취소된 경우에는 결격사유에 해당하지 않는다.** 그러므로 등록취소 후 언제든 등록기준을 다시 갖추어 개업공인중개사가 될 수 있으며, 소속공인중개사나 법인의 사원 또는 임원이 될 수 있다.

② **개업공인중개사의 사망, 법인인 개업공인중개사의 해산**(절대적 등록취소): **법인인 개업공인중개사의 해산으로 등록이 취소된 경우, 대표자 및 사원 또는 임원이었던 자는 결격사유에 해당하지 않으므로** 언제든 개업공인중개사 등이 될 수 있다.

> **넓혀 보기** 🔍
>
> 1. 등록기준 미달을 사유로 중개사무소 개설등록이 취소되고 3년이 지나지 않은 자: 결격사유(×)
> 2. 법인인 개업공인중개사의 해산으로 중개사무소 개설등록이 취소되고 3년이 지나지 않은 대표자이었던 자: 결격사유(×)

(4) 결격사유에 해당하여 등록이 취소된 경우

결격사유를 원인으로 등록이 취소된 경우에는 등록취소 후 3년 전후에 관계없이 결격사유가 해소된 때 다시 개업공인중개사 등이 될 수 있다. 그러므로 등록취소 후 3년이 지나지 않았더라도 결격사유가 해소되면 개업공인중개사 등이 될 수 있으며, 등록취소 후 3년이 지났더라도 결격사유에서 해소되지 않았다면 개업공인중개사 등이 될 수 없다.

10. 업무정지처분을 받고 폐업신고를 한 자로서 업무정지기간(폐업에 불구하고 진행되는 것으로 본다)이 지나지 아니한 자

① 개업공인중개사가 업무정지처분을 받더라도 그 기간 중에 언제든 폐업신고를 할 수 있다. 다만, 업무정지기간이 모두 지나기 전에는 개업공인중개사 등이 될 수 없다.

② 업무정지기간 중에 폐업을 했더라도 업무정지기간은 계속 진행되므로 그 업무정지기간이 지나면 곧바로 개업공인중개사 등이 될 수 있다.

11. 업무정지처분을 받은 개업공인중개사인 법인의 업무정지의 사유가 발생한 당시의 사원 또는 임원이었던 자로서 해당 개업공인중개사에 대한 업무정지기간이 지나지 아니한 자

① 업무정지처분을 받은 개업공인중개사인 법인의 업무정지사유 발생 당시, 즉 사유를 위반한 당시의 사원 또는 임원이었던 자는 그 업무정지기간이 모두 지날 때까지 결격사유에 해당한다.

② 업무정지사유가 발생한 후에 선임된 사원 또는 임원은 업무정지기간 중 결격사유에 해당하지 않는다.

12. 사원 또는 임원 중 위 결격사유에 해당하는 자가 있는 법인

사원 또는 임원 중 위 1.부터 11.에 해당하는 자가 있는 법인은 결격사유에 해당하므로 중개사무소 개설등록을 할 수 없다.

예제

2026년 10월 23일 현재 공인중개사법령상 중개사무소 개설등록 결격사유에 해당하는 자는? (주어진 조건만 고려함) 제26회

① 형의 선고유예 기간 중에 있는 자
② 2020년 4월 15일 파산선고를 받고 2026년 4월 15일 복권된 자
③ 「도로교통법」을 위반하여 2023년 11월 15일 벌금 500만원을 선고받은 자
④ 거짓으로 중개사무소의 개설등록을 하여 2023년 11월 15일 개설등록이 취소된 자
⑤ 2026년 4월 15일 공인중개사 자격의 정지처분을 받은 자

해설 ① 선고유예를 선고받은 자는 결격이 아니다.
③ 「공인중개사법」이 아닌 법률을 위반하여 벌금형을 선고받은 자는 결격사유가 아니다.
④ 등록기준 미달, 법인의 해산을 제외한 사유로 등록이 취소된 경우는 등록취소 후 3년 이내에 결격사유에 해당한다. 따라서 2026년 11월 14일까지 결격사유에 해당한다.
⑤ 자격정지의 경우 6개월을 초과할 수 없으므로 2026년 10월 14일까지 결격사유이다. ▶▶ 정답 ④

중개사무소 설치 및 업무

 개업공인중개사의 중개사무소의 설치 및 이전, 분사무소의 설치 및 이전, 중개사무소 공동사용, 겸업, 고용인, 인장, 휴업 및 폐업으로 구성된 단원이다. 중개사무소 및 분사무소에서 2~3문제 가량, 나머지 단원은 1문제씩 출제되어 6문제 내외로 출제되는 중요한 단원이며, 내용이 쉬운 편이므로 모든 문제를 득점하겠다는 목표로 학습해야 한다.

제1절 　중개사무소 　제32회, 제33회, 제34회, 제35회, 제36회

1 중개사무소의 설치

1. 중개사무소 및 분사무소

(1) 이중사무소 설치금지

① 개업공인중개사는 그 등록관청의 관할구역 안에 중개사무소를 두되, 1개의 중개사무소만을 둘 수 있다. 또한 천막 그 밖에 이동이 용이한 임시 중개시설물을 설치하여서는 아니 된다.

② 이를 위반한 경우는 등록관청은 중개사무소 개설등록을 취소할 수 있으며(임의적 등록취소), 1년 이하의 징역 또는 1천만원 이하의 벌금에 처한다.

▷ 중개사무소의 면적에 관하여는 공인중개사법령상 규정이 없다.

▷ 1. 이중으로 중개사무소 개설등록을 한 경우 : 절대적 등록취소 & 1년 이하의 징역 또는 1천만원 이하의 벌금

　2. 둘 이상의 중개사무소를 둔 경우 또는 임시 중개시설물을 설치한 경우 : 임의적 등록취소 & 1년 이하의 징역 또는 1천만원 이하의 벌금

(2) 분사무소의 설치

① **법인인 개업공인중개사**는 대통령령으로 정하는 기준과 절차에 따라 등록관청에 **신고**하고 그 관할구역 외의 지역에 **분사무소를 둘 수 있다.**

② 법인이 아닌 개업공인중개사는 분사무소를 둘 수 없다.

2. 중개사무소등록증 등의 게시의무

(1) 게시사항

개업공인중개사는 중개사무소등록증·중개보수표 그 밖에 국토교통부령으로 정하는 사항을 해당 중개사무소 안의 보기 쉬운 곳에 게시하여야 한다.

> ① 중개사무소등록증 **원본**(법인인 개업공인중개사의 분사무소의 경우에는 **분사무소설치 신고확인서 원본**을 말한다)
> ② 개업공인중개사 및 소속공인중개사의 공인중개사자격증 **원본**(해당되는 자가 있는 경우로 한정한다)
> ③ 중개보수·실비의 요율 및 한도액표
> ④ 보증의 설정을 증명할 수 있는 서류
> ⑤ 「부가가치세법 시행령」에 따른 사업자등록증

(2) 위반 시 제재

등록관청이 개업공인중개사에게 100만원 이하의 과태료를 부과한다.

> 1. 소속공인중개사의 공인중개사자격증 원본을 게시하지 아니한 경우에도 개업공인중개사에게 100만원 이하의 과태료를 부과한다.
> 2. 실무교육 수료증은 게시할 의무가 없다.

3. 중개사무소의 명칭 및 옥외광고물 성명표기의무

(1) 법인인 개업공인중개사 및 공인중개사인 개업공인중개사

① 사무소의 명칭에 '공인중개사사무소' 또는 '부동산중개'라는 문자를 사용하여야 한다.

② **위반 시 제재**: 등록관청이 100만원 이하의 과태료를 부과한다.

(2) 부칙상 개업공인중개사

① 부칙상 개업공인중개사는 '공인중개사사무소'라는 문자를 사용해서는 아니 된다. '부동산중개'라는 문자는 사용할 수 있다.

② **위반 시 제재**: 등록관청이 100만원 이하의 과태료를 부과한다.

(3) 개업공인중개사가 아닌 자

① 개업공인중개사가 아닌 자는 '공인중개사사무소', '부동산중개' 또는 이와 유사한 명칭을 사용하여서는 아니 된다.

② **위반 시 제재**: 1년 이하의 징역 또는 1천만원 이하의 벌금

(4) 옥외광고물 성명표기

① 개업공인중개사가 옥외광고물을 설치하는 경우 옥외광고물 중 벽면 이용간판, 돌출간판 또는 옥상간판에 중개사무소등록증에 표기된 개업공인중개사(법인의 경우에는 대표자, 법인 분사무소의 경우에는 신고확인서에 기재된 **책임자**를 말한다)의 **성명**을 표기하여야 한다.

② **위반 시 제재**: 등록관청이 100만원 이하의 과태료를 부과한다.

> 1. 공인중개사법령상 개업공인중개사는 옥외광고물을 설치할 의무는 없다. 다만 옥외광고물을 설치하는 경우 개업공인중개사의 성명을 표기해야 한다.
> 2. 옥외광고물에는 중개사무소의 명칭, 연락처, 등록번호를 표기해야 할 의무는 없다.

(5) 철거명령 및 행정대집행

등록관청은 사무소 명칭사용 및 옥외광고물 성명표기 의무를 위반한 사무소의 간판 등에 대하여 철거를 명할 수 있다. 이 경우 그 명령을 받은 자가 철거를 이행하지 아니하는 경우에는 「행정대집행법」에 의하여 대집행을 할 수 있다.

> 개업공인중개사가 중개사무소의 명칭표시 의무를 위반한 경우, 개업공인중개사가 아닌 자가 사무소의 명칭사용 의무를 위반한 경우 및 개업공인중개사가 옥외광고물 성명표기 의무를 위반한 경우 모두에 대하여 등록관청은 간판의 철거를 명할 수 있다.

4. 간판철거 의무

(1) 철거사유

개업공인중개사는 다음 사유에 해당하는 경우에는 **지체 없이** 사무소의 간판을 철거하여야 한다.

> ① 등록관청에 중개사무소의 이전사실을 신고한 경우
> ② 등록관청에 폐업사실을 신고한 경우
> ③ 중개사무소의 개설등록 취소처분을 받은 경우

(2) 행정대집행

간판의 철거를 개업공인중개사가 이행하지 아니하는 경우, 등록관청은 「행정대집행법」에 따라 대집행을 할 수 있다.

> 1. 업무정지처분을 받은 경우 및 휴업신고를 한 경우에는 간판의 철거의무가 없다.
> 2. 간판의 철거의무를 위반한 경우는 과태료 부과사유에 해당하지 않는다.

5. 중개대상물의 표시·광고

(1) 표시사항

① 개업공인중개사가 의뢰받은 중개대상물에 대하여 표시·광고를 하려면 **중개사무소, 개업공인중개사에 관한 사항**으로서 다음에 정하는 사항을 명시하여야 하며, **중개보조원에 관한 사항은 명시해서는 아니 된다.**

> ㉠ 중개사무소의 명칭, 소재지, 연락처 및 등록번호
> ㉡ 개업공인중개사의 성명(법인인 경우에는 대표자의 성명)

② 개업공인중개사가 인터넷을 이용하여 중개대상물에 대한 표시·광고를 하는 때에는 위 **중개사무소 및 개업공인중개사에 관한 사항 외에** 중개대상물의 종류별로 다음의 사항을 명시하여야 한다.

> ㉠ 중개대상물의 종류, 소재지, 면적, 가격
> ㉡ 거래형태
> ㉢ 건축물 및 그 밖의 토지의 정착물인 경우 다음의 사항
>   ⓐ 총 층수
>   ⓑ 「건축법」 또는 「주택법」 등에 따른 사용승인·사용검사·준공검사 등을 받은 날
>   ⓒ 건축물의 방향, 방의 개수, 욕실의 개수, 입주가능일, 주차대수 및 관리비

③ 중개대상물의 구체적인 표시·광고 방법에 대해서는 국토교통부장관이 정하여 고시한다.

④ **위반 시 제재**: 위 사항을 명시하지 않거나 중개보조원을 함께 명시한 경우 등록관청은 개업공인중개사에게 100만원 이하의 과태료를 부과한다.

(2) 개업공인중개사가 아닌 자

① 개업공인중개사가 아닌 자는 중개대상물에 대한 표시·광고를 하여서는 아니 된다.

② **위반 시 제재**: 1년 이하의 징역 또는 1천만원 이하의 벌금

> 1. 개업공인중개사가 중개대상물의 표시·광고에 소속공인중개사를 함께 명시할 의무는 없으나 함께 명시해도 위반은 아니다.
> 2. 중개보조원은 표시·광고를 해서는 아니 되며, 소속공인중개사가 단독으로 표시·광고를 하는 행위도 금지된다.
> 3. 개업공인중개사가 아닌 자로서 중개대상물에 대한 표시·광고를 한 자를 신고 또는 고발한 경우는 포상금 지급사유에 해당한다.

(3) 부당한 표시·광고 금지

① 개업공인중개사는 중개대상물에 대하여 다음의 어느 하나에 해당하는 부당한 표시·광고를 하여서는 아니 된다.

> ㉠ 중개대상물이 존재하지 않아서 실제로 거래를 할 수 없는 중개대상물에 대한 표시·광고
>
> ㉡ 중개대상물이 존재하지만 실제로 중개의 대상이 될 수 없는 중개대상물에 대한 표시·광고
>
> ㉢ 중개대상물이 존재하지만 실제로 중개할 의사가 없는 중개대상물에 대한 표시·광고
>
> ㉣ 중개대상물의 입지조건, 생활여건, 가격 및 거래조건 등 중개대상물 선택에 중요한 영향을 미칠 수 있는 사실을 빠뜨리거나 은폐·축소하는 등의 방법으로 소비자를 속이는 표시·광고
>
> ㉤ 중개대상물의 가격 등 내용을 사실과 다르게 거짓으로 표시·광고하거나 사실을 과장되게 하는 표시·광고

② 부당한 표시·광고의 **세부적인 유형 및 기준 등에 관한 사항은 국토교통부장관이 정하여 고시**한다.

③ **부당한 표시·광고를 한 경우: 등록관청**이 개업공인중개사에게 **500만원 이하의 과태료**를 부과한다.

6. 인터넷 표시·광고 모니터링

(1) 모니터링

① **국토교통부장관**은 인터넷을 이용한 중개대상물에 대한 표시·광고가 부당한 표시·광고 금지의 규정을 준수하는지 여부를 모니터링 할 수 있다.

② 모니터링의 내용, 방법, 절차 등에 관한 사항은 국토교통부령으로 정한다.

(2) 자료제출 요구

① 국토교통부장관은 모니터링을 위하여 필요한 때에는 정보통신서비스 제공자에게 관련 자료의 제출을 요구할 수 있다. 이 경우 관련 자료의 제출을 요구받은 정보통신서비스 제공자는 정당한 사유가 없으면 이에 따라야 한다.

② **정당한 사유 없이 자료의 제출 요구에 따르지 아니하여 관련 자료를 제출하지 아니한 자:** 국토교통부장관이 500만원 이하의 과태료를 부과한다.

(3) 위반 표시·광고에 대한 확인 및 조치 요구

① 국토교통부장관은 모니터링 결과에 따라 정보통신서비스 제공자에게 이 법 위반이 의심되는 표시·광고에 대한 확인 또는 추가정보의 게재 등 필요한 조치를 요구할 수 있다. 이 경우 필요한 조치를 요구받은 정보통신서비스 제공자는 정당한 사유가 없으면 이에 따라야 한다.

② **정당한 사유 없이 확인 또는 조치 요구에 따르지 아니하여 필요한 조치를 하지 아니한 자:** 국토교통부장관이 500만원 이하의 과태료를 부과한다.

(4) 모니터링 업무의 위탁 및 예산지원

① 국토교통부장관은 다음의 기관에 모니터링 업무를 위탁할 수 있다.

> ㉠ 「공공기관의 운영에 관한 법률」에 따른 **공공기관**
> ㉡ 「정부출연연구기관 등의 설립·운영 및 육성에 관한 법률」에 따른 **정부출연연구기관**
> ㉢ **「민법」에 따라 설립된 비영리법인**으로서 인터넷 표시·광고 모니터링 또는 인터넷 광고 시장 감시와 관련된 업무를 수행하는 법인
> ㉣ 그 밖에 인터넷 표시·광고 모니터링 업무 수행에 필요한 전문인력과 전담조직을 갖췄다고 **국토교통부장관이 인정하는 기관 또는 단체**

② 국토교통부장관은 업무를 위탁하는 경우에는 위탁받는 기관 및 위탁업무의 내용을 고시해야 한다.

③ 국토교통부장관은 업무위탁기관에 예산의 범위에서 위탁업무 수행에 필요한 예산을 지원할 수 있다.

(5) 모니터링 업무의 종류

모니터링 업무는 다음의 구분에 따라 수행한다.

> ① 기본 모니터링 업무: 모니터링 기본계획서에 따라 **분기별로 실시**하는 모니터링
> ② 수시 모니터링 업무: 중개대상물 표시·광고를 위반한 사실이 의심되는 경우 등 **국토교통부장관이 필요하다고 판단하여 실시**하는 모니터링

(6) 모니터링 업무의 방법 및 절차

① 모니터링 업무 수탁기관(모니터링 기관)은 업무를 수행하려면 다음의 구분에 따라 계획서를 국토교통부장관에게 제출해야 한다.

> ㉠ 기본 모니터링 업무: 모니터링 대상, 모니터링 체계 등을 포함한 다음 연도의 모니터링 기본계획서를 매년 12월 31일까지 제출할 것
> ㉡ 수시 모니터링 업무: 모니터링의 기간, 내용 및 방법 등을 포함한 계획서를 제출할 것

② 모니터링 기관은 업무를 수행한 경우 해당 업무에 따른 결과보고서를 다음의 구분에 따른 기한까지 국토교통부장관에게 제출해야 한다.

> ㉠ 기본 모니터링 업무: 매 분기의 마지막 날부터 30일 이내
> ㉡ 수시 모니터링 업무: 해당 모니터링 업무를 완료한 날부터 15일 이내

③ 국토교통부장관은 제출받은 결과보고서를 시·도지사 및 등록관청에 통보하고 필요한 조사 및 조치를 요구할 수 있다.

④ **시·도지사 및 등록관청**은 요구를 받으면 신속하게 조사 및 조치를 완료하고, 완료한 날부터 10일 **이내에 그 결과를 국토교통부장관에게 통보**해야 한다.

⑤ 위에서 규정한 사항 외에 모니터링의 기준, 절차 및 방법 등에 관한 **세부적인 사항은 국토교통부장관이 정하여 고시**한다.

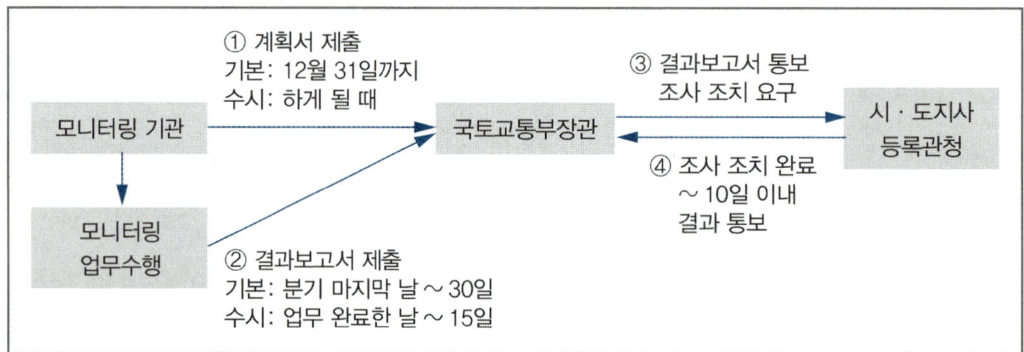

예제

공인중개사법령상 중개사무소의 명칭에 관한 설명으로 옳은 것은? 제28회

① 개업공인중개사가 아닌 자로서 "부동산중개"라는 명칭을 사용한 자는 1년 이하의 징역 또는 1천만원 이하의 벌금에 처한다.
② 개업공인중개사가 아닌 자가 "공인중개사사무소"라는 명칭을 사용한 간판을 설치한 경우, 등록관청은 그 철거를 명할 수 없다.
③ 법인 분사무소의 옥외광고물을 설치하는 경우 법인 대표자의 성명을 표기해야 한다.
④ 개업공인중개사는 옥외광고물을 설치해야 할 의무가 있다.
⑤ 개업공인중개사가 사무소의 명칭에 "공인중개사사무소" 또는 "부동산중개"라는 문자를 사용하지 않은 경우, 이는 개설등록의 취소사유에 해당한다.

해설 ② 등록관청은 사무소 명칭표시 관련한 모든 위반사유에 대해서 간판의 철거를 명할 수 있다.
③ 분사무소의 옥외광고물에는 책임자의 성명을 표기해야 한다.
④ 공인중개사법령에 옥외광고물을 설치해야 하는 의무는 없다. 다만 설치한 옥외광고물에는 개업공인중개사의 성명을 표기해야 할 의무가 있다.
⑤ 100만원 이하의 과태료사유이다. ▶▶ 정답 ①

2 중개사무소의 이전

1. 관할지역 내로 이전

(1) 신고의무 및 방법

① 개업공인중개사는 중개사무소를 이전한 때에는 **이전한 날부터 10일 이내**에 국토교통
부령으로 정하는 바에 따라 등록관청에 이전사실을 신고하여야 한다.

② 중개사무소의 이전신고를 하고자 하는 자는 [별지 제12호 서식]의 중개사무소이전신
고서에 다음의 서류를 첨부하여 등록관청에 제출하여야 한다.

> ㉠ 중개사무소등록증
> ㉡ 건축물대장에 기재된 건물에 중개사무소를 확보(소유·전세·임대차 또는 사용대
>   차 등의 방법에 의하여 사용권을 확보하여야 한다)하였음을 증명하는 서류. 다만,
>   건축물대장에 기재되지 아니한 건물에 중개사무소를 확보하였을 경우에는 건축물
>   대장 기재가 지연되는 사유를 적은 서류도 함께 내야 한다.
>   ☞ 건축물대장은 공무원의 확인사항이므로 제출하지 않는다.

(2) 등록증 재교부 또는 수정교부

① 이전신고를 받은 등록관청은 그 내용이 적합한 경우에는 중개사무소등록증을 재교부하
여야 한다. 다만, 개업공인중개사가 등록관청의 **관할지역 내로 이전한 경우에는 등록관
청은 중개사무소등록증에 변경사항을 기재하여 이를 교부할 수 있다.**

② 등록관청은 등록관청 관할지역 내로 이전한 경우에만 기존의 등록증에 변경사항을 기
재하여 다시 교부할 수 있다.

2. 관할지역 외로 이전

(1) 신고의무 및 방법

① 중개사무소를 등록관청의 관할지역 외의 지역으로 이전한 경우에는 이전한 날부터 10일
이내에 **이전 후 등록관청에 신고하여야 한다.**

② 중개사무소의 이전신고를 하고자 하는 자는 중개사무소이전신고서에 다음의 서류를
첨부하여 등록관청에 제출하여야 한다.

> ㉠ 중개사무소등록증
> ㉡ 건축물대장에 기재된 건물에 중개사무소를 확보(소유·전세·임대차 또는 사용대
>   차 등의 방법에 의하여 사용권을 확보하여야 한다)하였음을 증명하는 서류. 다만,
>   건축물대장에 기재되지 아니한 건물에 중개사무소를 확보하였을 경우에는 건축물
>   대장 기재가 지연되는 사유를 적은 서류도 함께 내야 한다.
>   ☞ 건축물대장은 공무원의 확인사항이므로 제출하지 않는다.

⑵ 등록증 재교부

중개사무소의 이전신고를 받은 등록관청은 그 내용이 적합한 경우에는 중개사무소등록증을 재교부하여야 한다.

> **빈출지문 OX**
>
> 등록관청 관할지역 외로 이전한 경우, 이전신고를 받은 등록관청은 등록증을 재교부하거나 종전의 등록증에 변경사항을 기재하여 이를 교부해야 한다. ( )
>
> **정답** × 등록관청 관할지역 내로 이전한 경우에만 기존의 등록증을 수정하여 교부할 수 있다.

⑶ 서류송부

① 이전신고를 받은 이전 후의 등록관청은 종전의 등록관청에 개업공인중개사와 관련된 서류를 송부하여 줄 것을 요청하여야 한다.

② 요청을 받은 종전의 등록관청은 지체 없이 관련 서류를 이전 후 등록관청에 송부하여야 하며, 송부하여야 하는 서류는 다음과 같다.

> ㉠ 이전신고를 한 중개사무소의 부동산중개사무소등록대장
> ㉡ 부동산중개사무소 개설등록 신청서류
> ㉢ 최근 1년간의 행정처분 및 행정처분절차가 진행 중인 경우 그 관련 서류

▷ 최근 1년 이내에 이 법에 따라 업무정지처분을 2회 이상 받고 다시 업무정지처분사유에 해당하게 된 경우 개설등록을 취소해야 한다.

⑷ 행정처분

이전신고 전에 발생한 사유로 인한 개업공인중개사에 대한 행정처분은 **이전 후 등록관청**이 이를 행한다.

3. 위반 시 제재

등록관청은 이전신고를 하지 아니한 개업공인중개사에게 100만원 이하의 과태료를 부과한다.

4. 협회에 통보

등록관청은 중개사무소 이전신고를 받은 때에는 이를 다음달 10일까지 공인중개사협회에 통보하여야 한다.

예제

공인중개사법령상 중개사무소를 등록관청의 관할지역 외의 지역으로 이전하고 이를 신고한 경우, 이에 관한 설명으로 옳은 것(○)과 틀린 것(×)을 바르게 표시한 것은?　제23회

> ⊙ 개업공인중개사는 이전한 날부터 10일 이내에 이전 전의 등록관청에 이전사실을 신고해야 한다.
> ⊙ 이전신고 전에 발생한 사유로 인한 개업공인중개사에 대한 행정처분은 이전 전의 등록관청이 이를 행한다.
> ⊙ 이전신고를 받은 등록관청은 원래의 중개사무소등록증에 변경사항을 기재하여 이를 교부할 수 있다.

① ⊙ (×), ⊙ (×), ⊙ (×)　　　② ⊙ (×), ⊙ (○), ⊙ (×)
③ ⊙ (×), ⊙ (×), ⊙ (○)　　　④ ⊙ (○), ⊙ (○), ⊙ (×)
⑤ ⊙ (○), ⊙ (○), ⊙ (○)

해설　⊙ 관할지역 외의 지역으로 이전한 경우 이전 후의 등록관청에 신고해야 한다.
⊙ 이전 후의 등록관청이 행정처분을 행한다.
⊙ 관할지역 외로 이전한 경우 이전신고를 받은 등록관청은 등록증을 재교부해야 한다. 다만, 관할지역 내로 이전한 경우 등록관청은 원래의 중개사무소등록증에 변경사항을 기재하여 이를 교부할 수 있다.

▶▶ 정답 ①

■ 공인중개사법 시행규칙 [별지 제12호 서식] <개정 2021. 1. 12.>

중개사무소 이전신고서

※ [ ]에는 해당하는 곳에 √표를 합니다.

접수번호		접수일	처리기간	7일

신청인	성명(대표자)		생년월일
	주소(체류지)		
	(전화번호 :		휴대전화 :)

개업공인중개사 종별	[ ] 법인 [ ] 공인중개사 [ ] 법률 제7638호 부동산중개업법 전부개정법률 부칙 제6조 제2항에 따른 개업 공인중개사

중개사무소	명칭	등록번호
	변경 전 소재지	
		(전화번호 :)
	변경 후 명칭	전화번호 (휴대전화)
	변경 후 소재지	
		(전화번호 :)

「공인중개사법」 제20조 제1항에 따라 위와 같이 신고합니다.

년   월   일

신청인   (서명 또는 인)

시장 · 군수 · 구청장   귀하

신청인 제출서류	1. 중개사무소등록증(분사무소의 경우에는 분사무소설치신고확인서를 말합니다) 2. 건축물대장(「건축법」 제20조 제5항에 따른 가설건축물대장은 제외합니다)에 기재된 건물(준공검사, 준공인가, 사용승인, 사용검사 등을 받은 건물로서 건축물대장에 기재되기 전의 건물을 포함합니다)에 중개사무소를 확보(소유 · 전세 · 임대차 또는 사용대차 등의 방법에 의하여 사용권을 확보해야 합니다)했음을 증명하는 서류(건축물대장에 기재되지 않은 건물에 중개사무소를 확보했을 경우에는 건축물대장 기재가 지연되는 사유를 적은 서류도 함께 내야 합니다).	수수료 시 · 군 · 구 조례로 정하는 금액
담당 공무원 확인사항	건축물대장(「건축법」 제20조 제5항에 따른 가설건축물대장은 제외합니다)	

처리절차

이전 신고	⇨	접 수	⇨	제출서류 확인	⇨	신고기준 검토 및 결재	⇨	중개업사무소 등록증 재교부
신고인		시 · 군 · 구 (부동산중개업 담당 부서)		시 · 군 · 구 (부동산중개업 담당 부서)		시 · 군 · 구 (부동산중개업 담당 부서)		시 · 군 · 구 (부동산중개업 담당 부서)

❸ 분사무소의 설치

1. 분사무소 설치요건(영 제15조)

① 분사무소는 주된 사무소의 소재지가 속한 시·군·구를 **제외한** 시·군·구별로 설치하되, 시·군·구별로 1개소를 초과할 수 없다.

② 분사무소에는 공인중개사를 책임자로 두어야 한다. 다만, **다른 법률의 규정에 의하여 중개업을 할 수 있는 법인은 그러하지 아니하다.**

> 1. 같은 시·군·구 내에 주된 중개사무소와 분사무소를 함께 둘 수 없다.
> 2. 다른 법률의 규정에 의하여 중개업을 할 수 있는 법인의 분사무소 책임자는 공인중개사이어도 되고 아니어도 된다.

2. 분사무소 설치신고

(1) 설치신고서 제출

① 분사무소의 설치신고를 하려는 자는 국토교통부령으로 정하는 분사무소설치신고서에 필요한 서류를 첨부하여 **주된 사무소의 소재지를 관할하는 등록관청에 제출하여야 한다.**

② 분사무소 설치신고를 하는 자는 해당 **지방자치단체 조례로 정하는 바에 따라 수수료**를 납부하여야 한다.

> **빈출지문 OX**
>
> 분사무소 설치신고서는 분사무소 소재지를 관할하는 등록관청에 제출해야 한다.
>
> ( )
>
> **정답** × 주된 사무소 관할 등록관청에 제출해야 한다.

(2) 제출하지 않는 서류

> ① 공인중개사자격증 사본: 등록관청은 공인중개사자격증을 발급한 시·도지사에게 분사무소 책임자의 공인중개사 자격 확인을 요청하여야 한다.
> ② 법인등기사항증명서 및 건축물대장: 등록관청은 「전자정부법」에 따라 행정정보의 공동이용을 통하여 법인등기사항증명서(신청인이 법인인 경우에만 해당한다)와 건축물대장을 확인하여야 한다.

(3) 제출하는 서류

> ① 책임자의 실무교육 수료확인증 사본
> ② **보증의 설정을 증명할 수 있는 서류**
> ③ 건축물대장에 기재된 건물에 분사무소를 확보(소유 · 전세 · 임대차 또는 사용대차 등의 방법에 의하여 사용권을 확보하여야 한다)하였음을 증명하는 서류. 다만, 건축물대장에 기재되지 아니한 건물에 분사무소를 확보하였을 경우에는 건축물대장 기재가 지연되는 사유를 적은 서류도 함께 내야 한다.

▷ 1. 보증의 설정은 중개사무소 개설등록을 하는 경우에는 '등록을 한 때에는 업무를 시작하기 전에' 하는 것이기 때문에 등록신청을 하는 때에 보증설정증명서류를 제출하지 않는다.
　2. 분사무소의 경우 분사무소 설치신고 전에 보증을 설정하여 분사무소설치신고서를 제출하는 때에 보증설정증명서류를 첨부하여야 한다.

3. 신고확인서 교부 및 통보

① 분사무소 설치신고를 받은 등록관청은 그 신고내용이 적합한 경우에는 **국토교통부령으로 정하는 신고확인서**를 교부하여야 한다.

② 등록관청은 신고확인서를 교부한 때에는 지체 없이 그 분사무소 설치예정지역을 관할하는 시장 · 군수 또는 구청장에게 이를 통보하여야 한다.

4. 협회에 통보

등록관청은 분사무소 설치신고를 받은 때에는 이를 다음달 10일까지 공인중개사협회에 통보하여야 한다.

5. 분사무소설치신고확인서 재교부

(1) 재교부 신청

분사무소설치신고확인서를 잃어버리거나 못쓰게 된 경우에는 국토교통부령이 정하는 바에 따라 등록관청에 재교부를 신청할 수 있다(법 제13조 제5항).

(2) 재교부 신청방법 및 수수료

① 분사무소설치신고확인서의 재교부 신청은 [별지 제4호 서식]에 따르되, 분사무소설치신고확인서의 기재사항의 변경으로 인하여 재교부를 받고자 하는 때에는 분사무소설치신고확인서를 첨부하여야 한다.

② 분사무소설치신고확인서의 재교부를 신청하는 자는 해당 지방자치단체의 조례가 정하는 바에 따라 수수료를 납부하여야 한다.

4 분사무소의 이전

1. 이전신고

분사무소를 이전한 때에는 이전한 날부터 10일 이내에 이전신고서에 다음의 서류를 첨부하여 **주된 사무소 관할 등록관청에 제출하여야 한다.**

> ① **분사무소설치 신고확인서**
> ② 건축물대장에 기재된 건물에 분사무소를 확보(소유·전세·임대차 또는 사용대차 등의 방법에 의하여 사용권을 확보하여야 한다)하였음을 증명하는 서류. 다만, 건축물대장에 기재되지 아니한 건물에 분사무소를 확보하였을 경우에는 건축물대장 기재가 지연되는 사유를 적은 서류도 함께 내야 한다.
> 🖱 건축물대장은 공무원의 확인사항이므로 제출하지 않는다.

> **빈출지문 OX**
>
> 관할지역 외의 지역으로 분사무소를 이전한 경우 이전 후의 분사무소 관할 등록관청에 신고해야 한다. ( )
>
> **정답** ✕ 주된 사무소 관할 등록관청에 신고해야 한다.

2. 신고확인서 재교부

등록관청은 신고내용이 적합한 경우에는 분사무소설치신고확인서를 재교부하여야 한다. 다만, 분사무소를 관할지역 **내로** 이전한 경우에는 등록관청은 분사무소설치신고확인서에 변경사항을 기재하여 이를 교부할 수 있다.

3. 이전사실 통보

등록관청은 분사무소의 이전신고를 받은 때에는 **지체 없이 그 분사무소의 이전 전 및 이전 후의 소재지를 관할하는 시장·군수 또는 구청장에게 이를 통보하여야 한다.**

4. 협회에 통보

등록관청은 분사무소 이전신고를 받은 때에는 이를 다음달 10일까지 공인중개사협회에 통보하여야 한다.

예제

공인중개사법령상 분사무소의 설치에 관한 설명으로 옳은 것을 모두 고른 것은? 제25회

> ㉠ 다른 법률의 규정에 따라 중개업을 할 수 있는 법인의 분사무소에는 공인중개사를 책임자로 두어야 한다.
> ㉡ 분사무소의 설치신고를 하려는 자는 그 신고서를 주된 사무소의 소재지를 관할하는 등록관청에 제출해야 한다.
> ㉢ 분사무소의 설치신고를 받은 등록관청은 그 신고내용이 적합한 경우에는 국토교통부령으로 정하는 신고확인서를 교부해야 한다.
> ㉣ 분사무소의 설치신고를 하려는 자는 법인등기사항증명서를 제출해야 한다.

① ㉠, ㉡   ② ㉠, ㉢

③ ㉡, ㉢   ④ ㉢, ㉣

⑤ ㉠, ㉡, ㉣

해설 ㉠ 다른 법률의 규정에 따라 중개업을 할 수 있는 법인의 분사무소에는 공인중개사를 책임자로 두지 않아도 된다.

㉣ 등록관청은 「전자정부법」에 따른 행정정보의 공동이용을 통하여 건축물대장과 법인등기사항증명서를 확인해야 한다. ▶▶ **정답** ③

■ 공인중개사법 시행규칙 [별지 제9호 서식] <개정 2021. 1. 12.>

분사무소 설치신고서

접수번호		접수일	처리기간	7일

신고인	성명(대표자)		주민등록번호(외국인 등록번호)	
	주소(체류지)			
	(전화번호 :		휴대전화 :	)

본 사	명칭	등록번호
	소재지	
	(전화번호 : 휴대전화 :)	

분사무소	소재지		
		(전화번호 :)	
	책임자	성명	주민등록번호(외국인 등록번호)
		주소(체류지)	공인중개사 자격증 발급 시·도

「공인중개사법」 제13조 제3항 및 같은 법 시행령 제15조 제3항에 따라 위와 같이 신고합니다.

년　　　월　　　일

신청인　　　　　　　　　　(서명 또는 인)

시장·군수·구청장　　　　귀하

신청인 제출서류	1. 분사무소 책임자의 「공인중개사법」 제34조 제1항에 따른 실무교육의 수료확인증 사본 1부 2. 「공인중개사법 시행령」 제24조에 따른 보증의 설정을 증명할 수 있는 서류 1부 3. 건축물대장(「건축법」 제20조 제5항에 따른 가설건축물대장은 제외합니다)에 기재된 건물(준공검사, 준공인가, 사용승인, 사용검사 등을 받은 건물로서 건축물대장에 기재되기 전의 건물을 포함합니다)에 분사무소를 확보(소유·전세·임대차 또는 사용대차 등의 방법에 의하여 사용권을 확보하여야 합니다)하였음을 증명하는 서류 1부(건축물대장에 기재되지 않은 건물에 분사무소를 확보하였을 경우에는 건축물대장 기재가 지연되는 사유를 적은 서류도 함께 내야 합니다).	수수료 시·군·구 조례로 정하는 금액
담당 공무원 확인사항	1. 법인 등기사항증명서 2. 건축물대장	

※ 시장·군수·구청장은 법 제5조 제2항에 따라 공인중개사 자격증을 발급한 시·도지사에게 분사무소 책임자의 공인중개사 자격 확인을 요청하여야 합니다.

처리절차

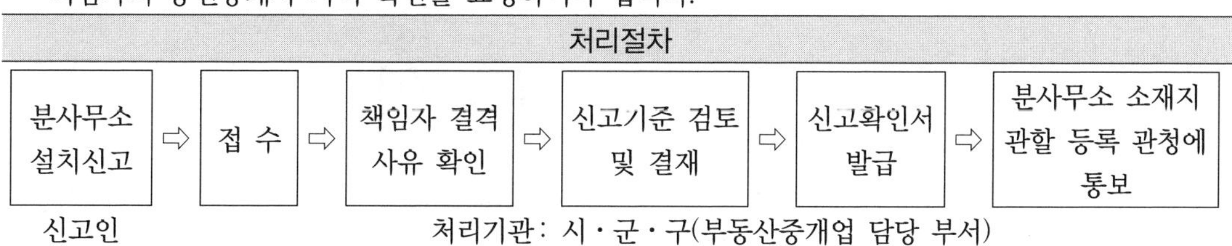

제   호

분사무소설치신고확인서

			사진(여권용 사진) (3.5cm×4.5cm)
성명(대표자)		생년월일	
중개사무소의 명칭		주된 사무소 등록번호	
주된 사무소 소재지			
분사무소	소재지		
	책임자		생년월일
분사무소 등록인장 (중개행위 시 사용)		<변경 인장>	

「공인중개사법」 제13조 제3항에 따라 위와 같이 분사무소 설치신고를 했음을 증명합니다.

년   월   일

시장 · 군수 · 구청장   직 인

5 중개사무소의 공동사용

1. 중개사무소 공동사용

① 개업공인중개사는 그 업무의 효율적인 수행을 위하여 다른 개업공인중개사와 중개사무소를 공동으로 사용할 수 있다(법 제13조 제6항).

② 중개사무소의 공동사용은 개업공인중개사의 종별에 관계없이 가능하며, 인원수의 제한이 없다.

③ 모든 의무와 책임은 중개사무소를 구성하고 있는 모든 개업공인중개사가 각각 부담한다. 즉 인장등록, 보증의 설정, 휴업 및 폐업신고 등의 의무는 모든 개업공인중개사가 개별적으로 져야 한다.

④ 공동으로 사용하고 있는 중개사무소를 이전하는 경우에도 개별적으로 이전신고를 하여야 한다.

2. 중개사무소 공동사용 방법

중개사무소를 공동으로 사용하려는 개업공인중개사는 중개사무소의 개설등록 또는 중개사무소의 이전신고를 하는 때에 **그 중개사무소를 사용할 권리가 있는 다른 개업공인중개사의 승낙서를 첨부**하여야 한다(영 제16조 제1항).

3. 중개사무소 공동사용 제한

(1) 업무정지기간 중 중개사무소 공동사용 금지

① **업무정지기간 중에 있는 개업공인중개사**는 다른 개업공인중개사에게 중개사무소의 공동사용을 위하여 승낙서를 주는 방법으로 중개사무소를 공동으로 사용할 수 없다(영 제16조 제2항).

② 즉 업무정지기간 중에 있는 개업공인중개사의 중개사무소를 공동으로 사용하기 위하여 다른 공인중개사가 개설등록을 신청하거나 분사무소를 설치할 수 없으며, 다른 개업공인중개사가 사무소를 이전할 수 없다.

③ 다만, 업무정지기간 중에 있는 개업공인중개사가 영업정지처분을 받기 전부터 중개사무소를 공동사용 중이었던 다른 개업공인중개사는 중개업을 할 수 있다(영 제16조 제2항).

▷ 휴업 중인 개업공인중개사의 중개사무소에는 다른 공인중개사가 개설등록을 하거나, 다른 개업공인중개사가 사무소 이전신고를 하여 공동으로 사용할 수 있다.

(2) 업무정지기간 중에 있는 개업공인중개사의 사무소 이전금지

업무정지기간 중에 있는 개업공인중개사는 다른 개업공인중개사의 중개사무소를 공동으로 사용하기 위하여 사무소를 이전할 수 없다(영 제16조 제2항).

제 2 절 **개업공인중개사의 업무범위** 제32회, 제33회, 제35회, 제36회

1 중개업무 지역범위

1. 법인 및 공인중개사인 개업공인중개사

공인중개사법령상 중개업을 할 수 있는 지역범위에 관하여는 규정이 없으므로 법인 및 공인중개사인 개업공인중개사는 전국의 모든 중개대상물을 중개할 수 있다.

2. 법 제7638호 부칙 제6조 제2항에 규정된 개업공인중개사

① 부칙상의 개업공인중개사의 업무지역은 해당 중개사무소가 소재하는 특별시·광역시·도의 관할구역으로 하며, 그 관할구역 안에 있는 중개대상물에 한하여 중개행위를 할 수 있다. 따라서 서울특별시 강남구에 중개사무소를 둔 부칙상의 개업공인중개사는 서울특별시 내에 소재하는 중개대상물만 중개할 수 있음이 원칙이다.

② 다만, 부칙상의 개업공인중개사가 부동산거래정보망에 가입하고 이를 이용하여 중개하는 경우에는 해당 정보망에 공개된 관할구역 외의 중개대상물도 중개할 수 있다.

③ 부칙상의 개업공인중개사가 소속공인중개사를 고용하거나, 공인중개사인 개업공인중개사와 중개사무소를 공동으로 사용하더라도 중개업무지역이 전국으로 확대되는 것은 아니다.

④ 업무지역 범위제한을 위반한 경우 등록관청은 6개월의 범위 안에서 업무정지처분을 할 수 있다.

2 개업공인중개사의 겸업

◈ 개업공인중개사의 겸업비교

구 분	중개업	5개 업무	경매·공매업무	법 제14조 외의 업무
법인인 개업공인중개사	○	○	○	×
공인중개사인 개업공인중개사	○	○	○	○
부칙상 개업공인중개사	○	○	×	○

1. 법인인 개업공인중개사의 겸업

법인인 개업공인중개사는 다른 법률에 규정된 경우를 제외하고는 아래에 규정된 업무 외에 다른 업무를 함께 할 수 없다(법 제14조 제1항).

(1) **법 제14조에 규정된 업무**

① 중개업

② 상업용 건축물 및 주택의 임대관리 등 부동산의 관리대행 : 주택의 임대업(×)

③ 부동산의 이용·개발 및 거래에 관한 상담 : 부동산의 개발업(×), 부동산의 개발대행(×)

④ 중개의뢰인의 의뢰에 따른 도배·이사업체의 소개 등 주거이전에 부수되는 용역의 알선 : 도배업체 운영(×), 이사업체 운영(×), 주거이전에 부수되는 용역의 제공(×)

⑤ 상업용 건축물 및 주택의 분양대행 : 토지(택지) 분양대행(×)

⑥ 개업공인중개사를 대상으로 한 중개업의 경영기법 및 경영정보의 제공 : 중개사무소 개설등록을 하지 않은 공인중개사를 대상으로 한 중개업의 경영기법 및 경영정보의 제공(×)

⑦ 「민사집행법」에 의한 경매 및 「국세징수법」 그 밖의 법령에 의한 공매대상 부동산에 대한 권리분석 및 취득의 알선과 매수신청 또는 입찰신청의 대리 : 다만, 「민사집행법」에 의한 **경매대상 부동산의 매수신청 또는 입찰신청의 대리**를 하고자 하는 때에는 **대법원규칙**으로 정하는 요건을 갖추어 **법원**에 등록을 하고 그 감독을 받아야 한다 (법 제14조 제3항).

> **심화학습** **경매 및 공매 관련 업무**
>
> 1. 경매 부동산의 권리분석 및 취득의 알선, 경매 부동산의 매수신청대리, 공매 부동산의 권리분석 및 취득의 알선, 공매 부동산의 매수신청대리를 할 수 있다.
> 2. 위 업무 중 **경매대상 부동산의 매수신청 또는 입찰신청의 대리**를 하고자 하는 때에는 **대법원규칙**으로 정하는 요건을 갖추어 **법원**에 등록을 하고 그 감독을 받아야 한다.
> 3. 법원에 등록하지 않더라도 경매 부동산에 대한 권리분석 및 취득의 알선, 공매 부동산에 대한 권리분석 및 취득의 알선, 공매 부동산에 대한 매수신청대리는 할 수 있다.

(2) **중개업 외의 겸업에 관한 수수료**

중개업을 제외한 업무는 중개보수가 적용되지 않으며, 의뢰인과 합의한 보수를 받을 수 있다. 다만, 경매 및 공매 부동산 관련 업무에 대한 보수는 「공인중개사의 매수신청대리인 등록 등에 관한 규칙」 및 예규에서 정하고 있는 보수를 받을 수 있다.

(3) **위반 시 제재**

법인인 개업공인중개사가 겸업제한을 위반한 경우 등록관청은 등록을 취소할 수 있다(임의적 등록취소사유).

2. 법인이 아닌 개업공인중개사의 겸업

(1) 공인중개사인 개업공인중개사

① 공인중개사인 개업공인중개사는 「공인중개사법」 및 다른 법률에 제한이 없는 한 모든 업무의 겸업이 가능하다.

② 공인중개사인 개업공인중개사는 법인인 개업공인중개사가 겸업할 수 있는 7가지의 업무를 모두 겸업할 수 있다.

③ **공인중개사인 개업공인중개사**는 7가지 외의 업무도 겸업이 가능하므로, **도배업체 또는 이사업체의 운영, 토지의 분양대행, 편의점의 운영** 등이 모두 가능하다.

(2) 법 제7638호 부칙 제6조 제2항에 규정된 개업공인중개사

부칙상 개업공인중개사에 대해서는 경매 및 공매 관련 업무를 모두 할 수 없도록 하고 있으며, 그 밖의 업무에 대해서는 겸업의 제한이 없다.

3 중개대상물의 범위

개업공인중개사가 중개할 수 있는 중개대상물의 범위에 대해서는 개업공인중개사의 종별에 따라 차별이 없다. 그러므로 개업공인중개사의 종별에 관계없이 중개할 수 있는 중개대상물의 범위는 동일하다.

예제

공인중개사법령상 법인인 개업공인중개사가 겸업할 수 있는 업무를 모두 고른 것은? (단, 다른 법률의 규정은 고려하지 않음)　제29회

> ㉠ 주택의 임대관리 및 부동산의 임대업
> ㉡ 부동산의 이용·개발에 관한 상담
> ㉢ 중개의뢰인의 의뢰에 따른 주거이전에 부수되는 용역의 제공
> ㉣ 상업용 건축물의 분양대행
> ㉤ 「국세징수법」에 의한 공매대상 부동산에 대한 입찰신청의 대리

① ㉠, ㉡　　　　　　　　　② ㉢, ㉣
③ ㉠, ㉢, ㉤　　　　　　　④ ㉡, ㉢, ㉣
⑤ ㉡, ㉣, ㉤

해설　㉠ 상업용 건축물 및 주택의 임대관리 등 부동산의 '관리대행'
㉢ 의뢰인의 의뢰에 따른 도배·이사업체의 소개 등 주거이전에 부수되는 용역의 '알선'　▶ 정답 ⑤

제**3**절 **고용인** 제32회, 제34회, 제35회

■ 고용신고 등

개업공인중개사는 소속공인중개사 또는 중개보조원을 고용하거나 고용관계가 종료된 때에는 국토교통부령으로 정하는 바에 따라 등록관청에 신고하여야 한다(법 제15조 제1항).

1. 고용신고

① 개업공인중개사는 소속공인중개사 또는 중개보조원을 **고용한 경우에는** 실무교육 또는 직무교육을 받도록 한 후 **업무개시 전까지** 등록관청에 신고(**전자문서에 의한 신고를 포함한다**)하여야 한다.

② 소속공인중개사의 고용신고를 받은 등록관청은 공인중개사자격증을 발급한 시·도지사에게 그 소속공인중개사의 공인중개사 자격 확인을 요청하여야 한다.

③ 고용신고를 받은 **등록관청은** 결격사유 해당 여부와 **실무(직무)교육 수료 여부를 확인하여야 한다.**

④ 고용 및 고용관계 종료신고는 [별지 제11호 서식]에 따르며, 고용인이 외국인인 경우에는 결격사유에 해당하지 아니함을 증명하는 서류를 제출하여야 한다.

> **넓혀 보기** 🔍
>
> 1. 고용신고서를 제출하는 경우 소속공인중개사의 공인중개사자격증 사본을 제출할 필요가 없으며, 실무교육 또는 직무교육의 수료증 사본도 제출할 필요가 없다.
> 2. 외국인을 소속공인중개사나 중개보조원으로 고용할 수 있으며 고용신고 시 결격사유에 해당하지 아니함을 증명하는 서류를 제출하여야 한다.
> 3. 고용신고서는 전자문서로 제출할 수 있다.
> 4. 공인중개사자격증 사본을 첨부하지 않는 신청서(신고서) : 중개사무소 개설등록신청서, 분사무소 설치신고서, 소속공인중개사 고용신고서

2. 고용관계 종료신고

① 개업공인중개사는 소속공인중개사 또는 중개보조원과의 고용관계가 종료된 때에는 **고용관계가 종료된 날부터 10일 이내에** 등록관청에 신고하여야 한다.

② 소속공인중개사 또는 중개보조원의 고용·고용관계 종료신고는 [별지 제11호 서식]에 따른다.

3. 협회에 통보

등록관청은 매월 고용신고 및 고용관계 종료신고를 받은 때에는 이를 다음달 10일까지 공인중개사협회에 통보하여야 한다.

2 중개보조원의 인원수 제한 및 고지의무

1. 중개보조원 고용인원수 제한

① 개업공인중개사가 고용할 수 있는 중개보조원의 수는 **개업공인중개사와 소속공인중개사를 합한 수의 5배**를 초과하여서는 아니 된다.

② 개업공인중개사 1명과 고용한 소속공인중개사 2명이 있다면 15명까지 중개보조원을 고용할 수 있다. 소속공인중개사에 대한 고용인원수의 제한은 없다.

③ 등록관청은 이를 위반한 개업공인중개사에 대하여 중개사무소 개설등록을 취소해야 한다(절대적 등록취소). 또한 1년 이하의 징역 또는 1천만원 이하의 벌금에 처할 수 있는 사유이다.

2. 중개보조원의 고지의무

① 중개보조원은 현장안내 등 중개업무를 보조하는 경우 중개의뢰인에게 본인이 중개보조원이라는 사실을 미리 알려야 한다.

② 중개보조원임을 고지하지 아니한 경우 등록관청은 중개보조원 및 개업공인중개사 모두에 대하여 500만원 이하 과태료를 부과한다. 다만, 개업공인중개사가 그 위반행위를 방지하기 위하여 해당 업무에 관하여 상당한 주의와 감독을 게을리하지 아니한 경우에는 개업공인중개사에게 과태료를 부과하지 않는다.

■ 공인중개사법 시행규칙 [별지 제11호 서식] <개정 2016. 12. 30.>

소속공인중개사 또는 중개보조원   [   ] **고용**

[   ] **고용관계 종료**   **신고서**

소속공인중개사   [   ] **인장등록**

※ [   ]에는 해당되는 곳에 √표를 합니다.

접수번호	접수일	처리기간 즉시

신고인	성명(대표자)	주민등록번호(외국인 등록번호)
	주소(체류지)	
	(전화번호 : 휴대전화 :)	

개업공인중개사 종별	[ ] 법인 [ ] 공인중개사 [ ] 법률 제7638호 부동산중개업법 전부개정법률 부칙 제6조 제2항에 따른 개업 공인중개사

중개사무소	명칭	등록번호
	소재지	
	(전화번호 : 휴대전화 :)	

고용인 인적사항	구 분	고용일 또는 고용관계 종료일	성 명	주민등록번호 (외국인 등록번호)	주소 및 전화번호	자격증 발급 시·도 (공인중개사)	자격증 번호 (공인중개사)

「공인중개사법」 제15조·제16조 및 같은 법 시행규칙 제8조·제9조에 따라 위와 같이 신고합니다.

년   월   일

신청인   (서명 또는 인)

      시장·군수·구청장   귀하

유의사항	
1. 시장·군수·구청장은 개업공인중개사가 소속공인중개사의 고용신고를 하는 경우 「공인중개사법」 제5조 제2항에 따라 공인중개사자격증을 발급한 시·도지사에게 그 소속공인중개사의 공인중개사 자격 확인을 요청하여야 합니다. 2. 시장·군수·구청장은 소속공인중개사 또는 중개보조원의 「공인중개사법」 제10조 제2항에 따른 결격사유 해당 여부와 같은 법 제34조 제2항 또는 제3항에 따른 교육 수료 여부를 확인하여야 합니다.	(소속공인 중개사 등록인장 인)

처리절차				
신고서 작성 ⇨	접 수 ⇨	검 토 ⇨	결 재 ⇨	완 료
신청인	시·군·구 (부동산중개업 담당 부서)	시·군·구 (부동산중개업 담당 부서)	시·군·구 (부동산중개업 담당 부서)	시·군·구 (부동산중개업 담당 부서)

❸ 개업공인중개사의 사용자 책임

> **법 제15조【개업공인중개사의 고용인의 신고 등】** ② 소속공인중개사 또는 중개보조원의 **업무상 행위**는 그를 고용한 개업공인중개사의 행위로 **본다.**

① 소속공인중개사 또는 중개보조원의 중개업무와 관련된 행위에 대하여는 그를 고용한 개업공인중개사의 행위로 본다.

② 고용인의 '모든' 행위에 대해서 책임을 지는 것이 아니라, 중개업무와 관련된 행위에 대하여 책임을 지며, 개업공인중개사의 행위로 간주하는 규정이다.

⚖ 판례

고용인의 업무상 행위에 대한 개업공인중개사의 책임

개업공인중개사가 고용한 중개보조원이 고의 또는 과실로 거래당사자에게 재산상 손해를 입힌 경우에 **중개보조원은 당연히 불법행위자로서 거래당사자가 입은 손해를 배상할 책임을 지는 것이고,** 법 제15조 제2항은 이 경우에 중개보조원의 업무상 행위는 그를 고용한 개업공인중개사의 행위로 본다고 정함으로써 개업공인중개사 역시 거래당사자에게 손해를 배상할 책임을 지도록 하는 규정이다. 따라서 위 조항을 중개보조원이 고의 또는 과실로 거래당사자에게 손해를 입힌 경우에 중개보조원을 고용한 **개업공인중개사만이 손해배상책임을 지도록 하고 중개보조 원에게는 손해배상책임을 지우지 않는다는 취지를 규정한 것으로 볼 수는 없다**(2011다77870).

1. 민사책임(법 제15조 제2항 적용)

① 소속공인중개사 또는 중개보조원이 중개업무와 관련된 행위를 함에 있어서 고의 또는 과실로 거래당사자에게 재산상의 손해를 발생하게 한 경우에는 그를 고용한 개업공인 중개사는 손해배상책임을 진다. 그러나 고용인을 고용한 개업공인중개사만 책임을 지 도록 하고 고용인에게는 책임을 지우지 않는다는 취지는 아니다(판례). 즉 **소속공인중 개사 또는 중개보조원은 「민법」상 불법행위자로서의 손해배상책임을 져야 한다.**

② **개업공인중개사는 자신의 고의 또는 과실이 없는 경우라도 고용인과 함께 손해배상책 임을 지는 무과실책임을 진다.**

③ 개업공인중개사와 고용인과의 관계는 부진정 연대채무관계에 있다. 따라서 손해를 입 은 중개의뢰인은 개업공인중개사 또는 고용인을 상대로 선택적 또는 공동으로 손해배 상을 청구할 수 있다.

④ 개업공인중개사가 손해배상을 한 경우 이에 대하여 고용인에게 구상권을 행사할 수 있다.

2. 행정상 책임(법 제15조 제2항 적용)

① 소속공인중개사가 자격정지사유를 위반하여 자격정지처분을 받는 경우, '개업공인중개사의 행위로 본다'는 규정에 따라 그를 고용한 개업공인중개사에게도 등록취소 또는 업무정지처분을 할 수 있다.

② 예를 들어 소속공인중개사가 법 제33조 제1항의 금지행위를 위반하여 자격정지처분을 받는 경우, 개업공인중개사가 금지행위를 위반한 것으로 보아 **등록관청은 그를 고용한 개업공인중개사의 중개사무소 개설등록을 취소할 수 있다**(임의적 등록취소).

③ 중개보조원이 이 법상 등록취소 또는 업무정지사유를 위반한 경우, 중개보조원은 행정처분을 받지 않으므로 그를 고용한 **개업공인중개사에게만 행정처분을 할 수 있다.**

넓혀 보기

1. 소속공인중개사가 거짓된 언행으로 중개의뢰인의 판단을 그르치게 하여 자격정지처분을 받는 경우, 등록관청은 그를 고용한 개업공인중개사의 중개사무소 개설등록을 취소할 수 있다.
2. 중개보조원이 업무정지사유를 위반한 경우 업무정지처분은 개업공인중개사만 받는다.

3. 양벌규정(법 제50조)

① 소속공인중개사 · 중개보조원 또는 개업공인중개사인 법인의 사원 · 임원이 중개업무에 관하여 제48조(3년 이하의 징역 또는 3천만원 이하의 벌금) 또는 제49조(1년 이하의 징역 또는 1천만원 이하의 벌금)에 해당하는 위반행위를 한 때에는 그 행위자를 벌하는 외에 그 **개업공인중개사에 대하여도 해당 조에 규정된 벌금형을 과한다**(법 제50조).

② 예를 들어 고용인이 「공인중개사법」을 위반하여 1년 이하의 징역 또는 1천만원 이하의 벌금형을 받게 되는 경우, 개업공인중개사에게도 1천만원 이하의 벌금형을 과하는데 이는 개업공인중개사가 고용인에 대한 관리감독이 소홀한 것을 이유로 한다.

③ **면책규정**: 개업공인중개사가 고용인의 위반행위를 방지하기 위하여 해당 업무에 관하여 **상당한 주의와 감독을 게을리하지 아니한 경우에는** 양벌규정에 따른 **벌금형을 받지 않는다**(법 제50조 단서).

④ 개업공인중개사가 **양벌규정에 따라 300만원 이상의 벌금형을 받는 경우는** 등록의 결격사유에 포함되지 않는다.

⚖ 판례

양벌규정

「공인중개사법」 제10조(결격사유) 제1항 제11호에 규정된 '이 법을 위반하여 300만원 이상의 벌금형을 선고받고 3년이 경과되지 아니한 자'에는 중개보조원이 유사명칭 사용금지를 위반하여 개업공인중개사가 법 제50조의 양벌규정으로 처벌받는 경우는 포함되지 않는다고 해석하여야 한다(2007두26568).

넓혀 보기 🔍

※ 개업공인중개사 甲이 고용한 소속공인중개사 乙이 중개보수를 초과하여 받은 경우
1. 乙은 자격정지사유에 해당한다.
2. 등록관청은 甲의 중개사무소 개설등록을 취소할 수 있다.
3. 乙은 1년 이하의 징역 또는 1천만원 이하의 벌금에 처한다.
4. 甲은 양벌규정에 따라 1천만원 이하의 벌금형에 처해질 수 있다.
5. 甲이 양벌규정에 따라 300만원 이상의 벌금형에 처해지더라도 결격사유에 해당하지 않는다.

📑 예제

공인중개사법령상 개업공인중개사의 고용인과 관련된 설명으로 옳은 것은? (다툼이 있으면 판례에 따름)

제26회

① 소속공인중개사에 대한 고용신고를 받은 등록관청은 공인중개사 자격증을 발급한 시·도지사에게 그 자격 확인을 요청해야 한다.
② 개업공인중개사가 소속공인중개사를 고용한 경우 그 업무개시 후 10일 이내에 등록관청에 신고해야 한다.
③ 소속공인중개사는 고용신고일 전 1년 이내에 직무교육을 받아야 한다.
④ 중개보조원의 업무상 행위는 그를 고용한 개업공인중개사의 행위로 추정한다.
⑤ 중개보조원의 업무상 과실로 인한 불법행위로 의뢰인에게 손해를 입힌 경우 개업공인중개사가 손해배상책임을 지고 중개보조원은 그 책임을 지지 않는다.

해설 ② 고용한 때에는 업무를 개시하기 전에 등록관청에 신고해야 한다.
③ 소속공인중개사는 실무교육을, 중개보조원은 직무교육을 받아야 한다.
④ '추정한다'가 아니라 '본다' 또는 '간주한다'가 옳다.
⑤ 중개보조원은 불법행위자로서 거래당사자가 입은 손해를 배상할 책임을 져야 한다.　▶▶ 정답 ①

제 **4** 절 · **인장등록** 제34회, 제36회

1 인장등록 의무 및 종류

개업공인중개사와 업무를 수행한 소속공인중개사는 중개대상물 확인·설명서와 거래계약서에 서명 및 날인을 하여야 하는데, 이때 등록관청에 등록한 인장을 사용하여야 한다.

1. 의무자

개업공인중개사 및 소속공인중개사는 업무를 개시하기 전에 중개행위에 사용할 인장을 등록관청에 등록(**전자문서에 의한 등록을 포함**한다)하여야 한다.

> **심화학습** | **인장등록 의무**
>
> 1. 중개보조원은 인장등록의 의무가 없다.
> 2. 인장등록 및 인장변경등록은 모두 전자문서로 할 수 있다.

2. 등록할 인장의 종류

(1) 개인인 개업공인중개사 및 소속공인중개사

공인중개사인 개업공인중개사, 부칙상 개업공인중개사 및 소속공인중개사의 경우에는 「가족관계의 등록 등에 관한 법률」에 따른 **가족관계등록부** 또는 「주민등록법」에 따른 **주민등록표에 기재되어 있는 성명이 나타난 인장**으로서 그 크기가 가로·세로 각각 7mm **이상** 30mm **이내**인 인장이어야 한다.

(2) 법인인 개업공인중개사

「상업등기규칙」에 따라 신고한 **법인의 인장**이어야 한다.

(3) 분사무소

분사무소에서 사용할 인장의 경우에는 「상업등기규칙」에 따라 **법인의 대표자가 보증하는 인장을 등록할 수 있다.**

▷ 1. 분사무소에서 사용하여야 하는 인장은 원칙적으로 「상업등기규칙」에 따라 신고한 법인의 인장이어야 하지만, 예외적으로 「상업등기규칙」에 따라 법인의 대표자가 보증하는 인장을 대신 등록하여 사용할 수 있다.
> 2. 분사무소에 사용할 인장은 주된 중개사무소를 관할하는 등록관청에 등록하여야 한다.

2 인장등록 시기 및 방법

1. 인장등록 시기

(1) 원 칙

업무를 개시하기 전에 중개행위에 사용할 인장을 등록관청에 등록하여야 한다.

(2) 예 외

인장의 등록은 **다음의 신청이나 신고와 같이 할 수 있다.**

> ① 중개사무소 개설등록 신청
> ② 소속공인중개사에 대한 고용신고

2. 인장등록 방법

① 인장등록은 별지 서식인 인장등록신고서에 따르며, 전자문서에 의하여 등록할 수도 있다.

② 법인인 개업공인중개사의 인장등록은 「상업등기규칙」에 따른 인감증명서의 제출로 갈음한다.

> **넓혀 보기** 🔍
>
> 1. 인장등록신고서는 [별지 제11호의2 서식]에 따른다.
> 2. [별지 제5호 서식]인 부동산중개사무소 개설등록신청서에는 개업공인중개사의 인장등록신고서가 포함되어 있다.
> 3. [별지 제11호 서식]인 소속공인중개사·중개보조원의 고용신고서에는 소속공인중개사의 인장 등록신고서가 포함되어 있다.

3 인장의 변경

1. 변경등록

등록한 인장을 변경한 경우에는 개업공인중개사 및 소속공인중개사는 **변경일부터 7일 이내**에 그 변경된 인장을 등록관청에 등록(**전자문서에 의한 등록을 포함한다**)하여야 한다.

2. 변경등록 방법

① 인장의 변경등록은 [별지 제11호의2 서식]인 등록인장변경신고서에 따르되, 중개사무소등록증 원본을 첨부하여야 한다. 등록증에는 등록인장 및 변경인장을 날인해야 하기 때문이다.

② 인장의 변경등록도 전자문서에 의하여 할 수 있다.

> 1. 개업공인중개사의 인장등록신고서 및 등록인장변경신고서에는 중개사무소등록증 원본을 첨부해야 한다.
> 2. 인장등록신고 및 등록인장변경신고는 전자문서로도 할 수 있다.

4 위반 시 제재

1. 개업공인중개사

개업공인중개사가 인장등록 또는 변경등록을 하지 않거나, 등록하지 않은 인장을 사용한 경우, 등록관청은 6개월의 범위 안에서 업무의 정지를 명할 수 있다.

2. 소속공인중개사

소속공인중개사가 인장등록 또는 변경등록을 하지 않거나, 등록하지 않은 인장을 사용한 경우, 시·도지사는 6개월의 범위 안에서 그 자격을 정지할 수 있다.

예제

공인중개사법령상 인장의 등록 등에 관한 설명으로 틀린 것은? 제29회

① 소속공인중개사는 업무개시 전에 중개행위에 사용할 인장을 등록관청에 등록해야 한다.

② 개업공인중개사가 등록한 인장을 변경한 경우 변경일부터 7일 이내에 그 변경된 인장을 등록관청에 등록해야 한다.

③ 법인인 개업공인중개사의 인장 등록은 「상업등기규칙」에 따른 인감증명서의 제출로 갈음한다.

④ 분사무소에서 사용할 인장의 경우에는 「상업등기규칙」에 따라 법인의 대표자가 보증하는 인장을 등록할 수 있다.

⑤ 법인의 분사무소에서 사용하는 인장은 분사무소 소재지 등록관청에 등록해야 한다.

해설 분사무소의 인장은 주된 사무소 소재지를 관할하는 등록관청에 등록해야 한다. ▶▶ 정답 ⑤

■ 공인중개사법 시행규칙 [별지 제11호의2 서식] <개정 2014. 7. 29>

[　] 개업공인중개사　　[　] 인장등록
[　] 소속공인중개사　　[　] 등록인장 변경　　신고서

※ 해당하는 곳의 [　]란에 √표를 하시기 바랍니다.

접수번호	접수일	처리기간	즉시

신고인	성명(대표자)	주민등록번호(외국인 등록번호)	
	주소(체류지)		
	전화번호		

개업공인중개사 종별	[　] 법인　　　　　　　[　] 공인중개사 [　] 법률 제7638호 부동산중개업법 전부개정법률 부칙 제6조 제2항에 따른 개업 공인중개사

중개사무소	명칭	등록번호
	소재지	
	전화번호	

등록(변경) 사유	[　] 개설등록　　　　[　] 등록인장 변경　　　　　　[　] 등록인장 분실 [　] 등록인장 훼손　　[　] 그 밖의 사유(　　　　　　　　　　　　　)

「공인중개사법」 제16조 제1항에 따라 위와 같이 신고합니다.

년　　　　월　　　　일

신청인　　　　　　　　　　（서명 또는 인）

　　　　시장·군수·구청장　　　　귀하

첨부서류	중개사무소 등록증 원본	(등록인장 인)

처리절차

신고서 작성	⇨	접 수	⇨	검 토	⇨	결 재	⇨	완 료
신청인		시·군·구 (부동산중개업 담당 부서)		시·군·구 (부동산중개업 담당 부서)		시·군·구 (부동산중개업 담당 부서)		시·군·구 (부동산중개업 담당 부서)

제5절 휴업 및 폐업 등 제32회, 제34회, 제35회, 제36회

1 휴업 및 폐업

1. 휴업신고

① 개업공인중개사는 3개월을 초과하여 휴업을 하고자 하는 경우에는 국토교통부령으로 정하는 신고서에 **중개사무소등록증을 첨부하여 등록관청에 미리 신고하여야** 한다.

② 휴업신고서에는 중개사무소등록증을 첨부하여야 하므로 **전자문서에 의한 신고는 할 수 없다.**

③ 중개사무소 개설등록 후 3개월을 초과하여 업무를 개시하지 않고자 하는 경우에도 등록관청에 미리 신고하여야 한다.

> 1. 휴업신고를 하지 않고도 3개월 이하의 휴업은 할 수 있다.
> 2. 3개월을 초과하는 휴업신고, 폐업신고, 휴업기간의 변경신고 및 휴업한 중개업의 재개신고는 모두 미리 신고해야 한다.

2. 휴업기간

① 법령상 **부득이한 사유가 없는 한 휴업기간은 6개월을 초과할 수 없다.**

② 다음의 대통령령으로 정하는 부득이한 사유가 있는 경우에는 6개월을 초과하여 휴업할 수 있다.

> ㉠ 질병으로 인한 요양
> ㉡ 징집으로 인한 입영
> ㉢ 취학
> ㉣ 임신 또는 출산
> ㉤ 그 밖에 위에 준하는 부득이한 사유로서 국토교통부장관이 정하여 고시하는 사유

빈출지문 OX

질병으로 인한 요양 등 부득이한 사유가 없는 한 휴업기간은 3개월을 초과할 수 없다.

( )

정답 × 6개월을 초과할 수 없다.

3. 폐업신고

① **폐업을 하고자 하는** 개업공인중개사는 국토교통부령으로 정하는 신고서에 **중개사무소등록증을 첨부하여 등록관청에 이를 미리 신고하여야 한다.**

② 중개사무소등록증을 첨부하여야 하므로 **전자문서에 의한 신고는 할 수 없다.**

> 1. 폐업을 하려는 경우에는 미리 폐업신고를 하여야 하며, 폐업신고를 한 때에는 지체 없이 중개사무소 간판을 철거하여야 한다.
> 2. 업무정지기간 중에 폐업신고를 한 때에는 업무정지기간이 모두 경과할 때까지 개업공인중개사 등이 될 수 없다.
> 3. 중개사무소등록증 원본을 첨부하는 경우 : 중개사무소 이전신고서, 인장등록신고서 및 등록인장변경신고서, 부동산중개업의 휴업신고서 및 폐업신고서

4. 휴업과 폐업의 일괄처리

① **등록관청에 일괄신고** : 부동산중개업(분사무소 포함)의 휴업·폐업·휴업기간의 변경·휴업한 중개업의 재개신고를 하려는 자가 「부가가치세법」에 따른 휴업·폐업·휴업기간의 변경·휴업한 중개업의 재개신고를 같이 하려는 경우에는 부동산중개업휴업·폐업·휴업기간의 변경·휴업한 중개업의 재개신고서에 「부가가치세법 시행령」에 따른 휴업·폐업·휴업기간의 변경·휴업한 중개업의 재개신고서를 함께 제출해야 한다. 이 경우 등록관청은 함께 제출받은 신고서를 지체 없이 관할 세무서장에게 송부(정보통신망을 이용한 송부를 포함한다)해야 한다.

② **세무서장에게 일괄신고** : 관할 세무서장이 「부가가치세법 시행령」에 따라 부동산중개업의 휴업·폐업·휴업기간의 변경·휴업한 중개업의 재개신고서를 받아 해당 **등록관청에 송부한 경우에는 부동산중개업 휴업·폐업·휴업기간의 변경·휴업한 중개업의 재개신고서가 제출된 것으로 본다.**

2 휴업기간 변경 및 중개업의 재개

1. 휴업기간 변경신고

① 휴업기간을 변경하고자 하는 자는 국토교통부령으로 정하는 신고서에 의하여 등록관청에 **미리 신고하여야 한다.**

② 휴업기간 변경신고는 **전자문서에 의하여 할 수 있다.**

빈출지문 OX

휴업기간 변경신고서에는 중개사무소등록증을 첨부해야 한다.　　　　　　　　　(　　)

정답　× 첨부하지 않는다.

2. 중개업의 재개신고

① 휴업한 중개업을 재개하고자 하는 경우에는 국토교통부령으로 정하는 신고서에 의하여 등록관청에 **미리 신고**하여야 한다.

② 중개업의 재개신고는 **전자문서에 의한 신고서를 제출할 수 있다.**

③ 중개사무소 재개신고를 받은 등록관청은 반납을 받은 중개사무소등록증을 **즉시** 반환하여야 한다.

> 1. 재개신고 후 등록증을 반환받아야 함에도 불구하고 전자문서에 의하여 재개신고를 할 수 있다.
> 2. 휴업기간 중 언제든 재개신고를 할 수 있으며, 휴업기간이 만료되는 경우에도 만료되기 전에 재개신고를 하여야 한다.

3 분사무소

법인인 개업공인중개사는 분사무소를 둔 경우에는 **분사무소별로** 휴업 · 폐업 · 휴업기간의 변경 · 휴업한 중개업의 재개신고를 할 수 있다. 이 경우 **주된 사무소 관할 등록관청에** 신고해야 하며, **분사무소의 휴업 또는 폐업신고서에는 분사무소설치신고확인서를 첨부해**야 한다. 분사무소에 대한 휴업한 중개업의 재개신고를 받은 등록관청은 반납받은 분사무소설치신고확인서를 즉시 반환해야 한다.

4 위반 시 제재

1. 임의적 등록취소

부득이한 사유 없이 6개월을 초과하여 휴업한 경우

2. 100만원 이하의 과태료

휴업 · 폐업 · 휴업기간 변경 · 중개업의 재개신고를 하지 아니한 경우

5 협회에 통보

등록관청은 휴업·폐업·중개업의 재개·휴업기간 변경신고를 받은 때에는 다음달 10일까지 공인중개사협회에 통보하여야 한다.

예제

공인중개사법령상 개업공인중개사가 등록관청에 미리 신고해야 하는 사유를 모두 고른 것은?

제28회

> ㉠ 질병 요양을 위한 6개월을 초과하는 휴업
> ㉡ 신고한 휴업기간의 변경
> ㉢ 분사무소의 폐업
> ㉣ 신고하고 휴업한 중개업의 재개

① ㉠   ② ㉡, ㉢
③ ㉠, ㉡, ㉢   ④ ㉡, ㉢, ㉣
⑤ ㉠, ㉡, ㉢, ㉣

해설 3개월을 초과하는 휴업신고, 폐업신고, 휴업기간 변경신고 및 휴업한 중개업의 재개신고는 모두 미리 신고해야 하는 사유이다.　　　　▶ 정답 ⑤

■ 공인중개사법 시행규칙 [별지 제13호 서식] <개정 2021. 12. 31.>

[ ] 부동산중개업   [ ] 휴업
[ ] 분사무소   [ ] 폐업   **신고서**
                   [ ] 재개
                   [ ] 휴업기간 변경

※ 해당하는 곳의 [ ]란에 √표를 하시기 바랍니다.

접수번호		접수일		처리기간	즉시
신고인	성명(대표자)			생년월일	
	주소(체류지)				
	전화번호				
개업공인중개사 종별	[ ] 법인 [ ] 공인중개사 [ ] 법률 제7638호 부동산중개업법 전부개정법률 부칙 제6조 제2항에 따른 개업 공인중개사				
중개사무소	명칭		등록번호		
	소재지				
	전화번호				
신고사항	휴 업	휴업기간	~	(	일간)
	폐 업	폐업일			
	재 개	재개일			
	휴업기간 변경	원래 휴업기간	~	(	일간)
		변경 휴업기간	~	(	일간)

「공인중개사법」 제21조 제1항 및 같은 법 시행령 제18조 제1항 및 제2항에 따라 위와 같이 신고합니다.

년   월   일
신청인   (서명 또는 인)

시장·군수·구청장   귀하

첨부서류	중개사무소등록증(휴업신고 또는 폐업신고의 경우에만 첨부하며, 법인의 분사무소인 경우에는 분사무소설치신고확인서를 첨부합니다)

처리절차

신고서 작성	⇨	접 수	⇨	검 토	⇨	결 재	⇨	완 료
신청인		시·군·구 (부동산중개업 담당 부서)		시·군·구 (부동산중개업 담당 부서)		시·군·구 (부동산중개업 담당 부서)		시·군·구 (부동산중개업 담당 부서)

05 개업공인중개사의 의무와 책임

일반중개계약, 전속중개계약, 기본윤리, 중개대상물 확인·설명, 중개대상물 확인·설명서, 거래계약서, 계약금 등의 반환채무이행의 보장, 손해배상책임 및 보증제도, 금지행위 및 신고센터로 구성되며 내용 및 서식까지 학습해야 한다. 7~8문제 정도가 출제되는 중요한 단원이다.

제1절 중개계약 제32회, 제33회, 제34회, 제35회, 제36회

중개계약은 중개의뢰인이 개업공인중개사에게 중개대상물의 중개를 의뢰하고 개업공인중개사가 이에 승낙하여 체결되는 「민법」상 위임과 유사한 계약이다. 중개계약은 중개의뢰 내용에 따라 일반중개계약과 전속중개계약으로 구분된다.

1 일반중개계약

일반중개계약은 우리나라에서 가장 빈번하게 사용되는 형태의 중개계약으로, 중개의뢰인은 동일한 중개대상물에 대하여 다수의 개업공인중개사와 중복하여 일반중개계약을 체결할 수 있다. 일반중개계약은 구두계약의 체결이 가능하며 법정 서식의 일반중개계약서가 있으나 서면으로 계약하더라도 이를 사용해야 할 의무는 없으며 작성한 경우에도 이를 보존해야 할 의무가 없다. 전속중개계약과는 달리 중개대상물의 정보를 공개해야 할 의무도 없다.

> **법 제22조【일반중개계약】** 중개의뢰인은 중개의뢰내용을 명확하게 하기 위하여 필요한 경우에는 개업공인중개사에게 다음 각 호의 사항을 기재한 일반중개계약서의 작성을 요청할 수 있다.
> 1. 중개대상물의 위치 및 규모
> 2. 거래예정가격
> 3. 거래예정가격에 대하여 정한 중개보수
> 4. 그 밖에 개업공인중개사와 중개의뢰인이 준수하여야 할 사항
>
> **영 제19조【일반중개계약】** 국토교통부장관은 일반중개계약의 표준이 되는 서식을 정하여 그 사용을 권장할 수 있다.
>
> **규칙 제13조【일반중개계약서의 서식】** 영 제19조의 규정에 따른 일반중개계약서는 [별지 제14호 서식]에 따른다.

1. 일반중개계약서의 작성요청

중개의뢰인은 중개의뢰 내용을 명확하게 하기 위하여 필요한 경우는 **개업공인중개사에게** 다음의 사항을 기재한 **일반중개계약서의 작성을 요청할 수 있다.**

> ① 중개대상물의 위치 및 규모
> ② 거래예정가격
> ③ 거래예정가격에 대하여 정한 중개보수
> ④ 그 밖에 개업공인중개사와 중개의뢰인이 준수하여야 할 사항

▷ 1. 중개의뢰인은 개업공인중개사에게 중개대상물의 위치를 기재한 일반중개계약서 작성을 요청할 수 있다. (○)
　2. 중개의뢰인의 일반중개계약서의 작성요청이 있는 경우에도 개업공인중개사는 일반중개계약서를 작성하여 교부할 의무가 없다.

2. 일반중개계약서의 서식

① 영 제19조에서는 '국토교통부장관은 일반중개계약의 표준서식을 정하여 그 사용을 권장할 수 있다'고 정하고 있으며, 현재 **국토교통부령에는 국토교통부장관이 일반중개계약의 표준서식을 정하고 있다.**

② 국토교통부장관은 표준서식의 사용을 권장할 수 있으므로 개업공인중개사가 일반중개계약서를 작성하는 경우라도 **국토교통부장관이 정한 표준서식을 사용하여야 할 의무는 없다.**

> ▷ 1. 일반중개계약은 구두계약으로 가능하며, 개업공인중개사가 일반중개계약서를 작성하는 경우라도 표준서식을 사용할 의무는 없다.
> 　2. 개업공인중개사가 일반중개계약서를 작성한 경우라도 이를 보존할 의무는 없다.

2 전속중개계약

전속중개계약이란 중개의뢰인이 특정한 개업공인중개사를 정하고 그 개업공인중개사에 한정하여 중개대상물을 중개하도록 하는 계약을 말한다. 전속중개계약은 특정한 개업공인중개사에게만 중개의뢰를 함으로써 개업공인중개사의 책임중개를 기대할 수 있으며, 중개대상물의 정보를 공개하도록 함으로써 신속한 중개완성이 가능하도록 하고 있다.

1. 전속중개계약의 체결

중개의뢰인은 중개대상물의 중개를 의뢰하는 경우 특정한 개업공인중개사를 정하여 그 개업공인중개사에 한정하여 해당 중개대상물을 중개하도록 하는 계약('전속중개계약'이라 한다)을 체결할 수 있다.

2. 유효기간

① 전속중개계약의 **유효기간은 3개월**로 한다. 다만, 당사자 간에 다른 약정이 있는 경우에는 그 약정에 따른다.

② 유효기간은 개업공인중개사와 중개의뢰인 간의 약정이 없는 경우에는 3개월로 하며, 약정으로 달리 정한 경우에는 약정한 기간이 유효하다.

3. 개업공인중개사의 의무

(1) 전속중개계약서 사용 및 보존의무

① 전속중개계약은 국토교통부령으로 정하는 전속중개계약서에 의하여야 한다. 즉 개업공인중개사는 **법령에 정해진 표준서식[별지 제15호 서식]인 전속중개계약서를 반드시 사용하여 작성해야 한다.**

② 개업공인중개사는 작성한 전속중개계약서를 **3년 동안 보존**하여야 한다.

③ 국토교통부령으로 정하는 전속중개계약서에 의하지 아니하고 전속중개계약을 체결하거나 계약서를 3년간 보존하지 아니한 경우 등록관청은 6개월의 범위 안에서 업무의 정지를 명할 수 있다.

(2) 정보공개의무

① 개업공인중개사는 전속중개계약 체결 후 **7일 이내**에 부동산거래정보망 **또는** 일간신문에 해당 중개대상물에 관한 정보를 공개하여야 한다. 다만, 중개의뢰인이 비공개를 요청한 경우에는 이를 공개하여서는 아니 된다.

② 개업공인중개사가 중개대상물에 관한 정보를 공개하지 아니하거나, 중개의뢰인의 비공개 요청이 있음에도 불구하고 정보를 공개한 경우 등록관청은 중개사무소 개설등록을 취소할 수 있다.

③ 개업공인중개사가 중개대상물을 공개한 때에는 **지체 없이** 중개의뢰인에게 그 내용을 문서로 통지하여야 한다.

④ 개업공인중개사는 중개의뢰인에게 **2주일에 1회 이상** 업무처리상황을 문서로써 통지하여야 한다.

◈ 일반중개계약과 전속중개계약의 비교

구 분	일반중개계약	전속중개계약
계약서 작성의무	×	○
표준서식 유무	○	○
표준서식 사용의무	×	○
계약서 보존의무	×	○
정보공개의무	×	○

⑶ 공개할 정보의 내용

전속중개계약을 체결한 개업공인중개사가 중개의뢰인의 비공개 요청이 없는 경우에 공개하여야 할 중개대상물에 관한 정보의 내용은 다음과 같다.

> ① 중개대상물의 종류, 소재지, 지목 및 면적, 건축물의 용도·구조 및 건축연도 등 중개대상물을 특정하기 위하여 필요한 사항
> ② 소유권·전세권·저당권·지상권 및 임차권 등 중개대상물의 권리관계에 관한 사항. 다만, 각 권리자의 **주소·성명 등 인적사항에 관한 정보는 공개하여서는 아니 된다.**
> ③ 공법상의 이용제한 및 거래규제에 관한 사항
> ④ 수도·전기·가스·소방·열공급·승강기 설비, 오수·폐수·쓰레기 처리시설 등의 상태
> ⑤ 벽면 및 도배의 상태
> ⑥ 일조(日照)·소음·진동 등 환경조건
> ⑦ 도로 및 대중교통수단과의 연계성, 시장·학교 등과의 근접성, 지형 등 입지조건
> ⑧ 중개대상물의 거래예정금액 및 공시지가. 다만, **임대차의 경우에는 공시지가를 공개하지 아니할 수 있다.**

4. 중개의뢰인의 권리 및 의무

⑴ 위약금 지불

다음에 해당하는 경우에는 중개의뢰인은 그가 지불하여야 할 **중개보수에 해당하는 금액**을 개업공인중개사에게 **위약금으로 지불**하여야 한다.

> ① 유효기간 내에 다른 개업공인중개사에게 중개를 의뢰하여 거래한 경우
> ② 유효기간 내에 개업공인중개사의 소개에 의하여 알게 된 상대방과 개업공인중개사를 배제하고 거래당사자 간에 직접 거래한 경우

⑵ 소요비용 지불

유효기간 내에 스스로 발견한 상대방과 직접 거래한 중개의뢰인은 중개보수의 50%**에 해당하는 금액의 범위에서** 개업공인중개사가 중개행위에 소요한 비용(사회통념상 상당하다고 인정되는 비용)을 지불하여야 한다.

▽ 중개의뢰인과 약정한 중개보수가 100만원이었고 중개의뢰인이 스스로 발견한 상대방과 거래한 경우, 개업공인중개사가 소요한 비용이 30만원이라고 가정했을 때 개업공인중개사는 중개보수의 50%(50만원) 범위에서 소요한 비용인 30만원을 받을 수 있다.

> **빈출지문 OX**
>
> 중개의뢰인이 전속중개계약의 유효기간 내에 스스로 발견한 상대방과 직접 거래한 경우, 개업공인중개사에게 중개보수의 50%에 해당하는 금액을 지불할 의무가 있다.
>
> ( )
>
> **정답** × 50%에 해당하는 금액의 범위에서 개업공인중개사가 소요한 비용을 지불해야 한다.

5. 위반 시 제재

(1) 임의적 등록취소

전속중개계약을 체결한 개업공인중개사가 중개대상물에 관한 정보를 공개하지 아니하거나, 중개의뢰인의 비공개 요청이 있음에도 불구하고 정보를 공개한 경우 등록관청은 중개사무소 개설등록을 취소할 수 있다.

(2) 업무정지처분

개업공인중개사가 국토교통부령이 정하는 전속중개계약서에 의하지 아니하고 전속중개계약을 체결하거나 계약서를 3년간 보존하지 아니한 경우 등록관청은 6개월의 범위 내에서 업무를 정지할 수 있다. 업무정지처분만 가능한 사유이다.

예제

공인중개사법령상 전속중개계약에 관한 설명으로 옳은 것을 모두 고른 것은? 제27회

> ㉠ 특정한 개업공인중개사를 정하여 그 개업공인중개사에 한하여 중개대상물을 중개하도록 하는 계약이 전속중개계약이다.
> ㉡ 당사자 간에 기간의 약정이 없으면 전속중개계약의 유효기간은 6개월로 한다.
> ㉢ 개업공인중개사는 중개의뢰인에게 전속중개계약 체결 후 2주일에 1회 이상 중개업무 처리상황을 문서로 통지해야 한다.
> ㉣ 전속중개계약의 유효기간 내에 다른 개업공인중개사에게 해당 중개대상물의 중개를 의뢰하여 거래한 중개의뢰인은 전속중개계약을 체결한 개업공인중개사에게 위약금 지불의무를 진다.

① ㉠, ㉢   ② ㉡, ㉣

③ ㉠, ㉡, ㉢   ④ ㉠, ㉢, ㉣

⑤ ㉠, ㉡, ㉢, ㉣

해설 ㉣ 중개보수에 해당하는 금액을 위약금으로 지불해야 한다. '위약금 지불의무를 진다'고 해도 옳다.
㉡ 당사자 간에 기간의 약정이 없으면 전속중개계약의 유효기간은 3개월로 한다.

▶▶ 정답 ④

■ 공인중개사법 시행규칙 [별지 제14호 서식] <개정 2014. 7. 29>　　　　　　　　　　(앞쪽)

일 반 중 개 계 약 서

([　] 매도　[　] 매수　[　] 임대　[　] 임차　[　] 그 밖의 계약(　　　　　))

※ 해당하는 곳의 [　]란에 √표를 하시기 바랍니다.

중개의뢰인(갑)은 이 계약서에 의하여 뒤쪽에 표시한 중개대상물의 중개를 개업공인중개사(을)에게 의뢰하고 개업공인중개사는 이를 승낙한다.

1. 개업공인중개사의 의무사항

　　개업공인중개사는 중개대상물의 거래가 조속히 이루어지도록 성실히 노력해야 한다.

2. 중개의뢰인의 권리·의무 사항

　　1) 중개의뢰인은 이 계약에도 불구하고 중개대상물의 거래에 관한 중개를 다른 개업공인중개사에게도 의뢰할 수 있다.

　　2) 중개의뢰인은 개업공인중개사가 중개대상물의 확인·설명의무를 이행하는 데 협조해야 한다.

3. 유효기간

　　이 계약의 유효기간은　　　　　년　　　　월　　　　일까지로 한다.

　　※ 유효기간은 3개월을 원칙으로 하되, 중개의뢰인과 개업공인중개사가 합의하여 별도로 정한 경우에는 그 기간에 따른다.

4. 중개보수

　　중개대상물에 대한 거래계약이 성립한 경우 중개의뢰인은 거래가액의 (　　　)%(또는　　　원)을 중개보수로 개업공인중개사에게 지급한다.

　　※ 뒤쪽 별표의 요율을 넘지 않아야 하며, 실비는 별도로 지급한다.

5. 개업공인중개사의 손해배상 책임

　　개업공인중개사가 다음의 행위를 한 경우에는 중개의뢰인에게 그 손해를 배상해야 한다.

　　1) 중개보수 또는 실비의 과다수령: 차액 환급

　　2) 중개대상물의 확인·설명을 소홀히 하여 재산상의 피해를 발생하게 한 경우: 손해액 배상

6. 그 밖의 사항

　　이 계약에 정하지 않은 사항에 대하여는 갑과 을이 합의하여 별도로 정할 수 있다.

이 계약을 확인하기 위하여 계약서 2통을 작성하여 계약 당사자 간에 이의가 없음을 확인하고 각자 서명 또는 날인한 후 쌍방이 1통씩 보관한다.

　　　　　　　　　　　　　　　　　　　　　　　　　　　년　　　　월　　　　일

계약자

중개의뢰인 (갑)	주소(체류지)		성 명	(서명 또는 인)
	생년월일		전화번호	
개업 공인중개사 (을)	주소(체류지)		성명(대표자)	(서명 또는 인)
	상호(명칭)		등록번호	
	생년월일		전화번호	

(뒤쪽)

※ 중개대상물의 거래내용이 권리를 이전(매도·임대 등)하려는 경우에는 「Ⅰ. 권리이전용(매도·임대 등)」에 적고, 권리를 취득(매수·임차 등)하려는 경우에는 「Ⅱ. 권리취득용(매수·임차 등)」에 적습니다.

Ⅰ. 권리이전용(매도·임대 등)

구 분	[　] 매도　[　] 임대　[　] 그 밖의 사항(　　　　　　　　　　　　　　　)			
소유자 및 등기명의인	성명		생년월일	
	주소			
중개대상물의 표시	건축물	소재지		건축연도
		면적　　　　　　m²	구조	용도
	토 지	소재지		지목
		면적　　　　　　m²	지역·지구 등	현재 용도
	은행융자·권리금·제세공과금 등(또는 월임대료·보증금·관리비 등)			
권리관계				
거래규제 및 공법상 제한사항				
중개의뢰 금액				
그 밖의 사항				

Ⅱ. 권리취득용(매수·임차 등)

구 분	[　] 매수　[　] 임차　[　] 그 밖의 사항(　　　　　　　　　　　　)	
항 목	내 용	세부 내용
희망물건의 종류		
취득 희망가격		
희망 지역		
그 밖의 희망조건		
첨부서류	중개보수 요율표(「공인중개사법」 제32조 제4항 및 같은 법 시행규칙 제20조에 따른 요율표를 수록합니다) ※ 해당 내용을 요약하여 수록하거나, 별지로 첨부합니다.	

유의사항

[개업공인중개사 위법행위 신고안내]
개업공인중개사가 중개보수 과다수령 등 위법행위 시 시·군·구 부동산중개업 담당 부서에 신고할 수 있으며, 시·군·구에서는 신고사실을 조사한 후 적정한 조치를 취하게 됩니다.

■ 공인중개사법 시행규칙 [별지 제15호 서식] <개정 2021. 8. 27>　　　　　　　　　　　(앞쪽)

전 속 중 개 계 약 서

([　] 매도　[　] 매수　[　] 임대　[　] 임차　[　] 그 밖의 계약(　　　　　　　))

※ 해당하는 곳의 [　]란에 √표를 하시기 바랍니다.

중개의뢰인(갑)은 이 계약서에 의하여 뒤쪽에 표시한 중개대상물의 중개를 개업공인중개사(을)에게 의뢰하고 개업공인중개사는 이를 승낙한다.

1. 개업공인중개사의 의무사항
   1) 중개의뢰인에게 계약체결 후 2주일에 1회 이상 중개업무 처리상황을 문서로 통지해야 한다.
   2) 전속중개계약 체결 후 7일 이내 부동산거래정보망 또는 일간신문에 중개대상물에 관한 정보를 공개해야 하며, 중개대상물을 공개한 때에는 지체 없이 중개의뢰인에게 그 내용을 문서로 통지해야 한다. 다만, 중개의뢰인이 비공개를 요청한 경우에는 이를 공개하지 아니한다. (공개 또는 비공개 여부:　　　　　)
   3) 중개대상물에 관한 확인·설명의무를 성실하게 이행해야 한다.
2. 중개의뢰인의 권리·의무 사항
   1) 제1호 및 제2호에 해당하는 경우에는 중개의뢰인은 그가 지불해야 할 중개보수에 해당하는 금액을 개업공인중개사에게 위약금으로 지불해야 한다. 다만, 제3호의 경우에는 중개보수의 50퍼센트에 해당하는 금액의 범위에서 개업공인중개사가 중개행위를 할 때 소요된 비용(사회통념에 비추어 상당하다고 인정되는 비용을 말한다)을 지불한다.
      1. 전속중개계약의 유효기간 내에 다른 개업공인중개사에게 중개를 의뢰하여 거래한 경우
      2. 전속중개계약의 유효기간 내에 개업공인중개사의 소개에 의하여 알게 된 상대방과 개업공인중개사를 배제하고 거래당사자 간에 직접 거래한 경우
      3. 전속중개계약의 유효기간 내에 중개의뢰인이 스스로 발견한 상대방과 거래한 경우
   2) 중개의뢰인은 개업공인중개사가 중개대상물 확인·설명의무를 이행하는 데 협조해야 한다.
3. 유효기간
   이 계약의 유효기간은　　　　　년　　　월　　　일까지로 한다.
   ※ 유효기간은 3개월을 원칙으로 하되, 중개의뢰인과 개업공인중개사가 합의하여 별도로 정한 경우에는 그 기간에 따른다.
4. 중개보수
   중개대상물에 대한 거래계약이 성립한 경우 중개의뢰인은 거래가액의 (　　)%(또는　　　원)을 중개보수로 개업공인중개사에게 지급한다.
   ※ 뒤쪽 별표의 요율을 넘지 않아야 하며, 실비는 별도로 지급한다.
5. 개업공인중개사의 손해배상 책임
   개업공인중개사가 다음의 행위를 한 경우에는 중개의뢰인에게 그 손해를 배상해야 한다.
   1) 중개보수 또는 실비의 과다수령: 차액 환급
   2) 중개대상물의 확인·설명을 소홀히 하여 재산상의 피해를 발생하게 한 경우: 손해액 배상
6. 그 밖의 사항
   이 계약에 정하지 않은 사항에 대하여는 갑과 을이 합의하여 별도로 정할 수 있다.

이 계약을 확인하기 위하여 계약서 2통을 작성하여 계약 당사자 간에 이의가 없음을 확인하고 각자 서명 또는 날인한 후 쌍방이 1통씩 보관한다.

　　　　　　　　　　　　　　　　　　　　　　　　　　　　　　　년　　　　월　　　일

계약자

중개의뢰인 (갑)	주소(체류지)		성 명	(서명 또는 인)
	생년월일		전화번호	

개업 공인중개사 (을)	주소(체류지)		성명(대표자)	(서명 또는 인)
	상호(명칭)		등록번호	
	생년월일		전화번호	

(뒤쪽)

※ 중개대상물의 거래내용이 권리를 이전(매도·임대 등)하려는 경우에는 「Ⅰ. 권리이전용(매도·임대 등)」에 적고, 권리를 취득(매수·임차 등)하려는 경우에는 「Ⅱ. 권리취득용(매수·임차 등)」에 적습니다.

Ⅰ. 권리이전용(매도·임대 등)

구 분	[ ] 매도 [ ] 임대 [ ] 그 밖의 사항( )			
소유자 및 등기명의인	성명		생년월일	
	주소			
중개대상물의 표시	건축물	소재지		건축연도
		면적 m²	구조	용도
	토 지	소재지		지목
		면적 m²	지역·지구 등	현재 용도
	은행융자·권리금·제세공과금 등(또는 월임대료·보증금·관리비 등)			
권리관계				
거래규제 및 공법상 제한사항				
중개의뢰 금액	원			
그 밖의 사항				

Ⅱ. 권리취득용(매수·임차 등)

구 분	[ ] 매수 [ ] 임차 [ ] 그 밖의 사항( )	
항 목	내 용	세부 내용
희망물건의 종류		
취득 희망가격		
희망 지역		
그 밖의 희망조건		
첨부서류	중개보수 요율표(「공인중개사법」 제32조 제4항 및 같은 법 시행규칙 제20조에 따른 요율표를 수록합니다) ※ 해당 내용을 요약하여 수록하거나, 별지로 첨부합니다.	

유의사항

[개업공인중개사 위법행위 신고안내]
개업공인중개사가 중개보수 과다수령 등 위법행위 시 시·군·구 부동산중개업 담당 부서에 신고할 수 있으며, 시·군·구에서는 신고사실을 조사한 후 적정한 조치를 취하게 됩니다.

제 2 절 기본윤리 제32회, 제34회

1 신의 성실의무

1. 품위유지 및 신의 성실의무

개업공인중개사 및 소속공인중개사는 전문직업인으로서 지녀야 할 품위를 유지하고 신의와 성실로써 공정하게 중개 관련 업무를 수행하여야 한다(법 제29조 제1항).

2. 선량한 관리자의 주의의무

① 선량한 관리자의 주의의무는 공인중개사법령에 규정된 의무는 아니며, 판례에 근거한 의무이다. 선량한 관리자의 주의의무란 보통의 사람이 그가 속하는 직업 및 사회적 지위 등에서 일반적으로 요구되는 정도의 주의의무를 말한다. 즉 일반적·객관적 기준에 의하여 요구되는 정도의 주의라고 할 수 있는데, 이러한 선관주의 의무를 결하는 것을 추상적 과실이라고 하며, 「민법」상의 주의의무 원칙이다.

② 개업공인중개사와 중개의뢰인과의 법률관계는 「**민법**」**상의 위임관계**와 같으므로 개업공인중개사는 중개의뢰의 본지에 따라 **선량한 관리자의 주의로써 의뢰받은 중개업무를 처리하여야 할 의무**가 있다.

⚖️ **판례**

선량한 관리자의 주의의무

1. **개업공인중개사와 중개의뢰인의 법률관계는 「민법」상 위임관계와 유사**하므로 개업공인중개사는 선량한 관리자의 주의로 중개대상물의 권리관계 등을 조사·확인하여 중개의뢰인에게 설명할 의무가 있다. 또한, 이는 개업공인중개사나 중개보조원이 **중개대상물의 범위 외의 물건이나 권리 또는 지위를 중개하는 경우**에도 다르지 않다(2012다74342).
2. 개업공인중개사는 비록 그가 조사·확인하여 의뢰인에게 설명할 의무를 부담하지 않는 사항이더라도 **의뢰인이 계약체결 여부를 결정하는 데 중요한 자료가 되는 사항에 관하여 그릇된 정보를 제공하여서는 안 되고**, 그릇된 정보를 제대로 확인하지도 않은 채 마치 그것이 진실인 것처럼 의뢰인에게 그대로 전달하여 의뢰인이 그 정보를 믿고 상대방과 계약에 이르게 되었다면, 개업공인중개사의 그러한 행위는 선량한 관리자의 주의로 신의를 지켜 성실하게 중개행위를 하여야 할 중개업자의 의무에 위반된다(2008다42836).

2 비밀누설 금지의무

개업공인중개사 등은 **이 법 및 다른 법률에 특별한 규정이 있는 경우를 제외하고는** 그 업무상 알게 된 비밀을 누설하여서는 아니 된다. 개업공인중개사 등이 그 업무를 떠난 후에도 또한 같다(법 제29조 제2항).

1. 의무자

① 개업공인중개사, 소속공인중개사, 중개보조원 및 법인의 사원 또는 임원 모두에게 요구되는 의무이다.

② 업무를 떠난 후에도 준수하여야 하므로, 개업공인중개사가 폐업하거나, 고용인이 고용관계를 종료한 후에도 지켜야 할 의무이다.

2. 비밀준수의무의 예외

(1) 「공인중개사법」에 특별한 규정이 있는 경우

「공인중개사법」 및 다른 법률에 특별한 규정이 있는 경우에는 업무상 알게 된 비밀을 누설할 수 있다. 중개대상물에 중대한 하자가 있는 경우 이를 확인하여 중개의뢰인에게 설명할 확인·설명의무가 있으므로, 중대한 하자는 취득하려는 중개의뢰인에 대해서는 비밀에 해당하지 않는다.

(2) 다른 법률에 특별한 규정이 있는 경우

법정의 증인 또는 청문회에 출석하는 경우라면 예외가 인정될 수 있다.

3. 위반 시 제재

① 개업공인중개사 등이 비밀준수의무를 위반할 경우 1년 이하의 징역 또는 1천만원 이하의 벌금에 처한다(법 제49조 제1항).

② 비밀누설 금지의무는 「공인중개사법」에서 반의사불벌죄(反意思不罰罪)로 규정하고 있으므로, 이 의무에 위반한 처벌은 **피해자의 명시한 의사에 반하여 벌하지 아니한다**(법 제49조 제2항).

제3절 중개대상물 확인 · 설명의무 등 제32회, 제33회, 제34회, 제35회, 제36회

1 중개대상물 확인 · 설명의무

개업공인중개사는 중개대상물의 중개를 의뢰받은 경우에는 중개가 완성되기 전에 법령에 정해진 확인 · 설명사항을 분석하고 확인하여 이를 권리를 취득하고자 하는 중개의뢰인에게 성실 · 정확하게 설명하여야 한다. 이는 거래당사자 간의 매매, 교환, 임대차 등의 거래계약을 체결시키기 위한 과정이며, 성실 · 정확하게 설명하지 않거나 설명의 근거자료를 제시하지 않은 경우에는 일정한 제재를 받게 된다. 또한 개업공인중개사가 성실 · 정확하게 확인 · 설명을 하지 않아 중개의뢰인에게 재산상의 손해가 발생한 경우 손해배상책임을 져야 한다.

1. 확인 · 설명의무

개업공인중개사는 중개를 의뢰받은 경우에는 **중개가 완성되기 전에** 대통령령으로 정하는 사항 등을 확인하여 이를 해당 중개대상물에 관한 **권리를 취득하고자 하는 중개의뢰인**에게 성실 · 정확하게 설명하고, 토지대장등본 또는 부동산종합증명서, **등기사항증명서, 신탁원부, 건축물대장 등본 등** 설명의 근거자료를 제시하여야 한다(법 제25조).

(1) 의무자

① 중개대상물에 대한 확인 · 설명의무는 개업공인중개사에게 있다.

② 소속공인중개사는 의무자가 아니지만 중개업무를 수행할 수 있으므로 중개대상물 확인 · 설명을 할 수 있다. 다만, 확인 · 설명을 함에 있어서 성실 · 정확하게 하지 않거나 근거자료를 제시하지 아니한 경우에는 자격정지처분을 받을 수 있다. 중개보조원은 중개업무를 수행할 수 없으므로 확인 · 설명을 해서는 아니 된다.

(2) 시 기

중개대상물 확인 · 설명은 중개가 완성되기 전에 하여야 한다. "중개가 완성된 때", "중개가 완성된 후"라고 하면 틀린 지문이 된다.

(3) 대상자

중개대상물에 대한 확인 · 설명은 매수 · 임차 그 밖의 권리를 취득하고자 하는 중개의뢰인에게 하여야 한다. 매도 · 임대 그 밖의 권리를 이전하려는 중개의뢰인에게는 부담하지 않는 의무이다. "거래당사자에게"라고 하면 틀리다.

⑷ 방 법

① 성실·정확하게 설명하고, 토지대장등본 또는 부동산종합증명서, 등기사항증명서, 신탁원부, 건축물대장 등본 등 설명의 근거자료를 제시하여야 한다.

② 개업공인중개사는 중개가 완성된 때 작성하는 **중개대상물 확인·설명서에 확인·설명과정에서 권리를 취득하고자 하는 중개의뢰인에게 제시했던 근거자료를 기재하여야 한다.**

⑸ 위반 시 제재

① **개업공인중개사**: 성실·정확하게 확인·설명을 하지 않거나, 설명의 근거자료를 제시하지 않은 경우, 등록관청은 500**만원 이하의 과태료**를 부과한다.

② **소속공인중개사**: 성실·정확하게 확인·설명을 하지 않거나, 설명의 근거자료를 제시하지 않은 경우, 시·도지사는 6**개월 범위 내에서 공인중개사 자격을 정지할 수 있다.**

⚖ 판례

무상중개인 경우의 확인·설명의무

중개계약에 따른 개업공인중개사의 확인·설명의무와 이에 위반한 경우의 손해배상의무는 중개의뢰인이 개업공인중개사에게 소정의 보수를 지급하지 아니하였다고 해서 당연히 소멸되는 것이 아니다(2001다71484).

2. 확인·설명사항(영 제21조)

개업공인중개사가 확인·설명하여야 하는 사항은 다음과 같다. **다만, ⑪~⑭ 사항은 주택임대차 중개의 경우에만 적용한다.**

> ① 중개대상물의 종류·소재지·지번·지목·면적·용도·구조 및 건축연도 등 중개대상물에 관한 기본적인 사항
> ② 소유권·전세권·저당권·지상권 및 임차권 등 중개대상물의 권리관계에 관한 사항
> ③ 토지이용계획, 공법상의 거래규제 및 이용제한에 관한 사항
> ④ 수도·전기·가스·소방·열공급·승강기 및 배수 등 시설물의 상태
> ⑤ 벽면·바닥면 및 도배의 상태
> ⑥ 일조·소음·진동 등 환경조건
> ⑦ 도로 및 대중교통수단과의 연계성, 시장·학교와의 근접성 등 입지조건
> ⑧ 거래예정금액
> ⑨ 중개대상물에 대한 권리를 취득함에 따라 부담하여야 할 조세의 종류 및 세율

⑩ 중개보수 및 실비의 금액과 그 산출내역

⑪ 관리비 금액과 그 산출내역

⑫ 「주택임대차보호법」에 따른 임대인의 정보 제시 의무 및 보증금 중 일정액의 보호에 관한 사항

⑬ 「주민등록법」에 따른 전입세대확인서의 열람 또는 교부에 관한 사항

⑭ 「민간임대주택에 관한 특별법」에 따른 임대보증금에 대한 보증에 관한 사항

3. 임대차 중개 시의 설명의무

(1) 임대인의 정보 제시 의무(「주택임대차보호법」 제3조의7)

임대차계약을 체결할 때 임대인은 다음의 사항을 임차인에게 제시하여야 한다.

① 해당 주택의 확정일자 부여일, 차임 및 보증금 등 정보. 다만, 임대인이 임대차계약을 체결하기 전에 임차인과 동의함으로써 이를 갈음할 수 있다.

② 「국세징수법」에 따른 납세증명서 및 「지방세징수법」에 따른 납세증명서. 다만, 임대인이 임대차계약을 체결하기 전에 「국세징수법」에 따른 미납국세와 체납액의 열람 및 「지방세징수법」에 따른 미납지방세의 열람에 각각 동의함으로써 이를 갈음할 수 있다.

(2) 임대차 중개 시 설명해야 할 사항(「공인중개사법」 제25조의3)

개업공인중개사는 주택의 임대차계약을 체결하려는 중개의뢰인에게 다음의 사항을 설명하여야 한다.

① 「주택임대차보호법」에 따라 확정일자부여기관에 정보제공을 요청할 수 있다는 사항

② 「국세징수법」 및 「지방세징수법」에 따라 임대인이 납부하지 아니한 국세 및 지방세의 열람을 신청할 수 있다는 사항

4. 자료요구권

(1) 중개대상물 상태에 관한 자료요구

개업공인중개사는 확인·설명을 위하여 필요한 경우에는 중개대상물의 매도의뢰인·임대의뢰인 등에게 해당 중개대상물의 상태에 관한 자료를 요구할 수 있다(법 제25조 제2항).

(2) 자료요구의 범위

중개대상물이 주거용 건축물인 경우, 개업공인중개사가 권리를 이전하려는 중개의뢰인에게 자료제공을 요청할 수 있는 것은 다음과 같다([별지 제20호 서식]의 주거용 건축물 확인·설명서 참조).

> ① 실제 권리관계 또는 공시되지 않은 물건의 권리사항
> ② 내부·외부 시설물의 상태
> ③ 벽면·바닥면 및 도배의 상태
> ④ 환경조건

⑶ 자료요구에 불응한 경우

① 개업공인중개사는 매도의뢰인·임대의뢰인 등이 중개대상물의 상태에 관한 자료요구에 불응한 경우에는 그 사실을 매수의뢰인·임차의뢰인 등에게 **설명하고, 중개대상물 확인·설명서에 기재하여야 한다**(영 제21조 제2항).

② 매도·임대의뢰인 등이 자료요구에 불응한 경우 개업공인중개사가 그 항목을 직접 조사하여 설명할 의무는 없다.

5. 소유자 등의 확인

개업공인중개사는 중개업무의 수행을 위하여 필요한 경우에는 중개의뢰인에게 주민등록증 등 신분을 확인할 수 있는 증표를 제시할 것을 요구할 수 있다(법 제25조의2).

⚖ 판례

소유자 확인

1. 개업공인중개사는 선량한 관리자의 주의와 신의·성실로써 매도 등 처분을 하려는 자가 **진정한 권리자와 동일인인지의 여부를 부동산 등기부와 주민등록증 등에 의하여 조사·확인할 의무가 있다**(91다36239).

2. 개업공인중개사로서 매도의뢰인이 **알지 못하는 사람인 경우 필요할 때에는 등기권리증의 소지 여부나 그 내용을 확인·조사하여 보아야 할 주의의무가 있다**고 할 것이다.
   그리고 위 판례의 취지는 부동산의 매매 등을 의뢰한 자가 진정한 권리자와 동일인인지의 여부를 판단함에 있어 개업공인중개사에게 부동산 등기부와 주민등록증을 조사·확인할 의무가 있음을 설시한 것일 뿐, 나아가 **개업공인중개사가 부동산 등기부와 주민등록증만을 조사·확인하면 개업공인중개사로서의 주의의무를 다한 것이 되어 의뢰인에 대한 손해배상 책임이 면책된다는 취지는 아니다**(92다55350).

⚖ 판례

중개대상물 확인·설명

1. 개업공인중개사는 근저당이 설정된 경우에는 그 **채권최고액을 조사·확인하여 의뢰인에게 설명하면 족하고, 실제의 피담보채무액까지 조사·확인하여 설명할 의무까지는 없다.** 다만, 개업공인중개사가 실제 피담보채무액에 관한 그릇된 정보를 제대로 확인하지도 않은 채 마치 그것이 진실인 것처럼 의뢰인에게 그대로 전달하여 의뢰인이 그 정보를 믿고 상대방과 계약에 이르게 되었다면, 그러한 행위는 선량한 관리자의 주의로 신의를 지켜 성실하게 중개행위를 하여야 할 의무에 위반된다(98다30667).

2. 개업공인중개사는 **다가구주택 일부에 관한 임대차계약을 중개**하면서 임차의뢰인이 임대차 계약이 종료된 후에 임대차보증금을 제대로 반환받을 수 있는지 판단하는 데 필요한 다가 구주택의 권리관계 등에 관한 자료를 제공하여야 하므로, 임차의뢰인에게 부동산 등기부상 에 표시된 중개대상물의 권리관계 등을 확인·설명하는 데 그쳐서는 아니 되고, **임대의뢰인 에게 다가구주택 내에 이미 거주해서 살고 있는 다른 임차인의 임대차계약내역 중 개인정 보에 관한 부분을 제외하고 임대차보증금, 임대차의 시기와 종기 등에 관한 부분의 자료를 요구**하여 이를 확인한 다음 임차의뢰인에게 설명하고 자료를 제시하여야 하며, 중개대상물 확인·설명서의 중개목적물에 대한 '실제 권리관계 또는 공시되지 아니한 물건의 권리 사항' 란에 그 내용을 기재하여 교부하여야 할 의무가 있고, 만일 임대의뢰인이 자료요구에 불응한 경우에는 그 내용을 중개대상물 확인·설명서에 기재하여야 할 의무가 있다(2011다63857).

---

2 중개대상물 확인·설명서

1. 중개대상물 확인·설명서 작성의무

개업공인중개사는 **중개가 완성되어 거래계약서를 작성하는 때**에는 확인·설명사항을 대 통령령으로 정하는 바에 따라 서면으로 작성하여 **거래당사자에게 교부하고 3년** 동안 그 원본, 사본 또는 전자문서를 보존해야 한다. 다만, 확인·설명사항이 「전자문서 및 전자거래 기본법」에 따른 공인전자문서센터에 보관된 경우에는 그러하지 아니하다(법 제25조 제3항).

(1) 의무자

① 중개대상물 확인·설명서를 작성하여 거래당사자에게 교부하여야 하는 의무는 개업 공인중개사의 의무이며, 소속공인중개사의 의무가 아니다. 따라서 개업공인중개사가 중개대상물 확인·설명서를 교부하지 않거나 보존하지 않은 경우에는 개업공인중개 사의 업무정지사유에 해당하며 소속공인중개사의 자격정지사유는 아니다.

② 소속공인중개사는 중개업무를 수행할 수 있으므로 중개대상물 확인·설명서를 작성 할 수 있으며, 중개업무를 수행한 경우 중개대상물 확인·설명서에 개업공인중개사와 함께 서명 및 날인하여야 한다.

③ 중개보조원은 중개업무를 수행할 수 없으므로 중개대상물 확인·설명서를 작성해서는 아니 된다.

(2) 시 기

'중개가 완성되어 거래계약서를 작성하는 때' 확인·설명서를 작성하여야 한다. 중개가 완성되기 전에는 중개대상물 확인·설명서를 교부할 의무가 없다.

⑶ **교부 및 보존**

중개대상물 확인·설명서는 거래당사자 모두에게 교부하여야 하며, 손해배상책임의 근거가
되기 때문에 개업공인중개사는 **3년 동안 그 원본, 사본 또는 전자문서를 보존해야 한다.**

⑷ **공인전자문서센터**

확인·설명사항이 공인전자문서센터에 보관된 경우에는 확인·설명서를 서면으로 작성
하여 이를 교부하고 보존할 의무가 없다.

2. 중개대상물 확인·설명서 서식

⑴ **표준서식**

중개대상물 확인·설명서는 국토교통부령에 정해진 표준서식을 사용하여야 하며, 중개대
상물의 유형에 따라 다음의 4가지 서식으로 구성되어 있다. 또한, 외국인을 위한 영문판
서식도 규정되어 있다.

⑵ **유 형**

① **중개대상물 확인·설명서[Ⅰ]**(주거용 건축물) : [별지 제20호 서식]

② **중개대상물 확인·설명서[Ⅱ]**(비주거용 건축물) : [별지 제20호의2 서식]

③ **중개대상물 확인·설명서[Ⅲ]**(토지) : [별지 제20호의3 서식]

④ **중개대상물 확인·설명서[Ⅳ]**(입목·광업재단·공장재단) : [별지 제20호의4 서식]

3. 서명 및 날인

① 확인·설명서에는 **개업공인중개사**(법인인 경우에는 **대표자**를 말하며, 법인에 분사무소가
설치되어 있는 경우에는 분사무소의 **책임자**를 말한다)**가 서명 및 날인**하되, 해당 **중개행위
를 한 소속공인중개사가 있는 경우에는 소속공인중개사가 함께 서명 및 날인**하여야
한다(법 제25조 제4항).

② 개업공인중개사가 작성한 경우에는 개업공인중개사가 서명 및 날인을 하여야 하며,
소속공인중개사가 작성한 경우에는 개업공인중개사와 소속공인중개사가 함께 서명
및 날인하여야 한다.

③ 개업공인중개사인 법인의 주된 사무소에서 소속공인중개사가 작성한 확인·설명서에는 대표자와 소속공인중개사가 함께 서명 및 날인하여야 하며, 분사무소에서 소속공인중개사가 작성한 확인·설명서에는 책임자와 소속공인중개사가 함께 서명 및 날인하여야 한다.

▷ 서명 또는 날인이라고 하면 틀리다.

4. 위반 시 제재

(1) 개업공인중개사

개업공인중개사가 다음의 내용을 위반한 경우에는 등록관청은 6개월 범위 내에서 업무정지를 명할 수 있다.

> ① 중개대상물 확인·설명서를 교부하지 아니하거나 보존하지 아니한 경우
> ② 중개대상물 확인·설명서에 서명 및 날인을 하지 아니한 경우

(2) 소속공인중개사

중개업무를 수행한 소속공인중개사가 중개대상물 확인·설명서에 서명 및 날인을 하지 아니한 경우 시·도지사는 6개월 범위 안에서 자격을 정지할 수 있다.

넓혀 보기 🔍

1. 확인·설명서를 교부하지 않거나 보존하지 않은 경우
   - 개업공인중개사 업무정지(○)
   - 소속공인중개사 자격정지(×)
2. 중개업무를 수행하고 확인·설명서에 서명 및 날인을 하지 않은 경우
   - 개업공인중개사 업무정지(○)
   - 소속공인중개사 자격정지(○)

판례

'개업공인중개사가 서명 및 날인을 해야 하는 확인·설명서'는 거래당사자에게 교부하는 확인·설명서를 의미하고 개업공인중개사가 **보존하는 중개대상물 확인·설명서는 포함되지 않는다**(2022두57381).

예제

공인중개사법령상 공인중개사인 개업공인중개사 등의 중개대상물 확인 · 설명에 관한 내용으로 옳은 것을 모두 고른 것은? 제28회 수정

> ㉠ 시장 · 학교와의 근접성 등 중개대상물의 입지조건은 개업공인중개사가 확인 · 설명해야 하는 사항에 해당한다.
> ㉡ 확인 · 설명 사항이 공인전자문서센터에 보관된 경우를 제외하고 개업공인중개사가 중개대상물 확인 · 설명서의 원본, 사본 또는 전자문서를 보존해야 할 기간은 5년이다.
> ㉢ 해당 중개행위를 한 소속공인중개사가 있는 경우, 확인 · 설명서에는 개업공인중개사와 그 소속공인중개사가 함께 서명 및 날인해야 한다.
> ㉣ 중개업무를 수행하는 소속공인중개사가 성실 · 정확하게 중개대상물의 확인 · 설명을 하지 않은 것은 소속공인중개사의 자격정지사유에 해당한다.

① ㉠, ㉡
② ㉠, ㉣
③ ㉡, ㉢
④ ㉠, ㉢, ㉣
⑤ ㉡, ㉢, ㉣

해설 ㉠ 도로 및 대중교통수단과의 연계성, 시장 · 학교와의 근접성 등 입지조건은 확인 · 설명사항이다.
㉣ 성실 · 정확하게 중개대상물의 확인 · 설명을 하지 않거나, 설명의 근거자료를 제시하지 않은 경우, 개업공인중개사는 500만원 이하의 과태료, 소속공인중개사는 자격정지사유에 해당한다.
㉡ 3년 동안 그 원본, 사본 또는 전자문서를 보존해야 한다. ▶▶ 정답 ④

중개대상물 확인·설명서[I] (주거용 건축물)

(주택 유형: [ ] 단독주택   [ ] 공동주택   [ ] 주거용 오피스텔)
(거래 형태: [ ] 매매·교환   [ ] 임대)

<table>
<tr><td rowspan="2">확인·
설명
자료</td><td>확인·설명
근거자료 등</td><td>[ ] 등기권리증 [ ] 등기사항증명서 [ ] 토지대장 [ ] 건축물대장 [ ] 지적도
[ ] 임야도 [ ] 토지이용계획확인서 [ ] 확정일자 부여현황 [ ] 전입세대확인서
[ ] 국세납세증명서 [ ] 지방세납세증명서 [ ] 그 밖의 자료(   )</td></tr>
<tr><td>대상물건의
상태에 관한
자료요구 사항</td><td></td></tr>
</table>

<table>
<tr><td colspan="2" align="center">유의사항</td></tr>
<tr><td>개업공인중개사의
확인·설명 의무</td><td>개업공인중개사는 중개대상물에 관한 권리를 취득하려는 중개의뢰인에게 성실·정확하게 설명하고, 토지대장 등본, 등기사항증명서 등 설명의 근거자료를 제시해야 합니다.</td></tr>
<tr><td>실제 거래가격
신고</td><td>「부동산 거래신고 등에 관한 법률」 제3조 및 같은 법 시행령 [별표 1] 제1호 마목에 따른 실제 거래가격은 매수인이 매수한 부동산을 양도하는 경우 「소득세법」 제97조 제1항 및 제7항과 같은 법 시행령 제163조 제11항 제2호에 따라 취득 당시의 실제 거래가액으로 보아 양도차익이 계산될 수 있음을 유의하시기 바랍니다.</td></tr>
</table>

I. 개업공인중개사 기본 확인사항

<table>
<tr><td rowspan="13">①
대상물건의
표시</td><td rowspan="2">토 지</td><td>소재지</td><td colspan="4"></td></tr>
<tr><td>면적(m²)</td><td></td><td rowspan="2">지 목</td><td>공부상 지목</td><td></td></tr>
<tr><td rowspan="6">건축물</td><td>전용면적(m²)</td><td></td><td>실제 이용 상태</td><td></td></tr>
<tr><td>전용면적(m²)</td><td></td><td colspan="2">대지지분(m²)</td><td></td></tr>
<tr><td>준공년도
(증개축년도)</td><td></td><td rowspan="2">용 도</td><td>건축물대장상
용도</td><td></td></tr>
<tr><td>구 조</td><td></td><td>실제 용도</td><td></td></tr>
<tr><td>구 조</td><td></td><td>방 향</td><td colspan="2">(기준:)</td></tr>
<tr><td>내진설계 적용 여부</td><td></td><td>내진능력</td><td colspan="2"></td></tr>
<tr><td>건축물대장상
위반건축물 여부</td><td>[ ] 위반 [ ] 적법</td><td>위반내용</td><td colspan="2"></td></tr>
</table>

<table>
<tr><td rowspan="3">② 권리관계</td><td rowspan="3">등기부
기재사항</td><td colspan="2" align="center">소유권에 관한 사항</td><td colspan="2" align="center">소유권 외의 권리사항</td></tr>
<tr><td>토 지</td><td></td><td>토 지</td><td></td></tr>
<tr><td>건축물</td><td></td><td>건축물</td><td></td></tr>
</table>

<table>
<tr><td rowspan="9">③
토지이용계획,
공법상
이용제한 및
거래규제에
관한
사항(토지)</td><td rowspan="3">지역·
지구</td><td>용도지역</td><td></td><td>건폐율 상한</td><td>용적률 상한</td></tr>
<tr><td>용도지구</td><td></td><td rowspan="2">%</td><td rowspan="2">%</td></tr>
<tr><td>용도구역</td><td></td></tr>
<tr><td rowspan="2">도시·
군계획
시설</td><td>허가·신고
구역 여부</td><td colspan="3">[ ] 토지거래허가구역</td></tr>
<tr><td>투기지역 여부</td><td colspan="3">[ ] 토지투기지역   [ ] 주택투기지역
[ ] 투기과열지구</td></tr>
<tr><td colspan="2">지구단위계획구역,
그 밖의 도시·군관리계획</td><td colspan="3">그 밖의 이용제한
및 거래규제사항</td></tr>
</table>

④ 임대차 확인사항	확정일자 부여현황 정보	[ ] 임대인 자료 제출	[ ] 열람 동의	[ ] 임차인 권리 설명
	국세 및 지방세 체납정보	[ ] 임대인 자료 제출	[ ] 열람 동의	[ ] 임차인 권리 설명
	전입세대 확인서	[ ] 확인(확인서류 첨부) [ ] 미확인(열람ㆍ교부 신청방법 설명) [ ] 해당 없음		
	최우선변제금	소액임차인범위: 만원 이하	최우선변제금액: 만원 이하	
	민간임대 등록 여부	등록 [ ] 장기일반민간임대주택 [ ] 공공지원민간임대주택 [ ] 그 밖의 유형( )	[ ] 임대보증금 보증 설명	
		임대의무기간 임대개시일		
	미등록 [ ]			
	계약갱신 요구권 행사 여부	[ ] 확인(확인서류 첨부) [ ] 미확인 [ ] 해당 없음		

개업공인중개사가 "④ 임대차 확인사항"을 임대인 및 임차인에게 설명하였음을 확인함	임대인	(서명 또는 날인)
	임차인	(서명 또는 날인)
	개업공인중개사	(서명 또는 날인)
	개업공인중개사	(서명 또는 날인)

※ 민간임대주택의 임대사업자는 「민간임대주택에 관한 특별법」 제49조에 따라 임대보증금에 대한 보증에 가입해야 합니다.

※ 임차인은 주택도시보증공사(HUG) 등이 운영하는 전세보증금반환보증에 가입할 것을 권고합니다.

※ 임대차 계약 후 「부동산 거래신고 등에 관한 법률」 제6조의2에 따라 30일 이내 신고해야 합니다(신고 시 확정일자 자동부여).

※ 최우선변제금은 근저당권 등 선순위 담보물권 설정 당시의 소액임차인범위 및 최우선변제금액을 기준으로 합니다.

⑤ 입지조건	도로와의 관계	(m × m)도로에 접함 [ ] 포장 [ ] 비포장	접근성	[ ] 용이함 [ ] 불편함
	대중교통	버 스 ( ) 정류장, 소요시간: ([ ] 도보, [ ] 차량) 약 분		
		지하철 ( ) 역, 소요시간: ([ ] 도보, [ ] 차량) 약 분		
	주차장	[ ] 없음 [ ] 전용주차시설 [ ] 공동주차시설 [ ] 그 밖의 주차시설 ( )		
	교육시설	초등학교 ( ) 학교, 소요시간: ([ ] 도보 [ ] 차량) 약 분		
		중학교 ( ) 학교, 소요시간: ([ ] 도보 [ ] 차량) 약 분		
		고등학교 ( ) 학교, 소요시간: ([ ] 도보 [ ] 차량) 약 분		

⑥ 관리에 관한 사항	경비실	[ ] 있음 [ ] 없음	관리주체	[ ] 위탁관리 [ ] 자체관리 [ ] 그 밖의 유형
	관리비	관리비 금액: 총 원		
		관리비 포함 비목: [ ] 전기료 [ ] 수도료 [ ] 가스사용료 [ ] 난방비 　　　　　　　[ ] 인터넷 사용료 [ ] TV 수신료 [ ] 그 밖의 비목( )		
		관리비 부과방식: [ ] 임대인이 직접 부과 [ ] 관리규약에 따라 부과 　　　　　　　[ ] 그 밖의 부과 방식( )		

⑦ 비선호시설 (1km 이내)	[ ] 없음 [ ] 있음 (종류 및 위치:)

⑧ 거래예정금액 등	거래예정금액		
	개별공시지가(m²당)		건물(주택) 공시가격

⑨ 취득 시 부담할 조세의 종류 및 세율	취득세	%	농어촌특별세	%	지방교육세	%
	※ 재산세와 종합부동산세는 6월 1일 기준으로 대상물건 소유자가 납세의무를 부담합니다.					

Ⅱ. 개업공인중개사 세부 확인사항

⑩ 실제 권리관계 또는 공시되지 않은 물건의 권리 사항

⑪ 내부·외부 시설물의 상태 (건축물)	수 도	파손 여부	[ ] 없음　　[ ] 있음 (위치: 　　　　　　)		
		용수량	[ ] 정상　　[ ] 부족함 (위치: 　　　　　　)		
	전 기	공급상태	[ ] 정상　　[ ] 교체 필요 (교체할 부분: 　　　　)		
	가스(취사용)	공급방식	[ ] 도시가스　　[ ] 그 밖의 방식 (　　　　　)		
	소 방	단독경보형 감지기	[ ] 없음 [ ] 있음(수량: 　개)	※「소방시설 설치 및 관리에 관한 법률」제10조 및 같은 법 시행령 제10조에 따른 주택용 소방시설로서 아파트(주택으로 사용하는 층수가 5개층 이상인 주택을 말한다)를 제외한 주택의 경우만 적습니다.	
	난방방식 및 연료공급	공급방식	[ ] 중앙공급 [ ] 개별공급 [ ] 지역난방	시설 작동	[ ] 정상　[ ] 수선 필요 (　　　) ※ 개별 공급인 경우 사용연한 (　　　) [ ] 확인불가
		종 류	[ ] 도시가스　[ ] 기름　[ ] 프로판가스　[ ] 연탄 [ ] 그 밖의 종류 (　　　　　　)		
	승강기		[ ] 있음([ ] 양호　[ ] 불량)　[ ] 없음		
	배 수		[ ] 정상　[ ] 수선 필요 (　　　　　　　　　　)		
	그 밖의 시설물				
⑫ 벽면·바닥면 및 도배 상태	벽 면	균 열	[ ] 없음　　[ ] 있음 (위치: 　　　　　)		
		누 수	[ ] 없음　　[ ] 있음 (위치: 　　　　　)		
	바닥면		[ ] 깨끗함　[ ] 보통임　[ ] 수리 필요 (위치: 　　　)		
	도 배		[ ] 깨끗함　[ ] 보통임　[ ] 도배 필요		
⑬ 환경조건	일조량		[ ] 풍부함　[ ] 보통임　[ ] 불충분 (이유: 　　　)		
	소 음		[ ] 아주 작음　[ ] 보통임 [ ] 심한 편임	진 동	[ ] 아주 작음　[ ] 보통임　[ ] 심한 편임
⑭ 현장안내	현장안내자		[ ] 개업공인중개사　[ ] 소속공인중개사 [ ] 중개보조원(신분고지 여부: [ ] 예　[ ] 아니오) [ ] 해당 없음		

※ "중개보조원"이란 공인중개사가 아닌 사람으로서 개업공인중개사에 소속되어 중개대상물에 대한 현장안내 및 일반서무 등 개업공인중개사의 중개업무와 관련된 단순한 업무를 보조하는 사람을 말합니다.

※ 중개보조원은 「공인중개사법」 제18조의4에 따라 현장안내 등 중개업무를 보조하는 경우 중개의뢰인에게 본인이 중개보조원이라는 사실을 미리 알려야 합니다.

Ⅲ. 중개보수 등에 관한 사항

⑮ 중개보수 및 실비의 금액과 산출내역	중개보수		〈산출내역〉
	실 비		중개보수 : 실 　 비 :
	계		※ 중개보수는 시·도 조례로 정한 요율한도에서 중개의뢰인과 개업공인중개사가 서로 협의하여 결정하며 부가가치세는 별도로 부과될 수 있습니다.
	지급시기		

「공인중개사법」 제25조 제3항 및 제30조 제5항에 따라 거래당사자는 개업공인중개사로부터 위 중개대상물에 관한 확인·설명 및 손해배상책임의 보장에 관한 설명을 듣고, 같은 법 시행령 제21조 제3항에 따른 본 확인·설명서와 같은 법 시행령 제24조 제2항에 따른 손해배상책임 보장 증명서류(사본 또는 전자문서)를 수령합니다.

년　　　월　　　일

매도인 (임대인)	주 소		성 명	(서명 또는 날인)
	생년월일		전화번호	
매수인 (임차인)	주 소		성 명	(서명 또는 날인)
	생년월일		전화번호	
개업 공인중개사	등록번호		성명 (대표자)	(서명 및 날인)
	사무소 명칭		소속 공인중개사	(서명 및 날인)
	사무소 소재지		전화번호	
개업 공인중개사	등록번호		성명 (대표자)	(서명 및 날인)
	사무소 명칭		소속 공인중개사	(서명 및 날인)
	사무소 소재지		전화번호	

작성방법(주거용 건축물)

〈작성일반〉

1. "[ ]" 있는 항목은 해당하는 "[ ]" 안에 √로 표시합니다.

2. 세부항목 작성 시 해당 내용을 작성란에 모두 작성할 수 없는 경우에는 별지로 작성하여 첨부하고, 해당란
에는 "별지 참고"라고 적습니다.

〈세부항목〉

1. 「확인·설명자료」 항목의 "확인·설명 근거자료 등"에는 개업공인중개사가 확인·설명 과정에서 제시한
자료를 적으며, "대상물건의 상태에 관한 자료요구 사항"에는 매도(임대)의뢰인에게 요구한 사항 및 그 관
련 자료의 제출 여부와 ⑩ 실제 권리관계 또는 공시되지 않은 물건의 권리사항부터 ⑬ 환경조건까지의 항목
을 확인하기 위한 자료의 요구 및 그 불응 여부를 적습니다.

2. **① 대상물건의 표시부터 ⑨ 취득 시 부담할 조세의 종류 및 세율까지는 개업공인중개사가 확인한 사항을
적어야 합니다.**

3. ① 대상물건의 표시는 토지대장 및 건축물대장 등을 확인하여 적고, **건축물의 방향은 주택의 경우 거실이나
안방 등 주실(主室)의 방향을, 그 밖의 건축물은 주된 출입구의 방향을 기준으로 남향, 북향 등 방향을
적고** 방향의 기준이 불분명한 경우 기준(예: 남동향 – 거실 앞 발코니 기준)을 표시하여 적습니다.

4. ② 권리관계의 "등기부 기재사항"은 등기사항증명서를 확인하여 적습니다.

　가. 대상물건에 신탁등기가 되어 있는 경우에는 수탁자 및 신탁물건(신탁원부 번호)임을 적고, 신탁원부 약
정사항에 명시된 대상물건에 대한 임대차계약의 요건(수탁자 및 수익자의 동의 또는 승낙, 임대차계약
체결의 당사자, 그 밖의 요건 등)을 확인하여 그 요건에 따라 유효한 임대차계약을 체결할 수 있음을
설명(신탁원부 교부 또는 ⑩ 실제 권리관계 또는 공시되지 않은 물건의 권리사항에 주요 내용을 작성)
해야 합니다.

　나. 대상물건에 공동담보가 설정되어 있는 경우에는 공동담보 목록 등을 확인하여 공동담보의 채권최고액 등
해당 중개물건의 권리관계를 명확히 적고 설명해야 합니다.

　※ 예를 들어, 다세대주택 건물 전체에 설정된 근저당권 현황을 확인·제시하지 않으면서, 계약대상 물건
이 포함된 일부 호실의 공동담보 채권최고액이 마치 건물 전체에 설정된 근저당권의 채권최고액인 것처
럼 중개의뢰인을 속이는 경우에는 「공인중개사법」 위반으로 형사처벌 대상이 될 수 있습니다.

5. ③ 토지이용계획, 공법상 이용제한 및 거래규제에 관한 사항(토지)의 **"건폐율 상한 및 용적률 상한"은 시·
군의 조례에 따라 적고, "도시·군계획시설", "지구단위계획구역, 그 밖의 도시·군관리계획"은 개업공
인중개사가 확인하여 적으며,** "그 밖의 이용제한 및 거래규제사항"은 토지이용계획확인서의 내용을 확인하
고, **공부에서 확인할 수 없는 사항은 부동산종합공부시스템 등에서 확인하여 적습니다(임대차의 경우에
는 생략할 수 있습니다).**

6. ④ 임대차 확인사항은 다음 각 목의 구분에 따라 적습니다.

　가. 「주택임대차보호법」 제3조의7에 따라 임대인이 확정일자 부여일, 차임 및 보증금 등 정보(확정일자 부여
현황 정보) 및 국세 및 지방세 납세증명서(국세 및 지방세 체납 정보)의 제출 또는 열람 동의로 갈음했는
지 구분하여 표시하고, 「공인중개사법」 제25조의3에 따른 임차인의 권리에 관한 설명 여부를 표시합니다.

　나. 임대인이 제출한 전입세대 확인서류가 있는 경우에는 확인에 √로 표시를 한 후 설명하고, 없는 경우에
는 미확인에 √로 표시한 후 「주민등록법」 제29조의2에 따른 전입세대확인서의 열람·교부 방법에 대
해 설명합니다(임대인이 거주하는 경우이거나 확정일자 부여현황을 통해 선순위의 모든 세대가 확인되
는 경우 등에는 '해당 없음'에 √로 표시합니다).

　다. 최우선변제금은 「주택임대차보호법 시행령」 제10조(보증금 중 일정액의 범위 등) 및 제11조(우선변제
를 받을 임차인의 범위)를 확인하여 각각 적되, 근저당권 등 선순위 담보물권이 설정되어 있는 경우 선
순위 담보물권 설정 당시의 소액임차인범위 및 최우선변제금액을 기준으로 적어야 합니다.

　라. "민간임대 등록 여부"는 대상물건이 「민간임대주택에 관한 특별법」에 따라 등록된 민간임대주택인지 여부
를 같은 법 제60조에 따른 임대주택정보체계에 접속하여 확인하거나 임대인에게 확인하여 "[ ]" 안에 √로
표시하고, 민간임대주택인 경우 같은 법에 따른 권리·의무사항을 임대인 및 임차인에게 설명해야 합니다.

※ 민간임대주택은 「민간임대주택에 관한 특별법」 제5조에 따른 임대사업자가 등록한 주택으로서, 임대인과 임차인 간 임대차계약(재계약 포함) 시에는 다음의 사항이 적용됩니다.
  - 「민간임대주택에 관한 특별법」 제44조에 따라 임대의무기간 중 임대료 증액청구는 5퍼센트의 범위에서 주거비 물가지수, 인근 지역의 임대료 변동률 등을 고려하여 같은 법 시행령으로 정하는 증액비율을 초과하여 청구할 수 없으며, 임대차계약 또는 임대료 증액이 있은 후 1년 이내에는 그 임대료를 증액할 수 없습니다.
  - 「민간임대주택에 관한 특별법」 제45조에 따라 임대사업자는 임차인이 의무를 위반하거나 임대차를 계속하기 어려운 경우 등에 해당하지 않으면 임대의무기간 동안 임차인과의 계약을 해제·해지하거나 재계약을 거절할 수 없습니다.

마. "계약갱신요구권 행사 여부"는 대상물건이 「주택임대차보호법」의 적용을 받는 주택으로서 임차인이 있는 경우 매도인(임대인)으로부터 계약갱신요구권 행사 여부에 관한 사항을 확인할 수 있는 서류를 받으면 "확인"에 √로 표시하여 해당 서류를 첨부하고, 서류를 받지 못한 경우 "미확인"에 √로 표시하며, 임차인이 없는 경우에는 "해당 없음"에 √로 표시합니다. 이 경우 개업공인중개사는 「주택임대차보호법」에 따른 임대인과 임차인의 권리·의무사항을 매수인에게 설명해야 합니다.

7. ⑥ 관리비는 직전 1년간 월평균 관리비 등을 기초로 산출한 총 금액을 적되, 관리비에 포함되는 비목들에 대해서는 해당하는 곳에 √로 표시하며, 그 밖의 비목에 대해서는 √로 표시한 후 비목 내역을 적습니다. 관리비 부과방식은 해당하는 곳에 √로 표시하고, 그 밖의 부과방식을 선택한 경우에는 그 부과방식에 대해서 작성해야 합니다. 이 경우 세대별 사용량을 계량하여 부과하는 전기료, 수도료 등 비목은 실제 사용량에 따라 금액이 달라질 수 있고, 이에 따라 총 관리비가 변동될 수 있음을 설명해야 합니다.

8. ⑦ 비선호시설(1km 이내)의 "종류 및 위치"는 대상물건으로부터 1km 이내에 사회통념상 기피 시설인 화장장·봉안당·공동묘지·쓰레기처리장·쓰레기소각장·분뇨처리장·하수종말처리장 등의 시설이 있는 경우, 그 시설의 종류 및 위치를 적습니다.

9. ⑧ 거래예정금액 등의 "거래예정금액"은 중개가 완성되기 전 거래예정금액을, "개별공시지가(㎡당)" 및 "건물(주택)공시가격"은 중개가 완성되기 전 공시된 공시지가 또는 공시가격을 적습니다[임대차의 경우에는 "개별공시지가(㎡당)" 및 "건물(주택)공시가격"을 생략할 수 있습니다].

10. ⑨ 취득 시 부담할 조세의 종류 및 세율은 중개가 완성되기 전 「지방세법」의 내용을 확인하여 적습니다(임대차의 경우에는 제외합니다).

11. ⑩ 실제 권리관계 또는 공시되지 않은 물건의 권리 사항은 매도(임대)의뢰인이 고지한 사항(법정지상권, 유치권, 「주택임대차보호법」에 따른 임대차, 토지에 부착된 조각물 및 정원수, 계약 전 소유권 변동 여부, 도로의 점용허가 여부 및 권리·의무 승계 대상 여부 등)을 적습니다. 「건축법 시행령」 [별표 1] 제2호에 따른 공동주택(기숙사는 제외합니다) 중 분양을 목적으로 건축되었으나 분양되지 않아 보존등기만 마쳐진 상태인 공동주택에 대해 임대차계약을 알선하는 경우에는 이를 임차인에게 설명해야 합니다.
  ※ 임대차계약의 경우 현재 존속 중인 임대차의 임대보증금, 월 단위의 차임액, 계약기간 및 임대차 계약의 장기수선충당금의 처리 등을 확인하여 적습니다. 그 밖에 경매 및 공매 등의 특이사항이 있는 경우 이를 확인하여 적습니다.

12. ⑪ 내부·외부 시설물의 상태(건축물), ⑫ 벽면·바닥면 및 도배 상태와 ⑬ 환경조건은 중개대상물에 대해 개업공인중개사가 매도(임대)의뢰인에게 자료를 요구하여 확인한 사항을 적고, ⑪ 내부·외부 시설물의 상태(건축물)의 "그 밖의 시설물"은 가정자동화 시설(Home Automation 등 IT 관련 시설)의 설치 여부를 적습니다.

13. ⑮ 중개보수 및 실비는 개업공인중개사와 중개의뢰인이 협의하여 결정한 금액을 적되 "중개보수"는 거래예정금액을 기준으로 계산하고, "산출내역(중개보수)"은 "거래예정금액(임대차의 경우에는 임대보증금 + 월 단위의 차임액 × 100) × 중개보수 요율"과 같이 적습니다. 다만, 임대차로서 거래예정금액이 5천만원 미만인 경우에는 "임대보증금 + 월 단위의 차임액 × 70"을 거래예정금액으로 합니다.

14. 공동중개 시 참여한 개업공인중개사(소속공인중개사를 포함합니다)는 모두 서명·날인해야 하며, 2명을 넘는 경우에는 별지로 작성하여 첨부합니다.

156 제1편 공인중개사법령

중개대상물 확인·설명서[Ⅱ] (비주거용 건축물)

([ ] 업무용 [ ] 상업용 [ ] 공업용 [ ] 매매·교환 [ ] 임대 [ ] 그 밖의 경우)

확인· 설명 자료	확인·설명 근거자료 등	[ ] 등기권리증 [ ] 등기사항증명서 [ ] 토지대장 [ ] 건축물대장 [ ] 지적도 [ ] 임야도 [ ] 토지이용계획확인서 [ ] 그 밖의 자료( )
	대상물건의 상태에 관한 자료요구 사항	

유의사항	
개업공인중개사의 확인·설명 의무	개업공인중개사는 중개대상물에 관한 권리를 취득하려는 중개의뢰인에게 성실·정확하게 설명하고, 토지대장 등본, 등기사항증명서 등 설명의 근거자료를 제시해야 합니다.
실제 거래가격 신고	「부동산 거래신고 등에 관한 법률」 제3조 및 같은 법 시행령 [별표 1] 제1호 마목에 따른 실제 거래가격은 매수인이 매수한 부동산을 양도하는 경우 「소득세법」 제97조 제1항 및 제7항과 같은 법 시행령 제163조 제11항 제2호에 따라 취득 당시의 실제 거래가액으로 보아 양도차익이 계산될 수 있음을 유의하시기 바랍니다.

Ⅰ. 개업공인중개사 기본 확인사항

① 대상물건의 표시	토 지	소재지				
		면적(m²)		지 목	공부상 지목	
					실제이용 상태	
	건축물	전용면적(m²)			대지지분(m²)	
		준공년도 (증개축년도)		용 도	건축물대장상 용도	
					실제 용도	
		구 조		방 향		(기준:)
		내진설계 적용 여부		내진능력		
		건축물대장상 위반건축물 여부	[ ] 위반 [ ] 적법	위반내용		

② 권리관계	등기부 기재사항		소유권에 관한 사항		소유권 외의 권리사항	
			토 지		토 지	
			건축물		건축물	
	민간임대 등록 여부	등 록	[ ] 장기일반민간임대주택 [ ] 공공지원민간임대주택 [ ] 그 밖의 유형( )			
			임대의무기간		임대개시일	
		미등록	[ ] 해당사항 없음			
	계약갱신요구권 행사 여부	[ ] 확인(확인서류 첨부)		[ ] 미확인	[ ] 해당 없음	

③ 토지이용계획, 공법상 이용제한 및 거래규제에 관한 사항(토지)	지역· 지구	용도지역		건폐율 상한	용적률 상한
		용도지구		%	%
		용도구역			
	도시· 군계획시설	허가·신고 구역 여부	[ ] 토지거래허가구역		
		투기지역 여부	[ ] 토지투기지역 [ ] 주택투기지역 [ ] 투기과열지구		
	지구단위계획구역, 그 밖의 도시·군관리계획		그 밖의 이용제한 및 거래규제사항		

⑤ 입지조건	도로와의 관계	(m × m)도로에 접함 [ ] 포장 [ ] 비포장		접근성	[ ] 용이함 [ ] 불편함	
	대중교통	버 스	( ) 정류장, 소요시간: ([ ] 도보, [ ] 차량) 약 분			
		지하철	( ) 역, 소요시간: ([ ] 도보, [ ] 차량) 약 분			
	주차장	[ ] 없음 [ ] 전용주차시설 [ ] 공동주차시설 [ ] 그 밖의 주차시설 ( )				
⑥ 관리에 관한사항	경비실	[ ] 있음 [ ] 없음	관리주체	[ ] 위탁관리 [ ] 자체관리 [ ] 그 밖의 유형		
⑧ 거래예정금액 등	거래예정금액					
	개별공시지가(m²당)			건물(주택)공시가격		
⑨ 취득 시 부담할 조세의 종류 및 세율	취득세	%	농어촌특별세	%	지방교육세	%
	※ 재산세와 종합부동산세는 6월 1일 기준 대상물건 소유자가 납세의무를 부담					

Ⅱ. 개업공인중개사 세부 확인사항

⑩ 실제 권리관계 또는 공시되지 않은 물건의 권리 사항

⑪ 내부·외부 시설물의 상태 (건축물)	수 도	파손 여부	[ ] 없음 [ ] 있음(위치:)			
		용수량	[ ] 정상 [ ] 부족함(위치:)			
	전 기	공급상태	[ ] 정상 [ ] 교체 필요(교체할 부분:)			
	가스(취사용)	공급방식	[ ] 도시가스 [ ] 그 밖의 방식( )			
	소 방	소화전	[ ] 없음 [ ] 있음(위치:)			
		비상벨	[ ] 없음 [ ] 있음(위치:)			
	난방방식 및 연료공급	공급방식	[ ] 중앙공급 [ ] 개별공급	시설 작동	[ ] 정상 [ ] 수선 필요 ( ) ※ 개별공급인 경우 사용연한 ( ) [ ] 확인불가	
		종 류	[ ] 도시가스 [ ] 기름 [ ] 프로판가스 [ ] 연탄 [ ] 그 밖의 종류( )			
	승강기	[ ] 있음 ([ ] 양호 [ ] 불량) [ ] 없음				
	배 수	[ ] 정상 [ ] 수선 필요( )				
	그 밖의 시설물					
⑫ 벽면 및 바닥면	벽 면	균 열	[ ] 없음 [ ] 있음(위치:)			
		누 수	[ ] 없음 [ ] 있음(위치:)			
	바닥면	[ ] 깨끗함 [ ] 보통임 [ ] 수리 필요(위치:)				

Ⅲ. 중개보수 등에 관한 사항

⑮ 중개보수 및 실비의 금액과 산출내역	중개보수		〈산출내역〉 중개보수 : 실 비 :
	실 비		
	계		
	지급시기		

「공인중개사법」 제25조 제3항 및 제30조 제5항에 따라 거래당사자는 개업공인중개사로부터 위 중개대상물에 관한 확인·설명 및 손해배상책임의 보장에 관한 설명을 듣고, 같은 법 시행령 제21조 제3항에 따른 본 확인·설명서와 같은 법 시행령 제24조 제2항에 따른 손해배상책임 보장 증명서류(사본 또는 전자문서)를 수령합니다.

년   월   일

매도인 (임대인)	주 소		성 명	(서명 또는 날인)
	생년월일		전화번호	
매수인 (임차인)	주 소		성 명	(서명 또는 날인)
	생년월일		전화번호	
개업 공인중개사	등록번호		성명 (대표자)	(서명 및 날인)
	사무소 명칭		소속 공인중개사	(서명 및 날인)
	사무소 소재지		전화번호	
개업 공인중개사	등록번호		성명 (대표자)	(서명 및 날인)
	사무소 명칭		소속 공인중개사	(서명 및 날인)
	사무소 소재지		전화번호	

■ 공인중개사법 시행규칙 [별지 제20호의3 서식] <개정 2020. 10. 27.> (3쪽 중 제1쪽)

중개대상물 확인·설명서[III] (토지)

([ ] 매매·교환   [ ] 임대)

확인·설명 자료	확인·설명 근거자료 등	[ ] 등기권리증 [ ] 등기사항증명서 [ ] 토지대장 [ ] 건축물대장 [ ] 지적도 [ ] 임야도 [ ] 토지이용계획확인서 [ ] 그 밖의 자료( )
	대상물건의 상태에 관한 자료요구 사항	

유의사항	
개업공인중개사의 확인·설명 의무	개업공인중개사는 중개대상물에 관한 권리를 취득하려는 중개의뢰인에게 성실·정확하게 설명하고, 토지대장등본, 등기사항증명서 등 설명의 근거자료를 제시해야 합니다.
실제 거래가격 신고	「부동산 거래신고 등에 관한 법률」 제3조 및 같은 법 시행령 [별표 1] 제1호 마목에 따른 실제 거래가격은 매수인이 매수한 부동산을 양도하는 경우 「소득세법」 제97조 제1항 및 제7항과 같은 법 시행령 제163조 제11항 제2호에 따라 취득 당시의 실제 거래가액으로 보아 양도차익이 계산될 수 있음을 유의하시기 바랍니다.

I. 개업공인중개사 기본 확인사항

① 대상물건의 표시	토 지	소재지				
		면적(m²)		지 목	공부상 지목	
					실제이용 상태	

② 권리관계	등기부 기재사항	소유권에 관한 사항		소유권 외의 권리사항	
		토 지		토 지	

③ 토지이용계획, 공법상 이용 제한 및 거래규제에 관한 사항 (토지)	지역·지구	용도지역			건폐율 상한	용적률 상한
		용도지구			%	%
		용도구역				
	도시·군계획 시설		허가·신고 구역 여부	[ ] 토지거래허가구역		
			투기지역 여부	[ ] 토지투기지역 [ ] 주택투기지역 [ ] 투기과열지구		
	지구단위계획구역, 그 밖의 도시·군관리계획		그 밖의 이용제한 및 거래규제사항			

⑤ 입지조건	도로와의 관계	(m × m)도로에 접함 [ ] 포장 [ ] 비포장	접근성	[ ] 용이함 [ ] 불편함	
	대중교통	버 스	( ) 정류장, 소요시간: ([ ] 도보, [ ] 차량) 약 분		
		지하철	( ) 역, 소요시간: ([ ] 도보, [ ] 차량) 약 분		

⑦ 비선호시설(1km 이내)	[ ] 없음 [ ] 있음(종류 및 위치:)

⑧ 거래예정금액 등	거래예정금액			
	개별공시지가(m²당)		건물(주택)공시가격	

⑨ 취득 시 부담할 조세의 종류 및 세율	취득세	%	농어촌특별세	%	지방교육세	%
	※ 재산세는 6월 1일 기준 대상물건 소유자가 납세의무를 부담					

Ⅱ. 개업공인중개사 세부 확인사항

⑩ 실제 권리관계 또는 공시되지 않은 물건의 권리 사항	

Ⅲ. 중개보수 등에 관한 사항

⑮ 중개보수 및 실비의 금액과 산출내역	중개보수		〈산출내역〉 중개보수 : 실　비 : ※ 중개보수는 거래금액의 1천분의 9 이내에서 중개의뢰인과 개업공인중개사가 서로 협의 하여 결정하며 부가가치세는 별도로 부과될 수 있습니다.
	실 비		
	계		
	지급시기		

「공인중개사법」 제25조 제3항 및 제30조 제5항에 따라 거래당사자는 개업공인중개사로부터 위 중개대상물에 관한 확인·설명 및 손해배상책임의 보장에 관한 설명을 듣고, 같은 법 시행령 제21조 제3항에 따른 본 확인·설명서와 같은 법 시행령 제24조 제2항에 따른 손해배상책임 보장 증명서류(사본 또는 전자문서)를 수령합니다.

년　　　　월　　　　일

매도인 (임대인)	주 소		성 명	(서명 또는 날인)
	생년월일		전화번호	
매수인 (임차인)	주 소		성 명	(서명 또는 날인)
	생년월일		전화번호	
개업 공인중개사	등록번호		성명 (대표자)	(서명 및 날인)
	사무소 명칭		소속 공인중개사	(서명 및 날인)
	사무소 소재지		전화번호	
개업 공인중개사	등록번호		성명 (대표자)	(서명 및 날인)
	사무소 명칭		소속 공인중개사	(서명 및 날인)
	사무소 소재지		전화번호	

■ 공인중개사법 시행규칙 [별지 제20호의4 서식] <개정 2020. 10. 27.>　　　　　(3쪽 중 제1쪽)

중개대상물 확인·설명서[Ⅳ](입목·광업재단·공장재단)

([　] 매매·교환　　[　] 임대)

확인·설명 자료	확인·설명 근거자료 등	[　] 등기권리증　[　] 등기사항증명서　[　] 토지대장 [　] 건축물대장　[　] 지적도　[　] 임야도 [　] 토지이용계획확인서　[　] 그 밖의 자료(　　　　　　　　)
	대상물건의 상태에 관한 자료요구 사항	

유의사항

개업공인중개사의 확인·설명 의무	개업공인중개사는 중개대상물에 관한 권리를 취득하려는 중개의뢰인에게 성실·정확하게 설명하고, 토지대장등본, 등기사항증명서 등 설명의 근거자료를 제시해야 합니다.
실제 거래가격 신고	「부동산 거래신고 등에 관한 법률」 제3조 및 같은 법 시행령 [별표 1] 제1호 마목에 따른 실제 거래가격은 매수인이 매수한 부동산을 양도하는 경우 「소득세법」 제97조 제1항 및 제7항과 같은 법 시행령 제163조 제11항 제2호에 따라 취득 당시의 실제 거래가액으로 보아 양도차익이 계산될 수 있음을 유의하시기 바랍니다.

Ⅰ. 개업공인중개사 기본 확인사항

① 대상물건의 표시	토 지	대상물 종별	[　] 입목　[　] 광업재단　[　] 공장재단
		소재지 (등기·등록지)	

② 권리관계	등기부 기재사항	소유권에 관한 사항	성 명	
			주 소	
		소유권 외의 권리사항		

재단목록 또는 입목의 생육상태	

그 밖의 참고사항	

⑧ 거래예정금액 등	거래예정금액			
	개별공시지가(m²당)		건물(주택)공시가격	

(3쪽 중 제2쪽)

⑨ 취득 시 부담할 조세의 종류 및 세율	취득세	%	농어촌특별세		%	지방교육세	%
	※ 재산세는 6월 1일 기준 대상물건 소유자가 납세의무를 부담						

Ⅱ. 개업공인중개사 세부 확인사항

⑩ 실제 권리관계 또는 공시되지 않은 물건의 권리 사항	

Ⅲ. 중개보수 등에 관한 사항

⑮ 중개보수 및 실비의 금액과 산출내역	중개보수		〈산출내역〉 중개보수 : 실　비 : ※ 중개보수는 거래금액의 1천분의 9 이내에서 중개의뢰인과 개업공인중개사가 서로 협의하여 결정하며 부가가치세는 별도로 부과될 수 있습니다.
	실 비		
	계		
	지급시기		

「공인중개사법」 제25조 제3항 및 제30조 제5항에 따라 거래당사자는 개업공인중개사로부터 위 중개대상물에 관한 확인·설명 및 손해배상책임의 보장에 관한 설명을 듣고, 같은 법 시행령 제21조 제3항에 따른 본 확인·설명서와 같은 법 시행령 제24조 제2항에 따른 손해배상책임 보장 증명서류(사본 또는 전자문서)를 수령합니다.

년　　　　월　　　　일

매도인 (임대인)	주 소		성 명	(서명 또는 날인)
	생년월일		전화번호	
매수인 (임차인)	주 소		성 명	(서명 또는 날인)
	생년월일		전화번호	
개업 공인중개사	등록번호		성명 (대표자)	(서명 및 날인)
	사무소 명칭		소속 공인중개사	(서명 및 날인)
	사무소 소재지		전화번호	
개업 공인중개사	등록번호		성명 (대표자)	(서명 및 날인)
	사무소 명칭		소속 공인중개사	(서명 및 날인)
	사무소 소재지		전화번호	

🏠 중개대상물 확인·설명서의 비교

내 용	주거용[Ⅰ]	비주거용[Ⅱ]	토지[Ⅲ]	입·광·공[Ⅳ]
Ⅰ. 개업공인중개사 기본 확인사항				
① 대상물건의 표시	○	○	○	○
② 권리관계(등기부 기재사항)	○	○ 민간임대 등록 여부 계약갱신 요구권	○	○
③ 토지이용계획 및 공법	○	○	○	×
④ 임대차 확인사항	○	×	×	×
⑤ 입지조건	○ 도대차교	○ 도대차	○ 도대	×
⑥ 관리에 관한 사항	○	○ 관리비 ×	×	×
⑦ 비선호시설	○	×	○	×
⑧ 거래예정금액 등	○	○	○	○
⑨ 취득 조세 종류 및 세율	○	○	○	○
재단목록 또는 입목의 생육상태	×	×	×	○
Ⅱ. 개업공인중개사 세부 확인사항				
⑩ 실제권리관계 등	○	○	○	○
⑪ 내부·외부 시설물의 상태	○	○	×	×
⑫ 벽면·바닥면 및 도배 상태	○	○ 도배×	×	×
⑬ 환경조건	○	×	×	×
⑭ 현장안내	○	×	×	×
Ⅲ. 중개보수 등에 관한 사항				
⑮ 중개보수 등	○	○	○	○

▽ **소방** : 주거용(단독경보형 감지기), 비주거용(소화전, 비상벨)

예제

공인중개사법령상 중개대상물 확인·설명서[Ⅱ](비주거용 건축물)에서 개업공인중개사의 확인사항으로 옳은 것을 모두 고른 것은? 제29회

> ㉠ "단독경보형감지기" 설치 여부는 세부 확인사항이다.
> ㉡ "내진설계 적용 여부"는 기본 확인사항이다.
> ㉢ "실제권리관계 또는 공시되지 않은 물건의 권리 사항"은 세부 확인사항이다.
> ㉣ "환경조건(일조량·소음·진동)"은 세부 확인사항이다.

① ㉠, ㉡
② ㉠, ㉣
③ ㉡, ㉢
④ ㉠, ㉡, ㉢
⑤ ㉡, ㉢, ㉣

해설 옳은 것은 ㉡, ㉢이다.
㉡ '내진설계 적용 여부'는 기본 확인사항인 대상물건의 표시에 기재한다.
㉢ '실제권리관계 또는 공시되지 않은 물건의 권리 사항'은 모든 확인·설명서에 공통으로 속하는 세부 확인사항이다.
㉠ '단독경보형감지기 설치 여부'는 주거용 건축물 확인·설명서의 세부 확인사항에 기재하며 '소화전 및 비상벨 설치 여부'는 비주거용 건축물 확인·설명서의 세부 확인사항에 기재한다.
㉣ 비주거용 건축물 확인·설명서에는 '환경조건(일조량·소음·진동)'을 기재하지 않는다. 환경조건은 주거용 건축물 확인·설명서에만 기재한다. ▶ 정답 ③

제 4 절 거래계약서 작성의무 제33회, 제35회, 제36회

1 거래계약서의 작성

개업공인중개사는 중개대상물에 관하여 중개가 완성된 때에는 대통령령으로 정하는 바에 따라 거래계약서를 작성하여 거래당사자에게 교부하고 **5년 동안 그 원본, 사본 또는 전자문서를 보존해야 한다. 다만, 거래계약서가 공인전자문서센터에 보관된 경우에는 그러하지 아니하다**(법 제26조 제1항).

1. 작성, 교부 및 보존의무자

① 거래계약서를 작성하여 교부하고 보존할 의무는 개업공인중개사의 의무이며, 소속공인중개사의 의무가 아니다. 따라서 개업공인중개사가 거래계약서를 교부하지 않거나 보존하지 않은 경우에는 개업공인중개사의 업무정지사유에 해당하고 소속공인중개사의 자격정지사유가 아니다.

② 소속공인중개사는 중개업무를 수행할 수 있으므로 거래계약서를 작성할 수 있으며, 중개업무를 수행한 경우 거래계약서에 개업공인중개사와 함께 서명 및 날인하여야 한다.

③ 중개보조원은 중개업무를 수행할 수 없으므로 거래계약서를 작성해서는 아니 된다.

> **넓혀 보기** 🔍
>
> **1. 거래계약서를 교부하지 않거나 보존하지 않은 경우**
> - 개업공인중개사 업무정지(○)
> - 소속공인중개사 자격정지(×)
>
> **2. 중개업무를 수행하고 거래계약서에 서명 및 날인을 하지 않은 경우**
> - 개업공인중개사 업무정지(○)
> - 소속공인중개사 자격정지(○)

2. 거래계약서의 교부 및 보존

① 개업공인중개사는 작성한 거래계약서를 거래당사자에게 교부하고, **5년 동안 그 원본, 사본 또는 전자문서를 보존해야 한다.**

② 거래계약서가 공인전자문서센터에 보관된 경우에는 서면에 의한 거래계약서의 작성·교부 및 보존의무가 없다.

3. 서명 및 날인

① 거래계약서에는 개업공인중개사(법인인 경우에는 대표자를 말하며, 법인에 분사무소가 설치되어 있는 경우에는 분사무소의 **책임자**를 말한다)가 서명 및 날인하되, 해당 중개행위를 한 소속공인중개사가 있는 경우에는 소속공인중개사가 함께 **서명 및 날인**하여야 한다(법 제26조 제2항).

② 개업공인중개사가 작성한 경우에는 개업공인중개사가 서명 및 날인해야 하며, 소속공인중개사가 작성한 경우에는 개업공인중개사와 소속공인중개사가 함께 서명 및 날인해야 한다.

③ 개업공인중개사인 법인의 주된 사무소에서 소속공인중개사가 작성한 거래계약서에는 대표자와 소속공인중개사가 함께 서명 및 날인하여야 하며, 분사무소에서 소속공인중개사가 작성한 거래계약서에는 책임자와 소속공인중개사가 함께 서명 및 날인하여야 한다.

▷ 서명 또는 날인이라고 하면 틀린다.

> **⚖ 판례**
>
> **서명 및 날인**
>
> 개업공인중개사가 거래계약서에 서명과 날인 중 어느 한 가지를 하지 않은 경우도 업무정지처분사유에 포함된다(2008두16698).

⚖ 판례

1. 「공인중개사법」의 목적, 개업공인중개사의 자격요건·기본윤리 등이 엄격하게 규정되어 있는 점, 위 법이 개업공인중개사로 하여금 중개가 완성된 때에 거래계약서 등을 작성·교부하도록 정하고 있는 점 등을 고려하면, **개업공인중개사는 중개가 완성된 때에만 거래계약서 등을 작성·교부하여야 하고 중개를 하지 아니하였음에도 함부로 거래계약서 등을 작성·교부하여서는 아니 된다.**

2. 개업공인중개사가 자신의 중개로 전세계약이 체결되지 않았음에도 실제 계약당사자가 아닌 자에게 전세계약서와 중개대상물 확인·설명서 등을 작성·교부해 줌으로써 이를 담보로 제공받아 금전을 대여한 대부업자가 대여금을 회수하지 못하는 손해를 입은 사안에서, 개업공인중개사로서는 일반 제3자가 그 전세계약서에 대하여 개업공인중개사를 통해 그 내용과 같은 전세계약이 체결되었음을 증명하는 것으로 인식하고 이를 전제로 그 전세계약서를 담보로 제공하여 금전을 차용하는 등의 거래관계에 들어갈 것임을 인식할 수 있었다고 보아, 개업공인중개사는 주의의무 위반에 따른 손해배상책임을 져야 한다(2009다78863).

4. 이중계약서 작성금지 등

① 개업공인중개사 및 소속공인중개사는 거래계약서를 작성하는 때에는 거래금액 등 거래내용을 거짓으로 기재하거나 서로 다른 둘 이상의 거래계약서를 작성하여서는 아니 된다(법 제26조 제3항).

② 개업공인중개사가 위 규정을 위반한 경우에는 **임의적 등록취소사유**에 해당하며, 소속공인중개사가 위반한 경우에는 **자격정지사유**에 해당한다. 형벌(1년 이하의 징역 또는 1천만원 이하의 벌금)사유는 아님에 주의한다.

② 거래계약서의 표준서식 등

1. 거래계약서 표준서식

① 국토교통부장관은 개업공인중개사가 작성하는 거래계약서의 표준이 되는 서식을 정**하여 그 사용을 권장할 수 있다**(영 제22조 제3항).

② 대통령령에는 국토교통부장관이 거래계약서의 표준서식을 정해 그 사용을 권장할 수 있다고 되어 있으나, 현재 **국토교통부령에는 국토교통부장관이 정한 거래계약서의 표준서식이 없다.** 즉 공인중개사법령에는 매매, 교환, 임대차계약서 등 거래계약서의 표준서식은 없다.

2. 필수적 기재사항

공인중개사법령에 거래계약서의 표준서식은 없으므로 어떠한 양식을 사용해도 무방하나, 거래계약서에는 다음의 사항을 기재하여야 한다(영 제22조 제1항).

> ① 거래당사자의 인적사항
> ② 물건의 표시
> ③ 계약일
> ④ 물건의 인도일시
> ⑤ 권리이전의 내용
> ⑥ 거래금액·계약금액 및 그 지급일자 등 지급에 관한 사항
> ⑦ 그 밖의 거래당사자 간의 약정내용
> ⑧ 중개대상물 확인·설명서 교부일자
> ⑨ 계약의 조건이나 기한이 있는 경우에는 그 조건 또는 기한

▷ '거래예정금액', '권리관계', '취득 시 조세의 종류 및 세율', '중개보수·실비금액 및 산출내역' 등은 중개대상물 확인·설명서에 기재할 사항이며, 거래계약서에 기재할 사항은 아니다.

3 위반 시 제재

1. 임의적 등록취소

개업공인중개사가 거래금액 등 거래내용을 거짓으로 기재하거나 서로 다른 둘 이상의 거래계약서를 작성한 경우 등록관청은 중개사무소 개설등록을 취소할 수 있다.

2. 업무정지

등록관청은 개업공인중개사가 다음의 행위를 한 경우 6개월의 범위 안에서 업무를 정지할 수 있다.

① 적정하게 거래계약서를 작성·교부하지 않거나 보존하지 아니한 경우

② 거래계약서에 서명 및 날인을 하지 아니한 경우

3. 자격정지

시·도지사는 소속공인중개사가 다음의 행위를 한 경우 6개월의 범위 안에서 자격을 정지할 수 있다.

① 거래계약서에 거래금액 등 거래내용을 거짓으로 기재하거나 서로 다른 둘 이상의 거래계약서를 작성한 경우

② 거래계약서에 서명 및 날인을 하지 아니한 경우

◈ **법정서식 및 거래계약서**

구 분	일반중개계약서	전속중개계약서	확인 · 설명서	거래계약서
법정서식 유무	○	○	○	×
법정서식 사용의무	×	○	○	×
개업공인중개사 서명 · 날인	서명 또는 날인	서명 또는 날인	서명 및 날인	서명 및 날인
중개행위를 한 소속공인중개사 서명 · 날인	×	×	서명 및 날인	서명 및 날인
보존의무	×	3년	3년	5년

예제

개업공인중개사 甲이 공인중개사법령에 따라 거래계약서를 작성하고자 한다. 이에 관한 설명으로 틀린 것은? (다툼이 있으면 판례에 따름) 제28회 수정

① 甲은 중개대상물에 대하여 중개가 완성된 때에만 거래계약서를 작성 · 교부해야 한다.

② 공인전자문서센터에 보관된 경우를 제외하고 甲이 작성하여 거래당사자에게 교부한 거래계약서를 보존해야 할 기간은 5년이다.

③ 공동중개의 경우, 甲과 참여한 개업공인중개사 모두 거래계약서에 서명 또는 날인해야 한다.

④ 계약의 조건이 있는 경우, 그 조건은 거래계약서에 기재해야 할 사항이다.

⑤ 국토교통부장관은 개업공인중개사가 작성하는 거래계약서의 표준이 되는 서식을 정하여 그 사용을 권장할 수 있다.

해설 거래계약서에는 서명 및 날인해야 한다. 서명 또는 날인이 아니다. ▶▶ 정답 ③

제 5 절 계약금 등의 반환채무이행의 보장 제34회, 제35회

1 반환채무이행의 보장

부동산의 거래계약에서는 일반적으로 잔금을 치러야 매수인 또는 임차인이 부동산을 넘겨받는 것이 관행이다. 따라서 잔금을 치르기 전까지는 이중매매 또는 제한물권의 설정 등 거래사고의 위험성이 있는데 이러한 거래사고의 위험성을 사전에 방지하기 위하여 거래계약의 이행이 완료될 때까지 거래대금과 계약 관련 서류를 거래당사자 이외의 자가 보관하도록 하는 에스크로우(Escrow) 제도를 2000년 「공인중개사법」 제8차 개정 시 도입하였다.

1. 예치권고

개업공인중개사는 거래의 안전을 보장하기 위하여 필요하다고 인정하는 경우에는 **거래계약의 이행이 완료될 때까지** 계약금·중도금 또는 잔금(계약금 등)을 **개업공인중개사 또는 대통령령으로 정하는 자의 명의로** 공제사업을 하는 자, 금융기관 또는 신탁업자 등에 예치하도록 거래당사자에게 **권고할 수 있다**(법 제31조 제1항).

(1) 목 적

이 제도는 계약금 등을 제3자의 명의로 예치하도록 함으로써 거래의 안전을 보장함을 목적으로 한다.

(2) 예치기간

계약금 등의 예치는 거래계약의 이행이 완료될 때까지로 한다.

(3) 예치대상

예치대상은 계약금·중도금 또는 잔금이므로, 잔금도 예치대상에 포함된다.

(4) 예치권고

개업공인중개사는 거래당사자에게 계약금 등의 예치를 권고할 수 있다. 따라서 예치를 권고할 의무는 없으며, 거래당사자가 먼저 개업공인중개사에게 계약금 등의 예치를 의뢰하는 경우라도 개업공인중개사는 이를 거부할 수 있다.

빈출지문 OX

01 개업공인중개사는 거래의 안전을 보장하기 위해 계약금 등을 예치하도록 거래당사자에게 권고해야 한다. ( )

02 개업공인중개사는 매수인이 요구하는 때에는 계약금 등을 금융기관 또는 공제사업자 등에 예치해야 한다. ( )

정답 **01** × 예치를 권고할 수 있다.
02 × 매수인이 요구하는 경우에도 예치해야 할 의무는 없다.

---

2. 예치명의자 및 예치기관

(1) 계약금 등의 예치명의자

계약금 등은 **개업공인중개사 또는 대통령령으로 정하는 자의 명의로** 예치할 수 있으며, 대통령령으로 정하는 자를 포함한 예치명의자는 다음과 같다.

① 개업공인중개사
② 「공인중개사법」에 따른 공제사업을 하는 자

③ 「은행법」에 따른 은행
④ 「보험업법」에 따른 보험회사
⑤ 「자본시장과 금융투자업에 관한 법률」에 따른 신탁업자
⑥ 「우체국예금·보험에 관한 법률」에 따른 체신관서
⑦ 부동산 거래계약의 이행을 보장하기 위하여 계약금·중도금 또는 잔금 및 계약 관련서류를 관리하는 업무를 수행하는 전문회사

(2) 예치기관

예치기관은 공제사업을 하는 자, 금융기관 또는 「자본시장과 금융투자업에 관한 법률」에 따른 신탁업자 등이다.

3. 계약금 등의 사전수령

① 계약금 등을 예치한 경우 매도인·임대인 등 계약금 등을 수령할 수 있는 권리가 있는 자는 해당 계약을 해제한 때에 계약금 등의 반환을 보장하는 내용의 금융기관 또는 보증보험회사가 발행하는 **보증서를 계약금 등의 예치명의자에게 교부**하고 계약금 등을 미리 수령할 수 있다(법 제31조 제2항).

② 매도인·임대인은 계약의 이행이 완료되기 전에 계약금 등을 미리 수령할 수 있는데, 이를 위해서는 해당 계약이 해제된 때 매수인·임차인에게 미리 수령한 계약금 등을 반환해 줄 것을 보장하는 보증서를 발급받아 **예치명의자**에게 교부해야 한다.

2 개업공인중개사가 예치명의자가 되는 경우

계약금 등을 개업공인중개사의 명의로 예치하는 경우에는 예치된 계약금 등의 안전 및 계약 이행과정에서의 분쟁예방 등을 위하여 개업공인중개사에게 다음의 의무를 부여하고 있다.

1. 거래안전을 위한 사항 약정

개업공인중개사는 거래당사자가 계약금 등을 **개업공인중개사의 명의**로 금융기관 등에 예치할 것을 의뢰하는 경우 **다음의 사항을 약정하여야 한다.**

① 계약이행의 완료 또는 계약해제 등의 사유로 인한 계약금 등의 인출에 대한 거래당사자의 동의방법
② 반환채무이행 보장에 소요되는 실비
③ 그 밖에 거래안전을 위하여 필요한 사항

▽ 계약금 등의 반환채무이행의 보장에 소요되는 실비는 특별한 약정이 없는 한 매수·임차 그 밖의 권리를 취득하고자 하는 중개의뢰인이 부담한다.

2. 분리관리 등

개업공인중개사는 거래계약과 관련된 계약금 등을 자기 명의로 금융기관 등에 예치하는 경우에는 자기 소유의 예치금과 분리하여 관리될 수 있도록 하여야 하며, 예치된 계약금 등은 거래당사자의 동의 없이 인출하여서는 아니 된다.

3. 지급보증설정

개업공인중개사는 계약금 등을 **자기 명의**로 금융기관 등에 예치하는 경우에는 그 계약금 등을 거래당사자에게 지급할 것을 보장하기 위하여 **예치대상이 되는 계약금 등에 해당하는 금액을 보장**하는 보증보험 또는 공제에 가입하거나 공탁을 하여야 하며, 거래당사자에게 관계증서의 사본을 교부하거나 관계증서에 관한 전자문서를 제공하여야 한다.

예제

공인중개사법령상 계약금 등의 반환채무이행의 보장 등에 관한 설명으로 틀린 것은?   제30회

① 개업공인중개사는 거래의 안전을 보장하기 위하여 필요하다고 인정하는 경우, 계약금 등을 예치하도록 거래당사자에게 권고할 수 있다.
② 예치대상은 계약금 · 중도금 또는 잔금이다.
③ 「보험업법」에 따른 보험회사는 계약금 등의 예치명의자가 될 수 있다.
④ 개업공인중개사는 거래당사자에게 「공인중개사법」에 따른 공제사업을 하는 자의 명의로 계약금 등을 예치하도록 권고할 수 없다.
⑤ 개업공인중개사는 계약금 등을 자기 명의로 금융기관 등에 예치하는 경우 자기 소유의 예치금과 분리하여 관리될 수 있도록 하여야 한다.

해설   예치명의자는 개업공인중개사, 「은행법」에 따른 은행, 「보험업법」에 따른 보험회사, 「자본시장과 금융투자업에 관한 법률」에 따른 신탁업자, 「우체국예금 · 보험에 관한 법률」에 따른 체신관서, 「공인중개사법」에 따른 공제사업을 하는 자, 에스크로우 전문회사이다.   ▶▶ **정답** ④

제 6 절 **손해배상책임 및 보증제도** 제32회, 제33회, 제34회

1 손해배상책임의 보장

1. 손해배상책임 및 보증설정

(1) 손해배상책임

① 개업공인중개사는 중개행위를 하는 경우 고의 또는 과실로 인하여 거래당사자에게 재산상의 손해를 발생하게 한 때에는 그 손해를 배상할 책임이 있다(법 제30조 제1항).

② 개업공인중개사는 자기의 중개사무소를 **다른 사람의 중개행위의 장소로 제공**함으로써 거래당사자에게 재산상의 손해를 발생하게 한 때에는 그 **손해를 배상할 책임이 있다**(법 제30조 제2항).

(2) 보증설정

① 개업공인중개사는 **업무를 개시하기 전에** 법 제30조 제1항 및 제2항에 따른 손해배상책임을 보장하기 위하여 대통령령으로 정하는 바에 따라 보증보험 또는 공제에 가입하거나 공탁을 하여야 한다(법 제30조 제3항).

② 법 제30조 제1항 또는 제2항으로 인하여 재산상 손해를 입은 중개의뢰인은 그 재산상 손해에 대하여 개업공인중개사가 가입한 보증기관에 보증보험금, 공제금 또는 공탁금을 청구할 수 있다.

2. 행위자

① 소속공인중개사 또는 중개보조원의 업무상 고의·과실로 인해 손해가 발생한 경우에 **개업공인중개사는 자신의 고의 또는 과실이 없는 경우에도 책임을 지며**, 중개의뢰인은 개업공인중개사의 보증기관에 손해배상을 청구할 수 있다.

② 개업공인중개사가 **직접 중개행위**를 한 경우에는 거래당사자에게 재산상 손해가 발생하였더라도 개업공인중개사는 자신의 **고의 또는 과실이 없으면 책임을 지지 않는다.**

③ "개업공인중개사 및 고용인"이 아닌 제3자의 중개행위로 인하여 발생한 손해에 대하여는 「공인중개사법」에 따른 손해배상책임이 발생하지 않는다. 판례에 따르면 **개업공인중개사나 그 보조원이 아닌 자에게 공인중개사법령에 의한 손해배상책임을 물을 수는 없다**(2007다44156).

3. 원인행위 및 결과

① 중개행위로 인하여 발생한 손해이어야 보증기관에 손해배상을 청구할 수 있다. 개업 공인중개사 등이 중개행위와 관련이 없는 행위로 거래당사자에게 손해를 발생시킨 경 우에는 「공인중개사법」에 따른 손해배상책임을 물을 수 없다.

② 개업공인중개사가 자신의 중개사무소를 다른 사람의 중개행위의 장소로 제공함으로 써 거래당사자에게 재산상의 손해를 발생하게 한 경우에는 개업공인중개사가 그 중개 행위에 직접 관여하지 않았더라도 배상책임을 져야 하며, 중개의뢰인은 보증보험금, 공제금 또는 공탁금을 청구할 수 있다.

③ 중개의뢰인에게 발생한 손해가 비재산적 손해인 경우에는 「공인중개사법」에 따른 손 해배상책임을 물을 수 없으므로 보증보험금, 공제금 또는 공탁금을 청구할 수 없다.

⚖️ 판례

중개행위 해당 여부

1. 중개행위 해당 여부 판단기준
어떠한 행위가 **중개행위에 해당하는지 여부**는 거래당사자의 보호에 목적을 둔 법 규정의 취지에 비추어 볼 때 개업공인중개사가 진정으로 거래당사자를 위하여 거래를 알선·중개 하려는 의사를 갖고 있었느냐고 하는 **개업공인중개사의 주관적 의사에 의하여 결정할 것이 아니라 개업공인중개사의 행위를 객관적으로 보아 사회통념상 거래의 알선·중개를 위한 행위라고 인정되는지 여부에 의하여 결정**하여야 한다(2005다32197).
2. 부동산 매매계약 체결을 중개하고 계약체결 후 계약금 및 중도금 지급에도 관여한 부동산 **개업공인중개사가 잔금 중 일부를 횡령한 경우**, 「공인중개사법」 제30조 제1항이 정한 '**개업 공인중개사가 중개행위를 함에 있어서 거래당사자에게 재산상의 손해를 발생하게 한 경우**' 에 해당한다(2005다32197).
3. 매매계약 또는 임대차계약을 알선한 개업공인중개사가 중도금 및 잔금의 지급, 목적물의 인 도 및 소유권이전등기의 경료 등, 보증금의 지급, 목적물의 인도, 확정일자의 취득 등 **거래 당사자의 계약상 의무의 실현에 관여함으로써 계약상 의무가 원만하게 이행되도록 주선할 것이 예정되어 있는 경우**에, 그러한 개업공인중개사의 행위는 객관적으로 보아 사회통념상 거래의 알선·중개를 위한 행위로서 중개행위의 범주에 포함된다(2005다55008, 2012다42154, 2012다102940).
4. **甲이 A의 공인중개사자격증과 등록증을 대여받아 중개사무소를 운영하던 중 자신이 오피스 텔을 소유하고 있는 것처럼 가장하여 임차의뢰인 乙과 직접 거래당사자로서 임대차계약을 체결한 경우** 임대차계약서의 중개사란에 중개사무소의 명칭이 기재되고, 공인중개사 명의로 작성된 확인·설명서가 교부되었다고 하더라도 甲의 위 행위를 객관적으로 보아 사회통념상 거래당사자 사이의 임대차를 알선·중개하는 행위에 해당한다고 볼 수 없다(2010다101486).
5. 개업공인중개사인 甲이 자신의 사무소를 乙의 중개행위의 장소로 제공하여 乙이 임대차계 약을 중개하면서 임차보증금을 전달하여 달라는 부탁을 받고 금원을 수령한 후 이를 횡령 한 경우, 甲은 「공인중개사법」 제30조 제2항에 따라 거래당사자가 입은 손해를 배상할 책임 이 있다(2000다48098).

2 업무보증

1. 보증의 종류

개업공인중개사는 **업무를 개시하기 전에** 손해배상책임을 보장하기 위하여 보증보험 또는 공제에 가입하거나 공탁을 하여야 한다.

(1) 보증보험

보증보험계약은 개업공인중개사가 중개행위를 함에 있어서 고의 또는 과실로 인하여 중개의뢰인에게 재산상의 손해를 입힌 경우 그 손해를 보상하기 위하여 체결된 이른바 **타인을 위한 손해보험계약**이다(98다61913). 보증보험은 보증보험회사에 보험료를 지불하고 가입하면 된다.

(2) 공 제

공인중개사협회에서 운영하는 공제에 공제료를 지불하고 가입하면 된다. 공제계약은 보증보험계약과 마찬가지로 **타인을 위한 손해보험계약**의 성격을 **가지며 공제는 보증보험적 성격을 갖는다**(94다47261).

(3) 공 탁

공탁이란 법령의 규정에 의하여 금전·유가증권 또는 그 밖의 물품을 공탁소 또는 일정한 자에게 보관하는 것을 말한다. 공탁은 손해배상책임을 보장하기 위한 담보공탁에 해당한다.

▽ **공탁금 회수제한**
공탁금은 개업공인중개사가 폐업 또는 사망한 날부터 **3년 이내**에는 이를 회수할 수 없다(법 제30조 제4항).

2. 보증설정금액

(1) 법인인 개업공인중개사

주된 중개사무소의 경우 4억원 이상. 다만, 분사무소를 두는 경우에는 분사무소마다 2억원 이상을 추가로 설정하여야 한다.

> **빈출지문 OX**
>
> 분사무소를 3개 설치한 법인인 개업공인중개사가 보증보험에 가입하는 경우 총 6억원 이상의 보증을 설정해야 한다. ( )
>
> **정답** × 주된 사무소 4억원, 분사무소 3개는 6억원이므로 총 10억원 이상이어야 한다.

⑵ 법인이 아닌 개업공인중개사

2억원 이상

⑶ 다른 법률의 규정에 따라 중개업을 할 수 있는 법인

2천만원 이상

3. 보증설정신고 등

⑴ 보증설정시기

① 개업공인중개사는 **중개사무소 개설등록을 한 때에는 업무를 시작하기 전에** 손해배상책임을 보장하기 위한 조치를 한 후 그 증명서류(**전자문서 포함**)를 갖추어 등록관청에 신고하여야 한다.

② 보증의 설정신고는 [별지 제25호 서식]인 손해배상책임보증(설정·변경)신고서에 따르며 증명서류는 다음의 어느 하나에 해당하는 서류(**전자문서를 포함한다**)를 말한다.

> ㉠ 보증보험증서 사본
> ㉡ 공제증서 사본
> ㉢ 공탁증서 사본

③ 보증보험회사·공제사업자 또는 공탁기관인 보증기관이 보증사실을 등록관청에 직접 통보한 경우에는 신고를 생략할 수 있다.

④ 다른 법률의 규정에 따라 부동산중개업을 할 수 있는 경우에는 **중개업무를 개시하기 전에** 보장금액 2천만원 이상의 보증을 보증기관에 설정하고 그 증명서류를 갖추어 **등록관청에 신고하여야 한다.**

⑵ 보증의 변경 및 재설정

① **보증의 변경**: 개업공인중개사는 그 보증을 다른 보증으로 변경하고자 하는 경우에는 **이미 설정한 보증의 효력이 있는 기간 중에** 다른 보증을 설정하고 그 증명서류를 갖추어 등록관청에 신고하여야 한다.

② **보증기간의 만료**: 보증보험 또는 공제에 가입한 개업공인중개사로서 보증기간이 만료되어 다시 보증을 설정하고자 하는 자는 **그 보증기간 만료일까지** 다시 보증을 설정하고 그 증명서류를 갖추어 등록관청에 신고하여야 한다.

③ 보증기관이 보증사실을 등록관청에 직접 통보한 경우에는 신고를 생략할 수 있다.

4. 손해배상책임 보장에 관한 설명 등

① 개업공인중개사는 **중개가 완성된 때에는** 거래당사자에게 손해배상책임의 보장에 관한 다음의 사항을 설명하고 관계 증서의 사본을 교부하거나 관계 증서에 관한 전자문서를 제공하여야 한다.

> ㉠ 보장금액
> ㉡ 보장기간
> ㉢ 보증보험회사, 공제사업을 행하는 자, 공탁기관 및 그 소재지

② 중개가 완성되기 전에는 부담하지 않는 의무이다. 중개가 완성된 때에 거래당사자에게 손해배상책임 보장에 관한 보증제도를 설명하고 관계 증서의 사본을 교부하거나 전자문서를 제공하여야 한다. 이를 위반한 경우 등록관청이 100만원 이하의 과태료를 부과한다.

▷ **중개가 완성된 때 거래당사자에게 교부(제공)해야 할 사항**
  1. 중개대상물 확인 · 설명서
  2. 거래계약서
  3. 보증관계증서의 사본 또는 전자문서

5. 보증보험금 청구 등

(1) 지급청구

중개의뢰인이 손해배상금으로 보증보험금 · 공제금 또는 공탁금을 지급받고자 하는 경우에는 다음의 서류 중 하나를 첨부하여 보증기관에 손해배상금의 지급을 청구하여야 한다.

> ① 중개의뢰인과 개업공인중개사 간의 손해배상합의서
> ② 화해조서 또는 확정된 법원의 판결문 사본
> ③ 그 밖에 이에 준하는 효력이 있는 서류

(2) 보증의 유지

① 개업공인중개사는 보증보험금 · 공제금 또는 공탁금으로 손해배상을 한 때에는 **15일 이내에** 보증보험 또는 공제에 다시 가입하거나 공탁금 중 부족하게 된 금액을 보전하여야 한다.

② 보증보험금 또는 공제금으로 손해배상을 한 때에는 15일 이내에 보증보험 또는 공제에 다시 가입하거나 공탁을 해야 하며, 공탁금으로 손해배상을 한 때에는 15일 이내에 보증보험 또는 공제에 가입하거나 공탁금 중 부족하게 된 금액을 보전하여야 한다.

6. 손해배상책임의 범위 등

(1) 손해배상책임

① 보증기관은 중개행위와 관련된 재산상 손해에 대하여 개업공인중개사가 설정한 보증 한도 내에서만 책임을 진다.

② 개업공인중개사는 보증의 한도를 초과하는 손해에 대해서는 「민법」상 손해배상책임을 져야 하며, 보증보험회사 또는 공제사업자는 중개의뢰인에게 지급한 보증보험금 또는 공제금에 대하여 개업공인중개사에게 구상권을 행사하기 때문에 **개업공인중개사는 중개의뢰인에게 발생한 모든 손해에 대하여 배상책임을 지게 된다.**

③ 분사무소에서 발생한 손해에 대하여 보증기관에 손해배상을 청구하는 경우, 중개의뢰인은 법인 전체의 보증한도 내에서 손해배상금 지급청구를 할 수 있다.

(2) 손해배상청구권의 소멸시효

① 보증보험 또는 공제금의 청구는 「상법」에 규정된 보험금청구에 관한 소멸시효가 적용되어 중개사고 발생 후 3년 이내에 청구할 수 있다.

② 다만, 공제금청구권자가 공제사고의 발생 사실을 확인할 수 없는 사정이 있는 경우에는 공제금청구권자가 공제사고의 발생을 알았거나 알 수 있었던 때부터 공제금청구권의 소멸시효가 진행한다고 해석하여야 한다(2010다101776).

③ 중개의뢰인이 개업공인중개사에게 직접 손해배상을 청구하는 경우에는 「민법」을 적용하여 그 손해 및 가해자를 안 날로부터 3년 또는 불법행위를 한 날로부터 10년 이내에 하여야 한다.

7. 위반 시 제재

(1) 임의적 등록취소

손해배상책임을 보장하기 위한 조치를 이행하지 아니하고 업무를 개시한 경우 등록관청은 중개사무소 개설등록을 취소할 수 있다.

(2) 100만원 이하의 과태료

손해배상책임에 관한 사항을 설명하지 아니하거나 관계 증서의 사본 또는 관계 증서에 관한 전자문서를 교부하지 아니한 개업공인중개사에 대하여 등록관청은 100만원 이하의 과태료를 부과한다.

예제

공인중개사법령상 손해배상책임의 보장에 관한 설명으로 옳은 것은?　　제25회

① 개업공인중개사의 손해배상책임을 보장하기 위한 보증보험 또는 공제 가입, 공탁은 중개사무소 개설등록신청을 할 때 해야 한다.

② 다른 법률의 규정에 따라 중개업을 할 수 있는 법인이 부동산중개업을 하는 경우 업무보증설정을 하지 않아도 된다.

③ 공제에 가입한 개업공인중개사로서 보증기간이 만료되어 다시 보증을 설정하고자 하는 자는 그 보증기간 만료 후 15일 이내에 다시 보증을 설정해야 한다.

④ 개업공인중개사가 손해배상책임을 보장하기 위한 조치를 이행하지 아니하고 업무를 개시한 경우 등록관청은 개설등록을 취소할 수 있다.

⑤ 보증보험금으로 손해배상을 한 경우 개업공인중개사는 30일 이내에 보증보험에 다시 가입해야 한다.

해설　① 보증의 설정은 중개사무소 개설등록을 한 때에는 업무를 개시하기 전에 해야 한다.

② 지역농업협동조합이 부동산중개업을 하는 때에는 중개업무를 개시하기 전에 보장금액 1천만원 이상의 보증을 보증기관에 설정하고 그 증명서류를 갖추어 등록관청에 신고해야 한다.

③ 보증기간 만료일까지 다시 보증을 설정해야 한다.

⑤ 15일 이내에 보증보험 또는 공제에 다시 가입하거나 공탁금 중 부족금액을 보전해야 한다.　▶▶ **정답** ④

■ 공인중개사법 시행규칙 [별지 제25호 서식] <개정 2014. 7. 29.>

손해배상책임보증 [ ] 설정
 [ ] 변경 신고서

※ 해당하는 곳 [ ]란에 √표를 하시기 바랍니다.

접수일		접수번호	처리기간	즉시
개업 공인중개사	종 별	[ ] 법인　　[ ] 공인중개사 [ ] 법 제7638호 부칙 제6조 제2항에 따른 개업공인중개사		
	성명(대표자)		생년월일	
	주소(체류지)			
	전화번호			
중개사무소	명칭		등록번호	
	소재지			
	전화번호			
보 증	[ ] 보증보험 [ ] 공제 [ ] 공탁	보증기관	설정일	
		보장금액	보장기간	
변경 전 보증내용				
변경 사유				

「공인중개사법 시행령」 제24조 제2항 및 제25조에 따라 위와 같이 신고합니다.

년　　　　월　　　　일

신고인　　　　　　　　(서명 또는 인)

시장 · 군수 · 구청장　　　　귀하

첨부서류	보증보험증서 사본, 공제증서 사본 또는 공탁증서 사본	수수료 없음

변경 신고 시 작성방법

1. "보증"란에는 변경 후 보증내용을 적습니다.
2. "변경 전 보증내용"란에는 변경 전의 보증내용을 적습니다.

처리절차

신고서 작성	⇨	접 수	⇨	검 토	⇨	결 재	⇨	완 료
신청인		시 · 군 · 구 (부동산중개업 담당 부서)		시 · 군 · 구 (부동산중개업 담당 부서)		시 · 군 · 구 (부동산중개업 담당 부서)		시 · 군 · 구 (부동산중개업 담당 부서)

제 7 절 금지행위 제34회, 제35회, 제36회

1 법 제33조 제1항 금지행위의 성격

> **법 제33조【금지행위】** ① 개업공인중개사 등은 다음 각 호의 행위를 하여서는 아니 된다.
> 1. 중개대상물의 매매를 업으로 하는 행위
> 2. 중개사무소의 개설등록을 하지 아니하고 중개업을 영위하는 자인 사실을 알면서 그를 통하여 중개를 의뢰받거나 그에게 자기의 명의를 이용하게 하는 행위
> 3. 사례·증여 그 밖의 어떠한 명목으로도 법 제32조에 따른 보수 또는 실비를 초과하여 금품을 받는 행위
> 4. 해당 중개대상물의 거래상의 중요사항에 관하여 거짓된 언행 그 밖의 방법으로 중개의뢰인의 판단을 그르치게 하는 행위
> 5. 관계 법령에서 양도·알선 등이 금지된 부동산의 분양·임대 등과 관련 있는 증서 등의 매매·교환 등을 중개하거나 그 매매를 업으로 하는 행위
> 6. 중개의뢰인과 직접 거래를 하거나 거래당사자 쌍방을 대리하는 행위
> 7. 탈세 등 관계 법령을 위반할 목적으로 소유권보존등기 또는 이전등기를 하지 아니한 부동산이나 관계 법령의 규정에 의하여 전매 등 권리의 변동이 제한된 부동산의 매매를 중개하는 등 부동산투기를 조장하는 행위
> 8. 부당한 이익을 얻거나 제3자에게 부당한 이익을 얻게 할 목적으로 거짓으로 거래가 완료된 것처럼 꾸미는 등 중개대상물의 시세에 부당한 영향을 주거나 줄 우려가 있는 행위
> 9. 단체를 구성하여 특정 중개대상물에 대하여 중개를 제한하거나 단체 구성원 이외의 자와 공동중개를 제한하는 행위

1. 적용 대상자

법 제33조 제1항의 금지행위는 개업공인중개사, 소속공인중개사 및 중개보조원, 개업공인중개사인 법인의 사원 또는 임원 모두에게 적용되는 의무이다. 이 금지행위를 위반할 경우 행정처분 및 행정형벌의 대상이 된다.

2. 행정처분

(1) 개업공인중개사

등록관청은 중개사무소 개설등록을 취소할 수 있다(임의적 등록취소).

(2) 소속공인중개사

시·도지사는 6개월의 범위 안에서 자격을 정지할 수 있다.

3. 행정형벌

(1) 1년 이하의 징역 또는 1천만원 이하의 벌금

① 해당 중개대상물의 거래상 중요사항에 관하여 거짓된 언행 그 밖의 방법으로 중개의 뢰인의 판단을 그르치게 하는 행위

② 중개대상물의 매매를 업으로 하는 행위

③ 중개사무소의 개설등록을 하지 아니하고 중개업을 영위하는 자인 사실을 알면서 그를 통하여 중개를 의뢰받거나 그에게 자기의 명의를 이용하게 하는 행위

④ 사례·증여 그 밖의 어떠한 명목으로도 중개보수 또는 실비를 초과하여 금품을 받는 행위

(2) 3년 이하의 징역 또는 3천만원 이하의 벌금

① 관계 법령에서 양도·알선 등이 금지된 부동산의 분양·임대 등과 관련 있는 증서 등의 매매·교환 등을 중개하거나 그 매매를 업으로 하는 행위

② 중개의뢰인과 직접거래를 하거나 거래당사자 쌍방을 대리하는 행위

③ 탈세 등 관계 법령을 위반할 목적으로 소유권보존등기 또는 이전등기를 하지 아니한 부동산이나 관계 법령의 규정에 의하여 전매 등 권리의 변동이 제한된 부동산의 매매를 중개하는 등 부동산투기를 조장하는 행위

④ 부당한 이익을 얻거나 제3자에게 부당한 이익을 얻게 할 목적으로 거짓으로 거래가 완료된 것처럼 꾸미는 등 중개대상물의 시세에 부당한 영향을 주거나 줄 우려가 있는 행위

⑤ 단체를 구성하여 특정 중개대상물에 대하여 중개를 제한하거나 단체 구성원 이외의 자와 공동중개를 제한하는 행위

2 법 제33조 제1항 금지행위의 내용

1. 거래상 중요사항에 관한 기망행위

> 해당 중개대상물의 거래상 중요사항에 관하여 거짓된 언행 그 밖의 방법으로 중개의뢰인의 판단을 그르치게 하는 행위

① 개업공인중개사 등이 중개의뢰인에게 거래계약 체결 여부를 결정할 만한 거래상의 중요사항에 관하여 거짓된 정보를 제공하거나, 중대한 하자를 숨기는 등 중개의뢰인의 판단을 그르치게 하는 행위는 1년 이하의 징역 또는 1천만원 이하의 벌금에 처한다.

② 개발업자로부터 입수한 확정되지 않은 토지의 개발계획을 설명하고 토지의 매매를 중개하는 행위, 개발제한구역으로 지정되어 매수하려는 사람이 없는데도 이를 숨기고 토지매매를 중개하는 행위, 경매가 예정된 사실을 알려주지 않고 중개하는 행위 등이 이에 속한다.

판 례

판단을 그르치게 한 행위

1. 개업공인중개사 등에게 해당 중개대상물의 거래상 중요사항에 관하여 거짓된 언행 그 밖의 기타의 방법으로 중개의뢰인의 판단을 그르치게 하는 행위를 못하도록 금지하고 있고 이를 위반한 자를 처벌하도록 규정하고 있는 점에 비추어 **개업공인중개사와 매도인이 서로 짜고 매도의뢰가액을 숨긴 채 이에 비하여 무척 높은 가액으로 중개의뢰인에게 부동산을 매도하고 그 차액을 취득한 행위는 민사상의 불법행위에 해당한다**(91다25963).
2. 해당 '중개대상물의 거래상 중요사항'에는 해당 중개대상물 자체에 관한 사항뿐만 아니라 그 중개대상물의 가격 등에 관한 사항들도 그것이 해당 거래상의 중요사항으로 볼 수 있는 이상 이에 포함된다(2007도9149).

2. 중개대상물의 매매업

> 법 제3조의 규정에 의한 중개대상물의 매매를 업으로 하는 행위

① 부동산 매매에 관한 정보를 많이 알게 되는 개업공인중개사 등이 부동산의 매매를 업으로 한다면 부동산 투기를 할 우려가 크므로 개업공인중개사 등에게 중개대상물의 매매를 업으로 하는 행위를 금지하고 있다.

② 개업공인중개사 등은 **토지, 건축물, 입목, 광업재단 및 공장재단의 매매를 업으로 해서는 아니 된다.**

③ 법인이 아닌 개업공인중개사가 중개대상물 외의 물건에 대해 매매를 업으로 하는 행위는 금지되지 않는다.

④ **공인중개사인 개업공인중개사가 상업용 건축물 또는 주택의 임대업을 하는 행위는 금지행위가 되지 않으나** 법인인 개업공인중개사가 임대업을 하는 행위는 겸업제한의 위반이 된다.

3. 무등록중개업자와의 협력행위

> 중개사무소의 개설등록을 하지 아니하고 중개업을 영위하는 자인 사실을 알면서 그를 통하여 중개를 의뢰받는 행위 또는 중개사무소의 개설등록을 하지 아니하고 중개업을 영위하는 자인 사실을 알면서 그에게 자기의 명의를 이용하게 하는 행위

① 중개사무소 개설등록을 하지 않고 중개업을 한 자는 3년 이하의 징역 또는 3천만원 이하의 벌금에 처한다. 개업공인중개사 등이 무등록으로 중개업을 하는 자임을 알면서 그를 통하여 중개를 의뢰받거나 자기의 명의를 이용하게 하는 행위는 무자격자로 하여금 중개업을 하도록 조장하고 무자격자와 협력중개를 하는 것이므로 법으로 이를 금지하고 있다.

② 개업공인중개사 등이 개설등록을 하지 않고 중개업을 하는 자임을 알면서 그를 통하여 중개를 의뢰받거나 그에게 자기의 명의를 이용하게 하는 행위는 1년 이하의 징역 또는 1천만원 이하의 벌금에 처한다.

4. 중개보수 또는 실비의 초과수수

> 사례·증여 그 밖의 어떠한 명목으로도 중개보수 또는 실비를 초과하여 금품을 받는 행위

① 개업공인중개사 등이 사례·증여 그 밖의 어떠한 명목으로도 중개보수 또는 실비를 초과하여 받는 경우에는 1년 이하의 징역 또는 1천만원 이하의 벌금에 처한다.

② 「공인중개사법」은 중개보수 초과수수에 대하여 처벌규정만 있을 뿐, 초과부분에 대한 사법상 효력에 대해서는 규정을 두고 있지 않다. 판례는 **중개보수 초과수수를 금지하는 규정은 그 한도를 초과하는 부분에 대한 사법상 효력을 제한하는 강행법규이며, 한도를 초과하는 부분은 무효로 하고 있으므로** 전부무효가 아니라는 것에 주의한다.

⚖ 판례

초과수수의 사법상 효력
중개보수 초과수수에 대한 금지규정은 한도를 초과하는 부분에 대한 사법상의 효력을 제한하는 강행법규에 해당하고, 법령에서 정한 한도를 초과하는 중개보수 약정은 그 **한도를 초과하는 범위 내에서 무효**이다(2005다32159).

③ 중개보수 외에 금전이 아닌 선물(금으로 제작된 행운의 열쇠 등)을 받는 것도 금지행위이다.

④ 개업공인중개사가 중개업 이외의 업무를 한 경우에는 이 금지행위가 적용되지 않는다. 개업공인중개사가 상업용 건축물 또는 주택의 **분양대행 업무를 수행하고 받는 보수는 중개보수의 규정을 적용하지 않으므로** 중개보수 초과금지규정 위반으로 처벌되지 않는다.

판례

중개보수 초과

1. 부동산의 거래를 중개한 후 **사례비나 수고비** 등의 명목으로 금원을 받은 경우에도 그 금액이 소정의 중개보수를 초과하는 때에는 위 규정을 위반한 행위에 해당한다(98도3116).

2. 중개와 구별되는 이른바 '분양대행'과 관련하여 교부받은 금원은 「공인중개사법」에 의하여 초과 수수가 금지되는 금원에 해당하지 않는다(98도1914).

3. 개업공인중개사 등이 중개의뢰인으로부터 보수 등의 명목으로 **소정의 한도를 초과하는 액면금액의 유효한 당좌수표를 교부받은 경우에는** 그 취득 당시 당좌수표 자체에 이를 무효로 하는 사유의 기재가 있는 등의 특별한 사정이 없는 한 그 **당좌수표를 교부받는 단계에서 곧바로 위 죄의 기수**(범죄의 성립)**가 되는 것이고, 비록 그 후 그 당좌수표가 부도처리되었거나 또는 의뢰인에게 그대로 반환되었더라도 위 죄의 성립에는 아무런 영향이 없다**(2004도4136).

4. 영업용 건물의 영업시설·비품 등 유형물이나 거래처, 신용, 영업상의 노하우 또는 점포위치에 따른 영업상의 이점 등 무형의 재산적 가치는 중개대상물이라고 할 수 없으므로, 그러한 유·무형의 재산적 가치의 양도에 대하여 이른바 '**권리금**' 등을 수수하도록 중개한 것은 **중개행위에 해당하지 아니하고, 따라서 법령이 규정하고 있는 중개보수의 한도액 역시 이러한 거래대상의 중개행위에는 적용되지 아니한다.**
개업공인중개사가 토지와 건물의 임차권 및 권리금, 시설비의 교환계약을 중개하고 그 **사례 명목으로 포괄적으로 지급받은 금원** 중 어느 금액까지가 「공인중개사법」의 규율대상인 중개보수에 해당하는지를 특정할 수 없어 같은 법이 정한 **한도를 초과하여 중개보수를 지급받았다고 단정할 수 없다**(2005도6054).

5. 아파트 분양권 매매를 중개한 경우에 있어서 **거래가액이라 함은 당사자가 거래 당시 수수하게 되는 총 대금**(즉 통상적으로 **계약금, 기납부한 중도금, 프리미엄을 합한 금액**)을 거래가액이라고 보아야 할 것이므로, 이와 달리 장차 건물이 완성되었을 경우를 상정하여 **총 분양대금과 프리미엄을 합산한 금액**으로 거래가액을 산정하여야 한다는 취지의 주장은 받아들일 수 없다. 또한, 개업공인중개사가 아파트 분양권의 매매를 중개하면서 **중개보수 산정에 관한 지방자치단체의 조례를 잘못 해석하여 법에서 허용하는 금액을 초과한 중개보수를 수수한 경우도 정당한 법률의 착오에 해당하지 않으므로 처벌대상이 된다**(2004도62).

6. 개업공인중개사가 토지소유자와 약정에 따라 **토지를 분할하고 택지로 조성하여 그 중 일부를 타에 매도하면서 어느 정도의 위험부담과 함께 이득을 취하는 행위는 중개행위에 해당하지 않는다** 할 것이고, 따라서 위와 관련하여 개업공인중개사가 취득한 금원 또한 「공인중개사법」에 의하여 초과수수가 금지되는 개업공인중개사의 보수 등 금품에는 해당하지 않는다(2004도5271).

넓혀 보기

아파트 분양권의 매매를 중개하는 경우

1. 총 분양대금에 프리미엄을 합산한 금액을 거래금액으로 하여 중개보수를 받은 경우: 금지행위(○)
2. 계약금, 기 납부한 중도금, 프리미엄을 합한 금액을 거래금액으로 하여 중개보수를 받은 경우: 금지행위(×)

5. 부동산의 분양·임대 등과 관련 있는 금지증서의 중개 또는 매매업

> 관계 법령에서 양도·알선 등이 금지된 부동산의 분양·임대 등과 관련 있는 증서 등의
> 매매·교환 등을 중개하거나 그 매매를 업으로 하는 행위

① 관계 법령에서 양도·알선 등이 금지된 부동산의 분양·임대 등과 관련 있는 증서란 「주택법」 제65조(공급질서 교란 금지)와 「주택법 시행령」 제74조(양도가 금지되는 증서 등)에서 양도·알선을 금지하고 있는 부동산을 분양받을 수 있는 증서인 주택을 공급받을 수 있는 지위, 입주자저축의 증서, 주택상환사채, 시장·군수 또는 구청장이 발행한 무허가건물확인서·건물철거예정증명서 또는 건물철거확인서 등을 말한다.

② 개업공인중개사 등이 「주택법」에서 양도나 알선을 금지하고 있는 부동산의 **분양과 관련 있는 금지증서의 매매·교환을 중개하거나 매매를 업으로 하는 경우**에는 「공인중개사법」에 따라 3년 이하의 징역 또는 3천만원 이하의 벌금에 처한다.

③ 「주택법」에 따르면 부동산의 분양과 관련 있는 금지증서를 양도·양수 또는 알선한 자는 모두 3년 이하의 징역 또는 3천만원 이하의 벌금에 처하도록 하고 있다. 따라서 거래당사자는 「주택법」 위반으로 처벌되며, 위 증서를 중개하거나 매매를 업으로 한 개업공인중개사 등은 「주택법」 위반(3년 이하의 징역 또는 3천만원 이하의 벌금)이면서 동시에 「공인중개사법」 위반(3년 이하의 징역 또는 3천만원 이하의 벌금)에 해당한다.

「주택법」 제65조 【공급질서 교란 금지】 ① 누구든지 이 법에 따라 건설·공급되는 주택을 공급받거나 공급받게 하기 위하여 다음 각 호의 어느 하나에 해당하는 증서 또는 지위를 양도·양수(매매·증여나 그 밖에 권리 변동을 수반하는 모든 행위를 포함하되, 상속·저당의 경우는 제외한다) 또는 이를 알선하거나 양도·양수 또는 이를 알선할 목적으로 하는 광고(각종 간행물·인쇄물·전화·인터넷 그 밖의 매체를 통한 행위를 포함한다)를 하여서는 아니 되며, 누구든지 거짓이나 그 밖의 부정한 방법으로 이 법에 따라 건설·공급되는 증서나 지위 또는 주택을 공급받거나 공급받게 하여서는 아니 된다.
1. 제11조에 따라 주택을 공급받을 수 있는 지위
2. 제56조에 따른 입주자저축 증서
3. 제80조에 따른 주택상환사채
4. 그 밖에 주택을 공급받을 수 있는 증서 또는 지위로서 대통령령으로 정하는 것
② 국토교통부장관 또는 사업주체는 다음 각 호의 어느 하나에 해당하는 자에 대하여는 그 주택 공급을 신청할 수 있는 지위를 무효로 하거나 이미 체결된 주택의 공급계약을 취소하여야 한다.
1. 제1항을 위반하여 증서 또는 지위를 양도하거나 양수한 자
2. 제1항을 위반하여 거짓이나 그 밖의 부정한 방법으로 증서나 지위 또는 주택을 공급받은 자

분양과 관련된 금지증서

1. 중개대상물로 규정한 '건물'에는 기존의 건축물뿐만 아니라 **장래에 건축될 건물**도 포함되어 있는 것이므로, **아파트의 특정 동, 호수에 대한 피분양자로 선정되거나 분양계약이 체결된 후에 특정 아파트에 대한 매매를 중개하는 행위** 등은 중개대상물인 건물을 중개한 것으로 볼 것이지 이를 「공인중개사법」 제33조 제5호에 의하여 개업공인중개사가 해서는 아니 될 부동산의 분양과 관련 있는 증서 등의 매매를 중개한 것으로 보아서는 안 된다(89도1885).
2. 상가 전부를 매도할 때 사용하려고 미리 매각조건 등을 기재하여 인쇄해 놓은 양식에 매매대금과 그 지급기일 등 해당 사항을 기재한 분양계약서를 교부한 경우, 그 분양계약서는 위 상가의 매매계약서일 뿐 「공인중개사법」 제33조 제5호 소정의 부동산 분양·임대 등과 관련이 있는 증서라고 볼 수 없다(93도773).

6. 직접거래 또는 쌍방대리

중개의뢰인과 직접거래를 하거나 거래당사자 쌍방을 대리하는 행위

(1) 중개의뢰인과의 직접거래

① 중개의뢰인과의 직접거래란 개업공인중개사가 중개의뢰인으로부터 중개대상물의 중개의뢰를 받은 후 중개의뢰를 받은 물건에 대하여 중개의뢰인과 직접 매매·교환·임대차 등의 계약을 하는 행위를 말한다. 이를 위반한 경우 3년 이하의 징역 또는 3천만원 이하의 벌금에 처한다.

② 판례에 의하면 중개의뢰인과 직접거래를 하지 못하도록 한 취지는 중개의뢰인과 직접 계약을 하게 되면 개업공인중개사 등이 거래상 알게 된 정보 등을 자신의 이익을 꾀하는 데 이용하게 되므로 이를 금지하여 중개의뢰인의 이익을 해하지 않고 중개의뢰인을 보호하고자 함에 있다.

③ 개업공인중개사 등이 중개의뢰를 받은 중개대상물에 대하여 중개의뢰인과 **매매계약뿐만 아니라 교환이나 임대차계약 등 모든 거래계약을 금지**한다는 것에 주의해야 한다.

④ 중개의뢰인인 소유자로부터 대리권을 받은 대리인이나 사무처리를 위탁받은 수임인과 직접거래를 하는 것도 중개의뢰인과 직접거래에 해당한다.

중개의뢰인과의 직접거래

개업공인중개사 등이 '중개의뢰인과 직접거래를 하거나 거래당사자 쌍방을 대리하는 행위'를 하지 못하도록 금지하고 있는데, 위 소정의 **'중개의뢰인'**에는 중개대상물의 소유자뿐만 아니라 그 소유자로부터 거래에 관한 대리권을 수여받은 대리인이나 거래에 관한 사무의 처리를 위탁받은 수임인 등도 포함된다고 보아야 한다(90도1872).

(2) 중개의뢰인과의 직접거래가 아닌 경우

① 개업공인중개사가 중개의뢰인이 아닌 자와 직접 거래를 하는 행위는 금지행위에 해당하지 않는다. 즉 생활정보지에 매물로 나온 부동산을 개업공인중개사가 직접 매수하는 경우는 개업공인중개사가 중개의뢰인으로부터 중개의뢰를 받은 중개대상물을 거래한 것이 아니기 때문에 중개의뢰인과의 직접거래에 해당하지 않는다.

② **다른 개업공인중개사의 중개로 매수하거나 매도하는 행위**는 중개의뢰인과의 직접거래에 해당하지 않는다.

⚖️ 판례

중개의뢰인과의 직접거래

1. 개업공인중개사(甲)가 매도인으로부터 매도중개의뢰를 받은 다른 개업공인중개사(乙)의 중개로 부동산을 매수하여, 매수중개의뢰를 받은 또 다른 개업공인중개사(丙)의 중개로 매도한 경우에는 직접거래에 해당하지 않는다(90도2858).
2. 개업공인중개사 등이 중개의뢰인과 **직접거래를 하는 행위를 금지하는 규정**은 강행규정(효력규정)이 아니라 **단속규정**이다(2016다259677).

🔍 넓혀 보기

1. 개업공인중개사가 매도의뢰인으로부터 매도의뢰를 받은 주택을 매수한 행위 : 직접거래(○)
2. 소속공인중개사가 임대의뢰인으로부터 임대의뢰를 받은 주택을 임차한 행위 : 직접거래(○)
3. 개업공인중개사가 매도의뢰인으로부터 대리권을 수여받은 대리인과 직접 매매계약을 체결한 행위 : 직접거래(○)
4. 개업공인중개사 甲이 매도의뢰를 받은 다른 개업공인중개사 乙의 중개로 토지를 매수한 행위 : 직접거래(×)

(3) 거래당사자 쌍방을 대리하는 행위

① 개업공인중개사 등이 거래당사자 모두로부터 위임을 받아 거래당사자 쌍방을 대리하여 거래계약을 성사시키는 행위는 3년 이하의 징역 또는 3천만원 이하의 벌금에 처한다. 거래당사자 중 일방의 이익을 해할 우려가 있기 때문에 쌍방대리를 하는 행위는 금지된다.

② **거래당사자 일방을 대리하는 행위는 금지행위가 아니다.** 즉 개업공인중개사가 매도의뢰인으로부터 위임을 받아 매수의뢰인과 매매계약을 체결하는 행위는 금지행위에 해당하지 않는다.

🔍 넓혀 보기

1. 매도의뢰인 및 매수의뢰인 모두로부터 위임을 받아 매매계약을 체결한 행위 : 금지행위(○)
2. 매도의뢰인의 위임을 받아 매수의뢰인과 매매계약을 체결한 행위 : 금지행위(×)

7. 부동산투기를 조장하는 행위

> 탈세 등 관계 법령을 위반할 목적으로 소유권보존등기 또는 이전등기를 하지 아니한 부동산이나 관계 법령의 규정에 의하여 전매 등 권리의 변동이 제한된 부동산의 매매를 중개하는 등 부동산투기를 조장하는 행위

(1) 탈세 등 관계 법령을 위반할 목적으로 소유권보존등기 또는 이전등기를 하지 아니한 부동산의 매매를 중개하는 등 부동산투기를 조장하는 행위

① 조세부과를 면하려 하거나 다른 시점간의 이득을 얻으려는 목적으로 미등기 전매행위를 한 자는 「부동산등기 특별조치법」에 따라 3년 이하의 징역 또는 1억원 이하의 벌금에 처한다.

② 개업공인중개사 등이 이러한 미등기 전매행위를 중개한 경우 '부동산투기를 조장하는 행위'인 금지행위에 해당하여 「공인중개사법」에 따라 3년 이하의 징역 또는 3천만원 이하의 벌금에 처한다.

③ 개업공인중개사가 중개의뢰인의 미등기 전매를 중개하였으나 결과적으로 **전매차익을 올리지 못했더라도 투기를 조장하는 행위에 해당한다**(90누4464).

⚖ 판례

투기조장행위

부동산을 매수할 자력이 없는 甲이 전매차익을 노려 乙로부터 이 사건 부동산을 매수하여 계약금만 걸어 놓은 다음 중간생략등기의 방법으로 단기전매하여 각종 세금을 포탈하려는 것을 개업공인중개사가 고용한 중개보조원 丙이 알고도 이에 동조하여 그 전매를 중개하였는데, 중도금 지급기일이 임박하도록 전매차익이 생길 만한 가액으로 위 부동산을 매수하겠다는 원매자가 나타나지 아니하자 계약이행을 하지 못하여 계약금을 몰취당하는 등의 손실을 방지하기 위하여 매수대금보다 싼 값에 전매하게 되어 甲이 결과적으로 전매차익을 올리지 못하고 말았다고 할지라도 丙의 위 전매중개는 「공인중개사법」 소정의 탈세를 목적으로 이전등기를 하지 아니한 부동산의 매매를 중개하여 부동산투기를 조장하는 행위에 해당한다(90누4464).

(2) 관계 법령의 규정에 의하여 전매 등 권리의 변동이 제한된 부동산의 매매를 중개하는 등 부동산투기를 조장하는 행위

① 「주택법」 등 관계 법령에 따라 일정 기간 동안 매매가 제한된 부동산의 매매를 중개하는 행위는 부동산투기를 조장하는 행위인 금지행위에 해당한다.

② 「주택법」상 투기과열지구 내에서는 일정 기간 동안 분양권의 매매를 금지하고 있는데, 이러한 투기과열지구 내의 전매가 제한된 분양권의 매매를 중개하는 행위는 투기를 조장하는 행위에 해당한다.

8. 부당한 이익을 얻거나 제3자에게 부당한 이익을 얻게 할 목적으로 거짓으로 거래가 완료된 것처럼 꾸미는 등 중개대상물의 시세에 부당한 영향을 주거나 줄 우려가 있는 행위

개업공인중개사 등이 부당이익(보수)을 얻거나 제3자(집주인 등)에게 부당한 이득을 얻게 할 목적으로 거짓으로 거래가 완료된 것처럼 꾸며 중개대상물 시세 상승에 영향을 주는 행위를 할 수 없도록 금지하는 규정이다.

9. 단체를 구성하여 특정 중개대상물에 대하여 중개를 제한하거나 단체 구성원 이외의 자와 공동중개를 제한하는 행위

개업공인중개사가 단체를 구성하여 단체 구성원 이외의 자가 보유하는 매물을 중개할 수 없도록 제한하거나, 단체의 구성원 이외의 자와는 공동중개를 할 수 없도록 제한하는 행위를 금지하는 규정이다.

3 법 제33조 제2항의 금지행위(업무방해행위)

> **법 제33조 【금지행위】** ② 누구든지 시세에 부당한 영향을 줄 목적으로 다음 각 호의 어느 하나의 방법으로 개업공인중개사 등의 업무를 방해해서는 아니 된다.
> 1. 안내문, 온라인 커뮤니티 등을 이용하여 특정 개업공인중개사 등에 대한 중개의뢰를 제한하거나 제한을 유도하는 행위
> 2. 안내문, 온라인 커뮤니티 등을 이용하여 중개대상물에 대하여 시세보다 현저하게 높게 표시·광고 또는 중개하는 특정 개업공인중개사 등에게만 중개의뢰를 하도록 유도함으로써 다른 개업공인중개사 등을 부당하게 차별하는 행위
> 3. 안내문, 온라인 커뮤니티 등을 이용하여 특정 가격 이하로 중개를 의뢰하지 아니하도록 유도하는 행위
> 4. 정당한 사유 없이 개업공인중개사 등의 중개대상물에 대한 정당한 표시·광고 행위를 방해하는 행위
> 5. 개업공인중개사 등에게 중개대상물을 시세보다 현저하게 높게 표시·광고하도록 강요하거나 대가를 약속하고 시세보다 현저하게 높게 표시·광고하도록 유도하는 행위

1. 적용대상자

안내문, 온라인 커뮤니티 등을 활용하여 집값을 담합하고 개업공인중개사의 정당한 중개를 제한하는 행위를 근절하기 위하여 개업공인중개사 등의 업무를 방해하는 행위를 금지하는 규정이다. **법 제33조 제2항의 금지행위는 개업공인중개사 등뿐만 아니라 일반인에게도 금지되는 규정이므로 공인중개사법령에 따른 행정처분은 받지 않으며 행정형벌 대상에만 포함된다.**

2. 행정형벌

제33조 제2항의 금지행위 어느 하나에 해당하는 규정을 위반한 자는 3년 이하의 징역 또는 3천만원 이하의 벌금에 처한다.

3. 법 제33조 제2항 금지행위의 내용

누구든지 시세에 부당한 영향을 줄 목적으로 다음의 어느 하나의 방법으로 **개업공인중개사 등의 업무를 방해해서는 아니 된다.**

> ① 안내문, 온라인 커뮤니티 등을 이용하여 **특정 개업공인중개사 등에 대한 중개의뢰를 제한**하거나 제한을 유도하는 행위
>
> ② 안내문, 온라인 커뮤니티 등을 이용하여 중개대상물에 대하여 **시세보다 현저하게 높게 표시·광고 또는 중개하는 특정 개업공인중개사 등에게만 중개의뢰를 하도록 유도**함으로써 다른 개업공인중개사 등을 부당하게 차별하는 행위
>
> ③ 안내문, 온라인 커뮤니티 등을 이용하여 **특정 가격 이하로 중개를 의뢰하지 아니하도록 유도**하는 행위
>
> ④ 정당한 사유 없이 개업공인중개사 등의 중개대상물에 대한 **정당한 표시·광고 행위를 방해**하는 행위
>
> ⑤ 개업공인중개사 등에게 중개대상물을 시세보다 **현저하게 높게 표시·광고하도록 강요**하거나 대가를 약속하고 시세보다 **현저하게 높게 표시·광고하도록 유도**하는 행위

예제

공인중개사법령상 금지행위에 관한 설명으로 옳은 것은? 제30회

① 법인인 개업공인중개사의 사원이 중개대상물의 매매를 업으로 하는 것은 금지되지 않는다.
② 개업공인중개사가 거래당사자 쌍방을 대리하는 것은 금지되지 않는다.
③ 개업공인중개사가 중개의뢰인과 직접 거래를 하는 행위는 금지된다.
④ 법인인 개업공인중개사의 임원이 중개의뢰인과 직접거래를 하는 것은 금지되지 않는다.
⑤ 중개보조원이 중개의뢰인과 직접 거래를 하는 것은 금지되지 않는다.

해설 ① 법 제33조 제1항의 금지행위는 '개업공인중개사 등' 모두에게 금지되는 규정이다. 개업공인중개사 등은 중개대상물 매매를 업으로 하는 행위를 해서는 안 된다.
② 쌍방대리도 금지행위이다.
④⑤ 개업공인중개사 등이 중개의뢰인과 직접거래를 하는 행위는 금지행위이다. ▶▶ **정답** ③

제 8 절 부동산거래질서교란행위 신고센터 제35회, 제36회

■ 신고센터 설치 · 운영

1. 설치 · 운영 사유

국토교통부장관은 부동산 시장의 건전한 거래질서를 조성하기 위하여 부동산거래질서교란행위 신고센터를 설치운영할 수 있다. 누구든지 부동산중개업 및 부동산 시장의 건전한 거래질서를 해치는 다음의 **부동산거래질서교란행위**를 발견하는 경우 그 사실을 신고센터에 신고할 수 있다.

(1) **부동산거래질서교란행위**(「공인중개사법」)

① 중개사무소 개설등록을 하지 않고 중개업을 한 행위

② 거짓이나 그 밖의 부정한 방법으로 중개사무소의 개설등록을 한 행위

③ 자기의 성명을 사용하여 중개업무를 하게 한 행위, 공인중개사자격증을 양도 또는 대여한 행위, 양수 또는 대여받은 행위, 이를 알선한 행위

④ 공인중개사가 아닌 자로서 공인중개사 또는 이와 유사한 명칭을 사용한 행위

⑤ 현장안내 등 중개업무를 보조함에 있어서 중개의뢰인에게 본인이 중개보조원이라는 사실을 미리 알리지 아니한 행위

⑥ 안내문, 온라인 커뮤니티 등을 이용하여 특정 개업공인중개사 등에 대한 중개의뢰를 제한하거나 제한을 유도하는 행위

⑦ 안내문, 온라인 커뮤니티 등을 이용하여 중개대상물에 대하여 시세보다 현저하게 높게 표시 · 광고 또는 중개하는 특정 개업공인중개사 등에게만 중개의뢰를 하도록 유도함으로써 다른 개업공인중개사 등을 부당하게 차별하는 행위

⑧ 안내문, 온라인 커뮤니티 등을 이용하여 특정 가격 이하로 중개를 의뢰하지 아니하도록 유도하는 행위

⑨ 정당한 사유 없이 개업공인중개사 등의 중개대상물에 대한 정당한 표시 · 광고 행위를 방해하는 행위

⑩ 개업공인중개사 등에게 중개대상물을 시세보다 현저하게 높게 표시 · 광고하도록 강요하거나 대가를 약속하고 시세보다 현저하게 높게 표시 · 광고하도록 유도하는 행위

⑪ 이중으로 중개사무소 개설등록을 하는 행위

⑫ 둘 이상의 중개사무소를 두거나 임시 중개시설물을 설치하는 행위

⑬ 법인인 개업공인중개사가 겸업제한을 위반하는 행위

⑭ 고용인원수 제한을 초과하여 중개보조원을 고용하는 행위

⑮ 중개사무소등록증·중개보수표 등을 게시하지 아니하는 행위

⑯ 개업공인중개사가 중개사무소 명칭표시 의무를 위반하는 행위 및 옥외광고물에 성명 표기 의무를 위반하는 행위

⑰ 개업공인중개사 아닌 자로서 사무소 명칭에 "공인중개사사무소", "부동산중개" 또는 이와 유사한 명칭을 사용하는 행위

⑱ 자기의 성명·상호를 사용하여 중개업무를 하게 한 행위, 중개사무소등록증을 양도 또는 대여한 행위, 양수 또는 대여받은 행위, 이를 알선한 행위

⑲ 성실·정확하게 중개대상물의 확인·설명을 하지 아니하거나 설명의 근거자료를 제시하지 아니한 행위

⑳ 주택의 임대차계약을 체결하려는 중개의뢰인에게 확정일자부여기관에 정보제공을 요청할 수 있다는 사항 및 임대인이 납부하지 아니한 국세 및 지방세의 열람을 신청할 수 있다는 사항을 설명하지 아니하는 행위

㉑ 거래금액 등 거래내용을 거짓으로 기재하거나 서로 다른 둘 이상의 거래계약서를 작성하는 행위

㉒ 개업공인중개사 등으로서 다른 개업공인중개사의 소속공인중개사·중개보조원 또는 개업공인중개사인 법인의 사원·임원이 되는 행위

㉓ 개업공인중개사 등으로서 업무상 알게 된 비밀을 누설하는 행위

㉔ 중개대상물의 매매를 업으로 하는 행위

㉕ 중개사무소의 개설등록을 하지 아니하고 중개업을 영위하는 자인 사실을 알면서 그를 통하여 중개를 의뢰받거나 그에게 자기의 명의를 이용하게 하는 행위

㉖ 사례·증여 그 밖의 어떠한 명목으로도 법 제32조에 따른 보수 또는 실비를 초과하여 금품을 받는 행위

㉗ 해당 중개대상물의 거래상의 중요사항에 관하여 거짓된 언행 그 밖의 방법으로 중개의뢰인의 판단을 그르치게 하는 행위

㉘ 관계 법령에서 양도·알선 등이 금지된 부동산의 분양·임대 등과 관련 있는 증서 등의 매매·교환 등을 중개하거나 그 매매를 업으로 하는 행위

㉙ 중개의뢰인과 직접 거래를 하거나 거래당사자 쌍방을 대리하는 행위

㉚ 탈세 등 관계 법령을 위반할 목적으로 소유권보존등기 또는 이전등기를 하지 아니한 부동산이나 관계 법령의 규정에 의하여 전매 등 권리의 변동이 제한된 부동산의 매매를 중개하는 등 부동산투기를 조장하는 행위

㉛ 부당한 이익을 얻거나 제3자에게 부당한 이익을 얻게 할 목적으로 거짓으로 거래가 완료된 것처럼 꾸미는 등 중개대상물의 시세에 부당한 영향을 주거나 줄 우려가 있는 행위

㉜ 단체를 구성하여 특정 중개대상물에 대하여 중개를 제한하거나 단체 구성원 이외의 자와 공동중개를 제한하는 행위

(2) **부동산거래질서교란행위**(부동산 거래신고 등에 관한 법률)

① 부동산 거래신고를 하지 아니하는 행위

② 부동산 거래계약 해제등 신고를 하지 아니하는 행위

③ 자기의 성명을 사용하여 중개업무를 하게 한 행위, 공인중개사자격증을 양도 또는 대여한 행위, 양수 또는 대여받은 행위, 이를 알선한 행위

④ 개업공인중개사에게 부동산 거래신고를 하지 아니하게 하거나 거짓으로 신고하도록 요구하는 행위

⑤ 거짓으로 부동산 거래신고 또는 해제등 신고를 하는 행위를 조장하거나 방조하는 행위

⑥ 부동산 거래신고를 거짓으로 하는 행위

⑦ 매매계약을 체결한 후 신고 의무자가 아닌 자가 거짓으로 부동산 거래신고를 하는 행위

⑧ 매매계약을 체결하지 아니하였음에도 불구하고 거짓으로 부동산 거래신고를 하는 행위

⑨ 부동산 거래신고 후 해당 계약이 해제 등이 되지 아니하였음에도 불구하고 거짓으로 해제등 신고를 하는 행위

2. 신고센터 수행업무

신고센터는 다음의 업무를 수행한다.

> ① 부동산거래질서교란행위 신고의 접수 및 상담
> ② 신고사항에 대한 확인 또는 시 · 도지사 및 등록관청 등에 신고사항에 대한 조사 및 조치 요구
> ③ 신고인에 대한 신고사항 처리 결과 통보

2 신고센터의 운영

1. 부동산거래질서교란행위 신고센터 업무의 위탁

① 국토교통부장관은 부동산거래질서교란행위 신고센터의 업무를 「한국부동산원법」에 따른 **한국부동산원에 위탁**한다.

② 한국부동산원은 신고센터의 업무 처리 방법, 절차 등에 관한 운영규정을 정하여 **국토교통부장관의 승인**을 받아야 한다. 이를 변경하려는 경우에도 또한 같다.

2. 신고센터의 업무처리절차

① 신고센터에 부동산거래질서교란행위를 신고하려는 자는 다음의 사항을 서면(전자문서 포함)으로 제출해야 한다. 신고센터는 신고사항에 대한 보완이 필요한 경우 기간을 정하여 신고인에게 보완을 요청할 수 있다.

> ㉠ 신고인 및 피신고인의 인적사항
> ㉡ 부동산거래질서교란행위의 발생일시·장소 및 그 내용
> ㉢ 신고 내용을 증명할 수 있는 증거자료 또는 참고인의 인적사항
> ㉣ 그 밖에 신고 처리에 필요한 사항

② 신고센터는 제출받은 신고사항에 대해 시·도지사 및 등록관청 등에 조사 및 조치를 요구해야 한다.

③ 신고센터의 요구를 받은 **시·도지사 및 등록관청** 등은 신속하게 조사 및 조치를 완료하고, **완료한 날부터 10일 이내에 그 결과를 신고센터에 통보**해야 한다.

④ 신고센터는 시·도지사 및 등록관청 등으로부터 처리 결과를 통보받은 경우 신고인에게 신고사항 처리 결과를 통보해야 한다.

⑤ **신고센터는 매월 10일까지** 직전 달의 신고사항 접수 및 처리 결과 등을 **국토교통부장관에게 제출**해야 한다.

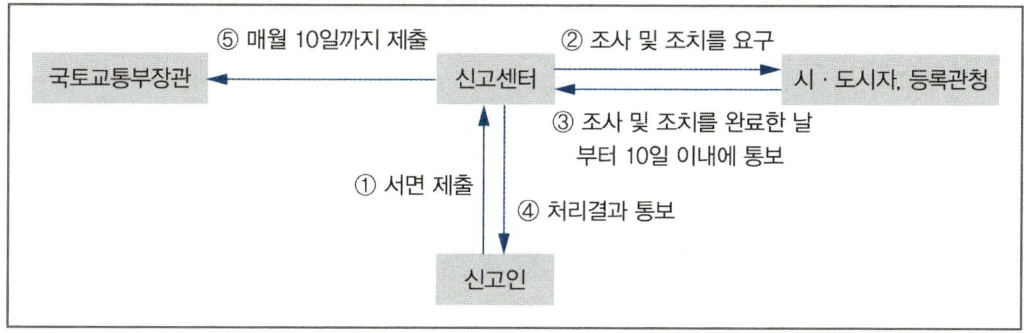

3. 신고사항의 처리의 종결

신고센터는 다음의 어느 하나에 해당하는 경우에는 **국토교통부장관의 승인**을 받아 접수된 신고사항의 처리를 종결할 수 있다.

> ① 신고내용이 명백히 거짓인 경우
> ② 신고자가 신고사항의 보완요청을 받고도 보완을 하지 않은 경우
> ③ 신고사항의 처리결과를 통보받은 사항에 대하여 정당한 사유 없이 다시 신고한 경우로서 새로운 사실이나 증거자료가 없는 경우
> ④ 신고내용이 이미 수사기관에서 수사 중이거나 재판에 계류 중이거나 법원의 판결에 의해 확정된 경우

단원열기 중개보수 청구권, 중개보수 지급시기, 중개보수 청구권의 소멸, 중개보수의 요율 및 계산, 실비로 구성된 단원으로, 중개보수의 이론문제 및 계산문제 등이 1~2문제 출제된다.

제1절 중개보수 제33회, 제34회, 제35회, 제36회

1 중개보수 청구권

> **법 제32조 【중개보수 등】** ① 개업공인중개사는 중개업무에 관하여 중개의뢰인으로부터 소정의 보수를 받는다. 다만, 개업공인중개사의 고의 또는 과실로 인하여 중개의뢰인 간의 거래행위가 무효·취소 또는 해제된 경우에는 그러하지 아니하다.
> ③ 제1항에 따른 보수의 지급시기는 대통령령으로 정한다.
>
> **영 제27조의2 【중개보수의 지급시기】** 법 제32조 제3항에 따른 중개보수의 지급시기는 개업공인중개사와 중개의뢰인 간의 약정에 따르되, 약정이 없을 때에는 중개대상물의 거래대금 지급이 완료된 날로 한다.

1. 중개보수의 지급시기

① 중개보수의 지급시기는 대통령령으로 정한다.

② 중개보수의 지급시기는 개업공인중개사와 중개의뢰인 간의 약정에 따르되, **약정이 없을 때에는 중개대상물의 거래대금 지급이 완료된 날로** 한다.

③ 중개보수 지급시기는 개업공인중개사와 중개의뢰인 간의 약정에 따라 거래계약이 체결된 날로 할 수도 있다.

3. 중개보수 청구권의 소멸

① 개업공인중개사의 고의 또는 과실로 인하여 중개의뢰인 간의 거래행위가 무효·취소 또는 해제된 경우에는 중개보수를 청구할 수 없다.

② **개업공인중개사의 고의 또는 과실 없이 거래당사자 간의 사정으로 무효·취소 또는** 해제된 경우에는 중개보수 청구권이 소멸되지 않는다. 즉 계약금만 주고받은 상태에서 계약금에 의한 계약해제가 되거나, 거래당사자 중 일방의 이행지체로 거래계약이 해제된 경우 등은 중개보수를 청구할 수 있다.

판 례

분양과 관련된 금지증서

1. 중개대상물에 대한 **계약이 완료되지 않을 경우에도 중개행위에 상응하는 보수를 지급하기로 약정할 수 있다.** 이러한 보수는 계약이 완료되었을 경우에 적용되었을 중개보수 한도를 초과할 수는 없다(2017다243723).

2. 공매는 목적물의 강제환가라는 특징이 있기는 하나 본질적으로 매매의 성격을 지니고 있으므로 실질적인 내용과 효과에서 공매 대상 부동산의 취득을 알선하는 것은 목적물만 차이가 있을 뿐 「공인중개사법」에서 정하는 매매를 알선하는 것과 차이가 없다. 따라서 **중개보수 초과금지 규정은 공매 대상 부동산 취득의 알선에 대해서도 적용된다**(2017다243723).

3. "개업공인중개사는 중개업무에 관하여 중개의뢰인으로부터 소정의 보수를 받는다"라고 정하였으므로, 개업공인중개사가 중개대상물에 대하여 거래당사자 간의 매매 · 교환 · 임대차 기타 권리의 득실변경을 알선하는 행위를 하였더라도, 해당 **중개업무를 의뢰하지 않은 거래당사자로부터는 별도의 지급 약정 등 특별한 사정이 없는 한 원칙적으로 중개보수를 지급받을 수 없다**(2023다252162).

4. 또한 중개의뢰인이 아닌 거래당사자가 '중개대상물 확인 · 설명서'에 기명 · 날인을 하였더라도, 이는 개업공인중개사로부터 '중개대상물 확인 · 설명서'를 수령한 사실을 확인하는 의미에 불과할 뿐 '중개보수 등에 관한 사항'란에 기재된 바와 같이 중개보수를 지급하기로 하는 약정에 관한 의사표시라고 단정할 수 없다(2023다252162).

2 중개보수 계산

중개보수 = 거래금액 × 요율

1. 주택(부속토지 포함)의 중개보수 요율

주택(부속토지를 포함한다)의 중개에 대한 보수는 **국토교통부령으로 정하는 범위 안에서 시 · 도의 조례로 정한다**(법 제32조 제4항).

(1) 국토교통부령

① 주택의 중개보수는 중개의뢰인 쌍방으로부터 **각각** 받되, 그 일방으로부터 받을 수 있는 한도는 [별표 1]과 같으며, 그 금액은 **시 · 도의 조례**로 정하는 요율한도 이내에서 중개의뢰인과 개업공인중개사가 서로 **협의**하여 결정한다.

② 거래당사자 쌍방으로부터 균분하여 받는 것이 아니라, 거래당사자 모두에게 각각 청구할 수 있다. 그리고 일방으로부터 받을 수 있는 한도는 국토교통부령으로 정하는 [별표 1]의 범위 안에서 각 시 · 도 조례로 정하며 그 요율한도 이내에서 중개의뢰인과 개업공인중개사가 서로 협의하여 결정한다.

(2) 국토교통부령 [별표 1]

국토교통부령 [별표 1]은 아래와 같으며 일방으로부터 받을 수 있는 한도는 [별표 1]의 범위 안에서 각 시·도 조례로 정한다. 중개보수는 거래금액에 요율을 곱하여 계산하되, 계산한 금액이 한도액 이하인 경우 계산한 금액이 중개보수이며 한도액을 초과하는 경우 한도액이 중개보수가 된다.

[별표 1] 〈신설 2021. 10. 19.〉

주택 중개보수 상한요율(규칙 제20조 제1항 관련)

거래내용	거래금액	상한요율	한도액
1. 매매·교환	5천만원 미만	1천분의 6	25만원
	5천만원 이상 2억원 미만	1천분의 5	80만원
	2억원 이상 9억원 미만	1천분의 4	
	9억원 이상 12억원 미만	1천분의 5	
	12억원 이상 15억원 미만	1천분의 6	
	15억원 이상	1천분의 7	
2. 임대차 등	5천만원 미만	1천분의 5	20만원
	5천만원 이상 1억원 미만	1천분의 4	30만원
	1억원 이상 6억원 미만	1천분의 3	
	6억원 이상 12억원 미만	1천분의 4	
	12억원 이상 15억원 미만	1천분의 5	
	15억원 이상	1천분의 6	

2. 주택 외의 중개보수 요율

주택 외의 중개대상물에 대한 중개보수는 **국토교통부령으로 정한다**(법 제32조 제4항). 주택 외의 경우에는 시·도 조례로 정하는 것이 아님을 주의한다. 주택 외의 중개보수에 관하여 국토교통부령에 규정된 내용은 다음과 같다.

(1) 오피스텔

「건축법 시행령」[별표 1]에 따른 아래의 요건을 모두 갖춘 오피스텔
1. 전용면적이 $85m^2$ **이하**일 것
2. 상·하수도 시설이 갖추어진 전용입식 부엌, 전용수세식 화장실 및 목욕시설(전용수세식 화장실에 목욕시설을 갖춘 경우를 포함)을 갖출 것

① 위 조건을 모두 갖춘 오피스텔에 관하여 거래당사자 일방으로부터 받을 수 있는 중개보수는 다음의 요율 범위에서 결정한다.

> ㉠ 매매·교환의 경우: 거래금액의 **1천분의** 5 이내
> ㉡ 임대차 등의 경우: 거래금액의 **1천분의** 4 이내

② 전용면적이 85m^2**를 초과**하는 오피스텔의 경우에는 매매·교환·임대차 모두 거래금액의 **1천분의** 9 이내에서 개업공인중개사와 중개의뢰인이 협의하여 요율을 결정한다.

(2) 오피스텔을 제외한 주택 외의 중개대상물

오피스텔을 제외한 중개대상물인 **상가, 공장, 토지, 입목, 광업재단 및 공장재단**에 관하여는 중개의뢰인 쌍방으로부터 각각 받되, 일방으로부터 받을 수 있는 한도는 **매매·교환·임대차 모두** 거래금액의 **1천분의** 9 **이내**에서 중개의뢰인과 개업공인중개사가 서로 **협의**하여 요율을 결정한다.

(3) 요율 기재

개업공인중개사는 **주택 외**의 중개대상물에 대하여는 각각의 중개보수 요율의 범위 안에서 실제 자기가 받고자 하는 중개보수의 상한요율을 중개보수·실비의 요율 및 한도액표에 명시하여야 하며, 이를 초과하여 중개보수를 받아서는 아니 된다.

3. 거래금액의 산정

중개보수는 거래금액에 요율을 곱하여 계산하며, 거래금액은 주택이든 주택 외이든 관계없이 아래와 같이 산정한다.

(1) 매매계약

매매대금

(2) 교환계약

교환대상 중개대상물 중 거래금액이 **큰** 중개대상물의 가액

(3) 임대차계약

보증금 외에 차임이 있는 경우에는 월 단위의 차임액에 100을 곱한 금액을 보증금에 합산한 금액을 거래금액으로 한다. 다만, 이렇게 합산한 금액이 **5천만원 미만인 경우**에는 월 단위의 차임액에 70을 곱한 금액과 보증금을 합산한 금액을 거래금액으로 한다.

심화학습 | **월차임이 있는 임대차의 거래금액 산정방법**

1. 보증금 1,000만원, 월차임 30만원인 경우

$$거래금액 = 1,000 + (30 \times 100) = 4,000$$

거래금액이 5천만원 미만이므로 아래와 같이 다시 계산한다.

$$거래금액 = 1,000 + (30 \times 70) = 3,100$$

2. 보증금 3,000만원, 월차임 50만원인 경우

$$거래금액 = 3,000 + (50 \times 100) = 8,000$$

거래금액이 5천만원 이상이므로 8,000만원을 거래금액으로 한다.

---

(4) 분양권 매매

일부 중도금만 납부된 분양권의 매매를 중개하는 경우에는 **계약금, 기 납부한 중도금에 프리미엄을 합산한 금액**을 거래금액으로 한다.

넓혀 보기 🔍

예제 1 − 매매

개업공인중개사가 매매대금 1억 8천만원인 주택의 매매계약을 중개한 경우 매도인으로부터 받을 수 있는 중개보수 상한액은?

> **해설** 요율은 국토교통부령 [별표 1]의 범위에서 시·도 조례로 정하며 동일하다고 가정하면 요율은 1천분의 5이다.
> 1억 8천만원 × 0.5% = 90만원
> 그러나 한도액이 80만원이므로 매도인으로부터 받을 수 있는 한도는 80만원이다.

예제 2 − 교환

개업공인중개사가 매매대금 2억 1천만원인 아파트와 매매대금 1억 9천만원인 단독주택의 교환계약을 중개한 경우 거래당사자 모두로부터 받을 수 있는 중개보수의 총액은?

> **해설** 주택의 교환이므로 거래금액이 큰 것을 거래금액으로 하며, 시·도 조례에서 요율을 확인하면 1천분의 4이다. 일방으로부터 받을 수 있는 중개보수는 2억 1천 × 0.4% = 84만원이므로, 총액은 168만원이다.

예제 3 − 임대차

개업공인중개사가 보증금 3천만원, 월차임 50만원인 주택의 임대차계약을 중개한 경우 거래 당사자 일방으로부터 받을 수 있는 중개보수의 상한액은?

> **해설** 거래금액 = 3,000 + (50 × 100) = 8,000만원
> 시 · 도 조례에서 요율을 확인하면 1천분의 4이며 한도액은 30만원이다.
> 중개보수 = 8,000 × 0.4% = 32만원
> 그러나 한도액이 30만원이므로 중개보수는 30만원이다.

예제 4 − 오피스텔 매매

개업공인중개사가 甲소유의 전용면적 97m^2 오피스텔을 乙에게 3억원에 매매하는 계약을 중개하였을 때 甲으로부터 받을 수 있는 중개보수의 최고한도액은? (오피스텔은 건축법령상 업무시설로 상 · 하수도 시설이 갖추어진 전용입식 부엌, 전용수세식 화장실 및 목욕시설을 갖춤)

> **해설** 오피스텔의 전용면적이 85m^{2}를 초과하는 경우에는 매매, 교환, 임대차 모두 최대 1천분의 9 요율을 적용하여 받을 수 있다.
> 중개보수 = 3억원 × 0.9% = 2,700,000원

예제 5 − 오피스텔 임대차

甲은 개업공인중개사 丙에게 중개를 의뢰하여 乙소유의 전용면적 85m^2 오피스텔을 보증금 2천만원, 월차임 20만원에 임대차계약을 체결하였다. 이 경우 丙이 甲으로부터 받을 수 있는 중개보수의 최고한도액은? (임차한 오피스텔은 건축법령상 업무시설로 상 · 하수도 시설이 갖추어진 전용입식 부엌, 전용수세식 화장실 및 목욕시설을 갖춤)

> **해설** 85m^2 이하 오피스텔 임대차이므로 요율은 1천분의 4이다.
> 거래금액 = 2,000 + (20 × 100) = 4,000만원
> 5천만원 미만이므로 아래와 같이 다시 계산한다.
> 거래금액 = 2,000 + (20 × 70) = 3,400만원
> 중개보수 = 3,400 × 0.4% = 136,000원

예제 6 − 아파트 분양권 매매

甲은 분양가격 3억원인 아파트에 분양계약을 체결하고 계약금, 중도금으로 6천만원을 납부한 상태에서 프리미엄 2천만원이 붙어 분양권을 매도하였다. 개업공인중개사가 이 분양권 매매를 중개하고 甲으로부터 받을 수 있는 중개보수는 얼마인가?

> **해설** 거래금액 = 6,000 + 2,000 = 8,000만원
> 아파트 분양권은 주택의 중개보수 요율을 적용한다. 시 · 도 조례에서 요율을 확인하면 1천분의 5이다.
> 중개보수 = 8,000 × 0.5% = 40만원

4. 중개보수 산정에 관한 각종 기준

(1) 동일 당사자 간

동일한 중개대상물에 대하여 **동일 당사자 간**에 매매를 포함한 둘 이상의 거래가 동일 기회에 이루어지는 경우에는 **매매계약에 관한 거래금액만을 적용**한다. 그러므로 동일한 중개대상물에 대하여 동일 당사자 간에 매매와 임대차계약을 모두 중개한 경우 매매계약에 대한 중개보수만 받을 수 있고, 임대차에 관한 중개보수는 받을 수 없다.

넓혀 보기 🔍

예제 7 – 동일 당사자 간

개업공인중개사가 甲소유 주택에 대하여 1억원에 乙과 매매계약의 체결을 알선하였고 동시에 乙이 매수한 그 주택을 甲이 보증금 1천만원에 월차임 20만원으로 임차하는 계약을 중개하였다. 이 경우 개업공인중개사가 甲으로부터 받을 수 있는 중개보수의 상한액은?

> **해설** 동일 당사자 간에 매매와 임대차가 동일한 기회에 이루어진 경우이므로 매매에 관해서만 중개보수를 받을 수 있다. 주택에 관하여 시·도 조례에서 요율을 확인하면 1천분의 5이다.
> 중개보수 = 1억원 × 0.5% = 50만원

예제 8 – 동일 당사자 간이 아닌 경우

개업공인중개사의 중개로 매도인(甲)과 매수인(乙) 간에 X주택을 1억원에 매매하는 계약을 체결하고 동시에 乙이 임차인(丙)에게 X주택을 보증금 1천만원, 월차임 20만원에 임대하는 계약을 체결하였다. 개업공인중개사가 乙로부터 받을 수 있는 중개보수의 최고액은?

> **해설** 매매계약은 甲과 乙이, 임대차계약은 乙과 丙이 한 것이므로 동일 당사자 간에 이루어진 것이 아니다. 따라서 乙은 매매와 임대차 모두에 대해 중개보수를 부담한다.
> 매매에 관한 중개보수 : 1억원 × 0.5% = 50만원
> 임대차에 관한 중개보수 : 거래금액 = 1,000 + (20 × 100) = 3,000만원
> 5천만원 미만이므로, 거래금액 = 1,000 + (20 × 70) = 2,400만원
> 중개보수 = 2,400만원 × 0.5% = 12만원
> 따라서 乙로부터 받을 수 있는 중개보수는 62만원이다.

(2) 주택과 주택 외의 복합건물

건축물 중 **주택의 면적이 2분의 1 이상인 경우에는 주택의 중개보수를 적용**하고, 주택의 면적이 2분의 1 미만인 경우에는 주택 외의 중개보수를 적용한다.

넓혀 보기 🔍

예제 9 - 주택과 주택 외의 복합건물

개업공인중개사가 주택의 면적이 3분의 1인 건축물에 대하여 매매계약을 중개하였다. 개업공인중개사가 甲으로부터 받을 수 있는 중개보수의 최고한도액은?

〈계약조건〉
1. 계약당사자 : 甲(매도인)과 乙(매수인)
2. 매매계약 : 매매대금 1억원

〈X시 중개보수 조례 기준〉
매매대금 5천만원 이상 2억원 미만 : 상한요율 0.5%(한도액 80만원)

해설 주택의 면적이 3분의 1인 건축물은 주택의 면적이 2분의 1 미만이므로, 주택 외의 중개대상물로 보아 중개보수를 계산하여야 하며 시·도 조례를 적용하지 않는다.
중개보수 : 1억원 × 0.9% = 90만원
甲으로부터 받을 수 있는 중개보수는 90만원이다.

---

(3) 시·도가 다른 경우

중개대상물의 소재지와 개업공인중개사 사무소의 소재지가 다른 경우에는 **중개사무소의 소재지를 관할하는 시·도의 조례로 정한 기준**에 따라 중개보수를 받아야 한다. 예를 들어, 서울특별시에 중개사무소를 둔 개업공인중개사가 경기도에 소재하는 주택을 중개한 경우에는 서울특별시 조례로 정하는 바에 따라 중개보수를 받아야 한다.

예제

공인중개사법령상 개업공인중개사의 중개보수 등에 관한 설명으로 <u>틀린</u> 것은? 제29회
① 중개대상물의 권리관계 등의 확인에 소요되는 실비를 받을 수 있다.
② 다른 약정이 없는 경우 중개보수의 지급시기는 중개대상물의 거래대금 지급이 완료된 날로 한다.
③ 주택 외의 중개대상물에 대한 중개보수는 국토교통부령으로 정하고, 중개의뢰인 쌍방에게 각각 받는다.
④ 개업공인중개사의 고의 또는 과실로 중개의뢰인 간의 거래행위가 해제된 경우 중개보수를 받을 수 없다.
⑤ 중개대상물인 주택 소재지와 중개사무소 소재지가 다른 경우 주택 소재지를 관할하는 시·도 조례에서 정한 기준에 따라 중개보수를 받아야 한다.

해설 중개대상물의 소재지와 개업공인중개사의 사무소의 소재지가 다른 경우에는 사무소의 소재지를 관할하는 시·도의 조례로 정한 기준에 따라 중개보수를 받아야 한다. ▶▶ 정답 ⑤

제2절 실 비

1 실비의 한도 등

1. 실비의 종류

개업공인중개사는 중개의뢰인으로부터 중개대상물의 권리관계 등의 확인 또는 계약금 등의 반환채무이행 보장에 소요되는 실비를 받을 수 있다.

2. 실비의 범위와 한도

① 실비의 한도 등에 관하여 필요한 사항은 **국토교통부령이 정하는 범위 안에서 시·도의 조례로 정한다.**

② 개업공인중개사가 받을 수 있는 실비의 구체적인 내용은 각 시·도의 조례로 정한다.

심화학습 **실비의 한도**(서울특별시 조례)

구 분	산출내역
1. 중개대상물의 권리관계 등의 확인에 소요되는 실비	가. 제 증명서·공부의 발급·열람 수수료 나. 교통비·숙박비 등의 여비 다. 제 증명서·공부의 발급·열람 대행비: 발급·열람 건당 1천원
2. 계약금 등의 반환채무이행 보장에 소요되는 실비	가. 계약금 등의 금융기관 등에의 예치수수료 나. 계약금 등의 반환의 보증을 위한 보험·공제가입비 다. 제 증명서·공부의 발급·열람 수수료 라. 교통비·숙박비 등의 여비

2 실비의 청구

① 개업공인중개사는 중개보수 외에 별도로 실비를 청구할 수 있다.

② 중개대상물의 **권리관계 등의 확인에 소요되는 비용**은 영수증 등을 첨부하여 **매도·임대 그 밖의 권리를 이전하고자 하는 중개의뢰인에게 청구**할 수 있다.

③ **계약금 등의 반환채무이행 보장에 소요되는 비용은 매수·임차 그 밖의 권리를 취득하고자 하는 중개의뢰인에게 청구**할 수 있다.

④ 중개대상물의 소재지와 중개사무소의 소재지가 다른 경우에는 개업공인중개사는 중개사무소의 소재지를 관할하는 시·도의 조례에서 정한 기준에 따라 실비를 받아야 한다.

단원열기 거래정보사업자 지정요건, 지정절차, 의무 및 지정취소와 공인중개사협회의 성격, 설립절차, 구성, 업무 및 공제사업으로 구성된 단원으로 2~3문제 정도 출제된다.

제1절 부동산거래정보망 제32회, 제33회, 제35회, 제36회

1 부동산거래정보망의 의의

1. 부동산거래정보망

① 부동산거래정보망이란 **개업공인중개사 상호 간에** 부동산의 매매 등에 관한 정보를 교환하는 체계를 말하는 것으로, 개업공인중개사와 중개의뢰인 간에 정보를 교환하는 것이 아니다.

② 전속중개계약을 체결한 개업공인중개사는 중개의뢰인의 비공개 요청이 없는 한 부동산거래정보망 또는 일간신문에 중개대상물의 정보를 공개하여야 하고, 일반중개계약을 체결한 경우에는 정보를 공개할 의무는 없으나 부동산거래정보망에 정보를 공개할 수 있다.

2. 부동산거래정보망을 이용한 공동중개

아래 그림은 개업공인중개사가 부동산거래정보망을 이용하여 공동중개를 하는 과정이다. 공동중개를 하는 경우에는 참여한 개업공인중개사 모두가 거래계약서 및 확인·설명서에 공동으로 서명 및 날인하여야 하며, 부동산 거래신고 등에 관한 법령에 따라 부동산 거래신고도 공동으로 하여야 한다. 또한 중개사고가 발생한 경우에도 함께 손해배상책임을 져야 한다. 중개보수는 중개계약을 체결한 중개의뢰인에게 청구할 수 있다.

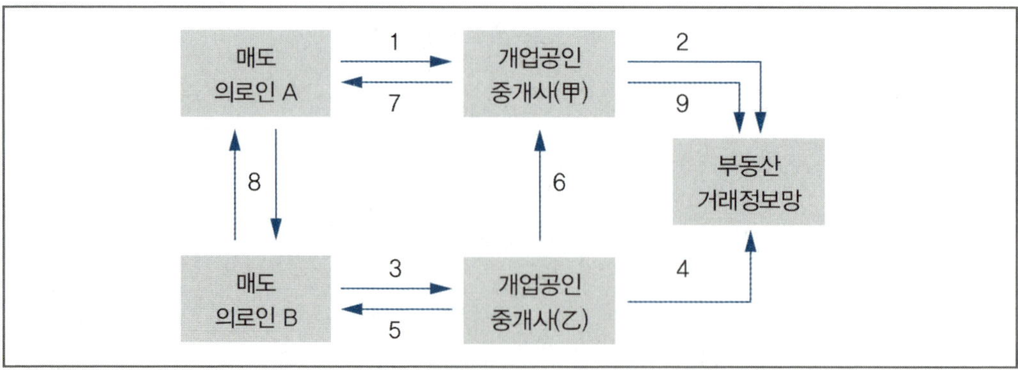

2 거래정보사업자의 지정

1. 지정권자

① **국토교통부장관은 개업공인중개사 상호 간에** 부동산매매 등에 관한 정보의 공개와 유통을 촉진하고 공정한 부동산거래질서를 확립하기 위하여 부동산거래정보망을 설치·운영할 자를 지정할 수 있다(법 제24조).

② 거래정보사업자의 지정권자는 국토교통부장관이며, 시·도지사 또는 등록관청은 지정권자가 아님에 주의한다.

2. 지정요건

지정을 받을 수 있는 자는 「전기통신사업법」의 규정에 의한 **부가통신사업자**로서 국토교통부령으로 정하는 다음의 요건을 갖춘 자로 한다.

① 부동산거래정보망의 가입·이용신청을 한 개업공인중개사의 수가 500**명** 이상이고 2**개** 이상의 특별시·광역시·도 및 특별자치도(시·도)에서 각각 30**명** 이상의 개업공인중개사가 가입·이용신청을 하였을 것
② 정보처리**기사** 1**명** 이상을 확보할 것
③ **공인중개사** 1**명** 이상을 확보할 것
④ 부동산거래정보망의 가입자가 이용하는 데 지장이 없는 정도로서 국토교통부장관이 정하는 용량 및 성능을 갖춘 컴퓨터설비를 확보할 것

심화학습 「전기통신사업법」 제22조 제1항

부가통신사업을 경영하려는 자는 과학기술정보통신부장관에게 신고하여야 한다.

3 거래정보사업자의 지정절차

1. 지정신청서 제출

부동산거래정보망을 설치·운영할 자로 지정받으려는 자는 [별지 제16호 서식]의 거래정보사업자지정신청서에 다음의 서류를 첨부하여 국토교통부장관에게 제출하여야 한다. 이 경우 국토교통부장관은 「전자정부법」에 따라 행정정보의 공동이용을 통하여 법인 등기사항증명서(신청인이 법인인 경우로 한정한다)를 확인하여야 한다.

> ① 「전기통신사업법」에 따라 부가통신사업신고서를 제출하였음을 확인할 수 있는 서류
> ② 정보망에 가입한 500명 이상의 개업공인중개사로부터 받은 부동산거래정보망 가입·
>   이용신청서 및 그 개업공인중개사의 중개사무소**등록증 사본**
> ③ 정보처리기사 **자격증 사본**
> ④ 공인중개사 **자격증 사본**
> ⑤ 주된 컴퓨터의 용량 및 성능 등을 확인할 수 있는 서류

▷ 1. 공인중개사자격증 사본은 등록관청에는 제출하지 않는다. 즉 중개사무소 개설등록신청서, 소속공
   인중개사의 고용신고서 및 분사무소 설치신고서에는 첨부하지 않으며 공인중개사자격증 발급
   시·도를 적어야 한다. 등록관청이 공인중개사 자격증을 발급한 시·도지사에게 자격확인을 요
   청하기 때문이다.
  2. 국토교통부장관에게 거래정보사업자 지정신청을 하는 경우에만 공인중개사자격증 사본을 제출
   하여야 한다.

심화학습

> 거래정보사업자로 지정을 신청하는 법인은 법인인 개업공인중개사를 말하는 것이 아니며
> 부가통신사업자로 신고하고 인터넷 사업을 하고자 하는 일반 법인을 말한다. 지정요건을
> 갖춘 개인사업자도 지정받을 수 있다. 법인인 개업공인중개사는 겸업제한에 따라 거래정보
> 사업자로 지정을 받을 수 없다.

2. 거래정보사업자 지정

(1) 사업자 지정

국토교통부장관은 지정신청을 받은 때에는 지정신청을 받은 날부터 **30일 이내**에 이를 검
토하여 지정기준에 적합하다고 인정되는 경우에는 거래정보사업자로 지정하고, 거래정보
사업자 지정대장에 기재한 후에 거래정보사업자 **지정서를 교부**하여야 한다.

(2) 거래정보사업자 지정대장

국토교통부장관은 다음의 사항을 거래정보사업자 지정대장에 기재하여야 하고, 거래정보
사업자 지정대장은 전자적 처리가 불가능한 특별한 사유가 없으면 전자적 처리가 가능한
방법으로 작성·관리하여야 한다.

> ① 지정 번호 및 지정 연월일
> ② 상호 또는 명칭 및 대표자의 성명
> ③ 사무소의 소재지
> ④ 주된 컴퓨터설비의 내역
> ⑤ 전문자격자의 보유에 관한 사항

3. 운영규정

(1) 운영규정의 승인

거래정보사업자는 **지정을 받은 날부터 3개월 이내에** 운영규정을 정하여 **국토교통부장관의 승인**을 얻어야 한다. 또한 거래정보사업자가 운영규정을 변경하고자 할 때에도 국토교통부장관의 승인을 얻어야 한다.

(2) 운영규정에 정할 사항

운영규정이란 부동산거래정보망의 이용 및 정보제공 방법 등에 관한 사항을 정한 것으로서, 운영규정에는 다음의 사항을 정하여야 한다.

> ① 부동산거래정보망에의 등록절차
> ② 자료의 제공 및 이용방법에 관한 사항
> ③ **가입자에 대한 회비 및 그 징수에 관한 사항**
> ④ 거래정보사업자 및 가입자의 권리·의무에 관한 사항

4. 부동산거래정보망 운영

정당한 사유 없이 **지정받은 날부터 1년 이내에** 부동산거래정보망을 설치·운영하지 아니한 경우에 국토교통부장관은 그 사업자 지정을 취소할 수 있다고 규정하고 있으므로, 정당한 사유가 없는 한 지정받은 날부터 1년 이내에 정보망을 설치·운영하여야 한다.

4 거래정보사업자 및 개업공인중개사의 의무

1. 거래정보사업자의 의무

① 거래정보사업자는 **개업공인중개사로부터 공개를 의뢰받은 중개대상물의 정보에 한정하여** 이를 부동산거래정보망에 공개하여야 한다.

② 거래정보사업자는 개업공인중개사로부터 의뢰받은 내용과 다르게 정보를 공개하여서는 아니 된다.

③ 거래정보사업자는 어떠한 방법으로든지 개업공인중개사에 따라 정보가 차별적으로 공개되도록 하여서는 아니 된다.

④ **위반 시 제재**: 지정을 취소할 수 있으며, 1년 이하의 징역 또는 1천만원 이하의 벌금에 처한다.

2. 개업공인중개사의 의무

① 개업공인중개사는 부동산거래정보망에 중개대상물에 관한 정보를 거짓으로 공개하여
서는 아니 된다.

② 개업공인중개사는 정보망에 공개한 해당 중개대상물의 거래가 완성된 때에는 **지체 없이**
이를 해당 거래정보사업자에게 통보하여야 한다.

③ **위반 시 제재**: 등록관청은 6개월 범위 내에서 업무정지를 명할 수 있다. 업무정지처분
만 가능한 사유이다.

5 위반 시 제재

1. 행정처분

(1) 지정취소

국토교통부장관은 거래정보사업자가 다음의 어느 하나에 해당하는 때에는 사업자 **지정**
을 취소할 수 있다. "지정을 취소해야 한다"라고 하면 틀린 지문을 주의해야 한다.

> ① 거짓이나 그 밖의 부정한 방법으로 지정을 받은 경우
> ② 운영규정의 승인 또는 변경승인을 받지 아니하거나 운영규정을 위반하여 부동산거래정
> 보망을 운영한 경우
> ③ 개업공인중개사로부터 공개를 의뢰받지 않은 중개대상물의 정보를 부동산거래정보망
> 에 공개한 경우, 개업공인중개사로부터 의뢰받은 내용과 다르게 정보를 공개한 경우,
> 개업공인중개사에 따라 정보가 차별적으로 공개되도록 한 경우
> ④ 개인인 거래정보사업자의 사망 또는 법인인 거래정보사업자의 해산 그 밖의 사유로 부
> 동산거래정보망의 계속적인 운영이 불가능한 경우
> ⑤ 정당한 사유 없이 지정받은 날부터 1년 이내에 부동산거래정보망을 설치·운영하지 아
> 니한 경우

(2) 청 문

국토교통부장관은 개인인 거래정보사업자의 사망 또는 법인인 거래정보사업자의 해산을
제외한 사유로 거래정보사업자 지정을 취소하고자 하는 경우에는 청문을 실시하여야 한다.

빈출지문 OX

01 거래정보사업자가 운영규정을 위반한 경우 국토교통부장관이 사업자 지정을 취소하여야 한다. ( )

02 거래정보사업자인 법인이 해산하여 국토교통부장관이 사업자 지정을 취소하려는 경우에는 사전에 청문을 실시해야 한다. ( )

정답 **01** × 지정을 취소할 수 있다.
02 × 청문을 거치지 않고 지정을 취소할 수 있는 사유이다.

2. 벌 칙

(1) 1년 이하의 징역 또는 1천만원 이하의 벌금

① 개업공인중개사로부터 공개를 의뢰받지 않은 중개대상물의 정보를 부동산거래정보망에 공개한 경우

② 개업공인중개사로부터 의뢰받은 내용과 다르게 정보를 공개하거나 개업공인중개사에 따라 정보가 차별적으로 공개되도록 한 경우

(2) 500만원 이하의 과태료

① 운영규정의 승인 또는 변경승인을 받지 아니하거나 운영규정을 위반하여 부동산거래정보망을 운영한 경우

② 보고, 자료의 제출, 조사 또는 검사를 거부·방해 또는 기피하거나 그 밖의 명령을 이행하지 아니하거나 거짓으로 보고 또는 자료제출을 한 경우

예제

공인중개사법령상 부동산거래정보망의 지정 및 이용에 관한 설명으로 틀린 것은? 제30회

① 국토교통부장관은 부동산거래정보망을 설치·운영할 자를 지정할 수 있다.

② 부동산거래정보망을 설치·운영할 자로 지정을 받을 수 있는 자는 「전기통신사업법」의 규정에 의한 부가통신사업자로서 국토교통부령이 정하는 요건을 갖춘 자이다.

③ 거래정보사업자는 지정받은 날부터 3개월 이내에 부동산거래정보망의 이용 및 정보제공방법 등에 관한 운영규정을 정하여 국토교통부장관의 승인을 얻어야 한다.

④ 거래정보사업자가 부동산거래정보망의 이용 및 정보제공방법 등에 관한 운영규정을 변경하고자 하는 경우 국토교통부장관의 승인을 얻어야 한다.

⑤ 거래정보사업자는 개업공인중개사로부터 공개를 의뢰받은 중개대상물의 정보를 개업공인중개사에 따라 차별적으로 공개할 수 있다.

해설 개업공인중개사로부터 의뢰받은 내용과 다르게 정보를 공개하거나, 어떠한 방법으로든지 개업공인중개사에 따라 정보가 차별적으로 공개되도록 하여서는 아니 된다. 이를 위반한 경우 지정을 취소할 수 있으며 1년 이하의 징역 또는 1천만원 이하의 벌금에 처한다. ▶▶ 정답 ⑤

■ 공인중개사법 시행규칙 [별지 제16호 서식] <개정 2014. 7. 29.>

거래정보사업자 지정신청서

접수번호		접수일		처리기간	30일
신청인	성명(대표자)			생년월일	
	주소				
	전화번호				
중개사무소	명칭				
	소재지				

전문인력	성 명	생년월일	자격종목	자격증 번호

주요 설비	명 칭	규 격	수 량	처리능력(용량)

「공인중개사법 시행규칙」 제15조 제1항에 따라 위와 같이 신청합니다.

년　　　월　　　일

신청인　　　　　(서명 또는 인)

국토교통부장관　　　　귀하

신청인 제출서류	1. 「공인중개사법 시행규칙」 제15조 제2항 제1호에 따른 수 이상의 개업 공인중개사로부터 받은 부동산거래정보망가입·이용신청서 및 그 개업공인중개사의 중개사무소등록증 사본 2. 공인중개사 자격증 사본 3. 정보처리기사 자격증 사본 4. 주된 컴퓨터의 용량 및 성능 등을 알 수 있는 서류 5. 「전기통신사업법」에 따라 부가통신사업신고서를 제출하였음을 확인할 수 있는 서류	수수료 없음
담당 공무원 확인사항	법인 등기사항증명서(법인인 경우로 한정합니다)	

처리절차								
신고서 작성	⇨	접 수	⇨	검 토	⇨	결 재	⇨	지 정
신청인		국토교통부		국토교통부		국토교통부		국토교통부

■ 공인중개사법 시행규칙 [별지 제17호 서식] <개정 2014. 7. 29.>

부동산거래정보망가입 · 이용신청서

접수번호		접수일	
신청인	성명(대표자)		생년월일
	중개사무소 명칭		등록번호
	사무소 소재지		
	전화번호		
거래정보 사업자	성명(대표자)		
	사업자명(상호)		
	사무소 소재지		
	전화번호		

「공인중개사법 시행규칙」 제15조 제1항에 따라 부동산거래정보망의 가입 및 이용을 위와 같이 신청합니다.

년　　　　월　　　　일

신청인　　　　　　　(서명 또는 인)

거래정보사업자　　　　　귀하

첨부서류	중개사무소등록증 사본 1부

유의사항

거래정보사업자란은 신청인이 기재하지 않습니다.

처리절차

신고서 작성	⇨	접 수	⇨	완 료
신청자		거래정보사업자		거래정보사업자

■ 공인중개사법 시행규칙 [별지 제18호 서식] <개정 2023. 7. 28.>

거래정보사업자지정대장

지정번호		지정 연월일		명칭 (상호)	
사무소 소재지			(전화번호 :)		

지정자	성명 (대표자)		생년월일	
	주 소	(전화번호 :)		

주된 컴퓨터설비의 내역	명 칭	규 격	수 량	처리능력(용량)

전문자격자의 보유에 관한 사항	성 명	생년월일	자격종목	자격증 번호

제 2 절 협회의 설립, 구성 및 업무 제32회, 제34회, 제35회

1 협회의 설립

1. 설립목적

개업공인중개사인 공인중개사(법 제7638호 부칙 제6조 제2항의 규정에 의하여 이 법에 의한 중개사무소의 개설등록을 한 것으로 보는 자를 포함한다)는 그 자질향상 및 품위유지와 중개업에 관한 제도의 개선 및 운용에 관한 업무를 효율적으로 수행하기 위하여 공인중개사협회(이하 '협회'라고 한다)를 설립할 수 있다.

2. 협회의 성격

(1) 법 인

① 협회는 법인으로 한다(법 제41조 제2항).

② 협회에 관하여 이 법에 규정된 것 외에는 「**민법」 중 사단법인**에 관한 규정을 적용한다(법 제43조).

(2) 설립 등

① 복수의 협회를 설립할 수 있다.

② 개업공인중개사가 협회에 가입하여야 할 의무는 없다.

3. 설립절차

협회는 회원 300인 **이상이 발기인이 되어 정관을 작성**하여 창립총회의 의결을 거친 후 **국토교통부장관의 인가**를 받아 그 주된 사무소의 소재지에서 설립등기를 함으로써 성립한다(법 제41조 제3항).

(1) 정관작성

공인중개사협회를 설립하고자 하는 때에는 회원 300인 **이상이 발기인**이 되어 정관을 작성하여 서명·날인하여야 한다.

(2) 창립총회

① 협회를 설립하고자 하는 때에는 발기인이 작성하여 서명·날인한 정관에 대하여 회원 **600인 이상이 출석한 창립총회**에서 출석한 회원 과반수의 동의를 얻어 국토교통부장관의 설립인가를 받아야 한다.

② 창립총회에는 **서울특별시에서 100인 이상, 광역시·도 및 특별자치도에서 각각 20인 이상**의 회원이 참여하여야 한다.

(3) 설립인가

① 창립총회의 의결을 거친 후 국토교통부장관의 설립**인가**를 받아야 한다.

② 협회의 설립 및 설립인가의 신청 등에 관하여 필요한 사항은 대통령령으로 정한다(법 제41조 제5항).

③ 협회의 설립인가 신청에 필요한 서류는 국토교통부령으로 정한다(영 제30조 제3항). 공인중개사협회의 설립인가를 신청할 때에 제출하여야 하는 서류는 「국토교통부장관 소관 비영리법인의 설립 및 감독에 관한 규칙」 제3조의 규정에 따른 서류로 한다. 이 경우 '설립허가신청서'는 이를 '설립인가신청서'로 본다(규칙 제26조).

(4) 설립등기

협회는 국토교통부장관의 인가를 받아 그 주된 사무소의 소재지에서 설립등기를 함으로써 성립한다.

2 협회의 구성

1. 지부 및 지회

① 협회는 정관이 정하는 바에 따라 **시·도에 지부를**, **시**(구가 설치되지 아니한 시와 특별자치도의 행정시를 말한다)**·군·구에 지회를 둘 수 있다.**

② 협회가 **지부를 설치한 때에는 시·도지사에게**, 지회를 설치한 때에는 등록관청에 신고하여야 한다.

2. 총 회

협회는 총회의 의결내용을 지체 없이 국토교통부장관에게 보고하여야 한다.

빈출지문 OX

01 협회는 각 시·도에 지부를 두어야 한다. ( )

02 협회가 지부를 설치한 때에는 등록관청에 신고해야 한다. ( )

03 협회는 총회의 의결내용을 10일 이내에 국토교통부장관에게 보고하여야 한다.
( )

정답 **01** × 둘 수 있다.
02 × 지부를 설치한 때에는 시·도지사에게 신고해야 한다.
03 × 지체 없이 국토교통부장관에게 보고하여야 한다.

---

3 협회에 대한 지도·감독 등

1. 지도·감독

국토교통부장관은 협회와 그 지부 및 지회를 지도·감독하기 위하여 필요한 때에는 그 업무에 관한 사항을 보고하게 하거나 자료의 제출 그 밖에 필요한 명령을 할 수 있으며, 소속 공무원으로 하여금 그 사무소에 출입하여 장부·서류 등을 조사 또는 검사하게 할 수 있다.

▷ 협회, 지부 및 지회에 대하여는 국토교통부장관만이 지도·감독을 할 수 있다. 시·도지사가 지부를, 등록관청이 지회를 감독하는 것이 아니다.

2. 증표 제시

출입·검사 등을 하는 공무원은 국토교통부령으로 정하는 증표를 지니고 상대방에게 이를 내보여야 한다. '국토교통부령으로 정하는 증표'라 함은 공무원증 및 [별지 제27호 서식]의 공인중개사협회조사·검사증명서를 말한다.

3. 위반 시 제재

보고, 자료의 제출, 조사 또는 검사를 거부·방해 또는 기피하거나 그 밖의 명령을 이행하지 아니하거나 거짓으로 보고 또는 자료제출을 한 경우 **국토교통부장관이 500만원 이하의 과태료를 부과**한다.

> **넓혀 보기** 🔍
>
> **국토교통부장관 − 협회 − 500만원 이하의 과태료**
> 1. 공제사업 운용실적을 공시하지 아니한 경우
> 2. 보고, 제출, 조사 또는 검사를 거부·방해 또는 기피하거나 그 밖의 명령을 이행하지 아니하거나 거짓으로 보고 또는 자료제출을 한 경우
> 3. 국토교통부장관의 임원에 대한 징계·해임 요구 또는 시정명령을 이행하지 않은 경우
> 4. 금융감독원장의 공제사업에 관한 조사 또는 검사에 불응한 경우
> 5. 국토교통부장관의 공제사업 개선명령을 이행하지 않은 경우

4 협회의 업무

1. 고유업무

협회는 설립목적을 달성하기 위하여 다음의 업무를 수행할 수 있다.

> ① 회원의 품위유지를 위한 업무
> ② 부동산중개제도의 연구·개선에 관한 업무
> ③ 회원의 자질향상을 위한 지도 및 교육·연수에 관한 업무

④ 회원의 윤리헌장 제정 및 그 실천에 관한 업무
⑤ **부동산 정보제공에 관한 업무**
⑥ 공제사업. 이 경우 공제사업은 **비영리사업으로서 회원 간의 상호부조**를 목적으로 한다.
⑦ 그 밖에 협회의 설립목적 달성을 위하여 필요한 업무

2. 수탁업무

협회는 다음의 업무를 위탁받아 업무를 수행할 수 있다.

① 실무교육, 연수교육 및 직무교육에 관한 업무
② 공인중개사 시험의 시행에 관한 업무

제 3 절　공제사업　제32회, 제33회, 제35회, 제36회

1 공제사업

1. 공제사업의 목적 및 성격

(1) 공제사업의 목적

① 협회는 개업공인중개사의 손해배상책임을 보장하기 위하여 공제사업을 할 수 있다.
② 공제사업은 비영리사업으로서 회원 간의 상호부조를 목적으로 한다.

(2) 공제사업의 성격

공제사업은 보증보험적 성격을 갖는다.

판례

공제사업의 성격
협회가 운영하는 **공제제도**는 개업공인중개사가 그의 불법행위 또는 채무불이행으로 인하여 거래당사자에게 부담하게 되는 **손해배상책임을 보증하는 보증보험적 성격을 가진 제도**라고 보아야 할 것이므로, 그 공제약관에 공제 가입자인 개업공인중개사의 고의로 인한 사고의 경우까지 공제금을 지급하도록 규정되었다고 하여 이것이 공제제도의 본질에 어긋난다거나 고의, 중과실로 인한 보험사고의 경우 보험자의 면책을 규정한 「상법」 제659조의 취지에 어긋난다고 볼 수 없다(94다47261).

2. 공제사업의 범위

협회가 할 수 있는 공제사업의 범위는 다음과 같다.

> ① 손해배상책임을 보장하기 위한 공제기금의 조성 및 공제금의 지급에 관한 사업
> ② 공제사업의 부대업무로서 공제규정으로 정하는 사업

3. 공제규정

(1) 공제규정 제정 및 승인

① 공제사업을 하고자 하는 때에는 **공제규정을 제정하여 국토교통부장관의 승인**을 얻어야 한다.

② 공제규정을 **변경**하고자 하는 때에도 국토교통부장관의 **승인**을 얻어야 한다.

(2) 공제규정의 내용

① 공제규정에는 대통령령으로 정하는 바에 따라 공제사업의 범위, 공제계약의 내용, 공제금, 공제료, 회계기준 및 책임준비금의 적립비율 등 공제사업의 운용에 관하여 필요한 사항을 정하여야 한다(법 제42조 제3항).

② 공제규정에는 다음의 사항을 정하여야 한다(영 제34조).

> ㉠ 공제계약의 내용: 협회의 공제책임, 공제금, 공제료, 공제기간, 공제금의 청구와 지급절차, 구상 및 대위권, 공제계약의 실효 그 밖에 공제계약에 필요한 사항을 정한다. 이 경우 공제료는 공제사고 발생률, 보증보험료 등을 종합적으로 고려하여 결정한 금액으로 한다.
> ㉡ 회계기준: 공제사업을 손해배상기금과 복지기금으로 구분하여 각 기금별 목적 및 회계원칙에 부합되는 세부기준을 정한다.
> ㉢ 책임준비금의 적립비율: 공제사고 발생률 및 공제금 지급액 등을 종합적으로 고려하여 정하되, **공제료 수입액의 100분의 10 이상**으로 정한다.

4. 공제사업의 관리

협회는 공제사업을 다른 회계와 구분하여 **별도의 회계로 관리**하여야 하며, **책임준비금을 다른 용도로 사용하고자 하는 경우에는 국토교통부장관의 승인**을 얻어야 한다.

5. 운용실적 공시

① 협회는 대통령령으로 정하는 바에 따라 매년도의 공제사업 운용실적을 일간신문·협회보 등을 통하여 공제계약자에게 공시하여야 한다(법 제42조 제5항).

② 협회는 공제사업의 운용실적에 관한 다음의 사항을 매 **회계연도 종료 후 3개월 이내**에 일간신문 또는 협회보에 공시하고 협회의 인터넷 홈페이지에 게시하여야 한다(영 제35조).

> ㉠ 결산서인 요약 대차대조표, 손익계산서 및 감사보고서
> ㉡ 공제료 수입액, 공제금 지급액, 책임준비금 적립액
> ㉢ 그 밖에 공제사업의 운용과 관련된 참고사항

③ **위반 시 제재**: 국토교통부장관이 500만원 이하의 과태료를 부과한다.

⚖ 판례

공제계약

1. 공제는 보증보험적 성격을 가진 제도로서, 개업공인중개사와 공인중개사협회 사이에 체결된 공제계약은 기본적으로 보험계약으로서의 본질을 가지고 있으므로, 적어도 **공제계약이 유효하게 성립하기 위하여는 공제계약 당시에 공제사고의 발생 여부가 확정되어 있지 않아야 한다**(2014다212926).
2. 개업공인중개사가 **장래 공제사고를 일으킬 의도를 가지고 공제계약을 체결하고 나아가 실제로 고의로 공제사고를 일으켰다**고 하더라도, 그러한 사정만으로는 공제계약 당시 공제사고의 발생 여부가 객관적으로 확정되어 있다고 단정하여 우연성이 결여되었다고 보거나 **공제계약을 무효라고 볼 수 없다**(2010다92407).
3. 개업공인중개사가 공제계약을 체결하면서 협회를 기망하였다는 이유로 협회가 **공제계약 체결의 의사표시를 취소하였다** 하더라도, 거래당사자가 그와 같은 기망행위가 있었음을 알았거나 알 수 있었다는 등 특별한 사정이 있는 경우가 아니면 그 취소를 가지고 거래당사자에게 대항할 수 없다. 그리고 이러한 법리는 '공제계약에 관하여 공제가입자 또는 그 대리인의 사기가 있었을 때에는 무효로 한다'는 공제약관에 의하여 협회가 공제계약의 무효를 주장하는 경우에도 마찬가지로 적용된다(2010다93035).

② 공제사업의 운영

1. 재무건전성 유지

(1) 재무건전성 유지 사항

협회는 공제금 지급능력과 경영의 건전성을 확보하기 위하여 다음의 사항에 관하여 대통령령으로 정하는 재무건전성 기준을 지켜야 한다(법 제42조의6).

> ① 자본의 적정성에 관한 사항
> ② 자산의 건전성에 관한 사항
> ③ 유동성의 확보에 관한 사항

⑵ 대통령령이 정하는 재무건전성 기준(영 제35조의3)

① 협회는 다음의 재무건전성 기준을 모두 준수하여야 한다.

> ㉠ 지급여력비율은 100분의 100 이상을 유지할 것
> ㉡ 구상채권 등 보유자산의 건전성을 정기적으로 분류하고 대손충당금을 적립할 것

② 지급여력비율은 지급여력금액을 지급여력기준금액으로 나눈 비율로 한다.

> ㉠ 지급여력금액 : 자본금, 대손충당금, 이익잉여금, 그 밖에 이에 준하는 것으로서 국토교통부장관이 정하는 금액을 합산한 금액에서 영업권, 선급비용 등 국토교통부장관이 정하는 금액을 뺀 금액
> ㉡ 지급여력기준금액 : 공제사업을 운영함에 따라 발생하게 되는 위험을 국토교통부장관이 정하는 방법에 따라 금액으로 환산한 것

③ **국토교통부장관**은 재무건전성 기준에 관하여 필요한 **세부기준**을 정할 수 있다.

2. 조사 또는 검사

① 「금융위원회의 설치 등에 관한 법률」에 따른 **금융감독원의 원장**은 국토교통부장관의 요청이 있는 경우에는 **공제사업에 관하여 조사 또는 검사**를 할 수 있다.

② **위반 시 제재** : 국토교통부장관이 500만원 이하의 과태료를 부과한다.

3. 공제사업 운영의 개선명령

① **국토교통부장관**은 협회의 공제사업 운영이 적정하지 아니하거나 자산상황이 불량하여 중개사고 피해자 및 공제 가입자 등의 권익을 해칠 우려가 있다고 인정되면 다음의 조치를 명할 수 있다.

> ㉠ 업무집행방법의 변경
> ㉡ 자산예탁기관의 변경
> ㉢ 자산의 장부가격의 변경
> ㉣ 불건전한 자산에 대한 적립금의 보유
> ㉤ 가치가 없다고 인정되는 자산의 손실 처리
> ㉥ 그 밖에 이 법 및 공제규정을 준수하지 아니하여 공제사업의 건전성을 해할 우려가 있는 경우 이에 대한 개선명령

② **위반 시 제재** : 국토교통부장관이 500만원 이하의 과태료를 부과한다.

4. 임원에 대한 제재 등

① **국토교통부장관**은 협회의 임원이 다음의 어느 하나에 해당하여 공제사업을 건전하게 운영하지 못할 우려가 있는 경우 그 임원에 대한 **징계·해임을 요구**하거나 해당 위반 행위를 시정하도록 명할 수 있다.

> ㉠ 개선명령을 이행하지 아니한 경우
> ㉡ 공제규정을 위반하여 업무를 처리한 경우
> ㉢ 재무건전성 기준을 지키지 아니한 경우

② **위반 시 제재**: 국토교통부장관이 500만원 이하의 과태료를 부과한다.

예제

공인중개사법령상 "공인중개사협회"(이하 '협회'라 함)에 관한 설명으로 옳은 것은?　　제30회
① 협회는 영리사업으로서 회원 간의 상호부조를 목적으로 공제사업을 할 수 있다.
② 협회는 총회의 의결내용을 지체 없이 등록관청에게 보고하고 등기하여야 한다.
③ 협회가 그 지부 또는 지회를 설치한 때에는 그 지부는 시·도지사에게, 지회는 등록관청에 신고하여야 한다.
④ 협회는 개업공인중개사에 대한 행정제재처분의 부과와 집행의 업무를 할 수 있다.
⑤ 협회는 부동산 정보제공에 관한 업무를 직접 수행할 수 없다.

해설　① 공제사업은 비영리사업으로서 회원 간의 상호부조를 목적으로 한다.
② 협회는 총회의 의결내용을 지체 없이 국토교통부장관에게 보고해야 한다.
④ 협회는 개업공인중개사에 대한 행정처분의 권한이 없다. 자격취소는 자격증을 교부한 시·도지사가, 등록취소 및 업무정지는 등록관청이 행한다.
⑤ 협회는 부동산 정보제공에 관한 업무를 수행할 수 있다.　　▶▶ 정답 ③

3 공제사업 운영위원회

1. 운영위원회 설치

공제사업에 관한 사항을 심의하고 그 업무집행을 감독하기 위하여 **협회에 운영위원회를** 둔다.

2. 심의 · 감독사항

운영위원회는 공제사업에 관하여 다음의 사항을 심의하며 그 업무집행을 감독한다.

> ① 사업계획 · 운영 및 관리에 관한 기본 방침
> ② 예산 및 결산에 관한 사항
> ③ 차입금에 관한 사항
> ④ 주요 예산집행에 관한 사항
> ⑤ 공제약관 · 공제규정의 변경과 공제와 관련된 내부규정의 제정 · 개정 및 폐지에 관한 사항
> ⑥ 공제금, 공제가입금, 공제료 및 그 요율에 관한 사항
> ⑦ 정관으로 정하는 사항
> ⑧ 그 밖에 위원장이 필요하다고 인정하여 회의에 부치는 사항

3. 운영위원회의 구성

(1) 위원의 수

위원은 협회의 임원, 중개업 · 법률 · 회계 · 금융 · 보험 · 부동산 분야 전문가, 관계 공무원 및 그 밖에 중개업 관련 이해관계자로 구성하되, 그 수는 **19명 이내**로 한다.

(2) 위 원

운영위원회는 **성별을 고려**하여 다음의 사람으로 구성한다. 이 경우 ② 및 ③에 해당하는 위원의 수는 전체위원 수의 **3분의 1 미만**으로 한다.

> ① 국토교통부장관이 소속 공무원 중에서 지명하는 사람 1명
> ② 협회의 회장
> ③ 협회 이사회가 협회의 임원 중에서 선임하는 사람
> ④ 다음의 어느 하나에 해당하는 사람으로서 협회의 회장이 추천하여 국토교통부장관의 승인을 받아 위촉하는 사람
>   ㉠ 대학 또는 정부출연연구기관에서 부교수 또는 책임연구원 이상으로 재직하고 있거나 재직하였던 사람으로서 부동산 분야 또는 법률 · 회계 · 금융 · 보험 분야를 전공한 사람
>   ㉡ 변호사 · 공인회계사 또는 공인중개사의 자격이 있는 사람
>   ㉢ 금융감독원 또는 금융기관에서 임원 이상의 직에 있거나 있었던 사람
>   ㉣ 공제조합 관련 업무에 관한 학식과 경험이 풍부한 사람으로서 해당 업무에 5년 이상 종사한 사람
>   ㉤ 「소비자기본법」 제29조에 따라 등록한 소비자단체 및 같은 법 제33조에 따른 한국소비자원의 임원으로 재직 중인 사람

4. 위원의 임기 등

(1) 임 기

국토교통부장관이 소속 공무원 중에서 지명하는 사람 1명 및 협회의 회장[3.의 (2) 내의 ①, ②]을 제외한 위원의 임기는 2년으로 하되, **1회에 한하여 연임할 수 있으며**, 보궐위원의 임기는 전임자 임기의 남은 기간으로 한다.

(2) 위원장 및 부위원장

운영위원회에는 위원장과 부위원장 각각 1명을 두되, **위원장 및 부위원장은 위원 중에서 각각 호선(互選)한다.**

5. 회 의

① 운영위원회의 위원장은 운영위원회의 회의를 소집하며 그 의장이 된다.

② 운영위원회의 **부위원장**은 위원장을 보좌하며, 위원장이 부득이한 사유로 그 직무를 수행할 수 없을 때에는 그 **직무를 대행한다.**

③ 운영위원회의 회의는 재적위원 과반수의 출석으로 개의(開議)하고, **출석위원 과반수의 찬성**으로 심의사항을 **의결**한다.

④ 규정된 사항 외에 운영위원회의 운영에 필요한 사항은 운영위원회의 심의를 거쳐 위원장이 정한다.

6. 간사 및 서기

① 운영위원회의 사무를 처리하기 위하여 간사 및 서기를 두되, 간사 및 서기는 공제업무를 담당하는 협회의 직원 중에서 위원장이 임명한다.

② **간사는 회의 때마다 회의록을 작성**하여 다음 회의에 보고하고 이를 보관하여야 한다.

◈ **정책심의위원회 및 운영위원회 비교**

공인중개사 정책심의위원회			공제사업 운영위원회		
설 치	국토교통부에 둘 수 있다.		설 치	협회에 둔다.	
구 성	위원 수	위원장 포함 **7명 이상 11명 이내**	구 성	위원 수	위원장 포함 **19명 이내**
				위 원	협회 관계자인 위원의 수는 전체 위원 수의 1/3 미만 (성별 고려)
	위원장	**국토교통부 제1차관**		위원장	위원 중에서 각각 호선
	위 원	**국토교통부장관** 임명 or 위촉		부위원장	
	간 사	국토교통부 소속 공무원 중에서 위원장이 지명		간사 및 서기	협회의 직원 중에서 위원장이 임명
					간사는 회의록 작성
	임 기	2년(공무원은 제외) 연임규정 없음		임 기	2년 (국토교통부장관이 지명한 소속 공무원 1인 및 협회의 회장은 제외) **1회에 한하여 연임**
회 의	소 집	위원장 (회의 개최 7일 **전**까지 통보)	회 의	소 집	위원장
	직무 대행	**위원장이 미리 지명**한 위원		직무 대행	**부위원장**
	개 의	재적위원 과반수의 출석		개 의	재적위원 과반수의 출석
	의 결	출석위원 과반수의 찬성		의 결	출석위원 과반수의 찬성

08 보 칙

 보칙은 업무위탁, 행정수수료, 포상금으로 구성되어 있다. 포상금에서는 거의 매년 출제되고 있으며, 행정수수료도 자주 출제되는 편이다. 1~2문제 정도의 비중이 있다.

제1절 업무위탁

1 업무위탁

국토교통부장관, 시·도지사 또는 등록관청은 대통령령이 정하는 바에 따라 그 업무의 일부를 협회 또는 대통령령으로 정하는 기관에 위탁할 수 있다(법 제45조).

2 위탁의 내용

1. 교육업무의 위탁

(1) 실무교육, 직무교육 및 연수교육의 위탁

시·도지사는 실무교육, 직무교육 및 연수교육에 관한 업무를 위탁하는 때에는 다음의 기관 또는 단체 중 국토교통부령으로 정하는 인력 및 시설을 갖춘 기관 또는 단체를 지정하여 위탁하여야 한다.

> ① 협회
> ②「공공기관의 운영에 관한 법률」에 따른 공기업 또는 준정부기관
> ③ 부동산 관련 학과가 개설된「고등교육법」에 따른 학교

▷ 1. 실무교육 및 연수교육은 시·도지사가 실시하고, 직무교육은 시·도지사 또는 등록관청이 실시하지만, 3가지 교육업무에 대한 위탁은 시·도지사만 할 수 있다.
  2. 부동산 거래사고 예방교육에 대한 업무위탁제도는 없다.

⑵ **교육업무의 위탁기관이 갖출 인력 및 시설**

① 교육과목별로 다음의 어느 하나에 해당하는 사람을 강사로 확보할 것

> ㉠ 교육과목과 관련된 분야의 박사학위 소지자
> ㉡ 「고등교육법」 제2조에 따른 학교에서 전임강사 이상으로 교육과목과 관련된 과목을
>   2년 이상 강의한 경력이 있는 사람
> ㉢ 교육과목과 관련된 분야의 석사학위를 취득한 후 연구 또는 실무 경력이 3년 이상인
>   사람
> ㉣ 변호사 자격이 있는 사람으로서 실무 경력이 2년 이상인 사람
> ㉤ 7급 이상의 공무원으로서 6개월 이상 부동산중개업 관련 업무를 담당한 경력이 있는
>   사람
> ㉥ 그 밖에 공인중개사 · 감정평가사 · 주택관리사 · 건축사 · 공인회계사 · 법무사 또는
>   세무사 등으로서 부동산 관련 분야에 근무한 경력이 3년 이상인 사람

② **강의실**: 면적이 $50m^2$ 이상인 강의실을 1개소 이상 확보할 것

2. 공인중개사 시험의 시행에 관한 업무의 위탁

시험시행기관장은 시험의 시행에 관한 업무를 다음의 기관에 위탁할 수 있다.

> ① 협회
> ② 「공공기관의 운영에 관한 법률」에 따른 공기업 또는 준정부기관

3. 위탁내용의 고시

시 · 도지사 또는 시험시행기관장은 교육업무 또는 시험시행의 업무를 위탁한 때에는 위
탁받은 기관의 명칭 · 대표자 및 소재지와 위탁업무의 내용 등을 관보에 고시하여야 한다
(영 제36조 제3항).

4. 부동산거래질서교란행위 신고센터 업무의 위탁

국토교통부장관은 부동산거래질서교란행위 신고센터의 업무를 「한국부동산원법」에 따
른 **한국부동산원**에 위탁한다(영 제37조 제7항).

5. 모니터링 업무의 위탁

국토교통부장관은 다음의 기관에 인터넷 표시·광고 모니터링 업무를 위탁할 수 있다.

> ① 「공공기관의 운영에 관한 법률」에 따른 공공기관
> ② 「정부출연연구기관 등의 설립·운영 및 육성에 관한 법률」에 따른 정부출연연구기관
> ③ 「민법」에 따라 설립된 비영리법인으로서 인터넷 표시·광고 모니터링 또는 인터넷 광고 시장 감시와 관련된 업무를 수행하는 법인
> ④ 그 밖에 인터넷 표시·광고 모니터링 업무 수행에 필요한 전문인력과 전담조직을 갖췄다고 국토교통부장관이 인정하는 기관 또는 단체

제 2 절 　 포상금　제32회, 제33회, 제36회

1 포상금 지급

1. 지급대상

등록관청은 다음의 어느 하나에 해당하는 자를 등록관청, 수사기관이나 부동산거래질서교란행위 신고센터에 신고 또는 고발한 자에 대하여 **포상금을 지급할 수 있다**(법 제46조).

> ① 중개사무소의 개설등록을 하지 아니하고 중개업을 한 자
> ② 거짓이나 그 밖의 부정한 방법으로 중개사무소의 개설등록을 한 자
> ③ 중개사무소등록증 또는 공인중개사자격증을 다른 사람에게 양도·대여하거나 다른 사람으로부터 양수·대여 받은 자
> ④ 개업공인중개사가 아닌 자로서 중개대상물에 대한 표시·광고를 한 자
> ⑤ 법 제33조 금지행위 가운데 아래 사유를 위반한 자
> 　　1. 거짓으로 거래가 완료된 것처럼 꾸미는 행위를 한 자
> 　　2. 단체를 구성하여 특정 중개대상물에 대한 중개를 제한하거나 구성원 외의 자와 공동중개를 제한하는 행위를 한 자
> 　　3. 안내문·온라인 커뮤니티를 이용하여 특정 개업공인중개사 등에 대한 중개의뢰를 제한하는 행위를 한 자
> 　　4. 안내문·온라인 커뮤니티를 이용하여 시세보다 현저하게 높게 표시·광고하거나 중개하는 특정 개업공인중개사에게만 중개의뢰를 하도록 유도하는 행위를 한 자
> 　　5. 안내문·온라인 커뮤니티를 이용하여 특정 가격 이하로 중개를 의뢰하지 아니하도록 유도하는 행위를 한 자
> 　　6. 정당한 표시·광고를 방해한 자
> 　　7. 현저하게 높게 표시·광고하도록 강요하거나 유도한 자

▷ 1. 등록취소 후 중개업을 한 자 및 폐업신고 후 중개업을 한 자도 등록을 하지 않고 중개업을 한 자에
해당하므로 이를 신고 또는 고발한 경우에도 포상금을 받을 수 있다.
2. 부정한 방법으로 공인중개사 자격을 취득한 자를 신고한 경우는 포상금 지급대상이 아니다.
3. 법 제33조 금지행위 가운데 판단 그르치게 한 행위, 중개대상물 매매업, 무등록중개업자와 협력
행위, 중개보수 초과, 분양과 관련 있는 증서의 매매 또는 중개업, 직접거래, 쌍방대리, 투기조장
행위는 포상금 지급대상인 위반행위에 포함되지 않는다.

2. 포상금액

① 포상금은 1건당 50만원으로 한다.

② 포상금의 지급에 소요되는 비용은 대통령령으로 정하는 바에 따라 그 **일부를 국고**에서
보조할 수 있다.

③ **대통령령**: 포상금의 지급에 소요되는 비용 중 국고에서 보조할 수 있는 비율은 **100분
의 50 이내**로 한다.

3. 포상금의 지급요건

① 포상금은 그 신고 또는 고발대상자가 행정기관에 의하여 발각되기 전에 등록관청이나
수사기관에 신고 또는 고발한 자에게 그 신고 또는 고발사건에 대하여 검사가 **공소제
기 또는 기소유예의 결정을 한 경우에 한하여** 지급한다.

② 검사가 공소제기 또는 기소유예처분을 하여야 포상금을 지급하므로 검사가 무혐의처
분을 한 경우에는 지급하지 않는다.

▷ 공소제기가 된 후에는 형사재판에서 무죄판결을 받더라도 포상금을 지급한다.

| 심화학습 | 공소제기, 기소유예 |

공소제기란 검사가 피의자의 범죄혐의를 인정하여 법원에 형사재판을 신청하는 행위를 말
하며, 기소라고도 한다. 기소유예는 검사가 피의자의 범죄혐의는 인정하나, 범인의 성격,
연령, 환경 등을 참작하여 기소하지 않는 것을 말한다.

2 포상금의 지급절차

1. 포상금지급신청서 제출

① 포상금을 지급받고자 하는 자는 [별지 제28호 서식]의 포상금지급신청서를 등록관청
에 제출하여야 한다.

② 포상금지급신청서에 첨부할 서류

> ㉠ 수사기관의 고발확인서(수사기관에 고발한 경우에 한정한다)
> ㉡ 포상금 배분에 관한 합의 각서(2인 이상이 함께 신고 또는 고발한 경우로서 배분액
> 에 관한 합의가 성립된 경우에 한정한다)

2. 포상금 지급절차

포상금지급신청서를 제출받은 **등록관청은** 그 사건에 관한 수사기관의 처분내용을 조회한
후 **포상금의 지급을 결정**하고, 그 **결정일부터 1개월 이내**에 포상금을 지급하여야 한다.

빈출지문 OX

> **01** 포상금의 지급결정은 포상금지급신청서를 받은 등록관청이 한다. ( )
>
> **02** 등록관청은 포상금지급신청서를 접수한 날부터 1개월 이내에 포상금을 지급해야
> 한다. ( )
>
> 정답 **01** ○
> **02** × 지급결정일부터 1개월 이내

3. 포상금 지급방법

① 등록관청은 하나의 사건에 대하여 2인 이상이 공동으로 신고 또는 고발한 경우에는
균등하게 배분하여 지급한다. 다만, 포상금을 지급받을 자가 배분방법에 관하여 미리
합의하여 포상금의 지급을 신청한 경우에는 그 합의된 방법에 따라 지급한다.

② 등록관청은 하나의 사건에 대하여 **2건** 이상의 신고 또는 고발이 접수된 경우에는 **최
초로** 신고 또는 고발한 자에게 포상금을 지급한다.

빈출지문 OX

> 하나의 사건에 대하여 2건 이상의 신고 또는 고발이 접수된 경우에는 포상금을 균등하
> 게 배분하여 지급한다. ( )
>
> 정답 × 최초로 신고 또는 고발한 자에게 지급한다.

📘 예제

공인중개사법령상 甲과 乙이 받을 수 있는 포상금의 최대 금액은? 제27회

> ㉠ 甲은 중개사무소를 부정한 방법으로 개설등록한 A와 B를 각각 고발하였으며, 검사는 A를 공소제기하였고, B를 무혐의처분 하였다.
> ㉡ 乙은 중개사무소를 부정한 방법으로 개설등록한 C를 신고하였으며, C는 형사재판에서 무죄판결을 받았다.
> ㉢ 甲과 乙은 포상금배분에 관한 합의 없이 중개사무소등록증을 대여한 D를 공동으로 고발하여 D는 기소유예의 처분을 받았다.
> ㉣ 중개사무소의 개설등록을 하지 않고 중개업을 하는 E를 乙이 신고한 이후에 甲도 E를 신고하였고, E는 형사재판에서 유죄판결을 받았다.
> ㉤ A, B, C, D, E는 甲 또는 乙의 위 신고·고발 전에 행정기관에 의해 발각되지 않았다.

① 甲 : 75만원, 乙 : 50만원 ② 甲 : 75만원, 乙 : 75만원
③ 甲 : 75만원, 乙 : 125만원 ④ 甲 : 125만원, 乙 : 75만원
⑤ 甲 : 125만원, 乙 : 125만원 ⑤ 甲 : 125만원, 乙 : 125만원

해설 ㉠ 甲 = 50만원(B를 신고한 것에 대해서는 받지 못한다)
㉡ 乙 = 50만원(무죄판결을 받았다는 것은 공소제기가 되었다는 의미이므로 지급한다)
㉢ 甲 = 25만원, 乙 = 25만원
㉣ 乙 = 50만원(유죄판결을 받은 것도 공소제기가 된 경우이며 최초로 신고한 乙에게만 지급한다)
따라서 甲 : 75만원, 乙 : 125만원   ▶▶ **정답 ③**

제3절 행정수수료 제36회

1 지방자치단체 조례로 정하는 수수료

1. 수수료 납부 사유

다음의 어느 하나에 해당하는 자는 해당 **지방자치단체의 조례**가 정하는 바에 따라 수수료를 납부하여야 한다(법 제47조 제1항).

> ① **시·도지사가 시행**하는 공인중개사자격시험에 응시하는 자
> ② 공인중개사자격증의 재교부를 신청하는 자
> ③ 중개사무소의 개설등록을 신청하는 자
> ④ 중개사무소등록증의 재교부를 신청하는 자
> ⑤ 분사무소 설치신고를 하는 자
> ⑥ 분사무소설치신고확인서의 재교부를 신청하는 자

▷ 공인중개사자격증을 처음으로 교부받는 자, 고용신고 및 고용관계 종료신고를 하는 자, 휴업신고 및 폐업신고를 하는 자는 수수료 납부대상이 아니다.

2. 납부기준

①·②는 시·도 조례로 정하는 수수료, ③~⑥은 시·군·구의 조례로 정하는 수수료를 납부하여야 한다.

2 기타 수수료

1. 국토교통부장관이 자격시험을 시행하는 경우

공인중개사자격시험을 국토교통부장관이 시행하는 경우에는 국토교통부장관이 결정·공고하는 수수료를 납부하여야 한다.

2. 시험의 업무를 위탁한 경우

공인중개사자격시험 또는 자격증 재교부업무를 위탁한 경우에는 해당 업무를 위탁받은 자가 위탁한 자의 승인을 얻어 결정·공고하는 수수료를 각각 납부하여야 한다.

MEMO

감독상 명령, 행정처분 및 벌칙

 행정처분은 지정취소, 자격취소, 자격정지, 등록취소, 업무정지가 있으며 3문제 가량, 벌칙은 행정형벌과 과태료가 있으며 2문제 가량 출제된다. 암기사항이 많고 내용이 어려운 단원이므로 충분한 시간을 투자하여 학습해야 하고, 이 과목의 고득점을 위한 중요한 단원이다.

제1절 감독상 명령

1 감독상 명령

1. 업무보고 및 명령

국토교통부장관, 시·도지사 및 등록관청(법인인 개업공인중개사의 분사무소 소재지의 시장·군수 또는 구청장을 포함한다)은 개업공인중개사 또는 거래정보사업자에 대하여 그 업무에 관한 사항을 보고하게 하거나 자료의 제출 그 밖에 필요한 명령을 할 수 있다(법 제37조 제1항).

2. 출입 및 조사

국토교통부장관, 시·도지사 및 등록관청(법인인 개업공인중개사의 분사무소 소재지의 시장·군수 또는 구청장을 포함한다)은 소속 공무원으로 하여금 중개사무소(중개사무소의 개설등록을 하지 아니하고 중개업을 하는 자의 사무소를 포함한다)에 출입하여 장부·서류 등을 조사 또는 검사하게 할 수 있다(법 제37조 제1항).

1. 국토교통부장관, 시·도지사 및 등록관청은 모두 개업공인중개사에 대하여 감독권을 갖는다.
2. 분사무소 소재지를 관할하는 시장·군수 또는 구청장도 법인인 개업공인중개사의 분사무소에 대하여 감독권을 갖는다.
3. 감독관청은 소속 공무원으로 하여금 중개사무소 개설등록을 하지 않고 중개업을 하는 자의 사무소에 출입하여 조사 또는 검사하게 할 수 있다.
4. 협회, 지부 및 지회에 대한 감독권은 국토교통부장관에게만 있다.

2 감독의 내용

1. 감독의 사유

① 부동산투기 등 거래동향의 파악을 위하여 필요한 경우
② 이 법 위반행위의 확인, 공인중개사의 자격취소·정지 및 개업공인중개사에 대한 등록취소·업무정지 등 행정처분을 위하여 필요한 경우

2. 감독상 명령의 내용

① 업무에 관한 사항을 보고하게 하거나 자료의 제출 그 밖에 필요한 명령을 할 수 있다.

② 소속 공무원으로 하여금 중개사무소(중개사무소의 개설등록을 하지 아니하고 중개업을 하는 자의 사무소를 포함)에 출입하여 장부·서류 등을 조사 또는 검사하게 할 수 있다.

3. 증표 제시

① 출입·검사 등을 하는 공무원은 국토교통부령으로 정하는 증표를 지니고 상대방에게 이를 내보여야 한다.

② 국토교통부령으로 정하는 증표라 함은 공무원증 및 [별지 제26호 서식]의 중개사무소 조사·검사증명서를 말한다.

4. 협조요청

국토교통부장관, 시·도지사 및 등록관청은 불법 중개행위 등에 대한 단속을 하는 경우 필요한 때에는 공인중개사협회 및 관계 기관에 협조를 요청할 수 있다. 이 경우 공인중개사협회는 특별한 사정이 없으면 이에 따라야 한다.

3 불응 시 제재

업무보고, 자료의 제출, 조사 또는 검사를 거부·방해 또는 기피하거나 그 밖의 명령을 이행하지 아니하거나 거짓으로 보고 또는 자료제출을 한 개업공인중개사 또는 거래정보사업자는 다음의 제재를 받는다.

1. 개업공인중개사

등록관청이 6개월의 범위 내에서 업무정지처분을 할 수 있다.

2. 거래정보사업자

국토교통부장관이 500만원 이하의 과태료를 부과한다.

<table>
<tr><td>제 2 절</td><td colspan="4">행정처분 제32회, 제33회, 제34회, 제35회, 제36회</td></tr>
</table>

◈ **행정처분의 종류**

처분권자	대상자	행정처분의 내용		기속 또는 재량
자격증을 교부한 시·도지사	공인중개사	자격취소		하여야 한다.
	소속공인중개사	자격정지(6개월 이내)		할 수 있다.
등록관청 (시장·군수 또는 구청장)	개업공인중개사	등록취소	절대적 등록취소	하여야 한다.
			임의적 등록취소	할 수 있다.
		업무정지(6개월 이내)		할 수 있다.
국토교통부장관	거래정보사업자	지정취소		할 수 있다.

1 처분권자 및 행정처분의 종류

1. 처분권자

공인중개사에 대한 자격취소 및 자격정지는 자격증을 교부한 시·도지사가, 개업공인중개사에 대한 등록취소 및 업무정지는 등록관청이, 거래정보사업자에 대한 지정취소는 국토교통부장관이 처분권한을 갖는다.

2. 자격취소

① 시·도지사는 자격취소사유를 위반한 공인중개사에 대하여 그 자격을 취소하여야 한다.

② 자격취소처분은 공인중개사인 개업공인중개사, 소속공인중개사 등 모든 공인중개사에 대하여 할 수 있다. 자격취소 후 3년이 지나지 아니한 자는 공인중개사가 될 수 없고 중개보조원도 될 수 없다.

3. 자격정지

① 시·도지사는 소속공인중개사에 대하여 6개월의 범위 안에서 그 자격을 정지할 수 있다.

② 자격정지처분은 소속공인중개사만 대상으로 하며, 개업공인중개사를 대상으로 할 수는 없다.

빈출지문 OX

시장·군수 또는 구청장은 소속공인중개사를 대상으로 6개월의 범위 내에서 자격을 정지할 수 있다. ( )

정답 × 자격정지처분은 시·도지사가 행한다.

4. 등록취소

① 등록취소처분은 등록관청이 개업공인중개사를 대상으로 한다.

② **절대적 등록취소사유**에 해당하면 등록관청은 중개사무소 개설등록을 취소하여야 한다. 따라서 등록관청은 절대적 등록취소사유를 위반한 개업공인중개사를 대상으로 **업무정지처분을 할 수 없다.**

③ **임의적 등록취소사유**에 해당하는 경우 등록관청은 중개사무소 개설등록을 취소할 수 있다. 등록을 취소할 수 있는 사유이므로 등록취소를 하지 않는 경우에는 업무정지처분을 대신 하게 된다. 따라서 **"등록을 취소하여야 한다"는 틀린 지문이 되며 "업무정지처분을 할 수 있다"는 옳은 지문이 된다.** 임의적 등록취소사유 위반에 대하여 업무정지처분을 할 수 있는 경우는 국토교통부령으로 규정하고 있다.

심화학습 임의적 등록취소사유에 대하여 업무정지처분을 하는 경우

최근 1년 이내에 임의적 등록취소사유를 1회 위반한 자: 업무정지 6개월

5. 업무정지

① 등록관청은 개업공인중개사를 대상으로 6개월의 범위 내에서 업무의 정지를 명할 수 있다.

② 업무정지처분은 개업공인중개사만 대상으로 하며, 소속공인중개사를 대상으로 할 수는 없다.

③ 업무정지사유 가운데 임의적 등록취소사유는 "등록을 취소할 수 있다"와 "업무정지처분을 할 수 있다"가 모두 옳다.

④ 업무정지사유 가운데 **업무정지처분만 할 수 있는 사유인 경우에는 "등록을 취소할 수 있다"고 하면 틀린 지문이 된다.**

▷ **1. 절대적 등록취소사유를 위반한 경우**
등록을 취소하여야 한다. (○)
업무정지처분을 할 수 있다. (×)

2. **임의적 등록취소사유를 위반한 경우**
  등록을 취소하여야 한다. (×)
  등록을 취소할 수 있다. (○)
  업무정지처분을 할 수 있다. (○)
3. **업무정지처분만 가능한 사유를 위반한 경우**
  등록을 취소할 수 있다. (×)
  업무정지처분을 할 수 있다. (○)

6. 중개보조원

① 행정처분의 대상에 포함되지 않는다.

② 행정형벌(3-3, 1-1) 대상에는 포함된다.

③ 과태료처분 대상에는 포함된다. 중개보조원은 현장안내 등 중개업무를 보조하는 경우 중개의뢰인에게 본인이 중개보조원이라는 사실을 미리 알려야 하며 이를 위반한 경우 등록관청은 중개보조원에게 500만원 이하의 과태료를 부과한다.

◈ 행정처분의 절차

절차 행정처분	사전절차	사후절차		
	청 문	5일 통보	7일 반납	사유서 제출
자격취소	○	○	○	○
자격정지	×	×	×	
등록취소	○		○	×
업무정지	×		×	
지정취소	○			

2 공인중개사에 대한 자격취소

1. 자격취소사유

시 · 도지사는 공인중개사가 다음의 어느 하나에 해당하는 경우에는 그 자격을 취소하여야 한다(법 제35조).

① 부정한 방법으로 공인중개사의 자격을 취득한 경우
② 다른 사람에게 자기의 성명을 사용하여 중개업무를 하게 하거나, 공인중개사자격증을 양도 또는 대여한 경우
③ 자격정지처분을 받고 자격정지기간 중에 중개업무를 하거나, 자격정지기간 중에 다른 개업공인중개사의 소속공인중개사 · 중개보조원 또는 법인인 개업공인중개사의 사원 · 임원이 되는 경우

④ 「공인중개사법」을 위반하여 징역형의 선고(집행유예 포함)를 받은 경우
⑤ 공인중개사의 직무와 관련하여 「형법」을 위반(범죄단체 조직, 사문서 위조·변조·행사, 사기, 횡령, 배임)하여 금고 또는 징역형을 선고(집행유예 포함)받은 경우

넓혀 보기 🔍

공인중개사인 개업공인중개사가 형벌을 받게 되는 경우

형벌사유	자격취소	절대적 등록취소 (결격사유)
「공인중개사법」을 위반하여 징역형을 선고받은 경우	○	○
공인중개사 직무 관련 「형법」 위반 금고·징역형 선고받은 경우	○	○
위를 제외한 다른 법률을 위반하여 금고·징역형 선고받은 경우	×	○
「공인중개사법」을 위반하여 300만원 이상 벌금형을 선고받은 경우	×	○
다른 법률을 위반하여 300만원 이상 벌금형을 선고받은 경우	×	×

1. 형벌을 받아 자격취소가 되는 경우 : 「공인중개사법」을 위반하여 징역형을 선고(집행유예 포함)받은 경우 및 공인중개사의 직무와 관련하여 「형법」을 위반(범죄단체 조직 등)하여 금고 또는 징역형을 선고(집행유예 포함)받은 경우
2. 형벌을 받아 절대적 등록취소가 되는 경우 : 모든 법률을 위반하여 금고 또는 징역형을 선고(집행유예 포함)받은 경우, 「공인중개사법」을 위반하여 300만원 이상의 벌금형을 선고받은 경우

2. 자격취소의 처분권자

① 공인중개사의 자격취소처분은 그 자격증을 **교부한 시·도지사**가 행한다.

② 자격증을 교부한 시·도지사와 공인중개사 사무소의 소재지를 관할하는 시·도지사가 서로 다른 경우에는 공인중개사 **사무소의 소재지를 관할하는 시·도지사가 자격취소처분에 필요한 절차를 모두 이행**한 후 자격증을 교부한 시·도지사에게 통보하여야 한다.

③ 자격증을 교부한 시·도지사와 사무소를 관할하는 시·도지사가 서로 다른 경우에도 자격취소처분은 자격증을 교부한 시·도지사가 행한다.

넓혀 보기 🔍

자격증을 교부한 시·도지사와 사무소 관할 시·도지사가 서로 다른 경우

1. 사무소 관할 시·도지사 : 자격취소처분에 필요한 절차를 모두 이행한다.
2. 자격증을 교부한 시·도지사 : 자격취소처분을 행한다.

3. 청 문

시·도지사는 공인중개사 **자격을 취소**하고자 하는 경우에는 **청문**을 실시하여야 한다.

4. 통 보

① 시·도지사는 공인중개사의 **자격취소**처분을 한 때에는 5일 이내에 이를 국토교통부 장관과 다른 시·도지사에게 통보하여야 한다.

② 자격취소 후 3년이 지나지 않은 자는 공인중개사가 될 수 없으므로 시·도지사가 자 격취소처분을 한 사실을 다른 시험시행기관장에게 통보하는 규정이다.

빈출지문 OX

01 시·도지사는 자격취소처분을 한 때에는 5일 이내에 이를 국토교통부장관에게 통 보해야 한다. ( )

02 시·도지사는 자격정지처분을 한 때에는 5일 이내에 이를 다른 시·도지사에게 통보해야 한다. ( )

03 시·도지사는 자격정지처분을 한 사실을 국토교통부장관에게 통보해야 한다. ( )

04 시·도지사는 자격취소처분을 한 사실을 다른 시·도지사에게 통보해야 한다. ( )

정답 **01** ○
02 × 자격정지 ⇨ 자격취소
03 × 자격정지 ⇨ 자격취소
04 ○

---

5. 자격증 반납

① 공인중개사의 **자격이 취소**된 자는 자격취소처분을 받은 날부터 7일 이내에 자격증을 **교부한 시·도지사에게** 자격증을 반납하여야 한다.

② 분실 등의 사유로 인하여 자격증을 반납할 수 없는 자는 자격증 반납을 대신하여 그 이유를 기재한 사유서를 시·도지사에게 제출하여야 한다.

01 공인중개사의 자격이 정지된 자는 자격정지처분을 받은 날부터 7일 이내에 자격증을 교부한 시·도지사에게 자격증을 반납하여야 한다. (　　)

02 자격이 취소된 개업공인중개사는 취소처분을 받은 날부터 7일 이내에 사무소 관할 시·도지사에게 자격증을 반납해야 한다. (　　)

정답 **01** × 자격정지 ⇨ 자격취소
02 × 자격증을 교부한 시·도지사에게 반납

6. 자격취소처분의 효과

(1) 자격취득 제한

공인중개사의 자격이 취소된 후 3년이 지나지 아니한 자는 공인중개사가 될 수 없다.

(2) 결격사유

공인중개사 자격이 취소된 자는 등록의 결격사유에 해당하므로 자격취소 후 3년 이내에 개업공인중개사 등이 될 수 없다.

공인중개사법령상 공인중개사의 자격취소에 관한 설명으로 **틀린** 것은? 제29회

① 자격취소처분은 그 자격증을 교부한 시·도지사가 행한다.

② 처분권자가 자격을 취소하려면 청문을 실시해야 한다.

③ 자격취소처분을 받아 그 자격증을 반납하고자 하는 자는 그 처분을 받은 날부터 7일 이내에 반납해야 한다.

④ 처분권자가 자격취소처분을 한 때에는 5일 이내에 이를 국토교통부장관에게 통보해야 한다.

⑤ 자격증을 교부한 시·도지사와 중개사무소의 소재지를 관할하는 시·도지사가 서로 다른 경우에는 자격증을 교부한 시·도지사가 자격취소처분에 필요한 절차를 이행해야 한다.

해설 자격증을 교부한 시·도지사와 사무소 소재지를 관할하는 시·도지사가 서로 다른 경우에는 사무소의 소재지 관할 시·도지사가 자격취소처분에 필요한 절차를 모두 이행한 후 자격증을 교부한 시·도지사에게 통보해야 한다. ▶▶ 정답 ⑤

❸ 소속공인중개사에 대한 자격정지

1. 자격정지사유

시·도지사는 공인중개사가 소속공인중개사로서 업무를 수행하는 기간 중에 다음의 어느 하나에 해당하는 경우에는 **6개월의 범위 안에서 기간을 정하여 그 자격을 정지할 수 있다**(법 제36조 제1항).

> ① 법 제33조 제1항 각 호에 규정된 금지행위를 한 경우
>   1. 중개대상물의 거래상 중요사항에 관하여 거짓된 언행 그 밖의 방법으로 중개의뢰인의 판단을 그르치게 하는 행위
>   2. 중개대상물의 매매를 업으로 하는 행위
>   3. 개설등록을 하지 아니하고 중개업을 영위하는 자인 사실을 알면서 그를 통하여 중개를 의뢰받거나 그에게 자기의 명의를 이용하게 하는 행위
>   4. 사례·증여 그 밖의 어떠한 명목으로도 제32조에 따른 보수 또는 실비를 초과하여 금품을 받는 행위
>   5. 관계 법령에서 양도·알선 등이 금지된 부동산의 분양·임대 등과 관련 있는 증서 등의 매매·교환 등을 중개하거나 그 매매를 업으로 하는 행위
>   6. 중개의뢰인과 직접 거래를 하거나 거래당사자 쌍방을 대리하는 행위
>   7. 탈세 등 관계 법령을 위반할 목적으로 소유권보존등기 또는 이전등기를 하지 아니한 부동산이나 관계 법령의 규정에 의하여 전매 등 권리의 변동이 제한된 부동산의 매매를 중개하는 등 부동산투기를 조장하는 행위
>   8. 부당한 이익을 얻거나 제3자에게 부당한 이익을 얻게 할 목적으로 거짓으로 거래가 완료된 것처럼 꾸미는 등 중개대상물의 시세에 부당한 영향을 주거나 줄 우려가 있는 행위
>   9. 단체를 구성하여 특정 중개대상물에 대하여 중개를 제한하거나 단체 구성원 이외의 자와 공동중개를 제한하는 행위
> ② 둘 이상의 중개사무소에 소속된 경우(이중소속)
> ③ 거래계약서에 거래금액 등 거래내용을 거짓으로 기재하거나, 서로 다른 둘 이상의 거래계약서를 작성한 경우
> ④ 중개대상물확인·설명서에 서명 및 날인을 하지 아니한 경우
> ⑤ 거래계약서에 서명 및 날인을 하지 아니한 경우
> ⑥ 성실·정확하게 중개대상물의 확인·설명을 하지 아니하거나, 설명의 근거자료를 제시하지 아니한 경우
> ⑦ 인장등록을 하지 아니하거나, 등록하지 않은 인장을 사용한 경우

▽ 1. 확인·설명서 및 거래계약서를 교부하지 않거나 보존하지 않은 경우
    • 개업공인중개사의 업무정지(○)
    • 소속공인중개사의 자격정지(×)

2. 확인·설명서 및 거래계약서에 서명 및 날인을 하지 않은 경우
 • 개업공인중개사의 업무정지(○)
 • 소속공인중개사의 자격정지(○)

2. 자격정지의 처분권자

① 자격정지처분은 그 공인중개사자격증을 교부한 시·도지사가 행한다.

② 자격증을 교부한 시·도지사와 공인중개사 사무소의 소재지를 관할하는 시·도지사가 서로 다른 경우에는 공인중개사 사무소의 소재지를 관할하는 시·도지사가 자격정지처분에 필요한 절차를 모두 이행한 후 자격증을 교부한 시·도지사에게 통보하여야 한다.

3. 등록관청의 통지

① **등록관청**은 공인중개사가 **자격정지사유** 중 어느 하나에 해당하는 사실을 **알게 된 때**에는 지체 없이 그 사실을 시·도지사에게 통보하여야 한다.

② 등록관청이 자격정지사유를 적발한 경우에도 등록관청은 자격정지처분을 할 수 없기 때문에 그 사실을 관할 시·도지사에게 통보해야 하는 규정이다.

4. 자격정지의 기준

① **자격정지의 기준은 국토교통부령으로 정한다**(법 제36조 제3항).

② 자격정지의 기준은 국토교통부령 [별표 3]에 규정되어 있다.

③ 시·도지사는 위반행위의 동기·결과 및 횟수 등을 참작하여 자격정지기간의 2분의 1의 범위 안에서 가중 또는 감경할 수 있다. 이 경우 가중하여 처분하는 때에도 자격정지기간은 **6개월을 초과할 수 없다**.

④ 법률에 의하면 모든 자격정지사유는 6개월의 범위 안에서 처분을 할 수 있도록 하고 있으며 국토교통부령에 그 자격정지의 기준을 위반사유에 따라 3개월 또는 6개월로 정하고 있다. 그러므로 모든 자격정지사유는 '6개월의 범위 안에서 자격을 정지할 수 있다'고 하면 옳으며 자격정지의 기준기간을 묻는 경우에는 3개월 또는 6개월로 답하면 된다.

> 1. 자격정지 기준이 3개월인 경우에는 위반행위의 동기 등을 참작 또는 고려하여 2개월 또는 4개월의 자격정지처분을 할 수도 있다.
> 2. 자격정지 기준이 6개월인 경우에는 위반행위의 동기 등을 참작 또는 고려하여 3, 4개월 또는 5개월의 자격정지처분을 할 수도 있다.

[별표 3] 공인중개사 자격정지의 기준(규칙 제22조 관련) 〈개정 2021. 10. 19.〉

위반행위	자격정지 기준
1. 법 제33조 제1항 각 호에 규정된 금지행위를 한 경우	자격정지 6개월
2. 둘 이상의 중개사무소에 소속된 경우	자격정지 6개월
3. 거래계약서에 거래금액 등 거래내용을 거짓으로 기재하거나 서로 다른 둘 이상의 거래계약서를 작성한 경우	자격정지 6개월
4. 중개대상물확인·설명서에 서명·날인을 하지 아니한 경우	자격정지 3개월
5. 거래계약서에 서명·날인을 하지 아니한 경우	자격정지 3개월
6. 성실·정확하게 중개대상물의 확인·설명을 하지 아니하거나 설명의 근거자료를 제시하지 아니한 경우	자격정지 3개월
7. 인장등록을 하지 아니하거나 등록하지 아니한 인장을 사용한 경우	자격정지 3개월

빈출지문 OX

공인중개사법령상 중개업무를 수행하는 소속공인중개사의 자격정지사유에 해당하지 <u>않는</u> 것은?

제29회 수정

① 하나의 거래에 대하여 서로 다른 둘 이상의 거래계약서를 작성한 경우
② 국토교통부령이 정하는 전속중개계약서에 의하지 않고 전속중개계약을 체결한 경우
③ 성실·정확하게 중개대상물의 확인·설명을 하지 않은 경우
④ 거래계약서에서 거래금액 등 거래내용을 거짓으로 기재한 경우
⑤ 둘 이상의 중개사무소에 소속공인중개사로 소속된 경우

해설 표준서식인 전속중개계약서를 사용하지 않거나 보존하지 않은 경우
→ 개업공인중개사의 업무정지(○), 소속공인중개사의 자격정지(×)　　　　▶▶ 정답 ②

4 개업공인중개사에 대한 등록취소

1. 절대적 등록취소사유

등록관청은 개업공인중개사가 다음의 어느 하나에 해당하는 경우에는 중개사무소의 개설
등록을 취소하여야 한다(법 제38조 제1항).

① 개인인 개업공인중개사가 사망하거나 개업공인중개사인 법인이 해산한 경우
② 개업공인중개사가 다음의 결격사유에 해당하는 경우
　　㉠ 성년후견 또는 한정후견개시의 심판을 받은 경우
　　㉡ 파산선고를 받은 경우
　　㉢ 금고 또는 징역의 실형을 선고받아 형이 확정된 경우
　　㉣ 금고 또는 징역의 집행유예를 선고받아 형이 확정된 경우
　　㉤ 「공인중개사법」을 위반하여 300만원 이상의 벌금형을 선고받아 형이 확정된 경우

ⓗ 공인중개사 자격이 취소된 경우

ⓢ 법인인 개업공인중개사의 사원 또는 임원이 결격사유에 해당하고 그 사유가 발생한
   날부터 2개월 이내에 그 사유를 해소하지 않은 경우

③ 거짓이나 그 밖의 부정한 방법으로 중개사무소의 개설등록을 한 경우

④ 다른 사람에게 자기의 성명 또는 상호를 사용하여 중개업무를 하게 하거나, 중개사무소
   등록증을 양도 또는 대여한 경우

⑤ 이중으로 중개사무소의 개설등록을 한 경우

⑥ 다른 개업공인중개사의 소속공인중개사, 중개보조원 또는 개업공인중개사인 법인의 사
   원·임원이 된 경우

⑦ 업무정지기간 중에 중개업무를 하거나, 자격정지처분을 받은 소속공인중개사로 하여금
   자격정지기간 중에 중개업무를 하게 한 경우

⑧ 최근 1년 이내에 이 법에 의하여 2회 이상 업무정지처분을 받고 다시 업무정지처분에
   해당하는 행위를 한 경우

⑨ 고용인원수를 초과하여 중개보조원을 고용한 경우

1. 절대적 등록취소사유를 위반한 경우에는 업무정지처분을 할 수 없고 반드시 등록을 취소하여야
   한다.
2. 등록관청은 중개사무소등록증을 대여한 개업공인중개사에게 업무정지처분을 할 수 있다.(×)

2. 임의적(상대적) 등록취소사유

등록관청은 개업공인중개사가 다음의 어느 하나에 해당하는 경우에는 중개사무소의 개설
등록을 취소할 수 있다(법 제38조 제2항).

① 등록기준에 미달하게 된 경우

② 거래계약서에 거래금액 등을 거짓으로 기재하거나, 서로 다른 둘 이상의 거래계약서를
   작성한 경우

③ 법 제33조 제1항에 규정된 금지행위를 한 경우

   1. 거짓된 언행 등으로 중개의뢰인의 판단을 그르치게 하는 행위

   2. 중개대상물의 매매를 업으로 하는 행위

   3. 무등록중개업자인 사실을 알면서 그를 통하여 중개를 의뢰받거나 그에게 자기의 명
      의를 이용하게 하는 행위

   4. 중개보수 또는 실비를 초과하여 금품을 받는 행위

   5. 부동산의 분양·임대 등과 관련 있는 금지증서의 매매·교환 등을 중개하거나 그 매
      매를 업으로 하는 행위

   6. 중개의뢰인과 직접 거래를 하거나 거래당사자 쌍방을 대리하는 행위

   7. 탈세 등 관계 법령을 위반할 목적으로 미등기 전매를 중개하거나 전매가 제한된 부
      동산의 매매를 중개하는 등 투기조장행위

    8. 거짓으로 거래가 완료된 것처럼 꾸미는 등 중개대상물의 시세에 부당한 영향을 주거나 줄 우려가 있는 행위

    9. 단체를 구성하여 특정 중개대상물에 대하여 중개를 제한하거나 단체 구성원 이외의 자와 공동중개를 제한하는 행위

④ 전속중개계약을 체결한 개업공인중개사가 중개대상물에 관한 정보를 공개하지 아니하거나, 중개의뢰인의 비공개요청에도 불구하고 정보를 공개한 경우

⑤ 손해배상책임을 보장하기 위한 조치를 이행하지 아니하고 업무를 개시한 경우

⑥ 부득이한 사유 없이 계속하여 6개월을 초과하여 휴업한 경우

⑦ 둘 이상의 중개사무소를 둔 경우 또는 임시 중개시설물을 설치한 경우

⑧ 법인인 개업공인중개사가 규정된 업무 이외의 겸업을 한 경우

⑨ 최근 1년 이내에 이 법에 의하여 3회 이상 업무정지 또는 과태료의 처분을 받고 다시 업무정지 또는 과태료의 처분에 해당하는 행위를 한 경우(다만, 최근 1년 이내에 이 법에 의하여 2회 이상 업무정지처분을 받고 다시 업무정지처분에 해당하는 행위를 한 경우는 제외한다)

⑩ 개업공인중개사가 조직한 사업자단체 또는 그 구성원인 개업공인중개사가 「독점규제 및 공정거래에 관한 법률」 제26조(사업자단체의 금지행위)를 위반하여 시정조치 또는 과징금을 최근 2년 이내에 2회 이상 받은 경우

넓혀 보기 🔍

- 이중으로 중개사무소 개설등록을 한 경우 : 절대적 등록취소 & 1-1
- 둘 이상의 중개사무소를 둔 경우 : 임의적 등록취소 & 1-1

- 과과과 + 업(위반) = 임등취
- 과과과 + 과(위반) = 임등취

- 과과업 + 업(위반) = 임등취
- 과과업 + 과(위반) = 임등취

- 과업업 + 업(위반) = 절등취
- 과업업 + 과(위반) = 임등취

---

3. 등록취소의 절차

(1) 청 문

① 등록관청은 사망·해산을 제외한 사유로 중개사무소의 개설등록을 취소하고자 하는 경우에는 청문을 실시하여야 한다.

② 법인인 개업공인중개사의 해산을 이유로 등록을 취소하는 경우에는 청문을 실시하지 않는다.

(2) 등록증 반납

① 중개사무소 개설등록이 취소된 자는 등록취소처분을 받은 날부터 7일 이내에 등록관청에 중개사무소등록증을 반납하여야 한다.

② 중개사무소의 개설등록이 취소된 경우로서 법인인 개업공인중개사가 해산한 경우에는 그 법인의 대표자이었던 자가 등록취소처분을 받은 날부터 7일 이내에 등록관청에 중개사무소등록증을 반납하여야 한다.

(3) 간판의 철거

등록취소처분을 받은 자는 지체 없이 사무소의 간판을 철거하여야 한다.

▽ 업무정지처분
- 청문(×)
- 등록증 반납(×)
- 간판 철거(×)

(4) 자료제공의 요청

국토교통부장관, 시·도지사 및 등록관청은 임의적 등록취소 또는 업무정지처분을 하고자 하는 경우에는 미리 공정거래위원회에 처분과 관련된 자료의 제공을 요청할 수 있으며 공정거래위원회는 특별한 사유가 없으면 이에 따라야 한다.

4. 임의적 등록취소의 처분기준

① 중개사무소 개설등록을 취소할 수 있는 사유이므로 "중개사무소 개설등록을 취소하여야 한다"는 틀리며 "업무정지처분을 할 수 있다"는 옳다.

② 임의적 등록취소사유를 최근 1년 이내에 1회 위반한 경우에는 업무정지 6개월에 처한다.

▽ 임의적 등록취소사유에 대한 지문의 예
1. 중개의뢰인과 직접거래를 한 경우 등록관청은 중개사무소 개설등록을 취소하여야 한다. (×)
2. 중개의뢰인과 직접거래를 한 경우 등록관청은 중개사무소 개설등록을 취소할 수 있다. (○)
3. 중개의뢰인과 직접거래를 한 경우 등록관청은 업무정지처분을 할 수 있다. (○)

> **빈출지문 OX**
>
> 공인중개사법령상 중개사무소 개설등록의 절대적 취소사유가 <u>아닌</u> 것은?　　제30회
> ① 개업공인중개사인 법인이 해산한 경우
> ② 자격정지처분을 받은 소속공인중개사로 하여금 자격정지기간 중에 중개업무를 하게 한 경우
> ③ 거짓 그 밖의 부정한 방법으로 중개사무소의 개설등록을 한 경우
> ④ 법인이 아닌 개업공인중개사가 파산선고를 받고 복권되지 아니한 경우
> ⑤ 공인중개사법령을 위반하여 둘 이상의 중개사무소를 둔 경우
>
> **해설**　둘 이상의 중개사무소를 둔 경우는 개설등록을 취소할 수 있는 사유이다.　　▶▶ 정답 ⑤

5 개업공인중개사에 대한 업무정지

1. 업무정지의 사유

등록관청은 개업공인중개사가 다음의 어느 하나에 해당하는 경우에는 **6개월의 범위 안에서 기간을 정하여 업무의 정지를 명할 수 있다.**

① 임의적 등록취소처분사유를 위반한 경우
② 최근 1년 이내에 이 법에 의하여 2회 이상 업무정지 또는 과태료의 처분을 받고 다시 과태료의 처분에 해당하는 행위를 한 경우(기간의 계산은 업무정지처분 또는 과태료 부과처분을 받은 날과 그 처분 후 다시 같은 위반행위를 하여 적발된 날을 기준으로 한다)
   • 과과 + 과(위반) = 업무정지
   • 과업 + 과(위반) = 업무정지
   • 업업 + 과(위반) = 업무정지
③ 결격사유에 해당하는 자를 소속공인중개사 또는 중개보조원으로 둔 경우. 다만, 그 사유가 발생한 날부터 2개월 이내에 그 사유를 해소한 경우에는 그러하지 아니하다.
④ 부동산거래정보망에 중개대상물에 관한 정보를 거짓으로 공개하거나, 거래정보사업자에게 공개를 의뢰한 중개대상물의 거래가 완성된 사실을 해당 거래정보사업자에게 통보하지 아니한 경우
⑤ 전속중개계약을 체결한 개업공인중개사가 전속중개계약서에 의하지 아니하고 전속중개계약을 체결하거나 보존하지 아니한 경우
⑥ 중개대상물 확인·설명서를 교부하지 아니하거나 보존하지 아니한 경우
⑦ 중개대상물 확인·설명서에 서명 및 날인을 하지 아니한 경우
⑧ 적정하게 거래계약서를 작성·교부하지 아니하거나 보존하지 아니한 경우
⑨ 거래계약서에 서명 및 날인을 하지 아니한 경우
⑩ 감독상 명령과 관련하여 보고, 자료의 제출, 조사 또는 검사를 거부·방해 또는 기피하거나 그 밖의 명령을 이행하지 아니하거나 거짓으로 보고 또는 자료제출을 한 경우
⑪ 인장등록을 하지 아니하거나, 등록하지 아니한 인장을 사용한 경우
⑫ 개업공인중개사가 조직한 사업자단체 또는 그 구성원인 개업공인중개사가 「독점규제 및 공정거래에 관한 법률」 제26조를 위반하여 시정조치 또는 과징금을 받은 경우
⑬ 법 제7638호 부칙 제6조 제2항의 개업공인중개사가 중개업무 지역제한을 위반한 경우
⑭ 그 밖에 이 법 또는 이 법에 의한 명령이나 처분에 위반한 경우

2. 업무정지의 기준

① **업무정지의 기준은 국토교통부령으로 정한다**(법 제39조 제2항).
② 업무정지의 기준은 국토교통부령 [별표 4]와 같다.

③ 위반행위가 둘 이상인 경우에는 각 업무정지기간을 합산한 기간을 넘지 않는 범위에서 가장 **무거운** 처분기준의 2분의 1의 범위에서 가중한다. 다만, 가중하는 경우에도 총 업무정지기간은 6개월을 **넘을 수 없다.**

④ 등록관청은 다음의 어느 하나에 해당하는 경우에는 업무정지기간의 2분의 1 범위에서 줄일 수 있다.
　㉠ 위반행위가 사소한 부주의나 오류 등 과실로 인한 것으로 인정되는 경우
　㉡ 위반행위자가 법 위반행위를 시정하거나 해소하기 위하여 노력한 사실이 인정되는 경우
　㉢ 그 밖에 위반행위의 동기와 결과, 위반정도 등을 고려하여 업무정지기간을 줄일 필요가 있다고 인정되는 경우

⑤ 등록관청은 다음의 어느 하나에 해당하는 경우에는 업무정지기간의 2분의 1 범위에서 그 기간을 늘릴 수 있다. 다만, 6개월을 넘을 수 없다.
　㉠ 위반행위의 내용·정도가 중대하여 소비자 등에게 미치는 피해가 크다고 인정되는 경우
　㉡ 그 밖에 위반행위의 동기와 결과, 위반정도 등을 고려하여 업무정지기간을 늘릴 필요가 있다고 인정되는 경우

⑥ 업무정지기간을 늘리거나 줄이는 경우 업무정지기간 1개월은 30일로 본다.

[별표 4] 개업공인중개사 업무정지의 기준(규칙 제25조 관련) 〈개정 2023. 7. 28.〉	
위반행위	업무정지기준
1. 임의적 등록취소사유 어느 하나를 최근 1년 이내에 1회 위반한 경우	업무정지 6개월
2. 최근 1년 이내에 이 법에 의하여 2회 이상 업무정지 또는 과태료의 처분을 받고 다시 과태료의 처분에 해당하는 행위를 한 경우	업무정지 6개월
3. 결격사유의 어느 하나에 해당하는 자를 소속공인중개사 또는 중개보조원으로 둔 경우. 다만, 그 사유가 발생한 날부터 2개월 이내에 그 사유를 해소한 경우에는 업무정지 대상에서 제외한다.	업무정지 6개월
4. 부동산거래정보망에 중개대상물에 관한 정보를 거짓으로 공개한 경우	업무정지 6개월
5. 거래정보사업자에게 공개를 의뢰한 중개대상물의 거래가 완성된 사실을 그 거래정보사업자에게 통보하지 아니한 경우	업무정지 3개월
6. 국토교통부령이 정하는 전속중개계약서에 의하지 아니하고 전속중개계약을 체결하거나 계약서를 보존하지 아니한 경우	업무정지 3개월

7. 중개대상물 확인·설명서를 교부하지 아니하거나 보존하지 아니한 경우	업무정지 3개월
8. 중개대상물 확인·설명서에 서명·날인을 하지 아니한 경우	업무정지 3개월
9. 적정하게 거래계약서를 작성·교부하지 아니하거나 보존하지 아니한 경우	업무정지 3개월
10. 거래계약서에 서명·날인을 하지 아니한 경우	업무정지 3개월
11. 보고, 자료의 제출, 조사 또는 검사를 거부·방해 또는 기피하거나 그 밖의 명령을 이행하지 아니하거나 거짓으로 보고 또는 자료제출을 한 경우	업무정지 3개월
12. 인장등록을 하지 아니하거나 등록하지 아니한 인장을 사용한 경우	업무정지 3개월
13. 개업공인중개사가 조직한 사업자단체 또는 그 구성원인 개업공인중개사가 다음 각 목에 따라 「독점규제 및 공정거래에 관한 법률」 제26조를 위반하여 같은 법 제27조 또는 제28조에 따른 처분을 받은 경우	
가. 「독점규제 및 공정거래에 관한 법률」 제26조 제1항 제1호를 위반하여 같은 법 제27조에 따른 처분을 받은 경우	업무정지 3개월
나. 「독점규제 및 공정거래에 관한 법률」 제26조 제1항 제1호를 위반하여 같은 법 제28조에 따른 처분을 받은 경우 또는 같은 법 제27조와 제28조에 따른 처분을 동시에 받은 경우	업무정지 6개월
다. 「독점규제 및 공정거래에 관한 법률」 제26조 제1항 제2호 또는 제4호를 위반하여 같은 법 제27조에 따른 처분을 받은 경우	업무정지 1개월
라. 「독점규제 및 공정거래에 관한 법률」 제26조 제1항 제2호 또는 제4호를 위반하여 같은 법 제28조에 따른 처분을 받은 경우 또는 같은 법 제27조와 제28조에 따른 처분을 동시에 받은 경우	업무정지 2개월
마. 「독점규제 및 공정거래에 관한 법률」 제26조 제1항 제3호를 위반하여 같은 법 제27조에 따른 처분을 받은 경우	업무정지 2개월
바. 「독점규제 및 공정거래에 관한 법률」 제26조 제1항 제3호를 위반하여 같은 법 제28조에 따른 처분을 받은 경우 또는 같은 법 제27조와 제28조에 따른 처분을 동시에 받은 경우	업무정지 4개월
14. 법 제7638호 부칙 제6조 제2항의 개업공인중개사가 업무지역의 범위를 위반하여 중개행위를 한 경우	업무정지 3개월
15. 그 밖에 이 법 또는 이 법에 의한 명령이나 처분에 위반한 경우로서 위의 각 호에 해당되지 아니하는 경우	업무정지 1개월

3. 분사무소에 대한 업무정지

① 법인인 개업공인중개사에 대하여는 **법인 또는 분사무소별로 업무의 정지를 명할 수 있다**(법 제39조 제1항).

② 분사무소에서 업무정지사유를 위반한 경우 주된 사무소와 분사무소 모두를 대상으로 업무정지처분을 할 수도 있으며, 사유를 위반한 분사무소에 대해서만 업무정지처분을 할 수도 있다.

4. 시효제도

① **업무정지처분은 그 사유가 발생한 날부터 3년이 지난 때에는 이를 할 수 없다**(법 제39조 제3항).

② 업무정지사유를 위반한 날부터 1년 또는 2년이 지난 때에는 업무정지처분을 할 수 있으나, 3년이 지난 후에 적발된 경우에는 등록관청은 업무정지처분을 할 수 없다. 업무정지에만 있는 고유한 제도이며 자격정지처분에 관하여는 시효규정이 없다.

넓혀 보기 🔍

1. 업무정지처분은 그 사유가 발생한 날부터 1년이 지난 때에는 이를 할 수 있다. (○)
2. 업무정지처분은 그 사유가 발생한 날부터 2년이 지난 때에는 이를 할 수 있다. (○)
3. 업무정지처분은 그 사유가 발생한 날부터 3년이 지난 때에는 이를 할 수 없다. (○)
4. 자격정지처분은 그 사유가 발생한 날부터 3년이 지난 때에는 이를 할 수 없다. (×)

빈출지문 OX

공인중개사법령상 개업공인중개사에 대한 업무정지처분에 관한 설명으로 옳은 것은?

제20회 수정

① 업무정지기간을 가중처분하는 경우에는 6개월을 초과할 수 있다.
② 등록관청은 법인인 개업공인중개사에게 업무정지를 명하는 경우 분사무소별로 업무의 정지를 명해야 한다.
③ 부정한 방법으로 중개사무소의 개설등록을 한 경우 3개월의 업무정지를 명할 수 있다.
④ 업무정지처분은 그 사유가 발생한 날부터 3년이 지난 때에는 이를 할 수 없다.
⑤ 등록관청이 업무정지처분을 하고자 하는 경우 청문을 실시해야 한다.

해설 ① 등록관청은 위반행위의 동기·결과 및 횟수 등을 참작하여 업무정지기간의 2분의 1 범위 안에서 가중 또는 감경할 수 있으나 가중하는 때에도 6개월을 초과할 수 없다.
② 법인 또는 분사무소별로 업무정지처분을 명할 수 있다.
③ 부정한 방법으로 등록을 한 경우 절대적 등록취소사유에 해당한다.
⑤ 업무정지처분을 하는 경우 청문을 실시하지 않는다.

▶▶ 정답 ④

6 거래정보사업자에 대한 지정취소

1. 지정취소사유

국토교통부장관은 거래정보사업자가 다음의 어느 하나에 해당하는 경우에는 그 지정을 취소할 수 있다(법 제24조 제5항).

> ① 거짓 그 밖의 부정한 방법으로 지정을 받은 경우
> ② 운영규정의 승인 또는 변경승인을 받지 아니하거나 운영규정을 위반하여 부동산거래정보망을 운영한 경우
> ③ 개업공인중개사로부터 의뢰받은 내용과 다르게 정보를 공개하거나, 개업공인중개사에 따라 정보가 차별적으로 공개되도록 한 경우
> ④ 개인인 거래정보사업자의 사망 또는 법인인 거래정보사업자의 해산 그 밖의 사유로 부동산거래정보망의 계속적인 운영이 불가능한 경우
> ⑤ 정당한 사유 없이 지정받은 날부터 1년 이내에 부동산거래정보망을 설치 · 운영하지 아니한 경우

2. 청 문

국토교통부장관은 지정취소사유 중 '개인인 거래정보사업자의 사망 또는 법인인 거래정보사업자의 해산'을 제외한 사유로 지정을 취소하고자 하는 경우에는 청문을 실시하여야 한다.

7 행정제재처분효과의 승계 등

1. 폐업 전의 지위승계

개업공인중개사가 폐업신고를 한 후 다시 중개사무소의 개설등록을 한 때에는 폐업신고 전의 개업공인중개사의 지위를 승계한다. 등록관청을 달리하거나 종별을 달리하더라도 승계한다.

2. 행정처분의 승계

폐업신고 전의 개업공인중개사에 대하여 업무정지 및 과태료처분의 위반행위를 사유로 행한 행정처분의 효과는 그 **처분일부터 1년간** 다시 중개사무소의 개설등록을 한 자에게 승계된다.

▽ 개업공인중개사가 업무정지처분 또는 과태료처분을 받은 후 폐업신고를 한 경우 그 처분의 효과는 각각의 처분일부터 1년 이내에 재등록한 개업공인중개사에게 승계된다. **폐업신고일부터 1년간 승계되는 것이 아님**을 주의한다.

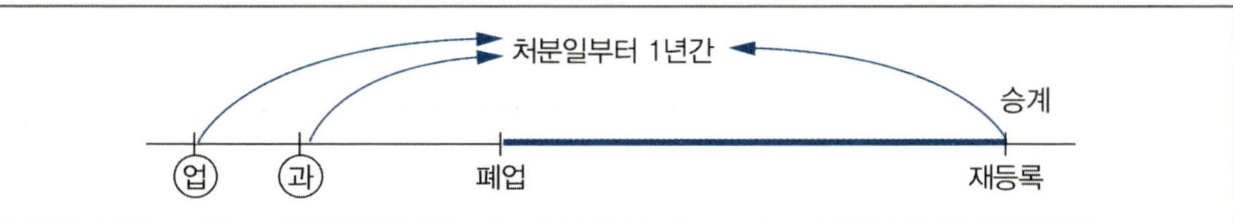

빈출지문 OX

01 폐업신고 전에 개업공인중개사에게 행한 업무정지처분의 효과는 그 처분일부터 13개월이 된 때 재등록한 개업공인중개사에게 승계된다. ( )

02 폐업신고 전에 개업공인중개사에게 행한 과태료처분의 효과는 그 처분일부터 9개월이 된 때 재등록한 개업공인중개사에게 승계된다. ( )

정답 **01** × 처분일부터 1년이 지난 후에 재등록한 경우에는 승계되지 않는다.
02 ○

3. 재등록 개업공인중개사에 대한 행정처분

(1) 폐업 전의 위반사유로 행정처분을 할 수 있는 경우

① 등록관청은 폐업 후 3년 이내에 재등록한 개업공인중개사에게 폐업신고 전의 위반행위에 대하여 등록취소처분을 할 수 있다.

② 등록관청은 폐업 후 1년 이내에 재등록한 개업공인중개사에게 폐업신고 전의 위반행위에 대하여 업무정지처분을 할 수 있다.

③ 등록관청이 재등록한 개업공인중개사에게 폐업 전의 사유로 행정처분을 함에 있어서는 폐업기간과 폐업의 사유 등을 고려하여야 한다.

 1. 재등록한 개업공인중개사가 폐업 전의 사유로 등록이 취소된 경우 등록취소 후 '3년에서 폐업기간을 공제한 기간' 동안 결격사유가 된다.
 2. 등록관청이 재등록한 개업공인중개사에게 폐업 전의 사유로 업무정지처분을 하는 경우에는 폐업기간과 폐업의 사유 등을 고려하여야 한다.

(2) 폐업 전의 사유로 행정처분을 할 수 없는 경우

① **3년**을 **초과**하여 폐업한 후 재등록한 개업공인중개사에 대하여는 폐업신고 전의 위반사유로 **등록취소처분을 할 수 없다.**

② **1년**을 **초과**하여 폐업한 후 재등록한 개업공인중개사에 대하여는 폐업신고 전의 위반사유로 **업무정지처분을 할 수 없다.**

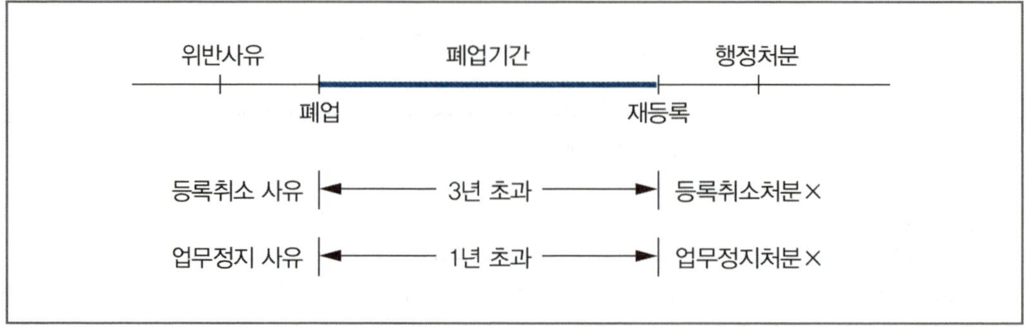

빈출지문 OX

01 3년 6개월간 폐업 후 재등록한 개업공인중개사에 대하여 등록관청은 폐업 전의 위반사유로 등록취소처분을 할 수 없다. ( )

02 10개월간 폐업 후 재등록한 개업공인중개사에 대하여 등록관청은 폐업 전의 위반사유로 업무정지처분을 할 수 없다. ( )

정답 **01** ○
02 × 폐업기간이 1년을 초과한 경우에 폐업 전의 사유로 업무정지처분을 할 수 없다.

4. 법인의 대표자

① 법인인 개업공인중개사가 폐업신고를 한 후 대표자가 다시 중개사무소의 개설등록을 한 때에는 대표자가 폐업신고 전의 법인인 개업공인중개사의 지위를 승계한다.

② 법인인 개업공인중개사가 폐업신고 후 대표자가 재등록한 경우, 법인인 개업공인중개사에게 처분했던 업무정지 및 과태료처분의 효과는 그 처분일부터 1년간 재등록한 법인의 대표자에게 승계된다.

③ 등록관청은 폐업 후 재등록한 법인의 대표자이었던 자에게 폐업신고 전에 법인인 개업공인중개사가 위반했던 사유에 대하여 등록취소 또는 업무정지처분을 할 수 있다.

제 3 절　벌 칙　제33회, 제35회

「공인중개사법」상 벌칙(행정형벌)은 '3년 이하의 징역 또는 3천만원 이하의 벌금'과 '1년 이하의 징역 또는 1천만원 이하의 벌금'의 2가지 종류가 있다.

1 행정형벌

1. 3년 이하의 징역 또는 3천만원 이하의 벌금

다음의 어느 하나에 해당하는 자는 3년 이하의 징역 또는 3천만원 이하의 벌금에 처한다 (법 제48조).

① 중개사무소의 개설등록을 하지 아니하고 중개업을 한 자
② 거짓이나 그 밖의 부정한 방법으로 중개사무소의 개설등록을 한 자
③ 관계 법령에서 양도·알선 등이 금지된 부동산의 분양·임대 등과 관련 있는 증서 등의 매매·교환 등을 중개하거나 증서의 매매를 업으로 하는 행위를 한 자
④ 중개의뢰인과 직접 거래를 하거나 거래당사자 쌍방을 대리하는 행위를 한 자
⑤ 탈세 등 관계 법령을 위반할 목적으로 소유권보존등기 또는 이전등기를 하지 아니한 부동산 또는 관계 법령의 규정에 의하여 전매 등 권리의 변동이 제한된 부동산의 매매를 중개하는 등 부동산투기를 조장하는 행위를 한 자
⑥ 부당한 이익을 얻거나 제3자에게 부당한 이익을 얻게 할 목적으로 거짓으로 거래가 완료된 것처럼 꾸미는 등 중개대상물의 시세에 부당한 영향을 주거나 줄 우려가 있는 행위를 한 자
⑦ 단체를 구성하여 특정 중개대상물에 대하여 중개를 제한하거나 단체 구성원 이외의 자와 공동중개를 제한하는 행위를 한 자
⑧ 안내문, 온라인 커뮤니티 등을 이용하여 특정 개업공인중개사 등에 대한 중개의뢰를 제한하거나 제한을 유도하는 행위를 한 자
⑨ 안내문, 온라인 커뮤니티 등을 이용하여 중개대상물에 대하여 시세보다 현저하게 높게 표시·광고 또는 중개하는 특정 개업공인중개사 등에게만 중개의뢰를 하도록 유도함으로써 다른 개업공인중개사 등을 부당하게 차별하는 행위를 한 자
⑩ 안내문, 온라인 커뮤니티 등을 이용하여 특정 가격 이하로 중개를 의뢰하지 아니하도록 유도하는 행위를 한 자
⑪ 정당한 사유 없이 개업공인중개사 등의 중개대상물에 대한 정당한 표시·광고 행위를 방해하는 행위를 한 자
⑫ 개업공인중개사 등에게 중개대상물을 시세보다 현저하게 높게 표시·광고하도록 강요하거나 대가를 약속하고 시세보다 현저하게 높게 표시·광고하도록 유도하는 행위를 한 자

2. 1년 이하의 징역 또는 1천만원 이하의 벌금

다음의 어느 하나에 해당하는 자는 1년 이하의 징역 또는 1천만원 이하의 벌금에 처한다
(법 제49조).

① 다른 사람에게 자기의 성명을 사용하여 중개업무를 하게 하거나 공인중개사자격증을
양도·대여한 자 또는 다른 사람의 공인중개사자격증을 양수·대여받은 자
② 다른 사람에게 자기의 성명 또는 상호를 사용하여 중개업무를 하게 하거나 중개사무소
등록증을 다른 사람에게 양도·대여한 자 또는 다른 사람의 성명·상호를 사용하여 중
개업무를 하거나 중개사무소등록증을 양수·대여받은 자
③ 이중으로 중개사무소의 개설등록을 하거나, 둘 이상의 중개사무소에 소속된 자
④ 둘 이상의 중개사무소를 둔 자, 임시 중개시설물을 설치한 자
⑤ 고용인원수를 초과하여 중개보조원을 고용한 경우
⑥ 해당 중개대상물의 거래상 중요사항에 관하여 거짓된 언행 그 밖의 방법으로 중개의뢰
인의 판단을 그르치게 하는 행위를 한 자
⑦ 중개대상물의 매매를 업으로 한 자
⑧ 중개사무소 개설등록을 하지 않고 중개업을 영위하는 자인 사실을 알면서 그를 통하여
중개를 의뢰받거나 그에게 자기의 명의를 이용하게 한 자
⑨ 사례·증여 그 밖의 어떠한 명목으로도 중개보수 또는 실비를 초과하여 금품을 받은 자
⑩ 거래정보사업자로서 개업공인중개사로부터 공개를 의뢰받지 않은 중개대상물의 정보
를 부동산거래정보망에 공개한 자 또는 개업공인중개사로부터 의뢰받은 내용과 다르게
정보를 공개하거나 개업공인중개사에 따라 정보가 차별적으로 공개되도록 한 자
⑪ 업무상 비밀을 누설한 자. 다만, 피해자의 명시한 의사에 반하여 벌하지 아니한다.
⑫ 개업공인중개사가 아닌 자로서 '공인중개사사무소', '부동산중개' 또는 이와 유사한 명
칭을 사용한 자
⑬ 개업공인중개사가 아닌 자로서 중개업을 하기 위하여 중개대상물에 대한 표시·광고를
한 자
⑭ 공인중개사가 아닌 자로서 공인중개사 또는 이와 유사한 명칭을 사용한 자

3. 병과처분

① 이 법상 징역형과 벌금형은 병과하지 않는다.
② 행정처분과 행정형벌은 병과할 수 있다. 예를 들어, 공인중개사자격증을 대여한 자에
대하여는 행정처분인 자격취소와 행정형벌인 1년 이하의 징역 또는 1천만원 이하의
벌금을 병과하여 처분할 수 있다.

2 양벌규정

1. 양벌규정

① 소속공인중개사·중개보조원 또는 개업공인중개사인 법인의 사원 또는 임원이 중개업무에 관하여 법 제48조(3년 이하의 징역 또는 3천만원 이하의 벌금) 또는 제49조(1년 이하의 징역 또는 1천만원 이하의 벌금)에 해당하는 위반행위를 한 때에는 그 행위자를 벌하는 외에 그 개업공인중개사에 대하여도 해당 조에 규정된 벌금형을 과한다(법 제50조).

② 개업공인중개사가 양벌규정에 따라 벌금형을 받는 이유는 고용인의 위반행위에 대하여 주의와 감독을 게을리한 책임을 묻기 위함이다.

2. 면책규정 등

(1) 면책규정

개업공인중개사가 고용인의 위반행위를 방지하기 위하여 해당 업무에 관하여 상당한 주의와 감독을 게을리하지 아니한 경우에는 양벌규정에 따른 벌금형을 받지 않는다.

(2) 결격사유

개업공인중개사가 상당한 주의와 감독을 게을리하여 양벌규정에 따라 300만원 이상의 벌금형을 받게 되더라도 이는 개업공인중개사 자신이 직접 그 사유를 위반하여 받게 되는 벌금형이 아니기 때문에 결격사유에 해당하지 않는다.

예제

공인중개사법령상 법정형이 1년 이하의 징역 또는 1천만원 이하의 벌금에 해당하는 자를 모두 고른 것은?　　　　　　제28회

> ㉠ 공인중개사가 아닌 자로서 공인중개사 명칭을 사용한 자
> ㉡ 이중으로 중개사무소의 개설등록을 하여 중개업을 한 개업공인중개사
> ㉢ 개업공인중개사로부터 공개를 의뢰받지 아니한 중개대상물의 정보를 부동산거래정보망에 공개한 거래정보사업자
> ㉣ 중개의뢰인과 직접 거래를 한 개업공인중개사

① ㉠, ㉣　　　　　　　　② ㉡, ㉢
③ ㉠, ㉡, ㉢　　　　　　④ ㉡, ㉢, ㉣
⑤ ㉠, ㉡, ㉢, ㉣

해설　㉠㉡㉢ 1년 이하의 징역 또는 1천만원 이하의 벌금
㉣ 3년 이하의 징역 또는 3천만원 이하의 벌금　　　　　　▶▶ 정답 ③

제 4 절 　과태료　제32회, 제34회, 제36회

1 과태료처분사유

1. 500만원 이하의 과태료사유

① 개업공인중개사 및 소속공인중개사 : 정당한 사유 없이 연수교육을 받지 아니한 자
② 중개보조원 및 개업공인중개사 : 현장안내 등 중개업무를 보조함에 있어서 중개의뢰인에게 본인이 중개보조원임을 알리지 아니한 중개보조원 및 개업공인중개사. 다만, 그 위반행위를 방지하기 위하여 해당 업무에 관하여 상당한 주의와 감독을 게을리하지 아니한 개업공인중개사에게는 과태료를 부과하지 않는다.
③ 개업공인중개사 : 중개대상물에 대하여 부당한 표시·광고를 한 자
　㉠ 존재하지 않아서 실제로 거래를 할 수 없는 중개대상물 표시·광고
　㉡ 존재하지만 실제로 중개의 대상이 될 수 없는 중개대상물 표시·광고
　㉢ 존재하지만 실제로 중개할 의사가 없는 중개대상물 표시·광고
　㉣ 선택에 중요한 영향을 미칠 수 있는 사실을 빠뜨리거나 은폐·축소하는 등의 방법으로 소비자를 속이는 표시·광고
　㉤ 가격을 사실과 다르게 거짓으로 표시·광고하거나 사실을 과장되게 하는 표시·광고
④ 개업공인중개사 : 성실·정확하게 중개대상물의 확인·설명을 하지 않거나 설명의 근거자료를 제시하지 아니한 자
⑤ 정보통신서비스 제공자 : 정당한 사유 없이 표시·광고 모니터링 관련 자료 제출요구에 따르지 아니하여 관련 자료를 제출하지 아니한 자
⑥ 정보통신서비스 제공자 : 정당한 사유 없이 모니터링 결과에 따라 이 법 위반이 의심되는 표시·광고에 대한 확인 또는 추가정보의 게재 등의 요구에 따르지 아니하여 필요한 조치를 하지 아니한 자
⑦ 거래정보사업자 : 운영규정의 승인 또는 변경승인을 얻지 아니하거나 운영규정의 내용을 위반하여 부동산거래정보망을 운영한 자
⑧ 거래정보사업자 : 보고, 자료의 제출, 조사 또는 검사를 거부·방해 또는 기피하거나 그 밖의 명령을 이행하지 아니하거나 거짓으로 보고 또는 자료제출을 한 자
⑨ 협회 : 공제사업 운용실적을 공시하지 아니한 자
⑩ 협회 : 보고, 자료의 제출, 조사 또는 검사를 거부·방해 또는 기피하거나 그 밖의 명령을 이행하지 아니하거나 거짓으로 보고 또는 자료제출을 한 자
⑪ 협회 : 임원에 대한 징계·해임의 요구를 이행하지 아니하거나 시정명령을 이행하지 아니한 자
⑫ 협회 : 금융감독원장의 공제사업에 관한 조사 또는 검사에 불응한 자
⑬ 협회 : 공제업무의 개선명령을 이행하지 아니한 자

▷ ①에 대한 과태료는 시·도지사가, ②~④에 대한 과태료는 등록관청이, ⑤~⑬에 대한 과태료는 국토교통부장관이 부과한다.

2. 100만원 이하의 과태료사유

① 중개사무소의 이전신고를 하지 아니한 자
② 손해배상책임의 보장에 관한 사항을 설명하지 아니하거나 관계 증서의 사본 또는 관계 증서에 관한 전자문서를 교부하지 아니한 자
③ 중개사무소등록증, 공인중개사자격증, 중개보수 요율표, 보증설정증명서류 또는 사업자 등록증을 게시하지 아니한 자
④ 자격취소 후 자격증을 반납하지 아니하거나 자격증을 반납할 수 없는 사유서를 제출하지 아니한 자 또는 거짓으로 자격증을 반납할 수 없는 사유서를 제출한 자
⑤ 등록취소 후 등록증을 반납하지 아니한 자
⑥ 휴업, 폐업, 휴업한 중개업의 재개 또는 휴업기간의 변경신고를 하지 아니한 자
⑦ 중개대상물에 대한 표시·광고를 함에 있어서 중개사무소 및 개업공인중개사에 관한 사항을 표시하지 아니하거나 중개보조원을 함께 명시한 자
⑧ 인터넷을 이용한 중개대상물에 대한 표시·광고를 함에 있어서 중개대상물의 종류별로 소재지, 면적, 가격 등의 사항을 명시하지 아니한 자
⑨ 사무소의 명칭에 '공인중개사사무소', '부동산중개'라는 문자를 사용하지 않거나 옥외광고물에 성명을 표기하지 아니하거나 허위로 표기한 자
⑩ 부칙상 개업공인중개사로서 사무소의 명칭에 '공인중개사사무소'라는 문자를 사용한 자

▷ ④에 대한 과태료는 시·도지사가, 나머지는 등록관청이 부과한다.

2 과태료의 부과·징수

1. 과태료 처분권자

(1) 거래정보사업자, 공인중개사협회 및 정보통신서비스 제공자에 대한 과태료

국토교통부장관

(2) 연수교육을 정당한 사유 없이 받지 아니한 자에 대한 과태료

시·도지사

(3) 자격취소 후 자격증을 반납하지 아니한 자에 대한 과태료

시·도지사

(4) 개업공인중개사 및 중개보조원에 대한 과태료

등록관청

2. 과태료 부과기준

① 과태료 부과기준은 대통령령으로 정한다.

② 과태료의 부과기준은 [별표 2]와 같다.

예제

다음 중 공인중개사법령상 과태료를 부과할 경우 과태료의 부과기준에서 정하는 과태료 금액이 가장 큰 경우는?   제30회

① 공제업무의 개선명령을 이행하지 않은 경우

② 휴업한 중개업의 재개 신고를 하지 않은 경우

③ 중개사무소의 이전신고를 하지 않은 경우

④ 중개사무소등록증을 게시하지 않은 경우

⑤ 휴업기간의 변경 신고를 하지 않은 경우

해설 ① 국토교통부장관의 공제사업 개선명령을 이행하지 않은 경우 – 500만원 이하의 과태료
②③④⑤ 100만원 이하의 과태료   ▶▶ **정답** ①

[별표 2] 과태료의 부과기준(영 제38조 제1항 관련) 〈개정 2023.10.18.〉

1. 일반기준

   가. 부과권자는 다음의 어느 하나에 해당하는 경우에는 제2호의 개별기준에 따른 과태료 금액의 2분의 1 범위에서 그 금액을 줄일 수 있다. 다만, 과태료를 체납하고 있는 위반행위자의 경우에는 그렇지 않다.

      1) 위반행위가 사소한 부주의나 오류 등 과실로 인한 것으로 인정되는 경우

      2) 위반행위자가 법 위반행위를 시정하거나 해소하기 위하여 노력한 사실이 인정되는 경우

      3) 그 밖에 위반행위의 정도, 동기와 그 결과 등을 고려하여 과태료 금액을 줄일 필요가 있다고 인정되는 경우

   나. 부과권자는 다음의 어느 하나에 해당하는 경우에는 제2호의 개별기준에 따른 과태료의 2분의 1 범위에서 그 금액을 늘릴 수 있다. 다만, 과태료 금액의 상한을 넘을 수 없다.

      1) 위반행위의 내용·정도가 중대하여 소비자 등에게 미치는 피해가 크다고 인정되는 경우

      2) 그 밖에 위반행위의 동기와 결과, 위반정도 등을 고려하여 과태료 금액을 늘릴 필요가 있다고 인정되는 경우

2. 개별기준

가. 법 제51조 제2항 관련(500만원 이하)

위반행위	과태료 금액
1. 연수교육을 정당한 사유 없이 받지 않은 경우	
가) 법 위반상태의 기간이 1개월 이내인 경우	20만원
나) 법 위반상태의 기간이 1개월 초과 3개월 이내인 경우	30만원
다) 법 위반상태의 기간이 3개월 초과 6개월 이내인 경우	50만원
라) 법 위반상태의 기간이 6개월 초과인 경우	100만원
2. 중개의뢰인에게 본인이 중개보조원이라는 사실을 미리 알리지 않은 사람 및 그가 소속된 개업공인중개사	500만원
3. 부당한 표시·광고를 한 경우	
1) 중개대상물이 존재하지 않아서 실제로 거래를 할 수 없는 중개대상물에 대한 표시·광고를 한 경우	500만원
2) 중개대상물의 가격 등 내용을 사실과 다르게 거짓으로 표시·광고하거나 사실을 과장되게 하는 표시·광고를 한 경우	300만원
3) 중개대상물이 존재하지만 실제로 중개의 대상이 될 수 없는 중개대상물에 대한 표시·광고를 한 경우	400만원
4) 중개대상물이 존재하지만 실제로 중개할 의사가 없는 중개대상물에 대한 표시·광고를 한 경우	250만원
5) 중개대상물의 입지조건, 생활여건, 가격 및 거래조건 등 중개대상물 선택에 중요한 영향을 미칠 수 있는 사실을 빠트리거나 은폐·축소하는 등의 방법으로 소비자를 속이는 표시·광고를 한 경우	300만원
4. 성실·정확하게 중개대상물의 확인·설명을 하지 않거나 설명의 근거자료를 제시하지 않은 경우	
1) 성실·정확하게 중개대상물의 확인·설명을 하였으나, 설명의 근거자료를 제시하지 않은 경우	250만원
2) 중개대상물 설명의 근거자료는 제시하였으나, 성실·정확하게 확인·설명하지 않은 경우	250만원
3) 성실·정확하게 중개대상물의 확인·설명을 하지 않고, 설명의 근거자료를 제시하지 않은 경우	500만원
5. 정보통신서비스 제공자가 정당한 사유 없이 표시·광고 모니터링 관련 자료 제출요구에 따르지 아니하여 관련 자료를 제출하지 아니한 경우	500만원

위반행위	과태료 금액
6. 정보통신서비스 제공자가 정당한 사유 없이 모니터링 결과에 따라 이 법 위반이 의심되는 표시·광고에 대한 확인 또는 추가정보의 게재 등의 요구에 따르지 아니하여 필요한 조치를 하지 아니한 경우	500만원
7. 운영규정의 승인 또는 변경승인을 얻지 않거나 운영규정의 내용을 위반하여 부동산거래정보망을 운영한 경우	400만원
8. 거래정보사업자가 보고, 자료의 제출, 조사 또는 검사를 거부·방해 또는 기피하거나 그 밖의 명령을 이행하지 않거나 거짓으로 보고 또는 자료제출을 한 경우	200만원
9. 공제사업 운영실적을 공시하지 않은 경우	300만원
10. 보고, 자료의 제출, 조사 또는 검사를 거부·방해 또는 기피하거나 그 밖의 명령을 이행하지 않거나 거짓으로 보고 또는 자료제출을 한 경우	200만원
11. 임원에 대한 징계·해임의 요구를 이행하지 않거나 시정명령을 이행하지 않은 경우	400만원
12. 금융감독원장의 공제사업에 관한 조사 또는 검사에 불응한 경우	200만원
13. 공제업무의 개선명령을 이행하지 않은 경우	400만원

나. 법 제51조 제3항 및 법 제7638호 부칙 제6조 제5항 관련(100만원 이하)

위반행위	과태료 금액
1) 중개사무소의 이전신고를 하지 않은 경우	30만원
2) 손해배상책임에 관한 사항을 설명하지 않거나 관계 증서의 사본 또는 관계 증서에 관한 전자문서를 교부하지 않은 경우	30만원
3) 중개사무소등록증 등을 게시하지 않은 경우	30만원
4) 공인중개사자격증을 반납하지 않거나 공인중개사자격증을 반납할 수 없는 사유서를 제출하지 않은 경우 또는 거짓으로 공인중개사자격증을 반납할 수 없는 사유서를 제출한 경우	30만원
5) 중개사무소등록증을 반납하지 않은 경우	50만원
6) 휴업, 폐업, 휴업한 중개업의 재개 또는 휴업기간의 변경신고를 하지 않은 경우	20만원
7) 중개대상물 표시·광고 관련 규정을 위반한 경우	50만원
8) 사무소의 명칭에 '공인중개사사무소', '부동산중개'라는 문자를 사용하지 않은 경우 또는 옥외광고물에 성명을 표기하지 않거나 거짓으로 표기한 경우	50만원
9) 부칙상 개업공인중개사가 사무소의 명칭에 '공인중개사 사무소'의 문자를 사용한 경우	50만원

MEMO

박문각 공인중개사

부동산 거래신고
등에 관한 법령

단원열기 부동산 거래신고에 관한 신고대상물, 신고의무자, 신고절차, 신고서의 작성방법, 해제등 신고, 정정신청, 변경신고 및 과태료를 주로 내용으로 하며, 주택 임대차 계약의 신고에 관한 내용도 함께 다룬다. 3~4문제 가량 출제되며 신고대상물, 신고의무자, 신고절차, 신고서 작성요령 및 과태료에서 주로 출제된다.

제1절 총 설

1. 「부동산 거래신고 등에 관한 법률」의 제정

「부동산 거래신고 등에 관한 법률」은 과거 「부동산 거래신고에 관한 법률」, 「외국인토지법」 및 「국토의 계획 및 이용에 관한 법률」상 토지거래 허가제도가 통합되어 새롭게 제정된 법률로서 2017년 1월 20일에 시행된 법률이다. 본 법령은 제1장 부동산 거래신고, 제2장 외국인 등의 부동산 취득 등에 관한 특례, 제3장 토지거래허가구역, 제4장 보칙 및 벌칙으로 구성되어 있다.

제1장 부동산 거래신고는 내·외국인을 불문하고 부동산 등의 매매계약을 체결한 경우에 실제 거래가격을 신고관청에 신고해야 하는 제도와 주택의 임대차계약을 신고하는 제도를 담고 있으며, 제2장 외국인 등의 부동산 취득 등에 관한 특례는 외국인 등이 대한민국 내의 부동산 등의 소유권을 취득하는 경우에 이를 신고관청에 신고하는 것과 외국인 등에 한하여 토지취득허가를 받아야 하는 구역·지역을 다룬다. 제3장 토지거래허가구역은 투기적인 거래가 성행하거나 지가가 급격히 상승하거나 그러한 우려가 있는 지역에 대하여 국토교통부장관 또는 시·도지사가 허가구역을 지정하고 그 허가구역 내에서 소유권 또는 지상권을 유상으로 취득하려는 계약을 체결하는 경우 계약을 체결하기 전에 허가를 받아야 하는 제도이다.

2. 법령의 구성

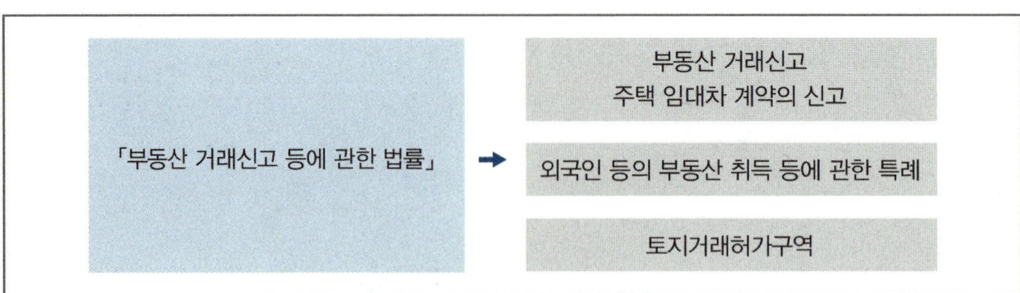

3. 제정목적

이 법은 부동산 거래 등의 신고 및 허가에 관한 사항을 정하여 건전하고 투명한 부동산 거래질서를 확립하고 국민경제에 이바지함을 목적으로 한다.

4. 거래당사자

(1) 거래당사자 및 임대차계약당사자

① **거래당사자**: 부동산 거래신고는 매매계약에 대해서만 하게 되므로, 거래당사자는 부동산 등의 매수인과 매도인을 말하며, 외국인 등을 포함한다.

② **임대차계약당사자**: 부동산 등의 임대인과 임차인을 말하며, 외국인 등을 포함한다.

(2) 외국인 등

① '외국인 등'의 범위에 대하여는 법 제2조에서 정의하고 있으며, 자세한 내용은 제2장 외국인 등의 부동산 등 취득에 관한 특례에서 다룬다.

② 외국인 등은 부동산 등의 매매계약을 체결한 경우에는 부동산 거래신고를 해야 하며, 대통령령이 정하는 지역과 일정한 금액을 초과하는 주택의 임대차계약을 체결한 경우에는 주택 임대차 계약의 신고를 해야 한다. 또한 매매계약을 제외한 계약(교환, 증여) 및 계약 외(상속, 경매 등)의 원인 등으로 대한민국 내의 부동산 등을 취득하는 경우에는 제2장 외국인 등의 부동산 취득 등에 관한 특례에 따라 신고관청에 외국인 등의 부동산 취득신고를 해야 한다.

제2절 　부동산 거래신고 　제32회, 제33회, 제34회, 제35회, 제36회

부동산 거래신고 제도는 2006년 1월 1일부터 시행되었으며, 토지, 건축물, 주택·상가·택지의 공급계약, 분양권 및 입주권의 매매계약에 대한 실제 거래가격을 부동산 등이 소재하는 시장·군수 또는 구청장에게 신고하도록 함으로써 실제 거래가격을 기준으로 세금을 납부하고 이를 공개함으로써 투명한 부동산거래질서를 확립하기 위해 도입한 제도이다.

처음 부동산 거래신고 제도가 도입될 당시(2006년 1월 1일)에는 토지 또는 건축물의 매매계약만 신고하였으나, 주택의 투기방지를 위해 2007년 1월 1일부터 「주택법」상의 아파트 분양권 및 「도시 및 주거환경정비법」상의 재건축 아파트 입주권도 신고대상에 포함되어 시행되어 오다가, 2017년 1월 20일부터는 부동산의 공급계약 및 상가·택지의 분양권도 실거래가 신고 의무 대상에 포함되었다.

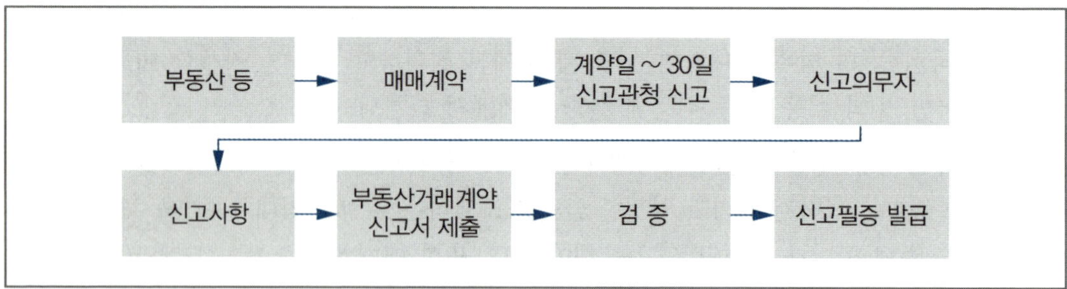

1 신고대상 등

1. 부동산 등

'부동산 등'이란 다음에 해당하는 **부동산 또는 부동산을 취득할 수 있는 권리**를 말한다.

(1) 부동산

　① 토지의 매매계약

　② 건축물의 매매계약

(2) 부동산을 취득할 수 있는 권리

> **영 제3조 【부동산 거래의 신고】**
> 1. 「주택법」
> 2. 「도시 및 주거환경정비법」
> 3. 「건축물의 분양에 관한 법률」
> 4. 「택지개발촉진법」
> 5. 「도시개발법」

> 6. 「공공주택 특별법」
> 7. 「산업입지 및 개발에 관한 법률」
> 8. 「빈집 및 소규모주택 정비에 관한 특례법」

① **공급계약**: 위 8가지 법률에 따른 부동산에 대한 **공급계약**

② **분양권**: 위 8가지 법률에 따른 공급계약을 통하여 **부동산을 공급받는 자로 선정된 지위**의 매매계약

③ **입주권**

　㉠ 「도시 및 주거환경정비법」에 따른 관리처분계획의 인가로 취득한 **입주자로 선정된 지위**의 매매계약

　㉡ 「빈집 및 소규모주택 정비에 관한 특례법」에 따른 사업시행계획의 인가로 취득한 **입주자로 선정된 지위**의 매매계약

▷ 1. 공인중개사법령상 중개대상물 중 입목, 광업재단 및 공장재단은 신고대상에 포함되지 않는다.
　 2. 공인중개사법령상 중개대상물의 매매계약을 체결한 경우에는 부동산 거래신고를 해야 한다. (×)
　 3. 「건축법」에 따른 부동산의 공급계약 : 신고(×)

2. 신고대상 계약 및 신고기한

(1) 신고대상 계약

부동산 거래신고는 부동산 등의 **매매계약**에 대하여 한다.

▷ 1. 교환계약이나 증여계약은 신고대상이 아니고 검인대상이다.
　 2. 경매나 공매로 취득하는 경우도 신고대상이 아니다.
　 3. 주택 임대차 계약은 부동산 거래신고 대상이 아니며 일정한 조건을 갖춘 주택은 주택 임대차 계약의 신고를 해야 한다. 상가나 토지의 임대차 계약은 아무런 신고의무가 없다.

(2) 신고기한

거래계약의 체결일부터 30일 이내에 신고하여야 한다. 잔금지급일부터 30일 이내에 신고하는 것이 아니다. 아직 부동산 거래신고를 하지 않은 상태에서 계약이 무효·취소 또는 해제되는 경우에는 부동산 거래신고를 하지 않아도 된다.

3. 신고관청

① 신고관청은 **부동산 등의 소재지를 관할**하는 시장(구가 설치되지 아니한 시의 시장 및 특별자치시장과 특별자치도 행정시의 시장을 말한다)·군수 또는 구청장을 말한다.

② 「공인중개사법」상 등록관청은 중개사무소 소재지를 관할하는 시장·군수 또는 구청장이며 개업공인중개사가 신고의무자인 경우에 신고관청과 등록관청은 같을 수도 있고 다를 수도 있다. 개업공인중개사는 '부동산 등의 소재지를 관할하는 시장·군수 또는 구청장'인 '신고관청'에 부동산 거래신고를 해야 한다.

빈출지문 OX

01 부동산 등 소재지를 관할하는 특별자치시장은 부동산 거래의 신고관청이 된다.
( )

02 개업공인중개사는 중개사무소 소재지를 관할하는 시장·군수 또는 구청장에게 부동산 거래신고를 해야 한다.
( )

03 A구에 중개사무소를 둔 개업공인중개사가 B구에 소재하는 토지의 매매를 중개한 경우 A구에 부동산 거래신고를 해야 한다.
( )

정답 **01** ○
02 × 부동산 등 소재지 관할 시장·군수 또는 구청장에게 신고해야 한다.
03 × 신고관청인 B구에 신고해야 한다.

2 신고의무자(법 제3조)

1. 거래당사자 간 직접 거래의 경우

(1) 거래당사자 공동신고(원칙)

거래당사자는 부동산 등에 관한 매매계약을 체결한 경우 그 실제 매매가격 등을 거래계약의 체결일부터 30일 이내에 신고관청에 공동으로 신고하여야 한다.

(2) 거래당사자 일방이 국가 등인 경우

① 거래당사자 중 일방이 국가, 지방자치단체, 대통령령으로 정하는 자의 경우(이하 '국가 등'이라 한다)에는 **국가 등이 신고를 하여야 한다.**

② 대통령령으로 정하는 자

> ㉠ 「공공기관의 운영에 관한 법률」에 따라 지정·고시된 공공기관
> ㉡ 「지방공기업법」에 따른 지방직영기업, 지방공사 및 지방공단

③ 거래당사자 중 일방이 국가 등인 경우에는 **국가 등이 단독으로 신고해야** 하며, 다른 **상대방은 신고의무가 없다.**

(3) 일방의 신고거부로 인한 단독신고

거래당사자 중 일방이 신고를 거부하는 경우에는 국토교통부령으로 정하는 바에 따라 단독으로 신고할 수 있다.

2. 개업공인중개사가 중개한 경우

① 개업공인중개사가 「공인중개사법」에 따라 거래계약서를 작성·교부한 경우에는 해당 개업공인중개사가 신고하여야 한다.

② 공동으로 중개를 한 경우에는 해당 개업공인중개사가 공동으로 신고하여야 한다.

③ 공인중개의 경우에서 개업공인중개사 중 일방이 신고를 거부한 경우에는 국토교통부령으로 정하는 바에 따라 단독으로 신고할 수 있다.

④ 개업공인중개사가 신고의무자인 경우 **거래당사자는 신고의무가 없다.**

빈출지문 OX

01 「지방공기업법」에 따른 지방공사와 개인이 직접 매매계약을 체결한 경우 거래당사자는 공동으로 부동산 거래신고를 해야 한다. ( )

02 개업공인중개사가 공인중개사법에 따라 거래계약서를 작성한 경우 개업공인중개사는 거래당사자와 공동으로 신고해야 한다. ( )

정답 **01** × 지방공사가 단독으로 신고해야 한다.
02 × 개업공인중개사가 신고해야 하고 거래당사자는 신고의무가 없다.

---

3 신고사항(영 제3조 [별표 1])

1. 공통신고사항

부동산 또는 부동산을 취득할 수 있는 권리에 관한 매매계약에 관하여 신고하여야 하는 사항은 다음과 같다.

① 거래당사자의 인적사항
② 매수인이 국내에 주소 또는 거소(잔금 지급일부터 60일을 초과하여 거주하는 장소)를 두지 않을 경우 또는 매수인이 외국인인 경우로서 외국인 등록을 하거나 국내거소신고를 한 경우에는 그 체류기간 만료일이 잔금 지급일부터 60일 이내인 경우에는 위탁관리인의 인적사항
③ 개업공인중개사가 거래계약서를 작성·교부한 경우에는 다음의 사항
　㉠ 개업공인중개사의 인적사항
　㉡ 개업공인중개사가 「공인중개사법」에 따라 개설등록한 중개사무소의 **상호·전화번호 및 소재지**
④ 계약 체결일, 중도금 지급일 및 잔금 지급일
⑤ 계약의 조건이나 기한이 있는 경우에는 그 조건 또는 기한

⑥ 거래대상 부동산 등의 종류(부동산을 취득할 수 있는 권리에 관한 계약의 경우에는 그 권리의 종류를 말한다)

⑦ 거래대상 부동산 등(부동산을 취득할 수 있는 권리에 관한 계약의 경우에는 그 권리의 대상인 부동산을 말한다)의 소재지·지번·지목 및 면적

⑧ 실제 거래가격

2. 법인이 주택(모든 주택)의 거래계약을 체결하는 경우 추가 신고사항

(1) 법인의 현황에 관한 다음의 사항(매도법인 및 매수법인)

① 법인의 등기 현황

② 법인과 거래상대방 간의 관계가 다음의 어느 하나에 해당하는지 여부

　㉠ **거래상대방이 개인인 경우**: 그 개인이 해당 법인의 임원이거나 법인의 임원과 친족관계가 있는 경우

　㉡ **거래상대방이 법인인 경우**: 거래당사자인 매도법인과 매수법인의 임원 중 같은 사람이 있거나 거래당사자인 매도법인과 매수법인의 임원 간 친족관계가 있는 경우

　▷1. 거래당사자 중 국가 등이 포함되어 있거나 공급계약 및 분양권의 거래계약인 경우에는 (1) 법인의 현황에 관한 사항을 신고하지 않아도 된다.

　2. 법인 주택거래계약 신고서(법인신고서)에 작성하여 제출해야 한다.

(2) 주택의 매수법인만 추가로 신고할 사항

① 거래대상인 주택의 **취득목적**

② 임대 등 거래대상 주택의 **이용계획**

③ 거래대상 주택의 취득에 필요한 **자금의 조달계획 및 지급방식**. 이 경우 **투기과열지구**에 소재하는 주택의 거래계약을 체결한 경우에는 **자금의 조달계획을 증명하는 서류**를 첨부해야 한다.

　▷1. 매도인이 국가 등인 경우에도 매수인이 법인인 경우에는 (2)를 신고해야 한다.

　2. 주택취득자금 조달 및 입주계획서에 작성하여 제출해야 한다.

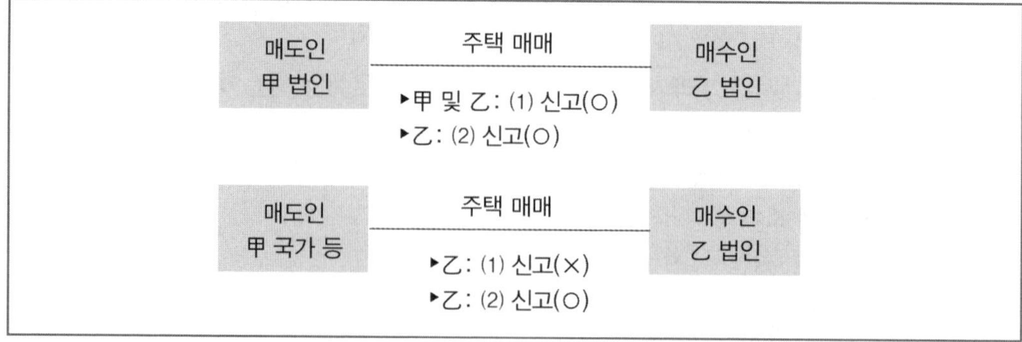

3. 법인 외의 자(자연인)이 주택을 취득하는 경우의 추가 신고사항

법인 외의 자(자연인)가 **비규제지역**에서 실제 거래가격이 6억원 **이상**인 주택을 매수하거나 **투기과열지구 또는 조정대상지역에 소재하는 주택**을 매수하는 경우에는 아래의 내용을 추가로 신고해야 한다.

① 거래대상 주택의 취득에 필요한 **자금의 조달계획 및 지급방식**. 이 경우 **투기과열지구**에 소재하는 주택의 거래계약을 체결한 경우 매수자는 **자금의 조달계획을 증명하는 서류**로서 국토교통부령으로 정하는 서류를 첨부해야 한다.

② 거래대상 주택에 매수자 본인이 입주할지 여부, 입주 예정 시기 등 거래대상 주택의 이용계획

> 1. 매도인이 국가 등인 경우에도 매수인이 자연인인 경우에는 신고해야 한다.
> 2. 주택취득자금 조달 및 입주계획서에 작성하여 제출해야 한다.

넓혀 보기 🔍

1. 자금의 조달계획 및 지급방식을 신고하는 경우
   ① 법인이 모든 주택을 매수하는 경우(지역 및 가격 불문)
   ② 자연인이 비규제지역 6억 이상 주택, 투기과열지구 또는 조정대상지역의 주택을 매수하는 경우
2. 자금의 조달계획을 증명하는 서류를 첨부하는 경우
   법인 또는 자연인이 투기과열지구에 소재하는 주택을 매수하는 경우

---

3. 토지를 취득하는 경우의 추가 신고사항

수도권 등(수도권, 광역시 및 세종특별자치시)에 소재하는 **1억원 이상**의 토지(지분 매수의 경우 모든 가격의 토지)를 매수하거나 **수도권 등 외의 지역**에 소재하는 **6억원 이상** 토지(지분으로 매수하는 경우에도 6억원 이상의 토지)를 취득하는 경우에는 아래 내용을 추가로 신고해야 한다.

① 토지의 취득에 필요한 자금의 조달계획

② 토지의 이용계획

> 1. 매수인에 국가 등이 포함되어 있는 토지거래인 경우 추가신고 대상에서 제외된다. 다만, 매도인이 국가 등이고 매수인이 국가 등이 아닌 경우는 신고해야 한다.
> 2. 토지거래허가구역 내의 허가대상인 토지인 경우는 허가신청을 할 때 자금의 조달계획 및 이용계획을 제출하므로 추가신고 대상에서 제외된다.
> 3. 거래가격의 산정방법
>   ① 1회의 계약으로 매수하는 토지가 둘 이상인 경우에는 각각의 토지 가격을 모두 합산할 것
>   ② 신고 대상 토지거래계약 체결일부터 역산하여 1년 이내에 매수한 다른 토지(서로 맞닿은 토지)가 있는 경우에는 그 토지 가격을 거래가격에 합산할 것. 다만, 토지거래계약 체결일부터 역산하여 1년 이내에 매수한 다른 토지에 대한 거래신고를 한 때 위 신고사항을 제출한 경우에는 합산하지 않는다.
>   ③ 「건축법」에 따른 사용승인을 받은 건축물이 소재하는 필지 가격은 거래가격에서 제외할 것
> 4. 토지취득자금 조달 및 토지이용계획서에 작성하여 제출해야 한다.

4 신고방법 및 절차(규칙 제2조)

1. 신고방법

(1) 방문신고

국토교통부령 [별지 제1호 서식]인 부동산거래계약 신고서를 작성하여 신고관청에 직접 제출하는 방법이다.

(2) 전자문서에 의한 신고

부동산거래관리시스템(https://rtms.molit.go.kr)을 이용하여 신고하는 방법이며 인터넷으로 신고서를 작성하여 제출하는 방법이다. 신분확인과 서명 또는 날인은 전자인증의 방법으로 한다.

(3) 부동산거래 전자계약시스템

법 제25조에 따라 구축된 부동산 거래계약 관련 정보시스템(https://irts.molit.go.kr)을 통하여 부동산 거래계약을 체결한 경우에는 부동산거래계약이 체결된 때에 부동산거래계약 신고서를 제출한 것으로 본다.

2. 거래당사자 직접 거래에 따른 부동산 거래계약 신고서 제출

(1) 거래당사자가 공동신고를 하는 경우

① 거래당사자는 부동산거래계약 신고서에 **공동으로 서명 또는 날인**하여 신고관청에 제출하여야 한다. 신고서를 공동으로 제출하는 것이 아니다.

② 신고를 하려는 사람은 주민등록증, 운전면허증, 여권 등 본인의 신분을 증명할 수 있는 증명서(이하 '신분증명서'라 한다)를 신고관청에 보여줘야 한다.

(2) 일방이 국가 등인 경우

① 단독으로 부동산 거래계약을 신고하려는 **국가 등은** 부동산거래계약 신고서에 **단독으로 서명 또는 날인**하여 신고관청에 제출해야 한다.

② 신고를 하려는 사람은 신분증명서를 신고관청에 보여줘야 한다.

(3) 일방의 신고거부로 인한 단독신고

① 단독으로 부동산 거래계약을 신고하려는 자는 부동산거래계약 신고서에 단독으로 서명 또는 날인한 후 **다음의 서류를 첨부**하여 신고관청에 제출해야 한다. 이 경우 신고관청은 단독신고 사유에 해당하는지 여부를 확인해야 한다.

> ㉠ 부동산 **거래계약서 사본**
> ㉡ 단독신고사유서

② 신고를 하려는 사람은 신분증명서를 신고관청에 보여줘야 한다.

(4) 신고서 제출대행

① 공동신고, 국가 등의 단독신고 및 일방의 신고거부에 따른 단독신고 모두 거래당사자의 위임을 받은 사람은 부동산거래계약 신고서의 제출을 대행할 수 있다.

② 이 경우 부동산거래계약 신고서의 제출을 대행하는 사람은 신분증명서를 신고관청에 보여주고, 다음의 서류를 함께 제출해야 한다.

> ㉠ 신고서 등의 제출을 위임한 거래당사자가 서명 또는 날인한 위임장(법인인 경우에는 법인인감을 날인한 위임장)
> ㉡ 신고서 등의 제출을 위임한 거래당사자의 신분증명서 사본

3. 개업공인중개사의 중개에 따른 부동산 거래계약 신고서 제출

(1) 신고서 제출

① 부동산 거래계약을 신고하려는 **개업공인중개사**는 부동산거래계약 신고서에 **서명 또는 날인**하여 신고관청에 제출해야 한다.

② 공동으로 중개한 경우에는 해당 개업공인중개사가 공동으로 서명 또는 날인해야 한다.

③ 부동산 거래신고를 하려는 개업공인중개사는 신분증명서를 신고관청에 보여줘야 한다.
  ▽ 거래당사자는 부동산거래계약 신고서에 서명 또는 날인할 의무가 없다.

(2) 개업공인중개사 일방의 신고거부로 인한 단독신고

① 개업공인중개사 일방이 공동신고를 거부하여 단독으로 부동산 거래계약을 신고하려는 개업공인중개사는 부동산거래계약 신고서에 단독으로 서명 또는 날인한 후 **다음의 서류를 첨부하여** 신고관청에 제출해야 한다. 이 경우 신고관청은 단독신고 사유에 해당하는지 여부를 확인해야 한다.

> ㉠ 부동산 **거래계약서 사본**
> ㉡ 단독신고사유서

② 신고를 하려는 개업공인중개사는 신분증명서를 신고관청에 보여줘야 한다.

(3) 신고서 제출대행

① 개업공인중개사의 위임을 받은 **소속공인중개사는** 부동산거래계약 신고서의 **제출을 대행할 수 있다.** 이 경우 소속공인중개사는 신분증명서를 신고관청에 보여줘야 한다.

② 중개보조원은 신고서 제출을 대행할 수 없으며, 소속공인중개사가 신고서 제출을 대행하는 때에는 개업공인중개사가 작성한 위임장 등을 제출할 필요가 없다.

4. 법인 주택 거래계약 신고서

법인이 주택의 거래계약을 체결하는 경우에는 법인의 등기현황 및 거래상대방 간의 관계를 신고해야 하는데, 매도법인 및 매수법인은 모두 부동산거래계약 신고서를 제출할 때 별지 서식의 **법인 주택 거래계약 신고서**("법인 신고서"라 한다)를 신고관청에 **함께 제출**해야 한다.

5. 주택취득자금 조달 및 입주계획서

① 주택취득자금 조달 및 입주계획을 신고해야 하는 경우에는 부동산거래계약 신고서를 제출할 때 **매수인이 단독으로 서명 또는 날인**한 별지 서식의 **주택취득자금 조달 및 입주계획서를 신고관청에 함께 제출**해야 한다.

② **투기과열지구에 소재하는 주택**의 거래계약을 체결한 경우 매수자는 자금의 조달계획을 증명하는 서류로서 국토교통부령으로 정하는 다음의 **서류를 첨부**해야 한다. 이 경우 자금조달·입주계획서의 제출일을 기준으로 주택취득에 필요한 자금의 대출이 실행되지 않았거나 본인 소유 부동산의 매매계약이 체결되지 않은 경우 등 항목별 금액 증명이 어려운 경우에는 그 사유서를 첨부해야 한다.

> ㉠ 자금조달·입주계획서에 금융기관 예금액 항목을 적은 경우: 예금잔액증명서 등 예금 금액을 증명할 수 있는 서류
> ㉡ 자금조달·입주계획서에 주식·채권 매각대금 항목을 적은 경우: 주식거래내역서 또는 예금잔액증명서 등 주식·채권 매각 금액을 증명할 수 있는 서류
> ㉢ 자금조달·입주계획서에 증여·상속 항목을 적은 경우: 증여세·상속세 신고서 또는 납세증명서 등 증여 또는 상속받은 금액을 증명할 수 있는 서류
> ㉣ 자금조달·입주계획서에 현금 등 그 밖의 자금 항목을 적은 경우: 소득금액증명원 또는 근로소득 원천징수영수증 등 소득을 증명할 수 있는 서류
> ㉤ 자금조달·입주계획서에 부동산 처분대금 등 항목을 적은 경우: 부동산 매매계약서 또는 부동산 임대차계약서 등 부동산 처분 등에 따른 금액을 증명할 수 있는 서류
> ㉥ 자금조달·입주계획서에 금융기관 대출액 합계 항목을 적은 경우: 금융거래확인서, 부채증명서 또는 금융기관 대출신청서 등 금융기관으로부터 대출받은 금액을 증명할 수 있는 서류
> ㉦ 자금조달·입주계획서에 임대보증금 항목을 적은 경우: 부동산 임대차계약서
> ㉧ 자금조달·입주계획서에 회사지원금·사채 또는 그 밖의 차입금 항목을 적은 경우: 금전을 빌린 사실과 그 금액을 확인할 수 있는 서류

6. 토지취득자금 조달 및 토지이용계획서

토지취득에 필요한 자금의 조달계획 및 토지의 이용계획을 신고해야 하는 경우에는 부동산거래계약 신고서를 제출할 때 **매수인이 단독으로 서명 또는 날인한 별지 서식의 토지취득자금 조달 및 토지이용계획서**를 신고관청에 함께 제출해야 한다.

7. 분리제출 또는 제공

① 법인 또는 매수인이 법인 신고서, 자금조달·입주계획서, 자금조달계획을 증명하는 서류 및 자금조달·토지이용계획서(이하 "법인신고서 등"이라 한다)를 부동산거래계약 신고서와 **분리**하여 **제출**하기를 **희망**하는 경우 법인 또는 매수인은 법인신고서 등을 거래계약의 체결일부터 30**일** 이내에 별도로 제출할 수 있다.

② 부동산거래계약을 신고하려는 자 중 법인 또는 매수인 외의 자가 법인신고서 등을 제출하는 경우 법인 또는 매수인은 부동산거래계약을 신고하려는 자에게 거래계약의 체결일부터 25**일** 이내에 법인신고서 등을 **제공**해야 하며, 이 기간 내에 제공하지 않은 경우에는 법인 또는 매수인이 별도로 법인 신고서 또는 자금조달·입주계획서를 제출해야 한다.

8. 외국인 추가 제출서류

매수인이 「출입국관리법」에 따른 외국인 등록을 하였거나 「재외동포의 출입국과 법적 지위에 관한 법률」에 따른 국내거소신고를 한 경우에는 부동산거래계약 신고서를 제출할 때 「출입국관리법 시행규칙」 별지 서식의 외국인 등록 사실증명 또는 「재외동포의 출입국과 법적지위에 관한 법률 시행규칙」 별지 서식의 국내거소신고 사실증명을 신고관청에 함께 제출해야 한다.

9. 부동산거래계약시스템

법 제25조에 따라 구축된 부동산거래계약 관련 정보시스템(부동산거래계약시스템)을 통하여 부동산거래계약을 체결한 경우에는 부동산거래계약이 체결된 때에 부동산거래계약 신고서를 제출한 것으로 본다.

예제

부동산 거래신고 등에 관한 법령상 부동산 거래신고에 관한 설명으로 **틀린** 것은?　　제29회

① 지방자치단체가 개업공인중개사의 중개 없이 토지를 매수하는 경우 부동산거래계약 신고서에 단독으로 서명 또는 날인하여 신고관청에 제출해야 한다.

② 개업공인중개사가 공동으로 토지의 매매를 중개하여 거래계약서를 작성·교부한 경우 해당 개업공인중개사가 공동으로 신고해야 한다.

③ 매수인은 신고인이 거래신고를 하고 신고필증을 발급받은 때에 「부동산등기 특별조치법」에 따른 검인을 받은 것으로 본다.

④ 「공공주택 특별법」에 따른 공급계약에 의해 부동산을 공급받는 자로 선정된 지위를 매매하는 계약은 부동산 거래신고의 대상이 아니다.

⑤ 매매계약에 조건이나 기한이 있는 경우 그 조건 또는 기한도 신고해야 한다.

해설 「공공주택 특별법」에 따른 부동산의 공급계약 및 공급계약을 통하여 부동산을 공급받는 자로 선정된 지위의 매매계약은 모두 신고대상이다.　　▶▶ 정답 ④

■ 부동산 거래신고 등에 관한 법률 시행규칙 [별지 제1호 서식] <개정 2023. 8. 22.>

부동산거래관리시스템(rtms.molit.go.kr)에서도 신청할 수 있습니다.

부동산거래계약 신고서

※ 뒤쪽의 유의사항·작성방법을 읽고 작성하시기 바라며, [ ]에는 해당하는 곳에 √표를 합니다.   (앞쪽)

접수번호		접수일시		처리기간	지체 없이

<table>
<tr><td rowspan="3">① 매도인</td><td>성명(법인명)</td><td colspan="2">주민등록번호(법인·외국인 등록번호)</td><td colspan="2">국적</td></tr>
<tr><td>주소(법인소재지)</td><td colspan="2"></td><td colspan="2">거래지분 비율
(분의   )</td></tr>
<tr><td>전화번호</td><td colspan="2">휴대전화번호</td><td colspan="2"></td></tr>
<tr><td rowspan="8">② 매수인</td><td>성명(법인명)</td><td colspan="2">주민등록번호(법인·외국인 등록번호)</td><td colspan="2">국적</td></tr>
<tr><td>주소(법인소재지)</td><td colspan="2"></td><td colspan="2">거래지분 비율
(분의   )</td></tr>
<tr><td>전화번호</td><td colspan="2">휴대전화번호</td><td colspan="2"></td></tr>
<tr><td>③ 법인신고서 등</td><td colspan="4">[ ] 제출   [ ] 별도 제출   [ ] 해당 없음</td></tr>
<tr><td>외국인의 부동산 등
매수용도</td><td colspan="4">[ ] 주거용(아파트)   [ ] 주거용(단독주택)   [ ] 주거용(그 밖의 주택)
[ ] 레저용   [ ] 상업용   [ ] 공업용   [ ] 그 밖의 용도</td></tr>
<tr><td rowspan="3">위탁관리인
(국내에 주소 또는
거소가 없는 경우)</td><td>성명</td><td colspan="3">주민등록번호</td></tr>
<tr><td>주소</td><td colspan="3"></td></tr>
<tr><td>전화번호</td><td colspan="3">휴대전화번호</td></tr>
<tr><td rowspan="4">개업
공인중개사</td><td>성명(법인명)</td><td colspan="4">주민등록번호(법인·외국인 등록번호)</td></tr>
<tr><td>전화번호</td><td colspan="4">휴대전화번호</td></tr>
<tr><td>상호</td><td colspan="4">등록번호</td></tr>
<tr><td>사무소 소재지</td><td colspan="4"></td></tr>
</table>

<table>
<tr><td rowspan="9">거래대상</td><td rowspan="2">종류</td><td colspan="4">④ [ ] 토지 [ ] 건축물 (   ) [ ] 토지 및 건축물 (   )</td></tr>
<tr><td colspan="4">⑤ [ ] 공급계약   [ ] 분양권   [ ] 준공 전 [ ] 준공 후
[ ] 전매   [ ] 입주권   [ ] 대주택 분양전환</td></tr>
<tr><td rowspan="3">⑥ 소재지/
지목/면적</td><td colspan="4">소재지</td></tr>
<tr><td>지목</td><td>토지면적
m²</td><td colspan="2">토지 거래지분
(분의   )</td></tr>
<tr><td>대지권비율
(분의   )</td><td>건축물면적
m²</td><td colspan="2">건축물 거래지분
(분의   )</td></tr>
<tr><td>⑦ 계약대상 면적</td><td>토 지   m²</td><td colspan="3">건축물   m²</td></tr>
<tr><td rowspan="2">⑧ 물건별
거래가격</td><td colspan="4" style="text-align:right">원</td></tr>
<tr><td>공급계약
또는 전매</td><td>분양가격
원</td><td>발코니 확장 등 선택비용
원</td><td>추가 지급액 등
원</td></tr>
</table>

<table>
<tr><td rowspan="3">⑨ 총 실제
거래가격
(전체)</td><td rowspan="3">합계

원</td><td>계약금</td><td>원</td><td>계약 체결일</td><td></td></tr>
<tr><td>중도금</td><td>원</td><td>중도금 지급일</td><td></td></tr>
<tr><td>잔금</td><td>원</td><td>잔금 지급일</td><td></td></tr>
</table>

<table>
<tr><td rowspan="5">⑩ 종전
부동산</td><td rowspan="3">소재지/지목
/면적</td><td colspan="4">소재지</td></tr>
<tr><td>지목</td><td>토지면적
m²</td><td colspan="2">토지 거래지분
(분의   )</td></tr>
<tr><td>대지권비율
(분의   )</td><td>건축물면적
m²</td><td colspan="2">건축물 거래지분
(분의   )</td></tr>
<tr><td>계약대상 면적</td><td>토 지   m²</td><td>건축물   m²</td><td colspan="2">건축물 유형(   )</td></tr>
<tr><td rowspan="2">거래금액</td><td>합계   원</td><td>추가 지급액 등   원</td><td colspan="2">권리가격   원</td></tr>
<tr><td></td><td>계약금   원</td><td>중도금   원</td><td colspan="2">잔금   원</td></tr>
</table>

⑪ 계약의 조건 및 참고사항	

「부동산 거래신고 등에 관한 법률」제3조 제1항부터 제4항까지 및 같은 법 시행규칙 제2조 제1항부터 제4항까지의 규정에 따라 위와 같이 부동산거래계약 내용을 신고합니다.

　　　　　　　　　　　　　　　　　　　　　　　　　　　년　　　　월　　　　일

매도인 :   (서명 또는 인)

매수인 :   (서명 또는 인)

개업공인중개사 :   (서명 또는 인)

신고인

(개업공인중개사 중개 시)

시장·군수·구청장   귀하

7. 부동산거래계약 신고서의 작성방법

① · ② 거래당사자가 다수인 경우 매도인 또는 매수인의 주소란에 ⑥의 거래대상별 거래지분을 기준으로 각자의 거래지분비율(매도인과 매수인의 거래지분비율은 일치해야 한다)을 표시하고, 거래당사자가 외국인인 경우 거래당사자의 국적을 반드시 기재해야 하며, **외국인이 부동산 등을 매수하는 경우 매수용도란**의 주거용(아파트), 주거용(단독주택), 주거용(그 밖의 주택), 레저용, 상업용, 공장용, 그 밖의 용도 중 하나에 √**표시를 한다.**

③ "법인신고서 등"란은 법인 주택 거래계약 신고서, 주택취득자금 조달 및 입주계획서, 자금조달계획을 증명하는 서류 및 토지취득자금 조달 및 토지이용계획서를 이 신고서와 함께 제출하는지 또는 별도로 제출하는지를 √표시하고, 그 밖의 경우에는 해당 없음에 √표시를 한다.

④ 부동산 매매의 경우 '종류'에는 토지, 건축물 또는 토지 및 건축물(복합부동산의 경우)에 √표시를 하고, 해당 부동산이 '건축물' 또는 '토지 및 건축물'인 경우에는 (　)에 **건축물의 종류를** '아파트, 연립, 다세대, 단독, 다가구, 오피스텔, 근린생활시설, 사무소, 공장 등' 「**건축법 시행령**」 [별표 1]에 따른 용도별 건축물의 종류를 적는다.

⑤ **공급계약은 시행사 또는 건축주 등이 최초로 부동산을 공급(분양)하는 계약을 말하며, 준공 전과 준공 후 계약 여부에 따라** √**표시하고,** '임대주택 분양전환'은 임대주택사업자(**법인으로 한정**)가 임대기한이 완료되어 분양전환하는 주택인 경우에 √표시한다. **전매는 부동산을 취득할 수 있는 권리의 매매로서,** '분양권' 또는 '입주권'에 √**표시를 한다.**

⑥ 소재지는 지번(아파트 등 집합건축물의 경우에는 동 · 호수)까지, 지목／면적은 **토지대장상의 지목 · 면적, 건축물대장상의 건축물 면적**(집합건축물의 경우 호수별 전용면적, 그 밖의 건축물의 경우 연면적), **등기사항증명서상의 대지권 비율**, 각 거래대상의 토지와 건축물에 대한 거래지분을 정확하게 적는다.

⑦ 계약대상 면적에는 실제 거래면적을 계산하여 적되, **건축물 면적은 집합건축물의 경우 전용면적을 적고, 그 밖의 건축물의 경우 연면적을** 적는다.

⑧ "물건별 거래가격"란에는 각각의 부동산별 거래가격을 적는다. **최초 공급계약**(분양) 또는 **전매계약**(분양권, 입주권)의 경우 **분양가격, 발코니 확장 등 선택비용 및 추가 지급액 등**(프리미엄 등 분양가격을 초과 또는 미달하는 금액)을 각각 적는다. 이 경우 각각의 비용에 부가가치세가 있는 경우 **부가가치세를 포함한 금액**으로 적는다.

⑨ "총 실제 거래가격"란에는 전체 거래가격(둘 이상의 부동산을 함께 거래하는 경우 각각의 부동산별 거래가격의 합계금액)을 적고, 계약금／중도금／잔금 및 그 지급일을 적는다.

⑩ **"종전 부동산"란은 입주권 매매의 경우에만 작성**하고, 거래금액란에는 추가지불액 등 (프리미엄 등 공급가액을 초과 또는 미달하는 금액) 및 권리가격, 합계금액, 계약금, 중도금, 잔금을 적는다.

⑪ **"계약의 조건 및 참고사항"란은** 부동산 거래계약 내용에 계약조건이나 기한을 붙인 경우, 거래와 관련한 참고내용이 있을 경우에 적는다.

⑫ 다수의 부동산, 관련 필지, 매도·매수인, 개업공인중개사 등 기재사항이 복잡한 경우에는 다른 용지에 작성하여 간인 처리한 후 첨부한다.

⑬ 거래대상의 종류가 공급계약(분양) 또는 전매계약(분양권, 입주권)인 경우 ⑧ 물건별 거래가격 및 ⑨ 총 실제거래가격에 **부가가치세를 포함**한 금액을 적고, 그 외의 거래대상의 경우 **부가가치세를 제외**한 금액을 적는다.

⑭ **"거래계약의 체결일"**이란 거래당사자가 구체적으로 특정되고, 거래목적물 및 거래대금 등 거래계약의 중요 부분에 대하여 거래당사자가 합의한 날을 말한다. 이 경우 합의와 더불어 계약금의 전부 또는 일부를 지급한 경우에는 그 지급일을 거래계약의 체결일로 보되, 합의한 날이 계약금의 전부 또는 일부를 지급한 날보다 앞서는 것이 서면 등을 통해 인정되는 경우에는 합의한 날을 거래계약의 체결일로 본다.

예제

부동산 거래신고 등에 관한 법령상 부동산 거래계약 신고서 작성에 관한 설명으로 틀린 것은?
제28회 수정

① 거래대상 부동산의 공법상 거래규제 및 이용제한에 관한 사항은 신고서 기재사항이다.
② 거래당사자는 부동산 거래신고를 한 후 해당 거래계약이 해제, 무효 또는 취소된 경우 해제 등이 확정된 날부터 30일 이내에 해당 신고관청에 공동으로 신고해야 한다.
③ 개업공인중개사가 거래계약서를 작성·교부한 경우, 개업공인중개사의 인적사항과 개설 등록한 중개사무소의 상호·전화번호 및 소재지도 신고사항에 포함된다.
④ 거래대상의 종류가 공급계약(분양)인 경우, 물건별 거래가격 및 총 실제거래가격에 부가가치세를 포함한 금액을 적는다.
⑤ 계약대상 면적에는 실제 거래면적을 계산하여 적되, 건축물 면적은 집합건축물의 경우 전용면적을 적고, 그 밖의 건축물의 경우 연면적을 적는다.

해설 공법상 거래규제 및 이용제한은 신고사항이 아니다. ▶▶ 정답 ①

■ 부동산 거래신고 등에 관한 법률 시행규칙 [별지 제1호의3 서식] <개정 2022. 2. 28.>

부동산거래관리시스템(rtms.molit.go.kr)에서도 신청할 수 있습니다.

주택취득자금 조달 및 입주계획서

※ 색상이 어두운 난은 신청인이 적지 않으며, [ ]에는 해당되는 곳에 √표시를 합니다.　　　　　　(앞쪽)

접수번호		접수일시		처리기간	

제출인 (매수인)	성명(법인명)		주민등록번호(법인 · 외국인 등록번호)	
	주소(법인소재지)		(휴대)전화번호	

① 자금 조달계획	자기 자금	② 금융기관 예금액 원		③ 주식 · 채권 매각대금 원	
		④ 증여 · 상속 원		⑤ 현금 등 그 밖의 자금 원	
		[ ] 부부 [ ] 직계존비속(관계:) [ ] 그 밖의 관계( )		[ ] 보유 현금 [ ] 그 밖의 자산(종류:)	
		⑥ 부동산 처분대금 등 원		⑦ 소계 원	
	차입금 등	⑧ 금융기관 대출액 합계 원	주택담보대출		원
			신용대출		원
			그 밖의 대출	(대출 종류:)	원
		기존 주택 보유 여부 (주택담보대출이 있는 경우만 기재) [ ] 미보유 [ ] 보유 (건)			
		⑨ 임대보증금 원		⑩ 회사지원금 · 사채 원	
		⑪ 그 밖의 차입금 원		⑫ 소계	
		[ ] 부부 [ ] 직계존비속(관계:) [ ] 그 밖의 관계( )			원
	⑬ 합계				원

⑭ 조달자금 지급방식	총 거래금액	원
	⑮ 계좌이체 금액	원
	⑯ 보증금 · 대출 승계 금액	원
	⑰ 현금 및 그 밖의 지급방식 금액	원
	지급 사유 ( )	

⑱ 입주 계획	[ ] 본인입주 [ ] 본인 외 가족입주 (입주 예정 시기: 년 월)	[ ] 임대 (전 · 월세)	[ ] 그 밖의 경우 (재건축 등)

「부동산 거래신고 등에 관한 법률 시행령」 [별표 1] 제2호 나목, 같은 표 제3호 가목 전단, 같은 호 나목 및 같은 법 시행규칙 제2조 제6항 · 제7항 · 제9항 · 제10항에 따라 위와 같이 주택취득자금 조달 및 입주계획서를 제출합니다.　　　년　　　월　　　일

제출인　　　　　　　　(서명 또는 인)

시장 · 군수 · 구청장　　　귀하

유의사항

1. 제출하신 주택취득자금 조달 및 입주계획서는 국세청 등 관계기관에 통보되어, 신고내역 조사 및 관련 세법에 따른 조사 시 참고자료로 활용됩니다.
2. 주택취득자금 조달 및 입주계획서(첨부서류 제출대상인 경우 첨부서류를 포함합니다)를 계약체결일부터 30일 이내에 제출하지 않거나 거짓으로 작성하는 경우 「부동산 거래신고 등에 관한 법률」 제28조 제2항 또는 제3항에 따라 과태료가 부과되오니 유의하시기 바랍니다.
3. 이 서식은 부동산거래계약 신고서 접수 전에는 제출이 불가하오니 별도 제출하는 경우에는 미리 부동산거래계약 신고서의 제출여부를 신고서 제출자 또는 신고관청에 확인하시기 바랍니다.

5 신고가격의 검증(법 제5조)

1. 검증체계의 구축

① **국토교통부장관**은 부동산 거래신고를 받은 내용, 「부동산 가격공시에 관한 법률」에 따라 공시된 토지 및 주택의 가액 및 그 밖의 부동산 가격정보를 활용하여 **부동산거래가격 검증체계를 구축·운영하여야 한다.**

② 국토교통부장관은 검증체계의 구축·운영을 위하여 다음 사항에 관한 자료를 제출할 것을 신고관청에 요구할 수 있다.

> ㉠ 신고관청의 신고가격 적정성 검증결과
> ㉡ 신고관청의 신고내용 조사결과
> ㉢ 그 밖에 검증체계의 구축·운영을 위하여 필요한 사항

2. 신고내용의 검증 및 신고필증 발급

① 신고관청은 부동산 거래신고를 받은 경우 부동산거래가격 검증체계를 활용하여 그 적정성을 검증하여야 한다.

② 신고관청은 검증결과를 해당 부동산의 소재지를 관할하는 세무관서의 장에게 통보하여야 하며, 통보받은 세무관서의 장은 해당 신고내용을 국세 또는 지방세 부과를 위한 과세자료로 활용할 수 있다.

③ 부동산 거래신고를 받은 신고관청은 그 신고내용을 확인한 후 신고인에게 신고필증을 **지체 없이** 발급하여야 한다.

④ 신고관청은 부동산거래계약 신고서(법인 신고서 및 자금조달·입주계획서를 제출하여야 하는 경우에는 법인 신고서 및 자금조달·입주계획서를 포함한다)가 제출된 때 [별지 제2호 서식]의 신고필증을 발급한다.

⑤ 부동산 등의 매수인은 **신고인이 신고필증을 발급받은 때**에 「부동산등기 특별조치법」에 따른 **검인을 받은 것으로 본다.**

제3절 부동산 거래의 해제 등의 신고 제34회, 제35회, 제36회

1. 해제 등의 신고의무(법 제3조의2)

① **거래당사자는** 부동산 거래신고를 한 후 해당 거래계약이 해제, 무효 또는 취소된 경우 **해제 등이 확정된 날부터 30일 이내에** 해당 신고관청에 **공동으로 신고하여야 한다.** 다만, 거래당사자 중 일방이 신고를 거부하는 경우에는 국토교통부령으로 정하는 바에 따라 단독으로 신고할 수 있다.

② **개업공인중개사가** 부동산 거래신고를 한 경우에는 개업공인중개사가 해제등 신고(공동으로 중개를 한 경우에는 해당 개업공인중개사가 공동으로 신고하는 것을 말한다)를 **할 수 있다.** 다만, 개업공인중개사 중 일방이 신고를 거부한 경우에는 국토교통부령으로 정하는 바에 따라 단독으로 신고할 수 있다.

빈출지문 OX

01 부동산 거래신고를 한 후 매도인이 매매계약을 해제하면 매도인이 단독으로 해제를 신고해야 한다. ( )

02 개업공인중개사가 부동산 거래신고를 한 계약이 해제된 경우에는 개업공인중개사가 해제를 신고해야 한다. ( )

정답 **01** × 거래당사자가 공동으로 신고해야 한다.
02 × 개업공인중개사는 해제를 신고할 수 있다.

---

2. 거래계약 해제등 신고서 제출(규칙 제4조)

(1) 거래당사자

부동산 거래계약의 해제, 무효 또는 취소를 신고하려는 거래당사자는 [별지 제4호 서식]의 부동산거래계약 해제등 신고서에 공동으로 서명 또는 날인하여 신고관청에 제출해야 한다. 이 경우 거래당사자 중 일방이 국가 등인 경우 국가 등이 단독으로 서명 또는 날인하여 신고관청에 제출할 수 있다.

(2) 개업공인중개사

해제 등을 신고하려는 개업공인중개사는 부동산거래계약 해제등 신고서에 서명 또는 날인하여 신고관청에 제출해야 한다.

⑶ 일방의 거부

거래당사자 중 일방이 신고를 거부하거나 개업공인중개사 중 일방이 신고를 거부하여 단독으로 해제 등을 신고하려는 자는 부동산거래계약 해제등 신고서에 단독으로 서명 또는 날인한 후 다음의 서류를 첨부하여 신고관청에 제출해야 한다. 이 경우 신고관청은 단독신고 사유에 해당하는지 여부를 확인해야 한다.

> ① 확정된 법원의 판결문 등 해제 등이 확정된 사실을 입증할 수 있는 서류
> ② 단독신고사유서

⑷ 제출대행

거래당사자의 위임을 받은 사람 또는 개업공인중개사의 위임을 받은 소속공인중개사는 해제등 신고서의 제출을 대행할 수 있다.

3. 해제등 확인서 교부 등

① 부동산거래계약 해제 등을 신고받은 신고관청은 그 내용을 확인한 후 [별지 제5호 서식]의 부동산거래계약 해제등 확인서를 신고인에게 지체 없이 발급하여야 한다.

② 부동산거래계약시스템을 통하여 부동산 거래계약 해제 등을 한 경우에는 부동산 거래계약 해제 등이 이루어진 때에 부동산거래계약 해제등 신고서를 제출한 것으로 본다.

4. 금지행위(법 제4조)

누구든지 부동산 거래신고 또는 해제 등의 신고에 관하여 다음의 어느 하나에 해당하는 행위를 하여서는 아니 된다.

> ① 개업공인중개사에게 부동산 거래신고를 하지 아니하게 하거나 거짓으로 신고하도록 요구하는 행위
> ② 부동산 등의 매매계약을 체결한 후 신고 의무자가 아닌 자가 거짓으로 부동산 거래신고를 하는 행위
> ③ 거짓으로 부동산 거래신고나 해제 등의 신고를 하는 행위를 조장하거나 방조하는 행위
> ④ 부동산 등의 매매계약을 체결하지 아니하였음에도 불구하고 거짓으로 부동산 거래신고를 하는 행위
> ⑤ 부동산 거래신고 후 해당 계약이 해제 등이 되지 아니하였음에도 불구하고 거짓으로 해제 등의 신고를 하는 행위

제 **4** 절 신고내용의 조사 등 ^{제36회}

1 신고내용 조사 및 보고(법 제6조)

1. 신고내용의 조사 등

(1) 신고관청의 조사

신고관청은 다음의 신고 받은 내용이 누락되어 있거나 정확하지 아니하다고 판단하는 경우에는 국토교통부령으로 정하는 바에 따라 신고인에게 신고내용을 보완하게 하거나 신고한 내용의 사실 여부를 확인하기 위하여 소속 공무원으로 하여금 거래당사자 또는 개업공인중개사에게 거래계약서, 거래대금 지급을 증명할 수 있는 자료 등 관련 자료의 제출을 요구하는 등 필요한 조치를 취할 수 있다.

> ① 부동산 거래신고(법 제3조)
> ② 부동산 거래의 해제등 신고(법 제3조의2)
> ③ 외국인 등의 부동산 취득 · 보유 신고(법 제8조)

(2) 공동조사 등

① **국토교통부장관**은 부동산 거래신고, 부동산 거래의 해제등 신고 또는 외국인 등의 부동산 취득 · 보유 신고 받은 내용의 확인을 위하여 필요한 때에는 **신고내용조사를 직접 또는 신고관청과 공동으로 실시할 수 있다.**

② 국토교통부장관 및 신고관청은 신고내용조사를 위하여 국세 · 지방세에 관한 자료, 소득 · 재산에 관한 자료를 관계 행정기관의 장에게 요청할 수 있다. 이 경우 요청을 받은 관계 행정기관의 장은 정당한 사유가 없으면 그 요청에 따라야 한다.

③ 국토교통부장관 및 신고관청은 신고내용조사 결과 그 내용이 이 법 또는 「주택법」, 「공인중개사법」, 「상속세 및 증여세법」 등 다른 법률을 위반하였다고 판단되는 때에는 이를 수사기관에 고발하거나 관계 행정기관에 통보하는 등 필요한 조치를 할 수 있다.

2. 자료제출 요구

① **거래대금 지급증명자료 제출요구** : 국토교통부장관 또는 신고관청(이하 '조사기관'이라 한다)은 신고내용의 조사 또는 공동조사를 위하여 거래당사자 또는 개업공인중개사에게 다음의 자료를 제출하도록 요구할 수 있다.

> ㉠ 거래계약서 사본
> ㉡ 거래대금의 지급을 확인할 수 있는 입금표 또는 통장 사본
> ㉢ 매수인이 거래대금의 지급을 위하여 다음의 행위를 하였음을 증명할 수 있는 자료
>   ⓐ 대출
>   ⓑ 정기예금 등의 만기수령 또는 해약
>   ⓒ 주식 · 채권 등의 처분
> ㉣ 매도인이 매수인으로부터 받은 거래대금을 예금 외의 다른 용도로 지출한 경우 이를
>   증명할 수 있는 자료
> ㉤ 그 밖에 신고내용의 사실 여부를 확인하기 위하여 필요한 자료

② 자료제출 요구는 요구사유, 자료의 범위와 내용, 제출기한 등을 명시한 서면으로 하여야
하며, 그 외에 신고내용의 조사에 필요한 세부사항은 국토교통부장관이 정한다.

3. 신고내용의 조사결과 보고

① 신고관청은 신고내용의 조사결과를 특별시장, 특별자치시장, 광역시장, 도지사, 특별
자치도지사(시 · 도지사)에게 보고하여야 하며, 시 · 도지사는 이를 국토교통부령으로
정하는 바에 따라 국토교통부장관에게 보고하여야 한다.

② **국토교통부령: 시 · 도지사**는 신고관청이 보고한 내용을 취합하여 **매월 1회 국토교통
부장관에게 보고**(「전자서명법」에 따른 전자문서에 의한 보고 또는 법 제25조에 따른 부동산
정보체계에 입력하는 것을 포함한다)하여야 한다.

2 다른 법률과의 관계

1. 「농지법」

농지에 대한 매매계약에 대하여 농지취득자격증명을 받은 경우라도 「부동산 거래신고에
관한 법률」에 따라 부동산 거래신고를 하여야 한다.

2. 「부동산등기 특별조치법」

부동산 등의 매수인은 신고인이 신고필증을 발급받은 때에 「부동산등기 특별조치법」 제3조
제1항에 따른 검인을 받은 것으로 본다.

▽ 토지거래허가구역 내에 소재하는 토지에 대하여 허가관청으로부터 토지거래계약 허가를 받은 경우
에도 부동산 거래신고를 하여야 한다.

제 5 절 정정신청 및 변경신고 _{제35회, 제36회}

1 부동산 거래신고 내용의 정정신청

1. 신고내용의 정정신청

① 거래당사자 또는 개업공인중개사는 부동산거래계약 신고내용 중 **다음의 어느 하나에 해당하는 사항이 잘못 기재된 경우에는** 신고관청에 신고내용의 **정정을 신청할 수 있다.**

> ㉠ 거래당사자의 주소·전화번호 또는 휴대전화번호
> ㉡ 개업공인중개사의 전화번호·상호 또는 사무소 소재지
> ㉢ 거래 지분 비율
> ㉣ 거래대상 건축물의 종류
> ㉤ 거래대상 부동산 등의 지목, 거래 지분, 면적 및 대지권 비율

▷ 1. 부동산 등의 소재지·지번은 정정신청 대상이 아니다.
  2. 성명, 주민등록번호, 법인명, 법인등록번호는 정정신청을 할 수 없다.
  3. 거래가격, 중도금, 잔금 등은 정정신청 대상이 아니다.

② **정정신청 방법**: 정정신청을 하려는 거래당사자 또는 개업공인중개사는 발급받은 신고필증에 정정사항을 표시하고 해당 정정 부분에 서명 또는 날인을 하여 신고관청에 제출해야 한다.

③ 거래당사자의 주소·전화번호 또는 휴대전화번호를 정정하는 경우에는 해당 거래당사자 일방이 단독으로 서명 또는 날인하여 정정을 신청할 수 있다. 이 경우는 전자문서로 정정신청을 할 수 없다.

2. 신고필증 재발급

정정신청을 받은 신고관청은 정정사항을 확인한 후 지체 없이 해당 내용을 정정하고, 정정사항을 반영한 신고필증을 재발급해야 한다.

2 부동산 거래신고 내용의 변경신고

1. 변경신고서 제출

① 거래당사자 또는 개업공인중개사는 부동산거래계약 신고내용 중 **다음의 어느 하나에 해당하는 사항이 변경된 경우에는** 「부동산등기법」에 따른 부동산에 관한 **등기신청 전에** 신고관청에 신고내용의 **변경을 신고할 수 있다.**

> ㉠ 거래 지분 비율
> ㉡ 거래 지분
> ㉢ 거래대상 부동산 등의 면적
> ㉣ 계약의 조건 또는 기한
> ㉤ 거래가격
> ㉥ 중도금·잔금 및 지급일
> ㉦ 공동매수의 경우 일부 매수인의 변경(매수인 중 일부가 제외되는 경우만 해당한다)
> ㉧ 거래대상 부동산 등이 다수인 경우 일부 부동산 등의 변경(거래대상 부동산 등 중 일부가 제외되는 경우만 해당한다)
> ㉨ 위탁관리인의 성명, 주민등록번호, 주소 및 전화번호(휴대전화번호를 포함한다)

▽ 1. 매수인 또는 부동산 등이 추가되거나 교체되는 경우에는 변경신고를 할 수 없다.
  2. 거래지분비율, 거래지분 및 부동산 등의 면적은 정정신청 및 변경신고 대상에 모두 포함된다.
  3. 해제등 신고, 정정신청 및 변경신고의 경우에도 거래당사자의 위임받은 사람 또는 개업공인중개사의 위임을 받은 소속공인중개사가 제출을 대행할 수 있다.

② **변경신고방법**: 변경신고를 하는 거래당사자 또는 개업공인중개사는 [별지 제3호 서식]의 부동산거래계약 변경신고서에 서명 또는 날인하여 신고관청에 제출해야 한다.

③ 다만, 부동산 등의 **면적 변경이 없는 상태에서 거래가격이 변경된 경우**에는 거래계약서 사본 등 그 사실을 증명할 수 있는 서류를 첨부해야 한다.

④ 공급계약 또는 전매계약에서 거래가격 중 **분양가격 및 선택품목**은 거래당사자 **일방이 단독으로 변경신고**를 할 수 있다. 이 경우 거래계약서 사본 등 그 사실을 증명할 수 있는 서류를 첨부해야 한다.

2. 신고필증 재발급

변경신고를 받은 신고관청은 변경사항을 확인한 후 지체 없이 해당 내용을 변경하고, 변경사항을 반영한 신고필증을 재발급해야 한다.

예제

부동산 거래신고 등에 관한 법령상 부동산거래계약 신고 내용의 정정신청사항이 <u>아닌</u> 것은?

제30회

① 거래대상 건축물의 종류
② 개업공인중개사의 성명·주소
③ 거래대상 부동산의 면적
④ 거래 지분 비율
⑤ 거래당사자의 전화번호

해설 개업공인중개사의 성명과 주소는 정정신청 대상에 포함되지 않는다.
▶▶ 정답 ②

■ 부동산 거래신고 등에 관한 법률 시행규칙 [별지 제4호 서식] <개정 2020. 2. 27.>

부동산거래관리시스템(rtms.molit.go.kr)에서도 신청할 수 있습니다.

부동산거래계약 해제등 신고서

※ 뒤쪽의 작성방법을 읽고 작성하시기 바라며, [ ]에는 해당하는 곳에 ✓표를 합니다. (앞쪽)

접수번호		접수일시	처리기간	지체 없이

<table>
<tr><td rowspan="4">신고인</td><td colspan="4">구분
[ ] 매도인　　　[ ] 매수인　　　[ ] 개업공인중개사　　　[ ] 대리인</td></tr>
<tr><td colspan="2">성명(법인명)
　　　　　　　(서명 또는 인)</td><td colspan="2">주민등록번호(법인 · 외국인 등록번호)</td></tr>
<tr><td colspan="4">주소(법인소재지)</td></tr>
<tr><td colspan="2">전화번호</td><td colspan="2">휴대전화번호</td></tr>
<tr><td rowspan="12">신고
사항</td><td rowspan="3">매도인</td><td>성명(법인명)</td><td colspan="2">주민등록번호(법인 · 외국인 등록번호)</td></tr>
<tr><td>주소(법인소재지)</td><td colspan="2"></td></tr>
<tr><td>전화번호</td><td colspan="2">휴대전화번호</td></tr>
<tr><td rowspan="3">매수인</td><td>성명(법인명)</td><td colspan="2">주민등록번호(법인 · 외국인 등록번호)</td></tr>
<tr><td>주소(법인소재지)</td><td colspan="2"></td></tr>
<tr><td>전화번호</td><td colspan="2">휴대전화번호</td></tr>
<tr><td colspan="2">신고필증
관리번호</td><td colspan="2"></td></tr>
<tr><td colspan="2">계약
체결일</td><td>년　　　월　　　일</td><td>거래계약
해제 등의
사유 발생일　　년　　월　　일</td></tr>
<tr><td colspan="2">부동산
소재지</td><td colspan="2"></td></tr>
<tr><td rowspan="2">거래계약
해제 등의
사유</td><td colspan="3">구분
[ ] 해제　　　[ ] 무효　　　[ ] 취소</td></tr>
<tr><td colspan="3">사유</td></tr>
</table>

「부동산 거래신고 등에 관한 법률」 제3조의2 및 같은 법 시행규칙 제4조 제1항 · 제2항에 따라 위와 같이 부동산거래계약 해제 등의 내용을 신고합니다.
　　　　　　　　　　　　　　　　　　　　　　　　　　　　　　년　　　　월　　　　일

신고인　　매도인 : 　　　　　　　　　　　　(서명 또는 인)
　　　　　매수인 : 　　　　　　　　　　　　(서명 또는 인)
　　　　　개업공인중개사 : 　　　　　　　　(서명 또는 인)
　　　　　(개업공인중개사 중개 시)

시장 · 군수 · 구청장　　　　귀하

(뒤쪽)

첨부서류	1. 확정된 법원의 판결문 등 해제 등이 확정된 사실을 입증할 수 있는 서류(「부동산 거래신고 등에 관한 법률」 제3조의2 제1항 단서 또는 같은 조 제2항 단서 및 같은 법 시행규칙 제4조 제2항에 따라 단독으로 부동산거래계약 해제등 신고를 하는 경우에만 해당합니다) 2. 단독신고사유서(「부동산 거래신고 등에 관한 법률」 제3조의2 제1항 단서 또는 같은 조 제2항 단서 및 같은 법 시행규칙 제4조 제2항에 따라 단독으로 부동산거래계약 해제등 신고를 하는 경우에만 해당합니다)

유의사항

거래계약이 해제 등이 되지 않았음에도 불구하고 거짓으로 「부동산 거래신고 등에 관한 법률」 제3조의2에 따른 해제등 신고를 하는 경우 같은 법 제28조 제1항 제2호에 따라 3천만원 이하의 과태료가 부과되오니 유의하시기 바랍니다.

작성방법

1. 신고인이 매도인 또는 매수인인 경우 신고사항의 매도인 또는 매수인란에는 중복하여 적을 필요가 없습니다.
2. 신고인의 서명 또는 날인은 거래당사자 모두가 신고 내용을 확인한 후 서명 또는 날인해야 합니다.
3. 부동산 소재지는 동·호 등의 상세주소까지 적어야 합니다.
4. 다수 부동산, 관련 필지, 매도인·매수인, 개업공인중개사 등 기재사항이 복잡한 경우에는 다른 용지에 작성하여 간인 처리한 후 첨부합니다.

처리절차

이 신고서는 아래와 같이 처리됩니다.

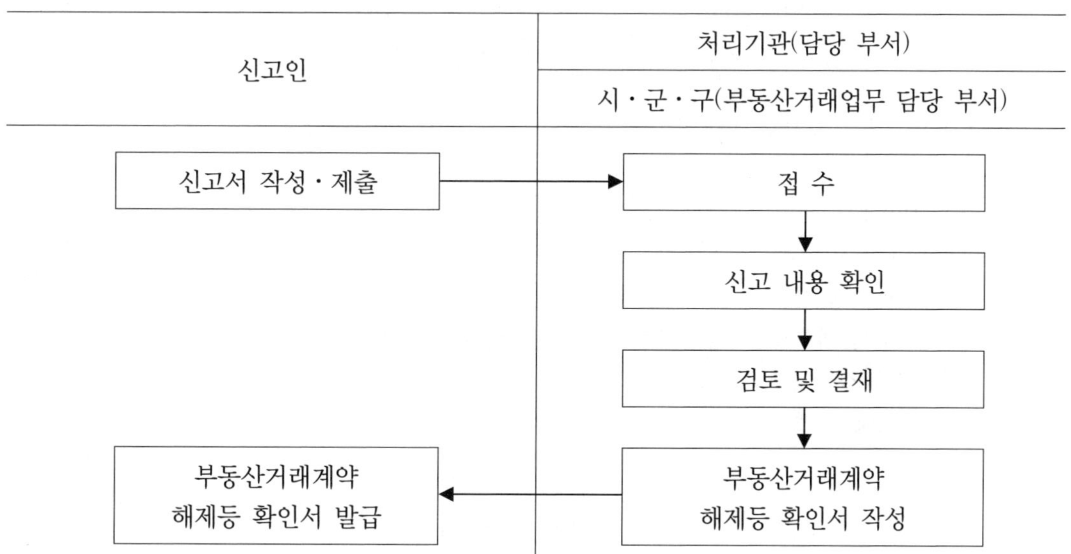

■ 부동산 거래신고 등에 관한 법률 시행규칙 [별지 제3호 서식] <개정 2023. 8. 22.>

부동산거래관리시스템(rtms.molit.go.kr)에서도 신청할 수 있습니다.

부동산거래계약 변경 신고서

※ 뒤쪽의 유의사항·작성방법을 읽고 작성하시기 바라며, [ ]에는 해당하는 곳에 √표를 합니다. (앞쪽)

접수번호		접수일시	처리기간	즉시

① 부동산 소재지	

<table>
<tr><td rowspan="5">② 신고인</td><td colspan="3">구분
[ ] 매도인　　[ ] 매수인　　[ ] 개업공인중개사　　[ ] 대리인</td></tr>
<tr><td>성명(법인명)</td><td colspan="2">주민등록번호(법인·외국인 등록번호)</td></tr>
<tr><td colspan="3">주소(법인소재지)</td></tr>
<tr><td>전화번호</td><td colspan="2">휴대전화번호</td></tr>
</table>

③ 변경 항목	변경 전		변경 후	
④ [ ] 거래지분 비율	분의 ( )		분의 ( )	
[ ] 거래 지분	[ ] 토지 [ ] 건축물	분의	[ ] 토지 [ ] 건축물	분의
[ ] 계약대상 면적	토지 :　　　　m² 건축물 :　　　　m²		토지 :　　　　m² 건축물 :　　　　m²	
[ ] 계약 조건 또는 기한				
[ ] 거래가격	거래가격		거래가격	
	분양가격		분양가격	
	발코니 확장 등 선택비용		발코니 확장 등 선택비용	
	추가 지급액 등		추가 지급액 등	
[ ] 중도금 및 지급일	중도금 : 지급일 :		중도금 : 지급일 :	
[ ] 잔금 및 지급일	잔금 : 지급일 :		잔금 : 지급일 :	
⑤ [ ] 매수인 변경				
⑥ [ ] 계약대상 부동산 등의 변경				
⑦ [ ] 위탁관리인 변경				

「부동산 거래신고 등에 관한 법률 시행규칙」 제3조 제3항부터 제5항까지의 규정에 따라 위와 같이 부동산거래계약 변경내용을 신고합니다.

년　　　　월　　　　일

② 신고인

매도인 :　　　　　　　　　　　　　　(서명 또는 인)

매수인 :　　　　　　　　　　　　　　(서명 또는 인)

개업공인중개사 :　　　　　　　　　　(서명 또는 인)

(개업공인중개사 중개 시)

시장·군수·구청장　　　　귀하

(뒤쪽)

첨부서류	그 사실을 증명할 수 있는 거래 계약서 사본(부동산 등의 면적 변경이 없는 상태에서 거래가격이 변경된 경우 또는 분양가격 및 선택품목을 거래당사자 일방이 단독으로 변경신고하는 경우에만 해당합니다)	수수료 없음
담당 공무원 확인사항	부동산거래계약 신고필증	

유의사항

「부동산 거래신고 등에 관한 법률」 제3조 및 같은 법 시행령 제3조의 실제 거래가격은 매수인이 매수한 부동산을 양도하는 경우 「소득세법」 제97조 제1항·제7항 및 같은 법 시행령 제163조 제11항 제2호에 따라 취득 당시의 실제 거래가격으로 보아 양도차익이 계산될 수 있음을 유의하시기 바랍니다.

작성방법

① 부동산 소재지는 동·호 등의 상세주소까지 적습니다.

② 매도인, 매수인 또는 개업공인중개사가 부동산거래계약 변경신청을 할 수 있고, 신고인란에는 거래당사자 간 거래인 경우에는 거래당사자가 서명 또는 날인하며, 중개거래인 경우는 개업공인중개사만 서명 또는 날인을 합니다.

③ 변경하려는 각 항목 앞의 [ ]에 √표시를 하고, 변경 전·후의 내용을 적습니다.

④ 거래지분 비율란의 괄호 안에는 거래 지분이 변경되는 자의 성명을 적습니다.

⑤ 매수인 변경란에는 공동매수의 경우 계약의 해제 등을 한 매수인의 성명과 계약을 이행하는 다른 매수인의 거래 지분 변경 내용을 구체적으로 적되, 매수인을 추가하거나 교체하는 경우는 제외합니다.

⑥ 계약대상 부동산 등의 변경란에는 다수의 부동산 등을 거래하는 경우 계약의 해제 등을 한 계약대상 부동산 등의 지번 등 내용을 구체적으로 적되, 계약대상 부동산 등을 추가하거나 교체하는 경우는 제외합니다.

⑦ 위탁관리인의 인적사항이 변경되는 경우, 변경 전·후 위탁관리인의 성명, 주민등록번호, 주소, 전화번호(휴대전화번호를 포함한다) 등을 구체적으로 적습니다.

※ 개업공인중개사가 다수이거나 변경 항목 등이 복잡한 경우에는 다른 용지에 작성하여 간인 처리한 후 첨부할 수 있습니다.

처리절차

※ 이 신고서는 아래와 같이 처리됩니다.

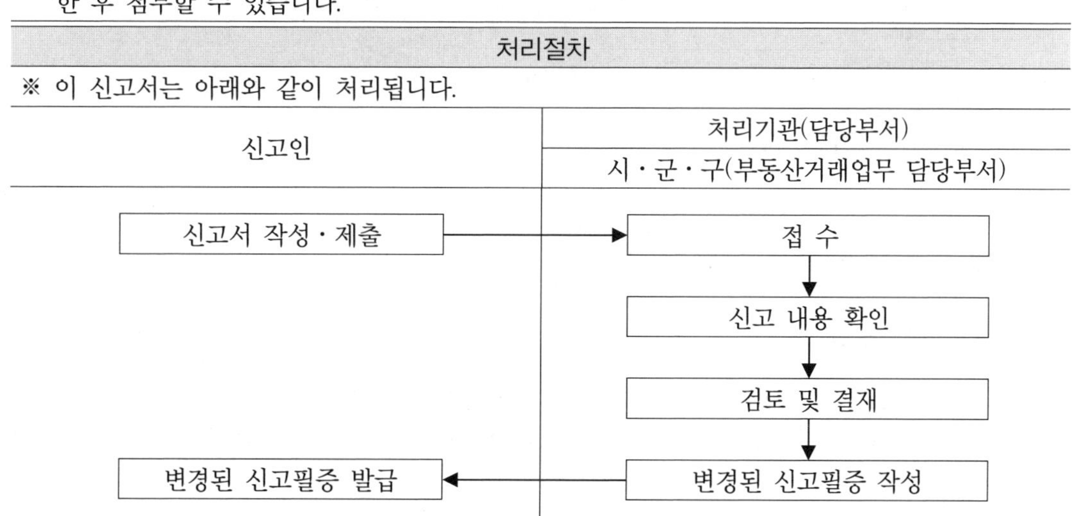

<table><tr><td>제 6 절</td><td>주택 임대차 계약의 신고</td><td>제32회, 제34회, 제35회, 제36회</td></tr></table>

1. 주택 임대차 계약의 신고 대상

(1) 신고대상

① 「주택임대차보호법」 제2조에 따른 주택의 임대차 계약은 신고대상이다. 그러므로 공부상의 용도와 관계없이 **사실상 주거용**으로 사용하는 임대차 계약은 신고대상에 포함된다.

② **주택을 취득할 수 있는 권리**의 임대차 계약을 포함한다.

③ 보증금이 6천만원을 초과하거나 월차임이 30만원을 초과하는 경우가 신고대상이다.

④ 계약을 갱신하는 경우로서 보증금 및 차임의 증감 없이 **임대차 기간만 연장하는 계약**은 신고대상에서 제외된다.

> **넓혀 보기** 🔍
>
> 1. 보증금 6천만원, 월차임 30만원인 경우 : 신고(×)
> 2. 보증금 7천만원, 월차임 20만원인 경우 : 신고(○)
> 3. 보증금 5천만원, 월차임 40만원인 경우 : 신고(○)

(2) 신고대상 지역

① 주택 임대차 계약의 신고는 특별자치시 · 특별자치도 · 시 · 군(광역시 및 경기도의 관할구역에 있는 군으로 한정한다) · 구(자치구를 말한다)에 적용한다.

② 특별시 · 광역시 · 특별자치시 · 특별자치도 · 시에 소재하는 주택은 모두 포함되며 군지역의 경우 광역시 및 경기도의 관할구역에 있는 군으로 한정한다.

> **넓혀 보기** 🔍
>
> 1. 인천광역시 강화군 : 신고(○)
> 2. 경기도 양평군 : 신고(○)
> 3. 충청남도 청양군 : 신고(×)

2. 주택 임대차 계약의 신고 의무자

(1) 거래당사자 공동신고

임대차계약**당사자**는 주택 임대차 계약을 체결한 경우 그 보증금 또는 차임 등을 임대차 계약의 체결일부터 30일 이내에 주택 소재지를 관할하는 신고관청에 **공동**으로 신고하여야 한다.

(2) 거래당사자 일방이 국가 등인 경우

임대차계약당사자 중 일방이 국가 등인 경우에는 국가 등이 신고하여야 한다.

(3) 일방의 신고거부로 인한 단독신고

임대차계약당사자 중 일방이 신고를 거부하는 경우에는 국토교통부령으로 정하는 바에 따라 단독으로 신고할 수 있다.

(4) 신고필증 발급 등

① 신고관청은 그 신고 내용을 확인한 후 신고인에게 신고필증을 지체 없이 발급하여야 한다.

② 신고관청은 신고접수 및 신고필증 발급에 따른 사무에 대한 해당 권한의 일부를 그 지방자치단체의 조례로 정하는 바에 따라 읍·면·동장 또는 출장소장에게 위임할 수 있다.

③ 신고 및 신고필증 발급의 절차와 그 밖에 필요한 사항은 국토교통부령으로 정한다.

2. 주택 임대차 계약의 변경 및 해제 신고

① 임대차계약당사자는 주택 임대차 계약을 신고한 후 해당 임대차 계약의 보증금, 차임 등 임대차 가격이 변경되거나 임대차 계약이 해제된 때에는 **변경 또는 해제가 확정된 날부터 30일 이내에** 해당 신고관청에 공동으로 신고하여야 한다.

② 임대차계약당사자 중 일방이 국가 등인 경우에는 국가 등이 신고하여야 한다.

③ 임대차계약당사자 중 일방이 신고를 거부하는 경우에는 국토교통부령으로 정하는 바에 따라 단독으로 신고할 수 있다.

④ 신고관청은 그 신고 내용을 확인한 후 신고인에게 신고필증을 지체 없이 발급하여야 한다.

⑤ 신고관청은 변경 및 해제 신고에 따른 사무에 대한 해당 권한의 일부를 그 지방자치단체의 조례로 정하는 바에 따라 읍·면·동장 또는 출장소장에게 위임할 수 있다.

3. 주택 임대차 계약 신고에 대한 준용규정

주택 임대차 계약 신고의 금지행위, 주택 임대차 계약 신고 내용의 검증, 주택 임대차 계약 신고 내용의 조사 등에 관하여는 부동산 거래신고의 내용을 준용한다.

4. 다른 법률에 따른 신고 등의 의제

① 임차인이 「주민등록법」에 따라 **전입신고를 하는 경우 이 법에 따른 주택 임대차 계약의 신고를 한 것으로 본다.**

② 「공공주택 특별법」에 따른 공공주택사업자 및 「민간임대주택에 관한 특별법」에 따른 임대사업자는 관련 법령에 따른 주택 임대차 계약의 신고 또는 변경신고를 하는 경우 이 법에 따른 주택 임대차 계약의 신고 또는 변경신고를 한 것으로 본다.

③ **주택 임대차 계약의 신고 및 변경신고의 접수를 완료한 때에는 「주택임대차보호법」에 따른 확정일자를 부여한 것으로 본다**(임대차계약서가 제출된 경우로 한정한다). 이 경우 신고관청은 「주택임대차보호법」에 따라 확정일자부를 작성하거나 「주택임대차보호법」의 확정일자부여기관에 신고 사실을 통보하여야 한다.

5. 주택 임대차 계약의 신고절차 등(국토교통부령)

(1) 주택 임대차 계약의 신고를 해야 할 사항

① **임대차계약당사자의 인적사항**
  ㉠ 자연인인 경우: 성명, 주소, 주민등록번호(외국인인 경우에는 외국인 등록번호를 말한다) 및 연락처
  ㉡ 법인인 경우: 법인명, 사무소 소재지, 법인등록번호 및 연락처
  ㉢ 법인 아닌 단체인 경우: 단체명, 소재지, 고유번호 및 연락처

② 임대차 목적물(주택을 취득할 수 있는 권리에 관한 계약인 경우에는 그 권리의 대상인 주택을 말한다)의 소재지, 종류, 임대 면적 등 임대차 목적물 현황

③ 보증금 또는 월차임

④ 계약 체결일 및 계약 기간

⑤ 「주택임대차보호법」에 따른 계약갱신요구권의 행사 여부(계약을 갱신한 경우만 해당한다)

⑥ 해당 주택 임대차 계약을 중개한 개업공인중개사의 사무소 명칭, 사무소 소재지, 대표자 성명, 등록번호, 전화번호 및 소속공인중개사 성명

② 주택 임대차 계약의 신고절차

① **공동신고**: 임대차계약당사자는 별지 서식의 주택 임대차 계약 신고서(임대차 신고서)에 **공동으로 서명 또는 날인해 신고관청에 제출해야 한다.**

② **공동신고 간주**: 임대차계약당사자 **일방이 임대차 신고서에 단독으로 서명 또는 날인**한 후 다음의 **서류 등을 첨부해 신고관청에 제출한 경우에는 임대차계약당사자가 공동으로 임대차 신고서를 제출한 것으로 본다.**

> ㉠ 계약서를 작성한 경우: 주택 임대차 계약서
> ㉡ 계약서를 작성하지 않은 경우: 입금증, 통장사본 등 임대차 계약 체결 사실을 입증
>   할 수 있는 서류 등
> ㉢ 계약갱신요구권을 행사한 경우 이를 확인할 수 있는 서류 등

③ **임대차계약서 제출로 갈음**: 임대차계약당사자 일방 또는 임대차계약당사자의 위임을 받은 사람이 신고사항이 모두 적혀 있고 임대차계약당사자의 서명이나 날인이 되어 있는 **주택 임대차 계약서를 신고관청에 제출하면 임대차계약당사자가 공동으로 임대차 신고서를 제출한 것으로 본다.**

④ **국가 등의 신고**: **국가 등**이 주택 임대차 계약을 신고하려는 경우에는 임대차 신고서에 **단독으로 서명 또는 날인**해 신고관청에 제출해야 한다.

⑤ **일방의 거부**: 일방이 신고를 거부해 단독으로 주택 임대차 계약을 신고하려는 자는 임대차 신고서에 서명 또는 날인한 후 ②의 서류 등과 단독신고사유서를 첨부해 신고관청에 제출해야 한다. 이 경우 신고관청은 단독신고 사유에 해당하는지를 확인해야 한다.

⑥ 신고하려는 자는 신분증명서를 신고관청에 보여줘야 한다.

⑦ **신고필증 발급**: 신고를 받은 신고관청은 신고 사항의 누락 여부 등을 확인한 후 지체 없이 별지 서식의 주택 임대차 계약 신고필증(임대차 신고필증)을 내줘야 한다.

⑧ **전자계약**: 부동산거래계약시스템을 통해 주택 임대차 계약을 체결한 경우에는 임대차계약당사자가 공동으로 임대차 신고서를 제출한 것으로 본다.

(3) 주택 임대차 계약 신고 내용의 정정

① 임대차계약당사자는 신고 사항 또는 변경 신고의 내용이 잘못 적힌 경우에는 신고관청에 신고 내용의 정정을 신청할 수 있다.

② 정정신청을 하려는 임대차계약당사자는 임대차 신고필증에 정정 사항을 표시하고 해당 정정 부분에 공동으로 서명 또는 날인한 후 주택 임대차 계약서 또는 주택 임대차 변경 계약서를 첨부해 신고관청에 제출해야 한다.

③ 정정신청을 받은 신고관청은 정정할 사항을 확인한 후 지체 없이 해당 내용을 정정하고, 정정 사항을 반영한 임대차 신고필증을 신청인에게 다시 내줘야 한다.

④ 임대차계약당사자 일방이 임대차 신고필증에 단독으로 서명 또는 날인한 후 주택 임대차 계약서 또는 주택 임대차 변경 계약서를 첨부해 신고관청에 제출한 경우에는 임대차계약당사자가 공동으로 주택 임대차 계약 신고 내용 정정신청을 한 것으로 본다.

⑤ 정정신청을 하려는 자는 신분증명서를 신고관청에 보여줘야 한다.

⑷ 주택 임대차 계약 신고서 등의 제출 대행

임대차계약당사자의 위임을 받은 사람은 임대차 신고서, 임대차 변경 신고서 및 임대차 해제 신고서의 작성·제출 및 정정신청을 대행할 수 있다. 이 경우 임대차신고서 등의 작성·제출 및 정정신청을 대행하는 사람은 신분증명서를 신고관청에 보여줘야 하며, 임대차신고서 등의 작성·제출 및 정정신청을 위임한 임대차계약당사자의 자필서명이 있는 위임장과 신분증명서 사본을 함께 제출해야 한다.

⑸ 다른 법률에 따른 신고 등의 의제 절차

주택 임대차 계약의 임차인은 「주민등록법」에 따른 전입신고를 하는 경우로서 주택 임대차 계약의 신고를 한 것으로 보는 경우 주택 임대차 계약서 또는 임대차 신고서(주택 임대차 계약서를 작성하지 않은 경우로 한정한다)를 제출해야 한다.

제7절 위반 시 제재

1 벌칙 및 과태료

1. 3년 이하의 징역 또는 3천만원 이하의 벌금

부당하게 재물이나 재산상 이득을 취득하거나 제3자로 하여금 이를 취득하게 할 목적으로 다음의 사유를 위반한 자는 3년 이하의 징역 또는 3천만원 이하의 벌금에 처한다.

> ① 부동산 등의 매매계약을 체결하지 아니하였음에도 불구하고 거짓으로 부동산 거래신고를 한 자
> ② 부동산 거래신고 후 해당 계약이 해제 등이 되지 아니하였음에도 불구하고 거짓으로 해제 등의 신고를 한 자

2. 3천만원 이하 과태료

다음의 어느 하나에 해당하는 자에게는 3천만원 이하의 과태료를 부과한다.

> ① 부동산 등의 매매계약을 체결하지 아니하였음에도 불구하고 거짓으로 부동산 거래신고를 한 자(벌칙을 부과 받은 경우는 제외한다)
> ② 부동산 거래신고 후 해당 계약이 해제 등이 되지 아니하였음에도 불구하고 거짓으로 해제 등의 신고를 한 자(벌칙을 부과 받은 경우는 제외한다)
> ③ 거래대금 지급을 증명할 수 있는 자료를 제출하지 아니하거나 거짓으로 제출한 자 또는 그 밖의 필요한 조치를 이행하지 아니한 자

3. 500만원 이하 과태료

다음의 어느 하나에 해당하는 자에게는 500만원 이하의 과태료를 부과한다.

> ① 부동산 거래신고를 하지 아니한 자(공동신고를 거부한 자를 포함한다)
> ② 거래당사자로서 부동산 거래의 해제등 신고를 하지 아니한 자(공동신고를 거부한 자를 포함한다)
> ③ 거짓으로 부동산 거래신고 또는 해제등 신고를 하는 행위를 조장하거나 방조한 자
> ④ 거래대금 지급증명자료 외의 자료를 제출하지 아니하거나 거짓으로 제출한 자
> ⑤ 개업공인중개사로 하여금 부동산 거래신고를 하지 아니하게 하거나 거짓된 내용을 신고하도록 요구한 자

4. 취득가액의 100분의 10 이하 과태료

다음에 해당하는 자에게는 해당 부동산 등의 취득가액의 100분의 10 이하에 상당하는 금액의 과태료를 부과한다.

> ① 신고 의무자로서 부동산 거래신고를 거짓으로 한 자
> ② 부동산 등의 매매계약을 체결한 후 신고 의무자가 아닌 자로서 거짓으로 부동산 거래신고를 한 자

5. 100만원 이하 과태료

다음에 해당하는 자에게는 100만원 이하의 과태료를 부과한다.

> 주택 임대차 계약의 신고 또는 변경·해제 신고를 하지 아니하거나(공동신고를 거부한 자를 포함한다) 그 신고를 거짓으로 한 자

2 과태료 부과

1. 부과권자

① 과태료는 대통령령으로 정하는 바에 따라 신고관청이 부과·징수한다.

② 이 경우 개업공인중개사에게 과태료를 부과한 신고관청은 부과일부터 10일 이내에 해당 개업공인중개사의 중개사무소(법인의 경우에는 주된 중개사무소를 말한다)를 관할하는 시장·군수 또는 구청장에 과태료 부과사실을 통보하여야 한다.

2. 자진 신고자에 대한 과태료 감면

(1) 과태료 감면사유

신고관청은 다음의 어느 하나에 따른 위반사실을 자진 신고한 자에 대하여 대통령령으로 정하는 바에 따라 과태료를 감경 또는 면제할 수 있다.

> ① 부동산 거래신고를 하지 아니한 자(공동신고를 거부한 자를 포함한다)
> ② 거래당사자로서 부동산 거래의 해제등 신고를 하지 아니한 자(공동신고를 거부한 자를 포함한다)
> ③ 개업공인중개사로 하여금 부동산 거래신고를 하지 아니하게 하거나 거짓된 내용을 신고하도록 요구한 자
> ④ 부동산 거래신고(해제등 신고)에 대하여 거짓신고를 조장하거나 방조한 자
> ⑤ 신고의무자로서 부동산 거래신고를 거짓으로 한 자
> ⑥ 부동산 등의 매매계약을 체결한 후 신고 의무자가 아닌 자로서 거짓으로 부동산 거래신고를 한 자
> ⑦ 주택 임대차 계약의 신고 또는 변경·해제 신고를 하지 아니하거나 그 신고를 거짓으로 한 자

▷ 자진 신고에 따른 과태료 감면사유가 아닌 것
  1. 매매계약을 체결하지 아니하였음에도 거짓으로 부동산 거래신고를 한 자(3천만원 이하 과태료)
  2. 계약이 해제 등이 되지 아니하였음에도 거짓으로 해제 등의 신고를 한 자(3천만원 이하 과태료)
  3. 거래대금 지급을 증명할 수 있는 자료를 제출하지 아니하거나 거짓으로 제출한 자 또는 그 밖의 필요한 조치를 이행하지 아니한 자(3천만원 이하 과태료)
  4. 거래대금 지급증명자료 외의 자료를 제출하지 아니하거나 거짓으로 제출한 자(5백만원 이하 과태료)

(2) 감경 또는 면제의 기준

① 국토교통부장관 또는 신고관청(이하 '조사기관'이라 한다)의 **조사가 시작되기 전에** 자진신고한 자로서 다음의 요건을 모두 충족한 경우 : 과태료 면제

> ㉠ 신고관청에 단독(거래당사자 일방이 여러 명인 경우 그 일부 또는 전부가 공동으로 신고한 경우를 포함한다)으로 신고한 최초의 자일 것
> ㉡ 위반사실 입증에 필요한 자료 등을 제공하는 등 조사가 끝날 때까지 성실하게 협조하였을 것

② 조사기관의 <u>조사가 시작된 후</u> 자진신고한 자로서 다음의 요건을 모두 충족한 경우 : 과태료의 100분의 50 감경

> ㉠ 조사기관에 단독으로 신고한 최초의 자일 것
> ㉡ 위반사실 입증에 필요한 자료 등을 제공하는 등 조사가 끝날 때까지 성실하게 협조하였을 것
> ㉢ 조사기관이 허위신고 사실 입증에 필요한 증거를 충분히 확보하지 못한 상태에서 조사에 협조하였을 것

⑶ 감경 또는 면제가 적용되지 않는 경우

> ① 자진 신고하려는 부동산 등의 거래계약과 관련하여 「국세기본법」 또는 「지방세법」 등 관련 법령을 위반한 사실 등이 관계 기관으로부터 조사기관에 통보된 경우
> ② 자진 신고한 날부터 과거 1년 이내에 자진 신고를 하여 3회 이상 해당 신고관청에서 과태료의 감경 또는 면제를 받은 경우

⑷ 입증서류 제출

자진 신고를 하려는 자는 국토교통부령으로 정하는 신고서 및 위반행위를 입증할 수 있는 서류를 조사기관에 제출해야 한다.

규칙 제21조【자진 신고 서류 등】 ① 조사가 시작된 시점은 조사기관이 거래당사자 또는 개업공인중개사 등에게 자료제출 등을 요구하는 서면을 발송한 때로 한다.
② '국토교통부령으로 정하는 신고서'란 [별지 제18호 서식]을 말한다.
③ 위반행위를 입증할 수 있는 서류는 다음 각 호의 어느 하나에 해당하는 자료로 한다.
1. 계약서, 거짓신고 합의서, 입출금 내역서 등 위반사실을 직접적으로 입증할 수 있는 자료
2. 진술서, 확인서, 그 밖에 위반행위를 할 것을 논의하거나 실행한 사실을 육하원칙에 따라 기술한 자료
3. 당사자 간 의사연락을 증명할 수 있는 전자우편, 통화기록, 팩스 수·발신 기록, 수첩 기재 내용 등
4. 그 밖에 위반행위를 입증할 수 있는 자료
④ 신고관청은 자진 신고를 한 자에 대하여 과태료 감경 또는 면제 대상에 해당하는지 여부, 감경 또는 면제의 내용 및 사유를 통보하여야 한다.
⑤ 조사기관의 담당 공무원은 자진신고자 등의 신원이나 제보내용, 증거자료 등을 해당 사건의 처리를 위한 목적으로만 사용해야 하며 제3자에게 누설해서는 안 된다.

3. 과태료 부과기준

과태료의 부과기준은 다음 별표와 같다.

[별표 3] 과태료의 부과기준(영 제20조 관련) 〈개정 2025. 4. 29.〉

1. 일반기준

   신고관청은 위반행위의 동기·결과 및 횟수 등을 고려하여 제2호의 개별기준에 따른 과태료의 2분의 1(3,000만원 이하 과태료 및 취득가액의 100분의 10 이하 과태료의 경우에는 5분의 1) 범위에서 그 금액을 늘리거나 줄일 수 있다. 다만, 늘리는 경우에도 과태료의 총액은 3,000만원, 500만원, 취득가액의 100분의 10을 초과할 수 없다.

2. 개별기준

   가. 법 제28조 제1항 관련(3천만원 이하)

위반행위	과태료
1) 부동산 등의 매매계약을 체결하지 아니하였음에도 불구하고 거짓으로 부동산 거래신고를 하는 행위	3,000만원
2) 부동산 거래신고 후 해당 계약이 해제 등이 되지 아니하였음에도 불구하고 거짓으로 해제 등의 신고를 하는 행위	3,000만원
3) 법 제6조를 위반하여 거래대금 지급을 증명할 수 있는 자료를 제출하지 않거나 거짓으로 제출한 경우 또는 그 밖의 필요한 조치를 이행하지 않은 경우	
가) 신고가격이 1억 5천만원 이하인 경우	500만원
나) 신고가격이 1억 5천만원 초과 2억원 이하인 경우	700만원
다) 신고가격이 2억원 초과 2억 5천만원 이하인 경우	900만원
라) 신고가격이 2억 5천만원 초과 3억원 이하인 경우	1,100만원
마) 신고가격이 3억원 초과 3억 5천만원 이하인 경우	1,300만원
바) 신고가격이 3억 5천만원 초과 4억원 이하인 경우	1,500만원
사) 신고가격이 4억원 초과 4억 5천만원 이하인 경우	1,700만원
아) 신고가격이 4억 5천만원 초과 5억원 이하인 경우	1,900만원
자) 신고가격이 5억원 초과 6억원 이하인 경우	2,100만원
차) 신고가격이 6억원 초과 7억원 이하인 경우	2,300만원
카) 신고가격이 7억원 초과 8억원 이하인 경우	2,500만원
타) 신고가격이 8억원 초과 9억원 이하인 경우	2,700만원
파) 신고가격이 9억원 초과 10억원 이하인 경우	2,900만원
하) 신고가격이 10억원을 초과한 경우	3,000만원

   ※ 비 고

   1) 부동산 매매계약의 신고가격이 시가표준액(「지방세법」 제4조에 따른 신고사유 발생연도의 시가표준액을 말한다) 미만인 경우에는 그 시가표준액을 신고가격으로 한다.

   2) 부동산에 대한 공급계약 및 부동산을 취득할 수 있는 권리에 관한 계약의 신고가격이 해당 부동산 등의 분양가격 미만인 경우에는 그 분양가격을 신고가격으로 한다.

나. 법 제28조 제2항 관련(500만원 이하)

위반행위	근거 법조문	과태료
1) 법 제3조 제1항부터 제4항까지 또는 제3조의2 제1항 위반하여 같은 항에 따른 신고를 하지 않은 경우(공동신고를 거부한 경우를 포함한다) 　가) 신고 해태기간이 3개월 이하인 경우 　　⑴ 실제 거래가격이 1억원 미만인 경우 　　⑵ 실제 거래가격이 1억원 이상 5억원 미만인 경우 　　⑶ 실제 거래가격이 5억원 이상인 경우 　나) 신고 해태기간이 3개월을 초과하는 경우 또는 공동신고를 거부한 경우 　　⑴ 실제 거래가격이 1억원 미만인 경우 　　⑵ 실제 거래가격이 1억원 이상 5억원 미만인 경우 　　⑶ 실제 거래가격이 5억원 이상인 경우	법 제28조 제2항 제1호 및 제1호의2	 10만원 25만원 50만원 50만원 200만원 300만원
2) 법 제4조 제1호를 위반하여 개업공인중개사에게 법 제3조에 따른 신고를 하지 않게 하거나 거짓으로 신고하도록 요구한 경우	법 제28조 제2항 제2호	400만원
3) 법 제4조 제3호를 위반하여 거짓으로 법 제3조에 따른 신고를 하는 행위를 조장하거나 방조한 경우	법 제28조 제2항 제3호	400만원
4) 법 제6조를 위반하여 거래대금 지급을 증명할 수 있는 자료 외의 자료를 제출하지 않거나 거짓으로 제출한 경우	법 제28조 제2항 제4호	500만원

※ 비 고

'신고 해태기간'이란 신고기간 만료일의 다음 날부터 기산하여 신고를 하지 않은 기간을 말한다. 다만, 다음의 사유가 있는 기간은 신고 해태기간에 산입하지 아니할 수 있다.

1) 천재지변 등 불가항력적인 경우
2) 천재지변 등에 준하는 그 밖의 사유로 신고의무를 해태한 상당한 사유가 있다고 인정되는 경우

다. 법 제28조 제3항 관련(취득가액의 100분의 10 이하)

위반행위	과태료
법 제3조 제1항부터 제4항까지의 규정 또는 법 제4조 제2호를 위반하여 그 신고를 거짓으로 한 경우	
1) 부동산 등의 실제 거래가격 외의 사항을 거짓으로 신고한 경우	취득가액(실제 거래가격을 말한다. 이하 이 목에서 같다)의 100분의 2
2) 부동산 등의 실제 거래가격을 거짓으로 신고한 경우	
가) 실제 거래가격과 신고가격의 차액이 실제 거래가격의 10% 미만인 경우	취득가액의 100분의 2
나) 실제 거래가격과 신고가격의 차액이 실제 거래가격의 10% 이상 20% 미만인 경우	취득가액의 100분의 4
다) 실제 거래가격과 신고가격의 차액이 실제 거래가격의 20% 이상 30% 미만인 경우	취득가액의 100분의 5
라) 실제 거래가격과 신고가격의 차액이 실제 거래가격의 30% 이상 40% 미만인 경우	취득가액의 100분의 7
마) 실제 거래가격과 신고가격의 차액이 실제 거래가격의 40% 이상 50% 미만인 경우	취득가액의 100분의 9
바) 실제 거래가격과 신고가격의 차액이 실제 거래가격의 50% 이상인 경우	취득가액의 100분의 10

라. 법 제28조 제5항 관련(주택 임대차 신고, 변경, 해제 신고 관련)

위반행위	과태료
1) 신고를 하지 않거나(공동신고를 거부한 경우를 포함한다) 그 신고를 거짓으로 한 경우	
가) 신고하지 않은 기간이 3개월 이하인 경우	
(1) 계약금액이 1억원 미만인 경우	2만원
(2) 계약금액이 1억원 이상 3억원 미만인 경우	3만원
(3) 계약금액이 3억원 이상 5억원 미만인 경우	4만원
(4) 계약금액이 5억원 이상인 경우	5만원
나) 신고하지 않은 기간이 3개월 초과 6개월 이하인 경우	
(1) 계약금액이 1억원 미만인 경우	4만원
(2) 계약금액이 1억원 이상 3억원 미만인 경우	8만원
(3) 계약금액이 3억원 이상 5억원 미만인 경우	12만원
(4) 계약금액이 5억원 이상인 경우	15만원
다) 신고하지 않은 기간이 6개월 초과 1년 이하인 경우	
(1) 계약금액이 1억원 미만인 경우	6만원
(2) 계약금액이 1억원 이상 3억원 미만인 경우	10만원
(3) 계약금액이 3억원 이상 5억원 미만인 경우	16만원
(4) 계약금액이 5억원 이상인 경우	20만원
라) 신고하지 않은 기간이 1년 초과 2년 이하인 경우	
(1) 계약금액이 1억원 미만인 경우	8만원
(2) 계약금액이 1억원 이상 3억원 미만인 경우	13만원
(3) 계약금액이 3억원 이상 5억원 미만인 경우	20만원
(4) 계약금액이 5억원 이상인 경우	25만원
마) 신고하지 않은 기간이 2년을 초과한 경우 또는 공동신고를 거부한 경우	
(1) 계약금액이 1억원 미만인 경우	10만원
(2) 계약금액이 1억원 이상 3억원 미만인 경우	15만원
(3) 계약금액이 3억원 이상 5억원 미만인 경우	25만원
(4) 계약금액이 5억원 이상인 경우	30만원
바) 거짓으로 신고한 경우	100만원

단원열기 외국인 등의 신고 또는 허가에 관한 내용이 출제된다. 외국인 등의 범위, 취득원인에 따른 신고절차, 허가대상토지 및 허가절차에서 주로 출제되며 1문제 정도의 비중이 있다.

제1절 총 설

1 외국인 등의 부동산 등 취득신고

「부동산 거래신고 등에 관한 법률」은 **부동산 거래신고(법 제3조)와 외국인 등의 부동산 취득 신고(법 제8조)**를 각각 정하고 있다. 부동산 거래신고는 내·외국인을 불문하고 모두에게 적용되고 외국인 등의 부동산 등 취득신고는 '외국인 등'에게만 적용된다. 외국인 등이 부동 산 등의 **매매계약**을 체결한 경우에는 **부동산 거래신고, 일정한 조건을 갖춘 주택 임대차 계약을 체결한 경우에는 주택 임대차 계약의 신고**를 하여야 하고, **교환, 증여, 상속, 경매 등**으로 부동산 등을 취득하는 경우에는 **외국인 등의 부동산 취득신고**를 하여야 한다.

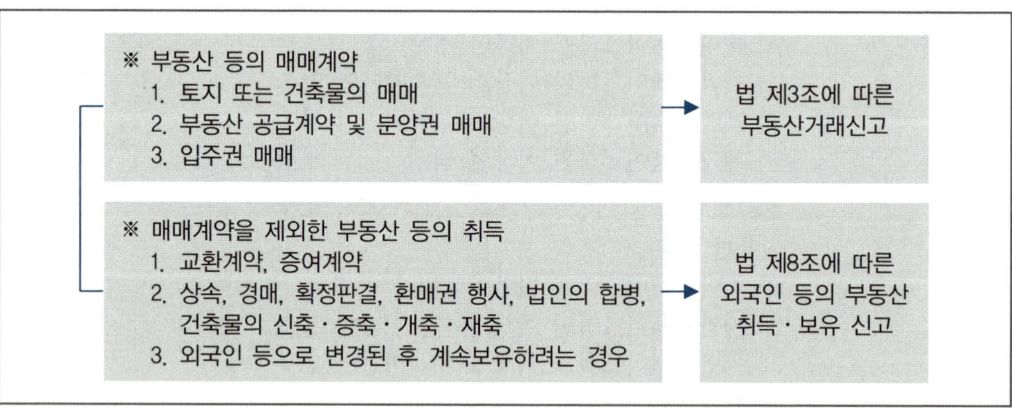

2 외국인 등의 토지취득허가

「부동산 거래신고 등에 관한 법률」은 법 제9조에 따른 외국인 등의 토지 취득허가와 법 제11조에 따른 토지거래허가를 각각 정하고 있다. 법 제9조에 규정된 구역·지역은 외국인 등에 한하여 신고관청으로부터 허가를 받아야 취득할 수 있는 구역·지역이며, 법 제11조 에 따른 토지거래허가구역은 내·외국인에 관계없이 모두 허가관청의 허가를 받아야 취 득할 수 있는 구역이다.

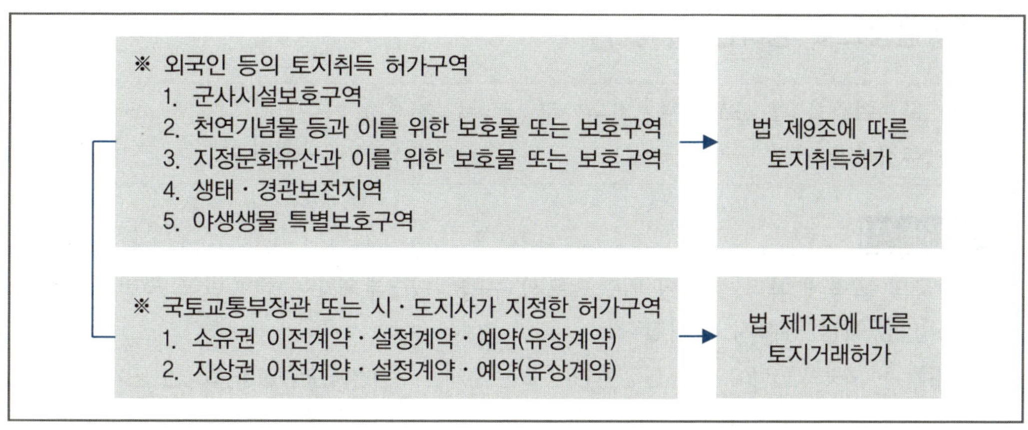

제2절 외국인 등의 부동산 등 취득 제32회, 제33회, 제34회, 제35회, 제36회

1 외국인 등의 정의

'외국인 등'이란 다음의 어느 하나에 해당하는 개인ㆍ법인 또는 단체를 말한다.

1. 개 인

대한민국의 국적을 보유하고 있지 아니한 개인

2. 법인 또는 단체

① 외국의 법령에 따라 설립된 법인 또는 단체
② 사원 또는 구성원의 2분의 1 이상이 **대한민국 국적을 보유하고 있지 않은 자**로 구성된 법인 또는 단체
③ 업무를 집행하는 사원이나 이사 등 임원의 2분의 1 이상이 **대한민국 국적을 보유하고 있지 않은 자**로 구성된 법인 또는 단체
④ **대한민국의 국적을 보유하고 있지 아니한 자 또는 외국의 법령에 따라 설립된 법인 또는 단체**가 자본금의 2분의 1 이상이나 의결권의 2분의 1 이상을 가지고 있는 법인 또는 단체

3. 외국 정부

4. 대통령령으로 정하는 국제기구

① 국제연합과 그 산하기구·전문기구	② 정부간 기구
③ 준정부간 기구	④ 비정부간 국제기구

빈출지문 OX

외국의 법령에 따라 설립된 법인으로서 구성원의 2분의 1이 대한민국 국민인 경우 '외국인 등'에 해당하지 아니한다. ( )

정답 × 외국의 법령에 따라 설립된 법인 또는 단체는 구성원에 관계없이 외국인 등에 해당한다.

2 적용대상

1. 소유권 취득에 적용

① 외국인 등의 부동산 등 취득에 관한 특례는 외국인 등이 대한민국 내에 소재하는 부동산 등(토지, 건축물, 공급계약, 분양권 및 입주권)의 소유권을 취득하는 경우에 적용된다.

② 외국인 등이 부동산 등의 매매계약을 체결한 경우 부동산 거래신고를 해야 하고, 대통령령이 정하는 지역과 일정한 가격을 초과하는 주택의 임대차 계약은 주택 임대차 계약의 신고를 해야 한다.

③ 매매계약 및 주택 임대차 계약을 제외한 교환·증여 등의 계약으로 인한 취득, 상속·경매 등 계약 외의 원인으로 인한 취득 및 내국인이 외국인 등으로 변경된 경우에 외국인 등의 부동산 취득 등에 관한 특례가 적용된다.

2. 소유권 외

외국인 등이 소유권 외에 전세권이나 저당권의 설정계약, 토지나 상가의 임대차 계약 등을 하는 경우에는 외국인 등의 부동산 취득 등에 관한 특례가 적용되지 않는다.

3 상호주의

국토교통부장관은 대한민국국민, 대한민국의 법령에 따라 설립된 법인 또는 단체나 대한민국 정부에 대하여 자국(自國) 안의 토지의 취득 또는 양도를 금지하거나 제한하는 국가의 개인·법인·단체 또는 정부에 대하여 대통령령으로 정하는 바에 따라 대한민국 안의 토지의 취득 또는 양도를 금지하거나 제한할 수 있다. 다만, 헌법과 법률에 따라 체결된 조약의 이행에 필요한 경우에는 그러하지 아니하다.

4 외국인 등의 부동산 등 취득 · 보유신고

1. 계약으로 의한 취득신고

(1) 신고의무

① 외국인 등이 대한민국 안의 부동산 등을 취득하는 계약(부동산 거래신고를 하는 경우는 제외한다)을 체결하였을 때에는 **계약체결일부터 60일 이내에** 신고관청에 신고하여야 한다.

② 외국인 등이 **교환계약**이나 **증여계약**으로 부동산 등을 취득하는 경우를 말한다.

③ **부동산 등의 매매계약을 체결한 경우에는 부동산 거래신고를 하여야 하고 외국인 등의 부동산 등 취득신고는 할 필요가 없다.**

> 1. 외국인 등이 매매계약을 체결한 경우 : 계약체결일부터 30일 이내에 신고
> 2. 외국인 등이 교환 · 증여계약을 체결한 경우 : 계약체결일부터 60일 이내에 신고

(2) 과태료

교환계약이나 증여계약으로 인한 부동산 등 취득**신고를 하지 아니하거나 거짓으로 신고한 자에게는 300만원 이하의 과태료**를 부과한다.

2. 계약 외의 원인으로 인한 취득신고

(1) 계약 외의 원인

① 상속
② 경매
③ 법원의 확정판결
④ 「공익사업을 위한 토지 등의 취득 및 보상에 관한 법률」 및 그 밖의 법률에 따른 환매권의 행사
⑤ 법인의 합병
⑥ 건축물의 신축 · 증축 · 개축 · 재축

(2) 신고의무

외국인 등이 계약 외의 원인으로 대한민국 안의 부동산 등을 취득한 때에는 부동산 등을 **취득한 날부터 6개월 이내에** 신고관청에 신고하여야 한다.

(3) 과태료

계약 외의 원인으로 인한 부동산 등 취득신고를 하지 아니하거나 거짓으로 신고한 자에게는 **100만원 이하의 과태료**를 부과한다.

3. 계속보유 신고

(1) 신고의무

대한민국 안의 부동산 등을 가지고 있는 대한민국국민이나 대한민국의 법령에 따라 설립된 법인 또는 단체가 외국인 등으로 변경된 경우 그 외국인 등이 해당 부동산 등을 계속보유 하려는 경우에는 외국인 등으로 **변경된 날부터 6개월 이내에** 신고관청에 신고하여야 한다.

(2) 과태료

계속보유 신고를 하지 아니하거나 거짓으로 신고한 자에게는 100**만원 이하의 과태료**를 부과한다.

5 외국인 등의 토지거래 허가

1. 토지취득의 허가

(1) 허가대상 토지

① 외국인 등이 취득하려는 토지가 다음의 구역·지역 등에 있으면 토지를 취득하는 **계약을 체결하기 전에** 신고관청으로부터 토지취득의 허가를 받아야 한다.

> ㉠ 「군사기지 및 군사시설 보호법」에 따른 군사기지 및 군사시설 보호구역, 그 밖에 국방목적을 위하여 외국인 등의 토지취득을 특별히 제한할 필요가 있는 지역으로서 대통령령으로 정하는 지역
>
> 　🔎 '대통령령으로 정하는 지역'은 국방부장관 또는 국가정보원장의 요청이 있는 경우에 국토교통부장관이 관계 중앙행정기관의 장과 협의한 후 중앙도시계획위원회의 심의를 거쳐 고시하는 아래의 지역을 말한다.
> 　　1. 섬 지역
> 　　2. 「국방·군사시설 사업에 관한 법률」에 따른 군부대주둔지와 그 인근지역
> 　　3. 「통합방위법」에 따른 국가중요시설과 그 인근지역
>
> ㉡ 「자연유산의 보존 및 활용에 관한 법률」따라 지정된 천연기념물 등과 이를 위한 보호물 또는 보호구역
>
> ㉢ 「문화유산의 보존 및 활용에 관한 법률」에 따른 지정문화유산과 이를 위한 보호물 또는 보호구역
>
> ㉣ 「자연환경보전법」에 의한 생태·경관보전지역
>
> ㉤ 「야생생물 보호 및 관리에 관한 법률」에 따른 야생생물 특별보호구역

② 다만, 법 제11조에 따른 토지거래허가구역에서 **허가관청으로부터 토지거래계약에 관한 허가를 받은 경우**에는 토지취득계약을 체결하기 전에 신고관청으로부터 허가를 받지 않아도 된다.

⑵ 허가 또는 불허가 처분

① 신고관청은 관계 행정기관의 장과 협의를 거쳐 외국인 등이 허가대상 구역·지역 등의 토지를 취득하는 것이 해당 구역·지역 등의 지정목적 달성에 지장을 주지 아니한다고 인정하는 경우에는 허가를 해야 한다.

② 신고관청은 허가대상 구역·지역에 대한 토지취득의 허가 여부를 결정하기 위해 국방부장관 또는 국가정보원장 등 관계 행정기관의 장과 협의하려는 경우에는 외국인 토지취득 허가신청서 및 토지거래계약 당사자 간의 합의서를 해당 관계 행정기관의 장에게 보내야 한다.

③ 신고관청은 허가신청서를 받은 날부터 **다음의 구분에 따른 기간 안에 허가 또는 불허가 처분을 해야 한다.** 다만, 군사시설 보호구역 내의 토지에 대하여 부득이한 사유로 해당 기간 안에 허가 또는 불허가 처분을 할 수 없는 경우에는 30일의 범위에서 그 기간을 연장할 수 있으며, 기간을 연장하는 경우에는 연장 사유와 처리예정일을 지체 없이 신청인에게 알려야 한다.

> ㉠ 군사시설 보호구역: 30일 + 30일 범위에서 연장 가능
> ㉡ 천연기념물 등과 이를 위한 보호물 또는 보호구역, 지정문화유산과 이를 위한 보호물 또는 보호구역, 생태·경관보전지역, 야생생물 특별보호구역: 15일

2. 효 력

허가를 받지 아니한 토지취득계약은 그 **효력이 발생하지 않는다.** 즉 계약은 무효이다.

3. 벌 칙

① 허가를 받지 아니하고 토지취득계약을 체결하거나 부정한 방법으로 허가를 받아 토지취득계약을 체결한 외국인 등은 **2년 이하의 징역 또는 2천만원 이하의 벌금**에 처한다.

② **양벌규정**: 법인의 대표자나 법인 또는 개인의 대리인, 사용인, 그 밖의 종업원이 그 법인 또는 개인의 업무에 관하여 위의 위반행위를 하면 그 행위자를 벌하는 외에 그 법인 또는 개인에게도 해당 조문의 벌금형을 과한다. 다만, 법인 또는 개인이 그 위반행위를 방지하기 위하여 해당 업무에 관하여 상당한 주의와 감독을 게을리하지 아니한 경우에는 그러하지 아니하다.

▷ 1. **계약으로 인한 취득신고**
- 계약체결일부터 60일 이내 신고
- 신고하지 않거나 거짓신고를 한 경우에도 계약은 무효 아님
- 신고하지 않거나 거짓신고를 한 경우 과태료 부과

2. **계약으로 인한 토지취득허가**
- 계약체결 전에 허가신청
- 허가받지 않은 계약은 무효
- 허가받지 않고 계약하거나 부정한 방법으로 허가받은 경우 2년 이하의 징역 또는 2천만원 이하의 벌금

6 신고 · 허가절차(규칙 제7조, 제7조의 2)

1. 신고서 또는 허가신청서

(1) 신고서 · 허가신청서 제출

① 부동산 등의 취득 또는 계속보유 신고를 하려는 외국인 등은 외국인 부동산 등 취득 · 계속보유 신고서에 서명 또는 날인한 후 다음의 구분에 따른 서류를 첨부하여 신고관청에 제출하여야 한다.

② 토지취득의 허가 신청을 하려는 외국인 등은 외국인 토지취득 허가신청서에 서명 또는 날인한 후 **토지거래계약 당사자 간의 합의서를 첨부**하여 신고관청에 제출해야 한다.

(2) 첨부 서류 등

① **부동산 등 취득 신고를 하는 경우**: 취득 원인에 따른 다음의 서류
- ㉠ 증여의 경우: 증여계약서
- ㉡ 상속의 경우: 상속인임을 증명할 수 있는 서류
- ㉢ 경매의 경우: 경락결정서
- ㉣ 환매권 행사의 경우: 환매임을 증명할 수 있는 서류
- ㉤ 법원의 확정판결의 경우: 확정판결문
- ㉥ 법인의 합병의 경우: 합병사실을 증명할 수 있는 서류

② **부동산 등 계속보유 신고를 하는 경우**: 대한민국국민이나 대한민국의 법령에 따라 설립된 법인 또는 단체가 외국인 등으로 변경되었음을 증명할 수 있는 서류

③ **토지 취득 허가를 신청하는 경우**: 토지 거래계약 당사자 간의 합의서

(3) 작성 및 제출의 대행

① 외국인 등의 위임을 받은 사람은 외국인 부동산 등 취득·계속보유 신고서 또는 외국인 토지 취득 허가신청서의 **작성 및 제출을 대행**할 수 있다. 이 경우 다음의 서류를 함께 제출하여야 한다.

> ㉠ 신고서 또는 허가신청서 제출을 위임한 외국인 등의 서명 또는 날인이 있는 위임장
> ㉡ 신고서 또는 허가신청서 제출을 위임한 외국인 등의 신분증명서 사본

② 신고·신청을 하려는 사람 또는 신고·신청을 대행하려는 사람은 본인의 신분증명서를 신고관청에 보여주어야 한다.

2. 처리절차

(1) 신고관청의 확인서류

① 신고를 받은 신고관청은 제출된 첨부서류를 확인한 후 [별지 제7호 서식]의 외국인 부동산 등 취득·계속보유 신고확인증을 발급하여야 한다.

② 허가신청을 받은 신고관청은 제출된 첨부서류를 확인한 후 [별지 제7호의3 서식]의 외국인 토지취득 허가증을 발급해야 한다.

(2) 신고확인증 또는 허가증 교부

① 신고를 받은 신고관청은 제출된 첨부서류를 확인한 후 [별지 제7호 서식]의 외국인 부동산 등 취득·계속보유 신고확인증을 발급하여야 한다.

② 허가신청을 받은 신고관청은 제출된 첨부서류를 확인한 후 [별지 제7호의3 서식]의 외국인 토지취득 허가증을 발급해야 한다.

3. 외국인 부동산 등 취득신고 등의 관리

① 신고관청은 외국인 등의 부동산 거래신고, 부동산 등의 취득·계속보유 신고 및 허가 내용을 매 분기 종료일부터 1개월 이내에 특별시장·광역시장·도지사 또는 특별자치도지사에게 제출(전자문서에 의한 제출을 포함한다)하여야 한다. 다만, **특별자치시장은 매 분기 종료일부터 1개월 이내에 직접 국토교통부장관에게 제출하여야 한다.**

② 신고내용을 제출받은 특별시장·광역시장·도지사 또는 특별자치도지사는 제출받은 날부터 1개월 이내에 그 내용을 국토교통부장관에게 제출하여야 한다.

예제

부동산 거래신고 등에 관한 법령상 외국인 등의 부동산 취득 등에 관한 특례에 대한 설명으로 옳은 것은? (단, 헌법과 법률에 따라 체결된 조약의 이행에 필요한 경우는 고려하지 않음)

제30회 수정

① 국제연합의 전문기구가 경매로 대한민국 안의 부동산 등을 취득한 때에는 부동산 등을 취득한 날부터 3개월 이내에 신고관청에 신고하여야 한다.
② 외국인 등이 토지의 임대차계약을 체결하는 경우 계약체결일로부터 6개월 이내에 신고관청에 신고하여야 한다.
③ 특별자치시장은 외국인 등이 신고한 부동산 등의 취득·계속보유 신고내용을 매 분기 종료일부터 1개월 이내에 직접 국토교통부장관에게 제출하여야 한다.
④ 외국인 등의 토지거래 허가신청서를 받은 신고관청은 신청서를 받은 날부터 30일 이내에 허가 또는 불허가 처분을 하여야 한다.
⑤ 외국인 등이 법원의 확정판결로 대한민국 안의 부동산 등을 취득한 때에는 신고하지 않아도 된다.

해설 ① 외국인 등이 경매로 부동산 등을 취득한 때에는 취득한 날부터 6개월 이내에 신고관청에 신고해야 한다.
② 외국인 등이 토지의 임대차계약을 체결한 경우에는 부동산 거래신고 등에 관한 법령이 적용되지 않는다.
④ 토지취득의 허가신청을 받은 신고관청은 허가신청을 받은 날부터 15일 이내에 허가 또는 불허가의 처분을 해야 한다.
⑤ 외국인 등이 법원의 확정판결로 대한민국 안의 부동산 등을 취득한 때에는 취득한 날부터 6개월 이내에 신고관청에 신고해야 한다.

▶▶ **정답** ③

제3절 「부동산 거래신고 등에 관한 법률」상의 과태료

1 과태료 종류

1. 3천만원 이하 과태료

다음의 어느 하나에 해당하는 자에게는 3천만원 이하의 과태료를 부과한다.

> ① 부동산 등의 매매계약을 체결하지 아니하였음에도 불구하고 거짓으로 부동산 거래신고를 한 자(벌칙을 부과 받은 경우는 제외한다)
> ② 부동산 거래신고 후 해당 계약이 해제 등이 되지 아니하였음에도 불구하고 거짓으로 해제 등의 신고를 한 자(벌칙을 부과 받은 경우는 제외한다)
> ③ 거래대금 지급을 증명할 수 있는 자료를 제출하지 아니하거나 거짓으로 제출한 자 또는 그 밖의 필요한 조치를 이행하지 아니한 자

2. 500만원 이하 과태료

다음의 어느 하나에 해당하는 자에게는 500만원 이하의 과태료를 부과한다.

> ① 부동산 거래신고를 하지 아니한 자(공동신고를 거부한 자를 포함한다)
> ② 거래당사자로서 부동산 거래의 해제등 신고를 하지 아니한 자(공동신고를 거부한 자를
> 포함한다)
> ③ 거짓으로 부동산 거래신고 또는 해제등 신고를 하는 행위를 조장하거나 방조한 자
> ④ 거래대금 지급증명자료 외의 자료를 제출하지 아니하거나 거짓으로 제출한 자
> ⑤ 개업공인중개사로 하여금 부동산 거래신고를 하지 아니하게 하거나 거짓된 내용을 신
> 고하도록 요구한 자

3. 취득가액의 100분의 10 이하 과태료

다음에 해당하는 자에게는 해당 부동산 등의 취득가액의 100분의 10 이하에 상당하는 금
액의 과태료를 부과한다.

> ① 신고 의무자로서 부동산 거래신고를 거짓으로 한 자
> ② 부동산 등의 매매계약을 체결한 후 신고 의무자가 아닌 자로서 거짓으로 부동산 거래신
> 고를 한 자

4. 300만원 이하 과태료

다음의 어느 하나에 해당하는 자에게는 300만원 이하의 과태료를 부과한다.

> 외국인 등으로서 부동산 등의 교환계약 또는 증여계약을 체결하고 신고를 하지 아니하거나
> 거짓으로 신고한 자

▷ 외국인 등이 부동산 등의 매매계약을 체결하고 **부동산 거래신고**를 하는 경우에 있어서 신고를 하지
아니한 자에 대하여는 500만원 이하의 과태료를 부과하며, 신고를 거짓으로 한 자에 대하여는 부동
산 등의 취득가액의 100분의 10 이하에 상당하는 금액의 과태료를 부과한다.

5. 100만원 이하 과태료

다음의 어느 하나에 해당하는 자에게는 100만원 이하의 과태료를 부과한다.

> ① 외국인 등으로서 계약 외의 원인으로 인한 부동산 등 취득신고를 하지 아니하거나 거짓
> 으로 신고한 자
> ② 외국인 등으로서 부동산 등 계속보유 신고를 하지 아니하거나 거짓으로 신고한 자
> ③ 주택 임대차 계약의 신고 또는 변경·해제 신고를 하지 아니하거나(공동신고를 거부한
> 자를 포함한다) 그 신고를 거짓으로 한 자

② 과태료 부과

1. 부과권자

① 과태료는 대통령령으로 정하는 바에 따라 신고관청이 부과·징수한다.

② 이 경우 개업공인중개사에게 과태료를 부과한 신고관청은 부과일부터 10일 이내에 해당 개업공인중개사의 중개사무소(법인의 경우에는 주된 중개사무소를 말한다)를 관할하는 시장·군수 또는 구청장에 과태료 부과사실을 통보하여야 한다.

2. 자진 신고자에 대한 과태료 감면

(1) 과태료 감면사유

신고관청은 다음의 어느 하나에 따른 위반사실을 자진 신고한 자에 대하여 대통령령으로 정하는 바에 따라 과태료를 감경 또는 면제할 수 있다.

> ① 부동산 거래신고를 하지 아니한 자(공동신고를 거부한 자를 포함한다)
>
> ② 거래당사자로서 부동산 거래의 해제등 신고를 하지 아니한 자(공동신고를 거부한 자를 포함한다)
>
> ③ 개업공인중개사로 하여금 부동산 거래신고를 하지 아니하게 하거나 거짓된 내용을 신고하도록 요구한 자
>
> ④ 부동산 거래신고(해제등 신고)에 대하여 거짓신고를 조장하거나 방조한 자
>
> ⑤ 신고의무자로서 부동산 거래신고를 거짓으로 한 자
>
> ⑥ 부동산 등의 매매계약을 체결한 후 신고 의무자가 아닌 자로서 거짓으로 부동산 거래신고를 한 자
>
> ⑦ 주택 임대차 계약의 신고 또는 변경·해제 신고를 하지 아니하거나 그 신고를 거짓으로 한 자
>
> ⑧ 외국인 등으로서 부동산 등의 교환·증여계약을 체결하고 신고를 하지 아니하거나 거짓으로 신고한 자
>
> ⑨ 외국인 등으로서 계약 외의 원인으로 인한 취득 신고를 하지 아니하거나 거짓으로 신고한 자
>
> ⑩ 외국인 등으로서 계속보유 신고를 하지 아니하거나 거짓으로 신고한 자

▷ 자진 신고에 따른 과태료 감면사유가 아닌 것
  1. 매매계약을 체결하지 아니하였음에도 거짓으로 부동산 거래신고를 한 자(3천만원 이하 과태료)
  2. 계약이 해제 등이 되지 아니하였음에도 거짓으로 해제 등의 신고를 한 자(3천만원 이하 과태료)
  3. 거래대금 지급을 증명할 수 있는 자료를 제출하지 아니하거나 거짓으로 제출한 자 또는 그 밖의 필요한 조치를 이행하지 아니한 자(3천만원 이하 과태료)
  4. 거래대금 지급증명자료 외의 자료를 제출하지 아니하거나 거짓으로 제출한 자(5백만원 이하 과태료)

(2) 감경 또는 면제의 기준

① **국토교통부장관 또는 신고관청(조사기관)의 조사가 시작되기 전에 자진신고한 자로서 다음의 요건을 모두 충족한 경우**: 과태료 면제

> ㉠ **신고관청**에 단독(거래당사자 등 일방이 공동으로 신고한 경우를 포함)으로 신고한 최초의 자일 것
> ㉡ 위반사실 입증에 필요한 자료 등을 제공하는 등 조사가 끝날 때까지 성실하게 협조하였을 것

② **조사기관의 조사가 시작된 후 자진신고한 자로서 다음의 요건을 모두 충족한 경우**: 과태료의 100분의 50 감경

> ㉠ **조사기관**에 단독으로 신고한 최초의 자일 것
> ㉡ 위반사실 입증에 필요한 자료 등을 제공하는 등 조사가 끝날 때까지 성실하게 협조하였을 것
> ㉢ 조사기관이 허위신고 사실 입증에 필요한 증거를 충분히 확보하지 못한 상태에서 조사에 협조하였을 것

(3) 감경 또는 면제가 적용되지 않는 경우

> ① 자진 신고하려는 부동산 등의 거래계약과 관련하여 「국세기본법」 또는 「지방세법」 등 관련 법령을 위반한 사실 등이 관계 기관으로부터 조사기관에 통보된 경우
> ② 자진 신고한 날부터 과거 1년 이내에 자진 신고를 하여 3회 이상 해당 신고관청에서 과태료의 감경 또는 면제를 받은 경우

(4) 입증서류 제출

자진 신고를 하려는 자는 국토교통부령으로 정하는 신고서 및 위반행위를 입증할 수 있는 서류를 조사기관에 제출하여야 한다.

■ 부동산 거래신고 등에 관한 법률 시행규칙 [별지 제6호 서식] <개정 2023. 10. 6.>

부동산거래관리시스템(rtms.molit.go.kr)에서도 신청할 수 있습니다.

[　] 외국인 부동산등 취득 신고서
[　] 외국인 부동산등 계속보유 신고서

※ 뒤쪽의 유의사항·작성방법을 읽고 작성하시기 바라며, [　]에는 해당하는 곳에 √표를 합니다.　　　(앞쪽)

접수번호		접수일시	처리기간　　　즉시
신고인	성명(법인명)		외국인(법인)등록번호
	국적		① 국적 취득일자
	생년월일(법인 설립일자)		(휴대)전화번호
	② 주소(법인소재지)		(거래지분:　　　분의　　　)

신고 사항	③ 취득 원인	④ 상세 원인
	⑤ 원인 발생일자	⑥ 취득 가액(원)
	⑦ 종류	[　] 토지　　　[　] 건축물　　　[　] 토지 및 건축물
		[　] 공급계약　[　] 전매　[　] 분양권　[　] 입주권　[　] 준공 전　[　] 준공 후
	⑧ 소재지	
	⑨ 토지 (지목:　　　)/(취득면적:　　　m^2)/(지분:　　　분의　　　)　(대지권비율:　　　분의　　　)	
	⑩ 건축물 (용도:　　　)/(취득면적:　　　m^2/(지분:　　　분의　　　)	
	⑪ 취득 용도	

「부동산 거래신고 등에 관한 법률」 제8조, 같은 법 시행령 제5조 제1항 및 같은 법 시행규칙 제7조 제1항
에 따라 위와 같이 신고합니다.

　　　　　　　　　　　　　　　　　　　　　　　　년　　　월　　　일

　　　　　　　　　　　　　　　　　신고인:　　　　　　　　(서명 또는 인)

시장·군수·구청장　　　　　귀하

첨부서류	뒤쪽 참조	수수료 없음

(뒤쪽)

신고인 제출서류	부동산 등 취득 신고의 경우	다음의 구분에 따른 서류 1. 증여의 경우 : 증여계약서 2. 상속의 경우 : 상속인임을 증명할 수 있는 서류 3. 경매의 경우 : 경락결정서 4. 환매권 행사의 경우 : 환매임을 증명할 수 있는 서류 5. 법원의 확정판결의 경우 : 확정판결문 6. 법인의 합병의 경우 : 합병사실을 증명할 수 있는 서류
	부동산 등 계속보유 신고의 경우	대한민국국민이나 대한민국의 법령에 따라 설립된 법인 또는 단체가 외국인 등으로 변경되었음을 증명할 수 있는 서류
담당 공무원 확인사항	1. 건축물대장 2. 토지등기사항증명서 3. 건물등기사항증명서	

유의사항

1. 신고서를 제출할 때에는 여권 등 신고인의 신분을 확인할 수 있는 신분증명서를 제시해야 하고, 전자문서로 신고할 때에는 전자인증의 방법으로 신고인의 신분을 확인하게 됩니다.
2. 전자문서로 신고를 할 때에는 증명서류를 첨부해야 하고 첨부가 곤란한 경우에는 그 사본을 우편 또는 팩스로 신고관청에 따로 제출해야 합니다.
   * 이 경우 신고확인증은 제출된 서류를 확인한 후 지체 없이 송부합니다.

작성방법

① "국적 취득일자"란은 토지 계속보유 신고의 경우에는 반드시 적어야 합니다.
② "주소"란의 거래지분에는 공동 취득한 경우의 소유지분을 적습니다.
③ "취득 원인"란에는 계약, 계약 외, 계속보유 중에서 하나를 적습니다.
④ "상세 원인"란에는 매매, 교환, 증여, 상속, 경매, 환매권 행사, 법원의 확정판결, 법인의 합병, 신축 등, 국적변경 중에서 하나를 적습니다.
⑤ "원인 발생일자"란에는 계약 체결일, 증여 결정일, 상속일(피상속인의 사망일), 경락결정일, 환매계약일, 확정판결일, 합병일, 사용승인일, 국적변경일 중에서 하나를 적습니다.
⑥ 증여, 상속 등에 따라 취득 가액 산출이 곤란한 경우에는 신고 원인 발생 연도의 공시지가 등을 참고하여 적을 수 있으며, 참고할 수 있는 가격이 없는 경우 "취득 가액"란의 작성을 생략할 수 있습니다.
⑦ "종류"란에는 토지, 건축물 또는 토지 및 건축물(복합부동산의 경우) 해당란에 √표시합니다. 공급계약은 시행사 또는 건축주 등이 최초로 부동산을 공급(분양)하는 계약이고, 전매는 부동산을 취득할 수 있는 권리의 매매를 말하며 이 경우에는 해당란에 √표시를 하고, 세부항목 분양권, 입주권, 준공 전, 준공 후 각 해당란에도 √표시를 합니다.
⑧ "소재지"란에는 부동산의 소재지·지번(아파트 등 집합건물인 경우에는 동·호수까지)을 적습니다.
⑨ "토지"란에는 법정 지목, 취득면적을 정확하게 적고, 지분 또는 집합건물 대지권을 취득하는 경우에는 지분 또는 대지권 비율을 적습니다.
⑩ "건축물"란에는 아파트, 단독주택 등 「건축법 시행령」 [별표 1]에 따른 용도별 건축물의 종류와 취득면적을 정확하게 적고, 지분을 취득하는 경우에는 지분을 적습니다.
⑪ "취득 용도"란에는 주거용(아파트), 주거용(단독주택), 주거용(그 밖의 주택), 레저용, 상업용, 공장용, 그 밖의 용도 중에서 하나를 적고, 취득 용도가 정해지지 않은 경우에는 현재의 용도를 적습니다.
※ 부동산, 관계 필지 등이 다수인 경우에는 다른 용지에 작성하여 간인 처리한 후 첨부합니다.

처리절차

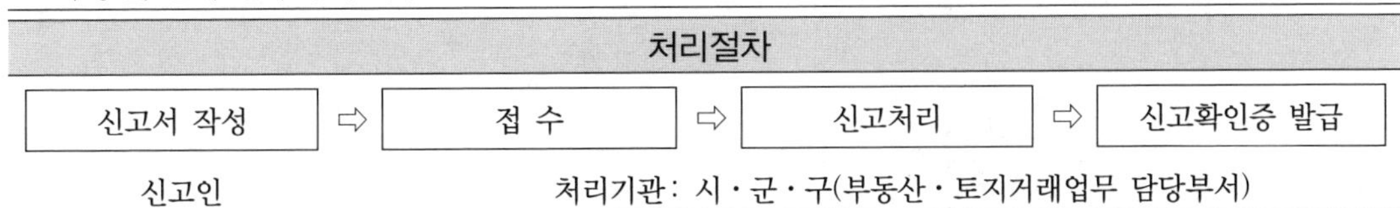

www.pmg.co.kr

■부동산 거래신고 등에 관한 법률 시행규칙 [별지 제7호의2 서식] <신설 2023. 10. 6.>

부동산거래관리시스템(rtms.molit.go.kr)에서도 신청할 수 있습니다.

외국인 토지취득 허가신청서

※ 뒤쪽의 유의사항·작성방법을 읽고 작성하시기 바라며, [　]에는 해당하는 곳에 √표를 합니다.　　(앞쪽)

접수번호	접수일시	처리기간　15일[법 제9조 제1항 제1호에 따른 구역·지역은 30일(30일 연장 가능)]

<table>
<tr><td rowspan="5">신청인</td><td colspan="2">성명(법인명)
(한글)　　　　　　(영문)</td><td colspan="2">외국인(법인)등록번호</td></tr>
<tr><td colspan="2">국적</td><td colspan="2">여권번호</td></tr>
<tr><td colspan="2" rowspan="2">생년월일(법인 설립일자)</td><td colspan="2">(휴대)전화번호</td></tr>
<tr><td colspan="2">전자우편 주소
　　　　　　　　　　　　@</td></tr>
<tr><td colspan="4">① 주소(법인소재지)</td></tr>
</table>

<table>
<tr><td rowspan="8">신청
사항</td><td colspan="7">② 취득 상세원인</td></tr>
<tr><td colspan="7">③ 취득 예정가액(원)</td></tr>
<tr><td rowspan="6">④
토지에
관한
사항</td><td colspan="2" rowspan="2">소재지</td><td rowspan="2">지 번</td><td colspan="2">지 목</td><td>취득면적
(m²)</td><td rowspan="2">지 분</td><td rowspan="2">용도지역·
용도지구</td></tr>
<tr><td>법 정</td><td>현 실</td></tr>
<tr><td></td><td></td><td></td><td></td><td></td><td></td><td></td></tr>
<tr><td rowspan="3">토지
이용
현황</td><td colspan="6">⑤ 토지의 정착물에 관한 사항(종류, 내용 등)</td></tr>
<tr><td colspan="6">⑥ 그 밖의 이용현황</td></tr>
<tr><td colspan="6"></td></tr>
<tr><td colspan="7">⑦ 취득 용도</td></tr>
</table>

「부동산 거래신고 등에 관한 법률」 제9조 제1항, 같은 법 시행령 제6조 제1항 및 같은 법 시행규칙 제7조의2 제1항에 따라 위와 같이 허가를 신청합니다.

년　　　월　　　일

신고인 :　　　　　　　　　　　　　(서명 또는 인)

　　시장·군수·구청장　　　　　귀하

첨부서류	뒤쪽 참조	수수료 없음

(뒤쪽)

신청인 제출서류	토지거래계약 당사자 간의 합의서
담당 공무원 확인사항	토지등기사항증명서

유의사항

1. 허가신청서를 제출할 때에는 여권 등 신청인의 신분을 확인할 수 있는 신분증명서를 제시해야 하고, 전자문서로 신청할 때에는 전자인증의 방법으로 신청인의 신분을 확인하게 됩니다.
2. 전자문서로 허가신청을 할 때에는 증명서류를 첨부해야 하고, 첨부가 곤란한 경우에는 그 사본을 우편 또는 팩스로 허가관청에 따로 제출해야 합니다.

작성방법

① "주소"란은 실제 거주 중인 주소를 적되, 실제 거주자가 외국에 소재하는 경우 현지어로 적습니다. 또한, 법인의 주소는 대한민국에 법인의 사무소 또는 법인을 대표할 수 있는 자가 있는 경우 해당 사무소나 사람의 주소를 적고, 그렇지 않은 경우 법인등기부에 기재된 소재지를 적습니다.
② "취득 상세원인"란에는 매매, 교환, 증여 등의 계약원인을 적습니다.
③ 증여, 상속 등에 따라 취득 예정가액 산출이 곤란한 경우에는 신고 원인 발생 연도와 공시지가 등을 참고하여 적을 수 있으며, 참고할 수 있는 가격이 없는 경우 "취득 예정가액"란의 작성을 생략할 수 있습니다.
④ "토지에 관한 사항"란에는 토지의 소재지, 지번, 법정 지목, 현실 지목 및 취득면적을 정확하게 적고, 지분 또는 집합건물 대지권을 취득하는 경우에는 지분 또는 대지권 비율을 적습니다.
⑤ "토지의 정착물에 관한 사항"란에는 건축물 및 공작물의 경우에는 연면적·구조·사용년수 등을, 입목의 경우에는 수종·본수·수령 등을 적습니다.
⑥ "그 밖의 이용현황"란에는 토지의 정착물에 관한 사항 외 나대지, 도로, 임야 등 토지이용현황을 적습니다.
⑦ "취득 용도"란에는 주거용(아파트), 주거용(단독주택), 주거용(그 밖의 주택), 레저용, 상업용, 공장용, 농업용, 임업용, 그 밖의 용도 중에서 하나를 적고, 취득 용도가 정해지지 않은 경우에는 현재의 용도를 적습니다.
※ 부동산, 관계 필지 등이 다수인 경우에는 다른 용지에 작성하여 간인 처리한 후 첨부합니다.

처리절차

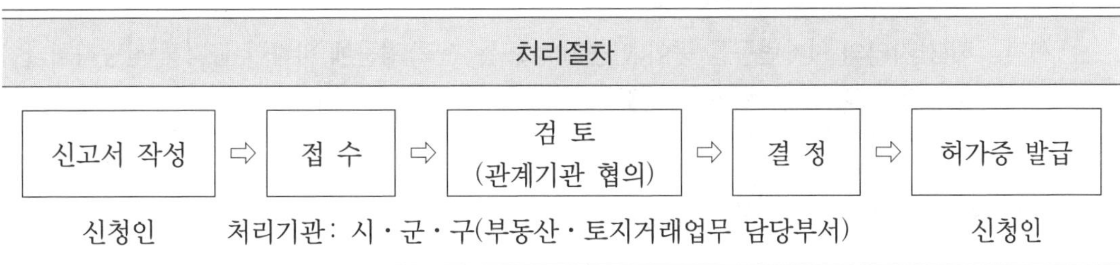

단원열기 허가구역의 지정권자 및 지정절차, 허가권자, 허가절차, 허가기준 면적, 허가기준, 이의신청 및 매수청구, 토지이용의무, 이행강제금, 선매, 허가특례 등이 2, 3문제 정도 출제된다. 문제비중에 비해 학습량도 많고 다소 어려운 편이므로 충분한 시간을 투자하여 학습해야 한다.

제1절 토지거래허가구역의 지정 제32회, 제33회, 제34회, 제35회

1 허가구역의 지정(법 제10조)

1. 지정권자 및 지정기간

국토교통부장관 또는 시·도지사는 투기적인 거래가 성행하거나 지가(地價)가 급격히 상승하는 지역과 그러한 우려가 있는 지역에 대해서는 **5년 이내**의 기간을 정하여 토지거래계약에 관한 허가구역으로 지정할 수 있다. 이 경우 국토교통부장관 또는 시·도지사는 **허가대상자(외국인 등을 포함)**, 허가대상 **용도**와 **지목** 등을 특정하여 허가구역을 지정할 수 있다.

(1) 지정기간

허가구역의 지정기간은 5년 **이내**로 한다.

(2) 허가구역의 지정권자

① **국토교통부장관** : 허가구역이 **둘 이상의 시·도**의 관할 구역에 걸쳐 있는 경우

② **시·도지사**(원칙) : 허가구역이 **동일한 시·도 안의 일부지역**인 경우

③ 허가구역이 **동일한 시·도 안의 일부지역**인 경우에도 **다음의 요건을 모두 충족**하는 경우에는 **국토교통부장관**이 지정할 수 있다(영 제7조).

> ㉠ 국가 또는 「공공기관의 운영에 관한 법률」에 따른 공공기관이 관련 법령에 따른 개발사업을 시행하는 경우일 것
> ㉡ 해당 지역의 지가변동률 등이 인근지역 또는 전국 평균에 비하여 급격히 상승하거나 상승할 우려가 있는 경우일 것

2. 지정대상 지역(영 제7조)

토지의 **투기적인 거래가 성행**하거나 **지가**(地價)**가 급격히 상승하는 지역**과 그러한 **우려가 있는** 지역으로서 다음에 해당하는 지역을 허가구역으로 지정할 수 있다.

① 「국토의 계획 및 이용에 관한 법률」에 따른 광역도시계획, 도시 · 군기본계획, 도시 · 군관리계획 등 **토지이용계획이 새로 수립되거나 변경**되는 지역

② 법령의 제정 · 개정 또는 폐지나 그에 따른 고시 · 공고로 인하여 토지이용에 대한 행위제한이 **완화되거나 해제**되는 지역

③ 법령에 따른 개발사업이 **진행** 중이거나 예정되어 있는 지역과 그 **인근지역**

④ 국토교통부장관 또는 시 · 도지사가 투기우려가 있다고 인정하는 지역 또는 관계 행정기관의 장이 특별히 투기가 성행할 우려가 있다고 인정하여 국토교통부장관 또는 시 · 도지사에게 요청하는 지역

2 허가구역의 지정절차(법 제10조)

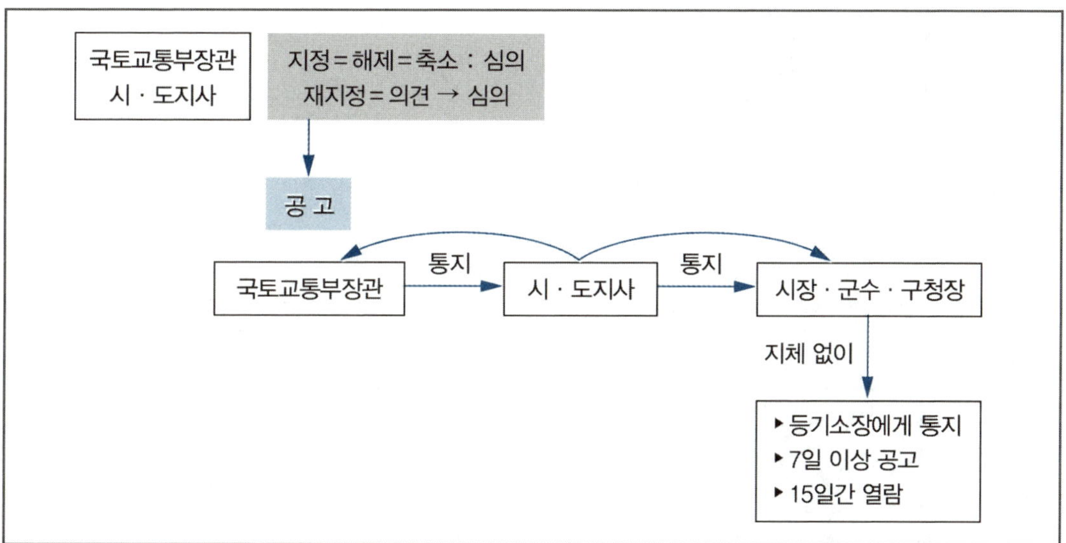

1. 허가구역의 지정 등

(1) 지 정

국토교통부장관 허가구역으로 **지정**하려면 중앙도시계획위원회의 **심의**를 거쳐야 한다. 시 · 도지사는 허가구역으로 **지정**하려면 시 · 도도시계획위원회의 **심의**를 거쳐야 한다.

(2) 재지정

지정기간이 끝나는 허가구역을 계속하여 **다시 허가구역으로 지정**하려면 중앙도시계획위원회 또는 시 · 도도시계획위원회의 **심의 전에** 미리 시 · 도지사(국토교통부장관이 허가구역을 지정하는 경우만 해당) 및 시장 · 군수 또는 구청장의 **의견**을 들어야 한다.

(3) 해제, 축소

국토교통부장관 허가구역을 **해제**하거나 **축소**하려면 중앙도시계획위원회의 **심의**를 거쳐야 한다. 시·도지사는 허가구역을 **해제**하거나 **축소**하려면 시·도도시계획위원회의 **심의**를 거쳐야 한다.

▽ 1. 지정 = 해제 = 축소 : 심의
   2. 재지정: 의견 → 심의

빈출지문 OX

01 국토교통부장관은 허가구역으로 지정하려면 중앙도시계획위원회 심의 전에 시·도지사의 의견을 들어야 한다. ( )

02 국토교통부장관은 중앙도시계획위원회의 심의를 거치지 않고 허가구역의 지정을 해제할 수 있다. ( )

정답 **01** × 지정하는 경우 심의만 거치면 된다.
     02 × 지정 해제를 하는 경우에도 심의를 거쳐야 한다.

---

2. 허가구역의 공고, 통지 및 열람(지정 = 재지정 = 해제 = 축소)

(1) 공 고

국토교통부장관 또는 시·도지사는 허가구역을 지정한 때에는 지체 없이 다음의 사항을 공고하여야 한다.

> ① 허가구역의 지정기간
> ② 허가대상자, 허가대상 용도와 지목
> ③ 허가구역 내 토지의 소재지·지번·지목·면적 및 용도지역
> ④ 축척 5만분의 1 또는 2만 5천분의 1의 지형도
> ⑤ 허가 면제대상 토지면적

(2) 통 지

국토교통부장관은 위 공고내용을 시·도지사를 거쳐 시장·군수 또는 구청장에게 통지하고, 시·도지사는 국토교통부장관 및 시장·군수 또는 구청장에게 통지하여야 한다.

(3) 공고 및 열람

통지를 받은 **시장·군수 또는 구청장**은 지체 없이 그 공고내용을 그 허가구역을 관할하는 **등기소의 장에게 통지**하여야 하며, 지체 없이 그 사실을 **7일 이상 공고**하고 **15일간 일반이 열람**할 수 있도록 하여야 한다.

3. 지정의 해제·축소

① 국토교통부장관 또는 시·도지사는 허가구역의 지정 사유가 없어졌다고 **인정**되거나 관계 시·도지사, 시장·군수 또는 구청장으로부터 받은 허가구역의 지정 해제 또는 축소 요청이 이유 있다고 **인정**되면 지체 없이 허가구역의 지정을 해제하거나 지정된 허가구역의 일부를 축소**하여야 한다.**

② **해제 또는 축소의 절차는 지정절차와 같다.** 국토교통부장관 또는 시·도지사는 해제 또는 축소를 하는 경우에도 도시계획위원회의 심의를 거쳐야 하며, 이를 지체 없이 공고하고 통지하여야 한다. 해제 또는 축소 공고내용을 통지받은 시장·군수 또는 구청장은 지체 없이 그 공고내용을 그 허가구역을 관할하는 등기소의 장에게 통지해야 하며, 지체 없이 그 사실을 7일 이상 공고하고 15일간 일반이 열람할 수 있도록 하여야 한다.

4. 허가구역 지정의 효과

(1) 지정의 효력발생 시기

허가구역의 지정은 **국토교통부장관 또는 시·도지사가 허가구역의 지정을 공고한 날부터 5일 후에** 그 효력이 발생한다.

(2) 재지정, 축소지정 및 해제의 효력발생 시기

공고일로부터 즉시 효력이 발생한다.

예제

부동산 거래신고 등에 관한 법령상 토지거래계약 허가구역의 지정에 관한 설명으로 **틀린 것은?**

제25회 수정

① 허가구역이 둘 이상의 시·도의 관할 구역에 걸쳐 있는 경우, 국토교통부장관이 지정한다.
② 시·도지사는 지정기간이 끝나는 허가구역을 계속하여 다시 허가구역으로 지정하려면, 시·도도시계획위원회의 심의 전에 미리 시장·군수 또는 구청장의 의견을 들어야 한다.
③ 허가구역 지정·공고내용의 통지를 받은 시장·군수 또는 구청장은 지체 없이 그 공고 내용을 그 허가구역을 관할하는 등기소의 장에게 통지하여야 한다.
④ 허가구역의 지정은 허가구역의 지정을 공고한 날부터 5일 후에 그 효력이 발생한다.
⑤ 국토교통부장관은 허가구역의 지정 사유가 없어졌다고 인정되면 중앙도시계획위원회의 심의를 거치지 않고 허가구역의 지정을 해제할 수 있다.

해설 국토교통부장관은 허가구역의 지정사유가 없어졌다고 인정되면 중앙도시계획위원회의 심의를 거쳐 허가구역의 지정을 해제할 수 있다. 허가구역의 지정절차와 해제절차는 동일하다. ▶▶ **정답** ⑤

제 2 절 **토지거래계약의 허가** 제32회, 제33회, 제34회, 제35회, 제36회

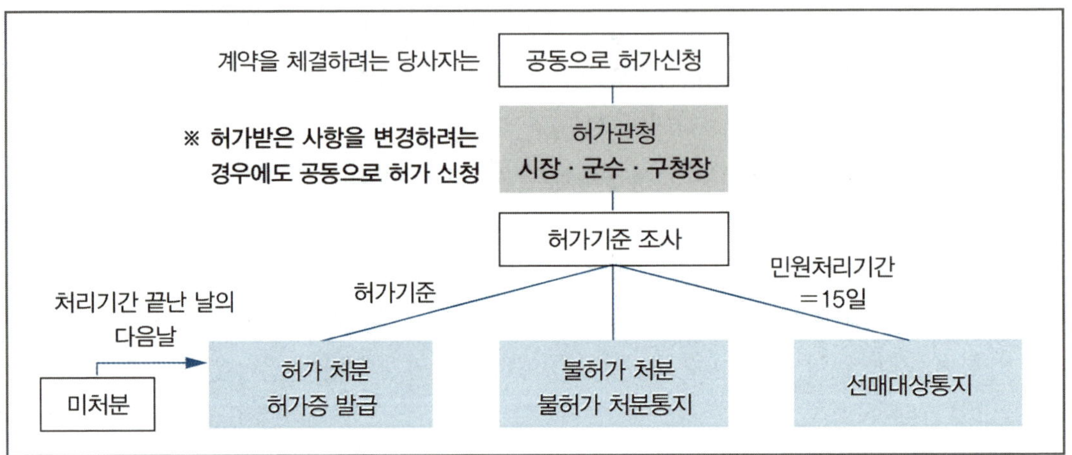

1 토지거래계약에 관한 허가(법 제11조)

1. 허가관청

시장 · 군수 또는 구청장

2. 허가대상 권리

허가구역에 있는 토지에 관한 **소유권 · 지상권**(소유권 · 지상권의 취득을 목적으로 하는 권리를 포함한다)을 이전하거나 설정(**대가**를 받고 이전하거나 설정하는 경우만 해당한다)하는 계약(예약을 포함한다)을 체결하려는 당사자는 **공동으로** 시장 · 군수 또는 구청장의 허가를 받아야 한다. 허가받은 사항을 **변경하려는 경우에도 공동**으로 허가를 받아야 한다.

◈ **허가대상 권리 및 계약**

구 분	허가대상	허가대상이 아닌 것
소유권(유상)	매매, 교환, 부담부증여	무상 증여×, 상속×, 경매×
지상권(유상)	지상권 설정(이전)계약	지역권×, 전세권×, 저당권×, 임대차×, 사용대차×
예 약	소유권(지상권) 보전가등기, 담보가등기	

2 허가신청

1. 공동허가신청(법 제11조)

① 허가를 받으려는 자는 그 허가신청서에 계약내용과 그 **토지의 이용계획, 취득자금 조달계획** 등을 적어 시장·군수 또는 구청장에게 제출하여야 한다.

② 시장·군수 또는 구청장에게 제출한 취득자금 조달계획이 변경된 경우에는 취득토지에 대한 등기일까지 시장·군수 또는 구청장에게 그 변경사항을 제출할 수 있다.

2. 허가신청서 기재사항 등(영 제8조)

① 토지거래계약의 허가를 받으려는 자는 공동으로 다음의 사항을 기재한 별지 서식의 허가신청서에 국토교통부령으로 정하는 서류를 첨부하여 허가관청에 제출하여야 한다.

> ㉠ 당사자의 성명 및 주소(법인인 경우에는 법인의 명칭 및 소재지와 대표자의 성명 및 주소)
> ㉡ 토지의 지번·지목·면적·이용현황 및 권리설정현황
> ㉢ 토지의 정착물인 건축물·공작물 및 입목 등에 관한 사항
> ㉣ 이전 또는 설정하려는 권리의 종류
> ㉤ 계약예정금액
> ㉥ **토지의 이용에 관한 계획**
> ㉦ 토지를 취득하는 데 필요한 **자금조달계획**

▷ 허가대상 토지를 개업공인중개사가 중개한 경우라도 개업공인중개사가 허가를 신청할 의무는 없으므로 개업공인중개사에 관한 사항은 허가신청서 기재사항이 아니다.

② 토지거래계약 허가신청서에는 다음의 서류를 첨부하여야 한다. 이 경우 시장·군수 또는 구청장은 「전자정부법」 제36조 제1항에 따른 행정정보의 공동이용을 통하여 토지등기사항증명서를 확인하여야 한다(규칙 제9조).

> ㉠ 토지이용계획, 취득자금 조달계획 등이 기재된 **토지이용계획서**(「농지법」의 규정에 의하여 농지취득자격증명을 발급받아야 하는 농지의 경우에는 「농지법」 규정에 의한 농업경영계획서를 말한다)
> ㉡ [별지 제10호 서식]의 **토지취득자금조달계획서**

③ 토지거래계약 변경허가를 받으려는 자는 공동으로 다음의 사항을 기재한 토지거래계약 변경허가신청서에 국토교통부령으로 정하는 서류를 첨부하여 허가관청에 제출하여야 한다.

> ㉠ 당사자의 성명 및 주소(법인의 경우 명칭 및 소재지와 대표자의 성명 및 주소)
> ㉡ 토지의 지번·지목·면적·이용현황 및 권리설정현황
> ㉢ 토지의 정착물인 건축물·공작물 및 입목 등에 관한 사항

      ② 토지거래계약 허가번호

      ⑩ 변경내용

      ⑪ 변경사유

④ 토지거래계약 변경허가신청서에는 다음의 서류를 첨부하여야 한다.

      ㉠ 토지이용계획서, 농지의 경우 농업경영계획서(토지의 이용에 관한 계획을 변경하려는 경우만 해당한다)

      ㉡ 토지취득자금 조달계획서(계약예정금액을 변경하려는 경우에만 첨부)

⑤ 허가 또는 변경허가 신청을 받은 허가관청은 「전자정부법」에 따른 행정정보의 공동이용을 통하여 토지등기사항증명서를 확인하여야 한다.

3 허가 또는 불허가처분

1. 허가·불허가처분

① 시장·군수 또는 구청장은 허가신청서를 받으면 **「민원 처리에 관한 법률」에 따른 처리기간에** 허가 또는 불허가의 처분을 하고, 그 신청인에게 허가증을 발급하거나 불허가처분사유를 서면으로 알려야 한다. 다만, 선매협의(先買協議) 절차가 진행 중인 경우에는 위 처리기간 내에 그 사실을 신청인에게 알려야 한다(법 제11조).

② 허가 또는 변경허가신청서를 받은 허가관청은 지체 없이 필요한 조사를 하고 신청서를 받은 날부터 **15일 이내에** 허가·변경허가 또는 불허가처분을 하여야 한다(영 제8조).

③ 시장·군수 또는 구청장은 토지거래계약에 관하여 필요한 조사를 하는 때에는 허가신청한 토지에 대한 현황을 파악할 수 있는 사진을 촬영·보관하여야 한다(규칙 제10조).

④ 허가관청은 허가증을 발급한 경우에는 해당 토지의 소재지·지번·지목 및 이용목적을 해당 기관의 인터넷 홈페이지에 게재하여야 한다(규칙 제12조).

2. 토지거래계약의 허가의제

「민원 처리에 관한 법률」에 따른 처리기간에 허가증의 발급 또는 불허가처분사유의 통지가 없거나 선매협의 사실의 통지가 없는 경우에는 그 **기간이 끝난 날의 다음날에 허가가** 있는 것으로 본다. 이 경우 시장·군수 또는 구청장은 지체 없이 신청인에게 허가증을 발급하여야 한다.

3. 허가받지 않고 체결한 계약

허가를 받지 아니하고 체결한 토지거래계약은 그 **효력이 발생하지 아니한다.**

4 허가 면제 대상 토지면적 등

1. 허가를 요하지 아니하는 경우(법 제11조)

① 경제 및 지가의 동향과 거래단위면적 등을 종합적으로 고려하여 **다음에 정하는 용도별 면적 이하의 토지**에 대한 토지거래계약에 관하여는 **허가가 필요하지 않다**(법 제11조).

② 다만, 국토교통부장관 또는 시·도지사가 허가구역을 지정할 당시 해당 지역에서의 거래실태 등을 감안하여 다음의 면적으로 하는 것이 타당하지 아니하다고 인정하여 해당 기준면적의 10% **이상** 300% **이하**의 범위에서 따로 정하여 공고한 경우에는 그에 따른다(영 제9조 제1항).

◈ **허가기준 면적**

구 분	용도지역	기준 면적
도시지역	주거지역	60m² 이하
	상업지역	150m² 이하
	공업지역	150m² 이하
	녹지지역	200m² 이하
	용도지역의 지정이 없는 구역	60m² 이하
도시지역 외의 지역	기타(농지, 임야 제외)	250m² 이하
	농 지	500m² 이하
	임 야	1,000m² 이하

③ 토지거래계약을 체결하려는 당사자 또는 그 계약의 대상이 되는 토지가 허가대상자, 허가대상 용도와 지목을 특정하여 공고된 사항에 해당하지 아니하는 경우에는 **허가가 필요하지 않다**(법 제11조).

2. 면적산정의 특례

(1) 일단의 토지의 계속적 거래

면적을 산정할 때 일단(一團)의 토지이용을 위하여 토지거래계약을 체결한 날부터 **1년 이내**에 일단의 토지 일부에 대하여 토지거래계약을 체결한 경우에는 그 일단의 토지 **전체에 대한 거래**로 본다.

🖐 **일단의 토지**
'일단의 토지'라 함은 동일인의 소유로서 서로 인접하여 하나의 용도에 이용될 수 있는 토지를 말한다.

(2) 토지의 분할 거래

허가구역 **지정 당시 기준면적을 초과하는 토지**를 허가구역 지정 후에 공공목적이 아닌 사유로 분할하여 기준면적 이하가 된 경우, 분할된 해당 토지에 대한 분할 후 최초의 토지거래계약은 기준면적을 초과하는 토지거래계약으로 본다.

> ① 허가구역의 지정 후 해당 토지를 공유지분으로 거래하는 경우에도 각각의 지분에 대한 최초의 계약은 기준 면적을 초과하는 계약으로 본다.
> ② 예외: 도시·군계획사업의 시행 등 공공목적으로 토지가 분할되어 허가가 필요 없는 기준면적 이하가 된 경우에는 허가를 받지 않아도 된다. 그러나 공공목적으로 분할되었더라도 기준면적을 초과하는 경우에는 허가를 받아야 한다.

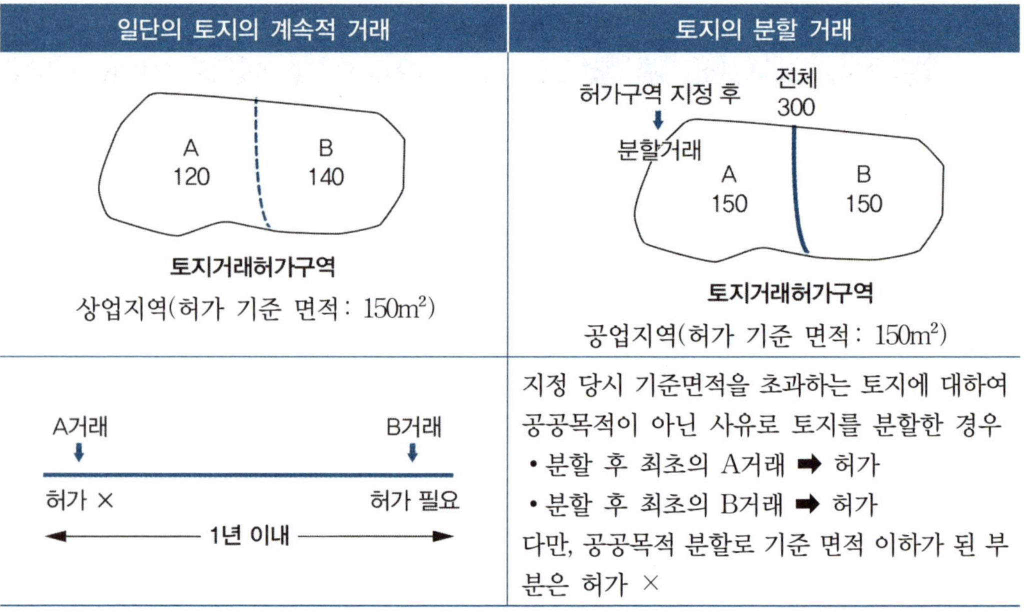

5 토지거래 허가기준(법 제12조)

1. 실수요성

시장·군수 또는 구청장은 토지거래계약을 체결하고자 하는 자의 토지이용 목적이 다음에 해당하는 경우에는 **허가하여야 한다.**

① **자기의 거주용 주택용지**로 이용하려는 경우
② 허가구역을 포함한 지역의 주민을 위한 **복지시설 또는 편익시설**로서 관할 시장·군수 또는 구청장이 확인한 시설의 설치에 이용하려는 경우

③ 허가구역에 거주하는 농업인·임업인·어업인 또는 아래에 해당하는 자가 그 허가구역에서 농업·축산업·임업 또는 어업을 경영하기 위하여 필요한 경우

> ㉠ 농업인·어업인 또는 임업인('농업인 등'이라 한다)으로서 본인이 거주하는 **특별시·광역시(광역시의 관할구역에 있는 군은 제외한다)·특별자치시·특별자치도·시 또는 군(광역시의 관할구역에 있는 군을 포함한다)**에 소재하는 토지를 취득하려는 사람
>
> ㉡ 농업인 등으로서 본인이 거주하는 주소지로부터 30km **이내**에 소재하는 토지를 취득하려는 사람
>
> ㉢ 다음 ⓐ, ⓑ의 어느 하나에 해당하는 농업인 등으로서 협의양도하거나 수용된 날부터 **3년 이내에 협의양도하거나 수용된 농지를 대체**하기 위하여 본인이 거주하는 주소지로부터 80km **안**에 소재하는 농지를 취득하려는 사람. 단, 행정기관의 장이 관계 법령에서 정하는 바에 따라 구체적인 대상을 정하여 대체농지의 취득을 알선하는 경우를 제외하고는 **종전의 토지가액(개별공시지가 기준) 이하**인 농지로 한정한다.
>
> > ⓐ 「공익사업을 위한 토지 등의 취득 및 보상에 관한 법률」 또는 그 밖의 법령에 따라 공익사업용으로 농지를 협의양도하거나 농지가 수용된 사람(실제 경작자로 한정한다)
> >
> > ⓑ 농지를 임차하거나 사용차(使用借)하여 경작하던 사람으로서 「공익사업을 위한 토지 등의 취득 및 보상에 관한 법률」에 따른 농업의 손실에 대한 보상을 받은 사람

🏠 농업인 등의 허가요건

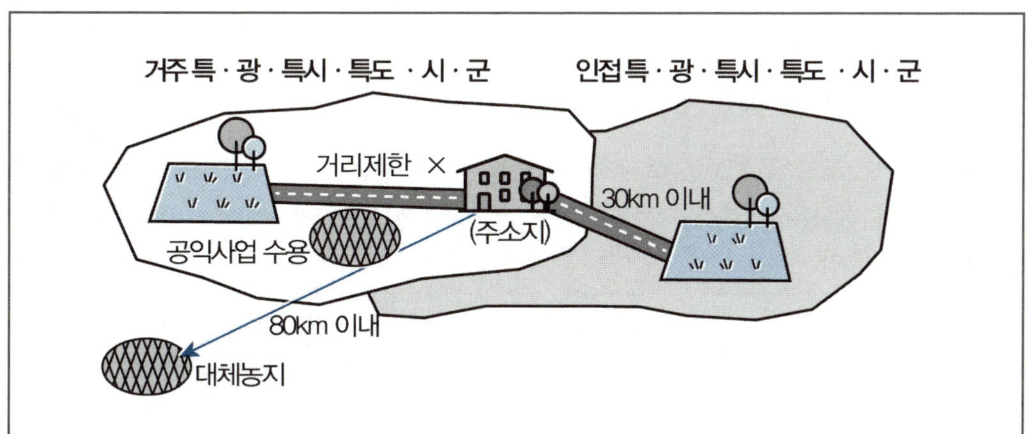

> - 본인이 거주하는 관할구역 내의 농지취득은 허가 ○
> - 관할구역 외의 지역에 소재하는 농지라도 30km 이내의 농지취득은 허가 ○
> - 협의양도 또는 수용되어 대체농지를 취득하는 경우에는 3년 이내, 종전의 토지가격 이하로 80km 이내의 농지취득 허가 ○

④ 「공익사업을 위한 토지 등의 취득 및 보상에 관한 법률」이나 그 밖의 법률에 따라 토지를 수용하거나 사용할 수 있는 **사업을 시행**하는 자가 그 사업을 시행하기 위하여 필요한 경우

⑤ 허가구역을 포함한 지역의 건전한 발전을 위하여 필요하고 관계 법률에 따라 지정된 지역·지구·구역 등의 지정목적에 적합하다고 인정되는 **사업을 시행**하는 자나 시행하려는 자가 그 사업에 이용하려는 경우

⑥ 허가구역의 지정 당시 그 구역이 속한 특별시·광역시·특별자치시·시(특별자치도 행정시를 포함한다. 이하 같다)·군 또는 인접한 특별시·광역시·특별자치시·시·군에서 **사업을 시행**하고 있는 자가 그 사업에 이용하려는 경우나 그 자의 사업과 밀접한 관련이 있는 사업을 하는 자가 그 사업에 이용하려는 경우

⑦ 허가구역이 속한 특별시·광역시·특별자치시·시 또는 군에 거주하고 있는 자의 일상생활과 통상적인 경제활동에 필요한 것 등으로서 다음에 정하는 용도에 이용하려는 경우

> ㉠ **농지 외의 토지**를 공익사업용으로 협의양도하거나 수용된 사람이 그 협의양도하거나 수용된 날부터 3년 **이내에 그 허가구역에서 종전의 토지가액 이하**로 협의양도하거나 수용된 토지에 **대체되는 토지**를 취득하려는 경우
> ㉡ 관계 법령에 따라 개발·이용행위가 제한되거나 금지된 토지로서 국토교통부령으로 정하는 토지에 대하여 **현상 보존**의 목적으로 토지를 취득하려는 경우
> ㉢ 「민간임대주택에 관한 특별법」에 따른 임대사업자 등 관계 법령에 따라 임대사업을 할 수 있는 자가 **임대사업**을 위하여 건축물과 그에 딸린 토지를 취득하려는 경우

2. 토지이용목적의 적합성

시장·군수 또는 구청장은 토지거래계약을 체결하려는 자의 토지이용목적이 다음의 어느 하나에 **해당하는 경우를 제외하고는 허가하여야 한다**. 즉 아래에 해당하는 경우에는 허가해서는 안 된다.

> ① 도시·군계획이나 그 밖에 토지의 이용 및 관리에 관한 계획에 맞지 아니한 경우
> ② 생태계의 보전과 주민의 건전한 생활환경 보호에 중대한 위해(危害)를 끼칠 우려가 있는 경우

3. 면적의 적정성

그 면적이 토지의 이용목적으로 보아 적합하지 아니하다고 인정되는 경우에는 허가해서는 안 된다.

6 토지이용에 관한 의무

1. 토지이용 의무기간(법 제17조)

토지거래계약을 허가받은 자는 대통령령으로 정하는 사유가 있는 경우 외에는 **5년의 범위**에서 다음의 기간 동안 그 토지를 허가받은 목적대로 이용하여야 한다.

> ① 자기의 거주용 주택용지로 이용하는 목적으로 허가를 받은 경우는 토지취득일부터 2년
> ② 주민을 위한 복지시설 또는 편익시설 설치를 목적으로 허가를 받은 경우는 토지취득일부터 2년
> ③ 농업인 등이 농업·축산업·임업 또는 어업을 영위하기 위한 목적으로 허가를 받은 경우는 토지취득일부터 2년
> ④ 토지를 공공사업용으로 협의양도하거나 수용된 자가 대체토지를 취득하기 위하여 허가를 받은 경우는 토지취득일부터 2년
> ⑤ 수용·사용할 수 있는 사업의 시행, 지역의 건전한 발전 등을 위한 사업의 시행, 구역지정 당시에 사업을 시행하던 자가 그 사업에 이용하는 목적으로 허가를 받은 경우는 토지취득일부터 4년. 다만, 분양을 목적으로 허가를 받은 토지로서 개발에 착수한 후 토지취득일부터 4년 이내에 분양을 완료한 경우에는 분양을 완료한 때에 4년이 지난 것으로 본다.
> ⑥ 개발·이용행위가 제한 또는 금지된 토지로서 현상보존의 목적으로 토지를 취득하기 위하여 허가를 받은 경우는 토지취득일부터 5년
> ⑦ 위 ①~⑥ 외의 경우는 토지취득일부터 5년

2. 토지이용의무의 예외

허가받아 취득한 토지를 **허가받은 목적대로 이용하지 아니할 수 있는 사유**는 다음과 같다.

> ① 토지를 취득한 후 「국토의 계획 및 이용에 관한 법률」 또는 관계 법령에 따라 용도지역 등 토지의 이용 및 관리에 관한 계획이 변경됨으로써 「국토의 계획 및 이용에 관한 법률」 또는 관계 법령에 따른 행위제한으로 인하여 당초의 목적대로 이용할 수 없게 된 경우
> ② 토지를 이용하기 위하여 관계 법령에 따른 허가·인가 등을 신청하였으나 국가 또는 지방자치단체가 국토교통부령으로 정하는 사유로 일정 기간 허가·인가 등을 제한하는 경우로서 그 제한기간 내에 있는 경우
> ③ **허가기준에 맞게 당초의 이용목적을 변경하는 경우로서 허가관청의 승인을 받은 경우**
>   ※ 허가관청은 토지이용목적 변경승인신청을 받은 때에는 신청일부터 15일 이내에 승인 여부를 결정하여 신청인에게 서면으로 통지(전자문서에 의한 통지를 포함한다)하여야 한다.
> ④ 다른 법률에 따른 행위허가를 받아 허가기준에 맞게 당초의 이용목적을 변경하는 경우로서 해당 행위의 허가권자가 이용목적 변경에 관하여 허가관청과 협의를 한 경우

⑤ 「해외이주법」에 따라 이주하는 경우

⑥ 「병역법」 또는 「대체역의 편입 및 복무 등에 관한 법률」에 따라 복무하는 경우

⑦ 「자연재해대책법」에 따른 재해로 인하여 허가받은 목적대로 이행하는 것이 불가능한 경우

⑧ 공익사업의 시행 등 토지거래계약허가를 받은 자에게 책임 없는 사유로 허가받은 목적대로 이용하는 것이 불가능한 경우

⑨ 다음의 건축물을 취득하여 실제로 이용하는 자가 해당 **건축물의 일부를 임대**하는 경우

> ㉠ 「건축법」 시행령 [별표 1] 제1호의 단독주택[**다중주택 및 공관**(公館)**은 제외**한다]
> ㉡ 「건축법」 시행령 [별표 1] 제2호의 공동주택(**기숙사는 제외**한다)
> ㉢ 「건축법」 시행령 [별표 1] 제3호의 제1종 근린생활시설
> ㉣ 「건축법」 시행령 [별표 1] 제4호의 제2종 근린생활시설

⑩ 「산업집적활성화 및 공장설립에 관한 법률」에 따른 **공장**을 취득하여 실제로 이용하는 자가 해당 공장의 **일부를 임대**하는 경우

3. 토지이용에 관한 조사

시장·군수 또는 구청장은 토지거래계약을 허가받은 자가 허가받은 목적대로 이용하고 있는지를 국토교통부령으로 정하는 바에 따라 조사하여야 한다.

① 허가관청은 **매년 1회 이상** 토지의 개발 및 이용 등의 실태를 조사하여야 한다(규칙 제18조).

② 그 외에 토지의 개발 및 이용 등의 실태조사에 필요한 사항은 국토교통부장관이 정한다.

4. 이행명령 및 이행강제금

(1) 이행명령

① **이용의무 이행명령**: 시장·군수 또는 구청장은 토지의 이용의무를 이행하지 아니한 자에 대하여는 상당한 기간을 정하여 토지의 이용의무를 이행하도록 명할 수 있다.

② 이행명령은 문서로 하여야 하며, 이행기간은 **3개월 이내**로 정하여야 한다.

③ 「농지법」을 위반하여 이행강제금을 부과받은 경우에는 이용의무의 이행을 명하지 아니할 수 있다.

⑵ 이행강제금

① **부과범위**: 시장·군수 또는 구청장은 이행명령이 정하여진 기간에 이행되지 아니한 경우에는 토지 **취득가액의 100분의 10의 범위에서** 대통령령으로 정하는 금액의 이행 강제금을 부과한다.

> ㉠ 토지거래계약허가를 받아 토지를 취득한 자가 당초의 목적대로 이용하지 아니하고 **방치**한 경우: 토지 취득가액의 100분의 10에 상당하는 금액
> ㉡ 토지거래계약허가를 받아 토지를 취득한 자가 직접 이용하지 아니하고 **임대**한 경우: 토지 취득가액의 100분의 7에 상당하는 금액
> ㉢ 토지거래계약허가를 받아 토지를 취득한 자가 허가관청의 승인을 얻지 아니하고 당초의 이용목적을 **변경**하여 이용하는 경우: 토지 취득가액의 100분의 5에 상당하는 금액
> ㉣ 그 외의 경우: 토지 취득가액의 100분의 7에 상당하는 금액

② **토지 취득가액**: 토지 취득가액은 **실제 거래가격**으로 한다. 다만, 실제 거래가격이 확인되지 아니하는 경우에는 취득 당시를 기준으로 가장 최근에 발표된 개별공시지가를 기준으로 산정한다.

③ **계고**(戒告): 허가관청은 이행강제금을 부과하기 전에 이행기간 내에 이행명령을 이행하지 아니하면 이행강제금을 부과·징수한다는 뜻을 미리 문서로 계고(戒告)하여야 한다.

⑶ 이행강제금 부과 및 징수

① **부과횟수**: 시장·군수 또는 구청장은 **최초의 이행명령이 있었던 날을 기준으로 하여 1년에 한 번씩** 그 이행명령이 이행될 때까지 반복하여 이행강제금을 부과·징수할 수 있다.

② 시장·군수 또는 구청장은 **이용 의무기간이 지난 후에는 이행강제금을 부과할 수 없다.**

③ 시장·군수 또는 구청장은 이행명령을 받은 자가 그 명령을 이행하는 경우에는 새로운 이행강제금의 부과를 즉시 중지하되, **명령을 이행하기 전에 이미 부과된 이행강제금은 징수하여야 한다.**

④ 이행강제금을 부과하는 경우에는 이행강제금의 금액, 부과사유, 납부기한 및 수납기관, 이의제기방법 및 이의제기기관 등을 명시한 문서로 하여야 한다.

⑤ 이행강제금 부과처분을 받은 자가 이행강제금을 납부기한 내에 납부하지 아니한 경우에는 국세 체납처분의 예 또는 「지방행정제재·부과금의 징수 등에 관한 법률」에 따라 징수한다.

(4) 이의제기

① 이행강제금의 부과처분에 불복하는 자는 **시장·군수 또는 구청장**에게 이의를 제기할 수 있다.

② 이행강제금 부과처분을 받은 자가 이의를 제기하려는 경우에는 부과처분을 고지받은 날부터 30일 **이내**에 하여야 한다.

7 이의신청 및 매수청구

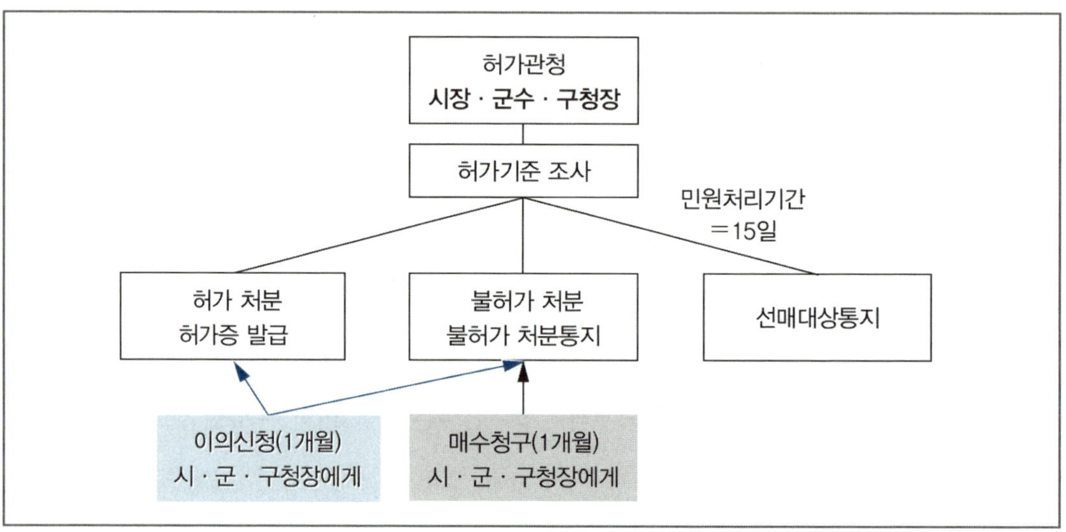

1. 이의신청(법 제13조)

(1) 이의제기기간

허가 또는 불허가처분에 대하여 이의가 있는 자는 그 처분을 받은 날부터 **1개월 이내에 시장·군수 또는 구청장**에게 이의를 신청할 수 있다.

(2) 이의신청통보

이의신청을 받은 시장·군수 또는 구청장은 시·군·구도시계획위원회의 심의를 거쳐 그 결과를 이의신청인에게 알려야 한다.

2. 불허가처분 토지에 대한 매수청구(법 제16조)

(1) 매수청구 및 가격

① 허가신청에 대하여 불허가처분을 받은 자는 그 통지를 받은 날부터 **1개월 이내에 시장·군수 또는 구청장에게** 해당 토지에 관한 권리의 매수를 청구할 수 있다.

② 매수청구를 받은 시장·군수 또는 구청장은 국가, 지방자치단체, 한국토지주택공사, 그 밖에 대통령령으로 정하는 공공기관 또는 공공단체 중에서 매수할 자를 지정한다.

> '대통령령으로 정하는 공공기관 또는 공공단체'란 다음과 같다.
> ㉠ 「한국농수산식품유통공사법」에 따른 한국농수산식품유통공사
> ㉡ 「대한석탄공사법」에 따른 대한석탄공사
> ㉢ 「한국토지주택공사법」에 따른 한국토지주택공사
> ㉣ 「한국관광공사법」에 따른 한국관광공사
> ㉤ 「한국농어촌공사 및 농지관리기금법」에 따른 한국농어촌공사
> ㉥ 「한국도로공사법」에 따른 한국도로공사
> ㉦ 「한국석유공사법」에 따른 한국석유공사
> ㉧ 「한국수자원공사법」에 따른 한국수자원공사
> ㉨ 「한국전력공사법」에 따른 한국전력공사
> ㉩ 「한국철도공사법」에 따른 한국철도공사

③ 매수할 자로 하여금 예산의 범위에서 **공시지가를 기준**으로 하여 해당 토지를 매수하게 하여야 한다. 다만, 토지거래계약 허가신청서에 적힌 가격이 공시지가보다 낮은 경우에는 허가신청서에 적힌 가격으로 매수할 수 있다.

(2) 매수청구방법

① 토지의 매수청구를 하려는 자는 토지매수청구서를 허가관청에 제출하여야 한다(영 제13조).

② 토지매수청구서에 기재할 사항은 다음과 같다(규칙 제16조).

> ㉠ 토지소유자의 성명 및 주소
> ㉡ 토지의 소재지·지번·지목·면적 및 이용현황
> ㉢ 토지에 있는 공작물의 종류·내용 및 매수청구에 관계되는 권리
> ㉣ 토지에 소유자 외의 권리가 있는 경우에는 그 권리의 종류 및 내용, 권리자의 성명 및 주소

③ 토지매수청구서는 [별지 제16호 서식]에 따른다(규칙 제16조).

⌂ **토지거래계약 불허가처분에 대한 매수청구**

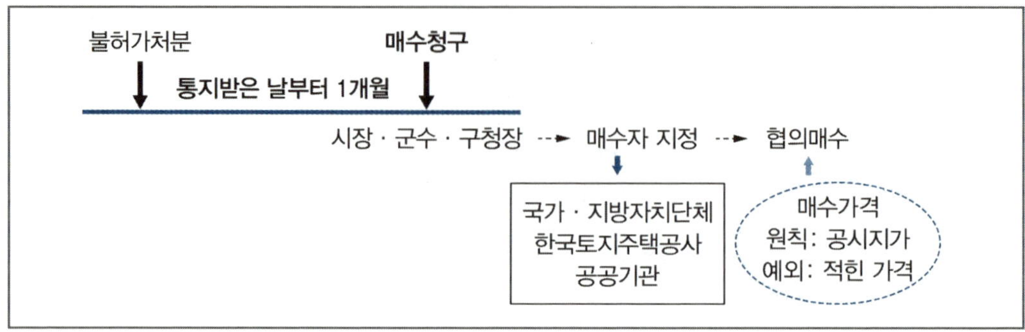

제3절 토지거래계약에 관한 특례 등 제33회, 제35회

1 허가의제

1. 국가 등이 하는 토지거래계약(법 제14조)

토지거래 허가신청 당사자의 한쪽 또는 양쪽이 국가, 지방자치단체, 「한국토지주택공사법」에 따른 한국토지주택공사, 그 밖에 대통령령으로 정하는 공공기관 또는 공공단체인 경우에는 **그 기관의 장이 시장 · 군수 또는 구청장과 협의**할 수 있고, 그 협의가 성립된 때에는 그 토지거래계약에 관한 **허가를 받은 것으로 본다.**

> **심화학습** | **대통령령으로 정하는 공공기관 또는 공공단체**
>
> 1. 「한국농수산식품유통공사법」에 따른 한국농수산식품유통공사
> 2. 「대한석탄공사법」에 따른 대한석탄공사
> 3. 「한국토지주택공사법」에 따른 한국토지주택공사
> 4. 「한국관광공사법」에 따른 한국관광공사
> 5. 「한국농어촌공사 및 농지관리기금법」에 따른 한국농어촌공사
> 6. 「한국도로공사법」에 따른 한국도로공사
> 7. 「한국석유공사법」에 따른 한국석유공사
> 8. 「한국수자원공사법」에 따른 한국수자원공사
> 9. 「한국전력공사법」에 따른 한국전력공사
> 10. 「한국철도공사법」에 따른 한국철도공사
> 11. 「산림조합법」에 의한 산림조합 및 산림조합중앙회
> 12. 「농업협동조합법」에 의한 농업협동조합 · 축산업협동조합 및 농업협동조합중앙회
> 13. 「수산업협동조합법」에 의한 수산업협동조합 및 수산업협동조합중앙회
> 14. 「중소기업진흥에 관한 법률」에 따른 중소벤처기업진흥공단
> 15. 「한국은행법」에 의한 한국은행

16. 「지방공기업법」에 의한 지방공사와 지방공단
17. 「공무원연금법」에 의한 공무원연금공단
18. 「인천국제공항공사법」에 따른 인천국제공항공사
19. 「국민연금법」에 의한 국민연금공단
20. 「사립학교교직원 연금법」에 의한 사립학교교직원연금공단
21. 「한국자산관리공사 설립 등에 관한 법률」에 의한 한국자산관리공사
22. 「항만공사법」에 따른 항만공사

2. 국유재산의 취득·처분

「국유재산법」 제2조 제10호에 따른 총괄청 또는 같은 조 제11호에 따른 중앙관서의 장 등이 같은 법 제9조에 따른 국유재산종합계획에 따라 국유재산을 취득하거나 처분하는 경우로서 허가기준에 적합하게 취득하거나 처분한 후 허가관청에 그 내용을 통보한 때에는 시장·군수 또는 구청장과 협의가 성립된 것으로 본다(영 제11조 제2항).

2 토지거래계약 허가의 적용배제

다음의 경우에는 토지거래계약의 허가에 대한 규정을 적용하지 아니한다. 즉 허가를 받지 않아도 된다.

1. 「공익사업을 위한 토지 등의 취득 및 보상에 관한 법률」에 따른 **토지의 수용**
2. 「공익사업을 위한 토지 등의 취득 및 보상에 관한 법률」에 따라 토지를 협의취득·사용하거나 환매하는 경우
3. 「민사집행법」에 따른 **경매**
4. 한국자산관리공사가 「한국자산관리공사 설립 등에 관한 법률」 제4조 또는 제5조에 따라 토지를 취득하거나 경쟁입찰을 거쳐서 매각하는 경우 또는 한국자산관리공사에 매각이 의뢰되어 3회 이상 공매하였으나 유찰된 토지를 매각하는 경우
5. 법 제9조에 따라 **외국인 등**이 토지취득의 허가를 받은 경우
6. 「국유재산법」에 따른 국유재산종합계획에 따라 국유재산을 일반경쟁입찰로 처분하는 경우
7. 「공유재산 및 물품 관리법」에 따른 공유재산의 관리계획에 따라 공유재산을 일반경쟁입찰로 처분하는 경우
8. 「주택법」에 따른 사업계획의 승인을 받아 조성한 대지를 공급하는 경우 또는 주택(부대시설 및 복리시설을 포함하며, 주택과 주택 외의 시설을 동일 건축물로 건축하여 공급하는 경우에는 그 주택 외의 시설을 포함한다)을 공급하는 경우

9. 「도시 및 주거환경정비법」에 따른 관리처분계획에 따른 사업시행계획에 따라 분양하거나 보류지 등을 매각하는 경우
10. 「건축물의 분양에 관한 법률」에 따라 건축물을 분양하는 경우
11. 「택지개발촉진법」에 따라 택지를 공급하는 경우
12. 「도시개발법」에 따른 조성토지 등의 공급계획에 따라 토지를 공급하는 경우, 환지 예정지로 지정된 종전 토지를 처분하는 경우, 환지처분을 하는 경우 또는 체비지 등을 매각하는 경우
13. 「산업입지 및 개발에 관한 법률」에 따른 산업단지개발사업 또는 준산업단지를 개발하기 위한 사업으로 조성된 토지를 사업시행자(사업시행자로부터 분양에 관한 업무를 위탁받은 산업단지관리공단을 포함한다)가 분양하는 경우
14. 「빈집 및 소규모주택 정비에 관한 특례법」에 따른 사업시행계획에 따라 분양하거나 보류지 등을 매각하는 경우
15. 「산업집적활성화 및 공장설립에 관한 법률」에 따라 지식산업센터를 분양하는 경우
16. 「농어촌정비법」에 따른 환지계획에 따라 환지처분을 하는 경우 또는 농지 등의 교환·분할·합병을 하는 경우
17. 「농어촌정비법」에 따른 사업시행자가 농어촌정비사업을 시행하기 위하여 농지를 매입하는 경우
18. 「한국농어촌공사 및 농지관리기금법」에 따라 한국농어촌공사가 농지의 매매·교환 및 분할을 하는 경우
19. 국세 및 지방세의 체납처분 또는 강제집행을 하는 경우
20. 법령에 따라 조세·부담금 등을 토지로 물납하는 경우
21. 「상법」, 「채무자 회생 및 파산에 관한 법률」의 절차에 따라 법원의 허가를 받아 권리를 이전하거나 설정하는 경우
22. 국가 또는 지방자치단체가 법령에 따라 비상재해 시 필요한 응급조치를 위하여 권리를 이전하거나 설정하는 경우
23. 「국토의 계획 및 이용에 관한 법률」 또는 「개발제한구역의 지정 및 관리에 관한 특별조치법」에 따라 매수청구된 토지를 취득하는 경우
24. 「신행정수도 후속대책을 위한 연기·공주지역 행정중심복합도시 건설을 위한 특별법」, 「혁신도시 조성 및 발전에 관한 특별법」 또는 「기업도시개발 특별법」에 따라 조성된 택지 또는 주택을 공급하는 경우

③ 다른 법률에 따른 인가 · 허가 등의 의제(법 제20조)

1. 농지취득자격증명의 의제

① 농지에 대하여 토지거래계약 허가를 받은 경우에는 「농지법」에 따른 **농지취득자격증명**을 받은 것으로 본다.

② 이 경우 시장 · 군수 또는 구청장은 「농업 · 농촌 및 식품산업 기본법」에 따른 농촌의 농지(도시지역의 경우에는 녹지지역으로 한정)에 대하여 토지거래계약을 허가하는 경우에는 농지취득자격증명의 발급 요건에 적합한지를 확인하여야 하며, 허가한 내용을 농림축산식품부장관에게 통보하여야 한다.

2. 검인의 의제

토지거래계약에 관한 허가증을 발급받은 경우에는 「부동산등기 특별조치법」에 따른 **검인**을 받은 것으로 본다.

3. 부동산 거래신고

토지거래계약 허가를 받은 경우라도 **부동산 거래신고는 하여야 한다.**

예제

부동산 거래신고 등에 관한 법령상 이행강제금에 대하여 개업공인중개사가 중개의뢰인에게 설명한 내용으로 옳은 것은?
제30회 수정

① 군수는 최초의 의무이행위반이 있었던 날을 기준으로 1년에 한 번씩 그 이행명령이 이행될 때까지 반복하여 이행강제금을 부과 · 징수할 수 있다.

② 시장은 토지의 이용 의무기간이 지난 후에도 이행명령 위반에 대해서는 이행강제금을 반복하여 부과할 수 있다.

③ 시장 · 군수 또는 구청장은 이행명령을 받은 자가 그 명령을 이행하는 경우라도 명령을 이행하기 전에 이미 부과된 이행강제금은 징수하여야 한다.

④ 토지거래계약허가를 받아 토지를 취득한 자가 직접 이용하지 아니하고 임대한 경우에는 토지 취득가액의 100분의 20에 상당하는 금액을 이행강제금으로 부과한다.

⑤ 이행강제금 부과처분을 받은 자가 시장 · 군수 또는 구청장에게 이의를 제기하려는 경우에는 부과처분을 고지받은 날부터 15일 이내에 하여야 한다.

해설 ① 허가관청(시장 · 군수 또는 구청장)은 최초의 이행명령이 있었던 날을 기준으로 하여 1년에 한 번씩 그 이행명령이 이행될 때까지 반복하여 이행강제금을 부과 · 징수할 수 있다.

② 허가관청은 이용 의무기간이 지난 후에는 이행강제금을 부과할 수 없다.

④ 토지거래계약허가를 받아 토지를 취득한 자가 직접 이용하지 아니하고 임대한 경우에는 토지 취득가액의 100분의 7에 상당하는 금액을 이행강제금으로 부과한다.

⑤ 이행강제금의 부과처분에 불복하는 자는 부과처분을 고지 받은 날부터 30일 이내에 허가관청에 이의를 제기할 수 있다.
▶▶ 정답 ③

제 4 절 선매제도 제32회

1 선매대상(법 제15조)

시장·군수 또는 구청장은 토지거래계약에 관한 **허가신청이 있는 경우** 다음의 어느 하나에 해당하는 토지에 대하여 국가, 지방자치단체, 한국토지주택공사, 그 밖에 대통령령으로 정하는 공공기관 또는 공공단체가 그 **매수를 원하는 경우**에는 이들 중에서 해당 토지를 매수할 자[이하 '선매자(先買者)'라 한다]를 지정하여 그 토지를 협의 매수하게 할 수 있다.

> 1. 공익사업용 토지
> 2. 토지거래계약허가를 받아 취득한 토지를 그 이용목적대로 이용하고 있지 아니한 토지

2 선매절차 등

1. 선매절차

(1) 선매대상 및 선매자 지정 통지

① 시장·군수 또는 구청장은 허가신청을 받은 토지가 선매협의 절차가 진행 중인 경우에는 「민원 처리에 관한 법률」에 따른 처리기간 내에 그 사실을 신청인에게 알려야 한다.

② 시장·군수 또는 구청장은 선매대상에 해당하는 토지에 대하여 토지거래계약 허가신청이 있는 경우에는 그 신청이 있는 날부터 **1개월 이내에** 선매자를 지정하여 토지 소유자에게 알려야 한다.

(2) 선매협의

① 선매자로 지정된 자는 지정 통지를 받은 날부터 15일 **이내에** 매수가격 등 선매조건을 기재한 서면을 토지소유자에게 통지하여 **선매협의를 하여야 한다.**

② 선매자는 지정 통지를 받은 날부터 **1개월 이내에** 그 토지소유자와 **선매협의를 끝내야 한다.**

(3) 선매협의조서 제출

선매자는 지정 통지를 받은 날부터 **1개월 이내에** 국토교통부령으로 정하는 바에 따라 **선매협의조서를 허가관청에 제출하여야 한다.**

> **규칙 제15조 【선매협의조서】** ① 선매협의조서는 [별지 제15호 서식]과 같다.
> ② 선매협의조서를 제출하는 자는 거래계약서 사본을 첨부(선매협의가 이루어진 경우로 한정한다)하여야 한다.

⑷ 협의 불성립 시 조치

시장·군수 또는 구청장은 선매협의가 이루어지지 아니한 경우에는 **지체 없이 허가 또는 불허가의 여부를 결정하여 통보**하여야 한다.

🏠 **선매절차**

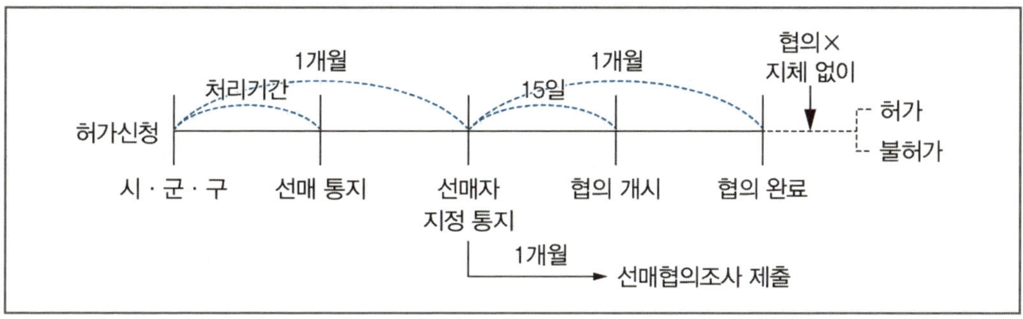

2. 선매가격

선매자가 토지를 매수할 때의 가격은 「감정평가 및 감정평가사에 관한 법률」에 따라 감정평가법인 등이 감정평가한 **감정가격을 기준**으로 하되, 토지거래계약 허가신청서에 적힌 가격이 감정가격보다 **낮은 경우**에는 허가신청서에 적힌 가격으로 할 수 있다.

제5절　제재처분 등

1 벌칙 및 제재처분

1. 허가 위반자에 대한 벌칙

허가 또는 변경허가를 받지 아니하고 토지거래계약을 체결하거나, 속임수나 그 밖의 부정한 방법으로 토지거래계약 허가를 받은 자는 **2년 이하의 징역 또는 계약체결 당시의 개별공시지가에 따른 해당 토지가격의 100분의 30에 해당하는 금액 이하의 벌금**에 처한다.

2. 제재처분

국토교통부장관, 시 · 도지사, 시장 · 군수 또는 구청장은 다음의 어느 하나에 해당하는 자에게 **허가 취소** 또는 그 밖에 **필요한 처분**을 하거나 **조치**를 명할 수 있다.

> ① 토지거래계약에 관한 허가 또는 변경허가를 받지 아니하고 토지거래계약 또는 그 변경계약을 체결한 자
> ② 부정한 방법으로 토지거래계약에 관한 허가를 받은 자
> ③ 토지거래계약에 관한 허가를 받고 그 토지를 허가받은 목적대로 이용하지 아니한 자

3. 청문 등

① 국토교통부장관, 시 · 도지사, 시장 · 군수 또는 구청장은 토지거래계약 허가의 취소처분을 하려면 청문을 하여야 한다.
② 허가취소, 처분 또는 조치명령을 위반한 자는 1년 이하의 징역 또는 1천만원 이하의 벌금에 처한다.

2 권리 · 의무의 승계 등

① 이 법상 토지거래허가와 관련하여 토지의 소유권자, 지상권자 등에게 발생되거나 부과된 권리 · 의무는 그 토지 또는 건축물에 관한 소유권이나 그 밖의 권리의 변동과 동시에 그 승계인에게 이전한다.
② 이 법 또는 이 법에 따른 명령에 의한 처분, 그 절차 및 그 밖의 행위는 그 행위와 관련된 토지 또는 건축물에 대하여 소유권이나 그 밖의 권리를 가진 자의 승계인에 대하여 효력을 가진다.

제 **6** 절 **지가동향조사**

1 의의(법 제19조)

국토교통부장관이나 시·도지사는 토지거래허가 제도를 실시하거나 그 밖에 토지정책을 수행하기 위한 자료를 수집하기 위하여 대통령령으로 정하는 바에 따라 지가의 동향과 토지거래의 상황을 조사하여야 하며, 관계 행정기관이나 그 밖의 필요한 기관에 이에 필요한 자료를 제출하도록 요청할 수 있다. 이 경우 자료제출을 요청받은 기관은 특별한 사유가 없으면 요청에 따라야 한다.

2 지가동향조사

① 국토교통부장관은 **연 1회 이상** 전국의 지가변동률을 조사하여야 한다.

② 국토교통부장관은 필요한 경우에는 「한국부동산원법」에 따른 한국부동산원의 원장으로 하여금 **매월 1회 이상** 지가동향, 토지거래상황 및 그 밖에 필요한 자료를 제출하게 할 수 있다. 이 경우 실비의 범위에서 그 소요비용을 지원하여야 한다.

③ 시·도지사는 관할구역의 지가동향 및 토지거래상황을 국토교통부령으로 정하는 바에 따라 조사하여야 하며, 그 결과 허가구역을 지정·축소하거나 해제할 필요가 있다고 인정하는 경우에는 국토교통부장관에게 그 구역의 지정·축소 또는 해제를 요청할 수 있다.

> **규칙 제20조【지가동향조사 등의 방법】** 시·도지사는 다음의 순서대로 지가동향 및 토지거래상황을 조사하여야 한다.
> 1. 개황조사 : 관할구역 안의 토지거래상황을 파악하기 위하여 분기별로 1회 이상 개괄적으로 실시하는 조사
> 2. 지역별조사 : 제1호의 개황조사를 실시한 결과 등에 따라 법 제10조 제1항에 따른 토지거래계약에 관한 허가구역(이하 '허가구역'이라 한다)의 지정요건을 충족시킬 수 있는 개연성이 높다고 인정되는 지역에 대하여 지가동향 및 토지거래상황을 파악하기 위하여 매월 1회 이상 실시하는 조사
> 3. 특별집중조사 : 제2호의 지역별조사를 실시한 결과 허가구역의 지정요건을 충족시킬 수 있는 개연성이 특히 높다고 인정되는 지역에 대하여 지가동향 및 토지거래상황을 파악하기 위하여 실시하는 조사

■ 부동산 거래신고 등에 관한 법률 시행규칙 [별지 제9호 서식]

온나라 부동산정보통합포털(onnara.go.kr)에서도 신청할 수 있습니다.

토지거래계약 허가 신청서

※ 뒤쪽의 유의사항·작성방법을 읽고 작성하시기 바라며, 색상이 어두운 란은 신청인이 작성하지 않습니다. (앞쪽)

접수번호		접수일시		처리기간	15일

매도인	① 성명(법인명)		② 주민등록번호(법인 · 외국인등록번호)		
	③ 주소(법인소재지)		(휴대)전화번호		
매수인	④ 성명(법인명)		⑤ 주민등록번호(법인 · 외국인등록번호)		
	⑥ 주소(법인소재지)		(휴대)전화번호		

| ⑦ 허가신청하는 권리 | [ ] 소유권 [ ] 지상권 |

토지에 관한 사항	번 호	⑧ 소재지	⑨ 지번	지목 ⑩ 법정	지목 ⑪ 현실	⑫ 면적 (m²)	⑬ 용도지역 · 용도지구	⑭ 이용현황
	1							
	2							
	3							

⑮ 권리설정현황

토지의 정착물에 관한 사항	번 호	⑯ 종류	⑰ 정착물의 내용	이전 또는 설정에 관한 권리 ⑱ 종류	이전 또는 설정에 관한 권리 ⑲ 내용
	1				
	2				
	3				

이전 또는 설정하는 권리의 내용에 관한 사항	번 호	⑳ 소유권의 이전 또는 설정의 형태	그 밖의 권리의 경우 ㉑존속기간	그 밖의 권리의 경우 ㉒ 지대(연액)	㉓ 특기사항
	1				
	2				
	3				

계약예정금액에 관한 사항	번 호	토 지 ㉔ 지목 (현실)	토 지 ㉕ 면적 (m²)	토 지 ㉖ 단가 (원/m²)	토 지 ㉗ 예정 금액(원)	정착물 ㉘ 종류	정착물 ㉙ 예정 금액(원)	㉚ 예정금액합계 (원)(㉗＋㉙)
	1							
	2							
	3							
		계	평 균	계		계		계

「부동산 거래신고 등에 관한 법률」 제11조 제1항, 같은 법 시행령 제9조 제1항 및 같은 법 시행규칙 제9조에 따라 위와 같이 허가를 신청합니다.

년 월 일

매도인 (서명 또는 인)
매수인 (서명 또는 인)

시장 · 군수 · 구청장 귀하

신청인 제출서류	1. 「부동산 거래신고 등에 관한 법률 시행규칙」 제11조 제1항 각 호의 사항을 적은 토지이용계획서(「농지법」 제8조에 따라 농지취득자격증명을 발급받아야 하는 농지의 경우에는 같은 조 제2항에 따른 농업경영계획서를 말합니다) 2. 「부동산 거래신고 등에 관한 법률 시행규칙」 제9조 제2항에 따른 [별지 제10호 서식]의 토지취득자금조달계획서	수수료 없음
담당 공무원 확인사항	토지등기사항증명서	

(뒤쪽)

유의사항

1. 「부동산 거래신고 등에 관한 법률」 제11조 제1항에 따른 허가를 받지 아니하고 체결한 토지거래 계약은 그 효력을 발생하지 아니합니다.
2. 「부동산 거래신고 등에 관한 법률」 제11조 제1항에 따라 허가 또는 변경허가를 받지 아니하고 토 지거래계약을 체결하거나 거짓, 그 밖의 부정한 방법으로 토지거래계약허가를 받은 자는 2년 이하 의 징역 또는 계약체결 당시의 개별공시지가에 따른 해당토지가격의 100분의 30에 상당하는 금액 이하의 벌금이 부과됩니다.
3. 「부동산 거래신고 등에 관한 법률」 제11조 제1항에 따라 토지거래계약허가를 받아 취득한 토지를 허가받은 목적대로 이용하지 아니한 경우에는 토지 취득가액의 100분의 10의 범위 안에서 이행강 제금이 부과됩니다.

※ 허가 신청사항이 많은 경우에는 다른 용지에 작성하여 간인 처리한 후 첨부할 수 있습니다.

작성방법

1. ①④란에는 법인인 경우는 법인의 명칭을 기재합니다.
2. ⑦란에는 해당하는 권리에 √표시합니다.
3. ⑩⑪란에는 전·답·대·잡종지·임야 등으로 기재합니다.
4. ⑰란에는 건축물 및 공작물의 경우에는 연면적·구조·사용년수 등을, 입목의 경우에는 수종·본 수·수령 등을 기재합니다.
5. ⑱⑲란에는 권리가 이전 또는 설정되는 정착물의 종류와 내용을 기재합니다.
6. ⑳란에는 매매·교환 등의 등기원인의 구분에 따라 기재합니다.

처리절차

이 신청서는 아래와 같이 처리됩니다.

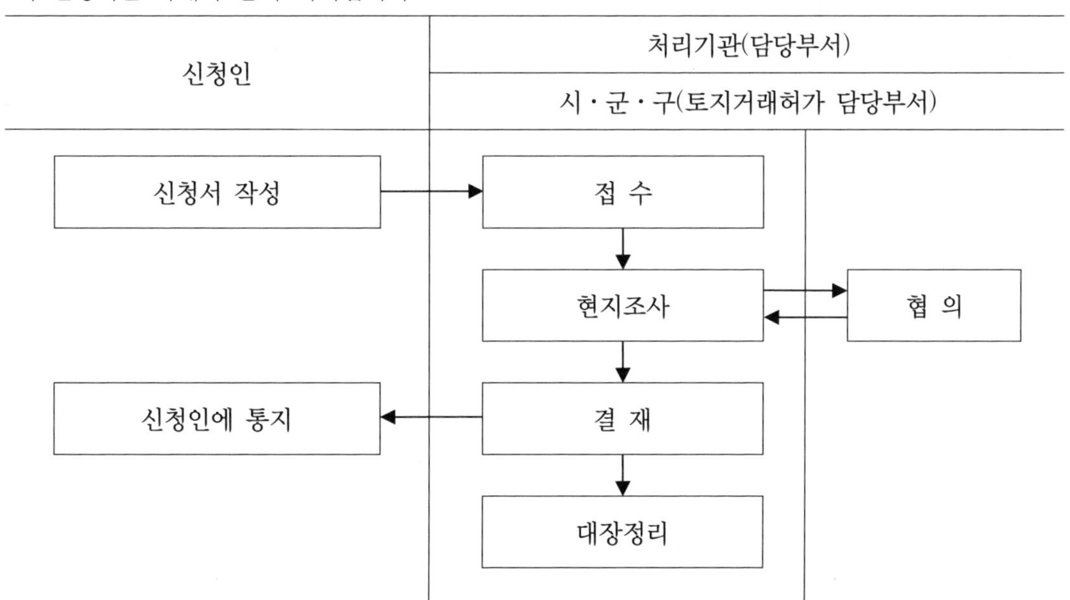

■부동산 거래신고 등에 관한 법률 시행규칙 [별지 제12호 서식]

제   호

토지거래계약 허가증

<table>
<tr><td rowspan="2">매도인</td><td colspan="2">성명(법인명)</td><td colspan="3">생년월일(법인 · 외국인등록번호)</td></tr>
<tr><td colspan="2">주소(법인소재지)</td><td colspan="3">(휴대)전화번호</td></tr>
<tr><td rowspan="2">매수인</td><td colspan="2">성명(법인명)</td><td colspan="3">생년월일(법인 · 외국인등록번호)</td></tr>
<tr><td colspan="2">주소(법인소재지)</td><td colspan="3">(휴대)전화번호</td></tr>
<tr><td rowspan="4">허가사항</td><td>대상권리</td><td></td><td colspan="2">예정금액(원)</td><td></td></tr>
<tr><td rowspan="2">번 호</td><td rowspan="2">소재지</td><td colspan="2">지 목</td><td rowspan="2">면적(m²)</td><td rowspan="2">이용목적</td></tr>
<tr><td>법 정</td><td>현 실</td></tr>
<tr><td></td><td></td><td></td><td></td><td></td><td></td></tr>
<tr><td rowspan="2">정착물</td><td colspan="2">종 류</td><td colspan="2">내 용</td><td>예정금액(원)</td></tr>
<tr><td colspan="2"></td><td colspan="2"></td><td></td></tr>
</table>

「부동산 거래신고 등에 관한 법률」 제11조 제4항 및 같은 법 시행규칙 제12조 제1항에 따라 위와 같이 허가합니다.

년   월   일

시장 · 군수 · 구청장 　　직 인

유의사항

토지거래계약허가를 받아 취득한 토지는 허가를 받은 자가 직접 이용하여야 하며, 허가를 받은 자가 실제 이용목적대로 이용하지 아니하고 타인에게 임대하는 등의 행위를 할 경우에는 「부동산 거래신고 등에 관한 법률」 제18조 제2항에 따라 토지취득가액의 100분의 10의 범위 안에서 이행강제금이 부과됩니다.

04 보칙 및 벌칙

단원열기 본 장은 포상금, 부동산 정보관리, 벌칙 등을 담고 있다. 출제비중은 높지 않으나, 포상금 제도 및 벌칙에 대한 학습이 필요하다.

제 1 절　포상금　제32회, 제34회

1 포상금

1. 포상금 지급사유

시장·군수 또는 구청장은 다음에 해당하는 자를 관계 행정기관이나 수사기관에 신고하거나 고발한 자에게 예산의 범위에서 포상금을 지급할 수 있다.

① 부동산 등의 실제 거래가격을 거짓으로 신고한 자
② 신고의무자가 아닌 자로서 부동산 등의 실제 거래가격을 거짓으로 신고한 자
③ 부동산 등의 매매계약을 체결하지 아니하였음에도 불구하고 거짓으로 부동산 거래신고를 한 자
④ 부동산 거래신고 후 해당 계약이 해제 등이 되지 아니하였음에도 불구하고 거짓으로 해제 등의 신고를 한 자
⑤ 주택 임대차 계약의 보증금·차임 등 계약금액을 거짓으로 신고한 자
⑥ 토지거래허가 또는 변경허가를 받지 아니하고 토지거래계약을 체결한 자 또는 거짓 그 밖의 부정한 방법으로 토지거래계약 허가를 받은 자
⑦ 토지거래허가를 받아 취득한 토지에 대하여 허가받은 목적대로 이용하지 아니한 자

제 재
①·② 취득가액의 100분의 10 이하의 과태료
③·④ 3,000만원 이하의 과태료
⑤ 100만원 이하의 과태료
⑥ 2년 이하의 징역 또는 토지가격(공시지가) 100분의 30 이하의 벌금
⑦ 이행명령 및 이행강제금

2. 포상금 지급요건

(1) 지급요건

시장·군수 또는 구청장은 신고관청, 허가관청 또는 수사기관이 적발하기 전에 신고 또는 고발한 경우로서 다음의 어느 하나에 해당하는 경우에는 포상금을 지급하여야 한다.

① 부동산 등의 실제 거래가격을 거짓으로 신고한 자
② 신고의무자가 아닌 자로서 부동산 등의 실제 거래가격을 거짓으로 신고한 자
③ 부동산 등의 매매계약을 체결하지 아니하였음에도 불구하고 거짓으로 부동산 거래신고를 한 자
④ 부동산 거래신고 후 해당 계약이 해제 등이 되지 아니하였음에도 불구하고 거짓으로 해제 등의 신고를 한 자
⑤ 주택 임대차 계약의 보증금·차임 등 계약금액을 거짓으로 신고한 자
　→ **위에 해당하는 자를 신고하고 이를 입증할 수 있는 증거자료를 제출한 경우로서 그 신고사건에 대하여 과태료가 부과된 경우**
⑥ 토지거래허가 또는 변경허가를 받지 아니하고 토지거래계약을 체결한 자 또는 거짓 그 밖의 부정한 방법으로 토지거래계약 허가를 받은 자
　→ **신고 또는 고발사건에 대한 공소제기 또는 기소유예 결정이 있는 경우**
⑦ 토지거래허가를 받아 취득한 토지에 대하여 허가받은 목적대로 이용하지 아니한 자
　→ **허가관청의 이행명령이 있는 경우**

(2) 지급불가 사유

다음에 해당하는 경우에는 포상금을 지급하지 아니할 수 있다.

① 공무원이 직무와 관련하여 발견한 사실을 신고하거나 고발한 경우
② 해당 위반행위를 하거나 위반행위에 관여한 자가 신고하거나 고발한 경우
③ 익명이나 가명으로 신고 또는 고발하여 신고인 또는 고발인을 확인할 수 없는 경우

3. 포상금액

(1) 비 용

포상금의 지급에 드는 비용은 시·군이나 구의 재원으로 충당한다.

(2) 지급금액

① 다음에 해당하는 자를 신고 또는 고발한 경우에는 **부과되는 과태료의 100분의 20에 해당하는 금액**을 지급한다. 다만, ㉠ 또는 ㉡을 신고 또는 고발한 경우 **지급한도액은 1천만원**으로 한다.

> ㉠ 부동산 등의 실제 거래가격을 거짓으로 신고한 자
> ㉡ 신고의무자가 아닌 자로서 부동산 등의 실제 거래가격을 거짓으로 신고한 자
> ㉢ 부동산 등의 매매계약을 체결하지 아니하였음에도 불구하고 거짓으로 부동산 거래 신고를 한 자
> ㉣ 부동산 거래신고 후 해당 계약이 해제 등이 되지 아니하였음에도 불구하고 거짓으로 해제 등의 신고를 한 자
> ㉤ 주택 임대차 계약의 보증금·차임 등 계약금액을 거짓으로 신고한 자

② 다음에 해당하는 자를 신고 또는 고발한 경우에는 50만원을 지급한다. 이 경우 같은 목적을 위하여 취득한 일단의 토지에 대한 신고 또는 고발은 1건으로 본다.

> ㉠ 토지거래허가 또는 변경허가를 받지 아니하고 토지거래계약을 체결한 자 또는 거짓 그 밖의 부정한 방법으로 토지거래계약 허가를 받은 자
> ㉡ 토지거래허가를 받아 취득한 토지에 대하여 허가받은 목적대로 이용하지 아니한 자

❷ 포상금 지급절차 등

1. 지급절차(영 제19조의3)

① 위반자를 신고하려는 자는 위반행위 신고서[별지 제17호의2 서식] 및 증거자료(부동산 거래신고 관련 위반자를 신고하는 경우에만 해당한다)를 신고관청 또는 허가관청에 제출하여야 한다.

② 수사기관은 신고 또는 고발사건을 접수하여 수사를 종료하거나 공소제기 또는 기소유예의 결정을 하였을 때에는 지체 없이 허가관청에 통보하여야 한다.

③ 신고서를 제출받거나 수사기관의 통보를 받은 신고관청 또는 허가관청은 포상금 지급 여부를 결정하고 이를 신고인 또는 고발인에게 알려야 한다.

④ 포상금 지급결정을 통보받은 신고인 또는 고발인은 국토교통부령으로 정하는 포상금 지급신청서를 작성하여 신고관청 또는 허가관청에 제출하여야 한다.

⑤ 신고관청 또는 허가관청은 **포상금 지급신청서가 접수된 날부터 2개월 이내**에 포상금을 지급하여야 한다.

2. 지급방법(규칙 제20조의2)

① 신고관청 또는 허가관청은 하나의 위반행위에 대하여 2명 이상이 공동으로 신고 또는 고발한 경우에는 포상금을 균등하게 배분하여 지급한다. 다만, 포상금을 지급받을 사람이 배분방법에 관하여 미리 합의하여 포상금의 지급을 신청한 경우에는 그 합의된 방법에 따라 지급한다.

② 신고관청 또는 허가관청은 하나의 위반행위에 대하여 2명 이상이 각각 신고 또는 고발한 경우에는 최초로 신고 또는 고발한 사람에게 포상금을 지급한다.

③ 신고관청 또는 허가관청은 자체조사 등에 따라 포상금 지급대상 위반행위를 알게 된 때에는 지체 없이 그 내용을 부동산정보체계에 기록하여야 한다.

제2절 부동산 정보관리 제33회

1 부동산 정보관리

1. 부동산정책 관련 자료 등의 종합관리

① 국토교통부장관 또는 시장·군수·구청장은 적절한 부동산정책의 수립 및 시행을 위하여 부동산 거래상황, 주택 임대차 계약상황, 외국인 부동산 취득현황, 부동산 가격동향 등 이 법에 규정된 사항에 관한 정보를 종합적으로 관리하고, 이를 관련 기관·단체 등에 제공할 수 있다.

② 국토교통부장관 또는 시장·군수·구청장은 정보의 관리를 위하여 관계 행정기관이나 그 밖의 필요한 기관에 필요한 자료를 요청할 수 있다. 이 경우 관계 행정기관 등은 특별한 사유가 없으면 요청에 따라야 한다.

③ 정보의 관리·제공 및 자료요청은 「개인정보 보호법」에 따라야 한다.

2. 부동산 정보체계의 구축·운영

① **국토교통부장관**은 효율적인 정보의 관리 및 국민편의 증진을 위하여 다음의 부동산거래 및 주택 임대차의 계약·신고·허가·관리 등의 업무와 관련된 정보체계를 구축·운영할 수 있다.

> ㉠ 법 제3조에 따른 부동산거래 신고 정보
> ㉡ 주택 임대차 계약 신고, 변경 및 해제 신고 정보
> ㉢ 외국인 등의 부동산 취득·보유 신고 자료 및 관련 정보
> ㉣ 토지거래계약의 허가 관련 정보
> ㉤ 검증체계 관련 정보
> ㉥ 「부동산등기 특별조치법」에 따른 검인 관련 정보
> ㉦ 부동산 거래계약 등 부동산거래 관련 정보

② 국토교통부장관은 정보체계에 구축되어 있는 정보를 수요자에게 제공할 수 있다. 이 경우 정보체계 운영을 위하여 불가피한 사유가 있거나 개인정보의 보호를 위하여 필요하다고 인정할 때에는 제공하는 정보의 종류와 내용을 제한할 수 있다.

③ 정보체계의 구축·운영 및 이용에 필요한 사항은 국토교통부장관이 정한다.

3. 권한 등의 위임 및 위탁

① 이 법에 따른 국토교통부장관의 권한은 그 일부를 대통령령으로 정하는 바에 따라 시·도지사, 시장·군수 또는 구청장에게 위임할 수 있다.

② 국토교통부장관은 다음의 업무를 대통령령으로 정하는 바에 따라 부동산시장 관련 전문성이 있는 공공기관에 위탁할 수 있다(법 제25조의3 제2항). **국토교통부장관은 다음의 업무를 「한국부동산원법」에 따른 한국부동산원에 위탁**한다(영 제19조의4).

> ㉠ 부동산거래가격 검증체계의 구축·운영
> ㉡ 부동산 정보체계의 구축·운영
> ㉢ 신고 내용의 조사 업무 중 다음의 업무
>   ㉠ 조사 대상자의 선정
>   ㉡ 제출한 자료 중 누락되었거나 정확하지 않은 자료 및 신고한 내용의 사실 여부를 확인하기 위한 자료의 제출 요구 및 접수
>   ㉢ 제출받은 자료의 적정성 검토

② 업무의 전자적 처리(규칙 제20조의3)

1. 전자문서에 의한 신고서 또는 신청서

다음에 해당하는 신고 또는 신청은 전자문서를 제출하는 방법으로 할 수 있다. 전자문서로 제출하는 경우에는 「전자서명법」에 따른 인증서(서명자의 실지명의를 확인할 수 있는 것으로 한정한다)를 통한 본인확인의 방법으로 서명 또는 날인할 수 있다.

> ① 부동산거래계약 신고서 및 법인 신고서 등
> ② 부동산거래계약 정정신청을 하는 경우 부동산거래계약 신고필증(거래당사자의 주소·전화번호 또는 휴대전화번호를 정정하기 위해 일방이 단독으로 서명 또는 날인하여 정정을 신청하는 경우를 제외)
> ③ 부동산거래계약 변경 신고서(면적은 변경이 없는 상태에서 거래가격이 변경된 경우에는 제외한다)
> ④ 부동산거래계약의 해제등 신고서

⑤ 주택 임대차 계약 신고서 및 주택 임대차 계약서

⑥ 주택 임대차 변경 신고서 및 임대차 해제 신고서

⑦ 정정 사항을 표시한 주택 임대차 신고필증

⑧ 임대차신고서 등의 작성·제출 및 정정신청을 대행하는 사람이 신고관청에 제출하는 임대차 신고서, 임대차 계약서, 임대차 변경신고서, 임대차 해제 신고서, 임대차 신고필증

⑨ 외국인 등의 부동산 등 취득·계속보유 신고서 또는 외국인 토지취득 허가신청서(규칙 제7조 제1항 각 호의 구분에 따라 첨부해야 하는 서류를 포함)

⑩ 토지거래계약 허가신청서(첨부서류 포함) 또는 토지거래계약 변경허가신청서(첨부서류 포함)

⑪ 토지거래허가 또는 불허가처분에 대한 이의신청서

⑫ 토지거래 불허가처분에 대한 토지매수청구서

⑬ 취득토지의 이용목적변경 승인신청서

2. 외국인 등 취득신고 및 허가신청 첨부 서류

외국인 등이 첨부 서류를 전자문서로 제출하기 곤란한 경우에는 신고일 또는 신청일부터 14일 이내에 우편 또는 팩스로 제출할 수 있다. 이 경우 신고관청 또는 허가관청은 [별지 제7호 서식]의 신고확인증 또는 허가증을 신고인에게 송부해야 한다.

제 3 절 벌 칙 제32회, 제33회, 제36회

1 과태료

1. 3천만원 이하 과태료

① 부동산 등의 매매계약을 체결하지 아니하였음에도 불구하고 거짓으로 부동산 거래신고를 한 자

② 부동산 거래신고 후 해당 계약이 해제 등이 되지 아니하였음에도 불구하고 거짓으로 해제 등의 신고를 한 자

③ 거래대금 지급을 증명할 수 있는 자료를 제출하지 아니하거나 거짓으로 제출한 자 또는 그 밖의 필요한 조치를 이행하지 아니한 자

2. 500만원 이하 과태료

① 부동산 거래신고를 하지 아니한 자(공동신고를 거부한 자를 포함한다)

② 거래당사자로서 부동산 거래의 해제등 신고를 하지 아니한 자(공동신고를 거부한 자를 포함한다)

③ 거짓으로 부동산 거래신고 또는 해제등 신고를 하는 행위를 조장하거나 방조한 자

④ 거래대금 지급증명자료 외의 자료를 제출하지 아니하거나 거짓으로 제출한 자

⑤ 개업공인중개사로 하여금 부동산 거래신고를 하지 아니하게 하거나 거짓된 내용을 신고하도록 요구한 자

3. 취득가액의 100분의 10 이하 과태료

① 신고의무자로서 부동산 거래신고를 거짓으로 한 자

② 부동산 등의 매매계약을 체결한 후 신고의무자가 아닌 자로서 거짓으로 부동산 거래신고를 한 자

4. 300만원 이하 과태료

외국인 등으로서 계약으로 인한 부동산 등 취득신고를 하지 아니하거나 거짓으로 신고한 자

5. 100만원 이하 과태료

① 외국인 등으로서 계약 외의 원인으로 인한 부동산 등 취득신고를 하지 아니하거나 거짓으로 신고한 자

② 외국인 등으로서 계속보유 신고를 하지 아니하거나 거짓으로 신고한 자

③ 주택 임대차 계약의 신고 또는 변경·해제 신고를 하지 아니하거나(공동신고를 거부한 자를 포함한다) 그 신고를 거짓으로 한 자

6. 부과·징수권자

① 과태료는 대통령령으로 정하는 바에 따라 신고관청이 부과·징수한다.

② 이 경우 개업공인중개사에게 과태료를 부과한 신고관청은 부과일부터 10일 이내에 해당 개업공인중개사의 중개사무소(법인의 경우에는 주된 중개사무소를 말한다)를 관할하는 시장·군수 또는 구청장에게 과태료 부과 사실을 통보하여야 한다.

2 형 벌

1. 3년 이하의 징역 또는 3천만원 이하의 벌금

부당하게 재물이나 재산상 이득을 취득하거나 제3자로 하여금 이를 취득하게 할 목적으로 다음의 사유를 위반한 자

> ① 부동산 등의 매매계약을 체결하지 아니하였음에도 불구하고 거짓으로 부동산 거래신고를 한 자
> ② 부동산 거래신고 후 해당 계약이 해제 등이 되지 아니하였음에도 불구하고 거짓으로 해제 등의 신고를 한 자

2. 2년 이하의 징역 또는 2천만원 이하의 벌금

외국인 등이 신고관청의 허가를 받지 아니하고 토지취득계약을 체결하거나 부정한 방법으로 허가를 받아 토지취득계약을 체결한 경우

3. 2년 이하의 징역 또는 공시지가 100분의 30 이하의 벌금

국토교통부장관 또는 시 · 도지사가 지정한 허가구역에서 허가 또는 변경허가를 받지 아니하고 토지거래계약을 체결하거나, 속임수나 그 밖의 부정한 방법으로 토지거래계약 허가를 받은 자는 2년 이하의 징역 또는 계약체결 당시의 개별공시지가에 따른 해당 토지가격의 100분의 30에 해당하는 금액 이하의 벌금에 처한다.

4. 1년 이하의 징역 또는 1천만원 이하의 벌금

국토교통부장관, 시 · 도지사, 시장 · 군수 또는 구청장의 허가취소, 처분 또는 조치명령을 위반한 자

5. 양벌규정

법인의 대표자나 법인 또는 개인의 대리인, 사용인, 그 밖의 종업원이 그 법인 또는 개인의 업무에 관하여 법 제26조의 위반행위를 하면 그 행위자를 벌하는 외에 그 법인 또는 개인에게도 해당 조문의 벌금형을 과(科)한다. 다만, 법인 또는 개인이 그 위반행위를 방지하기 위하여 해당 업무에 관하여 상당한 주의와 감독을 게을리하지 아니한 경우에는 그러하지 아니하다.

박문각 공인중개사

중개실무

민법 관련 중개실무

단원열기

최근 중개실무에서는 민법과 관련된 문제가 자주 출제된다. 공유, 법정지상권, 토지거래허가와 관련된 유동적 무효, 이중매매 등이 출제되었는데 동차 수험생이면 민법을 학습하여 충분히 풀 수 있으며 2차 수험생이면 본 교재에 있는 내용 정도로 정리하면 된다. 1~3문제 가량 출제되며 본 교재에서 다루지 않는 내용도 출제될 수 있다.

제1절 공유 제35회

1. 의 의

> 제262조 【물건의 공유】 ① 물건이 지분에 의하여 수인의 소유로 된 때에는 공유로 한다.

① 공유란 하나의 물건에 대한 하나의 소유권을 수인이 지분에 의하여 소유하는 공동 소유형태를 말한다.

② 법률행위에 의하여 공유가 성립하는 것은 수인이 하나의 물건을 공동으로 소유하기로 합의하는 경우이다. 공유물이 부동산인 경우에는 공유등기와 지분등기를 하여야 한다.

2. 공유 지분

> 제262조 【물건의 공유】 ② 공유자의 지분은 균등한 것으로 추정한다.
> 제263조 【공유지분의 처분과 공유물의 사용, 수익】 공유자는 그 지분을 처분할 수 있고 공유물 전부를 지분의 비율로 사용, 수익할 수 있다.

(1) 의 의

각 공유자가 목적물에 대하여 가지는 소유의 비율이 지분이며 물건에 대한 1개의 소유권이 분량적으로 분할되어 여러 사람에게 속하는 것이다(91다27228).

(2) **지분의 비율**

① 지분의 비율은 법률의 규정 또는 공유자의 의사표시에 의하여 정해진다.

② 지분의 비율이 분명하지 않은 경우에는 지분은 균등한 것으로 추정한다. 지분이 균등하지 않은 경우, 부동산의 공유는 등기하지 않으면 실제 지분을 가지고 제3자에게 대항하지 못한다.

(3) 공유 지분

① **공유자는 그 지분을 자유롭게 처분(양도 · 저당권 설정 · 포기)할 수 있다.** 따라서 공유물 지분에 저당권을 설정하는 경우에 다른 공유자의 동의가 필요 없다.

② **공유자는 지분의 비율로 공유물 전부를 사용 · 수익할 수 있다.**

③ **공유자 1인은 단독으로 자신의 지분에 관한 제3자의 취득시효를 중단시킬 수 있다.**

④ **공유자 중 1인은 다른 공유자의 지분권을 대외적으로 주장할 수 없다.** 따라서 乙이 토지를 공유하고 있더라도 **甲의 지분에 관하여** 제3자 명의로 **원인무효의 등기**가 이루어진 경우, **乙은 그 등기의 말소를 청구할 수 없다.**

(4) 지분포기 등의 경우의 귀속

> 제267조【지분포기 등의 경우의 귀속】공유자가 그 지분을 포기하거나 상속인 없이 사망한 때에는 그 지분은 다른 공유자에게 각 지분의 비율로 귀속한다.

① **공유자가 그 지분을 포기하거나 상속인 없이 사망한 때에는 그 지분은 다른 공유자에게 각각의 지분의 비율로 귀속된다.**

② **공유지분의 포기는** 법률행위로서 상대방 있는 단독행위에 해당하므로 **등기를 하여야** 공유 지분 포기에 따른 물권변동의 효력이 발생한다(2015다52978).

3. 공유관계

(1) 공유물의 사용 · 수익

> 제263조【공유지분의 처분과 공유물의 사용, 수익】공유자는 그 지분을 처분할 수 있고 공유물 전부를 지분의 비율로 사용, 수익할 수 있다.

① **공유자는 공유물 전부를 지분의 비율로 사용 · 수익할 수 있다.**

② **공유자 1인은** 공유자들 사이에 **지분 과반수의 합의가 없는 한** 자신의 지분 범위 내라도 공유물의 **특정부분을 배타적으로 사용 · 수익할 수 없고,** 특정부분을 배타적으로 사용했다면 **다른 공유자의 지분비율에 대해서는 부당이득반환의무를 진다**(2000다13948).

③ **공유자 1인이 공유물을 자신의 단독명의로 등기한 경우**에도 그 공유자의 지분 범위 내에서는 유효하므로 **다른 공유자는 등기전부의 말소를 청구할 수는 없다.** 다만, 해당 공유자의 지분을 제외한 나머지 부분에 대해서만 등기말소를 청구할 수 있다(2012다2408).

⑵ **공유물의 보존행위**: 각각 단독으로 가능

1) 취 지

공유물의 보존행위는 공유물의 멸실·훼손을 방지하고 그 현상을 유지하기 위하여 하는 행위로서 긴급을 요하는 경우가 많고 다른 공유자에게도 이익이 되는 것이 보통이기 때문에 **공유물의 보존행위는 각 공유자가 단독으로 공유물 전부에 대하여 할 수 있다**(2014다49425).

2) 대외관계

① **공유물의 반환청구·방해제거**: 제3자가 공유물을 불법점유하고 있는 경우, 각 공유자는 **단독으로 공유물 전부의 반환이나 방해배제를 청구**할 수 있다.

② **손해배상청구·부당이득반환청구**: 공유물에 끼친 불법행위를 이유로 하는 손해배상이나 부당이득반환을 청구하는 것은 보존행위가 아니다. 따라서 특별한 사유가 없는 한 **각 공유자는 자신의 지분비율의 한도 내에서만 이를 행사할 수 있다**(70다171).

③ **공유물의 등기말소청구**: 공유물에 대하여 제3자 명의로 원인무효의 소유권이전등기가 경료되어 있는 경우 각 공유자는 단독으로 보존행위로서 제3자에 대하여 그 등기 전부의 말소를 구할 수도 있다(92다52870).

④ **공유자 1인이 공유물을 단독명의로 등기한 경우**: 공유자 1인이 공유물을 자신의 단독명의로 등기한 경우에도 그 공유자의 지분 범위 내에서는 **유효**하므로 **다른 공유자는 등기전부의 말소를 청구할 수는 없다**. 다만, 해당 공유자의 지분을 제외한 나머지 부분에 대해서만 등기말소를 청구할 수 있다(2012다2408).

3) 대내관계(다른 공유자에 대한 주장)

① 공유물의 소수 지분권자가 다른 공유자와 협의 없이 공유물의 전부 또는 일부를 독점적으로 점유·사용하고 있는 경우, 다른 소수 지분권자는 공유물의 보존행위로서 그 인도를 청구할 수는 없고, 다만 자신의 지분권에 기초하여 공유물에 대한 방해 상태를 제거하거나 공동 점유를 방해하는 행위의 금지 등을 청구할 수 있다(2018다287522).

② 따라서 甲과 乙이 1/2 지분으로 공유하는 토지 위에 乙이 甲과 협의 없이 단독으로 수목을 식재한 경우, 甲은 그 수목의 제거를 청구할 수는 있으나 토지의 인도를 청구할 수는 없다. 또한 乙이 甲의 점유를 방해한다면 방해금지를 청구할 수 있다.

⑶ **공유물의 관리행위**

> **제265조 【공유물의 관리, 보존】** 공유물의 관리에 관한 사항은 공유자의 지분의 과반수로써 결정한다. 그러나 보존행위는 각자가 할 수 있다.

1) 특정 부분에 대한 배타적 사용 · 수익

① 공유물의 관리란 공유물의 이용 · 개량행위로 공유불의 처분이나 변경의 정도에 이르지 않는 것을 말한다. 공유물을 어떻게 사용 · 수익할 것인지를 말하는데 **특정 부분을 배타적으로 사용 · 수익하는 것**이나 **공유물을 임대하는 경우**를 결정하는 것을 말한다. **공유물의 관리행위는 '지분의 과반수'의 결정에 의한다.**

② **과반수 지분권자는 공유물인 토지의 관리방법으로서 특정 부분을 배타적으로 사용 · 수익할 수 있으나**, 그로 말미암아 그 부분을 전혀 사용 · 수익하지 못하여 손해를 입는 **소수 지분권자의 지분만큼 임료 상당 부당이득을 얻는 것이므로 이를 반환할 의무가 있다.** 소수 지분권자가 공유물을 자기 지분 비율로 사용 · 수익할 권리가 침해되었기 때문이다(2121다25248).

③ **소수 지분권자가 공유물을 배타적으로 점유하고 있는 경우, 다른 소수 지분권자는** 공유물의 보존행위로서 그 **인도를 청구할 수는 없고**, 자신의 지분권에 기초하여 공유물에 대한 **방해제거를 청구**하거나 공동 점유를 **방해하는 행위의 금지를 청구할 수 있다**(2018다287522). 다만, 과반수 지분권자는 소수 지분권자에게 공유물의 인도를 청구할 수 있다.

④ **과반수 지분권자로부터 공유물의 특정 부분에 대한 배타적인 사용 · 수익을 허락받은 제3자의 점유는 다른 소수 지분권자와 사이에서도 적법하다.** 따라서 **과반수 지분을 가진 공유자로부터 사용 · 수익을 허락받은 점유자에 대해 소수 지분의 공유자는 점유 배제나 부당이득반환을 청구할 수 없다**(2002다9738). 허락을 한 **과반수 지분권자에게 부당이득반환을 청구하여야 한다**(2011다42430).

2) 임대하는 경우

① 임대차는 관리행위에 해당하므로 임대차를 하거나 해지하는 것, 갱신하거나 갱신을 거절하는 것 모두 공유자의 지분의 과반수로써 결정하여야 한다(2010다87905). 그러므로 특약이 없는 한 1/2 지분권자는 단독으로 공유 토지를 임대할 수 없다. 나아가 소수 지분권자가 공유 토지를 제3자에게 임대한 경우, 과반수 지분권자는 제3자에게 해당 토지의 인도를 청구할 수 있다.

② **과반수 지분권자가** 다른 공유자 동의 없이 **단독으로 제3자에게 임대차한 경우, 소수 지분권자는 그 제3자에 대하여 점유배제나 지분상당의 부당이득반환을 청구할 수 없다**(2002다9738). 다만, 소수 지분권자는 과반수 지분권자에 대하여 **지분 상당의 부당이득 반환을 청구할 수 있다.**

③ 소수 지분권자가 과반수의 동의 없이 단독으로 제3자에게 임대차를 한 경우에도 **임대차 계약은 유효**하다. 다만, **과반수 지분권자는 제3자에게 공유물 전부를 자신에게 반환할 것을 청구할 수 있다.**

④ 소수 지분권자가 공유물을 제3자에게 임대한 경우에는 다른 소수 지분권자는 임차인에 대하여 부당이득반환을 청구할 수 있다.

⑤ 공유물에 대한 **사용·수익에 관한 특약은 그 특정승계인에게도 당연히 승계된다.** 다만, 특약 후에 공유자의 변경이 있고 특약을 변경할 만한 사정이 있는 경우에는 공유자의 지분의 과분수의 결정으로 기존 특약을 변경할 수 있다(20051827). 그러나 공유물의 관리에 관한 특약이 **새로운 공유자의 사용수익권을 인정하지 않는 등 공유지분권의 본질적 권리를 침해한다고 볼 수 있는 경우**에는 특정승계인이 이를 알고도 취득하였다는 등의 특별한 사정이 없는 한 **승계되지 않는다**(2011다58701).

⑷ **공유물의 처분·변경**

> **제264조 【공유물의 처분, 변경】** 공유자는 다른 공유자의 동의 없이 공유물을 처분하거나 변경하지 못한다.

① 공유자가 공유물을 처분하거나 변경하려는 경우에는 다른 공유자의 동의를 얻어야 한다. 처분이란 공유물의 양도 또는 제한물권의 설정 등을 말하고 변경이란 공유물에 대한 사실상의 물리적 변화를 가져오는 것을 말한다. 그러므로 공유자 중 1인은 다른 공유자의 동의 없이 공유물에 지역권 등 물권을 설정할 수 없다.

② 다만 공유자 1인이 단독으로 공유물 전부를 매도하고 이전등기를 한 경우에도 **매매계약 자체는 유효**하다. 또한 그 **처분공유자의 지분의 범위 내에서는 그 이전등기도 실체관계에 부합하여 유효**하다(98다1596). 따라서 다른 공유자는 **등기 전부의 말소를 청구할 수는 없다.**

③ 다수지분권자라 하여도 나대지에 **새로이 건물을 건축하는 것은 '관리'의 범위를 넘어** 기존의 모습에 본질적 변화를 일으켜 **'처분'이나 '변경'의 정도에 이르는 것이어서 허용될 수 없다**(2000다30838).

4. **공유물의 분할**

> **제268조 【공유물의 분할청구】** ① 공유자는 공유물의 분할을 청구할 수 있다. 그러나 5년 내의 기간으로 분할하지 아니할 것을 약정할 수 있다.
> ② 전항의 계약을 갱신한 때에는 그 기간은 갱신한 날로부터 5년을 넘지 못한다.

① **공유자는 언제든지 분할을 청구할 수 있으며** 다른 공유자 전원은 협의에 응할 의무가 있다.

② 다만, **5년 내의 기간으로 분할금지특약을 할 수 있고, 이 기간은 갱신할 수 있으나 5년을 넘지 못한다.** 또한 이 특약은 등기를 해야 지분의 양수인에게 대항할 수 있다.

③ 분할금지특약은 등기되어 있어야 공유자의 특정승계인에게도 대항할 수 있다.

④ **분할방법** : 분할의 방법에 관하여 협의가 성립되지 아니한 때에는 공유자는 법원에 그 분할을 청구할 수 있다. 현물로 분할할 수 없거나 분할로 인하여 현저히 그 가액이 감손될 염려가 있는 때에는 법원은 물건의 경매를 명할 수 있다.

⑤ 공유자 사이의 **분할협의가 성립한 경우**에는 일부 공유자가 협의에 따른 이전등기에 협조하지 않더라도 **더 이상 재판상 분할청구는 허용되지 않는다**(94다30348).

⑥ 협의상의 분할이든 재판상의 분할이든 공유물 분할은 **공유자 전원이 참여하여야 하며 공유자 일부가 제외된 분할은 무효이다**(68다414).

⑦ 분할의 효과는 소급하지 않는다. 협의분할의 경우에는 등기를 한 때, 재판상 분할은 판결이 확정된 때에 등기 없어도 분할의 효과가 발생한다.

⑧ 공유자는 다른 공유자가 분할로 인하여 취득한 물건에 대하여 그 지분의 비율로 매도인과 동일한 담보책임이 있다.

제 2 절 법정지상권

(1) 「민법」상 법정지상권

저당물의 경매로 인하여 토지와 그 지상건물이 다른 소유자에 속한 경우에는 토지소유자는 건물소유자에 대하여 지상권을 설정한 것으로 본다. 그러나 지료는 당사자의 청구에 의하여 법원이 이를 정한다(민법 제366조).

① **저당권설정 당시에 건물이 존재할 것**

　㉠ 동일인 소유의 토지와 그 지상 건물에 관하여 공동저당권이 설정된 후 그 건물이 철거되고 다른 건물이 신축된 경우, 저당물의 경매로 인하여 토지와 신축건물이 서로 다른 소유자에게 속하게 되면 민법 제366조 소정의 법정지상권이 성립하지 않는다(98다43601 전합).

　㉡ 「민법」 제366조 소정의 법정지상권이 성립하려면 저당권설정 당시 저당권의 목적이 되는 토지 위에 건물이 존재하여야 하는데, 저당권설정 당시의 건물을 그 후 개축·증축한 경우는 물론이고 그 건물이 멸실되거나 철거된 후 재건축·신축한 경우에도 법정지상권이 성립하며, 이 경우 그 법정지상권의 내용인 존속기간·범위 등은 구건물을 기준으로 하여야 할 것이다.

② 저당권설정 당시 토지와 건물의 소유자가 동일할 것
  ㉠ 토지에 저당권을 설정할 당시 그 지상에 건물이 존재하였고 그 양자가 동일인의
     소유였다가 그 후 저당권의 실행으로 토지가 낙찰되기 전에 건물이 제3자에게 양
     도된 경우, 건물을 양수한 제3자는 법정지상권을 취득한다(99다52602).
  ㉡ 미등기건물을 그 대지와 함께 매수한 사람이 그 대지에 관하여만 소유권이전등기
     를 넘겨받고 건물에 대하여는 그 등기를 이전 받지 못하고 있다가, 대지에 대하여
     저당권을 설정하고 그 저당권의 실행으로 대지가 경매되어 다른 사람의 소유로 된
     경우에는, 그 저당권의 설정 당시에 이미 대지와 건물이 각각 다른 사람의 소유에
     속하고 있었으므로 법정지상권이 성립될 여지가 없다(2002다9660).

(2) **관습법상의 법정지상권 확인**
  ① **토지와 건물이 처분 당시에 동일인의 소유에 속하였을 것**
  ㉠ 무허가건물, 미등기건물을 가리지 않으며 토지와 건물이 원시적으로 동일인의 소
     유였을 필요는 없고 처분 당시에 동일인의 소유에 속하면 된다.
  ㉡ 원래 동일인에게의 소유권 귀속이 원인무효로 이루어졌다가 그 뒤 그 원인무효임
     이 밝혀져 그 등기가 말소됨으로써 그 건물과 토지의 소유자가 달라지게 된 경우
     에는 관습상의 법정지상권을 허용할 수 없다(98다64189).
  ㉢ 미등기건물을 그 대지와 함께 매도하였다면 비록 매수인에게 그 대지에 관하여만
     소유권이전등기가 경료되고 건물에 관하여는 등기가 경료되지 아니하여 형식적
     으로 대지와 건물이 그 소유 명의자를 달리하게 되었다 하더라도 매도인에게 관
     습상의 법정지상권을 인정할 이유가 없다(2002다9660).
  ② **토지와 건물 중 어느 하나가 매매 기타의 원인으로 소유자가 달라질 것**
  ③ **당사자 사이에 건물철거특약 등 관습법상의 법정지상권 발생을 포기하는 특약이 없을**
     것: 동일인에게 속하였던 대지나 지상물 중 건물만을 매수하면서 대지에 관한 임대차
     계약을 체결하였다면 위 건물매수로 인하여 취득하게 될 관습상의 법정지상권을 포기
     하였다고 볼 것이다(91다1912).
  ④ **효 력**
  ㉠ 「민법」 제366조 소정의 법정지상권이나 관습상의 법정지상권이 성립한 후에 건물
     을 개축 또는 증축하는 경우는 물론 건물이 멸실되거나 철거된 후에 신축하는 경
     우에도 법정지상권은 성립한다. 다만 그 법정지상권의 범위는 구건물을 기준으로
     하여 그 유지 또는 사용을 위하여 일반적으로 필요한 범위 내의 대지 부분에 한정
     된다(96다40080).
  ㉡ 법정지상권자라 할지라도 대지소유자에게 지료를 지급할 의무는 있는 것이고, 법정
     지상권이 있는 건물의 양수인으로서 장차 법정지상권을 취득할 지위에 있어 대지

소유자의 건물 철거나 대지 인도 청구를 거부할 수 있다 하더라도 그 대지를 점유·
사용함으로 인하여 얻은 이득은 부당이득으로서 대지 소유자에게 반환할 의무가
있다(96다34665).

제3절 분묘기지권 제32회, 제33회, 제34회, 제35회, 제36회

(1) 의 의

분묘기지권은 타인의 토지에 분묘를 설치한 자가 분묘를 수호하고 봉제사하는 목적을 달
성하는 데 필요한 범위 내에서 타인의 토지를 사용할 수 있는 지상권과 유사한 물권을
말한다.

(2) 성립요건

① 분묘의 기지인 토지가 분묘의 수호·관리권자 아닌 다른 사람의 소유인 경우에 그 토
지 소유자가 분묘 수호·관리권자에 대하여 **분묘의 설치를 승낙**한 때에는 그 분묘의
기지에 관하여 **분묘기지권을 설정한 것으로 보아야 한다**(2017다271834).

② 타인소유의 토지에 승낙 없이 분묘를 설치하고, 20년간 평온·공연하게 그 분묘의 기
지를 점유하여 시효로 취득할 수 있다.

③ 자기 소유의 토지에 분묘를 설치한 자가 후에 분묘를 이장한다는 특약을 하지 않고
토지를 매매 등으로 처분한 경우 분묘의 설치자는 분묘기지권을 취득한다.

(3) 성립제한

① 장래의 묘소로서 설치하는 등 그 내부에 시신이 안장되어 있지 않은 것은 분묘라고
할 수 없다. 즉 가묘에 대해서는 분묘기지권이 성립되지 않는다(91다18040).

② 분묘기지권이 성립하기 위하여는 봉분 등 외부에서 분묘의 존재를 인식할 수 있는 형
태를 갖추고 있어야 하고, 평장되어 있거나 암장되어 있어 객관적으로 인식할 수 있는
외형을 갖추고 있지 아니한 경우에는 분묘기지권이 인정되지 아니한다(91다18040).

(4) 효력범위

분묘기지권은 분묘를 수호하고 봉제사하는 목적을 달성하는 데 필요한 범위 내에서 타인
의 토지를 사용할 수 있는 권리를 의미하는 것으로서, **분묘기지권은 분묘의 기지 자체뿐
만 아니라** 그 분묘의 설치목적인 분묘의 수호 및 제사에 필요한 범위 내에서 분묘의 기지
주위의 공지를 포함한 지역에까지 미치는 것이고, 그 확실한 범위는 각 구체적인 경우에
개별적으로 정하여야 한다(97다3651).

(5) 존속기간

분묘기지권의 존속기간에 관하여는 「민법」의 지상권에 관한 규정에 따를 것이 아니라 당사자 사이에 약정이 있는 등 특별한 사정이 있으면 그에 따를 것이며, 그러한 사정이 없는 경우에는 권리자가 분묘의 수호와 봉사를 계속하며 그 분묘가 존속하고 있는 동안 분묘기지권은 존속한다(94다28970).

(6) 권 한

① 분묘기지권에 의하여 보존되는 분묘를 다른 곳에 이장하면 그 분묘기지권은 소멸된다(2007다16885). 그리고 분묘기지권에는 그 효력이 미치는 지역의 범위 내라고 할지라도 기존의 분묘 외에 새로운 분묘를 신설할 권능은 포함되지 아니한다(2011다38592).

② 분묘기지권에는 그 효력이 미치는 범위 안에서 **새로운 분묘를 설치하거나 원래의 분묘를 다른 곳으로 이장할 권능은 포함되지 않는다**(2007다16885).

③ 분묘기지권에 기하여 보전되어 오던 분묘들 가운데 일부가 그 분묘기지권이 미치는 범위 내에서 이장되었다면, 그 이장된 분묘를 위하여서도 그 분묘기지권의 효력이 그대로 유지된다고 보아야 할 것이고, 다만 그 이장으로 인하여 더 이상 분묘 수호와 봉제사에 필요 없게 된 부분이 생겨났다면 그 부분에 대한 만큼은 분묘기지권이 소멸한다고 할 것이다(94다15530).

④ 분묘기지권에는 그 효력이 미치는 지역의 범위 내라고 할지라도 기존의 분묘 외에 새로운 분묘를 신설할 권능은 포함되지 아니하는 것이므로, 부부 중 일방이 먼저 사망하여 이미 그 분묘가 설치되고 그 분묘기지권이 미치는 범위 내에서 그 후에 사망한 다른 일방을 **단분(單墳)형태로 합장**하여 분묘를 설치하는 것도 허용되지 않는다(2001다28367).

(7) 지 료

① 분묘기지권을 **시효로 취득**한 경우, 분묘기지권자는 토지소유자가 지료를 청구하면 그 **청구한 날부터**의 지료를 지급할 의무가 있다(2017다228007).

② 자기 소유 토지에 분묘를 설치한 사람이 그 **토지를 양도하면서 분묘를 이장하겠다는 특약을 하지 않음으로써 분묘기지권을 취득**한 경우, 특별한 사정이 없는 한 분묘기지권자는 분묘기지권이 **성립한 때부터** 토지 소유자에게 그 분묘의 기지에 대한 토지사용의 대가로서 지료를 지급할 의무가 있다(2020다295892).

③ 자기 소유의 토지 위에 분묘를 설치한 후 토지의 소유권이 경매 등으로 타인에게 이전되면서 분묘기지권을 취득한 자가 판결에 따라 분묘기지권에 관한 지료의 액수가 정해졌음에도 책임 있는 사유로 판결확정 전후에 걸쳐 **2년분 이상의 지료지급을 지체**한 경우, 새로운 토지소유자는 분묘기지권의 **소멸을 청구**할 수 있다(2015다206850).

⑻ 소유의 의사

① 타인의 토지 위에 분묘를 설치 · 소유하는 자는 다른 특별한 사정이 없는 한 그 분묘의 보존 · 관리에 필요한 범위 내에서만 타인의 토지를 점유하는 것이므로 점유의 성질상 소유의 의사가 추정되지 않는다(97다3651).

② 토지를 매수 · 취득하여 점유를 개시함에 있어서 매수인이 인접 토지와의 경계선을 정확하게 확인해 보지 아니하고 착오로 인접 토지의 일부를 그가 매수 · 취득한 토지에 속하는 것으로 믿고서 점유하고 있다면 인접 토지의 일부에 대한 점유는 소유의 의사에 기한 것으로 보아야 하며, 이 경우 그 인접 토지의 점유방법이 분묘를 설치 · 관리하는 것이었다고 하여 점유자의 소유의사를 부정할 것은 아니다. 즉 자주점유에 해당한다(2006다84423).

⑼ 소 멸

① 분묘의 기지에 대한 지상권 유사의 물권인 관습상의 법정지상권이 점유를 수반하는 물권으로서 권리자가 의무자에 대하여 그 **권리를 포기하는 의사표시를 하는 외에 점유까지도 포기하여야만 그 권리가 소멸하는 것은 아니다**(92다14762).

② 토지소유자의 승낙을 얻어 분묘가 설치된 경우 분묘소유자는 분묘기지권을 취득하고, 분묘기지권의 존속기간에 관하여는 당사자 사이에 약정이 있는 등 특별한 사정이 있으면 그에 따를 것이나, 그러한 사정이 없는 경우에는 권리자가 분묘의 수호와 봉사를 계속하며 그 분묘가 존속하고 있는 동안 존속한다고 해석함이 타당하다. 또, 분묘가 멸실된 경우라고 하더라도 유골이 존재하여 분묘의 원상회복이 가능하여 일시적인 멸실에 불과하다면 분묘기지권은 소멸하지 않고 존속하고 있다고 해석함이 상당하다(2005다44114).

제 4 절　유동적 무효　제34회

1. 유동적 무효, 확정적 무효

① 허가받을 것을 전제로 하여 체결된 계약은 허가를 받을 때까지 **유동적 무효**의 상태에 있다(90다12243). 허가를 받게 되면 그 계약은 **소급해서 유효**가 되므로 허가를 받은 후에 새로이 계약을 체결할 필요는 없다. 그러나 불허가처분을 받게 된 때에는 무효로 확정된다.

② 허가 없이 순차로 매매한 후, 최종 매수인이 **중간생략등기**의 합의하에 자신과 최초 매도인을 매매 당사자로 하는 토지거래허가를 받아 경료한 **소유권이전등기의 효력은 무효**이다(97다33218). 또한, 허가규정을 위반한 자가 스스로 계약이 무효임을 주장하는 것이 신의성실의 원칙에 반하는 것은 아니다(97다33218).

③ 당사자 쌍방이 허가신청협력의무의 이행거절을 명백히 표시한 경우 계약은 **확정적으로 무효**가 된다(97다36996).

④ 계약이 유동적 무효인 상태에서 그 토지에 대한 토지거래허가구역 지정이 해제되거나 허가구역 지정기간이 만료되었음에도 허가구역 재지정을 하지 아니한 경우, 그 토지 거래계약은 **확정적으로 유효**이다(98다40459).

⑤ 토지거래허가구역 내의 토지와 건물을 일괄 매매한 경우 토지에 대한 계약허가가 없어서 무효가 될 경우 특단의 사정이 없는 한 건물에 관하여도 매매가 무효가 된다(92다16836).

⑥ 허가를 **배제**하거나 **잠탈**하는 내용으로 매매계약이 체결된 경우에는 그 계약은 체결된 때부터 확정적으로 무효이다. 다만 그 후 해당 토지가 토지거래계약 허가구역의 지정에서 해제되고, 매매계약 당사자들이 기존 매매계약이 **무효임을 알면서 이를 추인**하였다면 무효였던 **기존 매매계약은 추인한 때로부터 새로운 법률행위로서 유효하게 된다**고 보아야 한다(2024다255328).

2. 계약이행

① 허가를 받을 것을 전제로 한 거래계약은 허가받기 전의 상태에서는 거래계약의 채권적 효력도 전혀 발생하지 않으므로 **권리의 이전 또는 설정에 관한 어떠한 내용의 이행청구도 할 수 없다.**

② 또한, 그러한 거래계약의 당사자로서는 허가받기 전의 상태에서 상대방의 거래계약상 **채무불이행을 이유로 거래계약을 해제하거나 그로 인한 손해배상을 청구할 수 없다**(97다4357).

3. 허가신청절차에 대한 협력

① 허가를 전제로 한 거래계약을 체결한 당사자는 그 계약이 효력 있는 것으로 완성될 수 있도록 **서로 협력할 의무**가 있다. 따라서 이러한 의무에 위배하여 허가신청절차에 협력하지 않은 당사자에 대하여 상대방은 **협력의무의 이행을 소송으로 구할 이익이 있다**(90다12243).

② 계약을 체결할 당시 당사자 사이에 당사자 일방이 토지거래허가를 받기 위한 협력 자체를 이행하지 아니하거나 허가신청에 이르기 전에 매매계약을 철회하는 경우 **상대방에게 일정한 손해액을 배상하기로 하는 약정을 유효하게 할 수 있다**(96다49933).

4. 계약해제

① **유동적 무효**의 상태에서 상대방이 협력의무를 이행하지 않는다 하여 거래계약 자체를 **해제할 수는 없다**(98다40459).

② 특별한 사정이 없는 한 토지거래허가를 받지 않아 유동적 무효상태에 있는 매매계약에서도 매도인이 **계약금의 배액을 상환하고 계약을 해제함으로써 적법하게 해제**된다(97다9369).

5. 부당이득 반환

① 유동적 무효상태에서는 계약금 등을 부당이득을 이유로 반환청구할 수 없다(91다21435).

② 매매계약이 확정적 무효가 되는 경우 매수인은 계약금을 부당이득으로 반환을 구할 수 있다(2007다76603).

단원열기 「부동산 실권리자명의 등기에 관한 법률」, 「집합건물의 소유 및 관리에 관한 법률」 및 「장사 등에 관한 법률」로 구성되어 있으며 3문제 정도 출제된다. 「장사 등에 관한 법률」은 분묘기지권과 함께 출제되는 경우도 많다.

제1절 「부동산 실권리자명의 등기에 관한 법률」 제32회, 제33회, 제34회, 제35회, 제36회

이 법은 부동산에 관한 소유권과 그 밖의 물권을 실체적 권리관계와 일치하도록 실권리자 명의(名義)로 등기하게 함으로써 부동산 등기제도를 악용한 투기·탈세·탈법행위 등 반사회적 행위를 방지하고 부동산 거래의 정상화와 부동산 가격의 안정을 도모하여 국민경제의 건전한 발전에 이바지함을 목적으로 한다(법 제1조).

1 명의신탁약정 등

1. 용어의 정의(법 제2조)

(1) 명의신탁약정

부동산에 관한 **소유권이나 그 밖의 물권**을 보유한 자 또는 사실상 취득하거나 취득하려고 하는 자가 타인과의 사이에서 대내적으로는 실권리자가 부동산에 관한 물권을 보유하거나 보유하기로 하고 그에 관한 등기(가등기를 포함한다)는 그 타인의 명의로 하기로 하는 약정을 말한다.

(2) 명의신탁자

명의신탁약정에 따라 자신의 부동산에 관한 물권을 타인의 명의로 등기하게 하는 실권리자를 말한다.

(3) 명의수탁자

명의신탁약정에 따라 실권리자의 부동산에 관한 물권을 자신의 명의로 등기하는 자를 말한다.

(4) 실명등기

동법 시행 전에 명의신탁약정에 따라 명의수탁자의 명의로 등기된 부동산에 관한 물권을 동법 시행일 이후 명의신탁자의 명의로 등기하는 것을 말한다.

2. 실명등기 의무(법 제3조)

① 누구든지 부동산에 관한 물권을 명의신탁약정에 의하여 명의수탁자의 명의로 등기하여서는 아니 된다.

② 채무의 변제를 담보하기 위하여 채권자가 부동산에 관한 물권을 이전받는 경우에는 채무자·채권금액 및 채무변제를 위한 담보라는 뜻이 기재된 서면을 등기신청서와 함께 등기관에게 제출하여야 한다.

3. 명의신탁약정의 효력(법 제4조)

① 명의신탁약정은 무효로 한다.

② 명의신탁약정에 따른 등기로 이루어진 부동산에 관한 물권변동은 무효로 한다.

③ 다만, 부동산에 관한 물권을 취득하기 위한 계약에서 명의수탁자가 어느 한쪽 당사자가 되고 상대방 당사자는 명의신탁약정이 있다는 사실을 알지 못한 경우(계약명의신탁) 물권변동은 유효이다.

④ 명의신탁약정 무효 및 물권변동 무효는 제3자에게 대항하지 못한다.

2 명의신탁의 유형

1. 2자 간 등기명의신탁

(1) 유 형

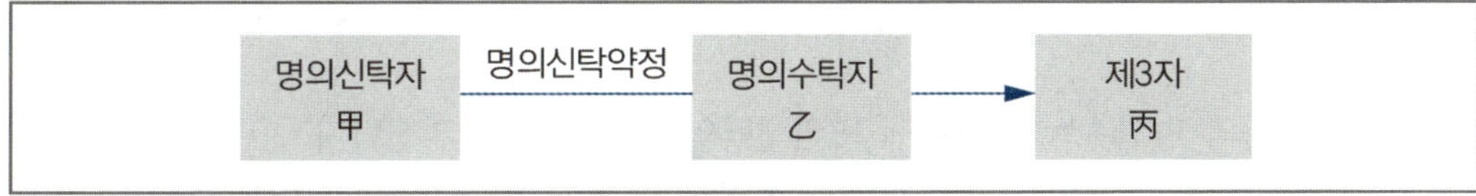

(2) 효 력

① 명의신탁자와 명의수탁자 간의 명의신탁약정은 무효이고 수탁자 앞으로 이루어진 등기도 무효이다. 따라서 **소유권은 명의신탁자**에게 속한다.

② 명의신탁자는 제3자에게 대항하지 못하므로, 수탁자가 제3자에게 처분한 경우 제3자는 선·악을 불문하고 소유권을 취득한다. 다만, 제3자가 수탁자의 배임행위에 적극 가담한 경우 무효이다.

③ 부동산실명법을 위반한 양자 간 명의신탁의 경우 명의수탁자와 명의신탁자 간의 관계는 형법상 보호할 만한 가치 있는 신임에 의한 관계가 아니고, 명의수탁자가 명의신탁자에 대한 관계에서 '타인의 재물을 보관하는 자'의 지위에 있다고 볼 수도 없으므로 명의수탁자가 신탁받은 부동산을 임의로 처분하여도 명의신탁자에 대한 관계에서 횡령죄가 성립하지 않는다(2016도18761).

④ 명의수탁자가 양자 간 명의신탁에 따라 명의신탁자로부터 소유권이전등기를 넘겨받은 부동산을 임의로 처분한 행위가 형사상 횡령죄로 처벌되지 않더라도, 위 행위는 명의신탁자의 소유권을 침해하는 행위로서 형사상 횡령죄의 성립 여부와 관계없이 「민법」상 불법행위에 해당하여 **명의수탁자는 명의신탁자에게 손해배상책임을 부담한다**(2016다34007).

(3) 명의신탁자와 명의수탁자 간의 관계

① 명의신탁약정과 그에 따라 행하여진 등기에 의한 부동산에 관한 물권변동이 무효가 되므로 명의신탁자는 명의신탁해지를 원인으로 하는 소유권이전등기를 청구할 수 없다(98다1027).

② 실명법을 위반한 무효인 명의신탁약정에 기하여 타인 명의의 등기가 마쳐졌다는 이유만으로 그것이 당연히 **불법원인급여에 해당한다고 볼 수 없다**(2003다41722).

③ 명의신탁자가 등기이전을 거부하는 경우 명의신탁자는 명의수탁자를 상대로 소유권이전등기의 **말소청구**를 하거나, **진정명의회복**을 위한 소유권이전을 청구할 수 있다.

2. 중간생략등기형(3자 간 등기명의신탁)

(1) 유 형

명의신탁자와 명의수탁자 사이에 명의신탁약정을 맺고, 명의신탁자가 매도인과 매매계약을 체결하면서 그 등기는 명의수탁자 명의로 해줄 것을 부탁하여 명의수탁자의 명의 소유권이전등기를 한 방식이다.

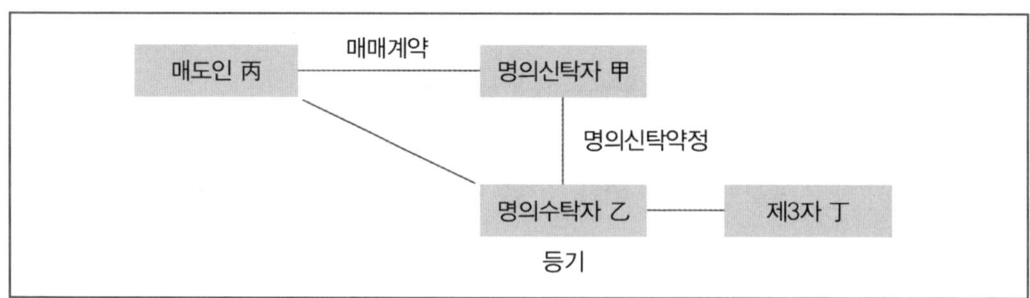

(2) 효 력

① 명의신탁약정은 무효이고, 명의수탁자 명의로 이루어진 등기도 무효이다. 그러므로 소유권은 여전히 매도인에게 속한다.

② 명의신탁자는 제3자에게 대항하지 못하므로, 명의수탁자가 제3자에게 처분한 경우 제3자는 선·악을 불문하고 소유권을 취득한다. 다만, 제3자가 수탁자의 배임행위에 적극 가담한 경우 무효이다.

③ 명의수탁자가 신탁받은 부동산을 임의로 처분하여도 명의신탁자에 대한 관계에서 횡령죄가 성립하지 아니한다(2014도6992).

(3) 상호 관계

① 명의신탁자는 명의수탁자를 상대로 명의신탁약정 해지를 원인으로 소유권이전등기를 청구할 수 없고, 乙의 등기 말소를 청구할 수도 없다.

② **신탁자와 매도인 사이의 매매계약은 유효이므로 신탁자는 매도인을 상대로 한 소유권이전등기 청구권을 갖는다.** 그러므로 수탁자가 등기이전을 거부하는 경우 신탁자는 매도인을 대위하여 수탁자 명의 등기의 말소를 청구하고 매도인을 상대로 소유권이전등기를 청구할 수 있다.

③ 명의수탁자가 제3자에게 부동산을 매도하거나 부동산에 근저당권을 설정하는 등으로 처분행위를 하여 제3자가 부동산에 관한 권리를 취득하는 경우, **명의신탁자가 명의수탁자를 상대로 직접 부당이득반환을 청구할 수 있다**(2018다284233).

④ 수탁자가 자의로 명의신탁자에게 바로 소유권이전등기를 경료해 준 경우, 그러한 소유권이전등기도 결국 실체관계에 부합하는 등기로서 유효하다(2004다6764).

3. 계약명의신탁

(1) 유 형

명의신탁자가 명의수탁자에게 매수자금을 지원하고 명의수탁자가 명의신탁약정을 알지 못하는 매도인과 직접 매매계약을 체결하고 명의수탁자 앞으로 등기를 한 방식이다.

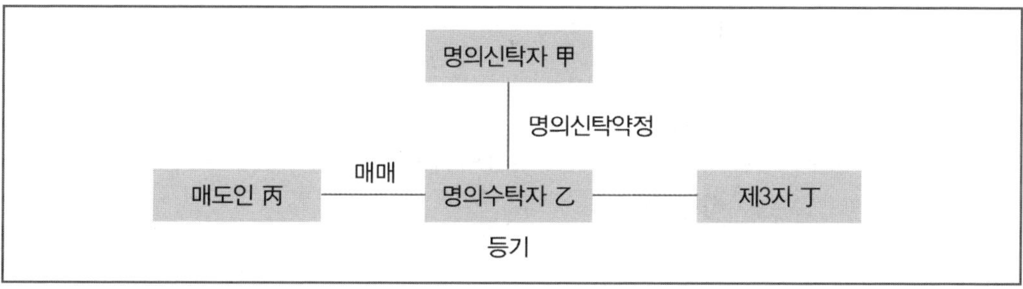

(2) 매도인이 선의인 경우

① 매도인이 명의신탁약정을 알지 못하는 경우라도 **신탁자와 수탁자 사이의 명의신탁약정은 무효**이나, 매도인과 수탁자 사이에 체결한 **매매계약 및 이전등기는 모두 유효**하다. 따라서 **수탁자는** 완전히 유효한 **소유권을 취득**하게 된다.

② 명의신탁자는 제3자에게 대항하지 못하므로, 수탁자가 제3자에게 처분한 경우 제3자는 선·악을 불문하고 소유권을 취득한다. 그리고 명의수탁자가 소유권을 유효하게 취득한 후 제3자에게 처분한 것이므로 명의수탁자의 처분행위는 횡령죄에 해당하지 않는다.

③ 매도인이 선의인 경우 수탁자는 유효한 소유권을 취득하기 때문에 신탁자는 수탁자에게 무효인 명의신탁약정을 이유로 소유권이전등기 말소청구를 할 수 없다. 다만, 동법 시행 후에 체결한 명의신탁약정인 경우 명의수탁자는 명의신탁자가 제공한 매수자금을 부당이득으로 취한 것이므로, **신탁자는 수탁자에게 매수자금에 대한 부당이득 반환청구를 할 수 있다.**

(3) 매도인이 악의인 경우

① 매도인이 명의신탁약정 사실을 안 때에는 매매계약 및 수탁자 명의의 소유권이전등기는 무효이며, 소유권은 매도인에게 속한다.

② 매도인은 수탁자에게 등기말소를 청구할 수 있으며, 매매계약이 무효이므로 대금반환의무와 등기말소의무는 동시이행의 관계이다.

3 명의신탁약정에서 제외되는 경우

다음의 경우는 이 법에서 정의하는 명의신탁약정에 해당하지 않는다(법 제2조).

1. 양도담보 및 가등기담보

채무의 변제를 담보하기 위하여 채권자가 부동산에 관한 물권을 이전받거나 가등기하는 경우

2. 상호명의신탁

부동산의 위치와 면적을 특정하여 2인 이상이 구분소유하기로 하는 약정을 하고 그 구분소유자의 공유로 등기하는 경우

3. 신탁재산

「신탁법」 또는 「자본시장과 금융투자업에 관한 법률」에 따른 신탁재산인 사실을 등기한 경우

4 종중, 배우자 및 종교단체에 대한 특례(유효한 명의신탁)

다음에 해당하는 경우로서 조세포탈, 강제집행의 면탈 또는 법령상 제한의 회피를 목적으로 하지 아니하는 경우에는 명의신탁약정 및 그 등기는 유효하다.

> ① 종중이 보유한 부동산에 관한 물권을 종중(종중과 그 대표자를 같이 표시하여 등기한 경우를 포함) 외의 자의 명의로 등기한 경우
> ② 배우자 명의로 부동산에 관한 물권을 등기한 경우
> ③ 종교단체의 명의로 그 산하 조직이 보유한 부동산에 관한 물권을 등기한 경우

⚖ 판례

유효한 명의신탁 관련

1. 명의신탁등기가 무효로 된 경우에도 그 후 명의신탁자가 수탁자와 혼인을 함으로써 법률상의 배우자가 되고 위 특례의 예외사유에 해당되지 않으면 그때부터는 위 특례가 적용되어 그 명의신탁등기가 유효로 된다고 보아야 한다(2001마1235).
2. 명의신탁에 의하여 부동산의 소유자로 등기된 자는 그 사실만으로 당연히 부동산을 점유하는 것으로 볼 수 없음은 물론이고 설사 그의 점유가 인정된다고 하더라도 그 점유권원의 성질상 자주점유라 할 수 없다(2001다8097).
3. 명의신탁계약해지의 효과는 소급하지 않고 장래에 향하여 효력이 있음에 불과하므로 수탁자가 신탁자 앞으로 등기 명의를 이전하기 전에 수탁자로부터 부동산을 취득한 자는 그 취득행위에 무효 또는 취소사유가 없는 한 적법하게 소유권을 취득한다(90다19848).
4. 재산을 타인에게 신탁한 경우 대외적인 관계에 있어서는 수탁자만이 소유권자로서 그 재산에 대한 제3자의 침해에 대하여 배제를 구할 수 있으며, 신탁자는 수탁자를 대위하여 수탁자의 권리를 행사할 수 있을 뿐 직접 제3자에게 신탁재산에 대한 침해의 배제를 구할 수 없다(77다1079).

5 벌칙 등

1. 벌 칙

(1) 명의신탁자

5년 이하의 징역 또는 2억원 이하의 벌금

(2) 명의수탁자

3년 이하의 징역 또는 1억원 이하의 벌금

2. 과징금

① 명의신탁자에게 해당 부동산 가액의 100분의 30에 **해당하는 금액의 범위에서** 과징금을 부과한다.

② 부동산 가액은 과징금을 부과하는 날 현재의 기준시가에 따른다. 다만, 과징금을 부과받은 날 이미 명의신탁관계를 종료하였거나 실명등기를 하였을 때에는 명의신탁관계 종료 시점 또는 실명등기 시점의 부동산 가액으로 한다.

③ 과징금이 1천만원을 초과하는 경우에는 그 초과하는 부분은 대통령령으로 정하는 바에 따라 물납(物納)할 수 있다.

④ 과징금은 해당 부동산의 소재지를 관할하는 특별자치도지사·특별자치시장·시장·군수 또는 구청장이 부과·징수한다. 이 경우 과징금은 위반사실이 확인된 후 지체 없이 부과하여야 한다.

⑤ 과징금을 납부기한까지 내지 아니하면 「지방행정제재·부과금의 징수 등에 관한 법률」에 따라 징수한다.

> **넓혀 보기** 🔍
>
> **과징금 부과기준**
> 과징금의 금액은 다음의 과징금 부과율을 합한 과징금 부과율에 그 부동산평가액을 곱하여 산정한다.
> 1. 부동산평가액을 기준으로 하는 과징금 부과율
>
> | 부동산평가액 | 과징금 부과율 |
> | --- | --- |
> | 5억원 이하 | 5% |
> | 5억원 초과 30억원 이하 | 10% |
> | 30억원 초과 | 15% |

2. 의무위반 경과기간을 기준으로 하는 과징금 부과율

의무위반 경과기간	과징금 부과율
1년 이하	5%
1년 초과 2년 이하	10%
2년 초과	15%

3. 이행강제금

① 과징금을 부과받은 자는 지체 없이 해당 부동산에 관한 물권을 자신의 명의로 등기하여야 한다.

② 과징금 부과일부터 1년이 지나도록 실명등기를 하지 않은 자에 대하여는 부동산평가액의 100분의 10에 **해당하는 금액**을, 다시 1년이 지나도록 실명등기를 하지 않은 자에 대하여는 부동산평가액의 100분의 20에 **해당하는 금액**을 각각 이행강제금으로 부과한다.

4. 장기미등기자에 대한 벌칙

① 「부동산등기 특별조치법」을 적용받는 자로서 다음의 어느 하나에 해당하는 날부터 3년 이내에 소유권이전등기를 신청하지 아니한 등기권리자(이하 '장기미등기자'라 한다)에게는 부동산평가액의 100분의 30의 범위에서 과징금(「부동산등기 특별조치법」에 따른 과태료가 이미 부과된 경우에는 그 과태료에 상응하는 금액을 뺀 금액을 말한다)을 부과한다.

> ㉠ 계약당사자가 서로 대가적인 채무를 부담하는 경우에는 반대급부의 이행이 사실상 완료된 날
> ㉡ 계약당사자의 어느 한쪽만이 채무를 부담하는 경우에는 그 계약의 효력이 발생한 날

② 장기미등기자가 과징금을 부과받고도 소유권이전등기를 신청하지 아니하면 위와 동일한 이행강제금을 부과한다.

③ 장기미등기자는 5년 이하의 징역 또는 2억원 이하의 벌금에 처한다.

예제

甲은 乙과 乙소유의 X부동산의 매매계약을 체결하고, 친구 丙과의 명의신탁약정에 따라 乙로부터 바로 丙명의로 소유권이전등기를 하였다. 이와 관련하여 개업공인중개사가 甲과 丙에게 설명한 내용으로 옳은 것을 모두 고른 것은? (다툼이 있으면 판례에 따름)　제30회

> ㉠ 甲과 丙 간의 약정이 조세포탈, 강제집행의 면탈 또는 법령상 제한의 회피를 목적으로 하지 않은 경우 명의신탁약정 및 그 등기는 유효하다.
> ㉡ 丙이 X부동산을 제3자에게 처분한 경우 丙은 甲과의 관계에서 횡령죄가 성립하지 않는다.
> ㉢ 甲과 乙 사이의 매매계약은 유효하므로 甲은 乙을 상대로 소유권이전등기를 청구할 수 있다.
> ㉣ 丙이 소유권을 취득하고 甲은 丙에게 대금 상당의 부당이득반환청구권을 행사할 수 있다.

① ㉠, ㉡　　　　　　　　　　　② ㉠, ㉣
③ ㉡, ㉢　　　　　　　　　　　④ ㉠, ㉡, ㉣
⑤ ㉡, ㉢, ㉣

해설　乙을 매도인으로 하는 신탁자 甲과 수탁자 乙 간의 중간생략등기형이다. 옳은 것은 ㉡·㉢이다.
㉡ 명의신탁자는 신탁부동산의 소유권을 가지지 아니하고, 신탁자와 수탁자 사이에 위탁신임관계를 인정할 수도 없다. 따라서 명의수탁자가 신탁받은 부동산을 임의로 처분하여도 명의신탁자에 대한 관계에서 횡령죄가 성립하지 아니한다(2014도6992).
㉠ 종중, 배우자, 종교단체의 특례에 해당하지 않으므로 명의신탁약정 및 수탁자 명의로 된 등기는 무효이다.
㉣ 丙이 소유권을 취득하고 甲은 丙에게 대금 상당의 부당이득반환청구권을 행사할 수 있는 경우는 계약명의신탁이다.
▶▶ 정답 ③

제2절 「집합건물의 소유 및 관리에 관한 법률」　제32회, 제33회, 제34회, 제35회

1. 구분건물

① 구분소유권은 건물의 전유부분을 목적으로 하는 소유권을 말한다.

② 1동의 건물의 일부분이 구분소유권의 객체가 될 수 있으려면 그 부분이 **구조상**으로나 **이용상**으로 다른 부분과 구분되는 **독립성**이 있어야 한다.

③ 1동의 건물 중 구분된 각 부분이 구조상·이용상 독립성을 가지고 있는 경우에 이를 구분건물로 할 것인지 여부는 특별한 사정이 없는 한 소유자의 의사에 의하여 결정된다.

④ 따라서 소유자가 기존 건물에 증축을 한 경우, 증축 부분이 구조상·이용상 독립성을 갖추었다는 사유만으로 당연히 구분소유권이 성립된다고 할 수는 없고, **소유자의 구분행위가 있어야 비로소 구분소유권이 성립된다.**

⑤ 구분건물이 물리적으로 완성되기 전에도 구분의사가 객관적으로 표시되고, 이후 그 구분행위에 상응하는 구분건물이 객관적·물리적으로 완성되면 아직 **그 건물이 집합건축물대장에 등록되거나 구분건물로서 등기부에 등기되지 않았더라도 그 시점에서 구분소유가 성립한다**(2010다71578).

2. 전유부분

① **전유부분이란 구분소유권의 목적인 건물부분을 말한다.**

② 구분소유자는 건물의 보존에 해로운 행위나 그 밖에 건물의 관리 및 사용에 관하여 구분소유자 공동의 이익에 어긋나는 행위를 하여서는 아니 된다.

③ 전유부분이 주거의 용도로 분양된 것인 경우에는 구분소유자는 정당한 사유 없이 그 부분을 **주거 외의 용도로 사용**하거나 그 내부 벽을 철거하거나 파손하여 증축·개축하는 행위를 하여서는 **아니 된다.**

④ 구분소유자는 그 **전유부분이나 공용부분을 보존하거나 개량하기 위하여** 필요한 범위에서 다른 구분소유자의 전유부분 또는 자기의 공유에 속하지 아니하는 공용부분의 **사용을 청구할 수 있다.** 이 경우 다른 구분소유자가 손해를 입었을 때에는 보상하여야 한다.

⑤ 대지사용권을 가지지 아니한 구분소유자가 있을 때에는 그 전유부분의 철거를 청구할 권리를 가진 자는 그 **구분소유자에 대하여 구분소유권을 시가로 매도할 것을 청구할 수 있다.**

3. 공용부분

① 공용부분은 구분소유자 전원의 공유에 속한다. 다만, **일부의 구분소유자만이 공용하도록 제공되는 것임이 명백한 공용부분은 그들 구분소유자의 공유에 속한다.**

② 각 공유자의 지분은 그가 가지는 전유부분의 면적 비율에 따른다.

③ **공유자는 공용부분을 지분의 비율이 아니라 그 용도에 따라 사용할 수 있다.**

④ 공용부분은 시효취득의 대상이 될 수 없다.

⑤ 관리단집회 결의나 다른 구분소유자의 동의 없이 **구분소유자가 공용부분의 전부 또는 일부를 독점적으로 점유·사용**하고 있는 경우 다른 구분소유자는 공용부분의 보존행위로서 그 **인도를 청구할 수는 없고**, 자신의 지분권에 기초하여 공용부분에 대한 **방해상태를 제거하거나 공동 점유를 방해하는 행위의 금지 등을 청구할 수 있다**(2019다245822).

⑥ 구분소유자 중 일부가 정당한 권원 없이 집합건물의 복도, 계단 등과 같은 공용부분을 배타적으로 점유·사용함으로써 이익을 얻고, 그로 인하여 다른 구분소유자들이 해당 공용부분을 사용할 수 없게 되었다면, **공용부분을 무단점유한 구분소유자는 해당 공용부분을 점유·사용함으로써 얻은 이익을 부당이득으로 반환할 의무가 있다**(2017다220744).

⑦ 공용부분에 대한 공유자의 지분은 그가 가지는 전유부분의 처분에 따른다.

⑧ 공유자는 그가 가지는 **전유부분과 분리하여 공용부분에 대한 지분을 처분할 수 없다.**

⑨ **공용부분에 관한 물권의 득실변경은 등기가 필요하지 아니하다.**

⑩ **전유부분이 속하는 1동의 건물의 설치 또는 보존의 흠**으로 인하여 다른 자에게 손해를 입힌 경우에는 그 흠은 **공용부분에 존재하는 것으로 추정한다.**

⑪ 공유자가 **공용부분에 관하여** 다른 공유자에 대하여 가지는 **채권은 그 특별승계인에 대하여도 행사할 수 있다.**

⑫ 관리인 선임 여부와 관계없이 공유자는 **단독으로 공용부분에 대한 보존행위를** 할 수 있다. 즉, 보존행위는 각 공유자가 할 수 있다.

⑬ 일부공용부분의 관리에 관한 사항 중 **구분소유자 전원에게 이해관계가 있는 사항과 규약으로써 정한 사항은 구분소유자 전원의 집회결의로써** 결정하고, 그 밖의 사항은 그것을 공용하는 **구분소유자만의 집회결의로써** 결정한다.

4. 대지사용권

(1) 의 의

① 대지사용권이란 구분소유자가 전유부분을 소유하기 위하여 건물의 대지에 대하여 가지는 권리를 말한다.

② 대지사용권은 소유권인 경우가 일반적이나, 지상권이나 전세권, 나아가 채권인 임차권, 사용대차권도 대지사용권이 될 수 있다.

(2) 전유부분과 대지사용권의 일체성

① 구분소유자의 대지사용권은 그가 가지는 전유부분의 처분에 따른다.

② 규약으로 달리 정함이 없는 한 구분소유자는 그가 가지는 전유부분과 분리하여 대지사용권을 처분할 수 없다.

③ 규약으로써 달리 정한 경우에는 전유부분과 분리하여 대지사용권을 처분할 수 있다.

④ 대지사용권의 분리처분금지는 그 취지를 등기하지 아니하면 선의로 물권을 취득한 제3자에게 대항하지 못한다.

(3) 판 례

① 분리처분이 가능하도록 한 규약(공정증서)이 없는 한 대지사용권만의 처분은 법원의 강제경매절차에 의한 것이라 하더라도 무효이다(2012다74175).

② 따라서 판례는 분리처분이 가능하도록 한 규약이 없는 한 전유부분에 대하여 권리를 취득한 사람은 등기 여부와 상관없이 대지사용권을 취득한다.

③ 그러므로 전유부분만에 설정된 저당권(전세권)은 특별한 사정이 없는 한 그 전유부분의 소유자가 사후에 취득한 대지사용권에도 미친다(2012다103325).

(4) 대지공유자의 분할청구금지

대지 위에 구분소유권의 목적인 건물이 속하는 1동의 건물이 있을 때에는 그 **대지의 공유자**는 그 건물 사용에 필요한 범위의 대지에 대하여는 분할을 청구하지 못한다.

5. 관리비

① **전유부분**에 관하여 체납된 관리비는 **승계되지 않는다.**

② 아파트의 특별승계인은 전 입주자의 **체납관리비 중 공용부분**에 관하여는 이를 **승계한다** (2001다8677).

③ 공용부분 관리비에 대한 **연체료**는 특별승계인에게 **승계되지 않는다**(2004다3598).

④ 관리단은 관리비 징수에 관한 규약이 없더라도 공용부분에 대한 관리비를 그 부담의무자인 구분소유자에게 **청구할 수 있다**(2009다22266).

⑤ 구분소유권이 순차로 양도된 경우, 현재 구분소유권을 보유하고 있는 최종 특별승계인뿐만 아니라 그 이전의 구분소유자들도 공용부분에 관한 종전 구분소유자들의 체납 관리비채무를 부담한다(2006다50420).

6. 관리단

① 관리인은 구분소유자일 **필요가 없으며,** 그 임기는 2년의 범위에서 규약으로 정한다.

② 구분소유자가 10인 이상일 **때에는** 관리단을 대표하고 관리단의 사무를 집행할 **관리인**을 선임하여야 한다.

③ 관리인은 규약에 달리 정한 바가 없으면 관리위원회의 위원이 될 수 없다.

④ 관리단집회는 구분소유자 전원이 동의하면 소집절차를 거치지 아니하고 소집할 수 있다(제35조).

⑤ 다만 **구분소유자 전원의 동의로 소집된 관리단 집회는 통지되지 아니한 사항에 대해서도 결의할 수 있다**(제36조 제3항).

7. 재건축

① **재건축 결의는 구분소유자의** 5분의 4 **이상 및 의결권의** 5분의 4 **이상의 결의에 따른다** (제47조 제2항). 다만, 「관광진흥법」에 따른 휴양 콘도미니엄업의 운영을 위한 휴양 콘도미니엄의 재건축 결의는 구분소유자의 3분의 2 이상 및 의결권의 3분의 2 이상의 결의에 따른다. 또한 **재건축의 결의나 결의의 변경도 서면합의(결의)에 의할 수 있다.**

② 재건축의 결의가 있으면 집회를 소집한 자는 지체 없이 그 결의에 찬성하지 아니한 구분소유자(그의 승계인을 포함한다)에 대하여 그 결의 내용에 따른 재건축에 참가할 것인지 여부를 회답할 것을 **서면으로 촉구**하여야 한다.

③ 촉구를 받은 구분소유자는 촉구를 받은 날부터 2개월 이내에 회답하여야 한다.

④ 위 기간 내에 회답하지 아니한 경우 그 구분소유자는 재건축에 참가하지 아니하겠다는 뜻을 회답한 것으로 본다.

8. 분양자와 시공자의 담보책임

① 분양자 및 시공자는 건물의 하자에 대해 책임을 진다.

② **건물의 주요구조부 및 지반공사의 하자에 관한 담보책임의 존속기간** : 10년

③ **담보책임의 기산점** : **전유부분은 구분소유자에게 인도한 날**, 공용부분은 사용검사일·사용승인일, 멸실·훼손의 경우는 1년 이내

④ **하자담보추급권은** 집합건물의 수분양자인 양도인이 집합건물의 양도 당시 이를 유보하였다는 등의 특별한 사정이 없는 한 **현재의 집합건물의 구분소유자에게 귀속한다** (2013다95070).

제 3 절 「장사 등에 관한 법률」 제34회, 제35회, 제36회

1 총 설

이 법은 장사(葬事)의 방법과 장사시설의 설치·조성 및 관리 등에 관한 사항을 정하여 보건위생상의 위해(危害)를 방지하고, 국토의 효율적 이용과 공공복리 증진에 이바지하는 것을 목적으로 한다(법 제1조).

1. 용 어

이 법에서 사용하는 용어의 뜻은 다음과 같다(법 제2조).

① '매장'이란 시신(임신 4개월 이후에 죽은 태아를 포함한다)이나 유골을 땅에 묻어 장사(葬事)하는 것을 말한다.

② '화장'이란 시신이나 유골을 불에 태워 장사하는 것을 말한다.

③ '자연장(自然葬)'이란 화장한 유골의 골분(骨粉)을 수목·화초·잔디 등의 밑이나 주변에 묻어 장사하는 것을 말한다.

④ '개장'이란 매장한 시신이나 유골을 다른 분묘 또는 봉안시설에 옮기거나 화장 또는 자연장하는 것을 말한다.

⑤ '봉안'이란 유골을 봉안시설에 안치하는 것을 말한다.

⑥ '분묘'란 시신이나 유골을 매장하는 시설을 말한다.

⑦ '묘지'란 분묘를 설치하는 구역을 말한다.

⑧ '자연장지(自然葬地)'란 자연장으로 장사할 수 있는 구역을 말한다.

⑨ '연고자'란 사망한 자와 다음의 관계에 있는 자를 말하며, 연고자의 권리·의무는 다음의 순서로 행사한다. 다만, 순위가 같은 자녀 또는 직계비속이 2명 이상이면 최근친(最近親)의 연장자가 우선순위를 갖는다.

> ㉠ 배우자
> ㉡ 자녀
> ㉢ 부모　　　<이하 생략>

2. 매장·화장 등의 신고

(1) 매 장

매장을 한 자는 매장 후 30일 이내에 매장지를 관할하는 특별자치시장·특별자치도지사·시장·군수·구청장(이하 '시장 등'이라 한다)에게 신고하여야 한다.

⑵ 화 장

화장을 하려는 자는 화장시설을 관할하는 시장 등에게 신고하여야 한다.

3. 국가가 설치 · 운영하는 장사시설

국가가 설치 · 운영하는 장사시설(자연장지는 제외한다)에 대하여는 이 법을 적용하지 아니한다.

4. 묘지 등의 수급계획 수립

① 보건복지부장관은 묘지 · 화장시설 · 봉안시설 및 자연장지의 수급에 관한 종합계획을 5년마다 수립하여야 한다.

② 시 · 도지사와 시장 · 군수 · 구청장(자치구의 구청장을 말한다)은 종합계획에 따라 관할 구역 안의 묘지 · 화장시설 · 봉안시설 및 자연장지의 수급에 관한 지역수급계획을 수립하여야 한다.

5. 공설묘지 등의 설치

시 · 도지사 및 시장 · 군수 · 구청장은 공설묘지 · 공설화장시설 · 공설봉안시설 및 공설자연장지를 설치 · 조성 및 관리하여야 한다.

2 사설묘지

1. 사설묘지의 종류

⑴ 개인묘지

1기의 분묘 또는 해당 분묘에 매장된 자와 배우자 관계였던 자의 분묘를 같은 구역 안에 설치하는 묘지

⑵ 가족묘지

「민법」에 따라 친족관계였던 자의 분묘를 같은 구역 안에 설치하는 묘지

⑶ 종중 · 문중묘지

종중이나 문중 구성원의 분묘를 같은 구역 안에 설치하는 묘지

⑷ 법인묘지

법인이 불특정 다수인의 분묘를 같은 구역 안에 설치하는 묘지

2. 사설묘지의 신고 · 허가

① 개인묘지를 설치한 자는 묘지를 설치한 후 **30일 이내**에 해당 묘지를 관할하는 시장 등에게 **신고**하여야 한다.

② 가족묘지, 종중 · 문중묘지 또는 법인묘지를 설치 · 관리하려는 자는 해당 묘지를 관할하는 시장 등의 **허가**를 받아야 한다.

③ 시장 등은 묘지의 설치 · 관리를 목적으로 「민법」에 따라 설립된 **재단법인**에 한정하여 법인묘지의 설치 · 관리를 허가할 수 있다.

3. 사설묘지의 기준면적 등

(1) 묘지면적

① **개인묘지** : $30m^2$를 초과할 수 없다.

② **가족묘지** : 가족당 1개소에 한하며, $100m^2$ 이하이어야 한다.

③ **종중 · 문중묘지** : 종중 · 문중별로 각각 1개소에 한하며, 1천m^2 이하이어야 한다.

④ **법인묘지** : 10만m^2 이상이어야 한다.

(2) 분묘 1기당 면적

공설묘지, 가족묘지, 종중 · 문중묘지 또는 법인묘지 안의 분묘 1기 및 그 분묘의 상석(床石) · 비석 등 시설물을 설치하는 구역의 면적은 **단분인 경우에는 $10m^2$(합장하는 경우에는 $15m^2$)**를 초과하여서는 아니 된다.

(3) 분묘의 형태

분묘의 형태는 봉분, 평분 또는 평장으로 하되, 봉분의 높이는 지면으로부터 1m, 평분의 높이는 50cm 이하여야 한다.

(4) 법인묘지

① 법인묘지에는 폭 5m 이상의 도로와 그 도로로부터 각 분묘로 통하는 충분한 진출입로를 설치하고, 주차장을 마련하여야 한다.

② 묘지구역의 계곡이나 $30°$ 이상의 급경사지역 및 배수로의 하단 부분에는 토사의 유출 및 유출 속도를 줄일 수 있는 침사지 또는 물 저장고를 설치하여야 한다.

③ 법인묘지의 허가 면적 중 주차장 · 관리시설 등 부대시설을 제외한 면적의 100분의 20 이상을 녹지 공간으로 확보하여야 한다. 다만, 잔디로 조성된 평분인 경우에는 100분의 10 이상을 녹지공간으로 확보하여야 한다.

4. 사설묘지의 설치거리

묘지는 다음의 지역 또는 예정지역으로부터 일정한 거리 이상 떨어진 곳에 설치하여야 한다.

(1) 도로 · 철도의 선로 · 하천구역 또는 그 예정지역

① 개인묘지 및 가족묘지는 200m 이상

② 종중 · 문중묘지 및 법인묘지는 300m 이상

(2) 20호 이상 인가밀집지역, 학교 그 밖에 공중이 수시로 집합하는 시설 또는 장소

① 개인묘지 및 가족묘지는 300m 이상

② 종중 · 문중묘지 및 법인묘지는 500m 이상

5. 분묘의 설치기간

① 공설묘지 및 사설묘지에 설치된 분묘의 설치기간은 30년으로 한다.

② 설치기간이 지난 분묘의 연고자가 시 · 도지사, 시장 · 군수 · 구청장 또는 법인묘지의 설치 · 관리를 허가받은 자에게 그 설치기간의 연장을 신청하는 경우에는 **1회에 한하여 그 설치기간을** 30년으로 **하여 연장**하여야 한다.

③ 설치기간을 계산할 때 합장분묘인 경우에는 합장된 날을 기준으로 계산한다.

④ 시 · 도지사 또는 시장 · 군수 · 구청장은 관할구역 안의 묘지 수급을 위하여 필요하다고 인정되면 조례로 정하는 바에 따라 5년 이상 30년 미만의 기간 안에서 분묘설치기간의 연장기간을 단축할 수 있다.

⑤ 설치기간이 끝난 분묘의 연고자는 설치기간이 끝난 날부터 **1년 이내에** 해당 분묘에 설치된 시설물을 철거하고 매장된 유골을 화장하거나 봉안하여야 한다.

🔖 분묘의 설치기간은 「장사 등에 관한 법률」 시행(2001년 1월 13일) 후 최초로 설치되는 분묘부터 적용된다.

6. 타인의 토지 등에 승낙 없이 설치된 분묘 등의 처리

(1) 처리방법

① 토지소유자, 묘지설치자 또는 연고자는 다음의 어느 하나에 해당하는 분묘에 대하여 그 분묘를 관할하는 시장 등의 **허가**를 받아 분묘에 매장된 시신 또는 유골을 개장할 수 있다.

> ㉠ 토지소유자의 승낙 없이 해당 토지에 설치한 분묘
> ㉡ 묘지설치자 또는 연고자의 승낙 없이 해당 묘지에 설치한 분묘

② 토지소유자, 묘지설치자 또는 연고자는 개장을 하려면 미리 **3개월** 이상의 기간을 정하여 그 뜻을 해당 분묘의 설치자 또는 연고자에게 알려야 한다. 다만, 해당 분묘의 연고자를 알 수 없으면 그 뜻을 공고하여야 하며, 공고기간 종료 후에도 분묘의 연고자를 알 수 없는 경우에는 화장한 후에 유골을 일정 기간 봉안하였다가 처리하여야 하고, 이 사실을 관할 시장 등에게 신고하여야 한다.

③ 유골의 봉안기간은 5년으로 하며, 봉안기간이 끝난 때에는 봉안이 되었던 유골을 화장(이미 화장된 유골은 제외한다)하여 장사시설 내 화장한 유골을 뿌릴 수 있는 시설에 뿌리거나 자연장하여야 한다.

(2) 분묘기지권 시효취득제한

① 토지소유자 등의 승낙 없이 설치된 분묘의 연고자는 해당 토지소유자, 묘지설치자 또는 연고자에게 토지사용권이나 그 밖에 분묘의 보존을 위한 권리를 주장할 수 없다.

② 이 규정은 동법 시행(2001년 1월 13일) 후 설치되는 분묘부터 적용하며, **동법 시행 전에 이미 취득한 분묘기지권의 효력은 그대로 유지되며 동법 시행 전에 타인의 토지에 승낙 없이 설치된 분묘는 현재 분묘기지권을 시효로 취득하는 것이 가능**하나, **동법 시행 후 타인의 토지에 승낙 없이 분묘를 설치한 경우에는 분묘기지권을 시효취득할 수 없다.**

3 자연장지

1. 자연장지의 종류

(1) 개인 · 가족자연장지

면적이 $100m^2$ 미만인 것으로서 1구의 유골을 자연장하거나 민법에 따라 친족관계였던 자의 유골을 같은 구역 안에 자연장할 수 있는 구역

(2) 종중 · 문중자연장지

종중이나 문중 구성원의 유골을 같은 구역 안에 자연장할 수 있는 구역

(3) 법인등자연장지

법인이나 종교단체가 불특정 다수인의 유골을 같은 구역 안에 자연장할 수 있는 구역

2. 자연장지의 신고 · 허가

① **개인자연장지**를 조성한 자는 자연장지의 조성을 마친 후 **30일 이내**에 보건복지부령으로 정하는 바에 따라 관할 시장 등에게 **신고**하여야 한다.

② **가족자연장지 또는 종중 · 문중자연장지를 조성하려는 자는** 보건복지부령으로 정하는 바에 따라 관할 시장 등에게 **신고**하여야 한다.

③ **법인등자연장지**를 조성하려는 자는 대통령령으로 정하는 바에 따라 시장 등의 **허가**를 받아야 한다.

④ 시장 등은 다음의 어느 하나에 해당하는 자에 한하여 법인등자연장지의 조성을 허가할 수 있다.

> ㉠ 자연장지의 조성·관리를 목적으로 「민법」에 따라 설립된 재단법인
> ㉡ 대통령령으로 정하는 공공법인 또는 종교단체

구 분	개인묘지	가족묘지	종중·문중묘지	법인묘지
신고·허가	30일 이내 신고	설치 전에 허가		
묘지면적	30m² 이하	100m² 이하	1천m² 이하	10만m² 이상
분묘 1기 면적	–	단분 10m² 이하, 합장 15m² 이하		

3. 자연장지의 설치기준 면적 등

(1) 개인·가족자연장지

100m² 미만(법률)

> ① 개인자연장지: 30m² 미만(대통령령)
> ② 가족자연장지: 100m² 미만(대통령령)

(2) 종중·문중자연장지

2천m² 이하

(3) 법인등자연장지

① 재단법인이 아닌 종교단체가 신도 및 그 가족관계에 있었던 자를 대상으로 조성하려하는 자연장지는 1개소에 한하여 조성할 수 있으며, 그 면적은 4만m² 이하여야 한다.

② 공공법인 및 재단법인이 조성하는 자연장지는 5만m² 이상이어야 한다.

구 분	개인자연장지	가족자연장지	종중·문중 자연장지	법인등자연장지
신고·허가	30일 이내 신고	조성하려는 자는 미리 신고		조성 전에 허가
자연장지 면적	30m² 미만	100m² 미만	2천m² 이하	• 종교단체: 4만m² 이하 • 공공법인 및 재단법인: 5만m² 이상

4. 타인의 토지 등에 조성된 자연장지의 처리

토지소유자 또는 자연장지 조성자의 승낙 없이 다른 사람 소유의 토지 또는 자연장지에 자연장을 한 자 또는 그 연고자는 해당 토지소유자 또는 자연장지 조성자에 대하여 토지 사용권이나 그 밖에 자연장의 보존을 위한 권리를 주장할 수 없다.

예제

개업공인중개사가 묘소가 설치되어 있는 임야를 중개하면서 중개의뢰인에게 설명한 내용으로 틀린 것은? (다툼이 있으면 판례에 따름) 제30회

① 분묘가 1995년에 설치되었다 하더라도 「장사 등에 관한 법률」이 2001년에 시행되었기 때문에 분묘기지권을 시효취득할 수 없다.

② 암장되어 있어 객관적으로 인식할 수 있는 외형을 갖추고 있지 않은 묘소에는 분묘기지권이 인정되지 않는다.

③ 아직 사망하지 않은 사람을 위한 장래의 묘소인 경우 분묘기지권이 인정되지 않는다.

④ 분묘기지권이 시효취득된 경우 특별한 사정이 없는 한 시효취득자는 지료를 지급할 필요가 없다.

⑤ 분묘기지권의 효력이 미치는 지역의 범위 내라고 할지라도 기존의 분묘 외에 새로운 분묘를 신설할 권능은 포함되지 않는다.

해설 「장사 등에 관한 법률」은 2001년 1월 13일에 시행되었으며 동법 시행 후 토지소유자의 승낙 없이 설치된 분묘는 분묘기지권을 시효로 취득할 수 없으나 동법 시행 전에 설치된 분묘는 시효취득할 수 있다.

▶▶ 정답 ①

단원열기 「주택임대차보호법」, 「상가건물 임대차보호법」으로 구성되어 있으며 각각 1문제 이상 총 2~3문제 정도 출제된다. 판례도 종종 출제되지만 실무적인 법령 위주로 출제되는 경향이 있다.

제1절 「주택임대차보호법」 제32회, 제33회, 제34회, 제35회, 제36회

1 제정목적

이 법은 주거용 건물의 임대차에 관하여 민법에 대한 특례를 규정함으로써 국민 주거생활의 안정을 보장함을 목적으로 한다(법 제1조).

2 적용범위

1. 주거용 건물

① 이 법은 주거용 건물의 전부 또는 일부의 임대차에 관하여 적용한다. 그 **임차주택의 일부가 주거 외의 목적으로 사용되는 경우에도 또한 같다**(법 제2조).

② 주거용 건물인지의 여부는 공부상의 표시만을 기준으로 하는 것이 아니라 그 **실제 용도**에 따라 결정하여야 한다.

③ 미등기건물 또는 무허가건물 관계없이 주거용으로 임대차계약을 체결하고 사용하면 동법의 적용을 받는다.

⚖ 판례

보호대상

「주택임대차보호법」이 적용되려면 먼저 임대차계약 체결 당시를 기준으로 하여 그 건물의 구조상 주거용 또는 그와 겸용될 정도의 건물의 형태가 실질적으로 갖추어져 있어야 하고, 만일 그 당시에는 주거용 건물 부분이 존재하지 아니하였는데 임차인이 그 후 임의로 주거용으로 개조하였다면 임대인이 그 개조를 승낙하였다는 등의 특별한 사정이 없는 한 위 법의 적용은 있을 수 없다(85다카1367).

2. 법인이 임차인인 경우

① 법인이 임차인인 경우에는 아래에 규정된 경우를 제외하고는 「주택임대차보호법」에 따라 대항력을 취득할 수 없다.

② 동법에 따라 대항력을 취득할 수 있는 법인은 다음과 같다(법 제3조).

> ㉠ **한국토지주택공사 및 「지방공기업법」에 따라 주택사업을 목적으로 설립된 지방공사**가 주택도시기금으로 저소득층 무주택자에게 주거생활 안정을 목적으로 주택을 임차하고 지방자치단체의 장 또는 그 법인이 선정한 입주자가 그 주택을 인도받고 주민등록을 마쳤을 때에는 그 다음 날부터 제3자에 대하여 효력이 생긴다.
> ㉡ **「중소기업기본법」에 따른 중소기업에 해당하는 법인**이 소속 직원의 주거용으로 주택을 임차한 후 그 법인이 선정한 직원이 해당 주택을 인도받고 주민등록을 마쳤을 때에는 그 다음 날부터 제3자에 대하여 효력이 생긴다. 임대차가 끝나기 전에 그 직원이 변경된 경우에는 새로운 직원이 주택을 인도받고 주민등록을 마친 다음 날부터 제3자에 대하여 효력이 생긴다.

3. 외국인 등

① 외국인 또는 외국국적동포가 「출입국관리법」이나 「재외동포의 출입국과 법적 지위에 관한 법률」에 따라서 한 외국인 등록이나 체류지 변경신고 또는 국내거소신고나 거소이전신고에 대하여는, 주택임대차의 대항력 취득 요건으로 규정하고 있는 주민등록과 동일한 법적 효과가 인정된다고 보아야 한다(2015다14136).

② 대항력 취득의 요건인 주민등록은 임차인 본인뿐 아니라 그 배우자나 자녀 등 가족의 주민등록도 포함되고, 이러한 법리는 「재외동포의 출입국과 법적 지위에 관한 법률」에 의한 재외국민이 임차인인 경우에도 마찬가지로 적용된다고 보아야 한다(2015다14136).

4. 일시사용

이 법은 일시사용하기 위한 임대차임이 명백한 경우에는 적용하지 아니한다.

5. 미등기 전세에 준용

주택의 등기를 하지 아니한 전세계약에 관하여는 이 법을 준용한다. 이 경우 '전세금'은 '임대차의 보증금'으로 본다.

6. 편면적 강행규정

이 법의 규정에 위반된 약정으로서 임차인에게 불리한 것은 그 효력이 없다.

3 대항력

1. 대항력 발생

(1) 취득요건

임대차는 그 등기가 없는 경우에도 임차인이 주택의 인도와 주민등록을 마친 때에는 그 다음 날부터 제3자에 대하여 효력이 생긴다. 이 경우 전입신고를 한 때에 주민등록이 된 것으로 본다.

(2) 발생시기

대항력은 대항요건을 갖춘 다음 날 0시에 발생한다. 2026년 2월 5일 주택을 인도받고 주민등록을 하면 2월 6일 0시에 대항력을 취득한다. 만일, 2월 5일에 저당권이 등기되었다면 저당권이 선순위가 된다. 그러나 2월 6일 저당권이 등기되었다면 임차인이 저당권자보다 선순위가 된다.

(3) 내 용

임차주택의 양수인은 임대인의 지위를 승계한 것으로 본다.

⚖ 판례

1. 임대인의 지위승계

대항력 있는 주택임대차에 있어 임대차가 종료된 경우에도 임차인은 보증금을 반환받을 때까지 임대차관계가 존속하는 것으로 의제되므로 그러한 상태에서 임차목적물인 부동산이 양도되는 경우에는 양수인에게 임대차가 종료된 상태에서의 임대인으로서의 지위가 당연히 승계되고, 양수인이 임대인의 지위를 승계하는 경우에는 **임대차보증금 반환채무도 부동산의 소유권과 결합하여 일체로서 이전하는 것이므로 양도인의 임대인으로서의 지위나 보증금 반환채무는 소멸**하는 것이지만, 임차인의 보호를 위한 「주택임대차보호법」의 입법 취지에 비추어 임차인이 임대인의 지위승계를 원하지 않는 경우에는 **임차인이 임차주택의 양도 사실을 안 때로부터 상당한 기간 내에 이의를 제기**함으로써 승계되는 임대차관계의 구속으로부터 벗어날 수 있다고 봄이 상당하고, 그와 같은 경우에는 **양도인의 임차인에 대한 보증금 반환채무는 소멸하지 않는다**(2001다64615).

2. 임대차계약의 주된 목적

채권자가 채무자 소유의 주택에 관하여 채무자와 임대차계약을 체결하고 전입신고를 마친 다음 그곳에 거주하여 대항력을 취득한 외관을 갖추었다고 하더라도 임대차계약의 주된 목적이 주택을 사용수익하려는 것에 있는 것이 아니고, 실제적으로는 채권을 회수하려는 것에 있었던 경우에는 그러한 임차인에게 대항력을 부여할 수 없다(2007다55088).

2. 주민등록

(1) 임대차의 공시방법

① 주택의 인도 및 주민등록이라는 대항요건은 그 대항력 취득 시에만 구비하면 족한 것이 아니고 그 대항력을 유지하기 위하여서도 계속 존속하고 있어야 한다(97다43468).

② 임차인이 대항력 취득 후 가족과 함께 일시 다른 곳으로 주민등록을 이전했다가 재전입한 경우, 원래의 대항력은 소멸하고 재전입한 때부터 그와는 동일성이 없는 새로운 대항력이 다시 발생한다(97다43468).

③ 입주 및 주민등록을 마친 주택임차인이 가족의 주민등록은 그대로 둔 채 임차인만 주민등록을 일시 다른 곳으로 옮긴 경우 대항력은 상실되지 않는다(95다30338).

④ 주민등록이 주택임차인의 의사에 의하지 않고 제3자에 의하여 임의로 이전되었고 그와 같이 주민등록이 잘못 이전된 데 대하여 주택임차인에게 책임을 물을 만한 사유도 없는 경우, 주택임차인이 이미 취득한 대항력은 주민등록의 이전에도 불구하고 그대로 유지된다(2000다37012).

(2) 다가구 및 다세대주택

① **다가구용 단독주택**의 경우, 대항요건을 갖추기 위해서 지번 외에 호수까지 기재하여야 하는 것은 아니며, 지번을 정확히 기재했으나 호수를 잘못 기재한 경우도 대항력은 인정된다(97다29530).

② 임차인이 **다세대주택**의 동·호수 표시 없이 그 부지 중 일부 지번으로만 주민등록을 한 경우, 그 임차주택에 관한 임대차의 유효한 공시방법을 갖추었다고 볼 수 없다(95다48421).

③ 다가구용 단독주택이 다세대주택으로 변경되었다는 사정만으로 임차인이 이미 취득한 대항력을 상실하게 되는 것은 아니다(2006다70516).

(3) 공무원의 착오

① 임차인이 전입신고를 올바르게 하였는데 담당공무원의 착오로 주민등록표상에 지번이 틀리게 기재된 경우 대항력이 인정된다(91다18118).

② 주민등록의 신고는 행정청에 도달하기만 하면 신고로서의 효력이 발생하는 것이 아니라 **행정청이 수리한 경우에 비로소 신고의 효력이 발생**한다.

③ 정확한 지번과 동·호수로 주민등록 전입신고서를 작성·제출하였는데 담당공무원이 착오로 수정을 요구하여, **잘못된 지번으로 수정하고 동·호수 기재를 삭제한 주민등록 전입신고서를 다시 작성·제출하여 그대로 주민등록이 된** 사안에서, 그 주민등록이 임대차의 공시방법으로서 유효하지 않고 이것이 담당공무원의 요구에 기인한 것이라 하더라도 마찬가지이다(2006다17850).

(4) 주민등록 직권말소

① 주택임차인의 의사에 의하지 아니하고 시 · 군 · 구청장에 의하여 직권조치로 주민등록이 말소된 경우에도 원칙적으로 그 대항력은 상실된다.

② 직권말소 후 「주민등록법」 소정의 이의절차에 따라 그 말소된 주민등록이 회복되거나 재등록이 이루어짐으로써 주택임차인에게 주민등록을 유지할 의사가 있었다는 것이 명백히 드러난 경우에는 소급하여 그 대항력이 유지된다.

③ 그러나 그 직권말소가 「주민등록법」 소정의 이의절차에 의하여 회복된 것이 아닌 경우에는 직권말소 후 재등록이 이루어지기 이전에 주민등록이 없는 것으로 믿고 임차주택에 관하여 새로운 이해관계를 맺은 선의의 제3자에 대하여는 임차인은 대항력의 유지를 주장할 수 없다고 봄이 상당하다(2007다54023).

4. 대항력의 내용

(1) 주택을 매도함과 동시에 임차한 경우

甲이 주택에 관하여 소유권이전등기를 경료하고 주민등록 전입신고까지 마친 다음 거주하다가 乙에게 매도함과 동시에 그로부터 이를 다시 임차하여 계속 거주하기로 약정하고 임대차계약을 체결한 후에야 乙명의의 소유권이전등기가 경료된 경우, 甲이 임차인으로서 대항력을 갖는 시기는 乙명의의 소유권이전등기가 된 익일부터이다(99다59306).

(2) 저당권과의 관계

① 임차권은 선순위 저당권이 경매를 실행한 경우 그 경락으로 소멸하며, 임차인은 경매로 주택을 취득한 매수인에게 대항할 수 없다.

② 대항력 있는 임차인의 후순위 저당권이 경매를 실행한 경우 임차인은 경매로 주택을 취득한 매수인에게 대항할 수 있다.

③ 임차인의 후순위 저당권의 실행으로 주택이 경락된 경우, 선순위 저당권과 후순위 저당권 사이에 대항력을 갖춘 임차인은 경락인에 대하여 그 임차권의 효력을 주장할 수 없다(98다32939).

(3) 적법한 임대권한

① 임대차는 당사자 일방이 상대방에게 목적물을 사용 · 수익하게 할 것을 약정하고 상대방이 이에 대하여 차임을 지급할 것을 약정함으로써 성립하는 것으로서(「민법」 제618조 참조), **임대인이 그 목적물에 대한 소유권 기타 이를 임대할 권한이 없다고 하더라도 임대차계약은 유효하게 성립한다**(2010다59660).

② 적법한 임대권한이 없는 사람과 임대차계약을 체결한 경우, 「주택임대차보호법」이 적용되는지 않는다. 그리고 「주택임대차보호법」이 적용되는 임대차가 임차인과 주택의 소유자인 임대인 사이에 임대차계약이 체결된 경우로 한정되는 것은 아니나, 적어도 그 주택에 관하여 적법하게 임대차계약을 체결할 수 있는 권한을 가진 임대인이 임대차계약을 체결할 것이 요구된다(2012다93794).

③ 매매계약의 이행으로 주택을 인도받아 그 임대권한을 명시적 또는 묵시적으로 부여받은 매수인으로부터 매매계약의 해제 전에 그 주택을 임차하여 대항요건을 갖춘 임차인은 매매계약의 해제에도 불구하고 자신의 임차권으로 매도인의 명도청구에 대항할 수 있다(2008다65617).

4 우선변제권

1. 우선변제권 발생

(1) 성립요건

대항요건과 임대차계약증서상의 확정일자를 갖춘 임차인은 「민사집행법」에 따른 경매 또는 「국세징수법」에 따른 공매를 할 때에 임차주택(대지를 포함한다)의 환가대금에서 후순위권리자나 그 밖의 채권자보다 우선하여 보증금을 변제받을 권리가 있다.

(2) 발생 시기

① 주택의 인도와 주민등록을 한 당일 임대차계약서에 확정일자를 받은 경우 대항력과 마찬가지로 주민등록을 한 다음날 0시에 우선변제권이 발생한다.

② 임차인이 주택의 인도와 주민등록을 마치기 이전에 임대차계약증서상에 확정일자를 갖춘 경우, 우선변제권의 발생 시기는 주택의 인도와 주민등록을 마친 다음날이다(98다46938).

③ 주택의 인도와 주민등록(2월 5일)을 한 이후(2월 10일)에 확정일자를 받은 경우 대항력은 2월 6일 0시에 발생하며, 우선변제권은 2월 10일에 발생한다.

◇ 우선변제권 발생시기

구 분	주민등록	확정일자	대항력 발생	우선변제권 발생
임차인 甲	2월 5일	2월 5일	2월 6일 0시	2월 6일 0시
임차인 乙	2월 5일	1월 5일	2월 6일 0시	2월 6일 0시
임차인 丙	2월 5일	2월 10일	2월 6일 0시	2월 10일

(3) 경매되는 경우

① 임차권은 경매가 행하여진 경우에는 그 임차주택의 경락에 따라 소멸한다. 다만, **보증금이 모두 변제되지 아니한 대항력이 있는 임차권은 그러하지 아니하다**(법 제3조의5).

② '보증금이 모두 변제되지 아니한 대항력이 있는 임차권은 경락에 의하여 소멸하지 아니한다'는 소멸하지 않는 임차권의 내용에 대항력뿐만 아니라, 우선변제권도 당연히 포함되는 것으로 볼 수는 없다(2005다21166).

(4) 경매 시 배당요구

주택임대차보호법에 의하여 우선변제청구권이 인정되는 임대차보증금반환채권은 현행 법상 배당요구가 필요한 배당요구채권에 해당한다(98다12379).

2. 강제경매 신청

① 임차인이 임차주택에 대하여 보증금반환청구소송의 확정판결이나 그 밖에 이에 준하는 집행권원에 따라서 경매를 신청하는 경우에는 집행개시요건에 관한 「민사집행법」 제41조에도 불구하고 반대의무의 이행이나 이행의 제공을 집행개시의 요건으로 하지 아니한다(법 제3조의2 제1항). 즉, 주택을 명도하지 않고 경매를 신청할 수 있다.

② **임차인은 임차주택을 양수인에게 인도하지 아니하면 우선변제권 행사에 따른 보증금을 받을 수 없다**(법 제3조의2 제3항). 이는 경매절차에서 임차인이 보증금을 수령하기 위해서는 임차주택을 명도한 증명을 하여야 한다는 것을 의미하는 것이고, 임차인의 주택명도의무가 보증금반환의무보다 선이행되어야 하는 것은 아니다(93다55241).

③ 대항력과 우선변제권을 모두 가지고 있는 임차인이 집행권원을 얻어 **강제경매를 신청하였다면** 우선변제권을 인정받기 위하여 배당요구의 종기까지 **별도로 배당요구를 하여야 하는 것은 아니다**(2013다27831).

3. 우선변제권 관련 판례

(1) 우선변제 요건의 유지

공시방법이 없는 주택임대차에 있어서 주택의 **인도와 주민등록**이라는 우선변제의 요건은 그 우선변제권 취득 시에만 구비하면 족한 것이 아니고, 「민사집행법」상 **배당요구의 종기까지 계속 존속**하고 있어야 한다(2007다17475).

(2) 임대차계약의 갱신

① 대항력을 갖춘 임차인이 **저당권설정등기 이후에** 임대인과의 합의에 의하여 **보증금을 증액**한 경우 보증금 중 **증액 부분에 관하여는** 저당권에 기하여 건물을 경락받은 소유자에게 **대항할 수 없다**(90다카11377).

② 임차인이 대항력과 확정일자를 갖춘 후에 임대차계약이 갱신되더라도 최초 대항력과 확정일자를 갖춘 때를 기준으로 종전 임대차 내용에 따른 우선변제권을 행사할 수 있다(2012다45689).

(3) 임차주택의 대지

① 미등기주택의 임차인은 임차주택 대지의 환가대금에 대하여 우선변제권을 행사할 수 있다(2004다26133).

② 확정일자를 갖춘 임차인과 소액임차인은 임차주택과 그 대지가 함께 경매될 경우뿐만 아니라 임차주택과 별도로 그 **대지만이 경매될 경우에도 그 대지의 환가대금에 대하여 우선변제권을 행사할 수 있고**, 임대차 성립 당시 임대인의 소유였던 대지가 타인에게 양도되어 임차주택과 대지의 소유자가 서로 달라지게 된 경우에도 마찬가지이다(2004다26133).

③ 여러 필지의 임차주택 대지 중 일부가 타인에게 양도되어 일부 대지만이 경매되는 경우에도 임차인은 대지의 매각대금에서 우선변제를 받을 수 있다(2012다45689).

(4) 주택임차인이 전세권자인 경우

① 주택임차인이 그 지위를 강화하고자 별도로 전세권설정등기를 마친 경우, **주택임차인이 대항요건을 상실하면 이미 취득한 「주택임대차보호법」상의 대항력 및 우선변제권을 상실한다**(2004다69741).

② 최선순위 전세권자로서의 지위와 「주택임대차보호법」상 대항력을 갖춘 임차인으로서의 지위를 함께 가지고 있는 사람이 전세권자로서 배당요구를 하여 전세권이 매각으로 소멸된 경우, 변제받지 못한 나머지 보증금에 대하여 임차권으로 대항력을 행사할 수 있다(2010마900).

③ 「주택임대차보호법」상 임차인으로서의 지위와 전세권자로서의 지위를 함께 가지고 있는 자가 임차인으로서의 지위에 기하여 경매법원에 배당요구를 한 경우, 전세권에 관하여도 배당요구가 있는 것으로 볼 수는 없다(2009다40790).

④ 임대인과 임차인이 임대차보증금반환채권을 담보할 목적으로 전세권을 설정하기 위해 전세권설정계약을 체결하였다면, 임대차보증금에서 연체차임 등을 공제하고 남은 돈을 전세금으로 하는 것이 임대인과 임차인의 합치된 의사라고 볼 수 있다. 그러나 전세권설정계약은 외관상으로는 그 내용에 차임지급 약정이 존재하지 않고 이에 따라 전세금에서 연체차임이 공제되지 않는 등 임대인과 임차인의 진의와 일치하지 않는 부분이 존재한다. 따라서 **임대차계약에 따른 임차보증금반환채권을 담보할 목적으로 전세권설정등기를 마친 경우 전세권설정자는 전세권을 양수한 선의의 제3자에 대해서는 연체차임 공제 주장으로 대항할 수 없다**(2020다257999).

⑸ 보증금의 일부만 지급한 상태에서 인도와 확정일자를 갖춘 경우

① '주택의 인도'는 임차목적물인 주택에 대한 점유의 이전을 말하며 반드시 물건을 물리적·현실적으로 지배할 필요는 없고 사회통념에 따라 합목적적으로 판단하여야 하므로 임대주택을 인도하는 경우에는 임대인이 임차인에게 현관이나 대문의 열쇠를 넘겨 주었는지, 자동문 비밀번호를 알려주었는지, 이사를 할 수 있는지 등도 고려하여야 한다(2017다212194).

② 임차인에게 우선변제권이 인정되기 위하여 대항요건과 임대차계약증서상의 확정일자를 갖추는 것 외에 계약 당시 임차보증금이 전액 지급되어 있을 것을 요구하지는 않는다. 따라서 임차인이 임대인에게 임차보증금의 일부만을 지급하고 대항요건과 임대차계약증서상의 확정일자를 갖춘 다음 나머지 보증금을 나중에 지급하였다고 하더라도 특별한 사정이 없는 한 **대항요건과 확정일자를 갖춘 때를 기준으로 임차보증금 전액에 대해서 후순위권리자나 그 밖의 채권자보다 우선하여 변제를 받을 권리를 갖는다**고 보아야 한다(2017다212194).

4. 금융기관의 우선변제권 승계

① 다음의 금융기관 등이 우선변제권을 취득한 임차인의 보증금반환채권을 계약으로 양수한 경우에는 **양수한 금액의 범위에서 우선변제권을 승계**한다.

> ㉠ 은행, 중소기업은행, 한국산업은행, 농협은행, 수협은행, 체신관서
> ㉡ 한국주택금융공사, 주택도시보증공사, 보증보험을 보험종목으로 허가받은 보험회사

② 우선변제권을 승계한 금융기관 등은 다음의 어느 하나에 해당하는 경우에는 **우선변제권을 행사할 수 없다.**

> ㉠ 임차인이 대항요건을 상실한 경우
> ㉡ 임차권등기명령에 따른 임차권등기 또는 「민법」 제621조에 따른 임대차등기가 말소된 경우

③ 금융기관 등은 **우선변제권을 행사**하기 위하여 임차인을 대리하거나 대위하여 **임대차를 해지할 수 없다.**

④ 우선변제권을 승계한 금융기관이 경매절차에서 배당요구를 하여 보증금 중 일부를 배당받은 경우, 주택임대차의 대항요건이 존속되는 한 임차인은 보증금반환채권을 양수한 금융기관이 보증금 잔액을 반환받을 때까지 임차주택의 양수인을 상대로 임대차관계의 존속을 주장할 수 있다(2022다255126).

5 확정일자 부여 및 임대차 정보제공 등

1. 확정일자 부여기관

(1) 부여기관

① 확정일자는 주택 소재지의 읍·면사무소, 동 주민센터 또는 시(특별시·광역시·특별자치시는 제외하고, 특별자치도 포함)·군·구(자치구)의 출장소, **지방법원 및 그 지원과 등기소 또는 「공증인법」에 따른 공증인**이 부여한다.

② 확정일자 부여기관은 해당 주택의 소재지, 확정일자 부여일, 차임 및 보증금 등을 기재한 확정일자부를 작성하여야 한다. 이 경우 전산처리정보조직을 이용할 수 있다.

(2) 확정일자부 기재사항

① 확정일자번호

② 확정일자 부여일

③ 임대인·임차인의 인적사항
   ㉠ 자연인인 경우: 성명, 주소, 주민등록번호(외국인은 외국인등록번호)
   ㉡ 법인이거나 법인 아닌 단체인 경우: 법인명·단체명, 법인등록번호·부동산등기용등록번호, 본점·주사무소 소재지

④ 주택 소재지

⑤ 임대차 목적물

⑥ 임대차 기간

⑦ 차임·보증금

⑧ 신청인의 성명과 주민등록번호 앞 6자리(외국인은 외국인등록번호 앞 6자리)

(3) 확정일자 부여

확정일자는 확정일자 번호, 확정일자 부여일 및 확정일자 부여기관을 주택임대차계약증서에 표시하는 방법으로 부여한다.

2. 임대차 정보제공

(1) 임대인의 정보 제시 의무

임대차계약을 체결할 때 임대인은 다음의 사항을 임차인에게 제시하여야 한다.

① 해당 주택의 확정일자 부여일, 차임 및 보증금 등 정보. 다만, 임대인이 임대차계약을 체결하기 전에 임차인과 동의함으로써 이를 갈음할 수 있다.

② 「국세징수법」에 따른 납세증명서 및 「지방세징수법」에 따른 납세증명서. 다만, 임대인이 임대차계약을 체결하기 전에 「국세징수법」에 따른 미납국세와 체납액의 열람 및 「지방세징수법」에 따른 미납지방세의 열람에 각각 동의함으로써 이를 갈음할 수 있다.

(2) 주택의 임대차에 이해관계가 있는 자의 범위

① 해당 주택의 임대인·임차인

② 해당 주택의 소유자

③ 해당 주택 또는 그 대지의 등기기록에 기록된 권리자

④ 우선변제권을 승계한 금융기관

⑤ 임대인의 직접 거주사유로 계약의 갱신이 거절된 임대차계약의 임차인이었던 자

(3) 요청할 수 있는 정보의 범위

① 임대차목적물

② 임대인·임차인의 인적사항

③ 확정일자 부여일

④ 차임·보증금

⑤ 임대차기간

(제5조 제5호에 해당하는 자는 임대인·임차인의 성명, 법인명 또는 단체명으로 한정한다)

(4) 요청할 수 있는 정보의 범위 및 제공방법

① 주택의 임대차에 이해관계가 있는 자는 확정일자 부여기관에 해당 주택의 확정일자 부여일, 차임 및 보증금 등 정보의 제공을 요청할 수 있다. 이 경우 요청을 받은 확정일자 부여기관은 정당한 사유 없이 이를 거부할 수 없다.

② **해당 주택의 임대인·임차인**: 확정일자부여기관에 해당 임대차계약에 관한 다음 사항의 열람 또는 그 내용을 기록한 서면의 교부를 요청할 수 있다.

> ㉠ 임대인·임차인의 인적사항
> ㉡ 임대차목적물
> ㉢ 확정일자 부여일
> ㉣ 차임·보증금
> ㉤ 임대차기간

③ **임대인의 직접 거주 사유로 계약의 갱신이 거절된 임대차계약의 임차인이었던 자**: 다음 사항의 열람 또는 그 내용을 기록한 서면의 교부를 요청할 수 있다.

> ㉠ 임대인·임차인의 인적사항(임대인·임차인의 성명, 법인명 또는 단체명으로 한정한다)
> ㉡ 임대차목적물
> ㉢ 확정일자 부여일
> ㉣ 차임·보증금
> ㉤ 임대차기간

④ **주택의 소유자, 주택 또는 그 대지의 등기기록에 기록된 권리자, 우선변제권을 승계한 금융기관**: 다음 사항의 열람 또는 그 내용을 기록한 서면의 교부를 요청할 수 있다.

> ㉠ 임대차목적물
> ㉡ 확정일자 부여일
> ㉢ 차임·보증금
> ㉣ 임대차기간

⑤ **임대차계약을 체결하려는 자**: **임대인의 동의를 받아** 다음 사항의 열람 또는 그 내용을 기록한 서면의 교부를 요청할 수 있다.

> ㉠ 임대차목적물
> ㉡ 확정일자 부여일
> ㉢ 차임·보증금
> ㉣ 임대차기간

⑥ 확정일자 부여기관에 내야 하는 수수료는 확정일자 부여에 관한 수수료와 정보제공에 관한 수수료로 구분하며, 그 구체적인 금액은 법무부령으로 정한다.

⑦ 「국민기초생활 보장법」에 따른 수급자 등 법무부령으로 정하는 사람에 대해서는 수수료를 면제할 수 있다.

6 소액임차인의 최우선변제권

1. 취득요건

① 주택에 대한 경매개시결정등기 전에 대항요건을 갖춘 소액임차인은 보증금 중 일정액을 다른 담보물권자보다 우선하여 변제받을 권리가 있다(법 제8조 제1항).

② 소액임차인은 보증금 중 일정액을 선순위 담보물권자보다 우선변제를 받을 수 있기 때문에 후순위 권리자보다 보증금의 우선변제를 받을 수 있는 확정일자와는 무관하다. 따라서 **경매신청등기 전에 대항요건만 갖추면 되고 확정일자는 갖추지 않아도 된다.**

2. 소액임차인의 보호

(1) 소액보증금의 범위

소액임차인 및 보증금 중 일정액의 범위와 기준은 주택임대차위원회의 심의를 거쳐 대통령령으로 정하며, 주택가액(대지가액 포함)의 2분의 1을 넘지 못한다.

◇ **소액임차인의 보증금 중 일정액 보호범위**

구 분 시 기	지 역	소액임차인의 범위	최우선변제금
2021. 5. 11. ~ 2023. 2. 20	서울특별시	1억 5천만원 이하	5천만원까지
	수도권 중 과밀억제권역, 인천광역시, 세종특별자치시, 용인시, 화성시 및 김포시	1억 3천만원 이하	4,300만원까지
	광역시(군·인천 제외), 안산시, 광주시, 파주시, 이천시 및 평택시	7,000만원 이하	2,300만원까지
	그 밖의 지역, 광역시의 군지역	6,000만원 이하	2천만원까지
2023. 2. 21. ~	서울특별시	1억 6천500만원 이하	5,500만원까지
	수도권 중 과밀억제권역, 인천광역시, 세종특별자치시, 용인시, 화성시 및 김포시	1억 4천500만원 이하	4,800만원까지
	광역시(군·인천 제외), 안산시, 광주시, 파주시, 이천시 및 평택시	8,500만원 이하	2,800만원까지
	그 밖의 지역, 광역시의 군지역	7,500만원 이하	2,500만원까지

(2) 보증금 중 일정액의 우선변제의 기준

① 임차인의 선순위에 저당권(담보물권)이 있는 경우 저당권 설정일을 기준으로 소액임차인에 해당하는지 여부와 소액임차인범위 및 최우선변제금액을 결정한다. 예를 들어 선순위 저당권이 2022. 7. 1.에 설정된 경우라면 그 이후에 임차한 임차인은 1억 5천만원 이하이어야 소액임차인에 해당하며 5천만원까지 최우선변제금을 받을 수 있다.

② 소액임차인 여부를 판단할 때 월차임은 고려하지 않는다. 서울특별시에서 보증금이 1억 6천5백만원 이하인 경우에는 월차임이 있더라도 소액임차인에 해당한다.

(3) 임차인이 여러 명인 경우

① 하나의 주택에 임차인이 2명 이상이고, 그 각 보증금 중 일정액을 모두 합한 금액이 주택가액의 2분의 1을 초과하는 경우에는 그 각 보증금 중 일정액을 모두 합한 금액에 대한 각 임차인의 보증금 중 일정액의 비율로 그 주택가액의 2분의 1에 해당하는 금액을 분할한 금액을 각 임차인의 보증금 중 일정액으로 본다.

② 하나의 주택에 임차인이 2명 이상이고 이들이 그 주택에서 가정공동생활을 하는 경우에는 이들을 1명의 임차인으로 보아 이들의 각 보증금을 합산한다.

3. 주택임대차위원회

(1) 설치 및 구성

① 우선변제를 받을 소액임차인 및 보증금 중 일정액의 범위와 기준을 심의하기 위하여 **법무부**에 주택임대차위원회를 둔다.

② 위원회는 위원장 1명을 포함한 **9명 이상 15명 이하의 위원**으로 성별을 고려하여 구성한다.

③ 위원회의 위원장은 **법무부차관**이 된다.

④ 위원회의 위원은 위원장이 임명하거나 위촉한다.

(2) 위원의 임기 등

위원의 임기는 2년으로 하되, 한 차례만 연임할 수 있다. 다만, 공무원인 위원의 임기는 그 직위에 재직하는 기간으로 한다.

(3) 위원장의 직무

① 위원장은 위원회를 대표하고, 위원회의 업무를 총괄한다.

② 위원장이 부득이한 사유로 인하여 직무를 수행할 수 없을 때에는 위원장이 미리 지명한 위원이 그 직무를 대행한다.

⑷ **위원회의 회의**

① 위원회의 회의는 **매년 1회 개최되는 정기회의와 위원장이 필요하다고 인정하거나 위원 3분의 1 이상이 요구할 경우에 개최되는 임시회의**로 구분하여 운영한다.

② 위원장은 위원회의 회의를 소집하고, 그 의장이 된다.

③ 위원회의 회의는 재적위원 과반수의 출석으로 개의하고, 출석위원 과반수의 찬성으로 의결한다.

④ 위원회의 회의는 비공개로 한다.

⑸ **전문위원**

위원회의 심의사항에 관한 전문적인 조사 · 연구업무를 수행하기 위하여 5명 이내의 전문위원을 둘 수 있다.

4. 소액임차인 관련 판례

① 대지에 관한 저당권의 실행으로 경매가 진행된 경우에도 그 지상**건물의 소액임차인은 대지의 환가대금 중에서 소액보증금을 우선변제 받을 수 있다고 할 것이나, 이와 같은 법리는 대지에 관한 저당권설정 당시에 이미 그 지상건물이 존재하는 경우에만 적용될 수 있는 것**이다(99다25532).

② 처음 임대차계약을 체결할 당시에는 보증금액이 많아 소액임차인에 해당하지 않았지만 그 후 새로운 임대차계약에 의하여 정당하게 보증금을 감액하여 소액임차인에 해당하게 되었다면, 그 임대차계약이 통정허위표시에 의한 계약이어서 무효라는 등의 특별한 사정이 없는 한 그러한 임차인은 소액임차인으로 보호받을 수 있다(2007다23203).

③ 「주택임대차보호법」은 임차주택이 관할관청의 허가를 받은 건물인지, 등기를 마친 건물인지 아닌지를 구별하고 있지 아니하며, 건물 등기부상 '건물내역'을 제한하고 있지도 않으므로, 점포 및 사무실로 사용되던 건물에 근저당권이 설정된 후 그 건물이 주거용 건물로 용도 변경되어 이를 임차한 소액임차인도 특별한 사정이 없는 한 보증금 중 일정액을 근저당권자보다 우선하여 변제받을 권리가 있다(2009다26879).

7 임차권등기명령

1. 임차권등기명령 신청

임대차가 끝난 후 보증금을 반환받지 못한 임차인은 임차주택의 소재지를 관할하는 지방법원·지방법원지원 또는 시·군 **법원**에 임차권등기명령을 신청할 수 있다.

2. 효 력

① 임차인은 임차권등기명령의 집행에 따른 임차권등기를 마치면 대항력과 우선변제권을 취득한다. 다만, 임차인이 임차권등기 이전에 이미 대항력이나 우선변제권을 취득한 경우에는 그 대항력이나 우선변제권은 그대로 유지되며, 임차권등기 이후에는 대항요건을 상실하더라도 이미 취득한 대항력이나 우선변제권을 상실하지 아니한다.

② 임차권등기명령의 집행에 따른 임차권등기가 끝난 주택(임대차의 목적이 주택의 일부분인 경우에는 해당 부분으로 한정한다)을 그 **이후에 임차한 임차인은 보증금 중 일정액에 대한 우선변제를 받을 권리가 없다.**

③ 임차권등기가 마쳐진 주택을 임차한 임차인에게도 소액임차보증금에 관한 최우선변제권을 제외한 대항력과 우선변제권은 인정할 수 있다(2022다246610).

④ 임차권등기명령의 신청을 기각하는 결정에 대하여 임차인은 항고할 수 있다.

⑤ 임차인은 임차권등기명령의 **신청**과 그에 따른 임차권등기와 **관련**하여 든 비용을 **임대인에게 청구할 수 있다.**

⑥ 임차인의 우선변제권을 승계한 금융기관 등은 임차인을 대위하여 임차권등기명령을 신청할 수 있다.

3. 판 례

① 임대인의 **임대차보증금의 반환의무가** 임차인의 임차권등기 말소의무보다 **먼저 이행**되어야 할 의무이다(2005다4529).

② 임차권등기명령에 의한 임차권등기가 첫 경매개시결정등기 전에 등기된 경우, 임차인은 **별도로 배당요구를 하지 않아도 당연히 배당받을 채권자**에 속하는 것으로 보아야 한다(2005다33039).

③ 임차인은 임차권등기명령 신청비용과 임차권등기비용에 대한 비용상환청구권을 민사소송으로 그 비용을 청구하거나, **상계의 자동채권**으로 삼는 등의 방법으로 비용상환청구권을 행사할 수 있다(2024다221455).

8 존속기간, 법정갱신, 계약갱신요구, 차임의 증액 등

1. 임대차기간

① 기간을 정하지 아니하거나 기간을 2년 미만으로 정한 임대차는 그 기간을 2년으로 본다. 다만, **임차인**은 2년 미만으로 정한 기간이 유효함을 주장할 수 있다. 임대인은 2년 미만으로 정한 기간의 유효함을 주장할 수 없다.

② 임대차기간이 끝난 경우에도 임차인이 보증금을 반환받을 때까지는 임대차관계가 존속되는 것으로 본다.

③ 임차인이 임대차 종료 후 동시이행항변권을 근거로 임차목적물을 계속 점유하고 있는 경우, 보증금반환채권에 대한 소멸시효는 진행하지 않는다(2016다244224).

2. 묵시적 갱신

① 임대인이 임대차기간이 끝나기 6개월 전부터 2개월 전까지의 기간에 임차인에게 갱신거절 또는 조건을 변경하지 아니하면 갱신하지 아니한다는 뜻의 통지를 하지 아니한 경우에는 그 기간이 끝난 때에 전 임대차와 동일한 조건으로 다시 임대차한 것으로 본다. 임차인이 임대차기간이 끝나기 2개월 전까지 통지하지 아니한 경우에도 또한 같다.

② 법정 갱신된 경우 임대차의 존속기간은 2년으로 본다. 다만, 2기의 차임액에 달하도록 차임을 연체하거나 그 밖에 임차인으로서의 의무를 현저히 위반한 임차인에 대하여는 이를 적용하지 아니한다.

③ 묵시적 갱신이 된 후 **임차인은 언제든지 임대인에게 계약해지를 통지할 수 있다.** 해지는 임대인이 그 통지를 받은 날부터 3개월이 지나면 그 효력이 발생한다. 임대인은 계약해지를 통지할 수 없다.

3. 계약갱신요구 등

(1) 계약갱신요구의 거절사유

① 임대인은 임차인이 임대차기간이 끝나기 6개월 전부터 2개월 전까지의 기간 이내에 계약갱신을 요구할 경우 정당한 사유 없이 거절하지 못한다. 다만, 다음의 어느 하나에 해당하는 경우에는 그러하지 아니하다.

> ㉠ 임차인이 **2기**의 차임액에 해당하는 금액에 이르도록 차임을 연체한 사실이 있는 경우
>
> ㉡ 임차인이 거짓이나 그 밖의 부정한 방법으로 임차한 경우
>
> ㉢ **서로 합의하여** 임대인이 임차인에게 상당한 보상을 제공한 경우

ㄹ 임차인이 임대인의 동의 없이 목적 주택의 전부 또는 일부를 전대(轉貸)한 경우

ㅁ 임차인이 임차한 주택의 전부 또는 일부를 고의나 **중대한 과실**로 파손한 경우

ㅂ 임차한 주택의 전부 또는 일부가 멸실되어 임대차의 목적을 달성하지 못할 경우

ㅅ 임대인이 다음의 어느 하나에 해당하는 사유로 목적 주택의 전부 또는 대부분을 철거하거나 재건축하기 위하여 목적 주택의 점유를 회복할 필요가 있는 경우

> ⓐ 임대차계약 체결 당시 공사시기 및 소요기간 등을 포함한 철거 또는 재건축 계획을 임차인에게 구체적으로 고지하고 그 계획에 따르는 경우
> ⓑ 건물이 노후·훼손 또는 일부 멸실되는 등 안전사고의 우려가 있는 경우
> ⓒ 다른 법령에 따라 철거 또는 재건축이 이루어지는 경우

ㅇ **임대인(임대인의 직계존속·직계비속·주택의 양수인을 포함**한다)이 목적 주택에 실제 거주하려는 경우

ㅈ 그 밖에 임차인이 임차인으로서의 의무를 현저히 위반하거나 임대차를 계속하기 어려운 중대한 사유가 있는 경우

② 임차인은 계약갱신요구권을 1**회에 한하여** 행사할 수 있다. 이 경우 갱신되는 임대차의 존속기간은 2년으로 본다.

③ 갱신되는 임대차는 전 임대차와 동일한 조건으로 다시 계약된 것으로 본다.

④ 임대인은 20분의 1 범위에서 차임 또는 보증금의 증액을 청구할 수 있다.

⑵ 계약갱신요구권 행사 이후 계약의 해지

① 임차인의 계약갱신요구에 따라 갱신된 이후 임차인은 언제든지 임대인에게 계약해지를 통지할 수 있다. 해지는 임대인이 그 통지를 받은 날부터 3개월이 지나면 그 효력이 발생한다.

② 임대차계약의 갱신을 요구한 경우, 갱신의 효력이 발생하는 시점은 임대인에게 갱신요구가 도달한 때이다(2023다258672).

③ 임차인의 계약해지 통지가 갱신된 임대차계약 기간이 개시되기 전에 임대인에게 도달한 경우, 그 해지의 효력이 발생하는 시점은 **해지통지 후 3개월이 지난 때**이다(2023다258672).

⑶ 손해배상

① 임대인이 직접 거주의 목적으로 갱신을 거절하였음에도 불구하고 갱신요구가 거절되지 아니하였더라면 갱신되었을 기간이 만료되기 전에 정당한 사유 없이 제3자에게 목적 주택을 임대한 경우 임대인은 갱신거절로 인하여 임차인이 입은 손해를 배상하여야 한다.

② 손해배상액은 거절 당시 당사자 간에 손해배상액의 예정에 관한 합의가 이루어지지 않는 한 다음의 금액 중 **큰** 금액으로 한다.

> ㉠ 갱신거절 당시 월차임(차임 외에 보증금이 있는 경우에는 그 보증금을 월 단위의 차임으로 전환한 금액을 포함한다. 이하 "환산월차임"이라 한다)의 **3개월분**에 해당하는 금액
> ㉡ 임대인이 제3자에게 임대하여 얻은 환산월차임과 갱신거절 당시 환산월차임 간 차액의 **2년분**에 해당하는 금액
> ㉢ 임대인의 직접 거주 사유로 인한 갱신거절로 인하여 임차인이 입은 손해액

4. 차임증감청구권 등

(1) 차임 등 증액청구

① **증감청구**: 당사자는 약정한 차임 또는 보증금이 임차주택에 관한 조세·공과금, 그 밖의 부담의 증감이나 경제사정의 변동으로 인하여 적절하지 아니하게 된 때에는 그 장래에 대하여 그 증액 또는 감액을 청구할 수 있다.

② **증액**: 증액청구는 약정한 차임이나 보증금의 **20분의 1**의 금액을 초과하지 못하며 차임이나 보증금의 증액이 있은 후 **1년 이내**에는 이를 하지 못한다. 다만, 특별시·광역시·특별자치시·도 및 특별자치도는 관할 구역 내의 지역별 임대차 시장 여건 등을 고려하여 20분의 1 범위에서 증액청구의 상한을 조례로 달리 정할 수 있다.

③ **판례**: 위 규정은 임대차계약의 존속 중 당사자 일방이 약정한 차임 등의 증감을 청구한 때에 한하여 적용되고, 임대차계약이 **종료된 후 재계약**을 하거나 또는 임대차계약 종료 전이라도 당사자의 합의로 차임 등이 증액된 경우에는 적용되지 않는다.

④ **감액**: 감액청구는 제한이 없으므로 20분의 1을 초과하여 감액을 청구할 수 있으며 감액을 한 후 1년 이내에도 다시 감액을 청구할 수 있다.

(2) 보증금의 월차임 전환

보증금의 전부 또는 일부를 월 단위의 차임으로 전환하는 경우에는 그 전환되는 금액에 다음 중 낮은 비율을 곱한 월차임의 범위를 초과할 수 없다.

> ① 연 1할
> ② 한국은행에서 공시한 기준금리에 연 2%를 더한 비율

(3) 초과 차임 등의 반환청구

임차인이 증액비율을 초과하여 차임 또는 보증금을 지급하거나 월차임 산정률을 초과하여 차임을 지급한 경우에는 초과 지급된 차임 또는 보증금 상당금액의 반환을 청구할 수 있다.

5. 주택 임차권의 승계

① 임차인이 상속인 없이 사망한 경우에 그 주택에서 가정공동생활을 하던 사실상의 혼인관계에 있는 자가 임차인의 권리와 의무를 승계한다.

② 임차인이 사망한 때에 사망 당시 상속인이 그 주택에서 가정공동생활을 하고 있지 아니한 경우에는 그 주택에서 가정공동생활을 하던 사실상의 혼인관계에 있는 자와 2**촌** 이내의 친족이 공동으로 임차인의 권리와 의무를 승계한다.

③ 임차인의 사망 후 1**개월** 이내에 임대인에게 승계 대상자가 반대의사를 표시하면 임차권을 승계하지 않는다.

④ 임대차 관계에서 생긴 채권·채무는 임차인의 권리의무를 승계한 자에게 귀속된다.

6. 주택임대차표준계약서 사용

주택임대차계약을 서면으로 체결할 때에는 법무부장관이 국토교통부장관과 협의하여 정하는 주택임대차표준계약서를 우선적으로 사용한다. 다만, 당사자가 다른 서식을 사용하기로 합의한 경우에는 그러하지 아니하다.

9 주택임대차분쟁조정위원회

1. 주택임대차분쟁조정위원회

(1) 조정위원회의 설치

① 주택임대차와 관련된 분쟁을 심의·조정하기 위하여 대통령령으로 정하는 바에 따라 대한법률구조공단의 지부, 한국토지주택공사의 지사 또는 사무소 및 한국부동산원의 지사 또는 사무소에 조정위원회를 둔다.

② 특별시 · 광역시 · 특별자치시 · 도 및 특별자치도(이하 '시 · 도'라 한다)는 그 지방자치
단체의 실정을 고려하여 조정위원회를 둘 수 있다.

⑵ 심의 및 조정사항

조정위원회는 다음의 사항을 심의 · 조정한다.

> ① 차임 또는 보증금의 증감에 관한 분쟁
> ② 임대차 기간에 관한 분쟁
> ③ 보증금 또는 임차주택의 반환에 관한 분쟁
> ④ 임차주택의 유지 · 수선 의무에 관한 분쟁
> ⑤ 그 밖에 대통령령으로 정하는 주택임대차에 관한 분쟁
>
> > ㉠ 임대차계약의 이행 및 임대차계약 내용의 해석에 관한 분쟁
> > ㉡ 임대차계약 갱신 및 종료에 관한 분쟁
> > ㉢ 임대차계약의 불이행 등에 따른 손해배상청구에 관한 분쟁
> > ㉣ 공인중개사 보수 등 비용부담에 관한 분쟁
> > ㉤ 주택임대차표준계약서 사용에 관한 분쟁

2. 조정위원회의 구성 및 운영

⑴ 구성 및 위원

① 조정위원회는 위원장 1명을 포함하여 **5명 이상 30명 이하의 위원**으로 성별을 고려하
여 구성한다.

② 공단 조정위원회 위원은 조정위원회를 두는 기관에 따라 공단 이사장, 공사 사장, 부
동산원 원장 또는 조정위원회를 둔 지방자치단체의 장이 각각 임명하거나 위촉한다.

⑵ 위원장

① 조정위원회의 위원장은 위원 중 '판사 · 검사 또는 변호사로 6년 이상 재직한 사람'중
에서 위원들이 호선한다.

② 조정위원회위원장은 조정위원회를 대표하여 그 직무를 총괄한다.

③ 조정위원회위원장이 부득이한 사유로 직무를 수행할 수 없는 경우에는 조정위원회 위
원장이 미리 지명한 조정위원이 그 직무를 대행한다.

⑶ 임 기

조정위원의 **임기는 3년으로 하되 연임할 수 있으며**, 보궐위원의 임기는 전임자의 남은
임기로 한다.

3. 조정신청

① 주택임대차분쟁의 당사자는 해당 주택이 소재하는 지역을 관할하는 조정위원회에 분쟁의 조정을 신청할 수 있다.

② 조정위원회는 신청인이 조정을 신청할 때 조정절차 및 조정의 효력 등 분쟁조정에 관하여 대통령령으로 정하는 사항을 안내하여야 한다.

4. 조정절차

⑴ 조정절차 개시

① 조정위원회의 위원장은 신청인으로부터 조정신청을 접수한 때에는 지체 없이 조정절차를 개시하여야 한다.

② 조정위원회의 위원장은 조정신청을 접수하면 피신청인에게 조정신청서를 송달하여야 한다.

⑵ 처리기간

조정위원회는 분쟁의 조정신청을 받은 날부터 60일 이내에 그 분쟁조정을 마쳐야 한다. 다만, 부득이한 사정이 있는 경우에는 조정위원회의 의결을 거쳐 30일의 범위에서 그 기간을 연장할 수 있다.

⑶ 조정의 성립

① 조정위원회가 조정안을 작성한 경우에는 그 조정안을 지체 없이 각 당사자에게 통지하여야 한다.

② 조정안을 통지받은 당사자가 통지받은 날부터 14일 **이내에 수락의 의사를 서면으로 표시하지 아니한 경우에는 조정을 거부한 것으로 본다.**

③ 각 당사자가 조정안을 수락한 경우에는 조정안과 동일한 내용의 합의가 성립된 것으로 본다.

예제

甲은 2017. 1. 28. 자기소유의 X주택을 2년간 乙에게 임대하는 계약을 체결하였다. 개업공인중개사가 이 계약을 중개하면서 「주택임대차보호법」과 관련하여 설명한 내용으로 옳은 것은?

제28회

① 乙은 「공증인법」에 따른 공증인으로부터 확정일자를 받을 수 없다.

② 乙이 X주택의 일부를 주거 외 목적으로 사용하면 「주택임대차보호법」이 적용되지 않는다.

③ 임대차계약이 묵시적으로 갱신된 경우, 甲은 언제든지 乙에게 계약해지를 통지할 수 있다.

④ 임대차 기간에 관한 분쟁이 발생한 경우, 甲은 주택임대차분쟁조정위원회에 조정을 신청할 수 없다.

⑤ 경제사정의 변동으로 약정한 차임이 과도하게 되어 적절하지 않은 경우, 임대차기간 중 乙은 그 차임의 20분의 1의 금액을 초과하여 감액을 청구할 수 있다.

해설 ⑤ 증액의 경우에는 20분의 1을 초과할 수 없으나, 감액청구는 제한 없이 가능하다.

① 확정일자는 읍·면사무소, 동 주민센터, 시(특별시·광역시·특별자치시는 제외하고, 특별자치도 포함)·군·구(자치구)의 출장소, 지방법원, 그 지원, 등기소 또는 「공증인법」에 따른 공증인이 부여한다.

② 임차주택의 일부를 주거 외의 목적으로 사용하는 경우에도 동법이 적용된다.

③ 묵시적으로 갱신된 경우, 임차인(乙)은 임대인(甲)에게 계약해지를 통지할 수 있다.

④ 차임 또는 보증금의 증감에 관한 분쟁, 임대차 기간에 관한 분쟁, 보증금 또는 임차주택의 반환에 관한 분쟁, 임차주택의 유지·수선 의무에 관한 분쟁 등이 있는 경우 주택임대차분쟁조정위원회에 조정을 신청할 수 있다.

▶▶ 정답 ⑤

제2절 「상가건물 임대차보호법」 제33회, 제35회, 제36회

1 제정목적

이 법은 상가건물 임대차에 관하여 「민법」에 대한 특례를 규정하여 국민 경제생활의 안정을 보장함을 목적으로 한다(법 제1조).

2 적용범위

1. 적용받는 임대차

① 사업자등록의 대상이 되는 상가건물의 임대차에 대하여 적용한다.

② 임대차 목적물의 주된 부분을 영업용으로 사용하는 경우에도 동법의 적용을 받는다.

③ 「상가건물 임대차보호법」이 적용되는 상가건물에 해당하는지는 공부상 표시가 아닌 건물의 현황·용도 등에 비추어 영업용으로 사용하느냐에 따라 실질적으로 판단하여야 하고, 단순히 상품의 **보관·제조·가공 등 사실행위**만이 이루어지는 공장·창고 등은 영업용으로 사용하는 경우라고 할 수 없다(2009다40967).

2. 환산보증금 범위 내

① 아래 표에 규정된 환산보증금 이하의 상가건물 임차인은 동법 전부의 적용을 받는다.

② 환산보증금이란 보증금 외에 차임이 있는 경우 그 차임액에 100을 곱하여 환산한 금액을 보증금에 합산한 금액을 말한다. 예를 들어 서울에서 보증금 2억원에 월차임 500만원인 경우 환산보증금은 7억원이 되며, 임차인은 동법 전부의 적용을 받는다.

◈ **환산보증금의 범위**

시기 \ 구분	지역	법 적용대상 보증금
2018. 1. 26. ~	서울특별시	6억 1천만원 이하
	수도권 중 과밀억제권, 인천광역시, 부산광역시	5억원 이하
	광역시(군·인천·부산 제외), 세종특별자치시, 용인시, 안산시, 김포시, 광주시, 파주시, 화성시	3억 9천만원 이하
	그 밖의 지역, 광역시의 군지역	2억 7천만원 이하
2019. 4. 2. ~	서울특별시	9억원 이하
	수도권 중 과밀억제권, 인천광역시, 부산광역시	6억 9천만원 이하
	광역시(군·인천·부산 제외), 세종특별자치시, 용인시, 안산시, 김포시, 광주시, 파주시, 화성시	5억 4천만원 이하
	그 밖의 지역, 광역시의 군지역	3억 7천만원 이하

③ 환산보증금의 새로운 규정(2019. 4. 2. ~) 시행 전에 담보물권을 취득한 자에 대해서는 종전의 규정을 적용한다. 예를 들어 2019년 4월 2일 이전에 설정된 담보물권이 있는 상가건물의 경우에는 서울에서 환산보증금 6억 1천만원 이하인 상가임차인이어야 동법 전부의 적용을 받는다.

3. 환산보증금을 초과하는 경우

(1) 환산보증금을 초과하여도 적용되는 규정

상가건물임대차위원회 심의를 거쳐 각 지역별 환산보증금 범위를 초과하는 임대차에 대하여는 **다음의 규정만 적용된다.**

> ① 대항력
> ② 계약갱신요구권
> ③ 계약갱신의 특례 : 환산보증금액을 초과하는 임대차의 계약갱신의 경우에는 당사자는 상가건물에 관한 조세, 공과금, 주변 상가건물의 차임 및 보증금, 그 밖의 부담이나 경제사정의 변동 등을 고려하여 차임과 보증금의 증감을 청구할 수 있다. 즉 환산보증금을 초과하는 임대차의 경우에는 경제사정 변동 등을 이유로 100분의 5를 초과하여 증액을 청구할 수 있다.
> ④ 권리금 회수기회 보호규정
> ⑤ 3기의 차임을 연체한 경우 임대인이 계약을 해지할 수 있는 규정
> ⑥ 법무부장관의 상가건물임대차표준계약서 사용 권장

(2) 환산보증금을 초과하는 경우 적용되지 않는 규정

① **우선변제권** : 확정일자에 의한 우선변제권을 인정하지 않으므로 임차건물이 경매되는 경우 임차인은 후순위 권리자 그 밖의 채권자보다 보증금을 우선변제 받을 권리가 없다.

② **금융기관의 우선변제권 승계제도** : 우선변제권이 없기 때문이다.

③ **임차권등기명령** : 임대차기간이 종료되고 보증금을 반환받지 못한 임차인이라도 법원에 임차권등기명령을 신청할 수 없다.

④ **임대차 최단기간 1년 보장** : 임대차 기간을 정하지 않았거나 1년 미만으로 정한 경우 임대차 기간은 1년으로 본다는 규정이 적용되지 않으며 임대인과 임차인 모두 1년 미만으로 정한 기간이 유효함을 주장할 수 있다.

⑤ **묵시적 갱신** : 「민법」상 묵시적 갱신규정을 적용한다. 환산보증금을 초과하는 상가임대차에서 묵시적 갱신이 되는 경우 기간의 정함이 없는 것으로 본다. 그리고 임대인과 임차인 모두 계약해지의 통고를 할 수 있다. 임대인이 해지를 통고한 경우에는 6개월, 임차인이 해지를 통고한 경우에는 1개월이 경과하면 해지의 효력이 발생한다.

⑥ **차임 등의 증액청구제한** : 임대인의 증액청구가 100분의 5로 제한되는 것은 아니다.

⑦ **보증금을 월차임으로 전환 시 산정률의 제한** : 동법의 규정을 적용하지 않는다.

> **심화학습** | 환산보증금을 초과하는 임대차에 관한 지문
>
> (임대인은 甲이며 임차인 乙은 사업자등록을 하였고 임대차 기간은 10개월로 한다)
> 1. 甲으로부터 X건물을 양수한 丙은 甲의 지위를 승계한 것으로 본다. (○)
> 2. 乙은 최초의 임대차 기간을 포함한 전체 임대차 기간이 10년을 초과하지 않는 범위에서 甲에게 계약의 갱신을 요구할 수 있다. (○)
> 3. 乙의 갱신요구권에 따라 갱신되는 임대차는 전 임대차와 동일한 조건으로 다시 계약된 것으로 본다. (○)
> 4. 乙의 갱신요구에 따라 계약이 갱신된 경우 甲은 주변 상가건물의 차임 등 경제사정의 변동을 이유로 乙에게 차임의 100분의 10을 증액하여 줄 것을 요청할 수 있다. (○)
> 5. 乙의 차임 연체액이 2기의 차임액에 달하는 경우 甲은 임대차계약을 해지할 수 있다. (×)
> 6. 건물이 경매로 매각된 경우, 乙은 특별한 사정이 없는 한 자신의 보증금을 일반채권자보다 우선하여 변제받을 수 있다. (×)
> 7. 임대차종료 후 보증금이 반환되지 않은 경우, 乙은 건물 소재지 관할법원에 임차권등기명령을 신청할 수 있다. (×)
> 8. 甲과 乙의 임대차 기간은 1년으로 본다. (×)
> 9. 甲은 10개월로 정한 기간이 유효함을 주장할 수 있다. (○)
> 10. 계약이 묵시적으로 갱신된 경우 임대차 기간은 1년으로 본다. (×)

4. 일시사용

이 법은 일시사용을 위한 임대차임이 명백한 경우 적용되지 않는다.

5. 미등기 전세에 준용

목적건물을 등기하지 아니한 전세계약에 관하여 이 법을 준용한다. 이 경우 '전세금'은 '임대차의 보증금'으로 본다.

6. 강행규정

① 이 법의 규정에 위반된 약정으로서 임차인에게 불리한 것은 그 효력이 없다(법 제15조).

② 상가임대차계약에 있어서 임대인이 일방적으로 차임을 인상할 수 있고 상대방은 이의를 할 수 없다고 약정하였다면, 이는 증액청구 제한에 위반하는 약정으로서 임차인에게 불리한 것이므로 위 ①에 의하여 효력이 없다(2009다39233).

3 대항력

① 임대차는 그 등기가 없는 경우에도 임차인이 건물의 인도와 「부가가치세법」, 「소득세법」, 「법인세법」에 따른 **사업자등록을 신청**한 때에는 그 다음 날부터 제3자에 대하여 효력이 생긴다.

② 임차건물의 양수인(그 밖에 임대할 권리를 승계한 자를 포함한다)은 임대인의 지위를 승계한 것으로 본다.

⚖️ 판례

대항력

1. 사업자가 상가건물의 일부분을 임차하는 경우에는 사업자등록신청서에 해당 부분의 도면을 첨부하여야 하고, 이해관계인은 임대차의 목적이 건물의 일부분인 경우 그 부분 도면의 열람 또는 제공을 요청할 수 있도록 하고 있으므로, **건물의 일부분을 임차한 경우** 그 사업자등록이 제3자에 대한 관계에서 유효한 임대차의 공시방법이 되기 위해서는 **사업자등록신청 시 그 임차 부분을 표시한 도면을 첨부하여야 한다**(2008다44238).

2. 가등기를 경료한 자가 그 가등기에 기하여 본등기를 경료한 경우에 가등기의 순위보전의 효력에 의하여 중간처분이 실효되는 효과를 가져오므로, **가등기가 경료된 후** 비로소 「상가건물 임대차보호법」 소정의 **대항력을 취득한 상가건물의 임차인**으로서는 그 가등기에 기하여 본등기를 경료한 자에 대하여 임대차의 효력으로써 대항할 수 없다(2007다25599).

3. 사업자가 폐업신고를 하였다가 다시 같은 상호 및 등록번호로 사업자등록을 하였다고 하더라도 「상가건물 임대차보호법」상의 대항력 및 우선변제권이 그대로 존속한다고 할 수 없다(2006다56299).

4. 상가건물을 임차하고 사업자등록을 마친 사업자 甲이 임차건물의 전대차 등으로 해당 사업을 개시하지 않거나 사실상 폐업한 경우에는 甲의 사업자등록은 「부가가치세법」 및 「상가건물 임대차보호법」이 상가임대차의 공시방법으로 요구하는 적법한 사업자등록이라고 볼 수 없고, 이 경우 임차인이 「상가건물 임대차보호법」상의 대항력 및 우선변제권을 유지하기 위해서는 건물을 직접 점유하면서 사업을 운영하는 전차인이 그 명의로 사업자등록을 하여야 한다(2005다64002).

4 우선변제권(환산보증금 초과 적용×)

1. 우선변제권

① 대항요건을 갖추고 관할 **세무서장**으로부터 임대차계약서상의 확정일자를 받은 임차인은 「민사집행법」에 따른 경매 또는 「국세징수법」에 따른 공매 시 임차건물(임대인 소유의 대지를 포함한다)의 환가대금에서 후순위권리자나 그 밖의 채권자보다 우선하여 보증금을 변제받을 권리가 있다.

② 임차권은 경매가 실시된 경우에는 그 임차건물이 매각되면 소멸한다. 다만, 보증금이 전액 변제되지 아니한 대항력이 있는 임차권은 그러하지 아니하다.

2. 강제경매신청

① 임차인이 임차건물에 대하여 보증금반환청구소송의 확정판결이나 그 밖에 이에 준하는 집행권원에 따라서 경매를 신청하는 경우에는 집행개시 요건에 관한 「민사집행법」 제41조에도 불구하고 반대의무의 이행이나 이행의 제공을 집행개시의 요건으로 하지 아니한다.

② 임차인은 임차건물을 양수인에게 인도하지 아니하면 우선변제권 행사에 따른 보증금을 받을 수 없다.

3. 금융기관의 우선변제권 승계

① 다음의 금융기관 등이 우선변제권을 취득한 임차인의 보증금반환채권을 계약으로 양수한 경우에는 양수한 금액의 범위에서 우선변제권을 승계한다.

> ㉠ 은행, 중소기업은행, 한국산업은행, 농협은행, 수협은행, 체신관서
> ㉡ 보증보험을 보험종목으로 허가받은 보험회사

② 우선변제권을 승계한 금융기관 등은 다음의 어느 하나에 해당하는 경우에는 우선변제권을 행사할 수 없다.

> ㉠ 임차인이 대항요건을 상실한 경우
> ㉡ 임차권등기명령에 따른 임차권등기 또는 민법 제621조에 따른 임대차등기가 말소된 경우

③ 금융기관 등은 우선변제권을 행사하기 위하여 임차인을 대리하거나 대위하여 임대차를 해지할 수 없다.

5 확정일자 부여 및 임대차 정보제공(환산보증금 초과 적용×)

1. 확정일자 부여기관

① 확정일자는 상가건물의 소재지 관할 **세무서장**이 부여한다.

② 관할 세무서장은 해당 상가건물의 소재지, 확정일자 부여일, 차임 및 보증금 등을 기재한 확정일자부를 작성하여야 한다. 이 경우 전산정보처리조직을 이용할 수 있다.

2. 확정일자부 기재사항 등

① 상가건물 임대차 계약증서 원본을 소지한 임차인은 상가건물의 소재지 관할 세무서장에게 확정일자 부여를 신청할 수 있다. 다만, 「부가가치세법」에 따라 사업자 단위 과세가 적용되는 사업자의 경우 해당 사업자의 본점 또는 주사무소 관할 세무서장에게 확정일자 부여를 신청할 수 있다.

② 확정일자는 관할 세무서장이 확정일자 번호, 확정일자 부여일 및 관할 세무서장을 상가건물 임대차 계약증서 원본에 표시하고 관인을 찍는 방법으로 부여한다.

③ 관할 세무서장은 임대차계약이 변경되거나 갱신된 경우 임차인의 신청에 따라 새로운 확정일자를 부여한다.

④ 관할 세무서장이 확정일자부에 기재하여야 할 사항은 다음과 같다.

> ㉠ 확정일자 번호
> ㉡ 확정일자 부여일
> ㉢ 임대인·임차인의 인적사항
> 　　ⓐ 자연인인 경우: 성명, 주민등록번호(외국인은 외국인 등록번호)
> 　　ⓑ 법인인 경우: 법인명, 대표자 성명, 법인등록번호
> 　　ⓒ 법인 아닌 단체인 경우: 단체명, 대표자 성명, 사업자등록번호·고유번호
> ㉣ 임차인의 상호 및 법 제3조 제1항에 따른 사업자등록 번호
> ㉤ 상가건물의 소재지, 임대차 목적물 및 면적
> ㉥ 임대차기간
> ㉦ 보증금·차임

3. 임대차 정보제공

① 상가건물의 임대차에 이해관계가 있는 자는 관할 세무서장에게 해당 상가건물의 확정일자 부여일, 차임 및 보증금 등 정보의 제공을 요청할 수 있다. 이 경우 요청을 받은 관할 세무서장은 정당한 사유 없이 이를 거부할 수 없다.

② 임대차계약을 체결하려는 자는 **임대인의 동의를 받아** 관할 세무서장에게 정보제공을 요청할 수 있다.

③ **임대차계약의 당사자**는 관할 세무서장에게 다음의 사항이 기재된 서면의 열람 또는 교부를 요청할 수 있다.

> ㉠ 임대인·임차인의 인적사항(주민등록번호 및 외국인 등록번호의 경우에는 앞 6자리에 한정한다)
> ㉡ 상가건물의 소재지, 임대차 목적물 및 면적

    © 사업자등록 신청일

    ② 보증금·차임 및 임대차기간

    ◎ 확정일자 부여일

    ⑭ 임대차계약이 변경되거나 갱신된 경우에는 변경·갱신된 날짜, 새로운 확정일자 부여일, 변경된 보증금·차임 및 임대차기간

④ **임대차계약의 당사자가 아닌 이해관계인 또는 임대차계약을 체결하려는 자**는 관할 세무서장에게 **인적사항을 제외한** 나머지 사항이 기재된 서면의 열람 또는 교부를 요청할 수 있다.

6 소액임차인의 최우선변제권

1. 소액임차인의 보호

① 상가건물에 대한 경매개시 결정등기 전에 대항요건을 갖춘 소액임차인은 보증금 중 일정액을 다른 담보물권자보다 우선하여 변제받을 권리가 있다.

② 경매신청등기 전에 대항요건만 갖추면 되며, 확정일자는 요건이 아니다.

◈ **소액임차인의 범위**

시 기 \ 구 분	지 역	소액임차인의 범위	최우선변제금
2014. 1. 1. ~	서울특별시	6,500만원 이하	2,200만원까지
	수도권 중 과밀억제권, 인천	5,500만원 이하	1,900만원까지
	광역시(군·인천 제외), 용인, 안산, 김포, 광주	3,800만원 이하	1,300만원까지
	그 밖의 지역, 광역시의 군지역	3,000만원 이하	1,000만원까지

▽ 소액임차인 여부의 판단은 환산보증금을 기준으로 한다. 즉 보증금 + (월차임×100)을 한 금액으로 소액임차인 여부를 판단한다.
- 보증금 1,500만원, 월차임 50만원 : 소액임차인(○)
- 보증금 5,000만원, 월차임 100만원 : 소액임차인(×)

2. 보증금 중 일정액

① 우선변제를 받을 임차인 및 보증금 중 일정액의 범위와 기준은 임대건물가액(임대인 소유의 대지가액을 포함한다)의 2분의 1 범위에서 해당 지역의 경제 여건, 보증금 및 차임 등을 고려하여 상가건물임대차위원회의 심의를 거쳐 대통령령으로 정한다.

② 임차인의 보증금 중 일정액이 상가건물의 가액의 2분의 1을 초과하는 경우에는 상가건물의 가액의 2분의 1에 해당하는 금액에 한하여 우선변제권이 있다.

⚖ **판례**

소액임차인의 우선변제권

임차인이 수 개의 구분점포를 동일한 임대인에게서 임차하여 하나의 사업장으로 사용하면서 단일한 영업을 하는 경우 등과 같이, 임차인과 임대인 사이에 구분점포 각각에 대하여 별도의 임대차관계가 성립한 것이 아니라 일괄하여 단일한 임대차관계가 성립한 것으로 볼 수 있는 때에는, 비록 **구분점포 각각에 대하여 별개의 임대차계약서가 작성되어 있더라도** 구분점포 전부에 관하여 「상가건물 임대차보호법」에 따라 환산한 **보증금액의 합산액을 기준**으로 우선변제를 받을 임차인의 범위를 판단하여야 한다(2013다27152).

---

3. 상가건물임대차위원회

(1) 설치 및 구성

① 상가건물 임대차에 관한 다음의 사항을 심의하기 위하여 법무부에 상가건물임대차위원회를 둔다.

> ㉠ 「상가건물 임대차보호법」 전부 적용 또는 일부 적용을 결정하는 환산보증금액
> ㉡ 보증금 중 일정액의 우선변제를 받을 임차인 및 보증금 중 일정액의 범위와 기준

② 위원회는 위원장 1명을 포함한 10명 이상 15명 이하의 위원으로 성별을 고려하여 구성한다.

③ 위원회의 위원장은 **법무부차관**이 된다.

④ 위원회의 **위원은 위원장이 임명하거나 위촉**한다.

(2) 위원의 임기 등

위원의 임기는 2년으로 하되, 한 차례만 연임할 수 있다. 다만, 공무원인 위원의 임기는 그 직위에 재직하는 기간으로 한다.

(3) 위원장의 직무

① 위원장은 위원회를 대표하고, 위원회의 업무를 총괄한다.

② 위원장이 부득이한 사유로 인하여 직무를 수행할 수 없을 때에는 위원장이 미리 지명한 위원이 그 직무를 대행한다.

(4) 위원회의 회의

① 위원회의 회의는 매년 1회 개최되는 정기회의와 위원장이 필요하다고 인정하거나 위원 3분의 1 이상이 요구할 경우에 개최되는 임시회의로 구분하여 운영한다.

② 위원장은 위원회의 회의를 소집하고, 그 의장이 된다.

③ 위원회의 회의는 재적위원 과반수의 출석으로 개의하고, 출석위원 과반수의 찬성으로 의결한다.

④ 위원회의 회의는 비공개로 한다.

(5) 전문위원

위원회의 심의사항에 관한 전문적인 조사·연구업무를 수행하기 위하여 5명 이내의 전문위원을 둘 수 있다.

7 존속기간, 계약갱신요구, 법정갱신, 차임 등

1. 임대차기간

① 기간을 정하지 아니하거나 기간을 1년 미만으로 정한 임대차는 그 기간을 1년으로 본다. 다만, 임차인은 1년 미만으로 정한 기간이 유효함을 주장할 수 있다.

② 임대차가 종료한 경우에도 임차인이 보증금을 돌려받을 때까지 임대차 관계는 존속하는 것으로 본다.

> **넓혀 보기** 🔍
>
> **환산보증금을 초과하는 경우**
> - 환산보증금을 초과 : 기간을 정하지 아니하거나 기간을 1년 미만으로 정한 임대차는 그 기간을 1년으로 본다. (×)
> - 환산보증금을 초과 : 임대인과 임차인 모두 1년 미만으로 정한 기간이 유효함을 주장할 수 있다.

> **⚖️ 판례**
>
> 상가임대차법이 적용되는 상가건물의 임차인이 임대차 종료 이후에 보증금을 반환받기 전에 임차 목적물을 점유하고 있다고 하더라도 임차인에게 **차임 상당의 부당이득이 성립한다고 할 수 없다.** 임차인은 종전 임대차계약에서 정한 차임을 지급할 의무를 부담할 뿐이고, 시가에 따른 차임에 상응하는 부당이득금을 지급할 의무를 부담하는 것은 아니다(2023다257600).

2. 계약갱신요구권

① 임대인은 임차인이 임대차기간이 만료되기 6개월 전부터 1개월 전까지 사이에 계약갱신을 요구할 경우 정당한 사유 없이 거절하지 못한다. 다만, 다음의 사유가 있는 경우 임대인은 계약갱신요구를 거절할 수 있다.

> ㉠ 임차인이 3기의 차임액에 이르도록 차임을 연체한 사실이 있는 경우
> ㉡ 임차인이 거짓이나 그 밖의 부정한 방법으로 임차한 경우
> ㉢ 서로 합의하여 임대인이 임차인에게 상당한 보상을 제공한 경우

　　ⓔ 임차인이 임대인의 동의 없이 목적건물의 전부 또는 일부를 전대한 경우

　　ⓜ 임차인이 임차한 건물의 전부 또는 일부를 고의나 중대한 과실로 파손한 경우

　　ⓗ 임차한 건물의 전부 또는 일부가 멸실되어 임대차의 목적을 달성하지 못할 경우

　　ⓢ 임대인이 다음의 어느 하나에 해당하는 사유로 목적 건물의 전부 또는 대부분을 철거하거나 재건축하기 위하여 목적 건물의 점유를 회복할 필요가 있는 경우

> ⓐ 임대차계약 체결 당시 공사시기 및 소요기간 등을 포함한 철거 또는 재건축 계획을 임차인에게 구체적으로 고지하고 그 계획에 따르는 경우
> ⓑ 건물이 노후·훼손 또는 일부 멸실되는 등 안전사고의 우려가 있는 경우
> ⓒ 다른 법령에 따라 철거 또는 재건축이 이루어지는 경우

　　ⓞ 그 밖에 임차인이 임차인으로서의 의무를 현저히 위반하거나 임대차를 계속하기 어려운 중대한 사유가 있는 경우

② 임차인의 계약갱신요구권은 최초의 임대차기간을 포함한 전체 임대차기간이 **10년**을 초과하지 아니하는 범위에서만 행사할 수 있다.

③ 갱신되는 임대차는 전 임대차와 동일한 조건으로 다시 계약된 것으로 본다.

④ **환산보증금 이내** : 차임과 보증금은 100분의 5 범위 내에서 증액할 수 있다.

⑤ **환산보증금 초과** : 법 적용대상 보증금을 초과하는 임대차의 계약갱신의 경우에는 당사자는 상가건물에 관한 조세, 공과금, 주변 상가건물의 차임 및 보증금, 그 밖의 부담이나 경제사정의 변동 등을 고려하여 차임과 보증금의 증감을 청구할 수 있다. 따라서 100분의 5를 초과하여 증액을 청구할 수 있다.

⑥ 임대인의 동의하에 전대차계약을 체결한 전차인은 임차인의 계약갱신요구권 행사기간 내에서 **임차인을 대위하여** 임대인에게 계약갱신요구권을 행사할 수 있다.

　　▽ 1. 주택임대차의 경우 임차인의 계약갱신요구권 행사 이후에 임차인은 언제든지 계약해지를 통지할 수 있다.
　　　 2. 상가임대차의 경우 임차인의 계약갱신요구권 행사 이후에 임차인은 계약해지를 통고할 수 없다.

⚖ 판례

계약갱신요구

1. 상가건물의 공유자인 임대인이 임차인에게 갱신 거절의 통지를 하는 행위는 실질적으로 임대차계약의 해지와 같이 공유물의 임대차를 종료시키는 것이므로 공유물의 관리행위에 해당하여 **공유자 지분의 과반수로써 결정**하여야 한다(2010다37905).

2. 「상가건물 임대차보호법」의 적용을 받는 상가건물의 임대차기간 중 **어느 때라도 차임이 3기분에 달하도록 연체된 사실이 있는 경우**, 임대인은 임차인의 계약갱신 요구를 거부할 수 있다. 반드시 임차인이 계약갱신요구권을 행사할 당시에 3기분에 이르는 차임이 연체되어 있어야 하는 것은 아니다(2020다255429).

3. **환산보증금을 초과**하는 임대차에서 '**기간을 정하지 않은 경우**'는 「민법」의 적용을 받는다. 이에 따라 임대인은 언제든지 해지를 통고할 수 있으므로 임대차기간이 정해져 있음을 전제로 기간 만료 6개월 전부터 1개월 전까지 사이에 행사하도록 규정된 임차인의 **계약갱신요구권은 발생할 여지가 없다**(2021다233730).

3. 묵시적 갱신

① 임대인이 임대차기간이 만료되기 6개월 전부터 1개월 전까지 사이에 임차인에게 갱신거절의 통지 또는 조건 변경의 통지를 하지 아니한 경우에는 그 기간이 만료된 때에 전 임대차와 동일한 조건으로 다시 임대차한 것으로 본다. 이 경우에 임대차의 존속기간은 1년으로 본다.

② 상가의 임차인이 임대차기간 만료 1개월 전부터 만료일 사이에 갱신거절의 통지를 한 경우, 임대차계약의 묵시적 갱신이 인정되지 않고 임대차기간의 만료일에 종료된다(2023다307024).

③ 이 경우 임차인은 언제든지 임대인에게 계약해지의 통고를 할 수 있고, 임대인이 통고를 받은 날부터 3개월이 지나면 효력이 발생한다.

> **넓혀 보기** 🔍
>
> **환산보증금 초과하는 경우**
>
> 「민법」상 묵시적 갱신규정을 적용한다. 묵시적 갱신이 되는 경우 기간의 정함이 없는 것으로 본다. 임대인과 임차인 모두 계약해지의 통고를 할 수 있다. 임대인이 해지를 통고한 경우에는 6개월, 임차인이 해지를 통고한 경우에는 1개월이 경과하면 해지의 효력이 발생한다.

4. 차임증감청구권(환산보증금 초과 적용×)

① 증액의 경우에는 차임 또는 보증금의 100분의 5를 초과하지 못하고, 차임보증금의 증액이 있은 후 1년 이내에는 이를 하지 못한다. 감액은 제한이 없다.

② 보증금의 전부 또는 일부를 월 단위의 차임으로 전환하는 경우에는 그 전환되는 금액에 다음 중 낮은 비율을 곱한 월차임의 범위를 초과할 수 없다.

> ㉠ 연 1할 2푼
> ㉡ 한국은행에서 공시한 기준금리에 4.5배를 곱한 비율

5. 임차권등기명령(환산보증금 초과 적용 ×)

임차권등기명령 관련 규정은 「주택임대차보호법」에 규정된 것과 동일하다.

> **넓혀 보기** 🔍
>
> **환산보증금 초과하는 경우**
> 임대차기간이 종료되고 보증금을 반환받지 못한 임차인은 관할 법원에 임차권등기명령을 신청할 수 있다. (×)

8 권리금 보호제도

1. 권리금의 정의 및 권리금 계약

① 권리금이란 임대차 목적물인 상가건물에서 영업을 하는 자 또는 영업을 하려는 자가 영업시설·비품, 거래처, 신용, 영업상의 노하우, 상가건물의 위치에 따른 영업상의 이점 등 유형·무형의 재산적 가치의 양도 또는 이용대가로서 임대인, 임차인에게 보증금과 차임 이외에 지급하는 금전 등의 대가를 말한다.

② 권리금 계약이란 신규임차인이 되려는 자가 임차인에게 권리금을 지급하기로 하는 계약을 말한다.

2. 권리금 회수기회 보호

(1) 권리금 회수기회 보호 및 손해배상

① 임대인은 임대차기간이 끝나기 6개월 전부터 임대차 종료 시까지 다음에 해당하는 행위로 권리금 계약에 따라 임차인이 주선한 신규임차인이 되려는 자로부터 권리금을 지급받는 것을 방해하여서는 아니 된다.

> ⊙ 임차인이 주선한 신규임차인이 되려는 자에게 권리금을 요구하거나 임차인이 주선한 신규임차인이 되려는 자로부터 권리금을 수수하는 행위
> ⓒ 임차인이 주선한 신규임차인이 되려는 자로 하여금 임차인에게 권리금을 지급하지 못하게 하는 행위
> ⓒ 임차인이 주선한 신규임차인이 되려는 자에게 상가건물에 관한 조세, 공과금, 주변 상가건물의 차임 및 보증금 등에 비추어 현저히 고액의 차임과 보증금을 요구하는 행위
> ⓔ 정당한 사유 없이 임대인이 임차인이 주선한 신규임차인이 되려는 자와 임대차계약의 체결을 거절하는 행위

② 임대인이 위 규정을 위반하여 임차인에게 손해를 발생하게 한 때에는 그 손해를 배상할 책임이 있다. 이 경우 그 손해배상액은 신규임차인이 임차인에게 지급하기로 한 권리금과 임대차 종료 당시의 권리금 중 **낮은** 금액을 넘지 못한다.

③ 임대인에게 손해배상을 청구할 권리는 **임대차가 종료된 날부터 3년 이내에** 행사하지 아니하면 시효의 완성으로 소멸한다.

④ 임차인은 임대인에게 임차인이 주선한 신규임차인이 되려는 자의 보증금 및 차임을 지급할 자력 또는 그 밖에 임차인으로서의 의무를 이행할 의사 및 능력에 관하여 자신이 알고 있는 정보를 제공하여야 한다.

⑵ 권리금 보호제한 등

① **계약갱신요구의 거절사유가 있는 경우**에는 임대인은 임차인이 신규임차인이 되려는 자로부터 권리금을 지급받지 못하게 할 수 있다.

② 임대인은 다음에 해당하는 경우에는 임차인이 주선한 신규임차인이 되려는 자와 임대차계약을 체결하는 것을 거절할 수 있다.

> ㉠ 임차인이 주선한 신규임차인이 되려는 자가 보증금 또는 차임을 지급할 자력이 없는 경우
> ㉡ 임차인이 주선한 신규임차인이 되려는 자가 임차인으로서의 의무를 위반할 우려가 있거나 그 밖에 임대차를 유지하기 어려운 상당한 사유가 있는 경우
> ㉢ 임대차 목적물인 상가건물을 1년 6개월 이상 영리목적으로 사용하지 아니한 경우
> ㉣ 임대인이 선택한 신규임차인이 임차인과 권리금 계약을 체결하고 그 권리금을 지급한 경우

⑶ 권리금 적용 제외

다음에 해당하는 상가건물 임대차의 경우에는 권리금의 보호규정을 적용하지 않는다.

> ① 임대차 목적물인 상가건물이 「유통산업발전법」에 따른 대규모점포 또는 준대규모점포(SSM)의 일부인 경우(다만, 「전통시장 및 상점가 육성을 위한 특별법」에 따른 전통시장은 권리금 회수기회 보호규정을 적용한다)
> ② 임대차 목적물인 상가건물이 「국유재산법」에 따른 국유재산 또는 「공유재산 및 물품 관리법」에 따른 공유재산인 경우

⑷ 표준권리금계약서의 작성 등

① **국토교통부장관**은 법무부장관과 협의를 거쳐 임차인과 신규임차인이 되려는 자의 권리금 계약 체결을 위한 **표준권리금계약서**를 정하여 그 사용을 권장할 수 있다.

② **국토교통부장관**은 **권리금**에 대한 감정평가의 절차와 방법 등에 관한 기준을 고시할 수 있다.

판례

1. **임대차계약 종료에 따른 임차인의 임차목적물 반환의무와 임대인의 권리금 회수 방해로 인한 손해배상의무는 동시이행관계에 있다고 볼 수 없다**(2018다242727).

2. 임차인이 임대인에게 권리금 회수 방해로 인한 손해배상을 구하기 위해서 임차인이 **신규임차인이 되려는 자를 주선하였어야 한다**(원칙). 그러나 임대인이 정당한 사유 없이 임차인이 주선할 신규임차인이 되려는 자와 임대차계약을 체결할 의사가 없음을 확정적으로 표시한 경우, 임차인이 실제로 신규임차인을 주선하지 않았더라도 임대인에게 권리금 회수 방해로 인한 손해배상을 청구할 수 있다(2018다284226).

3. 「상가건물 임대차보호법」에서 정한 권리금 회수 방해로 인한 손해배상책임이 성립하기 위하여 반드시 임차인과 신규임차인이 되려는 자 사이에 **권리금 계약이 미리 체결되어 있어야 하는 것은 아니다**(2018다239608).

4. 「상가건물 임대차보호법」에 따라 최초의 임대차기간을 포함한 전체 임대차기간이 10년을 초과하여 임차인이 계약갱신요구권을 행사할 수 없는 경우에도 임대인은 권리금 회수기회 보호의무를 부담한다(2017다225312).

5. '1년 6개월 이상 영리목적으로 사용하지 아니한 경우'는 **임대인이 임대차 종료 후 상가건물을 1년 6개월 이상 영리목적으로 사용하지 아니하는 경우**를 의미한다. 그리고 이에 정당한 사유가 있으려면 임대인이 임대차 종료시 그러한 사유를 들어 임차인이 주선한 자와 임대차계약 체결을 거절하고, 실제로도 1년 6개월 동안 상가건물을 영리목적으로 사용하지 않아야 한다. 그렇지 않고 **임대인이 다른 사유로 신규 임대차계약 체결을 거절한 후 사후적으로 1년 6개월 동안 상가건물을 영리목적으로 사용하지 않았다는 사정만으로는 정당한 사유로 인정할 수 없다**(2019다285257).

6. 종전 소유자인 임대인이 임대차 종료 후 상가건물을 영리목적으로 사용하지 아니한 기간이 **1년 6개월에 미치지 못하는 사이에 상가건물의 소유권이 변동**되었더라도, 임대인이 상가건물을 영리목적으로 사용하지 않는 상태가 새로운 소유자의 소유기간에도 계속하여 그대로 유지될 것을 전제로 처분하고, 실제 새로운 소유자가 그 기간 중에 상가건물을 영리목적으로 사용하지 않으며, **임대인과 새로운 소유자의 비영리 사용기간을 합쳐서 1년 6개월 이상이 되는 경우**라면, 임대인에게 임차인의 권리금을 가로챌 의도가 있었다고 보기 어려우므로, 그러한 임대인에 대하여는 정당한 사유를 인정할 수 있다(2021다272346).

7. 임대인의 권리금 회수기회 방해로 인한 손해배상채무는 임대차가 종료한 날에 이행기가 도래하여 그 다음 날부터 지체책임이 발생하는 것으로 보아야 한다(2022다260586).

⑨ 상가건물임대차표준계약서

법무부장관은 국토교통부장관과 협의를 거쳐 보증금, 차임액, 임대차기간, 수선비 분담 등의 내용이 기재된 **상가건물임대차표준계약서**를 정하여 그 사용을 권장할 수 있다.

🔟 차임연체와 해지

임차인의 차임연체액이 3기의 차임액에 달하는 때에는 임대인은 계약을 해지할 수 있다.

1️⃣1️⃣ 상가건물임대차분쟁조정위원회

1. 조정위원회

상가건물임대차와 관련된 분쟁을 심의·조정하기 위하여 대한법률구조공단의 지부, 한국토지주택공사의 지사 또는 사무소 및 한국부동산원의 지사 또는 사무소에 조정위원회를 둔다. 특별시·광역시·특별자치시·도 및 특별자치도는 그 지방자치단체의 실정을 고려하여 조정위원회를 둘 수 있다.

2. 심의 및 조정사항

조정위원회는 다음의 사항을 심의·조정한다.

① 차임 또는 보증금의 증감에 관한 분쟁
② 임대차 기간에 관한 분쟁
③ 보증금 또는 임차상가건물의 반환에 관한 분쟁
④ 임차상가건물의 유지·수선의무에 관한 분쟁
⑤ 권리금에 관한 분쟁
⑥ 그 밖에 대통령령으로 정하는 상가건물 임대차에 관한 분쟁

> ㉠ 임대차계약의 이행 및 임대차계약 내용의 해석에 관한 분쟁
> ㉡ 임대차계약 갱신 및 종료에 관한 분쟁
> ㉢ 임대차계약의 불이행 등에 따른 손해배상청구에 관한 분쟁
> ㉣ 공인중개사 보수 등 비용부담에 관한 분쟁
> ㉤ 상가건물임대차표준계약서의 사용에 관한 분쟁

3. 조정위원회의 구성 및 운영

① 조정위원회는 위원장 1명을 포함하여 5명 이상 30명 이하의 위원으로 성별을 고려하여 구성한다.
② 조정위원의 임기는 3년으로 하되 연임할 수 있으며, 보궐위원의 임기는 전임자의 남은 임기로 한다.

4. 조정신청

상가임대차 분쟁의 당사자는 해당 상가건물이 소재하는 공단 또는 시 · 도 조정위원회에 분쟁의 조정을 신청할 수 있다.

5. 조정절차

조정위원회는 분쟁의 조정신청을 받은 날부터 60일 이내에 그 분쟁조정을 마쳐야 한다. 다만, 부득이한 사정이 있는 경우에는 조정위원회의 의결을 거쳐 30일의 범위에서 그 기간을 연장할 수 있다.

🔖 그 밖의 내용은 「주택임대차보호법」상 조정위원회의 규정과 같다.

예제

개업공인중개사가 선순위 저당권이 설정되어 있는 서울시 소재 상가건물(「상가건물 임대차보호법」이 적용됨)에 대해 임대차기간 2018. 10. 1.부터 1년, 보증금 5천만원, 월차임 100만원으로 임대차를 중개하면서 임대인 甲과 임차인 乙에게 설명한 내용으로 옳은 것은?　제30회

① 乙의 연체차임액이 200만원에 이르는 경우 甲은 계약을 해지할 수 있다.

② 차임 또는 보증금의 감액이 있은 후 1년 이내에는 다시 감액을 하지 못한다.

③ 甲이 2019. 4. 1.부터 2019. 8. 31. 사이에 乙에게 갱신거절 또는 조건 변경의 통지를 하지 않은 경우, 2019. 10. 1. 임대차계약이 해지된 것으로 본다.

④ 상가건물에 대한 경매개시 결정등기 전에 乙이 건물의 인도와 「부가가치세법」에 따른 사업자등록을 신청한 때에는 보증금 5천만원을 선순위 저당권자보다 우선변제 받을 수 있다.

⑤ 乙이 임대차의 등기 및 사업자등록을 마치지 못한 상태에서 2019. 1. 5. 甲이 상가건물을 丙에게 매도한 경우, 丙의 상가건물 인도청구에 대하여 乙은 대항할 수 없다.

해설　① 임차인이 3기(300만원)의 차임액에 달하도록 차임을 연체한 경우 임대인은 계약을 해지할 수 있다.
② 보증금 5천만원, 월차임 100만원인 경우 환산보증금 1억 5천만원인 경우이므로 증액의 경우에는 차임 또는 보증금의 100분의 5를 초과하지 못하고, 차임보증금의 증액이 있은 후 1년 이내에는 이를 하지 못한다. 그러나 감액의 경우에는 이러한 제한이 없다.
③ 임대인이 임대차기간이 만료되기 6개월 전부터 1개월 전까지 사이에 임차인에게 갱신 거절의 통지 또는 조건 변경의 통지를 하지 아니한 경우에는 그 기간이 만료된 때에 전 임대차와 동일한 조건으로 다시 임대차 한 것으로 본다.
④ 서울에서 소액임차인의 범위는 환산보증금 6천 5백만원 이하이어야 한다. 위 임차인은 환산보증금 1억 5천만원이므로 소액임차인에 해당하지 않는다.
▶▶ 정답 ⑤

> **단원열기** 경매의 종류, 「민사집행법」상 경매절차, 권리분석, 경매 매수신청대리로 구성된 단원이며, 2문제 가량 출제된다. 주로 경매절차와 매수신청대리에서 출제된다. 학습량은 많지만 주로 출제되는 부분 위주로 학습하면 충분히 득점 가능하다.

제1절 경 매 제33회, 제34회, 제35회, 제36회

1 경매의 종류

1. 강제경매

① 저당권 등 담보물권 없이 차용증이나 어음 등의 금전채권을 가진 채권자가 대여금 반환청구소송 등을 거쳐 승소한 판결문을 확보한 후 경매법원에 강제집행문 부여신청을 통해 집행문을 부여받은 것을 집행권원이라 한다.

② 이러한 집행권원(확정된 이행판결, 확정된 지급명령, 화해조서, 공증된 금전채권 문서 등)을 가지고 있는 채권자가 채무자 소유의 부동산을 압류한 후 법원에 신청하는 경매를 강제경매라 한다.

③ 강제경매를 신청하려면 집행권원이 필요하며, 채무자의 일반재산에 대해 집행하는 인적 책임의 구현에 해당한다.

2. 임의경매

① 저당권 · 근저당권 · 유치권 · 전세권 · 담보가등기 등 담보물권이 가지고 있는 채권자가 법원에 신청하는 경매이다.

② 담보물권이 존재하여야 하며, 채무자의 특정재산(담보 부동산 등)에 대해 집행하는 물적 책임의 구현에 해당한다.

② 「민사집행법」상 경매절차

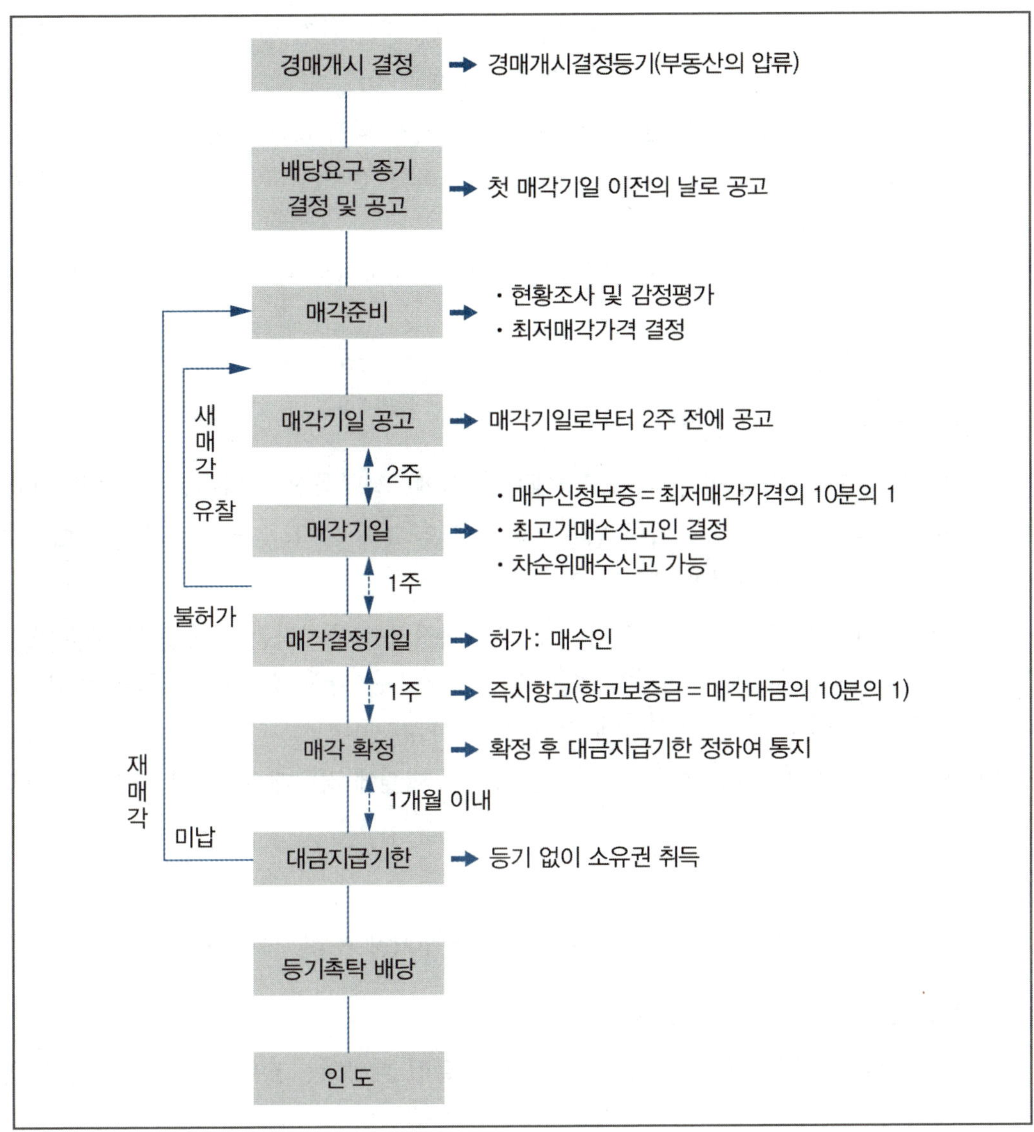

1. 경매신청

① 집행권원을 가진 채권자 또는 저당권 등 담보물권을 가진 채권자가 부동산 소재지 관할 법원에 구비서류를 첨부하여 경매를 신청한다.

② **미등기 건물에 대한 경매신청**: 소유권보존등기가 되지 않은 건물의 경우에도 그 건물이 채무자의 소유임을 증명할 서류(건축허가 또는 건축신고를 증명할 서류)를 첨부하여 경매를 신청할 수 있다.

③ 강제경매신청을 기각하거나 각하하는 재판에 대하여는 즉시항고를 할 수 있다.

2. 경매개시결정

(1) 경매개시결정에 대한 등기

① 법원은 경매절차를 개시하는 결정에는 동시에 그 부동산의 압류를 명하여야 한다.

② 법원이 경매개시결정을 하면 법원사무관 등은 즉시 그 사유를 등기부에 기입하도록 등기관에게 촉탁하여야 한다.

③ 강제경매절차 또는 담보권 실행을 위한 경매절차를 개시하는 결정을 한 부동산에 대하여 다른 강제경매의 신청이 있는 때에는 법원은 **다시 경매개시결정을 하고, 먼저 경매개시결정을 한 집행절차에 따라 경매한다.**

④ 이해관계인은 매각대금이 모두 지급될 때까지 법원에 경매개시결정에 대한 이의신청을 할 수 있다.

(2) 경매개시결정의 송달

법원은 경매개시결정을 부동산의 소유자 및 채무자에게 통지하여야 한다.

(3) 압류의 효력

① 부동산의 압류는 채무자에게 그 결정이 송달된 때 **또는** 경매등기가 된 때에 효력이 생긴다.

② 압류는 부동산에 대한 채무자의 관리·이용에 영향을 미치지 아니한다.

③ 권리를 취득할 때에 경매신청 또는 압류가 있다는 것을 **알았을 경우에는 압류에 대항하지 못한다.**

(4) 경매신청의 취하

① 경매 취하는 법원의 경매개시결정 후 채무자의 채무변제로 인하여 더 이상 경매를 진행할 필요가 없게 되어 채권자가 경매 신청을 철회하는 것을 의미하며 채권자가 법원에 경매 신청을 취해해 줄 것을 요청하면 된다. 경매 취하는 매수인이 매각대금을 완납하기 전까지 가능하다.

② 경매신청이 취하되면 압류의 효력은 소멸된다.

③ 매수신고가 있은 뒤 경매신청을 취하하는 경우에는 최고가매수신고인 또는 매수인과 차순위매수신고인의 동의를 받아야 그 효력이 생긴다.

3. 배당요구의 종기결정 및 공고

(1) 배당요구의 종기결정 및 공고

① 경매개시결정에 따른 압류의 효력이 생긴 때에는 집행법원은 절차에 필요한 기간을 감안하여 **배당요구를 할 수 있는 종기를 첫 매각기일 이전으로 정한다.**

　▷ 「민법」, 「상법」, 그 밖의 법률에 의하여 우선변제청구권이 있는 채권자는 매각결정기일까지 배당요구를 할 수 있다. (×)

② 배당요구의 종기결정 및 공고는 경매개시결정에 따른 압류의 효력이 생긴 때부터 1주일 내에 하여야 한다.

③ 배당요구에 따라 매수인이 인수하여야 할 부담이 바뀌는 경우 배당요구를 한 채권자는 배당요구의 종기가 지난 뒤에 이를 철회하지 못한다.

(2) 배당요구

① 저당권·전세권, 그 밖의 우선변제청구권으로서 첫 경매개시결정등기 전에 등기되었고 매각으로 소멸하는 것을 가진 채권자는 배당요구를 하지 않아도 배당을 받을 수 있다. 따라서 저당권처럼 우선변제권이 있고 경매등기 전에 등기되었으며 매각으로 소멸하는 권리는 배당요구를 하지 않아도 배당을 받을 수 있다.

② 최선순위 전세권은 등기되었고 우선변제권이 있으나 경매 시 소멸하는 권리가 아니므로 배당요구를 해야 배당받을 수 있으며 배당요구를 하면 우선변제를 받을 수 있고 매각으로 소멸한다. 배당요구를 하지 않으면 매수인이 인수한다.

③ 집행력 있는 정본을 가진 채권자, 경매개시결정이 등기된 뒤에 가압류를 한 채권자, 「민법」·「상법」, 그 밖의 법률에 의하여 우선변제청구권이 있는 채권자는 배당요구를 할 수 있다.

④ 대항력과 우선변제권을 가진 주택(상가)임차인은 등기되지 않았으므로 배당요구 종기까지 배당요구를 해야 배당받을 수 있다.

> **판례**
>
> 임차권등기명령에 의하여 임차권등기를 한 임차인은 우선변제권을 가지므로 임차권등기가 첫 경매개시결정등기 전에 등기된 경우 그 임차인은 별도로 배당요구를 하지 않아도 당연히 배당받을 채권자에 속하는 것으로 보아야 한다(2005다33039).

4. 매각준비

(1) 현황조사

① 법원은 경매개시결정을 한 뒤에 바로 집행관에게 부동산의 현상, 점유관계, 차임 또는 보증금의 액수, 그 밖의 현황에 관하여 조사하도록 명하여야 한다.

② 집행관은 현황조사를 위하여 건물에 출입할 수 있고, 채무자 또는 건물을 점유하는 제3자에게 질문하거나 문서를 제시하도록 요구할 수 있다.

③ 집행관은 건물에 출입하기 위하여 필요한 때에는 잠긴 문을 여는 등 적절한 처분을 할 수 있다.

(2) 감정평가 및 최저매각가격 결정

법원은 감정인에게 부동산을 평가하게 하고 그 평가액을 참작하여 최저매각가격을 정하여야 한다.

(3) 매각물건명세서 작성

① 법원은 매각물건명세서를 작성하여야 한다.

② 매각물건명세서·현황조사보고서 및 평가서의 사본은 매각기일마다 그 1주 전까지 법원에 비치하여야 한다.

(4) 매각기일 및 매각결정기일의 지정 및 공고

법원은 매각기일 및 매각결정기일을 정하여 매각기일 2주일 전에 일간신문에 공고한다.

5. 매각기일

(1) 매각방법

① **매각방법**: 부동산의 매각은 매각기일에 하는 **호가경매**, 매각기일에 입찰 및 개찰하게 하는 **기일입찰** 또는 입찰기간 내에 입찰하게 하여 매각기일에 개찰하는 **기간입찰**의 3가지 방법으로 한다.

② 부동산의 매각은 집행법원이 정한 매각방법에 따른다.

③ 매각기일은 법원 안에서 진행하여야 한다. 다만, 집행관은 법원의 허가를 얻어 법원 외의 장소에서 매각기일을 진행할 수 있다.

> 1. 호가경매(민사집행규칙 제72조)
>   ① 부동산의 매각을 위한 호가경매는 호가경매기일에 매수신청의 액을 서로 올려가는 방법으로 한다.
>   ② 매수신청을 한 사람은 더 높은 액의 매수신청이 있을 때까지 신청액에 구속된다.
>   ③ 집행관은 매수신청의 액 가운데 최고의 것을 3회 부른 후 그 신청을 한 사람을 최고가매수신고인으로 정하며, 그 이름과 매수신청의 액을 고지해야 한다.

2. **기일입찰(민사집행규칙 제62조)**

   기일입찰에서 입찰은 매각기일에 입찰표를 집행관에게 제출하는 방법으로 한다.

3. **기간입찰(민사집행규칙 제68조, 제69조)**

   ① 기간입찰에서 입찰기간은 1주 이상 1개월 이하의 범위 안에서 정하고, 매각기일은 입찰기간
   이 끝난 후 1주 안의 날로 정해야 한다.

   ② 기간입찰에서 입찰은 입찰표를 넣고 봉함을 한 봉투의 겉면에 매각기일을 적어 집행관에게
   제출하거나 그 봉투를 등기우편으로 부치는 방법으로 한다.

(2) 매수신청보증의 제공

① 매수신청인은 대법원규칙이 정하는 바에 따라 집행법원이 정하는 금액과 방법에 맞는
보증을 집행관에게 제공하여야 한다.

② 기일입찰에서 매수신청의 보증금액은 **최저매각가격의 10분의 1**로 한다.

　▷ 매수신청금액의 10분의 1 또는 매수가격의 10분의 1이라고 하면 옳지 않다.

(3) 새 매각

허가할 매수가격의 신고가 없이 매각기일이 최종적으로 마감된 때에는 법원은 최저매각
가격을 상당히 낮추고 **새 매각**기일을 정하여야 한다.

(4) 최고가매수신고인 결정

① 최고가매수신고를 한 사람이 둘 이상인 때에는 집행관은 그 사람들에게 다시 입찰하
게 하여 최고가매수신고인을 정한다. 이 경우 입찰자는 전의 입찰가격에 못 미치는
가격으로는 입찰할 수 없다.

② 다시 입찰하는 경우에 입찰자 모두가 입찰에 응하지 아니하거나(전의 입찰가격에 못 미
치는 가격으로 입찰한 경우에는 입찰에 응하지 아니한 것으로 본다) 두 사람 이상이 다시
최고의 가격으로 입찰한 때에는 추첨으로 최고가매수신고인을 정한다.

(5) 차순위매수신고인 결정

① **차순위매수신고** : 최고가매수신고인 외의 매수신고인은 매각기일을 마칠 때까지 집행
관에게 최고가매수신고인이 대금지급기한까지 그 의무를 이행하지 아니하면 자기의
매수신고에 대하여 매각을 허가하여 달라는 취지의 신고를 할 수 있다.

② 차순위매수신고는 그 신고액이 **최고가매수신고액에서 그 보증액을 뺀 금액을 넘는 때
에만 할 수 있다.**

　▷ 최저매각가격이 1억원(매수신청보증 1천만원)이고, 최고가매수신고액이 2억원인 경우 차순위매
수신고는 1억 9천만원(2억원−1천만원)을 넘는 경우에만 할 수 있다.

③ 차순위매수신고를 한 사람이 둘 이상인 때에는 신고한 매수가격이 높은 사람을 차순
위매수신고인으로 정한다. 신고한 **매수가격이 같은 때에는 추첨으로 차순위매수신고
인을 정한다.**

(6) 매각기일의 종결

① 집행관은 최고가매수신고인의 성명과 그 가격을 부르고 차순위매수신고를 최고한 뒤, 적법한 차순위매수신고가 있으면 차순위매수신고인을 정하여 그 성명과 가격을 부른 다음 매각기일을 종결한다고 고지하여야 한다.

② 최고가매수신고인과 차순위매수신고인을 제외한 다른 매수신고인은 **매각기일이 종결되면** 매수의 책임을 벗게 되고, **즉시 매수신청의 보증을 돌려줄 것을 신청할 수 있다.**
  ▽ 차순위매수신고인은 매수인이 매각대금을 모두 지급한 때 매수신청의 보증을 돌려줄 것을 신청할 수 있다.

(7) 공유자 우선매수신고

① 공유자는 **매각기일까지** 매수신청보증을 제공하고 최고매수신고가격과 같은 가격으로 채무자의 지분을 우선매수하겠다는 신고를 할 수 있다. 공유자의 우선매수신고는 집행관이 매각기일을 종결한다는 고지를 하기 전까지 할 수 있다.

② 공유자가 우선매수신고를 하면 법원은 최고가매수신고가 있더라도 그 공유자에게 매각을 허가하여야 한다.

③ 공유자가 우선매수신고를 한 경우에는 최고가매수신고인을 차순위매수신고인으로 보며 그 매수신고인은 집행관이 매각기일을 종결한다는 고지를 하기 전까지 차순위매수신고인의 지위를 포기할 수 있다.

6. 매각결정기일

(1) 매각허가 또는 불허가결정

① 매각결정기일은 매각기일부터 1주일 내로 정하여야 한다.

② 매각결정절차는 법원 안에서 진행하여야 한다.

③ 차순위매수신고인이 있는 경우에 매수인이 대금지급기한까지 그 의무를 이행하지 아니한 때에는 차순위매수신고인에게 매각을 허가할 것인지를 결정하여야 한다.

④ **차순위매수신고인에 대한 매각허가결정이 있는 때에는 매수인은 매수신청의 보증을 돌려줄 것을 요구하지 못한다.**

(2) 매각불허가 결정이 되는 경우

① 매각을 허가하지 아니하고 다시 매각을 명하는 때에는 법원은 직권으로 **새 매각기일을** 정하여야 한다.

② **매수신고 할 자격이 없는 경우의 불허가**: 최고가매수신고인이 부동산을 매수할 능력이나 자격이 없거나, 부동산을 매수할 자격이 없는 사람이 최고가매수신고인을 내세워 매수신고를 한 경우 매각을 허가하지 않는다.

> **심화학습** 매수신청을 할 수 없는 자(민사집행규칙 제59조)
>
> 1. 채무자
> 2. 매각절차에 관여한 집행관
> 3. 매각 부동산을 평가한 감정인(감정평가법인이 감정인인 때에는 그 감정평가법인 또는 소속 감정평가사)

③ **농지가 경매되는 경우**: 농지취득자격증명의 발급이 필요한 농지가 경매되는 경우 최고가매수신고인으로 결정된 후 **매각결정기일까지** 농지취득자격증명을 법원에 제출하여야 매각이 허가된다. 농지취득자격증명을 제출하지 못하면 매각불허가를 받게 된다.

> 1. 경매 : 토지거래허가(×) 농지취득자격증명(○) 부동산거래신고(×)
> 2. 농지경매의 경우 매수신청 시 농지취득자격증명을 제출해야 한다. (×)

7. 매각결정에 대한 즉시항고

① 이해관계인은 매각결정기일로부터 1주 이내에 매각허가결정에 대하여 항고를 할 수 있다.

② **항고보증금 공탁** : 매각허가결정에 대한 항고를 하고자 하는 자는 보증으로 **매각대금의 10분의 1**에 해당하는 금전 또는 유가증권을 공탁하여야 한다.

> 항고보증금은 최저매각가격의 10분의 1이라고 하면 옳지 않다.

③ 채무자 및 소유자가 한 항고가 기각된 때에는 항고인은 보증으로 제공한 금전이나 유가증권을 돌려줄 것을 요구하지 못한다. 채무자 및 소유자 외의 자가 한 항고가 기각된 때에는 항고를 한 날부터 항고기각결정이 확정된 날까지의 매각대금에 대한 대법원규칙이 정하는 이율에 의한 금액에 대하여는 돌려줄 것을 요구할 수 없다.

8. 매각허가결정의 확정 및 대금납부

(1) 대각대금의 지급

① 매각허가결정이 확정되면 법원은 대금의 지급기한을 정하고, 이를 매수인과 차순위매수신고인에게 통지하여야 한다.

② 매수인은 **대금지급기한까지** 매각대금을 지급하여야 한다.

> 대금지급기일에 매각대금을 지급하여야 한다.(×)

③ **소유권 취득** : 매수인은 매각대금을 다 낸 때에 매각의 목적인 권리를 취득한다.

> 매수인은 매각대금을 지급하고 법원사무관이 소유권이전등기를 촉탁한 때에 소유권을 취득하는 것이 아니라 매각대금을 다 낸 때 매각의 목적인 소유권을 취득한다.

④ **매수인이 대금을 납부한 때** 차순위매수신고인은 매수의 책임을 벗게 되고 즉시 **매수신청의 보증을 돌려줄 것을 요구할 수 있다.**

(2) 재매각

① 매수인이 대금지급기한까지 그 의무를 완전히 이행하지 아니하였고, 차순위매수신고인이 없는 때에는 법원은 직권으로 부동산의 재매각을 명하여야 한다.

② 재매각은 종전에 정한 최저매각가격, 그 밖의 매각조건을 적용한다.

③ 재매각절차에서는 전의 매수인은 매수신청을 할 수 없으며 매수신청의 보증을 돌려줄 것을 요구하지 못한다.

9. 부동산의 인도

(1) 인도명령

법원은 매수인이 대금을 낸 뒤 6개월 이내에 신청하면 채무자, 소유자 또는 부동산 점유자에 대하여 부동산을 매수인에게 인도하도록 명할 수 있다. 다만, 점유자가 매수인에게 대항할 수 있는 권원에 의하여 점유하고 있는 것으로 인정되는 경우에는 그러하지 아니하다.

(2) 명도소송

인도명령 대상자 외의 점유자에 대하여 부동산의 점유를 이전해 줄 것을 청구하는 소송을 말한다.

3 권리분석

> 「민사집행법」제91조【인수주의와 잉여주의의 선택 등】② 매각부동산 위의 모든 저당권은 매각으로 소멸된다.
> ③ 지상권·지역권·전세권 및 등기된 임차권은 저당권·압류채권·가압류채권에 대항할 수 없는 경우에는 매각으로 소멸된다.
> ④ 저당권·압류채권·가압류채권에 대항할 수 있는 지상권·지역권·전세권 및 등기된 임차권은 매수인이 인수한다. 다만, 그 중 전세권의 경우에는 전세권자가 배당요구를 하면 매각으로 소멸된다.
> ⑤ 매수인은 유치권자에게 그 유치권으로 담보하는 채권을 변제할 책임이 있다.

1. 소멸되는 권리

① 저당권, 근저당권, 압류, 가압류, 담보가등기는 매각으로 항상 소멸한다.

② 저당권, 근저당권, 압류, 가압류, 담보가등기에 대항할 수 없는 지상권·지역권·전세권 및 등기된 임차권은 매각으로 소멸한다.

③ 소유권이전등기청구권 보전가등기, 가처분, 환매권등기도 저당권, 근저당권, 압류, 가압류, 담보가등기보다 후순위인 경우 매각으로 소멸한다.

2. 인수되는 권리

① 저당권, 근저당권, 압류, 가압류, 담보가등기에 대항할 수 있는 지상권·지역권·전세권 및 등기된 임차권은 매수인이 인수한다.

② 저당권, 근저당권, 압류, 가압류, 담보가등기에 대항할 수 있는 소유권이전등기청구권보전가등기, 가처분 및 환매권 등기도 매수인이 인수한다.

3. 최선순위 전세권

① 최선순위 전세권의 경우에는 **전세권자가 배당요구를 하면 우선변제를 받을 수 있으며 매각으로 소멸**된다.

② 최선순위 전세권은 **배당요구를 하지 않으면 매수인이 인수**한다.

4. 유치권

① 유치권자는 경락인에 대하여 그 피담보채권의 변제가 있을 때까지 유치목적물인 부동산의 인도를 거절할 수 있을 뿐이고 그 **피담보채권의 변제를 청구할 수는 없다**(95다8713).

② 매수인은 유치권자에게 그 유치권으로 담보하는 **채권을 변제할 책임이 있다.**

③ **압류의 효력이 발생(경매개시결정등기)한 이후**에 성립된 유치권은 매수인에게 대항할 수 없으므로 매수인은 유치권의 채권을 변제할 책임이 없다.

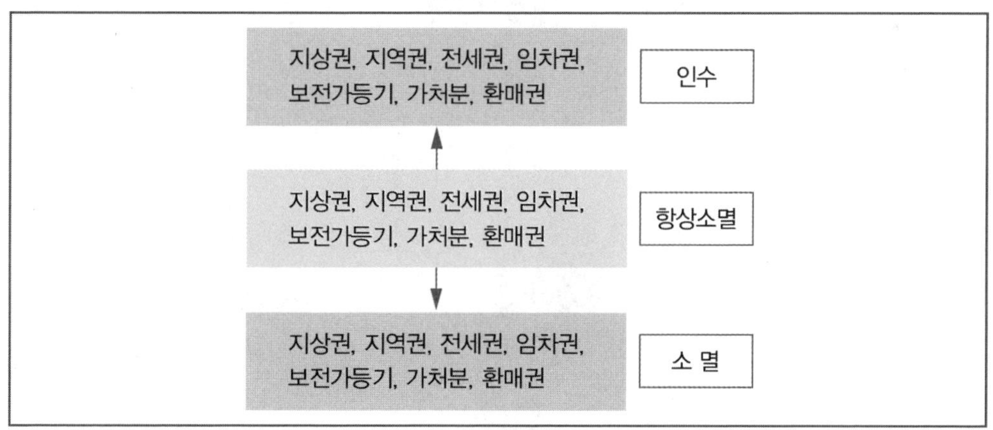

예제

개업공인중개사가 중개의뢰인에게 「민사집행법」에 따른 부동산경매에 관하여 설명한 내용으로
옳은 것을 모두 고른 것은?   제29회

> ㉠ 차순위매수신고는 그 신고액이 최고가매수신고액에서 그 보증액을 뺀 금액을 넘지 않는
>   때에만 할 수 있다.
> ㉡ 매각허가결정이 확정되어 대금지급기한의 통지를 받으면 매수인은 그 기한까지 매각대금
>   을 지급해야 한다.
> ㉢ 매수인은 매각대금을 다 낸 후 소유권이전등기를 촉탁한 때 매각의 목적인 권리를 취득한다.
> ㉣ 매각부동산의 후순위저당권자가 경매신청을 하여 매각되어도 선순위저당권은 매각으로
>   소멸되지 않는다.

① ㉠   ② ㉡
③ ㉠, ㉢   ④ ㉡, ㉣
⑤ ㉢, ㉣

해설 ㉠ 차순위매수신고는 그 신고액이 최고가매수신고액에서 그 보증액을 뺀 금액을 **넘는 때에만** 할 수
있다.
㉢ 매수인은 매각대금을 다 낸 때에 매각의 목적인 권리를 취득한다.
㉣ 매각부동산 위의 모든 저당권은 매각으로 소멸한다.   ▶ 정답 ②

제 **2** 절 **「공인중개사의 매수신청대리인 등록 등에 관한 규칙」** 제32회, 제33회, 제34회, 제35회, 제36회

> **「공인중개사법」 제14조【개업공인중개사의 겸업제한 등】** ② 개업공인중개사는 「민사집행법」에 의한 경매 및 「국세징수법」 그 밖의 법령에 의한 공매대상 부동산에 대한 권리분석 및 취득의 알선과 매수신청 또는 입찰신청의 대리를 할 수 있다.
>
> ③ 개업공인중개사가 제2항의 규정에 따라 「민사집행법」에 의한 **경매대상 부동산의 매수신청 또는 입찰신청의 대리**를 하고자 하는 때에는 **대법원규칙으로** 정하는 요건을 갖추어 **법원에 등록을** 하고 그 감독을 받아야 한다.
>
> **「공인중개사의 매수신청대리인 등록 등에 관한 규칙」 제1조【목적】** 이 규칙은 「공인중개사법」이 대법원규칙에 위임한 개업공인중개사의 매수신청대리인 등록 및 감독에 관한 사항과 그 시행에 관하여 필요한 사항을 규정함을 목적으로 한다.

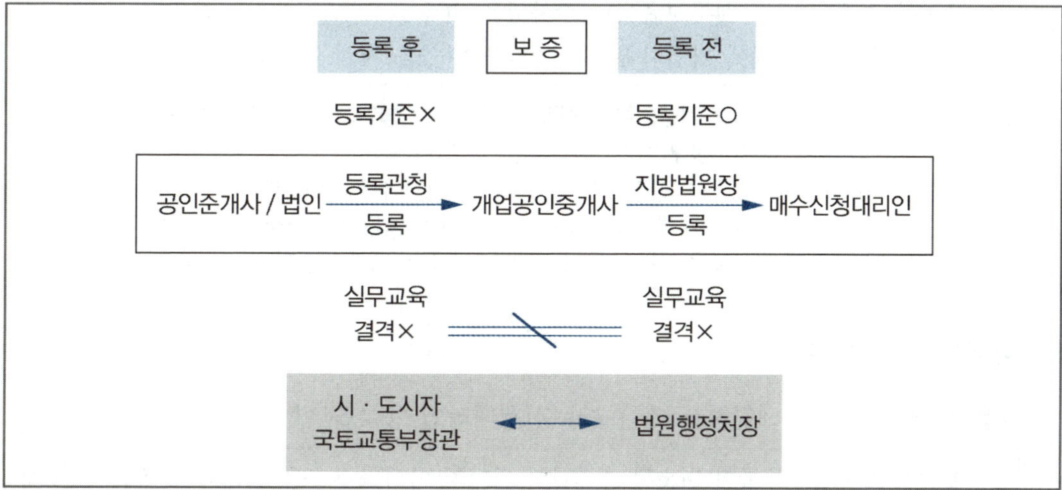

1 의 의

공인중개사인 개업공인중개사 및 법인인 개업공인중개사는 **「민사집행법」에 의한 경매대상 부동산의 매수신청 또는 입찰신청대리를 하고자 하는 때는 대법원규칙으로 정하는 요건을 갖추어 법원에 등록을 하고 그 감독을 받아야 한다**(「공인중개사법」 제14조). 경매 매수신청대리 업무는 본래 「변호사법」에 규정된 변호사의 고유업무이나 2005년 「공인중개사법」 개정으로 2006년 1월 30일부터 공인중개사 및 법인인 개업공인중개사에게도 허용되었다. 다만, 대법원규칙으로 정하는 등록요건을 갖추어 지방법원에 등록하고 감독을 받으면서 할 수 있다. 이에 따라 개업공인중개사의 경매 부동산의 매수신청대리 업무에 관하여 「공인중개사법」이 대법원규칙에 위임하여 **「공인중개사의 매수신청대리인 등록 등에 관한 규칙」**이 제정되어 2006년 1월 30일에 시행되었다.

② 매수신청대리인 등록

1. 등록기관

매수신청대리인이 되고자 하는 개업공인중개사는 중개사무소(법인인 개업공인중개사의 경우에는 주된 중개사무소를 말한다)가 있는 곳을 관할하는 **지방법원장**에게 매수신청대리인 등록을 하여야 한다.

2. 등록요건

개업공인중개사가 매수신청대리인으로 등록하기 위한 요건은 다음과 같다.

> ① 공인중개사인 개업공인중개사이거나 법인인 개업공인중개사일 것
> ② 부동산 경매에 관한 실무교육을 이수하였을 것
> ③ 보증보험 또는 공제에 가입하였거나 공탁을 하였을 것

▷ 1. 공인중개사는 중개사무소 개설등록을 하지 않고 매수신청대리인으로 등록할 수 없다.
　2. 소속공인중개사는 매수신청대리인으로 등록할 수 없다.
▷ 1. 보증은 중개사무소 개설등록요건은 아니지만, 매수신청대리의 등록요건에 해당한다.
　2. 보증의 설정은 중개사무소 개설등록을 하는 경우에는 '개설등록 후 업무를 개시하기 전에' 하여야 하지만, 매수신청대리 등록을 하는 경우에는 '매수신청대리 등록신청 전에' 보증을 설정하여야 한다.

3. 등록의 결격사유

다음의 어느 하나에 해당하는 자는 매수신청대리인 등록을 할 수 없다.

> ① 매수신청대리인 등록이 취소된 후 3년이 지나지 아니한 자. 단, **중개업의 폐업 또는 매수신청대리업의 폐업신고를 하여 매수신청대리 등록이 취소된 경우에는 결격사유에 해당하지 않는다.**
> ② 민사집행절차에서의 매각에 관하여 「형법」에 규정된 죄로 유죄판결을 받고 그 판결확정일부터 2년이 지나지 아니한 사람
> ③ 매수신청대리업무정지처분을 받고 폐업신고를 한 자로서 업무정지기간(폐업에 불구하고 진행되는 것으로 본다)이 경과되지 아니한 자
> ④ 매수신청대리업무정지처분을 받은 개업공인중개사인 법인의 업무정지의 사유가 발생한 당시의 사원 또는 임원이었던 자로서 해당 개업공인중개사에 대한 업무정지기간이 경과되지 아니한 자
> ⑤ 위 결격사유에 해당하는 자가 사원 또는 임원으로 있는 법인인 개업공인중개사

중개업의 폐업을 이유로 매수신청대리인 등록이 취소되고 3년이 지나지 아니한 자는
매수신청대리인으로 등록할 수 없다.　　　　　　　　　　　　　　　　　　　　（　　）

정답　× 폐업을 이유로 매수신청대리인 등록이 취소된 경우는 결격사유에 해당하지 않는다.

4. 경매 실무교육

① 매수신청대리인 등록을 하고자 하는 개업공인중개사(다만, 법인인 개업공인중개사의 경
우에는 공인중개사인 **대표자**를 말한다)는 등록신청일 전 1년 이내에 **법원행정처장**이 지
정하는 교육기관에서 부동산 경매에 관한 실무교육을 이수하여야 한다. 다만, 중개업
의 폐업신고 또는 매수신청대리업의 폐업신고 후 1년 이내에 다시 등록신청을 하고자
하는 자는 그러하지 아니하다.

공인중개사인 개업공인중개사는 매수신청대리 등록신청일 전 1년 이내에 지방법원
장이 지정하는 교육기관에서 경매에 관한 실무교육을 받아야 한다.　　　　（　　）

정답　× 법원행정처장이 지정하는 교육기관에서 받아야 한다.

② **실무교육에는 평가가 포함되어야 하며**, 교육시간, 교육과목 및 교육기관 지정에 관한
사항은 예규로 정한다.

③ **실무교육의 내용**(예규)

> ㉠ 교육시간은 32시간 이상 44시간 이내로 한다.
> ㉡ 실무교육은 직업윤리, 「민사소송법」, 「민사집행법」, 경매실무 등 필수과목 및 교육
> 기관이 자체적으로 정한 부동산 경매 관련 과목의 수강과 교육과목별 평가로 한다.
> ㉢ 실무교육에 필요한 전문인력 및 교육시설을 갖추고 객관적 평가기준을 마련한 다
> 음의 기관 또는 단체는 법원행정처장에게 그 지정승인을 요청할 수 있다.
> ⓐ 「고등교육법」에 따라 설립된 대학 또는 전문대학으로서 부동산 관련 학과가 개
> 설된 학교
> ⓑ 「공인중개사법」 규정에 따라 설립된 공인중개사협회

5. 등록증의 교부 등

① 지방법원장은 매수신청대리인 등록을 한 자에 대해서는 매수신청대리인 등록증을 교부하여야 한다.
② 등록증을 교부받은 자가 등록증을 잃어버리거나 못쓰게 된 경우와 등록증의 기재사항의 변경으로 인하여 다시 등록증을 교부받고자 하는 경우에는 재교부를 신청할 수 있다.

6. 등록의 절차(예규)

(1) 매수신청대리인 등록의 신청

매수신청대리인으로 등록하고자 하는 자는 매수신청대리인 등록신청서[별지 제1호 양식]에 다음의 서류를 첨부하여 중개사무소(법인인 개업공인중개사의 경우에는 주된 중개사무소를 말한다)가 있는 곳을 관할하는 지방법원장에게 신청하여야 한다.

> ① 공인중개사 자격증 사본
> ② 법인의 등기부등본(법인인 개업공인중개사인 경우에 한한다). 다만, 「전자정부법」에 따른 행정정보의 공동이용을 통하여 그 서류에 대한 정보를 확인할 수 있는 경우에는 그 확인으로 갈음할 수 있다.
> ③ 중개사무소등록증 사본
> ④ 실무교육 이수증 사본
> ⑤ 여권용 사진(3.5cm × 4.5cm) 2매
> ⑥ 보증을 제공하였음을 증명하는 보증보험증서 사본, 공제증서 사본 또는 공탁증서 사본

(2) 수수료

매수신청대리인 등록신청 수수료는 공인중개사의 경우 20,000원, 법인인 개업공인중개사의 경우 30,000원이고, 정부수입인지로 납부하여야 한다.

(3) 등록처분

매수신청대리인 등록신청을 받은 지방법원장은 14일 이내에 다음의 개업공인중개사의 종별에 따라 구분하여 등록을 하여야 한다.

> ① 공인중개사
> ② 법인인 개업공인중개사

7. 게시의무

① 개업공인중개사는 **등록증·매수신청대리 등 보수표** 그 밖에 예규가 정하는 사항을 해당 중개사무소 안의 보기 쉬운 곳에 게시하여야 한다.

② 게시할 사항(예규)

> ㉠ 등록증
> ㉡ 매수신청대리 등 보수표
> ㉢ 보증의 설정을 증명할 수 있는 서류

8. 휴업 및 폐업

① 매수신청대리인은 3개월을 초과하는 매수신청대리업을 휴업, 폐업, 휴업기간의 변경 또는 휴업한 매수신청대리업을 재개하고자 하는 때에는 **감독법원**에 그 사실을 미리 신고하여야 한다.

② 휴업은 6개월을 초과할 수 없다.

3 매수신청대리의 범위

1. 매수신청대리권의 범위

법원에 매수신청대리인으로 등록된 개업공인중개사가 매수신청대리의 위임을 받은 경우 다음의 행위를 할 수 있다.

> ① 매수신청 보증의 제공
> ② 입찰표의 작성 및 제출
> ③ 차순위매수신고
> ④ 매수신청의 보증을 돌려줄 것을 신청하는 행위
> ⑤ 공유자의 우선매수신고
> ⑥ 구 「임대주택법」상 임대주택 임차인의 임대주택 우선매수신고
> ⑦ 공유자 또는 임대주택 임차인의 우선매수신고에 따라 차순위매수신고인으로 보게 되는 경우 그 차순위매수신고인의 지위를 포기하는 행위

2. 매수신청대리의 대상물

① 토지
② 건물 그 밖의 토지의 정착물
③ 「입목에 관한 법률」에 따른 입목
④ 「공장 및 광업재단 저당법」에 따른 광업재단 및 공장재단

4 매수신청대리 업무

1. 사건카드의 작성

(1) 사건카드의 작성 및 보존

개업공인중개사는 매수신청대리 사건카드를 비치하고, 사건을 위임받은 때에는 사건카드에 위임받은 순서에 따라 일련번호, 경매사건번호, 위임받은 연월일, 보수액과 위임인의 주소·성명 기타 필요한 사항을 기재하고, **서명날인**한 후 **5년**간 이를 보존하여야 한다.

(2) 등록인장의 사용

서명날인은 「공인중개사법」의 규정에 따라 중개행위를 위해 등록관청에 등록한 인장을 사용하여야 한다.

2. 매수신청대리 대상물에 대한 확인·설명의무 등

(1) 확인·설명의무

개업공인중개사는 매수신청대리를 위임받은 경우 매수신청대리 대상물의 **권리관계, 경제적 가치, 매수인이 부담하여야 할 사항** 등에 대하여 위임인에게 성실·정확하게 설명하고 등기사항증명서 등 설명의 근거자료를 제시하여야 한다.

(2) **확인 · 설명사항**(예규)

> ① 해당 매수신청대리 대상물의 표시 및 권리관계
> ② 법령의 규정에 따른 제한사항
> ③ 해당 매수신청대리 대상물의 경제적 가치
> ④ 해당 매수신청대리 대상물에 관한 소유권을 취득함에 따라 부담 · 인수하여야 할 권리 등 사항

3. 매수신청대리 확인 · 설명서의 작성 및 교부

(1) 확인 · 설명서의 작성 · 교부 · 보존의무

개업공인중개사는 위임계약을 체결한 경우 확인 · 설명사항을 서면으로 작성하여 서명날인한 후 위임인에게 교부하고, 그 사본을 사건카드에 철하여 **5년간** 보존하여야 한다.

(2) 등록인장의 사용

서명날인은 「공인중개사법」의 규정에 따라 등록관청에 등록한 인장을 사용하여야 한다.

4. 매수신청대리행위

(1) 대리행위의 방식

① 개업공인중개사는 매수신청대리권의 범위에 규정된 대리행위를 하는 경우 각 대리행위마다 대리권을 증명하는 문서인 **본인의 인감증명서가 첨부된 위임장과 대리인등록증 사본** 등을 제출하여야 한다.

② 같은 날 같은 장소에서 매수신청대리권의 범위에 규정된 대리행위를 동시에 하는 경우에는 하나의 서면으로 갈음할 수 있다.

③ 법인인 개업공인중개사가 대리행위를 하는 경우에는 대리권을 증명하는 문서 이외에 **대표자의 자격을 증명하는 문서를 제출**하여야 한다.

④ 개업공인중개사는 대리행위를 함에 있어서 매각장소 또는 집행법원에 **직접 출석**하여야 한다.

(2) 위임장의 내용(예규)

위임장에는 사건번호, 개별매각의 경우 물건번호, 대리인의 성명과 주소, 위임내용, 위임인의 성명과 주소를 기재하고, 위임인의 인감도장을 날인하여야 한다.

5. 보수 등

(1) 매수신청대리 보수

개업공인중개사는 매수신청대리에 관하여 위임인으로부터 예규에서 정한 보수표의 범위 안에서 소정의 보수를 받는다. 이때, 보수 이외의 명목으로 돈 또는 물건을 받거나 예규에서 정한 보수 이상을 받아서는 아니 된다.

(2) 보수의 설명

개업공인중개사는 보수표와 보수에 대하여 이를 위임인에게 **위임계약 전에** 설명하여야 한다.

(3) 영수증 작성·교부

① 개업공인중개사는 보수를 받은 경우 **예규에서 정한 양식에 의한 영수증**을 작성하여 서명날인한 후 위임인에게 교부하여야 한다.

② 영수증의 서명날인은 「공인중개사법」의 규정에 따라 등록관청에 등록한 인장을 사용하여야 한다.

(4) 보수의 지급시기

보수의 지급시기는 매수신청인과 매수신청대리인의 약정에 따르며, **약정이 없을 때에는 매각대금의 지급기한일로** 한다.

(5) 실비(예규)

개업공인중개사는 위임인으로부터 매수신청대리 대상물의 권리관계 등의 확인 또는 매수신청대리의 실행과 관련하여 발생하는 별도의 실비를 받을 수 있다. 다만, 매수신청대리에 필요한 통상의 실비(확인·설명을 위한 등기기록 열람비용 등)는 보수에 포함된 것으로 본다.

6. 신의·성실의무 등

① 개업공인중개사는 신의와 성실로써 공정하게 매수신청대리 업무를 수행하여야 한다.

② 개업공인중개사는 다른 법률에서 특별한 규정이 있는 경우를 제외하고는 그 업무상 알게 된 비밀을 누설하여서는 아니 된다. 개업공인중개사가 그 업무를 떠난 경우에도 같다.

③ 개업공인중개사는 매각절차의 적정과 매각장소의 질서유지를 위하여 「민사집행법」의 규정 및 집행관의 조치에 따라야 한다.

7. 금지행위

개업공인중개사는 다음의 행위를 하여서는 아니 된다.

① 이중으로 매수신청대리인 등록신청을 하는 행위
② **매수신청대리인이 된 사건에 있어서 매수신청인으로서 매수신청을 하는 행위**
③ **동일 부동산에 대하여 이해관계가 다른 2인 이상의 대리인이 되는 행위**
④ 명의대여를 하거나 등록증을 대여 또는 양도하는 행위
⑤ 다른 개업공인중개사의 명의를 사용하는 행위
⑥ 「형법」 제315조에 규정된 경매·입찰방해죄에 해당하는 행위
⑦ 사건카드 또는 확인·설명서에 허위기재하거나 필수적 기재사항을 누락하는 행위
⑧ 그 밖에 다른 법령에 따라 금지되는 행위

■ [별지 제7호 양식]

매수신청대리 사건카드

일련번호 2006 −	경매사건 번호 　지방법원　　지원　　타경		물건번호
부동산의 표시			

위임인에 관한 사항	성명	생년월일	
		주소	
	성명	생년월일	
		주소	

보수액	상담 및 권리분석 수수료	법규상 보수표의 범위	
		결정된 보수액	
	매수신청 대리수수료	법규상 보수표의 범위	
		결정된 보수액	
	특별비용	사유	
		결정된 보수액	
	보수에 관한 법규의 규정에 대하여 사전에 설명 받았음을 확인합니다. 　　　　　　　　　　200　.　　.　　.　　위임인　　　　　　　(인)		

| 위임내용 | 상담 및 권리분석 (　　) | |
| | 매수신청대리 (　　) | |

| 위임일자 | 　년　　　월　　　일 |

특약사항

결　과	입찰에 참가하여 매수에 성공 (　　)
	입찰에 참가하였으나 매수에 실패 (　　)
	입찰에 참가하지 않음 (　　)

첨부서면	확인·설명서 (　　)
	보수영수증 (　　)
	기타

년　　　월　　　일

개업공인중개사　　　　　　　　　　　　　　(인)
법인인 개업공인중개사　　대표이사　　　　　(인)

5 보증제도 및 공제사업

1. 손해배상책임 및 보증의 설정

(1) 손해배상책임

매수신청대리인이 된 개업공인중개사는 매수신청대리를 함에 있어서 고의 또는 과실로 인하여 위임인에게 재산상 손해를 발생하게 한 때에는 그 손해를 배상할 책임이 있다.

(2) 보증설정

매수신청대리인이 되고자 하는 개업공인중개사는 손해배상책임을 보장하기 위하여 보증보험 또는 협회의 공제에 가입하거나 공탁(이하 '보증'이라 한다)을 하여야 한다.

▷ 매수신청대리인으로 등록한 개업공인중개사는 업무를 개시하기 전에 보증을 설정하여야 한다. (×)

(3) 보증설정금액

개업공인중개사가 손해배상책임을 보장하기 위한 보증을 설정하여야 하는 금액은 다음과 같다.

> ① 법인인 개업공인중개사는 4억원 이상. 다만, 분사무소를 두는 경우에는 분사무소마다 2억원 이상 추가로 설정하여야 한다.
> ② 공인중개사인 개업공인중개사는 2억원 이상

(4) 공탁금의 회수

공탁한 공탁금은 매수신청대리인이 된 개업공인중개사가 폐업, 사망 또는 해산한 날부터 3년 이내에는 이를 회수할 수 없다.

(5) 보증의 설명 및 관계증서 사본 교부

매수신청의 위임을 받은 개업공인중개사는 매수신청인에게 손해배상책임의 보장에 관한 다음의 사항을 설명하고 관계증서의 사본을 교부하거나 관계증서에 관한 전자문서를 제공하여야 한다.

> ① 보장금액
> ② 보증보험회사, 공제사업을 행하는 자, 공탁기관 및 그 소재지
> ③ 보장기간

2. 공제사업

① 협회는 개업공인중개사의 손해배상책임을 보장하기 위하여 공제사업을 할 수 있다.

② 협회는 공제사업을 하고자 하는 때에는 공제규정을 제정하여 **법원행정처장**의 승인을 얻어야 한다. 공제규정을 변경하고자 하는 때에도 또한 같다.

③ 공제규정에는 예규에 정하는 바에 따라 공제사업의 범위, 공제계약의 내용, 공제금, 공제료, 회계기준 및 책임준비금의 적립비율 등 공제사업의 운용에 관하여 필요한 사항을 정하여야 한다.

④ 협회는 공제사업을 다른 회계와 구분하여 별도의 회계로 관리하여야 하며, 책임준비금을 다른 용도로 사용하고자 하는 경우에는 법원행정처장의 승인을 얻어야 한다.

⑤ 협회는 예규에 정하는 바에 따라 매년도의 공제사업 운용실적을 일간신문 또는 협회보 등을 통하여 공제계약자에게 공시하여야 한다.

⑥ 법원행정처장은 협회가 이 규칙 및 공제규정을 준수하지 아니하여 공제사업의 건전성을 해할 우려가 있다고 인정되는 경우에는 이에 대한 시정을 명할 수 있다.

⑦ 「금융위원회의 설치 등에 관한 법률」에 따른 금융감독원의 원장은 법원행정처장으로부터 요청이 있는 경우에는 협회의 공제사업에 관하여 검사를 할 수 있다.

6 그 밖의 의무

1. 중개사무소 이전신고(예규)

① 중개사무소의 이전신고는 중개사무소이전신고서[별지 제5호 양식], 그 외의 사항에 대한 신고는 신고서[별지 제6호 양식]에 등록증을 첨부하여 관할 지방법원장에게 제출하여야 한다. 다만, 중개사무소 이전으로 관할이 바뀌는 경우에는 새로운 중개사무소 소재지를 관할하는 지방법원장에게 이전신고를 하여야 한다.

② 관할이 바뀌는 경우의 중개사무소이전신고를 받은 지방법원장은 그 내용이 적합한 경우에는 새로운 등록증을 교부하여야 한다.

③ 관할이 바뀌는 경우에는 지방법원장은 종전 중개사무소 소재지 관할 지방법원장에게 관련 서류를 송부하여 줄 것을 요청하고, 이 경우 종전 중개사무소 소재지 관할 지방법원장은 지체 없이 다음의 서류를 송부하여야 한다.

> ㉠ 매수신청대리인등록대장
> ㉡ 매수신청대리인 등록신청서류
> ㉢ 최근 1년간의 행정처분서류 및 행정처분절차가 진행 중인 경우 그 관련 서류

④ 관련 서류를 송부 받은 지방법원장은 이전등록을 하여야 하고, 이전신고 전에 발생한 사유로 인하여 개업공인중개사에 대한 행정처분을 하여야 할 경우에는 이를 행한다.

2. 신고의무

개업공인중개사는 다음의 어느 하나에 해당하는 경우에는 그 **사유가 발생한 날로부터 10일 이내에 지방법원장에게 그 사실을 신고하여야** 한다.

> ① 중개사무소를 이전한 경우
> ② 중개업을 휴업 또는 폐업한 경우
> ③ 「공인중개사법」에 따라 분사무소를 설치한 경우
> ④ 「공인중개사법」에 따라 공인중개사 자격이 취소된 경우
> ⑤ 「공인중개사법」에 따라 공인중개사 자격이 정지된 경우
> ⑥ 「공인중개사법」에 따라 중개사무소 개설등록이 취소된 경우
> ⑦ 「공인중개사법」에 따라 중개업무가 정지된 경우

3. 명칭표시 주의의무

매수신청대리인 등록을 한 개업공인중개사는 그 사무소의 명칭이나 간판에 고유한 지명 등 **법원행정처장이 인정하는 특별한 경우를 제외하고는** '법원'의 명칭이나 휘장 등을 표시하여서는 아니 된다.

7 지도·감독

1. 협회에 대한 감독

법원행정처장은 매수신청대리업무에 관하여 **협회**를 감독한다.

2. 지부 및 개업공인중개사에 대한 감독

(1) **지방법원장의 지도·감독**

지방법원장은 매수신청대리업무에 관하여 관할 안에 있는 협회의 **시·도지부**와 매수신청대리인 등록을 한 **개업공인중개사**를 감독한다.

(2) **감독권의 위탁 및 조사·검사**

① **지방법원장은 매수신청대리 업무에 대한 감독의 사무를 지원장과 협회의 시·도지부에 위탁**할 수 있고, 이를 위탁받은 지원장과 협회의 시·도지부는 그 실시결과를 지체 없이 지방법원장에게 보고하여야 한다.

② 지방법원장 또는 위탁받아 감독의 사무를 행하는 지원장은 매수신청대리인 등록을 한 개업공인중개사에게 매수신청대리업무에 관한 사항에 대하여 보고하게 하거나 자료의 제출

그 밖에 필요한 명령을 할 수 있고, 소속공무원으로 하여금 중개사무소에 출입하여 장부·서류 등을 조사 또는 검사하게 할 수 있다.

③ **위탁받아 감독의 사무를 행하는 협회의 시·도지부는 중개사무소 출입·조사 또는 검사를 할 수 있다.**

④ 지방법원장은 법규를 위반하였다고 인정되는 개업공인중개사에 대하여 해당 법규에 따른 상당한 처분을 하여야 한다.

8 행정처분

1. 절대적 등록취소

지방법원장은 다음의 어느 하나에 해당하는 경우에는 매수신청대리인 등록을 취소하여야 한다.

> ① 「공인중개사법」에 따라 중개사무소 개설등록의 결격사유 중 하나에 해당하는 경우
> ② 「공인중개사법」에 따라 중개사무소의 폐업신고를 한 경우
> ③ 매수신청대리업의 폐업신고를 한 경우
> ④ 「공인중개사법」에 따라 공인중개사 자격이 취소된 경우
> ⑤ 「공인중개사법」에 따라 중개사무소 개설등록이 취소된 경우
> ⑥ 매수신청대리 **등록 당시** 매수신청대리 등록요건을 갖추지 않았던 경우
> ⑦ 매수신청대리 **등록 당시** 매수신청대리 결격사유가 있었던 경우

2. 임의적(상대적) 등록취소

지방법원장은 다음의 어느 하나에 해당하는 경우에는 매수신청대리인 등록을 취소할 수 있다.

> ① 매수신청대리 **등록 후** 매수신청대리 등록요건을 갖추지 않게 된 경우
> ② 매수신청대리 **등록 후** 매수신청대리 결격사유가 된 경우
> ③ 사건카드를 작성하지 아니하거나 보존하지 아니한 경우
> ④ 확인·설명서를 교부하지 아니하거나 보존하지 아니한 경우
> ⑤ 비밀준수의무, 집행관의 명령에 따를 의무, 매수신청대리 금지행위를 위반한 경우
> ⑥ 규정된 보수 이외의 명목으로 돈 또는 물건을 받은 경우, 예규에서 정한 보수를 초과하여 받은 경우, 보수의 영수증을 교부하지 아니한 경우
> ⑦ 감독상의 명령이나 중개사무소의 출입, 조사 또는 검사에 대하여 기피, 거부 또는 방해하거나 거짓으로 보고 또는 제출한 경우
> ⑧ 최근 1년 이내에 이 규칙에 따라 2회 이상 업무정지처분을 받고 다시 업무정지처분에 해당하는 행위를 한 경우

3. 절대적 업무정지

지방법원장은 개업공인중개사(이 경우 분사무소를 포함한다)가 다음의 어느 하나에 해당하는 경우에는 기간을 정하여 매수신청대리업무를 정지하는 처분을 하여야 한다.

> ① 「공인중개사법」에 따라 중개사무소를 휴업하였을 경우
> ② 매수신청대리업을 휴업하였을 경우
> ③ 「공인중개사법」에 따라 공인중개사 자격의 정지를 당한 경우
> ④ 「공인중개사법」에 따라 업무의 정지를 당한 경우
> ⑤ 매수신청대리 임의적 등록취소사유 가운데 매수신청대리 감독상의 명령에 불응한 경우를 제외한 사유에 해당하는 경우

넓혀 보기

- 폐업, 자격취소, 등록취소 → 매수신청대리 절대적 등록취소
- 휴업, 자격정지, 업무정지 → 매수신청대리 절대적 업무정지

4. 임의적(상대적) 업무정지

지방법원장은 매수신청대리인 등록을 한 개업공인중개사(이 경우 분사무소를 포함한다)가 다음의 어느 하나에 해당하는 경우에는 기간을 정하여 매수신청대리업무의 정지를 명할 수 있다.

> ① 「민사집행법」에 따른 규정 중 다음의 어느 하나에 해당하는 경우
>   ㉠ 다른 사람의 매수신청을 방해한 사람
>   ㉡ 부당하게 다른 사람과 담합하거나 그 밖에 매각의 적정한 실시를 방해한 사람
>   ㉢ ㉠ 또는 ㉡의 행위를 교사한 사람
> ② 매수신청대리 등록증 등을 게시하지 아니한 경우
> ③ 사건카드, 매수신청대리 확인·설명서 및 보수 영수증에 등록한 인장을 사용하지 아니한 경우
> ④ 사무소 이전 등의 신고를 하지 아니한 경우
> ⑤ 감독상의 명령이나 중개사무소의 출입, 조사 또는 검사에 대하여 기피, 거부 또는 방해하거나 거짓으로 보고 또는 제출한 경우
> ⑥ 사무소 명칭이나 간판에 '법원'의 명칭이나 휘장 등을 표시하였을 경우
> ⑦ 그 밖에 이 규칙에 따른 명령이나 처분에 위반한 경우

5. 행정처분의 절차

(1) 등록증의 반납

매수신청대리인 등록이 취소된 자는 등록증을 관할 지방법원장에게 반납하여야 한다.

(2) 업무정지기간

업무정지기간은 **1개월 이상** 2년 **이하**로 한다.

(3) 서면통지(예규)

지방법원장은 매수신청대리인 등록을 한 개업공인중개사에 대하여 등록취소, 업무정지의 처분을 할 경우에는 해당 위반행위를 조사·확인한 후 위반사실, 징계처분의 내용과 그 기간 등을 서면으로 명시하여 통지하여야 한다.

(4) 의견진술(예규)

지방법원장은 등록취소, 업무정지처분을 하고자 하는 때에는 10일 이상의 기간을 정하여 개업공인중개사에게 구술 또는 서면(전자문서를 포함한다)에 의한 의견진술의 기회를 주어야 한다. 이 경우 지정된 기일까지 의견진술이 없는 때에는 의견이 없는 것으로 본다.

(5) 행정처분 관리대장(예규)

지방법원장은 규칙 제21조 또는 제22조의 규정에 따라 등록취소 또는 업무정지처분을 한 때에는 등록취소·업무정지 관리대장[별지 제13호 양식]에 기재하여 5년간 보존하여야 한다.

(6) 등록증의 반납(예규)

① 등록취소처분을 받은 개업공인중개사는 처분을 받은 날로부터 7일 이내에 관할 지방법원장에게 등록증을 반납하여야 한다.

② 중개사무소의 개설등록이 취소된 경우로서 개인인 개업공인중개사가 사망한 경우에는 그 개업공인중개사와 세대를 같이 하고 있는 자, 법인인 개업공인중개사가 해산한 경우에는 해당 법인인 개업공인중개사의 대표자 또는 임원이었던 자가 등록취소처분을 받은 날로부터 7일 이내에 등록증을 관할 지방법원장에게 반납하여야 한다.

(7) 행정처분 통보

협회는 등록관청으로부터 중개사무소의 개설등록, 휴업·폐업의 신고, 자격의 취소, 자격의 정지, 등록의 취소, 업무의 정지 등에 관한 사항을 통보받은 후 10일 이내에 법원행정처장에게 통지하여야 한다.

6. 표시 및 제거의무

개업공인중개사는 매수신청대리인 등록이 취소된 때에는 사무실 내·외부에 매수신청대리 업무에 관한 표시 등을 제거하여야 하며, **업무정지처분을 받은 때에는 업무정지사실을 해당 중개사사무소의 출입문에 표시**하여야 한다.

예 제

甲은 매수신청대리인으로 등록한 개업공인중개사 乙에게 「민사집행법」에 의한 경매대상 부동산에 대한 매수신청대리의 위임을 하였다. 이에 관한 설명으로 틀린 것은? 제28회

① 보수의 지급시기에 관하여 甲과 乙의 약정이 없을 때에는 매각대금의 지급기한일로 한다.
② 乙은 「민사집행법」에 따른 차순위매수신고를 할 수 있다.
③ 乙은 매수신청대리인 등록증을 자신의 중개사무소 안의 보기 쉬운 곳에 게시해야 한다.
④ 乙이 중개업을 휴업한 경우 관할 지방법원장은 乙의 매수신청대리인 등록을 취소해야 한다.
⑤ 乙은 매수신청대리 사건카드에 중개행위에 사용하기 위해 등록한 인장을 사용하여 서명날인해야 한다.

해설 중개업의 휴업은 그 휴업기간 동안 매수신청대리 업무를 정지하는 처분을 해야 하는 절대적 업무정지사유이며, 중개업의 폐업은 매수신청대리의 절대적 등록취소사유이다. ▶ **정답** ④

부록

제36회 기출문제

01 공인중개사법령상 용어의 정의로 <u>틀린</u> 것은?

① 중개라 함은 이 법 제3조에 따른 중개대상물에 대하여 거래당사자 간의 매매·교환·임대차 그 밖의 권리의 득실변경에 관한 행위를 알선하는 것을 말한다.

② 공인중개사라 함은 이 법에 의한 공인중개사자격을 취득한 자를 말한다.

③ 중개업이라 함은 다른 사람의 의뢰에 의하여 일정한 보수를 받고 중개를 업으로 행하는 것을 말한다.

④ 개업공인중개사라 함은 이 법에 의하여 중개사무소의 개설등록을 한 자를 말한다.

⑤ 소속공인중개사라 함은 개업공인중개사에 소속된 공인중개사로서 중개업무를 수행하는 자를 말하며, 개업공인중개사인 법인의 사원으로서 공인중개사인 자는 제외된다.

해설　⑤ 개업공인중개사에 소속된 공인중개사(개업공인중개사인 법인의 사원 또는 임원으로서 공인중개사인 자를 포함한다)로서 중개업무를 수행하거나 개업공인중개사의 중개업무를 보조하는 자를 말한다.

02 공인중개사법령상 공인중개사자격증에 관한 설명으로 옳은 것을 모두 고른 것은?

> ㉠ 공인중개사는 다른 사람에게 자기의 공인중개사자격증을 양도하여서는 아니된다.
> ㉡ 누구든지 다른 사람의 공인중개사자격증을 양수하여 이를 사용하여서는 아니된다.
> ㉢ 공인중개사는 다른 공인중개사가 공인중개사자격증을 대여하는 것을 알선할 수 있다.

① ㉠　　　　　　② ㉠, ㉡　　　　　　③ ㉠, ㉢
④ ㉡, ㉢　　　　　⑤ ㉠, ㉡, ㉢

해설　㉢ 누구든지 성명을 사용하여 중개업무를 하게 하는 행위, 자격증을 양도 또는 대여하는 행위 및 자격증을 양수 또는 대여 받아 사용하는 행위를 알선해서는 안 된다. 이를 위반하면 1년 이하의 징역 또는 1천만원 이하의 벌금에 처한다.

03 공인중개사법령상 중개사무소의 개설등록 및 등록의 결격사유 등에 관한 설명으로 <u>틀린</u> 것은?

① 개업공인중개사는 다른 개업공인중개사의 중개보조원이 될 수 있다.

② 피성년후견인은 중개사무소의 개설등록을 할 수 없다.

③ 공인중개사(소속공인중개사는 제외) 또는 법인이 아닌 자는 중개사무소의 개설등록을 신청할 수 없다.

④ 자본금이 3천만원인 「상법」상 회사는 다른 법률의 규정이 있는 경우를 제외하고, 중개사무소의 개설등록을 할 수 없다.

⑤ 금고 이상의 형의 집행유예를 받고 그 유예기간이 만료된 날부터 2년이 지나지 아니한 자는 소속공인중개사가 될 수 없다.

> **해설** ① 이중소속은 금지된다. 즉 개업공인중개사 등은 다른 개업공인중개사의 소속공인중개사 · 중개보조원 또는 개업공인중개사인 법인의 사원 · 임원이 될 수 없다.

04 공인중개사법령상 인장의 등록에 관한 설명으로 <u>틀린</u> 것은?

① 개업공인중개사는 중개사무소 개설등록신청을 하면서 동시에 인장을 등록하여야 한다.

② 소속공인중개사는 업무를 개시하기 전에 중개행위에 사용할 인장을 등록관청에 등록하여야 한다.

③ 분사무소가 없는 법인인 개업공인중개사는 「상업등기규칙」에 따라 신고한 법인의 인장을 등록관청에 등록하여야 한다.

④ 법인인 개업공인중개사의 분사무소에서 사용할 인장의 경우에는 「상업등기규칙」에 따라 법인의 대표자가 보증하는 인장을 등록할 수 있다.

⑤ 등록관청에 등록한 인장을 변경한 개업공인중개사는 변경일부터 7일 이내에 그 변경된 인장을 등록관청에 등록하여야 한다.

> **해설** ① 개업공인중개사 및 소속공인중개사는 업무를 개시하기 전에 중개행위에 사용할 인장을 등록관청에 등록(전자문서에 의한 등록을 포함한다)해야 한다.

Answer　1. ⑤　2. ②　3. ①　4. ①

05 공인중개사법령상 인터넷 표시·광고 모니터링 등에 관한 설명으로 옳은 것을 모두 고른 것은?

> ㉠ 국토교통부장관은 「공공기관의 운영에 관한 법률」 제4조에 따른 공공기관에 모니터링 업무를 위탁할 수 있다.
> ㉡ 모니터링 기관은 기본 모니터링 업무에 관한 결과보고서를 해당 모니터링 업무를 완료한 날부터 15일 이내에 국토교통부장관에게 제출해야 한다.
> ㉢ 국토교통부장관은 모니터링 기관으로부터 모니터링 업무에 관하여 제출받은 결과보고서를 시·도지사 및 등록관청 등에 통보하고 필요한 조사 및 조치를 요구할 수 있다.

① ㉡　　　　　　② ㉢　　　　　　③ ㉠, ㉡
④ ㉠, ㉢　　　　　⑤ ㉠, ㉡, ㉢

해설 ㉡ 모니터링 기관은 모니터링 업무를 수행한 경우 해당 업무에 따른 결과보고서를 다음의 구분에 따른 기한까지 국토교통부장관에게 제출해야 한다.
－ 기본 모니터링 업무: 매 분기의 마지막 날부터 30일 이내
－ 수시 모니터링 업무: 해당 모니터링 업무를 완료한 날부터 15일 이내

06 공인중개사법령상 중개사무소의 설치기준에 관한 설명으로 옳은 것을 모두 고른 것은? (단, 다른 법률의 규정은 고려하지 않음)

> ㉠ 법인이 아닌 개업공인중개사는 그 등록관청의 관할 구역 안에 중개사무소를 두되, 1개의 중개사무소만을 둘 수 있다.
> ㉡ 개업공인중개사는 천막 그 밖에 이동이 용이한 임시 중개시설물을 설치하여서는 아니 된다.
> ㉢ 분사무소를 설치하려는 개업공인중개사는 분사무소설치신고서를 분사무소의 소재지를 관할하는 등록관청에 제출하여야 한다.

① ㉠　　　　　　② ㉢　　　　　　③ ㉠, ㉡
④ ㉡, ㉢　　　　　⑤ ㉠, ㉡, ㉢

해설 ㉢ 분사무소 설치신고서는 주된 중개사무소의 소재지를 관할하는 등록관청에 제출하여야 한다.

07 공인중개사법령상 명칭 및 중개대상물의 표시·광고 등에 관한 설명으로 <u>틀린</u> 것은?

① 개업공인중개사가 아닌 자는 "부동산중개"라는 명칭을 사용하여서는 아니된다.

② 개업공인중개사가 아닌 자는 중개대상물에 대한 표시·광고를 하여서는 아니된다.

③ 개업공인중개사는 중개대상물이 존재하지만 실제로 중개의 대상이 될 수 없는 중개대상물에 대한 표시·광고를 하여서는 아니된다.

④ 등록관청은 개업공인중개사의 성명의 표기방법을 위반한 중개사무소의 벽면 이용 간판에 대하여 철거를 명할 수 있다.

⑤ 개업공인중개사가 의뢰받은 중개대상물에 대하여 표시·광고를 하려면 개업공인중개사 및 중개보조원에 관한 사항을 명시하여야 한다.

> **해설** ⑤ 개업공인중개사가 의뢰받은 중개대상물에 대하여 표시·광고를 하려면 중개사무소 및 개업공인중개사에 관한 사항을 명시해야 하며, 중개보조원에 관한 사항은 명시해서는 아니 된다. 이를 위반하면 등록관청은 100만원 이하의 과태료를 부과한다.

08 공인중개사법령상 법인인 개업공인중개사가 겸업할 수 있는 업무에 해당하는 것을 모두 고른 것은? (단, 다른 법률의 규정은 고려하지 않음)

> ㉠ 상업용 건축물의 분양대행
> ㉡ 부동산의 개발에 관한 상담
> ㉢ 상업용 건축물의 관리대행

① ㉡　　　　　② ㉠, ㉡　　　　　③ ㉠, ㉢
④ ㉡, ㉢　　　　　⑤ ㉠, ㉡, ㉢

> **해설** ⑤ 보기 모두 법인인 개업공인중개사가 겸업할 수 있는 업무이다.
> ㉠ 상업용 건축물 및 주택의 분양대행
> ㉡ 부동산의 이용·개발 및 거래에 관한 상담
> ㉢ 상업용 건축물 주택의 임대관리 등 부동산의 관리대행

09 공인중개사법령상 중개사무소의 이전신고 및 휴업 또는 폐업의 신고 등에 관한 설명으로 옳은 것은?

① 개업공인중개사가 출산하는 경우에는 6개월을 초과하여 휴업할 수 있다.

② 개업공인중개사는 등록관청의 관할 지역 외의 지역으로 중개사무소를 이전한 때에는 이전한 날부터 10일 이내에 이전하기 전의 등록관청에 이전사실을 신고해야 한다.

③ 법인인 개업공인중개사는 분사무소를 두었더라도 폐업신고는 분사무소별로 하여서는 아니된다.

④ 개업공인중개사가 3개월을 초과하여 휴업한 부동산중개업을 재개하려는 경우 신고서에 중개사무소등록증을 첨부하여 등록관청에 미리 신고해야 한다.

⑤ 관할 세무서장이 「부가가치세법 시행령」에 따라 중개업폐업신고서를 받아 해당 등록관청에 송부하였더라도 등록관청에 그 폐업신고서가 제출된 것으로 보지 않는다.

> **해설** ② 이전 후의 등록관청에 이전사실을 신고해야 한다.
> ③ 주된 사무소와 별도로 분사무소에 대한 휴업 및 폐업신고를 할 수 있다.
> ④ 3개월을 초과하는 부동산중개업의 휴업신고서 및 부동산중개업의 폐업신고서에 중개사무소 등록증을 첨부해야 한다.
> ⑤ 관할 세무서장이 「부가가치세법 시행령」에 따라 부동산중개업의 폐업신고서를 받아 해당 등록관청에 송부한 경우 부동산중개업의 폐업신고서가 제출된 것으로 본다.

10 공인중개사법령상 중개대상물의 확인·설명에 관한 설명으로 <u>틀린</u> 것은? (다툼이 있으면 판례에 따름)

① 개업공인중개사는 중개를 의뢰받은 경우 중개가 완성되기 전에 중개대상물에 관한 확인·설명을 해야 한다.

② 개업공인중개사는 중개가 완성되어 거래계약서를 작성하는 때에는 중개대상물 확인·설명서를 작성해야 한다.

③ 개업공인중개사는 자기가 조사·확인하여 설명할 의무가 없는 사항이라도 중개의뢰인이 계약을 맺을지를 결정하는 데 중요한 것이라면 그에 관해 그릇된 정보를 제공해서는 아니된다.

④ 아파트인 공동주택 임대차 중개의 경우 관리비 금액과 그 산출내역은 개업공인중개사가 확인·설명해야 하는 사항이 아니다.

⑤ 중개의뢰인이 개업공인중개사에게 소정의 보수를 지급하지 아니하였다고 해서 개업공인중개사의 확인·설명의무와 이에 위반한 경우의 손해배상의무가 당연히 소멸되는 것이 아니다.

> **해설** ④ 관리비 금액과 그 산출내역은 개업공인중개사가 주택의 임대차를 중개하는 경우에만 확인·설명해야 하는 사항에 해당한다.

11 공인중개사법령상 거래계약서의 작성 등에 관한 설명으로 옳은 것을 모두 고른 것은?

> ㉠ 국토교통부장관은 개업공인중개사가 작성하는 거래계약서의 표준이 되는 서식을 정하여 그 사용을 권장할 수 있다.
> ㉡ 계약일과 중개대상물확인·설명서 교부일자는 거래계약서에 기재하여야 하는 사항이다.
> ㉢ 개업공인중개사가 거래계약서를 작성한 경우 그 원본, 사본 또는 전자문서를 보존하여야 하는 기간은 3년이다.

① ㉠   ② ㉢   ③ ㉠, ㉡
④ ㉡, ㉢   ⑤ ㉠, ㉡, ㉢

해설 ㉢ 공인전자문서센터에 보관된 경우가 아니라면 개업공인중개사는 거래계약서의 원본, 사본 또는 전자문서를 5년 동안 보존하여야 한다.

12 공인중개사법령상 중개계약에 관한 설명으로 옳은 것은?

① 전속중개계약의 유효기간은 당사자 간에 다른 약정이 있더라도 3개월을 초과할 수 없다.
② 개업공인중개사는 전속중개계약을 체결한 때에는 해당 계약서를 5년 동안 보존하여야 한다.
③ 중개의뢰인은 개업공인중개사에게 중개대상물의 규모를 기재한 일반중개계약서의 작성을 요청할 수 있다.
④ 임대차에 관한 전속중개계약을 체결한 개업공인중개사는 중개대상물에 관한 정보 중 공시지가를 공개하여야 한다.
⑤ 개업공인중개사가 전속중개계약을 체결한 경우 해당 중개대상물의 도배상태에 대하여 중개의뢰인이 비공개를 요청하더라도 그 정보를 공개해야 한다.

해설 ① 전속중개계약의 유효기간은 3개월을 원칙으로 하되 당사자 간에 다른 약정이 있으면 그 약정에 따른다.
② 개업공인중개사는 전속중개계약서를 3년 동안 보존하여야 한다.
④ 임대차에 관한 전속중개계약을 체결한 개업공인중개사는 중개대상물의 공시지가를 공개하지 아니할 수 있다.
⑤ 중개의뢰인의 비공개 요청이 있는 경우, 개업공인중개사는 중개대상물의 정보를 공개해서는 아니된다.

Answer   **9.** ①   **10.** ④   **11.** ③   **12.** ③

13 공인중개사법령상 개업공인중개사의 중개보수에 관한 설명으로 **틀린** 것은? (다툼이 있으면 판례에 따름)

① 주택(부속토지 포함)의 중개에 대한 보수는 국토교통부령으로 정하는 범위 안에서 시·도의 조례로 정한다.

② 중개대상물인 건축물 중 주택의 면적이 2분의 1 미만인 경우에는 주택 외의 중개대상물에 대한 중개보수 규정을 적용한다.

③ 주택 외의 중개대상물의 소재지와 중개사무소의 소재지가 다른 경우 중개사무소의 소재지를 관할하는 시·도의 조례에서 정한 기준에 따라 중개보수를 받아야 한다.

④ 거래금액의 계산에 있어 동일한 중개대상물에 대하여 동일 당사자 간에 매매를 포함한 둘 이상의 거래가 동일 기회에 이루어지는 경우 매매계약에 관한 거래금액만을 적용한다.

⑤ 아파트 분양권의 매매를 중개한 경우 당사자가 거래 당시 수수하게 되는 총 대금을 거래금액으로 보아야 한다.

> **해설** ③ 주택 외의 중개대상물에 대한 중개보수는 국토교통부령으로 정하며 시·도의 조례를 적용하지 않는다. 주택의 소재지와 중개사무소의 소재지가 다른 경우 중개사무소의 소재지를 관할하는 시·도의 조례에서 정한 기준에 따라 중개보수를 받아야 한다.

14 공인중개사법령상 부동산거래정보망의 지정 및 이용에 관한 설명으로 옳은 것을 모두 고른 것은?

> ㉠ 부동산거래정보망을 설치·운영할 자로 지정받으려는 자는 정보처리기사 2명 이상을 확보하여야 한다.
> ㉡ 국토교통부장관은 거래정보사업자가 정당한 사유 없이 지정받은 날부터 1년 이내에 부동산거래정보망을 설치·운영하지 아니한 경우에는 그 지정을 취소할 수 있다.
> ㉢ 부동산거래정보망을 설치·운영할 자로 지정받으려는 자가 국토교통부장관에게 제출하여야 할 서류에는 공인중개사 자격증 사본이 포함된다.

① ㉠   ② ㉡   ③ ㉠, ㉢
④ ㉡, ㉢   ⑤ ㉠, ㉡, ㉢

> **해설** ㉠ 부동산거래정보망을 설치·운영할 자로 지정받으려는 자는 정보처리기사 1명 이상을 확보하여야 한다.

15 공인중개사법령상 개업공인중개사 등의 금지행위에 해당하는 것을 모두 고른 것은?

> ㉠ 중개대상물의 매매를 업으로 하는 행위
> ㉡ 무등록 중개업을 영위하는 자인 사실을 알면서 그를 통하여 중개를 의뢰받는 행위
> ㉢ 제3자에게 부당한 이익을 얻게 할 목적으로 거짓으로 거래가 완료된 것처럼 꾸미는 등 중개대상물의 시세에 부당한 영향을 주는 행위

① ㉡　　　　② ㉠, ㉡　　　　③ ㉠, ㉢
④ ㉡, ㉢　　　　⑤ ㉠, ㉡, ㉢

해설 ⑤ 보기 모두 법 제33조 제1항에 따라 개업공인중개사 등이 해서는 아니되는 행위이다.

16 공인중개사법령상 공인중개사의 자격을 취소하여야 하는 경우가 <u>아닌</u> 것은?

① 공인중개사 자격정지처분을 받은 자가 그 자격정지기간 중에 중개업무를 행한 경우
② 공인중개사 자격정지처분을 받은 자가 그 자격정지기간 중에 다른 개업공인중개사의 소속공인중개사가 되는 경우
③ 공인중개사 자격정지처분을 받은 자가 그 자격정지기간 중에 법인인 개업공인중개사의 임원이 되는 경우
④ 공인중개사가 직무와 관련하여 벌금형을 선고받은 경우
⑤ 공인중개사가 다른 사람에게 자기의 성명을 사용하여 중개업무를 하게 한 경우

해설 ④ 공인중개사의 직무와 관련하여 「형법」을 위반(범죄단체 조직, 사문서 위조·변조·행사, 사기, 횡령, 배임)하여 금고 또는 징역형을 선고받은 경우(집행유예 포함)가 자격취소사유이며 공인중개사의 직무와 관련하여 「형법」을 위반하여 벌금형을 선고받은 경우는 행정처분의 대상에 포함되지 않는다.

Answer　13. ③　14. ④　15. ⑤　16. ④

17 공인중개사법령상 시·도지사가 소속공인중개사의 공인중개사 자격을 정지할 수 있는 경우를 모두 고른 것은?

> ㉠ 중개의뢰인과 직접 거래를 하는 행위를 한 경우
> ㉡ 해당 중개대상물의 거래상의 중요사항에 관하여 거짓된 언행으로 중개의뢰인의 판단을 그르치게 하는 행위를 한 경우
> ㉢ 하나의 거래계약에 대하여 서로 다른 둘 이상의 거래계약서를 작성한 경우

① ㉡　　　　　② ㉠, ㉡　　　　　③ ㉠, ㉢
④ ㉡, ㉢　　　　　⑤ ㉠, ㉡, ㉢

해설 ⑤ 보기 모두 소속공인중개사의 자격정지사유에 해당한다.

18 공인중개사법령상 개업공인중개사의 행위로서 중개사무소 개설등록 취소사유에 해당하는 것을 모두 고른 것은?

> ㉠ 다른 사람에게 자기의 중개사무소등록증을 대여한 경우
> ㉡ 최근 1년 이내에 이 법에 의하여 2회 이상 업무정지처분을 받고 다시 업무정지처분에 해당하는 행위를 한 경우
> ㉢ 국토교통부령으로 정하는 전속중개계약서에 의하지 아니하고 전속중개계약을 체결한 경우

① ㉠　　　　　② ㉠, ㉡　　　　　③ ㉠, ㉢
④ ㉡, ㉢　　　　　⑤ ㉠, ㉡, ㉢

해설 ㉢ 국토교통부령으로 정하는 전속중개계약서에 의하지 아니하고 전속중개계약을 체결한 경우는 업무정지처분만 할 수 있는 사유이다.

19 공인중개사법령상 공인중개사협회(이하 "협회"라 함)의 공제규정에 관한 설명으로 <u>틀린</u> 것은?

① 협회는 개업공인중개사의 손해배상책임을 보장하기 위하여 공제사업을 하고자 하는 때에는 공제규정을 제정하여야 한다.

② 협회가 공제규정을 제정 또는 변경하는 경우에는 국토교통부장관의 승인을 얻어야 한다.

③ 공제사업의 부대업무로서 공제규정으로 정하는 사업도 협회의 공제사업에 해당한다.

④ 공제사업의 범위, 공제계약의 내용, 공제금, 공제료, 회계기준 등 공제사업의 운용에 관하여 필요한 사항은 공제규정으로 정한다.

⑤ 책임준비금의 적립비율은 공제규정으로 정하되, 공제료 수입액의 100분의 20 이상이 되도록 하여야 한다.

> **해설** ⑤ 책임준비금의 적립비율은 공제사고 발생률 및 공제금 지급액 등을 종합적으로 고려하여 결정하되 공제료 수입액의 100분의 10 이상으로 한다.

20 공인중개사법령상 수수료를 납부하여야 하는 자에 해당하지 <u>않는</u> 것은? (단, 조례의 내용은 고려하지 않음)

① 중개사무소의 개설등록을 신청하는 자

② 중개사무소등록증의 재교부를 신청하는 자

③ 분사무소설치의 신고를 하는 자

④ 개업공인중개사의 등록인장을 변경 신고하는 자

⑤ 분사무소설치신고확인서의 재교부를 신청하는 자

> **해설** ④ 등록인장 변경신고를 하는 자는 수수료 납부대상이 아니다.

21 공인중개사법령상 포상금에 관한 설명으로 옳은 것을 모두 고른 것은?

> ㉠ 포상금을 지급받으려는 자는 포상금지급신청서를 국토교통부장관에게 제출하여야
>   한다.
> ㉡ 포상금은 수사기관에 고발한 자에게 그 사건에 대해 검사가 공소제기의 결정을 한
>   경우에 한하여 지급한다.
> ㉢ 포상금은 1건당 50만원으로 한다.

① ㉠　　　　　　　② ㉢　　　　　　　③ ㉠, ㉡
④ ㉡, ㉢　　　　　　⑤ ㉠, ㉡, ㉢

해설 ㉠ 포상금지급신청서를 등록관청에 제출하여야 한다.
㉡ 포상금은 신고 또는 고발한 자에게 그 사건에 대해 검사가 공소제기 또는 기소유예의 결정을
한 경우에 한하여 지급한다.

22 공인중개사법령상 부동산거래질서교란행위 신고센터(이하 "신고센터"라 함)에 관한 설명
으로 옳은 것을 모두 고른 것은?

> ㉠ 국토교통부장관은 부동산 시장의 건전한 거래질서를 조성하기 위하여 신고센터를
>   설치·운영할 수 있다.
> ㉡ 국토교통부장관은 신고센터의 업무를 「한국산업인력공단법」에 따른 한국산업인력
>   공단에 위탁한다.
> ㉢ 누구든지 부동산거래질서교란행위를 발견하는 경우 그 사실을 신고센터에 신고할
>   수 있다.

① ㉠　　　　　　　② ㉡　　　　　　　③ ㉠, ㉢
④ ㉡, ㉢　　　　　　⑤ ㉠, ㉡, ㉢

해설 ㉡ 국토교통부장관은 신고센터의 업무를 「한국부동산원법」에 따른 한국부동산원에 위탁한다.

23 공인중개사법령상 과태료 부과 대상자에 해당하는 것은?

① 다른 사람의 공인중개사자격증을 대여받은 자
② 중개사무소의 개설등록을 하지 아니하고 중개업을 한 자
③ 공인중개사가 아닌 자로서 공인중개사 또는 이와 유사한 명칭을 사용한 자
④ 개업공인중개사가 아닌 자로서 중개업을 하기 위하여 중개대상물에 대한 표시·광고를 한 자
⑤ 개업공인중개사로서 중개대상물의 확인·설명의 의무를 이행하면서 설명의 근거자료를 제시하지 아니한 자

해설

⑤ 개업공인중개사로서 중개대상물의 확인·설명의 의무를 이행하면서 설명의 근거자료를 제시하지 아니한 자: 500만원 이하의 과태료
① 다른 사람의 공인중개사자격증을 대여받은 자: 1년 이하의 징역 또는 1천만원 이하의 벌금
② 중개사무소의 개설등록을 하지 아니하고 중개업을 한 자: 3년 이하의 징역 또는 3천만원 이하의 벌금
③ 공인중개사가 아닌 자로서 공인중개사 또는 이와 유사한 명칭을 사용한 자: 1년 이하의 징역 또는 1천만원 이하의 벌금
④ 개업공인중개사가 아닌 자로서 중개업을 하기 위하여 중개대상물에 대한 표시·광고를 한 자: 1년 이하의 징역 또는 1천만원 이하의 벌금

24 부동산 거래신고 등에 관한 법령상 부동산 거래의 신고에 관한 설명으로 옳은 것은?

① 「산업입지 및 개발에 관한 법률」에 따른 토지에 대한 공급계약은 거래신고의 대상이다.
② 자연인과 지방자치단체가 건축물의 매매계약을 체결한 경우 자연인이 거래신고를 하여야 한다.
③ 개업공인중개사가 거래계약서를 작성·교부한 경우에는 거래당사자 또는 해당 개업공인중개사가 거래신고를 할 수 있다.
④ 부동산의 매수인은 신고인이 부동산거래계약 신고서를 제출한 때에 「부동산등기 특별조치법」에 따른 검인을 받은 것으로 본다.
⑤ 거래당사자 중 일방이 신고를 거부하여 단독으로 거래신고를 하는 경우 신고기간은 거래계약의 체결일부터 60일이다.

Answer **21. ② 22. ③ 23. ⑤ 24. ①**

해설 ② 지방자치단체가 단독으로 부동산 거래신고를 하여야 한다.
③ 개업공인중개사가 거래계약서를 작성·교부한 경우에는 개업공인중개사가 부동산 거래신고를 하여야 한다.
④ 부동산의 매수인은 신고인이 부동산 거래신고를 하고 신고필증을 발급받은 때 「부동산등기 특별조치법」에 따른 검인을 받은 것으로 본다.
⑤ 거래당사자 중 일방이 신고를 거부하여 단독으로 거래신고를 하는 경우 상대방이 단독으로 신고할 수 있는데 신고기간은 거래계약의 체결일부터 30일 이내이다.

25 부동산 거래신고 등에 관한 법령상 법인이 「주택법」에 따라 5억원인 주택의 공급계약을 체결한 경우의 부동산 거래 신고사항에 해당하지 <u>않는</u> 것은?

① 실제 거래가격
② 계약 체결일
③ 법인의 등기 현황
④ 계약의 조건이 있는 경우 그 조건
⑤ 중도금 지급일 및 잔금 지급일

해설 ③ 법인이 주택의 거래계약을 체결하는 경우, 매도법인 및 매수법인은 법인의 현황에 관한 사항인 법인의 등기현황과 거래상대방 간의 관계를 신고해야 하는데 거래당사자 중 국가 등이 포함되어 있거나 부동산 등의 공급계약 및 분양권의 거래계약인 경우는 법인의 현황에 관한 사항을 신고해야 할 의무가 없다.

26 부동산 거래신고 등에 관한 법령상 징역 또는 벌금에 처해질 수 있는 자가 <u>아닌</u> 것은?

① 부당하게 재물이나 재산상 이득을 취할 목적으로 거짓으로 부동산 거래신고를 하는 행위를 조장한 자
② 토지취득의 허가를 받아야 함에도 허가를 받지 아니하고 토지취득계약을 체결한 대한민국의 국적을 보유하고 있지 아니한 개인
③ 토지거래허가구역에서 허가를 받아야 함에도 허가를 받지 아니하고 토지거래계약을 체결한 자
④ 토지거래허가구역에서 속임수나 그 밖의 부정한 방법으로 토지거래계약 허가를 받은 자
⑤ 토지거래계약 허가를 받은 자가 그 토지를 허가받은 목적대로 이용하지 않음을 이유로 관할 행정청이 한 조치명령을 위반한 자

해설 ① 거짓으로 부동산 거래신고를 하는 행위를 조장 또는 방조한 자 : 500만원 이하의 과태료
② 토지취득의 허가를 받아야 함에도 허가를 받지 아니하고 토지취득계약을 체결한 대한민국의 국적을 보유하고 있지 아니한 개인 : 2년 이하의 징역 또는 2천만원 이하의 벌금
③④ 허가 또는 변경허가를 받지 아니하고 토지거래계약을 체결하거나, 속임수나 그 밖의 부정한 방법으로 토지거래계약 허가를 받은 자는 2년 이하의 징역 또는 계약 체결 당시의 개별공시지가에 따른 해당 토지가격의 100분의 30에 해당하는 금액 이하의 벌금에 처한다.
⑤ 토지거래계약 허가를 받은 자가 그 토지를 허가받은 목적대로 이용하지 않음을 이유로 국토교통부장관, 시·도지사, 시장·군수 또는 구청장이 한 허가 취소, 처분 또는 조치명령을 위반한 자는 1년 이하의 징역 또는 1천만원 이하의 벌금에 처한다.

27 부동산 거래신고 등에 관한 법령상 부동산 거래의 신고 내용에 대한 검증 및 조사에 관한 설명으로 틀린 것은?

① 신고관청으로부터 신고 내용의 검증 결과를 통보받은 세무서장은 해당 신고 내용을 국세 또는 지방세 부과를 위한 과세자료로 활용할 수 있다.

② 신고관청은 신고내용조사를 위하여 「공인중개사법」에 따른 공인중개사의 자격취소, 자격정지, 등록취소 및 업무정지에 관한 자료를 관계 행정기관의 장에게 요청할 수 있다.

③ 국토교통부장관은 신고 받은 내용의 확인을 위하여 필요한 때에는 신고내용조사를 직접 또는 신고관청과 공동으로 실시할 수 있다.

④ 군수 또는 구청장이 신고 내용을 조사한 경우 그 조사결과를 국토교통부장관에게 보고하여야 한다.

⑤ 신고관청은 신고 내용을 조사하기 위하여 거래당사자 또는 개업공인중개사에게 거래대금의 지급을 확인할 수 있는 입금표 또는 통장사본의 제출을 요구할 수 있다.

해설 ④ 신고관청은 신고내용의 조사 결과를 시·도지사에게 보고해야 하며, 시·도지사는 신고관청이 보고한 내용을 취합하여 매월 1회 국토교통부장관에게 보고해야 한다.

Answer 25. ③ 26. ① 27. ④

28 부동산 거래신고 등에 관한 법령상 토지거래계약을 허가받은 자에게 부과되는 토지의 이용 의무에 관한 설명으로 옳은 것을 모두 고른 것은?

> ㉠ 자기의 거주용 주택용지로 이용하려는 목적으로 토지거래계약의 허가를 받은 경우 토지 취득일부터 4년간 토지의 이용 의무가 있다.
> ㉡ 이행강제금은 이행명령이 이행될 때까지 반복하여 부과할 수 있으며, 토지의 이용 의무기간이 지난 후에도 부과할 수 있다.
> ㉢ 시장·군수 또는 구청장은 토지의 이용 의무불이행에 따른 이행명령을 받은 자가 그 명령을 이행하는 경우에도 명령을 이행하기 전에 이미 부과된 이행강제금은 징수하여야 한다.

① ㉠ 　　　　② ㉢ 　　　　③ ㉠, ㉡
④ ㉡, ㉢ 　　　⑤ ㉠, ㉡, ㉢

해설 ㉠ 자기의 거주용 주택용지로 이용하려는 목적으로 토지거래계약의 허가를 받은 경우 토지 취득일부터 2년간 토지의 이용 의무가 있다.
㉡ 허가관청은 최초의 이행명령이 있었던 날을 기준으로 하여 1년에 한 번씩 그 이행명령이 이행될 때까지 반복하여 이행강제금을 부과·징수할 수 있다. 다만, 이용 의무기간이 지난 후에는 이행강제금을 부과할 수 없다.

29 부동산 거래신고 등에 관한 법령상 A광역시 B구에 소재한 X토지에 대한 내국인 간의 부동산 거래의 신고에 관한 설명으로 틀린 것은?

① X토지에 대한 임대차계약을 체결하는 경우에는 부동산 거래신고를 하지 않아도 된다.
② X토지에 대한 부동산 거래계약의 신고를 하는 경우 신고관청은 B구의 구청장이 된다.
③ 부동산거래계약시스템을 통하여 X토지에 대한 매매계약을 체결한 경우에는 매매계약이 체결된 때에 부동산 거래신고를 위한 부동산거래계약 신고서를 제출한 것으로 본다.
④ X토지에 대한 부동산 거래계약 신고 내용 중 계약의 조건이 변경된 경우에는 「부동산등기법」에 따른 부동산에 관한 등기신청 후에 신고관청에 신고 내용의 변경을 신고하여야 한다.
⑤ X토지에 대한 매매계약서를 개업공인중개사가 작성·교부한 경우 개업공인중개사의 인적사항은 부동산 거래신고사항에 해당한다.

해설 ④ 부동산 거래계약 신고 내용 중 계약의 조건 또는 기한이 변경된 경우에는 「부동산등기법」에 따른 부동산에 관한 등기신청 전에 신고관청에 신고 내용의 변경을 신고할 수 있다.

30 임대인 甲과 임차인 乙은 「주택임대차보호법」에 따른 X주택에 대해 보증금 1억원의 임대차 계약을 체결하였다. 부동산 거래신고 등에 관한 법령상 주택 임대차 계약의 신고에 관한 설명으로 옳은 것은? (단, 甲과 乙은 자연인임)

① X주택이 경상북도의 관할구역에 있는 군에 소재한 경우에는 주택 임대차 계약의 신고를 하여야 한다.

② 甲과 乙의 임대차 계약이 종전의 보증금을 그대로 유지하면서 임대차 기간만 연장하는 갱신계약인 경우에도 주택 임대차 계약의 신고를 하여야 한다.

③ 甲이 주택 임대차 계약의 신고를 거부하여 乙이 단독으로 신고하는 경우 乙은 신분증명서를 신고관청에 보여줘야 한다.

④ 甲과 乙이 공동으로 주택 임대차 계약의 신고를 한 후 해당 계약의 보증금이 8천만원으로 감액된 경우에는 변경신고를 하지 않아도 된다.

⑤ 甲이 「부동산 거래신고 등에 관한 법률」에 따른 주택 임대차 계약의 신고를 한 경우 「주민등록법」에 따라 전입신고를 한 것으로 본다.

해설 ① 군지역의 경우 광역시 및 경기도의 관할구역에 있는 군인 경우에만 임대차 신고의무가 있다.

② 계약을 갱신하는 경우로서 보증금 및 차임의 증감 없이 임대차기간만 연장하는 계약은 신고대상에서 제외된다.

④ 甲과 乙은 주택 임대차 계약을 신고한 후 해당 임대차 계약의 보증금, 차임 등 임대차 가격이 변경(증액 또는 감액)되거나 임대차 계약이 해제된 때에는 확정된 날부터 30일 이내에 해당 신고관청에 공동으로 신고하여야 한다.

⑤ 임차인이 「주민등록법」에 따라 전입신고를 하는 경우 이 법에 따른 주택 임대차 계약의 신고를 한 것으로 본다.

31 부동산 거래신고 등에 관한 법령상 외국인 등이 대한민국 안의 부동산을 취득한 경우 "부동산 등을 취득한 날부터 6개월 이내에" 취득 신고를 하여야 하는 것으로 규정된 취득원인이 <u>아닌</u> 것은?

① 상속　　　　　　　　　　② 증여

③ 법원의 확정판결　　　　　④ 건축물의 증축

⑤ 법률에 따른 환매권의 행사

해설 ② 교환이나 증여로 인한 취득의 경우에는 계약체결일부터 60일 이내에 신고관청에 신고해야 한다.

32 개업공인중개사가 분묘기지권의 제한을 받는 토지를 매수하려는 중개의뢰인에게 분묘기지권에 관하여 설명한 내용으로 **틀린** 것은? (다툼이 있으면 판례에 따름)

① 분묘기지권에는 특별한 사정이 없는 한 그 효력이 미치는 지역의 범위 내에 기존의 분묘 외에 새로운 분묘를 신설할 권능도 포함된다.

② 분묘기지권을 이미 시효로 취득한 경우 그 분묘기지권자는 이를 등기하지 않더라도 제3자에게 대항할 수 있다.

③ 분묘가 멸실되었다고 하더라도 유골이 존재하여 분묘의 원상회복이 가능하고 일시적인 멸실에 불과하다면, 분묘기지권은 소멸하지 않고 존속한다.

④ 분묘기지권은 특별한 사정이 없는 한 분묘의 기지 자체뿐만 아니라 분묘의 설치목적인 분묘의 수호와 제사에 필요한 범위 내에서 분묘 기지 주위의 공지를 포함한 지역에까지 미친다.

⑤ 토지 소유자의 승낙에 의하여 성립하는 분묘기지권의 경우 성립 당시 그 소유자와 분묘의 수호·관리자가 지료 지급의무의 존부나 범위 등에 관하여 약정을 하였다면 그 약정의 효력은 분묘 기지의 승계인에 대하여도 미친다.

> **해설** ① 분묘기지권에는 그 효력이 미치는 범위 안에서 새로운 분묘를 설치하거나 원래의 분묘를 다른 곳으로 이장할 권능은 포함되지 않는다(2007다16885).

33 공인중개사법령상 중개대상물 확인·설명서[Ⅰ] (주거용 건축물) 서식의 기재내용으로 개업공인중개사 기본 확인사항 중 임대차 확인사항에 해당하는 것을 모두 고른 것은?

> ㉠ 국세 및 지방세 체납정보
> ㉡ 민간임대등록 여부
> ㉢ 현장안내 중개보조원 신분 고지 여부
> ㉣ 계약갱신 요구권 행사 여부

① ㉠, ㉢　　　　　　　　　　② ㉡, ㉣
③ ㉠, ㉡, ㉣　　　　　　　　④ ㉡, ㉢, ㉣
⑤ ㉠, ㉡, ㉢, ㉣

> **해설** ③ 개업공인중개사 기본 확인사항 중 임대차 확인사항에 해당하는 것은 '확정일자 부여현황 정보', '국세 및 지방세 체납정보', '전입세대 확인서', '최우선변제금', '민간임대등록 여부'. '계약갱신 요구권 행사 여부'이다. 현장안내 중개보조원 신분 고지 여부는 개업공인중개사 세부 확인사항이다.

34 공인중개사법령상 중개보수의 한도에 관하여 (   )에 들어갈 내용으로 옳은 것은?

> 전용면적이 85제곱미터 이하이고, 상·하수도 시설이 갖추어진 전용입식 부엌, 전용수세식 화장실 및 목욕시설(전용수세식 화장실에 목욕시설을 갖춘 경우 포함)을 갖춘 「건축법 시행령」에 따른 오피스텔의 중개보수는 중개의뢰인 쌍방으로부터 각각 받되, 매매·교환은 거래금액의 (㉠), 임대차 등은 거래금액의 (㉡) 범위에서 결정한다.

① ㉠: 1천분의 4, ㉡: 1천분의 3
② ㉠: 1천분의 5, ㉡: 1천분의 4
③ ㉠: 1천분의 6, ㉡: 1천분의 5
④ ㉠: 1천분의 9, ㉡: 1천분의 8
⑤ ㉠: 1천분의 9, ㉡: 1천분의 9

해설 ② ㉠: 1천분의 5, ㉡: 1천분의 4

35 「공인중개사의 매수신청대리인 등록 등에 관한 규칙」상 매수신청대리에 관한 설명으로 **틀린** 것은?

① 매수신청대리인으로 등록된 개업공인중개사가 매수신청대리의 위임을 받은 경우 「민사집행법」에 따른 공유자의 우선매수신고를 할 수 있다.
② 소속공인중개사는 매수신청대리인으로 등록할 수 없다.
③ 개업공인중개사는 매수신청대리 위임계약을 체결한 경우 확인·설명 사항을 서면으로 작성하여 서명날인한 후 위임인에게 교부하고, 그 사본을 3년간 보존하여야 한다.
④ 개업공인중개사는 매수신청대리에 관하여 위임인으로부터 보수를 받은 경우 예규에서 정한 양식에 의한 영수증을 작성하여 서명날인한 후 위임인에게 교부하여야 한다.
⑤ 부동산중개업의 폐업신고로 매수신청대리인 등록이 취소된 자는 등록이 취소된 후 3년이 지나지 아니하더라도 매수신청대리인 등록을 할 수 있다.

해설 ③ 개업공인중개사는 매수신청대리 위임계약을 체결한 경우 확인·설명 사항을 서면으로 작성하여 서명날인한 후 위임인에게 교부하고, 그 사본을 사건카드에 철하여 5년간 보존하여야 한다.

Answer 32. ① 33. ③ 34. ② 35. ③

36 개업공인중개사가 「민사집행법」에 의한 경매에 관하여 중개의뢰인에게 설명한 내용으로 **틀린** 것은?

① 등기된 임차권은 저당권·압류채권·가압류채권에 대항할 수 없는 경우에도 매각으로 소멸되지 않는다.

② 공인중개사인 개업공인중개사는 매수신청대리인으로 등록하지 않더라도 「민사집행법」에 의한 경매대상 부동산에 대한 권리분석 및 취득의 알선을 할 수 있다.

③ 차순위매수신고는 그 신고액이 최고가매수신고액에서 그 보증액을 뺀 금액을 넘는 때에만 할 수 있다.

④ 매각 부동산에 대한 인도명령의 신청은 매수인이 대금을 낸 뒤 6개월 이내에 하여야 한다.

⑤ 재매각절차에서는 전(前)의 매수인은 매수신청을 할 수 없으며 매수신청의 보증을 돌려 줄 것을 요구하지 못한다.

> **해설** ① 지상권·지역권·전세권·등기된 임차권은 저당권·압류채권·가압류채권에 대항할 수 없는 경우에는 매각으로 소멸된다.

37 개업공인중개사가 부동산을 매수하려는 중개의뢰인에게 부동산 실권리자명의 등기에 관한 법령에 관하여 설명한 내용으로 옳은 것을 모두 고른 것은?

> ㉠ 3천만원의 이행강제금을 부과받은 자는 3천만원 전부에 대해 물납(物納)할 수 있다.
> ㉡ 명의수탁자는 과징금 부과대상자가 되며, 과징금을 부과받으면 지체 없이 해당 부동산에 관한 물권을 명의신탁자의 명의로 등기하여야 한다.
> ㉢ 3천만원의 과징금 납부의무자가 과징금 납부기한을 연장받고자 하는 경우에는 과징금 납부를 통지받은 날부터 30일 이내에 해당 특별자치도지사·특별자치시장·시장·군수 또는 구청장에게 연장신청을 하여야 한다.

① ㉠   ② ㉢   ③ ㉠, ㉡

④ ㉡, ㉢   ⑤ ㉠, ㉡, ㉢

> **해설** ㉠ 과징금이 1천만원을 초과하는 경우에는 그 초과하는 부분은 물납할 수 있다.
> ㉡ 명의신탁자에게는 해당 부동산 가액의 100분의 30에 해당하는 금액의 범위에서 과징금을 부과하며 과징금을 부과받은 자는 지체 없이 해당 부동산에 관한 물권을 자신의 명의로 등기하여야 한다.

38 개업공인중개사가 중개의뢰인에게 「상가건물 임대차보호법」에 관하여 설명한 내용으로 옳은 것은? (단, 다른 사정은 고려하지 않음)

① 경제사정의 변동을 이유로 인정되는 차임증액에 관한 청구는 약정한 차임의 증액이 있은 후 1년 이내에도 할 수 있다.

② 임차인이 임차건물에 대하여 보증금반환청구소송의 확정판결에 의하여 경매를 신청하는 경우 반대의무의 이행을 집행개시의 요건으로 한다.

③ 임차인의 계약갱신요구권은 최초의 임대차기간을 포함한 전체 임대차기간이 5년을 초과하지 아니하는 범위에서만 행사할 수 있다.

④ 임대인의 변경이 없는 경우 임차인의 차임연체액이 3기의 차임액에 달하는 때에는 임대인은 계약을 해지할 수 있다.

⑤ 경제사정의 중대한 변동으로 인한 폐업으로 임차인에게 해지권이 인정되는 경우 그 해지는 임대인이 계약해지의 통고를 받은 날부터 효력이 발생한다.

해설 ① 증액의 경우에는 차임 또는 보증금의 100분의 5를 초과하지 못하고, 차임보증금의 증액이 있은 후 1년 이내에는 이를 하지 못한다.
② 임차인이 임차건물에 대하여 보증금반환청구소송의 확정판결에 의하여 경매를 신청하는 경우 반대의무의 이행을 집행개시의 요건으로 하지 않는다.
③ 최초의 임대차기간을 포함한 전체 임대차기간이 10년을 초과하지 아니하는 범위에서만 행사할 수 있다.
⑤ 임차인은 「감염병의 예방 및 관리에 관한 법률」에 따른 집합 제한 또는 금지 조치를 총 3개월 이상 받음으로써 발생한 경제사정의 중대한 변동으로 폐업한 경우에는 임대차계약을 해지할 수 있다. 이때 임대인이 계약해지의 통고를 받은 날부터 3개월이 지나면 효력이 발생한다.

39 개업공인중개사가 토지를 매수하려는 중개의뢰인에게 장사 등에 관한 법령에 관하여 설명한 내용으로 <u>틀린</u> 것은?

① 개인묘지는 30제곱미터를 초과하여 새로 설치할 수 없다.
② 「상법」상 회사는 법인묘지의 설치·관리의 허가를 받을 수 있다.
③ 가족묘지에 매장을 한 자는 매장 후 30일 이내에 매장지를 관할하는 시장 등에게 신고하여야 한다.
④ 문중묘지를 설치·관리하려는 자는 해당 묘지를 관할하는 시장 등의 허가를 받아야 한다.
⑤ 사설묘지를 설치·관리하는 자는 70세 이상인 자가 사망하기 전에 자신의 묘지로 사용하기 위해 그 사설묘지에 대한 매매를 요청한 경우에는 그 매매를 할 수 있다.

해설 ② 시장 등은 묘지의 설치·관리를 그 목적으로 「민법」에 의하여 설립된 재단법인에 한하여 법인묘지의 설치·관리를 허가할 수 있다.

Answer **36.** ① **37.** ② **38.** ④ **39.** ②

40 개업공인중개사가 중개의뢰인에게 「주택임대차보호법」의 내용에 관하여 설명한 것으로 옳은 것을 모두 고른 것은? (단, 임차인은 자연인이며 다른 사정은 고려하지 않음)

> ㉠ 임대인은 거짓이나 그 밖의 부정한 방법으로 임차한 임차인의 계약갱신 요구를 거절할 수 없다.
> ㉡ 임차인에게 인정되는 계약갱신요구권은 2회까지 행사할 수 있다.
> ㉢ 대항력이 없는 임차권은 「민사집행법」에 따른 경매로 그 임차주택이 경락되면 소멸한다.

① ㉠　　　　　　② ㉢　　　　　　③ ㉠, ㉡
④ ㉡, ㉢　　　　⑤ ㉠, ㉡, ㉢

해설　㉠ 임차인이 거짓이나 그 밖의 부정한 방법으로 임차한 경우 임대인은 임차인의 계약갱신 요구를 거절할 수 있다.
　　　㉡ 임차인은 계약갱신요구권은 1회에 한하여 행사할 수 있다.

Answer　**40.** ②

MEMO

INDEX

찾아보기

ㅇ

양벌규정	121
업무방해행위	190
업무정지	250
연수교육	66
예치명의자	170
오피스텔	200
옥외광고물	97
외국인 등	309
용적률 상한	151
우선변제권	399
운영규정	211
운용실적 공시	221
위반건축물 여부	151
유동적 무효	372
유사명칭 사용 금지	59
유치권	28, 443
유효기간	133
이의신청	338
이의제기	338
이중등록	83
이중소속	83
이행강제금	337
이행명령	336
인도명령	442
인장등록	123
인터넷 표시·광고 모니터링	100
일단의 토지	331
일반중개계약	132
임대인의 정보 제시 의무	145
임대차 정보제공	404
임원 또는 사원	74
임의경매	434
임의적(상대적) 등록취소	247
임차권	29
임차권등기명령	409
입목	39
입주권	38
입지조건	135

ㅈ

자격정지	244
자격증 교부	57
자격증의 재교부	58
자격취소	240
자금의 조달계획 및 지급방식	274
자연장지	391
자진 신고자	302
재건축	386
재무건전성	222
재지정	325
저당권	28
적법한 임대권한	398
전세권	28
전속중개계약	133
전유부분	383
전입세대확인서	145
절대적 등록취소	246
점유권	28
정보처리기사	209
정정신청	290
정책심의위원회	48
제척	51
조정대상지역	275
종별변경	78
종중·문중묘지	388
주택 임대차 계약의 신고	296
주택임대차보호법	394
주택임대차분쟁조정위원회	413
주택임대차위원회	407
주택임대차표준계약서	413
주택취득자금 조달 및 입주계획서	278
중간생략등기형(3자 간 등기명의신탁)	376
중개	26
중개대상물	36
중개대상물 확인·설명	143
중개대상물 확인·설명서	147
중개대상물의 표시·광고	99
중개보수	198
중개보조원	35
중개사무소	72
중개사무소등록증	77
중개사무소의 공동사용	113

INDEX

방송
시간표

방송대학 TV

▶ 기본이론 방송
▶ 문제풀이 방송
▶ 모의고사 방송

※ 본 방송기간 및 방송시간은 사정에
의해 변동될 수 있습니다.

TV방송 편성표

기본이론 방송 (1강 30분, 총 75강)

순 서	날 짜	요 일	과 목
1	1. 12	월	부동산학개론 1강
2	1. 13	화	민법·민사특별법 1강
3	1. 14	수	공인중개사법·중개실무 1강
4	1. 19	월	부동산공법 1강
5	1. 20	화	부동산공시법령 1강
6	1. 21	수	부동산학개론 2강
7	1. 26	월	민법·민사특별법 2강
8	1. 27	화	공인중개사법·중개실무 2강
9	1. 28	수	부동산공법 2강
10	2. 2	월	부동산공시법령 2강
11	2. 3	화	부동산학개론 3강
12	2. 4	수	민법·민사특별법 3강
13	2. 9	월	공인중개사법·중개실무 3강
14	2. 10	화	부동산공법 3강
15	2. 11	수	부동산공시법령 3강
16	2. 16	월	부동산세법 1강
17	2. 17	화	부동산학개론 4강
18	2. 18	수	민법·민사특별법 4강
19	2. 23	월	공인중개사법·중개실무 4강
20	2. 24	화	부동산공법 4강
21	2. 25	수	부동산공시법령 4강
22	3. 2	월	부동산세법 2강
23	3. 3	화	부동산학개론 5강
24	3. 4	수	민법·민사특별법 5강
25	3. 9	월	공인중개사법·중개실무 5강
26	3. 10	화	부동산공법 5강
27	3. 11	수	부동산공시법령 5강
28	3. 16	월	부동산세법 3강
29	3. 17	화	부동산학개론 6강
30	3. 18	수	민법·민사특별법 6강
31	3. 23	월	공인중개사법·중개실무 6강
32	3. 24	화	부동산공법 6강
33	3. 25	수	부동산공시법령 6강
34	3. 30	월	부동산세법 4강
35	3. 31	화	부동산학개론 7강
36	4. 1	수	민법·민사특별법 7강
37	4. 6	월	공인중개사법·중개실무 7강
38	4. 7	화	부동산공법 7강
39	4. 8	수	부동산공시법령 7강
40	4. 13	월	부동산세법 5강
41	4. 14	화	부동산학개론 8강
42	4. 15	수	민법·민사특별법 8강
43	4. 20	월	공인중개사법·중개실무 8강
44	4. 21	화	부동산공법 8강
45	4. 22	수	부동산공시법령 8강
46	4. 27	월	부동산세법 6강
47	4. 28	화	부동산학개론 9강
48	4. 29	수	민법·민사특별법 9강
49	5. 4	월	공인중개사법·중개실무 9강
50	5. 5	화	부동산공법 9강
51	5. 6	수	부동산공시법령 9강
52	5. 11	월	부동산세법 7강
53	5. 12	화	부동산학개론 10강
54	5. 13	수	민법·민사특별법 10강
55	5. 18	월	공인중개사법·중개실무 10강
56	5. 19	화	부동산공법 10강
57	5. 20	수	부동산공시법령 10강
58	5. 25	월	부동산세법 8강
59	5. 26	화	부동산학개론 11강
60	5. 27	수	민법·민사특별법 11강
61	6. 1	월	부동산공법 11강
62	6. 2	화	부동산세법 9강
63	6. 3	수	부동산학개론 12강
64	6. 8	월	민법·민사특별법 12강
65	6. 9	화	부동산공법 12강
66	6. 10	수	부동산세법 10강
67	6. 15	월	부동산학개론 13강
68	6. 16	화	민법·민사특별법 13강
69	6. 17	수	부동산공법 13강
70	6. 22	월	부동산학개론 14강
71	6. 23	화	민법·민사특별법 14강
72	6. 24	수	부동산공법 14강
73	6. 29	월	부동산학개론 15강
74	6. 30	화	민법·민사특별법 15강
75	7. 1	수	부동산공법 15강

과목별 강의 수
부동산학개론: 15강 / 민법·민사특별법: 15강
공인중개사법·중개실무: 10강 / 부동산공법: 15강 / 부동산공시법령: 10강 / 부동산세법: 10강

TV방송 편성표

방송기간 문제풀이: 2026. 7. 6 ~ 8. 19 모의고사: 2026. 8. 24 ~ 9. 30
방송시간 ┌ 본방송: **월~수** 오전 7시 ~ 7시 30분
└ 재방송: **토** 오전 6시 ~ 7시 30분(3회 연속방송)

문제풀이 방송 (1강 30분, 총 21강)

순서	날짜	요일	과목	순서	날짜	요일	과목
1	7. 6	월	부동산학개론 1강	12	7. 29	수	부동산세법 2강
2	7. 7	화	민법·민사특별법 1강	13	8. 3	월	부동산학개론 3강
3	7. 8	수	공인중개사법·중개실무 1강	14	8. 4	화	민법·민사특별법 3강
4	7. 13	월	부동산공법 1강	15	8. 5	수	공인중개사법·중개실무 3강
5	7. 14	화	부동산공시법령 1강	16	8. 10	월	부동산공법 3강
6	7. 15	수	부동산세법 1강	17	8. 11	화	부동산공시법령 3강
7	7. 20	월	부동산학개론 2강	18	8. 12	수	부동산세법 3강
8	7. 21	화	민법·민사특별법 2강	19	8. 17	월	부동산학개론 4강
9	7. 22	수	공인중개사법·중개실무 2강	20	8. 18	화	민법·민사특별법 4강
10	7. 27	월	부동산공법 2강	21	8. 19	수	부동산공법 4강
11	7. 28	화	부동산공시법령 2강				

과목별 강의 수
부동산학개론: 4강 / 민법·민사특별법: 4강
공인중개사법·중개실무: 3강 / 부동산공법: 4강 / 부동산공시법령: 3강 / 부동산세법: 3강

모의고사 방송 (1강 30분, 총 18강)

순서	날짜	요일	과목	순서	날짜	요일	과목
1	8. 24	월	부동산학개론 1강	10	9. 14	월	부동산공법 2강
2	8. 25	화	민법·민사특별법 1강	11	9. 15	화	부동산공시법령 2강
3	8. 26	수	공인중개사법·중개실무 1강	12	9. 16	수	부동산세법 2강
4	8. 31	월	부동산공법 1강	13	9. 21	월	부동산학개론 3강
5	9. 1	화	부동산공시법령 1강	14	9. 22	화	민법·민사특별법 3강
6	9. 2	수	부동산세법 1강	15	9. 23	수	공인중개사법·중개실무 3강
7	9. 7	월	부동산학개론 2강	16	9. 28	월	부동산공법 3강
8	9. 8	화	민법·민사특별법 2강	17	9. 29	화	부동산공시법령 3강
9	9. 9	수	공인중개사법·중개실무 2강	18	9. 30	수	부동산세법 3강

과목별 강의 수 부동산학개론: 3강 / 민법·민사특별법: 3강
공인중개사법·중개실무: 3강 / 부동산공법: 3강 / 부동산공시법령: 3강 / 부동산세법: 3강

연구 집필위원

정지웅	최상준	김상진	윤영기
송성호	신정환	고형석	김해영
김재홍	박용덕		

제37회 공인중개사 시험대비 **전면개정**

2026 박문각 공인중개사
기본서 2차 공인중개사법·중개실무

초판발행 | 2025. 10. 25.   **2쇄발행** | 2025. 10. 30.   **편저** | 정지웅 외 박문각 공인중개사연구소
발행인 | 박 용   **발행처** | (주)박문각출판   **등록** | 2015년 4월 29일 제2019-000137호
주소 | 06654 서울시 서초구 효령로 283 서경빌딩 4층
팩스 | (02)584-2927   **전화** | 교재주문·학습문의 (02)6466-7202

판권
본사
소유

정가 41,000원   ISBN 979-11-7519-290-4 / ISBN 979-11-7519-289-8(2차 세트)

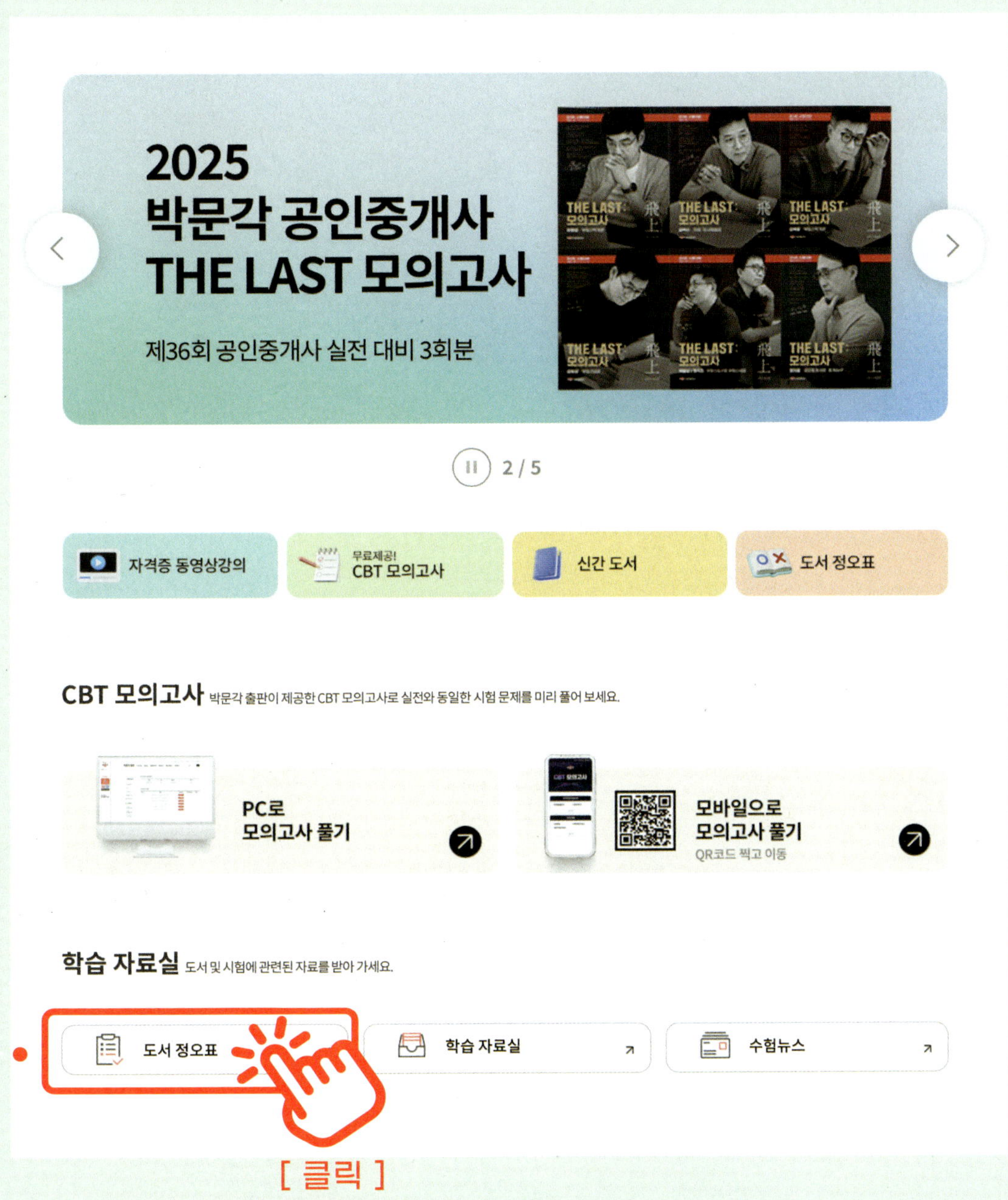

박문각 출판 홈페이지에서
공인중개사 정오표를 활용하세요!

보다 빠르고, 편리하게 법령의 제·개정 내용을 확인하실 수 있습니다.

★ 공인중개사라 더 좋다! ★
비수기대비, 손해평가사 프리랜서 활동 시 추가수입 확보!
박문각
손해평가사
박재용 교수
이영복 교수
한용호 교수
노후대비 고수익 전문자격!
농작물·가축·수입품목 보장 등 국가공인 재해보험 전문직업, 손해평가사!
자격증의 명가 박문각에서 손해평가사 합격이 시작됩니다.
합격까지 박문각 손해평가사
종로학원
02-734-8082
박문각종로고시학원 [등록번호 1952]
평택학원
031-691-1972
박문각평택학원 [등록번호 2198]
온라인강의
02-3489-9500
www.pmg.co.kr